Strafrechtliche Aufsätze und Vorträge.

Von

Dr. **Franz v. Liszt,**
Professor der Rechte.

Erster Band.

1875 bis 1891.

Berlin 1905.
J. Guttentag, Verlagsbuchhandlung,
G. m. b. H.

Photomechanischer Nachdruck
Walter de Gruyter & Co., Berlin 1970

Archiv-Nr. 27 60 70 1

Verlag Walter de Gruyter & Co., Berlin 30

Vorbemerkung.

Gern hätte ich dieser Sammlung ein Wort der Rechtfertigung mit auf den Weg gegeben. Daß sie dessen bedarf, weiß ich nur zu gut. Aber jeder Versuch, die Gründe klarzulegen, die mich zu der Veröffentlichung bestimmt haben, hätte mich notwendig auf das Gebiet des Persönlichen hinübergeführt. Und gerade das wollte ich unbedingt vermeiden.

So mag eine kurze Bemerkung genügen. Die Sammlung der „Aufsätze und Vorträge" soll einen Beitrag zur Chronologie der Reformbewegung liefern, die in den letzten drei Jahrzehnten mit stetig anschwellender Kraft die Literatur des Strafrechts durchdrungen hat. Sie soll die Feststellung erleichtern: wie viele und welche von den legislativen Vorschlägen, die heute von den Anhängern des Vergeltungsgedankens im eigenen Namen gemacht und vertreten werden, dem von meinen Freunden und mir aufgestellten Programm nicht entnommen sind. Nur an der Feststellung dieser geschichtlichen Tatsache ist mir gelegen. Im übrigen kann wohl keine Erkenntnis höhere Befriedigung gewähren als die des Wortes: sic nos non nobis. —

Der Zweck der Sammlung erforderte den unveränderten Abdruck der einzelnen Abhandlungen. Wiederholungen mußten mit in den Kauf genommen werden. Nur offensichtliche Druckfehler sind berichtigt und die Verweisungen sind dieser Ausgabe angepaßt worden.

Die Hallesche Rektoratsrede von 1894 im II. Bande der Sammlung kommt hier das erste Mal zum Abdruck. Sie ist liegen geblieben, weil ich für die geplante Vollständigkeit des literarischen Apparates weitere Nachsuchungen anzustellen wünschte. Andere Arbeiten haben die Ausführung des Planes verhindert. Vielleicht bietet sie auch ohne die Fußnoten einen nicht ganz wertlosen Beitrag zur Geschichte der preußischen Kriminalpolitik.

Franz v. Liszt.

Inhalt.

I. Das „amerikanische Duell“ im österreichischen Strafgesetzentwurfe.

(Allgemeine österreichische Gerichtszeitung vom 14. und 17. Dezember 1875.)

Die Leser der „Gerichtszeitung“ erinnern sich noch der lebhaften Debatte, die in den Jahren 1864 und 1865 in den Spalten dieses Blattes über den strafrechtlichen Charakter des sog. „amerikanischen Duells“ geführt wurde. Die in mehrfacher Beziehung interessante Frage ist, obwohl auch die deutschen Kriminalisten sich in hervorragender Weise an der zunächst in Oesterreich ausgebrochenen Fehde beteiligten, bis auf den heutigen Tag zu keinem allgemein befriedigenden Abschlusse gebracht worden; es lieferte im Gegenteile beinahe jede neue Erörterung das Resultat, daß neben die bisherigen, untereinander weit auseinander gehenden Ansichten eine neue, von ihnen allen divergierende Auffassung trat[1]).

Aber die Anforderungen des praktischen Lebens hatten weder Zeit noch Lust, das Ende der theoretischen Streitigkeiten abzuwarten; der Zerfahrenheit der Literatur gegenüber tat die Gesetzgebung, was sie in ähnlichen Fällen schon öfter getan: sie ging ihren eigenen Weg.

Wie bekannt enthielt der österreichische Strafgesetzentwurf von 1867 unter der umfassenden Rubrik: „Friedensstörungen und andere strafbare Handlungen wider die Ruhe

---

1) Ohne auf Vollständigkeit Anspruch zu machen, geben wir eine kleine Uebersicht: 1. Frühwald, Ger. Ztg. 1864, No. 96, hält das amerikanische Duell für Erpressung (§ 98 St. G.); 2. Neubauer, Ger. Ztg. 1865, No. 5, Lueder, Goltdammers Archiv XIII, 540 ff., Schütze, Lehrbuch (2. Aufl.), S. 293 für eine Art des Zweikampfes; 3. Oppenhoff, Kommentar zu §§ 59 und 211 R. St. G. für fahrlässige Tötung; 4. Teichmann im Holtzendorffschen Handbuch III, 366, Holtzendorf ebenda, S. 417, Schaper, ebenda II, 117, Note 6, Hugo Meyer, Lehrbuch, S. 395 für straflose Anstiftung zum Selbstmorde.

und Ordnung des Staates“ im Anschlusse an den Zweikampf ein neues, bisher unbekanntes Delikt, die Losung ums Leben.

§ 156 definierte: „Wenn zwei Personen übereinkommen, daß ein im voraus bestimmter Zufall zu entscheiden habe, welche von beiden sich selbst töten soll, so begehen sie das Verbrechen der Losung ums Leben“. Die Strafe war Zuchthaus von 1—12 Jahren (§ 157). § 158 zählte unter drei Nummern besondere Strafausschließungsgründe auf. Der vom Ausschusse des Abgeordnetenhauses vorgelegte Entwurf schloß sich in den §§ 133, 134, 135 wörtlich an die Regierungsvorlage an.

Auch der neue österreichische Entwurf steht wesentlich auf demselben Standpunkte wie seine unmittelbaren Vorgänger. Die §§ 121 und 122 stimmen beinahe wörtlich mit den eben erwähnten Bestimmungen des Entwurfes von 1867 überein, erhöhen aber das Strafmaximum bis auf 15 Jahre Zuchthaus oder Staatsgefängnis für den Fall, wenn „sich infolge einer solchen Vereinbarung ein Teil selbst getötet“ hat.

Diese beiden Paragraphen veranlassen mich, neuerdings in möglichster Kürze auf die bereits vielbesprochene Frage zurückzukommen. Zur besseren Orientierung schicke ich bereits hier meine später zu begründende Ansicht voraus; sie formuliert sich in dem Antrage, die beiden zitierten Paragraphen schlechthin zu streichen[1]).

Ich wäre gewiß der Letzte, der dem Gesetzgeber das Recht streitig machen wollte, dort, wo es nottut, auch über die Köpfe der Theoretiker hinweg den Kreis der strafbaren Handlungen durch Aufstellung eines neuen Verbrechensbegriffes zu erweitern; aber eines muß notwendig derartigen Versuchen vorangehen: die klare Erkenntnis des Rechtsgutes, das durch die fragliche Handlung angegriffen wird, das durch die Strafsanktion, die ultima ratio auf legislativem Gebiete, geschützt werden soll.

Welches ist nun das durch die Losung ums Leben angegriffene oder verletzte Rechtsobjekt?

1) Getadelt werden dieselben auch in den in der Grünhutschen Zeitschrift erschienenen Besprechungen des österr. Entwurfes von Binding und Geyer, wenn auch die beiden Autoren weder untereinander, noch mit der von mir vertretenen Ansicht übereinstimmen.

Sobald wir uns über diese prinzipielle Frage verständigt haben, dürfte auch die Ableitung der weiteren Konsequenzen keine besonderen Schwierigkeiten mehr bereiten.

I. Durch die Aufstellung eines besonderen, in keiner der bisherigen Gesetzgebungen enthaltenen Deliktes, hat der Gesetzgeber anerkannt, daß die insbesondere von Prof. Neubauer in dem oben erwähnten Aufsatze mit juristischer Schärfe und dialektischer Gewandtheit verteidigte Subsumierung des amerikanischen Duells unter den allgemeinen Begriff des Zweikampfes nur bei gewaltsamer Deutung der gesetzlichen Definition möglich, und die regelmäßige Anwendung dieser Ansicht durch die derartigen Schlußfolgerungen nichts weniger als geneigte gerichtliche Praxis nicht zu erwarten ist. Das amerikanische Duell ist eben, wie die Motive zum Hyeschen Entwurfe treffend hervorheben, „ein Spiel ums Leben; aber von einem Kampfe, von einem Sichschlagen kann nicht gesprochen werden“. Soweit bin ich mit dem neuen Entwurfe vollkommen einverstanden.

Demungeachtet ergibt sich aus der Anreihung der Losung ums Leben an das gewöhnliche Duell und aus der Zusammenfassung mit diesem unter der gemeinsamen Rubrik „Zweikampf“, ferner aus der Schwere und Abstufung der Strafe, daß der Gesetzgeber das amerikanische Duell, wenn auch nicht für eine Unter- oder Abart des Zweikampfes, so doch für ein diesem nahe verwandtes Delikt gehalten hat. Und dieser Auffassung muß ich entschieden entgegentreten.

Das was nach der meines Erachtens richtigen Ansicht das Wesen des Zweikampfes charakterisiert, ist die Mißachtung der öffentlichen Ordnung, die Störung des öffentlichen Friedens[1]. Der Zweikampf gehört daher, wie dies der Entwurf von 1867 richtig erkannte, in die Reihe der „Friedensstörungen“, also in das 7. Hauptstück des deutschen Reichsstrafgesetzes, das 6. des gegenwärtigen österreichischen Entwurfes. Der öffentliche Friede ist also das durch den Zweikampf verletzte Rechtsgut.

1) So wird der Zweikampf aufgefaßt u. a. von Heffter, § 369 ff.; Teichmann im Holtzendorffschen Handbuche II, S. 391, Schütze, Lehrbuch, § 68.

Aber gerade der öffentliche Friede wird durch das amerikanische Duell nicht im geringsten gestört. Ruhig, ohne Zeugen, ohne all die theatralisch-dekorativen Zurüstungen des gewöhnlichen Duells wird das Los gezogen und das Ehrenwort mit dem Leben eingelöst: ein Menschenherz hat zu schlagen aufgehört, und noch ist das Gras über dem Grabhügel noch nicht gewachsen, wenn die „dunkle Geschichte“ lang vergessen ist. Mit dem öffentlichen Frieden hat also das amerikanische Duell nichts zu schaffen, seine Zusammenstellung mit dem Zweikampfe ist daher in keiner Weise gerechtfertigt. Das ist der erste Einwand, der gegen den Entwurf erhoben werden muß. Er erscheint zunächst als ein rein äußerlicher, nur auf das System sich beziehender; wir werden aber sehen, daß auch hier die systematische Auffassung maßgebend ist für die Gestaltung des Verbrechensbegriffes.

II. Aber vielleicht schützt der Staat durch die Strafandrohungen gegen das amerikanische Duell das wichtigste Rechtsgut des einzelnen, das Leben, gegen beabsichtigte oder fahrlässige Handlungen eines anderen?[1])

Gegen diese Auffassung ließe sich zunächst nicht nur erinnern, daß dann die besprochenen §§ 221 und 222 in dem 14. Hauptstücke des II. Teiles (Verbrechen und Vergehen wider das Leben) und nicht in dem Hauptstücke vom Zweikampfe ihre richtige Stellung fänden, sondern insbesondere, daß dann auch die auf das amerikanische Duell gesetzten Strafen sich nach den Strafbestimmungen des 14. Hauptstückes für Mord, Totschlag, fahrlässige Tötung abstufen müßten. Aber es erscheint auch an und für sich die Ansicht, welche bei dem amerikanischen Duell den überlebenden Teil für den Tod des anderen als Täter verantwortlich machen will — abgesehen davon, daß dann die Losung selbst nur als Vorbereitungshandlung erschiene und nicht zum Ausgangspunkte der Begriffsbestimmung gemacht werden dürfe — als eine völlig unhaltbare. Damit ein Erfolg dem Handelnden zum

1) Ansicht von Oppenhoff a. a. O.; von Hye in den Motiven zu seinem Entwurfe, S. 97.

dolus oder zur culpa zugerechnet werden könne, muß Kausalzusammenhang zwischen Erfolg und Handlung vorliegen. Dieser Zusammenhang wird unterbrochen, die Zurechnung fällt weg, wenn ein zurechnungsfähiges Individuum selbständig eingreift in die Verkettung von Ursache und Wirkung, also im vorliegenden Falle dadurch, daß der durchs Los Getroffene freiwillig Hand an sich legt [1]. Wer also bei der Losung ums Leben wie Oppenhoff von fahrlässiger Tötung, oder wie Hye von beabsichtigter Körperverletzung durch den am Leben Gebliebenen spricht, der verleugnet bis zum letzten Reste die Achtung, die wir dem freien Willen, dem selbstgefaßten Entschlusse, auch wenn er in der drückendsten psychologischen Zwangslage zu stande gekommen ist, nicht versagen dürfen. Sonst wäre auch die Kokette eine Mörderin, die durch das wechselnde Spiel ihrer Laune ihren Verehrer in den Tod treibt; sonst müßten wir auch den Verführer, der sein Opfer und die Leibesfrucht, die es von ihm unter dem Herzen trägt, im bittersten Elende verläßt, für einen etwa erfolgenden Kindesmord verantwortlich machen. Wir kämen dann tatsächlich dazu, den sogenannten homicide moral der französischen Kriminalisten [2], wenn auch unter anderem Namen und in verändertem Kostüme in die Gesetzgebung einzuführen. Also auch der vom Staate dem Leben zu gewährende Schutz gegen fremde dolose oder culpose Handlungen kann die Strafbestimmungen gegen das amerikanische Duell nicht rechtfertigen.

III. Es erübrigt noch ein Standpunkt, von dem aus man zur Bestrafung des amerikanischen Duells gelangen kann. Es ist jener Standpunkt, den ich in der vorliegenden Frage

---

1) Zur Beruhigung meines kriminalistischen Gewissens bemerke ich, daß ich mir zwar eine „Unterbrechung des Kausalzusammenhanges“ absolut nicht vorstellen kann, daß ich aber der herrschenden Terminologie folge, um (nicht hierher gehörige) Erörterungen über diese in den letzten Jahren in die größtmöglichste Verwirrung geratene Lehre zu vermeiden.

2) „Supposons, qu'un mari ou qu'un père ne se serve de sa puissance que pour couvrir d'amertume les jours d'un enfant ou d'une femme; qu'à dessein il use leur vie dans la douleur; qu'il cherche à l'abréger par une souffrance morale continue et prolongée; qu'enfin par une barbarie calculée, il conduise ainsi pas à pas sa victime jusqu'à la tombe“. Hélie, 5. Aufl. III. 400.

für den allein richtigen halte. Der Staat schützt Leben und Gesundheit seines Bürgers auch dann, wenn dieser selbst sie preisgibt; er schützt sie, weil sie für ihn einen bedeutenden, wenn auch sehr ungleichen Wert repräsentieren, auf den die Gesamtheit nicht so ohne weiteres verzichten kann. So straft der Staat die Selbstverstümmelung des Militärpflichtigen, so kann er den Selbstmord mit Strafe belegen [1]), beziehungsweise den Versuch desselben, oder die Anstiftung und Beihilfe hierzu; er kann endlich noch weiter gehen und lebensgefährliche Spiele, Wettrennen, das Baden in reißenden Strömen, überhaupt alle oder wenigstens gewisse Handlungen, bei welchen Menschenleben einer drohenden Gefahr ausgesetzt werden, bei Strafe verbieten. Wie weit der Staat in dieser Richtung greifen will, hängt ab von dem Geiste seiner Gesetzgebung, von dem herrschenden Systeme einer größeren oder geringeren polizeilichen Bevormundung. Lediglich aus diesem zuletzt hervorgehobenen Gesichtspunkte, also als eine das Leben im höchsten Grade gefährdende Handlung läßt sich die Einreihung der Losung ums Leben in den Strafkodex rechtfertigen.

Noch eines muß hervorgehoben werden. Die heute vorherrschende Ansicht, daß das amerikanische Duell seinem Wesen nach (straflose) Anstiftung zum Selbstmorde sei, kann ich nicht billigen. Möglich immerhin, daß im einzelnen Falle die Sache so liegt, daß der gesetzliche Anstiftungsbegriff zur Anwendung gebracht werden kann; aber notwendig ist es nicht, es dürfte sogar nur in den seltensten Fällen wirkliche Anstiftung vorliegen. Wenn A. und B. miteinander würfeln, wer von ihnen die Zeche bezahlen solle und A. vom Zufalle zum Zahler bestimmt wird, kann ich doch als Jurist nicht sagen: der B. hat den A. angestiftet, seine (des B.) Zeche zu zahlen! Und anders liegt auch beim amerikanischen Duell die Sache nicht.

Das amerikanische Duell ist also nicht gegenseitige An-

---

1) Beiläufig bemerkt ist es unrichtig, wenn v. Holtzendorff in seinem Handbuche III, S. 416. Note 2 behauptet, daß in England, wo der Selbstmord noch gegenwärtig Felony ist, die Coroners durch Annahme von Irrsinn des Täters allgemein das Gesetz umgehen. Jeder Jahrgang der „Times“ enthält Beispiele von Bestrafungen wegen versuchten Selbstmordes.

stiftung zum Selbstmorde, sondern frevelhaftes Spiel ums Leben. Das Leben ist das Rechtsgut, das der Staat mit seinen Strafdrohungen gegen das amerikanische Duell schützen will, nicht gegen fremde, sondern gegen eigene Angriffe des zu Schützenden.

Daraus ergibt sich eine wichtige Konsequenz. Wenn wir, von dem eben erörterten Standpunkte aus, die Tötung des Einwilligenden, die Anstiftung oder Beihilfe zum Selbstmorde und die Losung ums Leben in Bezug auf ihre Strafwürdigkeit miteinander vergleichen, so dürfte wohl kaum ein begründeter Einwand gegen die Behauptung erhoben werden können, daß unter diesen drei Gruppen von Handlungen das amerikanische Duell die moralisch verwerflichste, aber für den Kriminalisten die unbedeutendste ist. Auf Tötung des Einwilligenden verhängt der Entwurf Gefängnis von 2—5 Jahren, die Anstiftung und Beihilfe zum Selbstmorde straft er gar nicht, die Losung ums Leben aber mit Zuchthaus oder Staatsgefängnis bis zu 15 Jahren! Ist das „Parallelismus“ in den Strafdrohungen? Ich glaube nein.

Will man überhaupt das amerikanische Duell bestrafen, so wäre Gefängnis bis zu 5 Jahren mehr als hinreichend. Am besten aber wäre es wohl, es gar nicht im Gesetze zu erwähnen. Die paar vorgekommenen Fälle rechtfertigen es wohl kaum, ein neues Delikt zu schaffen, bei dem der Nachweis der Schuld, wenn der einzige Zeuge nicht mehr am Leben ist, zu den schwierigsten Aufgaben der Anklage gehören würde. Dann ist es auch mehr als zweifelhaft, ob in einer Gemütsstimmung, in der man bei einer Wette von 1 : 1 das Leben in die Schanze schlägt, ein paar Jahre Zuchthaus mehr abschreckende Kraft ausüben werden, als der tiefgewurzelte Trieb der Selbsterhaltung.

Ich schließe mit dem bereits oben gestellten Antrage, die §§ 221 und 222 des Entwurfes schlechthin zu streichen.

2. Das Prinzip der Strafverfolgung nach dem österreichischen Strafgesetzentwurfe.

Vortrag, gehalten am 27. März 1877 in der Wiener Juristischen Gesellschaft.

(Juristische Blätter, 8. und 15. April 1877.)

Hochgeehrte Versammlung!

Als ich vor mehreren Wochen die Einladung Ihres geehrten Ausschusses erhielt, an dieser Stelle einen Vortrag zu halten, da erfüllte mich einzig und allein die Empfindung des freudigen Stolzes darüber, daß es mir vergönnt sein sollte, vor der Elite der Wiener Juristenwelt meine Ansichten vertreten zu dürfen. Heute aber, meine Herren, wo ich, indem ich meine Blicke über die Reihen der Versammlung gleiten lasse, mich so zahlreichen Männern gegenübersehe, welche die festen Stützen der österreichischen juristischen Praxis, die Zierden der österreichischen juristischen Literatur, der Stolz unserer Hochschule sind; heute, wo ich auch mehr als einen unter Ihnen sehe, zu dessen Füßen ich noch vor wenig Jahren die Anfangsgründe jener Wissenschaft mir eigen zu machen bestrebt war, deren Lehre nunmehr meinen Lebensberuf bildet; heute, meine Herren, ists mir, als wäre jene stolze Freude verflogen und bange Beklemmung an ihre Stelle getreten. Ziehen Sie, ich bitte Sie darum, meine Herren, diese nur zu erklärliche Befangenheit mit in Rechnung, wenn mein Vortrag zurückbleiben sollte hinter Ihren Erwartungen, hinter meinen Wünschen.

Man hat wiederholt und in vielfach veränderter Fassung das materielle Strafrecht bezeichnet als den Gradmesser für die Kultur eines Volkes, als das Prisma, welches das gesamte geistige Leben einer Nation im verkleinerten, aber scharfen und treuen Bilde wiederspiegelt. Und ein Blick in die Blätter der Geschichte zeigt uns, daß diese

Auffassung des Strafrechtes die richtige ist, daß die Begriffe von Recht und Unrecht, von Verbrechen und Strafe nicht durch die Moral, nicht durch die Religion unveränderlich in unsere Brust gegraben sind, daß selbst die Spekulation des kühnsten und genialsten Denkers dieselben nicht für alle Zeiten und Verhältnisse endgültig festzustellen imstande ist, daß vielmehr die Grenzlinie zwischen dem zivilen und dem kriminellen Unrechte im ewigen Flusse der Veränderung schwankt, bald vorgeschoben, bald zurückgedrängt wird, bald verschwimmt, bald neu sich bildet. Ich möchte, gewissermaßen im Gegensatze zu diesem Charakter des materiellen Strafrechtes, das Strafprozeßrecht bezeichnen als den Gradmeser für die politische Reife eines Volkes. Dieselbe Aufgabe, die das Staatsrecht zu lösen hat, wiederholt sich auch auf dem beschränkteren Gebiete des Strafprozeßrechtes. Hier wie dort handelt es sich darum, die Quadratur des Zirkels zu finden, eine Formel aufzustellen, welche, scheinbar wenigstens, widerstreitende Interessen miteinander versöhnt; hier wie dort handelt es sich darum, das Interesse der Gesamtheit an strammer Konzentration der Machtfülle in den Händen der Exekutivgewalt in Einklang zu bringen mit dem berechtigten Verlangen des einzelnen nach möglichstem Schutze seiner individuellen Freiheit. Und eben darum hängt das Strafprozeßrecht auf das innigste zusammen mit den herrschenden politischen Anschauungen, darum wirken diese maßgebend ein nicht nur auf die Gestaltung der leitenden Prinzipien des Strafprozeßrechtes, sondern selbst auf den Ausbau der einzelnen untergeordneten Bestimmungen desselben.

Es braucht wohl nicht ausdrücklich betont zu werden, daß derartige allgemeine Sätze nur auf relative Richtigkeit Anspruch machen können. Wenn ich jedoch behaupte, daß das materielle Strafrecht von den allgemeinen kulturellen Verhältnissen, das Strafprozeßrecht speziell von den politischen Anschauungen bestimmt wird, so bietet uns die Geschichte gerade der österreichischen Gesetzgebung mehrere schlagende Beispiele für die Richtigkeit dieser Behauptung. Jene große kulturgeschichtliche Bewegung in der zweiten Hälfte des vorigen Jahrhunderts, welche wir als die Periode der Aufklärung zu bezeichnen pflegen und die bis auf den heutigen Tag eine alle ihre verschiedenen Richtungen zusammenfassende Darstellung nicht gefunden hat, spiegelt sich auf das allertreueste wieder in den beiden Gesetzgebungswerken auf dem Gebiete des materiellen Strafrechtes, welche die Namen Maria Theresiens und Kaiser Josefs II. tragen. Das Strafprozeßrecht derselben Periode hingegen ist von jener großen Bewegung beinahe unberührt geblieben, der Strafprozeß der Josefinischen Gesetzgebung ist in seinen wesentlichen Grundlagen kein anderer als er zur Zeit Maria Theresiens gewesen war, und wenn wir Abweichungen zu konstatieren haben, so liegen sie gerade nach jener Richtung hin, in der wir sie am wenigsten zu suchen geneigt sein würden: in der konsequenten Weiterbildung des Inquisitionsprozesses der Theresiana.

Und umgekehrt: heute noch arbeiten wir mit demselben Strafgesetzbuche, welches bereits im Jahre 1803 in Oesterreich eingeführt wurde; die ganze große politische Bewegung unseres Jahrhunderts ist beinahe spurlos an ihm vorübergegangen, und die Rufe nach Reform, die immer häufiger und lauter ertönten, haben ihren Grund viel mehr in den Bedürfnissen der Praxis und den Anforderungen der Wissenschaft als in politischen Bedenken. Das Strafprozeßrecht unserer Zeit aber ist wesentlich beeinflußt von dem Wechsel der politischen Anschauungen, und die Jahreszahlen 1803, 1850, 1853 und 1873 bedeuten ebenso viele Etappen nicht nur in der Geschichte unserer Strafprozeßgesetzgebung, sondern auch in der an Wechselfällen reichen Entwickelung unseres politischen Lebens.

Wenn ich meinen Vortrag mit diesen Bemerkungen begonnen habe, so geschah dies darum, um gewissermaßen eine Entschuldigung, einen Rechtfertigungsgrund für die Wahl meines Themas und die Behandlung desselben zu finden.

Nicht darum handelt es sich für mich, mit neuen, bisher von niemandem ausgesprochenen Gedanken vor Ihnen glänzen zu wollen, oder den wohlfeilen Apparat umfassender Literaturangaben spielen zu lassen; ich verfolge vielmehr mit meinem Vortrage andere Zwecke.

Wir stehen vor einer Reform unseres materiellen Strafrechtes, die auch auf das Gebiet des Strafprozeßrechtes ihren tiefeingreifenden Einfluß ausüben muß. Bei dieser Sachlage und bei der hohen politischen Bedeutung, die der Gestaltung des Strafprozesses eigentümlich ist, verlohnt es sich wohl, die durch den österreichischen Strafgesetzentwurf in Vorschlag gebrachten Abänderungen zu beleuchten, sie kritisch zu prüfen, etwaige Wünsche, etwaige Bedenken zum Ausdruck zu bringen.

Den Vorwurf meines Vortrages bildet das „Prinzip der Strafverfolgung".

Sie wissen, meine Herren, daß dieser Ausdruck, der schon früher wiederholt gebraucht worden war, geradezu zum technischen geworden ist durch die in jeder Beziehung klassische Abhandlung, welche der damalige Professor des Strafrechtes an der Wiener Universität, Dr. Julius Glaser, im Jahre 1860 in der „Allgemeinen österreichischen Gerichtszeitung" veröffentlichte.

Ich muß hier ein für allemal auf diese Abhandlung verweisen; sie bildet die Grundlage meines Vortrages, und es ist weder meine Absicht noch meine Aufgabe, das dort in glänzender Weise Gesagte, das längst als Gemeingut aller gebildeten Juristen betrachtet werden kann, hier zu wiederholen.

Ich verstehe unter dem Prinzipe der Strafverfolgung den Inbegriff jener Grundsätze, von welchen der Staat bei Einleitung der strafgerichtlichen Verfolgung ausgeht; im engeren Sinne den Inbegriff jener Bedingungen, an welche er das Recht zur Erhebung der Anklage geknüpft hat. Es liegt auf der Hand, daß der Ausdruck, in dieser Bedeutung genommen, eine große Reihe von wichtigen und interessanten Problemen des Strafprozeßrechtes in sich schließt; ich muß mich aber an dieser Stelle begnügen, nur eine Gruppe derselben hervorzuheben. Ich möchte die Stellung besprechen, welche die vom Staate zur Strafverfolgung eingesetzte Behörde zu dem einzelnen Staatsbürger einnimmt, die Beschränkungen und Modifikationen beleuchten, welche das Anklagemonopol der Staatsanwaltschaft durch entgegenstehende oder konkurrierende Rechte des einzelnen Staatsbürgers erleidet. Es ist dies, wie mein hochverehrter Lehrer, Hofrat Professor Wahlberg, sich einmal äußerte, „ein ebenso wichtiges wie verfängliches Problem", das wiederholt der Gegenstand eingehender Studien von seiten unserer bedeutendsten Kriminalisten gewesen ist. Ich bitte daher um Entschuldigung, wenn ich, des Zusammenhanges wegen, Dinge berühren muß, die Ihnen, meine Herren, anderswoher und vielleicht besser als mir bereits bekannt sind.

Ich beginne mit einem Satze, mit welchem Glaser in dem eben erwähnten Aufsatze eine heute allgemein anerkannte Wahrheit in treffender Weise ausgesprochen hat: „Die Erkenntnis, daß das Strafrecht dem öffentlichen Rechte und nicht dem Privatrechte angehöre, daß es bestimmt sei, die öffentliche Rechtsordnung, welche durch das Verbrechen in ihrem Bestande bedroht wird, zu schützen, und daß daher die Staatsgewalt, deren erste und wichtigste Aufgabe die Erhaltung der Rechtsordnung ist, das Recht und die Pflicht habe, die Anwendung der Strafgesetze zu verlangen und zu sichern, ist das unverlierbare Resultat einer langen geschichtlichen Entwickelung." Die Konsequenz aus diesem Satze hat nicht nur der alte Inquisitionsprozeß, sondern, wenngleich in anderer Weise, so doch mit derselben Intensität, auch der moderne französisch-deutsche Prozeß gezogen, der letztere dadurch, daß er eine eigene Behörde aufstellte, welche er mit dem Rechte und der Pflicht ausstattete, die strafgerichtliche Verfolgung einzuleiten und durchzuführen. Dem französischen Rechte entnommen, durchaus verschieden von dem alten deutschen Fiskalate, mit weitgreifenden Befugnissen ausgestattet, hierarchisch organisiert, stramm diszipliniert, dem Winke des Ministeriums gehorsam, ein aus den tüchtigsten Beamten zusammengesetztes Elitekorps, tritt die Staatsanwaltschaft als ein — im Anfange wenigstens — völlig fremdes Glied in den Organismus der deutschen Justizbehörden.

Gar manche von jenen Befugnissen hat man im Laufe der Zeit nach längerer Erfahrung, bei reiflicherer Ueberlegung fallen gelassen, aber auch heute noch dreht sich der Streit gerade um das wichtigste dieser Befugnisse, um das sogenannte Anklagemonopol der Staatsanwaltschaft. Ich verstehe unter diesem Ausdrucke sowohl den positiven Inhalt der staatsanwaltschaftlichen Machtfülle, insofern die Staatsanwaltschaft das Recht hat, die Anklage zu erheben, ohne Rücksicht auf entgegenstehende Interessen des Beschädigten, als auch den negativen, insofern sie ausschließlich dieses Recht ausübt, insofern alle anderen, sowohl der Beschädigte selbst als auch dritte Personen, von der Verfolgung ausgeschlossen sind. Nach beiden Richtungen hin involvierte das Anklagemonopol der Staatsanwaltschaft einen tiefgreifenden Bruch mit eingewurzelten deutschen Rechtsanschauungen; eben darum wurde der Staatsanwaltschaft seit ihrer Einführung von seiten des deutschen Volkes ein entschiedenes Mißtrauen entgegengebracht und die Liberalen des Jahres 1848, welche in kindlicher Naivetät gerade dieses Institut mit in ihre Forderungen aufgenommen hatten, überzeugten sich gar bald, daß sie damit der Regierung eine schneidige Waffe in die Hand gedrückt hatten.

Man war nun bestrebt, dieses Monopol nach beiden Seiten hin zu beschränken und den Gefahren zu begegnen, welche dasselbe für die Rechtspflege mit sich bringen müßte. Es ist nicht meine Aufgabe, alle jene Versuche zu schildern, die zu diesem Zwecke gemacht wurden, der Gesetzgebung und der Wissenschaft auf allen jenen Irrwegen zu folgen, auf welchen man das Ziel zu erreichen suchte. Ich möchte nur hervorheben, daß insbesondere einer dieser Vorschläge, der sich heute noch in Deutschland einer gewissen Beliebtheit erfreut, als ein durchaus verfehlter bezeichnet werden muß, weil er sowohl die Stellung der Staatsanwaltschaft als auch die des Richters verfälscht. Es ist dies der Vorschlag, daß, wenn der Staatsanwalt die Einleitung der Verfolgung ablehnt, unter gewissen Umständen ein bestimmtes Kollegium des Gerichtes ermächtigt sein soll, dem Staatsanwalte den Auftrag zur Verfolgung zu erteilen. Es verfälscht dieser Vorschlag die Stellung der Staatsanwaltschaft, indem er ihr die Aufgabe zuweist, gegen ihren Willen die Anklage durchzuführen; er verfälscht die Stellung des Richters, indem er ihn herabzieht in den Streit der divergierenden Meinungen.

Ich kann mich hierbei gerade auf österreichische Autoritäten, auf Glaser und Wahlberg, berufen, die wiederholt diesen Versuch als einen verfehlten bezeichneten.

Es beschäftigen mich hier nur jene Vorschläge, welchen eine innere Berechtigung, wenigstens von vornherein, nicht abgesprochen werden kann: es sind dies die Institute der Antragsdelikte nach der einen, der Privatklage in ihren verschiedenen Formen nach der anderen Richtung; letztere zerfallend einerseits in die Privatklage des Verletzten und in die staatsbürgerliche Anklage, andererseits in die Unterabteilungen der subsidiären, prinzipalen und konkurrierenden Privatklage.

Die Beschränkung des Anklagemonopols durch diese Institute ist gerichtet gegen die beiden Funktionen desselben: gegen die positive Funktion, indem in gewissen Fällen die Einleitung der Untersuchung ohne die Zustimmung des Verletzten unmöglich gemacht werden soll — gegen die negative, indem durch die Privatklage in jenen Fällen, in welchen der Staatsanwalt die Verfolgung verweigert, dem einzelnen Verletzten, beziehungsweise jedem Staatsbürger, das Recht gewahrt werden soll, gegen den Willen der Anklagebehörde die Einleitung der strafgerichtlichen Verfolgung zu begehren.

Es ist damit auch die Gliederung meines Vortrages gegeben; ich habe zunächst von den Antragsdelikten, dann von der Privatklage in ihren verschiedenen Formen zu sprechen.

Was zunächst die Antragsdelikte betrifft, so haben dieselben in mehrfacher Beziehung gerade in den letzten Jahren ein ganz eigentümliches Schicksal durchzumachen gehabt. Es bezieht sich diese Bemerkung in erster Linie auf die — ich möchte sagen — Popularität der Antragsdelikte, d. h. die größere oder geringere Zahl, in welcher wir denselben in den einzelnen Gesetzgebungen begegnen. Die peinliche Gerichtsordnung Karls V. kennt nur sehr wenige Fälle, in welchen das herrschende Prinzip der Strafverfolgung durchbrochen, die Einleitung des Verfahrens nur über Begehren des Beschädigten möglich war; es sind dies bekanntlich Ehebruch, Entführung, Notzucht und Familiendiebstahl. Das gemeine Recht fügte mehrere weitere Fälle hinzu, von welchen ich die aus dem römischen Rechte genommenen Delikte der suppositio partus und der Injurie hervorhebe. Auf einem gleichen Standpunkte stehen und eine ähnlich beschränkte Zahl von Antragsdelikten kennen der code pénal, das bayerische Strafgesetzbuch vom Jahre 1813, das preußische Strafgesetzbuch vom Jahre 1851, das nur zu sehr von französischen Elementen durchzogen ist, und die österreichische Strafgesetzgebung der Jahre 1803 und 1852. Dagegen begegnen wir in den meisten seit der Mitte unseres Jahrhunderts erlassenen partikularen deutschen Strafgesetzen einer fortschreitenden Tendenz auf Vermehrung der Antragsfälle. Deren 17 enthält das hessische Strafgesetzbuch vom Jahre 1841, 20 das badische Strafgesetzbuch vom Jahre 1845, 21 je das württembergische vom Jahre 1839 und das braunschweigische von 1840, 24 das sächsische Strafgesetzbuch vom Jahre 1855 bezw. 1868, 25 das bayrische Strafgesetzbuch vom Jahre 1861, 28 das Strafgesetzbuch von Thüringen; das deutsche Reichsstrafgesetz kennt bereits 38 Antragsdelikte, nämlich, nach Reaten gerechnet, 7 Verbrechen, 28 Vergehen und 3 Uebertretungen, und an der Spitze der ganzen Reihe steht der österreichische Strafgesetzentwurf. Wenn wir das Wort Antragsdelikt in seiner älteren Bedeutung, sowohl die Antrags- als auch die Privatdelikte des österreichischen Entwurfes umfassend, verstehen, so kennt dieser 24 + 26, also im ganzen 50 Fälle, in welchen das Anklagemonopol in seiner positiven Funktion durchbrochen, die Einleitung der strafgerichtlichen Verfolgung unmöglich ist gegen den Willen des Beschädigten.

Es ist nur hervorzuheben, daß in Deutschland gerade in jüngster Zeit gegen diese Tendenz der Gesetzgebung auf Vermehrung der Antragsfälle eine lebhafte Reaktion eingetreten ist. Die deutsche Strafgesetznovelle vom 26. Februar 1876 hat für eine Reihe von Fällen das Antragserfordernis beseitigt, darunter gerade für solche für welche der österreichische Entwurf an dieser Bedingung für die Einleitung der Verfolgung festgehalten hat; ich nenne hier nur Nötigung und Bedrohung. Wichtiger noch erscheinen mir die bei dieser Gelegenheit zu Tage getretenen Symptome. Ich verweise diesbezüglich auf die von der deutschen Regierung in den Motiven zur Strafgesetznovelle mitgeteilten Berichte der deutschen Staatsanwaltschaften und Gerichte, in welchen die mit dem Institute der Antragsdelikte verbundenen Mißbräuche hervorgehoben, in welchen der Schacher, der mit dem Rechte auf Zurücknahme des Antrages oft vor dem versammelten Gerichte getrieben zu werden pflegt, als ein Krebsschaden der deutschen Strafrechtspflege, ja geradezu als eine Verhöhnung des Rechtsgefühles bezeichnet wurde. Ich verweise ferner auf die zahlreichen Aeußerungen, welche im deutschen Parlamente, und zwar von allen Seiten, von den Stimmführern aller politischen Parteien gegen die Antragsdelikte gefallen sind, und ich glaube nicht zu weit zu gehen, wenn ich behaupte, daß von allen Instituten des deutschen Reichsstrafgesetzbuches keines unpopulärer ist als das der Antragsdelikte.

Ich hebe dies hervor, weil, nach meiner Ansicht, diese in Deutschland eingetretene Reaktion auch bei Beratung des österreichischen Strafgesetzentwurfes nicht übersehen werden darf. Ich für meinen Teil gehöre nicht zu jenen, welche in der Vermehrung der Antragsdelikte einen Fortschritt erblicken, und bin der Ansicht, daß durch die praktische Gestaltung der Sachlage der vom Gesetzgeber mit der Aufstellung des Antragserfordernisses angestrebte Zweck in den weitaus meisten Fällen ohnedies erreicht wird. Auch Diebstahl, Körperverletzung u. s. w. sind heute keine Antragsdelikte, und doch liegt praktisch die Sachlage kaum anders, als wenn sie es wären; denn ohne die Anzeige des Verletzten wird in den meisten Fällen die Einleitung der Untersuchung schwer oder gar nicht möglich sein, ohne dessen fördernde Mitwirkung die Durchführung der Anklage keine Aussicht auf Erfolg haben.

Fragen wir uns nun nach der inneren Natur, nach dem eigentlichen Wesen der Antragsdelikte und nach den strafpolitischen Erwägungen, welche zu ihrer Einführung Veranlassung gegeben haben, so müssen wir auch in dieser Beziehung einen Umschwung der Meinung konstatieren, der in den letzten Jahren eingetreten ist. Es stehen sich hier zwei Ansichten gegenüber: eine ältere, welche einen ganzen Katalog von strafpolitischen Erwägungen aufstellt, deren jede für sich die Einführung des einen oder anderen Antragsdeliktes rechtfertigen soll, die aber, trotz dieser verschiedenen legislatorischen Gründe, in prozessualer Hinsicht alle Antragsdelikte nach der gleichen Schablone behandelt wissen will; und eine neuere, welche die verschiedenen Antragsdelikte in zwei große, ihrem Charakter nach nicht nur verschiedene, sondern einander geradezu entgegengesetzte Gruppen teilt, und aus dieser inneren Verschiedenheit der beiden Hauptgruppen wichtige strafprozessuale Konsequenzen ableitet. Als Vertreter der älteren Ansicht mag Schütze angeführt werden, der in seinem trefflichen, 1874 in zweiter Auflage erschienenen Lehrbuche des deutschen Strafrechtes folgende Gründe für die Aufstellung von Antragsdelikten anführt:

1) Die schwer zu ziehende Grenze zwischen civilem und kriminellem Unrechte; es würden hierher unbedeutende Eigentumsverletzungen, so Untreue, Zechbetrug, Nasch- und Futterdiebstahl, geringfügige Sachbeschädigungen u. s. w. gehören;

2) Rücksichten des Staats- und Völkerrechtes, z. B. bei Beleidigung auswärtiger Souveräne und Gesandten oder strafbaren Handlungen gegen befreundete Staaten;

3) das entgegenstehende Interesse des Verletzten an der Nichtverfolgung, so bei Notzucht, stuprum fraudulentum, Verleitung zum Beischlaf u. s. w.;

4) Rücksichten auf die Integrität des häuslichen und Familienlebens, z. B. Ehebruch, Familiendiebstahl;

5) die wahrscheinliche Unbeweisbarkeit der Tat bei mangelnder Mitwirkung des Verletzten;

6) den Satz: „Minima non curat praetor."

Ich kann hier auf diese Gründe im einzelnen nicht näher eingehen, aber ich möchte hervorheben, daß mehrere von ihnen unhaltbar sind oder doch wenigstens zu anderen Konsequenzen führen als zur Statuierung des Antragserfordernisses. Daß es außerordentlich schwierig ist, die Grenzlinie zwischen civilem und kriminellem Unrechte zu ziehen, ist eine nur zu bekannte Tatsache; aber diese Grenzlinie hat der Gesetzgeber in abstracto zu ziehen, ehe er eine Unrechtsform in den Katalog der strafbaren Handlungen aufnimmt, sie hat in concreto der Richter festzustellen, welcher den vorliegenden Tatbestand unter das Gesetz subsumiert. Aber der Verletzte, meine Herren, dem der Schmerz über die widerfahrene Rechtskränkung, das Verlangen nach Rache, die Fähigkeit zur ruhigen Beurteilung der Sachlage benimmt, der kann unmöglich dieselbe Aufgabe in befriedigender Weise lösen, an der sich die Schulphilosophien, an der sich die verschiedenen Strafrechtstheorien bis auf den heutigen Tag vergeblich versucht haben.

Der Satz: „Minima non curat praetor" ist an und für sich ebenso richtig, er findet aber vollständige Würdigung in der Herrschaft des Opportunitätsprinzipes. Der Staatsanwalt muß, ehe er die Verfolgung einleitet, sich fragen, ob auch die Sache an sich wichtig genug, ob auch hinreichende Aussicht auf Erfolg vorhanden ist, um den ganzen gerichtlichen Apparat in Bewegung zu setzen. Wir brauchen also die Antragsdelikte nicht. Ich weiß sehr wohl, daß in Deutschland das Opportunitätsprinzip zu jenen verpönten Schlagworten gehört, bei deren Aussprechen der Sturm der sittlichen Entrüstung von allen Seiten losbricht, daß in Deutschland das Legalitätsprinzip von der herrschenden Ansicht als das einzig richtige bezeichnet wird. Indessen schließe ich mich, ohne hier auf eine nähere Begründung dieser Ansicht eingehen zu können, mit aller Entschiedenheit den Stimmführern der österreichischen kriminalistischen Literatur an, welche seit den sechziger Jahren das Opportunitätsprinzip verteidigen, die konsequente Durchführung des schroffen Legalitätsprinzipes einfach für ein Ding der Unmöglichkeit erklären, und jede aus den Unterlassungsfehlern der Staatsanwaltschaft für die Rechtspflege sich ergebende Gefahr durch die Einführung der subsidiären Privatklage für beseitigt halten.

Zu dem gleichen Resultate führt uns die „voraussichtliche Unbeweisbarkeit der Tat"; auch hier wird der Staatsanwalt, wenn er erkennt, daß die Anklage unmöglich Erfolg haben kann, dieselbe eben einfach nicht erheben. —

Dieser älteren Auffassung des Charakters der Antragsdelikte steht eine neuere gegenüber, welche von den österreichischen Juristen, insbesondere Glaser und Wahlberg, verteidigt wurde, und für die auch auf dem zwölften deutschen Juristentage tüchtige Vertreter eingestanden sind. Nach dieser zerfallen die sämtlichen Antragsdelikte in zwei große Gruppen. In die erste Gruppe gehören jene strafbaren Handlungen, bei welchen dem Interesse des Staates an der Verfolgung ein überwiegendes Interesse des Beschädigten an der Nichtverfolgung gegenübersteht. Ich bitte, als Beispiel an die Notzucht zu denken. Durch den strepitus fori, durch das Hinauszerren der Angelegenheit in die Oeffentlichkeit des Gerichtssaales, der Tagesblätter, schon durch die während der Voruntersuchung notwendig werdende Tätigkeit der Gerichtsärzte wird der schon vorhandenen Verletzung eine neue, vielleicht schwerere hinzugefügt, wird die Wunde, die bereits zu vernarben begonnen, wieder aufgerissen und den neugierigen Blicken der Zuschauer preisgegeben, die teilnahmslos, vielleicht mit geheimer Schadenfreude, dem Schauspiele beiwohnen. Wenn hier der Staat die Strafverfolgung von dem Antrage des Verletzten abhängig macht, so erklärt er damit: „Ich, der Staat, habe allerdings ein Interesse an der Verfolgung, und dasselbe ist hier ebenso groß wie bei den übrigen strafbaren Handlungen; aber du, Beschädigter, du hast ein noch größeres Interesse an der Nichtverfolgung, und diesem deinem Interesse zu Liebe verzichte ich auf die Geltendmachung des meinigen, ausgenommen für den Fall, wenn du durch Stellung des Antrages zu erkennen gibst, daß nach der konkreten Sachlage jenes von mir bei dir vorausgesetzte Interesse nicht vorliegt."

Wenn wir diese Auffassung zu Grunde legen, so ergibt sich aus derselben eine doppelte Konsequenz: zunächst einmal die, daß die eigentliche Bedeutung dieser Antragsdelikte eine wesentlich negative ist; daß das Recht des Beschädigten nicht sowohl darin besteht, die Einleitung der Verfolgung beantragen zu dürfen, als vielmehr darin, durch Nichtstellung des Antrages die Verfolgung unmöglich zu machen; daß auch, wenn wir uns auf die Seite des öffentlichen Interesses stellen, es sich hier um die Schaffung einer Bedingung handelt, ohne deren Vorhandensein die Verfolgung nicht eingeleitet werden kann. Es ist also jedenfalls richtiger, von einem Antragserfordernis zu sprechen als von einem Antrags**rechte**, das wesentlich in der **Nicht**stellung des Antrages besteht. Es ergibt sich aber daraus auch die weitere Konsequenz, daß die in vielen Gesetzgebungen wiederkehrende Verbindung dieser ersten Gruppe der Antragsdelikte mit der prinzipalen Privatanklage durchaus unzulässig, geradezu prinzipwidrig ist. Wenn der antragsberechtigte Verletzte erklärt: „Ich verzichte auf das Recht, das mir der Staat gewährt", dann stellt sich die Sache so, als wenn wir es von vornherein mit einem Offizialdelikte zu tun gehabt hätten; es tritt das Recht des Staates auf Strafverfolgung in ungeschmälerte Kraft, es hat daher, wenn der Antrag gestellt wird, die Verfolgung nicht auf dem Wege der Privatklage, sondern auf jenem der öffentlichen Klage durch den Staatsanwalt stattzufinden.

Zur **zweiten Gruppe** der Antragsdelikte werden jene strafbaren Handlungen gerechnet, bei welchen das Interesse des Staates an der Verfolgung ein minimales ist, bei welchen es daher der Staat getrost dem Beschädigten überlassen kann, die Einleitung der Verfolgung zu veranlassen oder nicht. Als Beispiel mag hier Ehrenbeleidigung oder geringfügige Körperverletzung dienen. Man fügt noch weiter hinzu, daß hier von einer Verletzung der öffentlichen Rechtsordnung nur dann die Rede sein kann, wenn der zunächst Betroffene sich für verletzt erklärt; wird die Ehrenbeleidigung ruhig hingenommen, so ist für den Staat keine Veranlassung zum Einschreiten gegeben.

Ehe ich nun meine eigene Ansicht über diese zweite Gruppe und über die aus ihrer eigentümlichen Natur sich ergebenden prozessualen Konsequenzen äußere, sei es mir gestattet, einen Blick auf die Bestimmungen des österreichischen Entwurfes zu werfen.

Der österreichische Strafgesetzentwurf schließt sich vollständig der eben angedeuteten Unterscheidung an und teilt jene Fälle, welche das deutsche Strafgesetzbuch als Antragsfälle charakterisiert, in zwei große Gruppen. Er nennt als erste Gruppe die eigentlichen Antragsdelikte, bei welchen, wenn der Antrag gestellt wird, nicht Privatklage, sondern öffentliche Klage durch den Staatsanwalt eintritt, bei welchen der einmal gestellte Antrag nicht mehr zurückgenommen werden kann, bei welchen endlich der Antrag als unteilbar gilt und seine Wirkung gegen alle an der strafbaren Handlung beteiligten Personen äußert. Als zweite Gruppe bezeichnet der Entwurf die sogenannten Privatdelikte (unsere Antragsdelikte der zweiten Kategorie), bei welchen die Verfolgung von vornherein auf dem Wege der prinzipalen Privatklage stattzufinden hat; diese kann zurückgezogen werden bis zum Beginne der Strafvollstreckung und ist nur gegen die ausdrücklich bezeichneten Personen gerichtet. Ich stimme nun dem Gesetzentwurfe vollständig bei bezüglich der angeführten Einteilung der Antragsdelikte sowie bezüglich des Ausschlusses der prinzipalen Privatklage bei der ersten Gruppe derselben. Dagegen muß ich mich — und es ist dies einer jener Punkte, die ich besonders betont wissen möchte — gegen die prinzipale Privatklage bei der zweiten Gruppe, den sogenannten Privatdelikten nach der Terminologie des Entwurfes, aussprechen; ich halte sie für prinzipwidrig, überflüssig und gefährlich.

Zunächst dürften schon schwerwiegende theoretische Bedenken gegen die Zulassung der prinzipalen Privatklage sprechen, dürfte gerade der Grundsatz, von dem der Gesetzgeber ausgeht, kein haltbarer sein. Ich glaube nicht, daß es strafbare Handlungen gibt, bei welchen das Interesse des Staates an der Verfolgung ein minimales ist, oder, um die Sache beim rechten Namen zu nennen, bei welchen es dem Staate gleichgültig sein kann, ob eine Verfolgung eintritt oder nicht. Hat aber der Gesetzgeber solche Handlungen in den Rahmen des Strafrechtes aufgenommen, dann hat er sich eben über den Charakter derselben getäuscht, dann mag er sie ruhig wieder streichen. Darüber herrscht ja doch heute keine Meinungsverschiedenheit mehr, daß die öffentliche Rechtssicherheit nicht abhängig ist von maßloser Vermehrung der als strafbar erklärten Unrechtsformen, daß vielmehr ein kleiner, aber sicher arbeitender Apparat von strafrechtlichen Normen viel intensiver wirkt, als ein umfangreicher, der jeden Augenblick den Dienst versagt.

Wenn man mir einwendet, daß es bei vielen Delikten, z. B. bei der Ehrenbeleidigung, bei geringfügigen Körper-

oder Eigentumsverletzungen u. s. w. widersinnig sei, sofort von Amtswegen einzuschreiten, so erwidere ich darauf, daß diese durchaus richtige Auffassung der Sachlage ihren vollkommen zweckentsprechenden Ausdruck findet, wenn man die strafbaren Handlungen dieser Art zu Antragsdelikten macht.

Allerdings würden sich — und darauf werde ich noch später zurückkommen — diese Antragsdelikte von jenen unserer ersten Kategorie ihrem inneren Wesen nach scharf abzuheben haben und insbesondere zu anderen prozessualen Konsequenzen führen als jene.

Auch der weiter mögliche Einwand, daß diese von mir gewollte Behandlung der hierher gehörigen strafbaren Rechtsverletzungen, ihre Auffassung als Antragsdelikte, die Folge nach sich ziehen würde, auch solche strafbare Handlungen, die, objektiv betrachtet, als für die öffentliche Rechtsordnung durchaus indifferent erscheinen, von Amtswegen zu verfolgen, weil der zur Antragstellung berechtigte Verletzte eben nicht objektiv, sondern von seinem subjektiven Standpunkte aus urteilt — ist durchaus unstichhaltig. Man vergißt dabei vollständig die Herrschaft des Opportunitätsprinzips, man vergißt, daß es der Staatsanwaltschaft ja freisteht, die Verfolgung zu unterlassen, wenn sie die Auffassung des Verletzten nicht teilt. Das Recht des Verletzten seinerseits wird ausreichend gewahrt durch die subsidiäre Privatanklage, die ja schon durch die heute geltende österreichische Strafprozeßordnung gestattet wird. Alle einander scheinbar widerstreitenden Interessen werden demnach vollständig berücksichtigt, wenn man die von dem Entwurfe genannten Privatdelikte zu Antragsdelikten macht, wenn man ferner der Staatsanwaltschaft das Recht zusteht, kraft des Opportunitätsprinzips die Verfolgung eventuell abzulehnen und schließlich dem Verletzten gestattet, für diesen Fall mit der Subsidiarklage vorzugehen.

Es muß ferner als durchaus unrichtig, als eine völlig optimistische Auffassung der tatsächlichen Verhältnisse bezeichnet werden, wenn man behauptet, der Staat könne in diesen Fällen mit Beruhigung die strafgerichtliche Verfolgung dem zunächst Betroffenen anheimstellen. Wenn heute einem aus unserer Mitte irgend eine unbedeutende Eigentumsverletzung zugefügt wird, können wir hier „mit Beruhigung" erwarten, daß die Anzeige erstattet werden wird? Werden nicht von zehn Beschädigten mehr als die Hälfte sich scheuen vor der damit verbundenen, an sich gewiß geringfügigen Mühe, vor der Vernehmung durch die Polizei, durch den Untersuchungsrichter, bei der Hauptverhandlung, vor dem Zeitverlust, der, in Geld angeschlagen, die ursprüngliche Beschädigung um das Zehn- oder Zwanzigfache übersteigt?

Wenn dies bei dem allgemeinen Charakter unserer für den Kampf ums Recht durchaus nicht begeisterten Bevölkerung schon heute geschieht, wo der als Zeuge zu vernehmende Beschädigte eine völlig untergeordnete Rolle spielt, so werden dieselben Schwierigkeiten in erhöhtem Maße sich geltend machen, wenn er die Hauptrolle übernehmen, wenn er als spiritus movens, als promotor inquisitionis auftreten soll. Der Bauer, dem ein Privatdelikt zugefügt wurde, soll zu dem oft mehrere Stunden entfernten Bezirksgerichte gehen, im Winter auf schneebedeckten Wegen, im Sommer, während er auf dem Felde Arbeit hat; er kann sich glücklich preisen, wenn er unter den Beamten des Bezirksgerichtes einen findet, der Zeit und Liebenswürdigkeit genug erübrigt hat, um aus den verworrenen, unzusammenhängenden Aussagen des Beschädigten mit vieler Mühe eine halbwegs brauchbare protokollarische Anklage zusammenzustellen; oder er muß sich einen Rechtsfreund nehmen, einen Vorschuß zahlen und die Gefahr tragen, daß schließlich wegen des inzwischen erfolgten Todes eines Zeugen oder aus anderen Ursachen der Angeklagte freigesprochen, der Ankläger in die Kosten verurteilt und ihm nunmehr seinerseits wegen fahrlässiger falscher Anklage der Prozeß gemacht wird.

Unter diesen Umständen bedeutet die Einführung der prinzipalen Privatklage nicht viel weniger als die völlige Straflosigkeit der betreffenden Handlungen; und wenn eine Bestrafung eintritt, so hat sie ihren Grund nicht sowohl in der zugefügten Rechtsverletzung, als vielmehr in der außergewöhnlichen Energie des Beschädigten. Daß aber derartige Zustände für die öffentliche Rechtsordnung nicht, wie man anzunehmen scheint, gleichgültig sind, ergibt sich zur Genüge, wenn wir das Privatdelikt des § 234 Strafgesetzentwurfes, die leichte vorsätzliche Körperverletzung, ins Auge fassen. Der Entwurf rechnet hierher auch jene Fälle, in welchen eine Gesundheitsstörung oder Berufsunfähigkeit von wöchentlicher Dauer eingetreten ist. Wir wissen nun alle nur zu gut, daß es in Oesterreich zahlreiche Gerichtsbezirke gibt, in welchen grobe Raufexzesse das regelmäßige Sonntagsvergnügen der kräftigen Bauernjugend bilden. Wenn wir hier die Durchführung der strafgerichtlichen Verfolgung „mit Beruhigung" dem Einschreiten des Beschädigten überlassen, so dürfen wir uns auch darüber keiner Täuschung hingeben, daß wir damit de facto den betreffenden Verletzungen völlige Straflosigkeit garantieren; der heute Beschädigte, der vielleicht bereits auf Rache sinnt, wird sich hüten, als Ankläger aufzutreten, um nach acht Tagen seinerseits die Rolle des Beklagten zu übernehmen. Diese faktische Straflosigkeit in unbedeutenderen Fällen kann aber auf das ohnehin nur kümmerlich entwickelte Rechtsgefühl des Volkes gerade in diesen Kreisen nicht anders als schädigend einwirken, muß die Freude an rohen Kraftäußerungen zu einer bedenklichen Intensität steigern; und wenn dann auch Körperverletzungen erfolgen, die mit Berufsunfähigkeit oder Gesundheitsstörung von mehr als acht Tagen verbunden sind, dann darf der Gesetzgeber sich nicht verhehlen, daß er selbst einen großen Teil der Mitschuld trägt, darum trägt, weil er die strafbaren Handlungen dieser Art protegiert und privilegiert.

Der Staat kann es aber auch dem einzelnen Staatsbürger, der unter der schweren Last der Steuern seufzt, nicht zumuten, daß er die Amtsgeschäfte des öffentlichen Anklägers besorgt, daß er die strafgerichtliche Verfolgung mit all ihren Mühen, Kosten, Unannehmlichkeiten, ihrer Gefahr für die persönliche Sicherheit, mit all dem Zeitverlust auf sich nimmt — und alles das einem legislatorischen Gedanken zu Liebe, der auch auf andere und durchaus zweckentsprechende Weise zum Ausdruck gebracht werden kann. Es ergibt sich hier aber sofort noch eine weitere Schwierigkeit, die weder in unserem geltenden Strafprozeßrechte noch auch in dem Entwurfe eines Strafgesetzes ausdrückliche Lösung findet.

Darf der unbemittelte Privatkläger die Beigebung eines Armenvertreters begehren? Gerade bei dem bezirksgerichtlichen Verfahren ist die Beiziehung eines rechtsverständigen Vertreters viel wichtiger, als in jenen Fällen, die vor einem Richterkollegium oder vor dem Schwurgerichte zur Verhandlung gelangen. Gerade in jenem Verfahren, zu dessen Leitung der jüngste Adjunkt, wenn nicht vielleicht gar ein Auskultant, der eben erst seine Richteramtsprüfung abgelegt hat, berufen wird, kann es nur zu leicht geschehen, daß ein geringfügiges Uebersehen auf die Entscheidung des Falles von entscheidendem Einflusse wird. Wir stehen also bezüglich der prinzipalen Privatklage vor der Alternative: entweder wir verlangen von dem Privatkläger, daß er, falls er des Beistandes eines Rechtsverständigen bedarf, sich diesen auf eigene Kosten verschafft, und schließen damit den minder Bemittelten von der Privatklage völlig aus, oder bringen ihn wenigstens in eine äußerst ungünstige Lage; oder aber wir machen es auch hier so, wie in allen ähnlichen Fällen, wir wälzen die Last auf jene Schultern, welche ohnehin das privilegium odiosum genießen, ohne Vergütung, regelmäßig auch ohne Dank, fremde Lasten tragen zu dürfen; wir statuieren nämlich im Gesetze die Bestimmung, daß, wenn der Privatkläger zur Ausführung der Klage oder zur Einlegung eines Rechtsmittels es verlangt, ihm ein Armenvertreter aus der Zahl der Anwälte beigegeben wird. Beide Eventualitäten bedeuten eine durchaus ungerechtfertigte Entlastung des öffentlichen Anklägers zu ungunsten einzelner Staatsbürger.

Ich möchte schließlich darauf hinweisen, daß auch das Rechtsgefühl im Volke durch die ungleiche Verfolgung der strafbaren Handlungen empfindlich geschädigt werden muß, und daß diese in bedeutend höherem Grade, als bei den Antragsdelikten, dort notwendig eintreten wird, wo nicht nur die Einleitung, sondern auch die Durchführung der strafgerichtlichen Verfolgung von der opferwilligen Energie des Beschädigten abhängig gemacht ist.

Ich fasse meine Bemerkungen gegen die prinzipale Privatklage zusammen. Sie widerspricht dem obersten Grundsatze unserer heutigen Strafrechtswissenschaft, dem Grundsatze, daß das Strafrecht dem öffentlichen Rechte angehört und daß durch jede strafbare Handlung die öffentliche Rechtsordnung verletzt oder gefährdet wird. Sie bedeutet völlige Straflosigkeit in zahlreichen Fällen, welche, wie wir gesehen haben, das öffentliche Interesse in vitalster Weise berühren, sie involviert eine drückende Last für die Bevölkerung, eventuell für den Anwaltstand, sie verwirrt das Rechtsgefühl des Volkes durch die unvermeidliche Ungleichheit in der Verfolgung gleicher strafbarer Handlungen. Alle legislatorischen Ziele, welche der Gesetzgeber mit der Einführung der prinzipalen Privatklage anstrebt, können endlich mit derselben Sicherheit auf anderem Wege, durch Anschluß an bestehende Einrichtungen, erreicht werden.

Man mache nämlich die fraglichen Unrechtsformen zu Antragsdelikten, lasse aber hier, der Bedeutung des Antrages entsprechend, gewisse strafprozessuale Verschiedenheiten gegenüber der ersten Gruppe der Antragsdelikte eintreten. Ich begnüge mich hier damit, eine prozessuale Konsequenz, die ich für unabweislich halte, insbesondere hervorzuheben; es ist dies das dauernde Recht der Verfügung über den Antrag. Es müßte bei dieser zweiten Gruppe der Antragsdelikte, den sogenannten Privatdelikten, dem Beschädigten das Recht zuerkannt werden, seinen Antrag bis zur Fällung des Erkenntnisses wieder zurückzunehmen. Wir hätten dann bei der ersten und zweiten Gruppe, sobald einmal der Antrag gestellt ist, öffentliche Anklage durch die Staatsanwaltschaft; bei der ersten aber könnte der einmal gestellte Antrag nicht mehr zurückgezogen werden, während bei der zweiten dem Beschädigten das Recht der Disposition über den Antrag bis zur Fällung des Erkenntnisses gewahrt werden müßte.

Bei dieser Gelegenheit sei es mir gestattet, zu bemerken, daß die Bestimmung des österreichischen Entwurfes, welche dem Beschädigten die Rücknahme des Antrages bis zum Beginne der Strafvollstreckung gestattet, wohl kaum als eine glückliche Neuerung betrachtet werden kann. Nach meinem Dafürhalten widerspricht es sowohl unserer modernen Auffassung des Strafrechtes als auch der Würde der Rechtspflege, wenn nach durchgeführter öffentlicher Verhandlung „im Namen Sr. Majestät des Kaisers" ein Erkenntnis gefällt wird, welches der Beisetzung des expediatur von seiten des Privatklägers bedarf, um in Rechtskraft zu erwachsen, wenn der Beschädigte unumschränkterer dominus litis ist als der öffentliche Ankläger, wenn es in seinem Belieben steht, den Richterspruch umzustoßen und das ganze Verfahren zur fruchtlos durchgeführten Komödie zu machen. Gegenüber den höchst widerwärtigen Szenen, die kaum zu vermeiden sind, wenn der Privatkläger — vielleicht gegen eine Summe Geldes — dem Verurteilten im Gnadenwege die Strafe nachsehen kann, dürften die unbedeutenden Vorteile, die man von der Einführung dieser Neuerung erwartet, völlig in den Hintergrund treten.

Ich habe bisher jene Bestimmungen des österreichischen Strafgesetzentwurfes besprochen, welche, in Beziehung auf das „Prinzip der Strafverfolgung" wenigstens teilweise Neuerungen gegenüber dem geltenden Strafprozeßrechte enthalten; ich wende mich nunmehr zu der subsidiären Privatanklage, bezüglich welcher der Entwurf es bei den bisherigen Vorschriften der Strafprozeßordnung von 1873 bewenden läßt.

Gerade nach dieser Richtung hin ist der Kampf gegen das Anklagemonopol der Staatsanwaltschaft zuerst entbrannt, und auch hier sind unsere österreichischen Kriminalisten von jeher in den ersten Reihen der Kämpfer gestanden. Es handelte sich darum, das Anklagemonopol in seiner negativen Funktion zu durchbrechen, die Gefahr einer Unterlassung der Verfolgung von Seite des Staatsanwaltes zu beseitigen, indem man auch in jenen Fällen, in welchen dieser die Verfolgung verweigert, die Erhebung der Anklage ermöglichte.

Es muß jedoch hier auf einen regelmäßig übersehenen Umstand aufmerksam gemacht werden, nämlich darauf, daß die subsidiäre Privatanklage unserer Strafprozeßordnung vom Jahre 1873 durchaus verschieden ist von jener Privatklage, die Glaser in seinem mehrfach erwähnten Aufsatze von 1860 verteidigt und der zweite deutsche Juristentag im Jahre 1861 beschlossen hat. Hier handelte es sich um die subsidiäre Privatklage des Verletzten, und zwar, wie ausdrücklich ausgesprochen wurde, auch „des ideell Verletzten"; der österreichische Strafprozeß hingegen kennt nur die subsidiäre Privatklage des in seinen privatrechtlichen Ansprüchen Verletzten; wo diese bei Ueberreichung der Klage nicht mindestens bescheinigt werden können, muß der Ankläger a limine zurückgewiesen werden. Daß hierin ein hochwichtiger Unterschied, eine weitgehende Beschränkung gegenüber den Beschlüssen des zweiten deutschen Juristentages gelegen ist, braucht wohl nicht erst nachgewiesen zu werden. Ich hebe das insbesondere hervor, weil vor kurzer Zeit von einem hervorragenden österreichischen Rechtslehrer die Behauptung ausgesprochen wurde, „der zweite Juristentag habe für Privatbeteiligung und Privatanklagerecht des Beschädigten — im wesentlichen übereinstimmend mit dem heutigen österreichischen Recht — eine Lanze gebrochen"; eine Behauptung, die nach dem Gesagten gerade „im wesentlichen" entschieden als unrichtig bezeichnet werden muß.

Und zwar erblicke ich gerade darin, daß die österreichische Strafprozeßordnung sich den Vorschlägen des deutschen Juristentages nicht angeschlossen hat, einen Beweis für den feinen praktischen Takt unserer Gesetzgebung. Darum nämlich, weil sich kaum ein unklarerer, unglücklicherer, oder, um mit Gneist zu reden, kein „schieferer" Begriff denken läßt, als der des „ideell" Verletzten, der in nichts zerfließt, sobald wir ihn zu fassen versuchen. Ich verweise hier auf die in dem Aufsatze „Ueber das Prinzip der Strafverfolgung" angeführten Beispiele. Es wird dort als „ideell" verletzt bezeichnet der Sohn des ermordeten Vaters, der Gatte der genotzüchtigten Frau etc. Ich möchte fragen: Sind nur Aszendenten und Deszendenten, oder auch die Seitenverwandten und die Verschwägerten des Ermordeten, vielleicht auch sein Jugendfreund, sein alter treuer Diener, seine Braut, seine Geliebte „ideell" verletzt? Wie ist es, wenn ein falsches Zeugnis zu Gunsten des Angeklagten abgelegt würde? Kann hier der durchgefallene Privatkläger oder der ursprünglich durch den Angeklagten Beschädigte als Subsidiarkläger auftreten? Noch größere Zweifel erheben sich, sobald politische oder religiöse Delikte in Frage kommen. Wenn in Gegenwart eines orthodoxen Katholiken die Einrichtungen, Lehren oder Gebräuche seiner Kirche gelästert, wenn vor einem hochkonservativen épicier der erbitterte Kampf gegen Thron und Altar gepredigt wird, wenn die Regierung das Recht mit Füßen tritt und mit Waffengewalt einen Staatsstreich in Szene setzt — gibt es auch hier „ideell" Verletzte, und wer sind diese? —

Genug an diesen Beispielen, die sich leicht ins Unendliche vervielfältigen ließen. Sie zeigen wohl, daß der Begriff des „ideell" Verletzten praktisch durchaus unverwertbar ist, daß er die unerquicklichsten Debatten über die Legitimation des Klägers zur Sache heraufbeschwören würde, daß daher die österreichische Gesetzgebung sehr weise gehandelt hat, als sie ihn fallen ließ.

Diese Anerkennung ist aber nur eine relative; unsere subsidiäre Privatanklage des in seinen privatrechtlichen Ansprüchen Verletzten ist der des „ideell" Verletzten weitaus vorzuziehen, wenn die Wahl eben nur zwischen diesen beiden Formen der Subsidiarklage steht. Wenn wir einen absoluten Maßstab anlegen, so werden wir beide für ungenügend erklären müssen, wir werden zu der Konsequenz gelangen, jede Beschränkung fallen zu lassen, das Recht zur Erhebung der Subsidiarklage jedem Staatsbürger zuzugestehen, ohne daß wir von ihm den Nachweis seiner Legitimation zur Sache verlangen.

Ich komme damit zur staatsbürgerlichen Subsidiarklage, dem letzten Teil meines Vortrages. Sie besteht in dem jeden Staatsbürger, auch wenn er durch die strafbare Handlung in keiner Weise verletzt wurde, zukommenden Recht, dann, wenn der Staatsanwalt die Verfolgung verweigert, die Anklage zu erheben und durchzuführen. Gerade heute, wo wir einer tiefergreifenden Umgestaltung unseres „Prinzips der Strafverfolgung" entgegengehen, möchte ich die Einführung der staatsbürgerlichen Anklage in die österreichische Gesetzgebung warm ans Herz legen.

Ich will Sie, meine Herren, nicht ermüden mit der Wiederholung dessen, was von Gneist und anderen wiederholt und in glänzender Weise gesagt worden ist; ich verweise darauf, daß der zwölfte deutsche Juristentag und eine Reihe der hervorragendsten Autoritäten auf dem Gebiete der Rechtswissenschaft sich für diesen Vorschlag ausgesprochen haben, und begnüge mich mit wenigen Bemerkungen.

Die staatsbürgerliche Subsidiarklage ist die unabweisliche Konsequenz unserer heutigen Auffassung von Stellung und Aufgabe der Staatsanwaltschaft. Wenn wir diese als eine dem Ministerium untergeordnete Administrativbehörde betrachten, die über Erhebung und Nichterhebung der Anklage nach Opportunitätsgründen entscheidet — und diese Auffassung ist, meines Erachtens, um so richtiger, je schärfer und konsequenter sie durchgeführt wird — dann müssen wir ein Korrektiv schaffen gegen die Gefahren, welche dadurch für die Handhabung der Rechtspflege herbeigeführt werden. Man wollte dieses Korrektiv schaffen durch die Einführung der subsidiären Privatanklage des Verletzten; man vergaß aber dabei, daß diese Privatanklage, wie wir sie in Oesterreich haben, ihren Zweck nicht erfüllt, daß sie gerade dort möglich ist, wo wir sie nicht brauchen, weil die Gefahr eines Unterlassungsfehlers der Staatsanwaltschaft eine minimale ist, daß sie gerade dort versagt, wo sie am dringendsten nötig wäre.

Wenn es sich um Mord oder Todschlag, um Diebstahl oder Raub handelt, dann hat wohl in den allermeisten Fällen der öffentliche Ankläger keine Veranlassung, die Einleitung der Verfolgung zu verweigern, während sie durch das objektive Recht gefordert wird: hier haben wir die Subsidiarklage, wir brauchen sie aber nicht. Und dort, wo wir sie brauchen, haben wir sie nicht. Gesetzt den Fall — es ist ja immerhin denkbar — daß die herrschende Partei ihre Stellung mit allen ihr zu Gebote stehenden Mitteln bis zum äußersten ausnützt, daß die Staatsanwaltschaft über höhere Weisung mit maßloser Strenge gegen die Minorität vorgeht, auch die gröbsten Ausschreitungen der ministeriellen Partei dagegen unbeachtet und unverfolgt läßt, mit einem Worte, das Strafverfolgungsrecht des Staates den politischen Leidenschaften dienstbar macht — dann fehlt es an jedem Korrektiv gegen derartige beabsichtigte Unterlassungsfehler; die Subsidiaranklage versagt, da eben „privatrechtliche Ansprüche" nirgends verletzt wurden. Es haben G n e i s t und vor wie nach ihm andere hervorgehoben, daß die staatsbürgerliche Anklage das einzige und notwendige Schutzmittel für die Minorität gegen Vergewaltigung durch die herrschende Partei bildet. Sie liegt aber ebensosehr in dem Interesse dieser letzteren selbst. Wenn heute dem Staatsanwalte der Vorwurf gemacht wird, daß er bei Erhebung oder Unterlassung der Anklage einseitig im Sinne ministerieller Wünsche vorgehe, dann steht ihm keine andere Waffe dagegen zu Gebote, als stolzes Schweigen im Bewußtsein treu erfüllter Pflicht. Haben wir aber die staatsbürgerliche Anklage, dann kann der angegriffene öffentliche Ankläger ruhig antworten: „Ich habe nicht verfolgt aus diesem oder jenem Grunde, seid ihr anderer Meinung, so tretet hin vor die Richter, vor die Geschworenen, und seht zu, ob diese anders urteilen werden als ich."

Auch das allgemeine Rechtsbewußtsein des Volkes würde durch die Einführung der staatsbürgerlichen Anklage neu belebt und gekräftigt werden. Gerade darin liegt ja ein Hauptvorzug der Schwurgerichte, daß der einzelne Staatsbürger, der an der Findung des Urteils mitwirkt, eintritt in den Tempel der Gerechtigkeit, daß er gleichsam als Priester an dem Opfer teilnimmt, daß er in seine Handwerksstube, in seine Bauernhütte die Ueberzeugung von der siegenden Macht der Idee des Rechtes als eine unauslöschliche Erinnerung mit sich zurückbringt. Und in erhöhtem Maße werden diese Folgen sich äußern, wenn ein einzelner Staatsbürger, auf s e i n e Gefahr, durch s e i n e Mühe, vielleicht durch die zündende Gewalt s e i n e r Beredsamkeit einen mächtigen Schuldigen, gegen den Willen des parteiischen Staatsanwaltes, unter das Joch der Gerechtigkeit gebeugt hat. Wenn auch zuerst von politischer Leidenschaft oder anderen unlauteren Motiven geleitet, wird er n a c h Durchführung der Anklage

— es ist dies ja ein tief in der menschlichen Natur begründeter Charakterzug — das wirklich sein, was zu sein er anfänglich nur vorgegeben hat: ein Kämpfer für die Idee des Rechtes.

Alle diese für die staatsbürgerliche Anklage sprechenden Gründe gelten in erhöhtem Maße in unserem von nationalem Hader zerklüfteten Vaterlande; hier würde sie ohne Zweifel manche Wunde heilen, manche Heuchelei aufdecken, manche Spitze abstumpfen.

Die Bedenken gegen die allgemeine Subsidiarklage, die jüngst Binding grell beleuchtet hat, sind an sich nur wenig ins Gewicht fallend; sie ließen sich völlig beseitigen, wenn man dieselbe mit gewissen Kautelen umgibt. Wiederholt sind derartige Vorschläge gemacht worden; ich nenne hier Anwaltszwang, Kautionsleistung, Bestrafung der fahrlässigen falschen Anklage. Sollte auch, von diesen Schutzmitteln umgeben, die staatsbürgerliche Anklage als bedenklich erscheinen, so verweise ich auf den von Heinze schon 1860 gemachten, vor kurzem wiederholten Vorschlag: das Recht zur Aufnahme der von dem Staatsanwalte abgelehnten Verfolgung ausschließlich dem Anwaltsstande zu übertragen. Durch diese Beschränkung auf einen durch Unabhängigkeit, Rechtskunde, Pflichttreue, Energie und politisches Interesse ausgezeichneten Kreis der Bevölkerung würden die meisten geltend gemachten Bedenken schwinden und die eben erwähnten Kautelen — zum Teil wenigstens — überflüssig werden.

Es ließe sich Heinzes Vorschlag dahin erweitern, daß jedem unabhängigen Rechtskundigen das Recht der Erhebung der Subsidiarklage zugestanden werden solle; es würden dann Advokaten, Notare, wie auch die Mitglieder der juristischen Fakultäten als vorzüglich geeignet erscheinen, dieses Ehrenamt zu übernehmen.

Dasselbe Thema, „die staatsbürgerliche Anklage in Strafsachen", hat vor kurzer Zeit Prof. Schütze zu Graz in seiner geist- und gehaltvollen Antrittsvorlesung erörtert. Schütze gelangt jedoch in doppelter Beziehung zu einem anderen Resultate als ich. Er verlangt nicht bloß die subsidiäre, sondern die **konkurrierende** staatsbürgerliche Anklage; er will dem einzelnen Staatsbürger das Recht zugestehen, auch dann, wenn sich die Staatsanwaltschaft noch gar nicht geäußert haben sollte, also auch ohne vorhergegangene Verweigerung der Verfolgung, die Anklage zu erheben. **Schütze** bricht aber seiner ganzen Beweisführung sofort die Spitze ab, indem er erklärt, daß zur praktischen Durchführung seiner Ansicht keine Veranlassung vorliege, „daß die geltenden Vorschriften der österreichischen Strafprozeßordnung vorderhand genügen — vielleicht mehr als genügen".

Ich glaube nun zunächst, daß, wenn man eine Ansicht als die richtige verteidigt, sie als notwendige Konsequenz eines historischen Entwickelungsprozesses hinstellt, man auch den Mut haben muß, vor ihrer Verwirklichung durch die Gesetzgebung nicht zurückzuschrecken; diese Verwirklichung, die praktische Realisierbarkeit, bildet ja eben die sicherste, freilich oft verhängnisvolle, Probe für die Richtigkeit eines theoretischen Grundsatzes.

Aber auch in materieller Beziehung kann ich mich mit **Schütze** nicht einverstanden erklären. Wenn **Schütze** die konkurrierende staatsbürgerliche Anklage damit begründen will, daß er sagt: „Will man ein Monopol beseitigen, so kann dies nur geschehen durch Eröffnung der **Konkurrenz**" — so enthält dieser Satz zwar einen geistreichen Vergleich, aber wohl kein ernst zu nehmendes juristisches Argument, ganz abgesehen davon, daß es sich überhaupt nicht um **Beseitigung**, sondern um **Beschränkung** des Anklagemonopols handelt. Auch der Hinweis auf die geschichtliche Entwickelung des „Prinzipes der Strafverfolgung" in Deutschland beweist nichts, da diese Entwickelung eben durch die Einführung der Staatsanwaltschaft, an deren Beseitigung wohl niemand ernstlich denkt, völlig durchbrochen worden ist. Ebenso unrichtig ist der — von anderer Seite — gemachte Hinweis auf das Beispiel Englands; hier handelt es sich um die Einführung eines neuen Institutes, bei uns um die Einschränkung eines bereits bestehenden. Und wenn man mit **Schütze** die allgemeine **Subsidiär-**

klage als „etwas halbes" bezeichnet, so operiert man mit relativen, keiner Diskussion fähigen Begriffen. Am „ganzesten", am „historischsten" — sit venia verbis! — wäre unstreitig die gänzliche Abschaffung der Staatsanwaltschaft. Aber diese haben wir einmal eingeführt, wir denken nicht daran, sie aufzugeben, und darum liegt die Sache für uns heute eben anders als für die peinliche Gerichtsordnung Karls V. oder für die Gesetzgebung Englands. Wenn wir den Staatsanwalt zum amtlich bestellten Ankläger machen; wenn wir ihm das Recht und die Pflicht zuweisen, strafbare Handlungen zu verfolgen; wenn wir ihn zu diesem Zwecke aus dem Gelde der Steuerzahler besolden: dann widerspricht es der Aufgabe und der Stellung der Staatsanwaltschaft, ein konkurrierendes Anklagerecht jedem Staatsbürger zuzugestehen. Es müßte dies geradezu als eine Umkehrung unserer heute bestehenden, wohl auch „historisch" gewordenen Verhältnisse bezeichnet werden.

Ich bin mit meinen Ausführungen zu Ende und möchte meine Vorschläge in folgenden Punkten zusammenfassen:

1. Vor allem möglichste Beschränkung der Zahl der Antragsdelikte.

2. Einteilung derselben in zwei Gruppen:

a) in jene, bei welcher das Interesse des Verletzten an der Nichtverfolgung größer ist als das Interesse des Staates an der Verfolgung; öffentliche Anklage durch die Staatsanwaltschaft, wenn der Antrag gestellt wird; Unwiderruflichkeit des Antrages;

b) in jene, wo die öffentliche Rechtsordnung erst dann und nur insoweit verletzt erscheint, als der zunächst Betroffene sich für verletzt erklärt. In diesem Falle öffentliche Anklage wie oben. Der Antrag kann bis zur Fällung des Erkenntnisses zurückgezogen werden.

3. Vollständige Streichung der sogenannten Privatdelikte und der prinzipalen Privatanklage; die hierhergestellten strafbaren Handlungen haben entweder ganz zu entfallen, oder sind

unter die zweite Gruppe der Antragsdelikte einzureihen.

3. Ersatz unserer subsidiären Privatanklage des in seinen privatrechtlichen Ansprüchen Verletzten durch die staatsbürgerliche Subsidiäranklage.

Ich möchte schließen mit einem Satze, welchen vor mehreren Jahren an dieser Stelle einer der berühmtesten deutschen Rechtsgelehrten ausgesprochen hat:

„So möge denn auch bei dem Kampf ums Recht den einen Interesse, den anderen der Schmerz über die widerfahrene Rechtskränkung, den dritten die Idee des Rechtes auf den Kampfplatz rufen, sie alle bieten sich die Hand zum gemeinschaftlichen Werk: das Recht zu schützen gegen die Willkür."

3. Die Privatklage in Oesterreich.

(Gerichtssaal, Bd. XXIX, 1877.)

Unter jenen Abschnitten des österreichischen Strafgesetzentwurfes, welche radikale Abweichungen von den Grundsätzen des R.St.G.B. in Vorschlag bringen, zeichnet sich das 7. Hauptstück des ersten Teils (über die Strafverfolgung) durch die Einfachheit und Klarheit des Grundgedankens und durch die strenge Folgerichtigkeit in der Durchführung desselben aus.

Neben den von Amtswegen zu verfolgenden strafbaren Handlungen unterscheidet der Entwurf „Antrags-" und „Privat-"Delikte. Bei den ersteren ist die öffentliche Klage abhängig gemacht von dem Antrage des Verletzten auf Einleitung des Strafverfahrens; der Antrag ist unteilbar und kann nicht zurückgenommen werden (§ 82). Bei den letzteren findet die Verfolgung nur auf Grund einer Privatklage statt, und zwar nur gegen jene Personen, bezüglich welcher der hierzu Berechtigte die Privatklage erhebt und durchführt; sie kann bis zum Anfange der Vollstreckung des Strafurteils zurückgenommen werden (§ 83).

Wenn wir diese Bestimmungen mit jenen der Strafprozeßordnung vom 23. Mai 1873 zusammenhalten, so ergeben sich folgende Formen der Strafklage:

1) öffentliche Klage von Amtswegen als Regel;

2) öffentliche Klage über Antrag des Verletzten: Antragsdelikte:

3) prinzipale Privatklage des Verletzten: Privatdelikte;

4) subsidiare Privatklage des „Privatbeteiligten" (§ 48 St.P.O.).

Die fundamentale Bedeutung dieser Vorschläge für das „Prinzip der Strafverfolgung" dürfte es rechtfertigen, wenn wir dieselben in eingehenderer Weise besprechen, als dies bisher von seiten der Kritik geschehen ist. Wir werden dieser Besprechung eine Darstellung der subsidiaren Privatklage nach der St.P.O. von 1873 voranschicken, da erst durch diese das System des Entwurfes zu einem organisch gegliederten Ganzen wird. Wir glauben das um so mehr tun zu müssen, als die diesbezüglichen Bestimmungen der St.P.O., insbesondere ihr Verhältnis zu den Beschlüssen des zweiten deutschen Juristentages vielfach, und zwar gerade von österreichischen Schriftstellern mißverstanden worden sind.

Danach gliedern sich unsere Ausführungen in folgende Abschnitte: 1) die subsidiare Privatklage des „Verletzten" im allgemeinen; 2) die subsidiare Privatklage des „Privatbeteiligten" in österreichischer St.P.O.; 3) die Verbindung der Privatklage mit den Antragsdelikten; 4) die prinzipale Privatklage des österreichischen Strafgesetzentwurfes.

I. Der zunächst in Preußen entbrannte Kampf gegen das aus Frankreich importierte, dem deutschen Geiste widerstrebende „Anklagemonopol" der Staatsanwaltschaft konzentrierte sich, nachdem die übrigen Vorschläge sich teils als prinzipiell falsch, teils als undurchführbar herausgestellt hatten, allmählich in dem Verlangen nach Einführung der subsidiaren Privatklage. Vor allem gebührt Glaser das Verdienst, durch seine klassische Abhandlung über „das Prinzip der Strafverfolgung" (1860) die Frage neuerlich in Fluß gebracht und so den Anstoß zu einer großartigen Bewegung gegeben zu haben, welche in ihren letzten, anfangs kaum geahnten, erst allmählich klarer hervortretenden Zielen zu einer radikalen Reform der Grundprinzipien des modernen Strafprozesses führen dürfte.

Unter ausdrücklicher Berufung auf Glasers Aufsatz stellte Lewald auf dem ersten deutschen Juristentage den Antrag: „Jedem Privatbeteiligten ist die Erhebung der Anklage in solchen Fällen zu gestatten, wo sich die Staatsanwaltschaft dessen weigert." Der Antrag wurde mit mehreren dazu gestellten Amendements der ständigen Deputation überwiesen und auf die Tagesordnung des zweiten deutschen Juristentages gesetzt. Von den eingelaufenen Gutachten sprachen sich v. Gross gegen, v. Seckendorff für den Lewaldschen Antrag aus. Der ausführliche, von Schwarze gearbeitete Bericht der ständigen Deputation befürwortete ebenfalls in trefflicher Motivierung die Einführung der subsidiaren Privatklage des Verletzten, und nach einer lebhaften, nicht immer klaren Debatte faßte der zweite deutsche Juristentag folgenden Beschluß: „Der durch die strafbare Handlung Beschädigte kann im Falle jeder Ablehnung seitens der St.A. die Anzeige an das Gericht bringen und dessen Entscheidung veranlassen .... fällt die Entscheidung zu Gunsten des Antragstellers aus, so konstituiert sich derselbe als Privatankläger und betreibt die Anklage bei den Gerichten" [1]. Daneben wurde auch für „besonders geringe Verbrechen" die prinzipale Privatklage empfohlen, worauf wir noch später zurückkommen werden.

Bleiben wir einen Augenblick hierbei stehen und suchen wir uns über die Tragweite des gefaßten Beschlusses klar zu werden.

Daß man unter dem „Verletzten" nicht bloß den in seinen Geldinteressen Geschädigten verstehen wollte, war zu wiederholten Malen, insbesondere auch von Glaser in dem erwähnten Aufsatze, ausgesprochen worden. Auch auf dem Juristentage hatte man betont, daß „der Ausdruck: Beschädigter nicht bloß in dem Sinne eines Geldinteresses" genommen werden dürfe. Wir konstatieren diese Tatsache: sie ist von entscheidender Wichtigkeit für die Stellung der österreichischen St.P.O. zu der uns interessierenden Frage.

Ebenso ergibt sich aus dem gewählten Worte andererseits, daß man damit nicht (nebenbei bemerkt, ebensowenig wie das römische Recht zur Kaiserzeit, vergl. Geib, Römischer Kriminalprozeß, S. 520 f.) jedem Unbeteiligten, durch die strafbare Handlung in keinem seiner Privatrechte Verletzten, also nicht cuidam ex populo die Erhebung der Anklage zuge-

---

1) Vergl. die analoge Fassung in § 1 des von der Justizkommission des preuß. Abgeordnetenhauses 1862 ausgearbeiteten Entwurfes: wer sich „durch die angezeigte Handlung in seinen Rechten verletzt hält" in den Anlagen zu den Motiven des (I.) Entwurfes einer deutschen St.P.O. S. 174; ferner St.P.O. für Aargau vom 3. März 1858, § 117 „der Geschädigte" und ebenso St.P.O. für Zürich vom 30. Okt. 1866, § 33 (Anlagen S. 188).

stehen, und endlich, daß man bei den gegen das Staatsganze gerichteten Delikten (den delictis publicis im Sinne der älteren Doktrin), wo von einem beschädigten oder verletzten Einzelnen nicht gut gesprochen werden kann, die subsidiare Privatklage vollständig ausschließen wollte.

Aber mit den angeführten Gesichtspunkten ist noch sehr wenig gewonnen. Der Begriff „Verletzter" ist mit denselben in rein negativer Weise bestimmt, die Grenzlinie kaum markiert, geschweige gezogen. Es bleibt eine ganze Reihe von Delikten, bei welchen die Frage, wer als durch dieselben „verletzt" bezeichnet werden kann, eine Fülle von Kontroversen hervorrufen dürfte, bei welchen Widersprüche und Inkonsequenzen um so weniger vermieden werden können, als ja auch das wesentlich auf der Verschiedenheit des „verletzten" Rechtsgutes aufgebaute System des besonderen Teils des Strafrechtes selbst heute noch nicht als ein feststehendes, allgemein angenommenes bezeichnet werden kann.

Daß wir bei den direkt gegen die Rechtsgüter des Einzelnen, gegen Ehre, Freiheit, Leib, Leben und Vermögen, gerichteten Delikten von einem durch dieselben zunächst und in erster Linie „Verletzten" sprechen können, ist wohl nicht zu bestreiten. Aber schon beim Morde geht es ohne bedeutende Künstelei nicht an, den selbständigen Haussohn, der durch die von einem Dritten verübte Ermordung seines Vaters in den vielleicht lange ersehnten Besitz eines bedeutenden Vermögens gelangt, als einen „ideell" Verletzten zu bezeichnen. Wer ist bei der Abtreibung, die durch die Mutter mit Einwilligung des Vaters geschieht, wer beim Kindesmorde, wer beim Zweikampfe, den Hugo Meyer u. a. „als Gefährdung von Leib und Leben", also als ein gegen den Einzelnen gerichtetes Verbrechen, auffassen — der Verletzte? Wir sehen schon hier, daß der bisher nur unter den Theoretikern geführte Streit über die systematische Stellung der einzelnen strafbaren Handlungen durch die Zulassung der subsidiaren Privatklage des Verletzten hinübergetragen wird in die Gerichtssäle. Wir müssen entweder unser ganzes heutiges Strafrechtsystem verleugnen, das bisher als verletzt angenommene Rechtsgut durch andere ersetzen, eine vollständige Verschiebung der charakteristischen Merkmale zahlreicher Verbrechensbegriffe vornehmen — oder aber von den notwendigen Konsequenzen des aufgestellten Prinzipes zurückscheuen.

Nun kommt die große Reihe der gegen „die Grundlagen des Gemeinwesens" gerichteten Delikte. Nehmen wir einmal den Ehebruch. Es dürfte heute wohl keinem Zweifel unterliegen, daß wir, indem wir die eheliche Treue mit dem kriminellen Schutze umkleiden, nicht etwa den noch im österreichischen bürgerlichen Gesetzbuch anerkannten privatrechtlichen Anspruch des Ehegatten auf ausschließliche Gewährung der ehelichen Pflicht, sondern eine der Grundlagen unseres ganzen heutigen, öffentlichen wie privaten Lebens schützen wollen. Die Gesamtheit leidet, wenn die Verletzungen der ehelichen Treue überhand nehmen; und wenn wir den „gekränkten" Ehegatten als „Verletzten" bezeichnen, so kehren wir zurück auf einen seit langem aufgegebenen Standpunkt. Wer ist bei der Notzucht in seinen „Rechten" verletzt? Die Entehrte selbst? Gut, obwohl sich auch darüber streiten ließe. Aber vielleicht neben ihr auch die Eltern, die Geschwister, der Verlobte des Mädchens, die Kinder, der Ehegatte der mißbrauchten Frau? Gewiß können wir mit demselben Rechte die Frage bejahen, mit dem Glaser den Hinterbliebenen des Ermordeten wegen der ihnen zugefügten „ideellen Verletzung" die subsidiare Privatklage gewähren will. Aber nur verzichte man dann von vornherein darauf, in einem ausgedehnten Staate, in welchem verschiedene, auf sehr ungleicher Kulturstufe stehende Nationalitäten nebeneinander wohnen, eine einheitliche Rechtsprechung zu erwarten; wie sollte die auch möglich sein, wenn man der Praxis Begriffe an die Hand gibt, die nicht juristisch definiert, sondern nur empfunden werden können, und die der heißblütige Südländer gewiß anders empfindet, als der kühl berechnende Sohn des Nordens!

Wie steht es bei den Eidesdelikten, der Urkundenfälschung, den Münzvergehen? Auch hier ist eine Reihe von Schwierigkeiten und Inkonsequenzen die notwendige Folge der Unklarheit, die in dem Begriffe „Verletzter" liegt. Gehen wir weiter. Wenn in der Gegenwart eines frommen Christen Gott gelästert, wenn vor einem Juden sein Glaube verspottet, wenn jemand an der Abstimmung gehindert, wenn durch eine Fälschung des Wahlresultates der Kandidat der Gegenpartei um seinen Sitz im Parlamente gebracht wird: können wir nicht in allen diesen Fällen von der „ideellen Verletzung" eines Einzelnen sprechen? Vielleicht wird man uns antworten: Religion, Sittlichkeit, publica fides und die übrigen „Grundlagen des Gemeinwesen" werden allerdings durch die genannten Handlungen eigentlich und direkt verletzt, aber diese Verletzung wird eben erst existent durch die Verletzung des betroffenen Einzelnen; ähnlich wie der den ganzen Körper affizierende Krankheitsstoff an einer speziellen Stelle zu Tage tritt. Man hätte mit dieser Argumentierung, deren Sophistik übrigens in die Augen springt, sowohl das Strafrechtsystem gerettet als auch die Grundlage für die subsidiare Privatklage des Verletzten in diesen Fällen gewonnen. Aber man vergesse nicht: dann gibt es auch keine Grenze mehr für die Zulassung der subsidiaren Privatklage, dann ist auch beim Hochverrat der friedliebende épicier, bei jedem rein politischen Delikte der Anhänger der Gegenpartei „ideell" verletzt, dann sind wir dort angelangt, wohin die Anhänger der subsidiaren Privatklage des Verletzten eben nicht gelangen wollen: bei der staatsbürgerlichen Subsidiarklage.

Genug an den angeführten Beispielen. Sie dürften wohl hinreichen zu dem Beweise unserer Behauptung: daß die Privatklage des „Verletzten" ein unklarer Gedanke ist[1], der zu Halbheiten und Inkonsequenzen führen muß; daß der Begriff eines „Verletzten", wie ihn der deutsche Juristentag gefaßt hat, für die Theorie des Strafrechtes eine völlige Revolution, für die Praxis eine Fülle von Kontroversen bedeutet. Entweder nimmt man einen Verletzten nur an bei den gegen den Einzelnen gerichteten Delikten: dann müßte der Gesetzgeber jedenfalls die Freundlichkeit haben, in einem Anhange zur St.P.O. eine offizielle Systematik des materiellen Strafrechtes der Praxis zur Richtschnur zu geben; oder aber man dehnt den Begriff weiter aus; dann wäre es interessant

---

1) Vergl. Gneists Bemerkung auf dem zwölften deutschen Juristentage: „die ungenügende und schiefe Idee eines Beschädigten". (Verhandlungen III. 195.)

zu erfahren, wo denn eigentlich die Grenzen zwischen „materieller“ und „ideeller“, „ideeller“ und gar keiner Verletzung liegen.

II. Während der Vorarbeiten zur österreichischen St.P.O von 1873 hatte die subsidiare Privatklage die verschiedensten Wandlungen durchzumachen [1]. In den ersten, von Glaser ausgearbeiteten und vertretenen Entwürfen (1861) erschien sie ganz in der eben besprochenen Gestalt: „Jeder durch ein Verbrechen oder Vergehen in seinen Rechten Verletzte“ war befugt, sich dem Verfahren als Privatbeteiligter anzuschließen, bezw. die subsidiare Privatklage zu überreichen. Bei den Kommissionsberatungen im Jahre 1863 erlangte die entgegengesetzte Strömung das Uebergewicht. Mühlfeld erklärte, allerdings mit auffallend schwacher Begründung, die Privatklage sei ein Abfall von dem eben angenommenen Anklageprinzip; die Majorität der Kommissionsmitglieder schloß sich trotz der Ausführungen des Referenten Glaser dieser Anschauung an, und die subsidiare Privatklage wurde fallen gelassen. An ihre Stelle trat das dem Beschädigten eingeräumte Beschwerderecht an den Generalprokurator. In dem von dem Justizminister v. Hye (1867) eingebrachten Entwurfe [2] finden wir die subsidiare Privatklage in dem früheren Umfange wieder, und erst der vom Ausschusse des Abgeordnetenhauses (1869) ausgearbeitete Entwurf fügte jene Einschränkung hinzu, welche schließlich in das gegenwärtige geltende Gesetz übergegangen ist [3].

Nach § 48 der St.P.O. von 1873 ist nämlich nur der

---

1) Vergl. S. Mayer, Handbuch des österr. St.Pr.Rechtes I. S. 406 ff.; 132—136; 230 f.

2) § 47. „Hat der Staatsanwalt die Verfolgung eines Verbrechens oder Vergehens abgelehnt, so steht jedem durch dasselbe in seinen Rechten Verletzten die Befugnis zu, bei dem Strafgerichte mündlich oder schriftlich das Begehren um strafrechtliche Verfolgung zu stellen.“

3) Nebenbei machen wir darauf aufmerksam, daß die von Mitterbacher-Neumayer, Erläuterungen zur St.P.O. vom 23. Mai 1873, S. 148 f. als „die diesbezüglichen Bestimmungen des Entwurfes, wie selbe auch vom Abgeordnetenhause angenommen wurden“ eingeführten Worte nicht die „Bestimmungen“ irgend eines der (10) Entwürfe, sondern den Wortlaut — des Gesetzes selbst enthalten. Es ist dies eine jener auffallenden Flüchtigkeiten, welche das erwähnte Werk charakterisieren.

Privatbeteiligte zur Erhebung der subsidiaren Privatklage berechtigt. Privatbeteiligter ist aber nach der im § 47 gegebenen Definition „der durch ein Verbrechen oder durch ein von Amtswegen zu verfolgendes Vergehen in seinen Rechten Verletzte, der sich bis zum Beginne der Hauptverhandlung seiner privatrechtlichen Ansprüche wegen dem Verfahren angeschlossen hat."

Daraus ergibt sich eine wichtige Konsequenz. Wer privatrechtliche Ansprüche aus der gegen ihn begangenen strafbaren Handlung abzuleiten nicht in der Lage ist, kann sich dem Strafverfahren nicht anschließen; er wird also nie Privatbeteiligter, kann daher auch nie die subsidiäre Privatklage erheben. Mit anderen Worten: Nicht der „ideell" Verletzte, sondern nur der in seinen ziffermäßig nachweisbaren privatrechtlichen Ansprüchen Beschädigte kann überhaupt zur Anstrengung der subsidiären Privatklage zugelassen werden.

Nach unseren obigen Ausführungen können wir, solange man sich nicht zur Einführung der staatsbürgerlichen Subsidiarklage entschließt, diese Beschränkung nur billigen. Aber es ist wichtig, das Prinzip klar zu erkennen, entschieden auszusprechen und konsequent festzuhalten; nicht aber durch die Hintertüre einer laxen Interpretation einen von dem Gesetzgeber abgewiesenen Grundsatz in die Praxis wieder einzuschmuggeln.

Es ist daher entschieden unrichtig, wenn Mitterbacher und Neumayer a. a. O. S. 143 sagen: „Allerdings darf der Begriff Privatrechte nicht ausschließlich als eine Verletzung der Vermögensrechte angesehen werden, indem auch selbst dem Interesse des Privaten an der Bestrafung dessen, der ihn durch ein Verbrechen verletzt hat, die rechtliche Anerkennung nicht abgesprochen werden darf." Das juristische Kunststück möchten wir sehen, wenn der Vertreter der Privatklage das „Interesse an der Bestrafung" als ein im bürgerlichen Gesetzbuche begründetes nachweist oder vielleicht gar einen ziffermäßig belegten Anspruch aus diesem Privatrechte ableitet; und die Richter möchten wir kennen, welche den beiden Kommentatoren recht geben!

Eben darum ist auch der in Anmerkung 1 auf S. 143

enthaltene Hinweis auf die bereits besprochenen Beschlüsse des zweiten deutschen Juristentages, sowie auf das schottische Recht vollkommen verfehlt, da weder Juristentag noch schottisches Recht von „privatrechtlichen Ansprüchen“ reden. Die österreichische Praxis hat genug damit zu tun, die vielfachen durch die St.P.O. von 1873 geschaffenen Neuerungen in sich aufzunehmen: man verwirre sie nicht noch damit, daß man in einem doch wohl für die Praxis bestimmten Kommentare grundverschiedene Begriffe miteinander vermengt, und fremde Einrichtungen, die auf ganz anderen Grundlagen beruhen, als Belege für das österreichische Recht zitiert!

Ein Bedenken gegen die Richtigkeit dieser von uns vertretenen Ansicht könnte allerdings aus dem Wortlaute des § 48, Ziffer 2 der St.P.O. abgeleitet werden. Derselbe lautet:

„Wenn der Staatsanwalt von der Verfolgung einer strafbaren Handlung zurücktritt, ehe der Beschuldigte wegen derselben rechtskräftig in Anklagestand gesetzt ist, so ist der Privatbeteiligte hiervon in Kenntnis zu setzen und ist berechtigt, binnen drei Tagen nach erfolgter Verständigung mündlich oder schriftlich beim Untersuchungsrichter die Erklärung abzugeben, daß er die Verfolgung aufrecht erhalte. Wenn der durch die strafbare Handlung Verletzte von dem Rücktritte des Staatsanwalts nicht amtlich verständigt wurde, so kann er diese Erklärung binnen drei Monaten nach der Einstellung des Verfahrens abgeben.“

Daraus nun, daß das — allerdings möglichst unglücklich gefaßte — Gesetz zwischen dem Privatbeteiligten und dem Verletzten, der noch nicht Privatbeteiligter ist, unterscheidet, und anscheinend auch dem letzteren das Recht zur Erhebung der subsidiaren Privatklage zugesteht, könnte der Schluß gezogen werden, daß der im Eingange zu § 48 ausdrücklich ausgesprochene und von uns oben verteidigte Satz: nur der Privatbeteiligte ist zur Erhebung der subsidiaren Privatklage befugt — durch den Gesetzgeber selbst in der angeführten Stelle durchbrochen werde.

In der Tat findet sich diese Auffassung bei Mitterbacher und Neumayer S. 146. Gewiß mit Unrecht. Es wäre zunächst wohl im höchsten Grade auffallend, wenn eine so wichtige prinzipielle Abweichung von dem im ersten Absatze des § 47 aufgestellten Prinzipe ohne Sang und Klang mitten in einem der folgenden Paragraphen eingeführt würde. Eine solche Ausdehnung der Befugnis zur Erhebung der subsidiaren Privatklage über den in seinen privatrechtlichen Ansprüchen beschädigten Privatbeteiligten hinaus hätte wohl an hervorragender Stelle bei Gelegenheit der Definition des Privatklägers gegeben werden müssen. Aber es bietet auch die Entstehungsgeschichte des Paragraphen hinlängliches Material, um die Unrichtigkeit der von Mitterbacher und Neumayer aufgestellten Unterscheidung nachzuweisen.

Die Regierungsvorlage lautete im § 48, Ziffer 2: „Wenn die Voruntersuchung eingestellt wird, so ist der Verletzte, insoferne er sich schon vorher dem Strafverfahren angeschlossen hat, hiervon in Kenntnis zu setzen und ist berechtigt, binnen acht Tagen nach erfolgter Verständigung die Anklage anzubringen." Es war also dem Verletzten, der sich auch während der Voruntersuchung noch nicht als Privatbeteiligter konstituiert hatte, von dem Rücktritte der St.A. keine Verständigung zu erteilen; er hatte in keinem Falle das Recht, als subsidiarer Privatkläger die Verfolgung aufrecht zu erhalten. Anders lag die Sache dann, wenn die Anzeige sofort oder nach Vornahme der Vorerhebungen zurückgelegt wurde. Hier sollte der Verletzte, ohne Rücksicht darauf, ob er seinen Anschluß an das Strafverfahren bereits erklärt hatte oder nicht, von der Zurückweisung verständigt werden, und hier konnte er, gleichzeitig mit dem Einbringen des Antrages auf Einleitung der Voruntersuchung, also noch nachträglich sich als Privatbeteiligter konstituieren — vorausgesetzt natürlich, daß die gesetzliche Voraussetzung: das Vorliegen von nachweisbaren privatrechtlichen Ansprüchen, gegeben war. Der Grund dieser verschiedenen Behandlung liegt auf der Hand: hier, wo die eigentliche Untersuchung noch nicht eröffnet war, hatte der Verletzte noch gar keine Möglichkeit gehabt, seinen Anschluß zu erklären; dort konnte man aus seinem Stillschweigen seinen Verzicht auf dieses ihm gesetzlich zustehende Recht folgern.

Das Herrenhaus änderte teilweise diese Bestimmungen [1].

1) Vergl. Mayer, a. a. O. S. 411 ff.

Auch für den Fall, daß der Staatsanwalt erst im Laufe der Voruntersuchung von der Anklage zurücktrat, wurde dem Verletzten das Recht eingeräumt (das ihm für den Fall der Zurücklegung der Anzeige schon von der Regierungsvorlage zugestanden war), noch nachträglich, zugleich mit der Erklärung, daß er die Verfolgung aufrecht erhalte, sich als Privatbeteiligter zu konstituieren. Das Herrenhaus ging aber nicht so weit, die Verständigung des noch nicht als Privatbeteiligten konstituierten Verletzten von dem Rücktritte der Staatsanwaltschaft vorzuschreiben, sie zog es, um „lästige und zeitraubende Schreibereien" zu ersparen, vor, für diesen Fall die achttägige Frist, die dem verständigten Privatbeteiligten zustand, auf drei Monate zu erweitern.

Man vergleiche zur Begründung des Vorstehenden die Motive des Herrenhauses[1]: „Die Abänderungen, welche die Kommission an jenen Stellen des Entwurfes befürwortet, welche die Stellung des statt des Staatsanwaltes die öffentliche Klage führenden Privatbeteiligten behandeln, sind nicht prinzipieller Natur ..." S. 316: „hinsichtlich der anderen Fälle wird die Frist, innerhalb welcher die Verfolgung von dem Beschädigten aufgenommen werden kann, verschieden geregelt, je nachdem der letztere von dem Fallenlassen der Sache auf Seite der Staatsanwaltschaft in Kenntnis gesetzt ist, bezw. eben darum in Kenntnis gesetzt wird, weil er sich dem Strafverfahren angeschlossen hat — oder ob das nicht geschah u. s. w."

Fassen wir das Gesagte zusammen, so ergibt sich folgende von dem Herrenhause an dem Entwurf vorgenommene Veränderung: Auch wenn der Staatsanwalt erst im Laufe der Voruntersuchung von der weiteren Verfolgung zurücktritt, hat der Verletzte das Recht, sich noch nachträglich, gleichzeitig mit der Erklärung, daß er die Verfolgung aufrecht halten wolle, als Privatbeteiligter zu konstituieren. Bedingung für sein Auftreten als Subsidiarkläger ist also nicht die vorausgegangene, sondern die g l e i c h z e i t i g e Konstituierung als Privatbeteiligter. An der gesetzlichen Voraussetzung für diese letztere, nämlich dem Vorliegen von p r i v a t r e c h t-

1) Bei K a s e r e r, Die St.P.O. vom 23. Mai 1873 u. s. w. II, S. 315.

lichen Ansprüchen, hat das Herrenhaus nicht das geringste geändert.

Privatbeteiligter und der „in seinen Rechten Verletzte" des § 48, Ziffer 2 unterscheiden sich in Bezug auf die subsidiare Privatklage nur dadurch voneinander, daß ersterer ohne weiteres als subsidiarer Privatkläger auftreten kann, letzterer aber, spätestens mit der Erklärung auf Aufrechthaltung der Verfolgung, sich zum Privatbeteiligten erklären muß, wenn er die Privatklage anstrengen will. Der Kreis der zur Erhebung der Privatklage berechtigten Personen wird also auch durch § 48, Ziffer 2 nicht erweitert über den in seinen Privatrechten Verletzten.

Wie es diesem — wir glauben ziemlich klaren — Sachverhalte gegenüber möglich ist zu behaupten: „Drittens führt diese Bestimmung zu der eigentümlichen Inkonsequenz, daß der etwa per superfluum von dem Rücktritte verständigte Beschädigte schlimmer daran ist, wie jener, der hiervon nicht verständigt wurde, indem das Gesetz das Recht des Verletzten, die subsidiare Privatklage anzustrengen, ausdrücklich davon abhängig macht, daß keine Verständigung erfolgte" (Mitterbacher und Neumayer, a. a. O. S. 147), erscheint nach dem Gesagten als geradezu unbegreiflich.

Wir müssen also unbedingt und ohne jede Einschränkung an dem Grundsatze festhalten: Nur jene Verletzung, aus welcher nachweisbare privatrechtliche Ansprüche hergeleitet werden können, berechtigt zur Erhebung der subsidiaren Privatklage. Daß hierin eine wesentliche Abschwächung des von dem zweiten deutschen Juristentage aufgestellten Prinzipes liegt, braucht wohl nicht näher nachgewiesen zu werden.

Auf die einzelnen Bestimmungen der österreichischen St.P.O. von 1873, insbesondere auf die im § 49 aufgezählten Einschränkungen, welchen die Prozeßbefugnisse des Privatklägers gegenüber jenen des Staatsanwaltes im Interesse der Rechtsicherheit des Beschuldigten unterliegen, haben wir hier nicht einzugehen. Wir heben nur hervor, daß nach der ausdrücklichen Bestimmung des § 49 der Staatsanwalt jederzeit berechtigt ist, an Stelle des Privatklägers die Verfolgung wieder zu übernehmen. Daß diese angeblich von dem „öffentlichen Interesse" geforderte Bestimmung, welche dem Beschlusse des zweiten deutschen Juristentages entspricht, und auch in dem Entwurfe des preußischen Abgeordnetenhauses von 1862, in der St.P.O. für Lübeck von 1862, und in den Entwürfen einer deutschen St.P.O. Aufnahme gefunden hat, im einzelnen Falle zu der schreiendsten Ungerechtigkeit gegen den Privatkläger führen kann, der die ganze Last der Prozeßführung auf sich genommen hat, und zum Schlusse die Lorbeeren dem bisher untätigen Staatsanwalte überlassen muß — hat John in der A. D. Strafrechtszeitung von 1873 in so überzeugender Weise nachgewiesen, daß wir seinen Ausführungen nichts hinzuzusetzen haben. Das öffentliche Interesse dürfte wohl auch dann zur Genüge gewahrt sein, wenn die Uebernahme durch die Staatsanwaltschaft von dem ausdrücklich oder stillschweigend erklärten Rücktritte des Privatklägers abhängig gemacht wird.

III. Neben der subsidiaren Privatklage des in seinen privatrechtlichen Ansprüchen Verletzten kennt die gegenwärtige österreichische St.P.O. auch einen Fall der prinzipalen Privatklage. Nach § 46 steht nämlich, wenn es sich um ein Vergehen handelt, welches nach den Strafgesetzen nur auf Begehren eines in seinem Rechte Verletzten verfolgt werden kann, diesem die Befugnis zu, als Privatkläger bei dem Strafgerichte das Begehren um strafrechtliche Verfolgung zu stellen.

Diese Verbindung der Privatklage mit den Antragsdelikten, eine Verbindung, die sich übrigens in den meisten Strafprozeßgesetzen, ebenso auch in den deutschen Entwürfen findet, die auch in der Literatur bis auf den heutigen Tag zahlreiche Anhänger aufzuweisen hat, beruht auf einer vollständigen Verkennung der eigentümlichen Natur der Antragsdelikte. Wir müssen auf diesen Punkt etwas näher eingehen [1]).

Die Auffassung der Antragsdelikte ist bei den heutigen Schriftstellern eine sehr abweichende. Man hat eine ganze Reihe von Gründen namhaft gemacht, welche zur Aufstel-

1) Vergl. John, Strafrechtszeitung 1873, S. 219 ff. und die Gutachten von John und Thomsen an den zwölften deutschen Juristentag.

lung der A.D., bezw. zur Abhängigmachung der Strafverfolgung von dem Antrage des Verletzten führen soll. Am vollständigsten dürften dieselben bei Schütze, Lehrbuch, S. 168 angegeben sein, an dessen Darstellung wir daher anknüpfen. Schütze teilt die zu den A.D. führenden Gründe in folgende Gruppen:

1) Die schwer zu bestimmende Grenze zwischen zivilem und kriminellem Unrechte. Z. B. Betrug, Sachbeschädigung.

2) Völkerrechtliche Rücksichten. Z. B. Strafbare Handlungen gegen befreundete Staaten, gegen auswärtige Souveräne.

3) Administrative Rücksichten. Z. B. Beleidigung einer Amtsperson, der bewaffneten Macht u. s. f.

4) Schonende Rücksicht auf den Verletzten und dessen Angehörige (Nachteil der Publizität, des strepitus fori). Z. B. Notzucht, Verführung eines unbescholtenen Mädchens.

5) Rücksicht auf das häusliche und Familienleben (Heiligkeit des Familiengeheimnisses, Eingreifen des häuslichen Züchtigungsrechtes). Z. B. Ehebruch, Familiendiebstahl.

6) Vermutliche Unbeweisbarkeit des fraglichen Verbrechens, sobald der Verletzte selbst seine Mitwirkung versagt. Z. B. Notzucht, Erpressung u. s. w.

7) Der allgemein anerkannte Grundsatz: minima non curat praetor. Z. B. Beleidigungen, leichte Körperverletzungen.

Ueberblicken wir nun prüfend diese stattliche Reihe von „Rücksichten", so hat unseres Erachtens zunächst Punkt 1 vollständig zu entfallen. Die vielumkämpfte Grenze zwischen civilem und kriminellem Unrecht hat, sofern der Gesetzgeber sie nicht genau festgestellt hat, der Richter im einzelnen Fall zu ziehen. Aber gerade diese Frage, welche den Tummelplatz sämtlicher rechtsphilosophischer Systeme von jeher gebildet hat, ohne bis auf den heutigen Tag von ihnen in befriedigender Weise gelöst worden zu sein — dem verletzten Privaten zur Entscheidung zu überweisen, den Umstand, ob er vielleicht von sehr niedrigen Motiven geleitet den Antrag stellt oder nicht, über die kriminelle oder civile Natur der fraglichen Handlungen entscheiden zu lassen: das dürfte denn doch nicht der sicherste Weg zum Ziele sein. Aus diesem Grunde eine strafbare Handlung zum A.D. machen, heißt die nach Temperament, Rasse, Alter, Stand, Bildung, Charakter u. s. w. verschiedene Reaktion des Verletzten gegen das ihm angetane Unrecht an die Stelle des objektiv prüfenden richterlichen Urteils setzen, die Subjektivität zum Regulator für die Ausübung der Gerechtigkeit machen.

Ebenso führen die unter 2 und 3 angezogenen Gesichtspunkte nicht zum A.D. und noch viel weniger zur Privatklage, sondern zu dem uns hier nicht weiter interessierenden Ermächtigungsdelikte des deutschen R.St.G.B., also zur öffentlichen Klage nach erteilter Ermächtigung.

Auch die vermutliche Unbeweisbarkeit eines Verbrechens kann nicht dazu führen, dessen Verfolgung von dem Antrage des Verletzten abhängig zu machen. Die Staatsanwaltschaft wird auch ohne eine derartige Bestimmung vor der Erhebung der Anklage die Möglichkeit oder Wahrscheinlichkeit eines Erfolges abzumessen recht wohl in der Lage sein und dort auf die Verfolgung verzichten, wo ihr nicht die geringsten Beweise zu Gebote stehen.

Es bleiben nur noch die Gruppen unter 4 und 5 einerseits, unter 7 andererseits. Ueber die Bedeutung des vielfach mißbrauchten Satzes: minima non curat praetor werden wir unten eingehender sprechen müssen; dort wird es sich auch zeigen, ob für diese Fälle die prinzipielle Privatklage, wie der österreichische St.G.Entwurf sie vorschlägt, als passend bezeichnet werden kann.

Betrachten wir vorderhand die unter 4 und 5 einzureihenden strafbaren Handlungen. Was bedeutet hier das Erfordernis des Antrages?

Es ist einer der wenigen unbestrittenen Grundsätze des heutigen Strafrechtes, daß jede strafbare Handlung nicht nur den einzelnen, sondern die Gesamtheit, den Staat verletzt oder gefährdet. Der Staat überläßt daher die Verfolgung nicht dem subjektiven Ermessen des Verletzten, sondern schreitet selbst ein, von Amtswegen, durch die eigens hierzu bestellten Organe. Auf diesem Gedanken beruhte ebenso sehr der alte Inquisitionsprozeß, wie unser heutiger Anklageprozeß in allen seinen Schattierungen. Es ist ein Gebot der Selbsterhaltung für den Staat, die von ihm selbst mit strafrechtlicher Sanktion umgebenen „Normen“ zu schützen, gegen den Verbrecher einzuschreiten.

Aber es kann sein, daß bei der einen oder der anderen strafbaren Handlung das Interesse des Verletzten an der Nichtverfolgung größer ist, als das des Staates an der Verfolgung; und der Staat anerkennt dieses berechtigte größere Interesse des Verletzten, indem er auf die Verfolgung verzichtet, solange nicht der Verletzte durch die Stellung des Strafantrages erklärt, daß das vom Gesetzgeber vermutete Interesse an der Nichtverfolgung im konkreten Falle nicht vorliegt.

Die Antragsberechtigung besteht daher ihrem Wesen nach nicht darin, daß der Verletzte die strafrechtliche Verfolgung durch Stellung seines Antrages provoziere, sondern darin, daß er dieselbe durch die Nichtstellung seines Antrages verhindern kann[1]). Stellt er den Antrag, so wird das öffentliche Interesse an der Verfolgung allein maßgebend; die öffentliche Klage kann, unbeirrt durch entgegengesetzte Interessen, ihren Lauf nehmen.

Und hier, gerade hier und nur hier, wäre die Privatklage, sei es als prinzipale, sei es als subsidiare, an ihrem Platze? Wir können unserer Ansicht keinen besseren Ausdruck geben, als indem wir die scharfen, aber treffenden Worte Johns[2]) wiederholen: „Es gibt Verbrechen, deren Verfolgung mutmaßlich dem Privatinteresse des Verletzten widerstreitet, und die deshalb von dem Gesetze zu Antragsverbrechen gemacht sind. Von diesen Verbrechen nehmen wir nun an, daß die Verfolgung so sehr im Privatinteresse liege, daß wir gerade diese Verbrechen und keine anderen als diejenigen bezeichnen, bei welchen die subsidiare“ (wir fügen hinzu: oder prinzipale) „Privatklage Anwendung finden soll. Ein größerer Widerspruch ist aber doch kaum denkbar.“

Nichtsdestoweniger war dieser Widerspruch bis vor kurzem herrschende Ansicht. Erst allmählich mehrten sich die Gegner. Noch der österreichischen St.P.O. von 1873 und

1) Vollständig verkannt wird dies u. a. auch von Nessel, Die Antragsberechtigungen des deutschen R.St.G.B., Berlin 1873, S. 9.

2) Allg. D. Strafrechtszeitung 1873, S. 220.

den deutschen Entwürfen (vergl. die Motive zu dem ersten Entwurfe S. 245) liegt die Anschauung zu Grunde, als sei die Privatklage „eine besondere Form, eine Steigerung, eine höhere Potenz" des Antragsrechtes.

Es kann dieser Sachlage gegenüber nicht scharf genug betont werden, daß die Antragsdelikte (zwei) wesentlich verschiedenen Gesichtspunkten ihre Entstehung verdanken, daß es daher nicht angeht, sie sämtlich gleich zu behandeln, daß insbesondere bei der größeren Zahl der in den modernen Gesetzen in rapider Progression unter die Antragsdelikte eingereihten Fälle (die oben unter 4 und 5 angeführten) nur wegen des entgegenstehenden größeren Privatinteresses an der Nichtverfolgung auf die regelmäßige Geltendmachung des öffentlichen Interesses an der Bestrafung verzichtet wird; daß also, wenn der Verletzte im einzelnen Falle den Strafantrag stellt, alles andere eher gerechtfertigt erscheint, als ihn auf den Weg der Privatklage zu verweisen.

Dagegen mag mit Thomsen (a. a. O. S. 199) zugegeben werden, daß beide Institute, Privatklage und Antragsdelikte, sich in ihrem nächsten Anlasse und in dem letzten Erfolge die Hand reichen, nämlich in der Furcht vor der Alleinherrschaft des Staatsanwaltes und in der Beschränkung derselben; daß ferner auch die Gründe für Privatklage und Antragsrecht bei gewissen Delikten faktisch zusammentreffen können, und daß der so entstandene äußere Schein von Gleichartigkeit und Zusammengehörigkeit die Vermengung der innerlich verschiedenen Institute[1]) gewiß hauptsächlich verschuldet habe.

IV. Dem österreichischen Strafgesetzentwurfe gebührt das große Verdienst, die prinzipielle Unhaltbarkeit der eben bekämpften Ansicht erkannt, die bisherigen Antragsfälle nach ihrer wesentlichen Verschiedenheit in zwei Gruppen

---

1) Eben mit Rücksicht auf diese noch heute herrschende Tendenz kann es, weil möglicherweise zu neuen Verwirrungen Anlaß gebend, nicht als ein glücklicher Gedanke bezeichnet werden, wenn John (Gutachten S. 232) vorschlägt, zwischen „A.D. in Bezug auf die Strafvollstreckung" (den Privatdelikten" des österreichischen Strafgesetzentwurfs) und „A.D. in Bezug auf die Strafverfolgung" („Antragsdelikte" nach dem österreichischen St.G.E.) zu unterscheiden.

— Privatdelikte und Antragsdelikte — zerlegt, die Privatklage aus ihrer unnatürlichen Verbindung mit den Antragsdelikten losgelöst, und die beiden Institute, ihrer verschiedenen Bedeutung entsprechend, verschieden behandelt zu haben (vergl. I. Teil 7. Hauptstück). Wir begrüßen mit Freuden diesen entschiedenen Bruch mit jenem theoretisch und praktisch unhaltbaren Prinzipe, welches § 46 der St.P.O. von 1873 aufgestellt hat. Aber mit einer wichtigen, tief in das ganze System des materiellen wie prozessualen Strafrechtes eingreifenden Neuerung, einer scheinbaren Konsequenz aus der Scheidung von Privat- und Antragsdelikten, können wir uns nicht einverstanden erklären. Das ist die Einführung der prinzipalen Privatklage für jene sonst regelmäßig unter den Antragsdelikten mit aufgezählten Fälle, an deren Verfolgung nach der herrschenden Ansicht das öffentliche Interesse in ganz untergeordneter Weise beteiligt ist, bei welchen der Grundsatz: minima non curat praetor zum prinzipiellen Ausschlusse der Verfolgung von Amtswegen führen soll.

Die Richtigkeit des lateinischen Satzes geben wir zu, so wenig wir sonst den „bekannten Rechtsparömien", deren allgemeine Verbreitung im umgekehrten quadratischen Verhältnisse zu ihrer Richtigkeit zu stehen pflegt, Geschmack abzugewinnen im stande sind. Aber der Punkt, wo dieser Satz gegenüber der von Amtswegen anzustellenden öffentlichen Klage zum Durchbruche zu gelangen hat, ist nicht das im Wege der Privatklage zu verfolgende Privatdelikt, sondern das in Oesterreich wenigstens unbestritten anerkannte Opportunitätsprinzip, nach welchem die Staatsanwaltschaft nicht bloß berechtigt, sondern nach ihrer ganzen Stellung verpflichtet ist, in solchen Fällen, in welchen wirklich das öffentliche Interesse durch die an sich strafbare Handlung nicht berührt wird, die Verfolgung zu unterlassen.

Zieht man weiter in Erwägung, daß in weitaus den meisten Fällen der gegen die Privatgüter des einzelnen gerichteten Delikte die Staatsanwaltschaft ohnehin erst durch die Anzeige des Verletzten Kenntnis von dem Vorgefallenen erlangt, daß schließlich auch der verfolgungssüchtigste Staatsanwalt kaum Zeit und Lust haben wird, sich mit ganz überflüssigen Dingen zu befassen, so dürfte die Gefahr, daß der strafgerichtliche Apparat um Bagatellen willen in Bewegung gesetzt werde, wohl als sehr gering erscheinen.

Die prinzipielle Privatklage aber ist — unseres Erachtens — ein Rückschritt gegenüber der ganzen bisherigen Entwickelung des Strafrechtes.

Bis zum Ueberdrusse haben Kriminalisten und Prozessualisten durch alle Tonarten das Thema variiert: daß durch das kriminelle Unrecht nicht bloß der zunächst angegriffene Private, sondern der Staat als solcher, das öffentliche Interesse, verletzt und gefährdet werde. Wir halten für die vorliegenden Erörterungen an diesem Grundsatze fest, und lassen dahingestellt, ob diese Richtung der Verletzung dem kriminellen Unrechte als charakteristisches Merkmal eigentümlich ist, oder dem gemeinsamen höheren Begriffe des Unrechtes zukommt. Es möge genügen, auf die treffenden Worte Glasers (im „Prinzip der Strafverfahren") hinzuweisen, welche die herrschende Ansicht in glänzender Weise wiedergeben:

„Die Erkenntnis, daß das Strafrecht dem öffentlichen Recht, nicht dem Privatrecht angehöre, daß es bestimmt sei, die öffentliche Rechtsordnung, die durch das Verbrechen in ihrem Bestande bedroht wird, zu schützen und daß daher die Staatsgewalt, deren erste und wichtigste Aufgabe die Erhaltung dieser Rechtsordnung ist, das Recht und die Pflicht hat, die Anwendung der Strafgesetze zu verlangen und zu sichern, ist das unverlierbare Resultat einer langen, geschichtlichen Entwickelung. Die Vorliebe für Paradoxien wird wohl kaum von jemandem so weit getrieben werden, daß er es ernstlich versuchen sollte, diesem Grundgedanken, auf welchem die gesamte Strafrechtspflege der neuesten Zeit beruht, die berechtigte Spitze abzubrechen, und etwa die Wiederkehr von Zuständen zu befürworten, in welchen die strafrechtliche Verfolgung gleich der prozessualen Geltendmachung eines Privatrechtes von dem Belieben und Ermessen der zunächst beteiligten Privatpersonen abhinge".

Diesem „Grundgedanken der gesamten Strafrechtspflege der neuesten Zeit" widerspricht es nun, wie wir glauben, auf das allerentschiedenste, wenn aus der Reihe von strafbaren Handlungen einige mit der Erklärung herausgegriffen werden, daß hier der Staat kein Interesse an der Verfolgung habe und dieselben der Privatklage überweise.

Allerdings hat man darauf hingewiesen und zwar insbesondere der geistreiche Anonymus in der deutschen Vierteljahrsschrift 1859 und Glaser a. a. O., daß die von der modernen Gesetzgebung aus dem als richtig erkannten Prinzipe gezogenen Konsequenzen häufig übertrieben wurden, daß „in der Freude und in dem Stolze über den Gewinn jener Idee eine Ueberspannung sich geltend gemacht hat, von welcher man zurückkommen muß“, daß manche Handlungen in das Gebiet des kriminellen Unrechts eingereiht wurden, bei welchen das öffentliche Interesse nur in sehr untergeordneter Weise beteiligt erscheint.

Geben wir das vorläufig zu. Was ist die notwendige Konsequenz dieser Anschauung? Wissenschaft und Gesetzgebung müssen sich bemühen, „sich der falschen Konsequenzen zu entledigen“, von der „Ueberspannung zurückzukommen“, und für beide gibt es nur einen richtigen Weg: das Strafrecht muß entlastet werden von den in dasselbe aufgenommenen, aber nach der angeblich richtigen Auffassung ihm nicht angehörenden strafbaren Handlungen, eine neuerliche Grenzregulierung nach reformierten Grundsätzen muß vorgenommen und dem Civilrechte gegeben werden, was des Civilrechtes, dem Strafrechte, was des Strafrechtes ist. Eine reformatio in capite et in membris des materiellen Strafrechts könnte allein den behaupteten Uebelständen abhelfen. Aber dem Verletzten, dem der Stachel des erlittenen Unrechts tief in der Brust sitzt, bei dem — und wäre er noch so sehr ein Kind des vielgeschmähten 19. Jahrhunderts — der Durst nach Rache, das Streben, durch Bestrafung, womöglich durch Vernichtung seines Gegners Genugtuung für den erlittenen Schimpf zu finden, in den meisten Fällen eine ruhige Beurteilung des vorliegenden Sachverhaltes unmöglich machen wird: dem kann man doch nicht mit Hoffnung auf günstigen Erfolg die Aufgabe überweisen, aus dem Strafrechte auszuscheiden, was nicht in dasselbe gehört!

Es war daher, von dem einmal angenommenen Standpunkte aus, der logisch richtigste Weg, wenn das Einführungsgesetz zum preußischen St.G.B. vom 14. April 1851,

Art. 16 die Verfolgung wegen Ehrverletzungen und leichten Mißhandlungen in den Fällen der §§ 102, 103, 152—156 und 189, wenn die Staatsanwaltschaft das Einschreiten verweigerte, im Falle der einfachen Beleidigung nach § 343 aber ohne diese Bedingung, auf den Civilrechtsweg verwies. Nur läßt sich dabei nicht recht begreifen, was § 343 überhaupt noch im St.G.B. zu tun hatte!

Nichtsdestoweniger muß die Ansicht, daß bei gewissen strafbaren Handlungen „nicht sowohl die öffentliche Rechtsordnung überhaupt, als vielmehr nur die Rechtssphäre des durch solche Handlungen unmittelbar oder mittelbar Betroffenen verletzt werde" (ähnliche Sätze bei Tippelskirch, Sundelin, Glaser, Schwarze, John u. v. a.), noch heute als die herrschende bezeichnet werden. Auch der zweite deutsche Juristentag hat mit großer Majorität den Satz zum Beschlusse erhoben: „Bei geringen Verbrechen kann das Gesetz die Erhebung der Anklage ausnahmsweise dem Beschädigten zuweisen und die Mitwirkung der Staatsanwaltschaft ausschließen."

Die Gesetzgebungen, welche es bisher versucht haben, diesen Gedanken legislatorisch zu verwerten, weichen bezüglich der Zahl und der Art der der prinzipiellen Privatklage überwiesenen Fälle voneinander ab; als regelmäßig wiederkehrende Fälle finden wir nur Ehrenbeleidigungen, leichte vorsätzliche, und fahrlässige Körperverletzungen. — Es scheint denn doch, daß wir den „Zustand trostloser Verwirrung" (Schütze), welcher das 18. Jahrhundert in der Lehre von den Injurien auszeichnete, noch nicht völlig überwunden haben, daß wir auch heute noch nicht wissen, ob wir die Injurien und die von denselben in der Praxis so schwer zu unterscheidenden leichten Körperverletzungen als civiles oder kriminelles Unrecht auffassen sollen! Und darum nehmen wir mit der einen Hand, was wir mit der anderen gegeben haben; darum drohen wir öffentliche Strafe, verhängen sie aber nicht; schützen Ehre und Gliedmaßen unseres Mitbürgers durch eine Reihe von tönenden Paragraphen im St.G.B., und wenn der Verletzte nun kommt, um den versprochenen Schutz in Anspruch zu nehmen, dann lösen wir das Versprechen ein, indem wir mit den Achseln zucken und ihn auf die Privatklage verweisen! Wird man uns widersprechen, wenn wir in diesem Zustande alles andere, aber keine Konsequenz erblicken?

Aber hat man denn wirklich den Mut, zu behaupten, daß bei einer großen Reihe von den heute für strafbar erklärten Handlungen das öffentliche Interesse nicht weiter berührt werde, daß der Staat ruhig zusehen und abwarten kann, ob der Verletzte gegen dieselben reagiert oder nicht? Kann es dem Staate wirklich gleichgültig sein, wenn Roheit und Gewalttätigkeit immer mehr überhand nehmen (ob dieselben, wie Thomsen a. a. O. behauptet, gerade „mit den Neigungen des germanischen Volkscharakters zusammenhängen", wollen wir dahingestellt sein lassen), wenn „leichte" Körperverletzungen ungestraft zu den Vorkommnissen des täglichen Lebens gehören [1])? Ist nicht mancher mit Beschlag belegte Zeitungsartikel für das öffentliche Wohl gleichgültiger, als derartige Symptome einer zunehmenden Verwilderung? Man lasse die Leute einmal merken, daß sie sich ungestraft „mißhandeln und beschädigen" können: wenn sie dabei die Grenze zwischen § 234 und § 235 des St.G.Entwurfes nicht immer genau einhalten, wenn sie auch gegenüber den Organen der Staatsgewalt das eine oder anderemal der vom Staate protegierten Gewohnheit, mit den Fäusten dreinzuschlagen, treu bleiben — wer wollte es ihnen so sehr verübeln!

Noch größer werden unsere Bedenken, wenn wir die lange Reihe der 26 „Privatdelikte" unseres Entwurfes überblicken [2]). Entweder ist es richtig, daß alle diese Handlungen

1) Gegen diese milde Behandlung der besprochenen Delikte vergl. insbesondere die zutreffenden Bemerkungen von John in dessen „Entwurf zu einem St.G.B. für den norddeutschen Bund" (1868) S. 461—468, Strafrechtszeitg. 1873, S. 223; Gutachten an den 12. d. Juristentag, S. 252.

2) Es sind dies: 1) Ehebruch § 187; 2) arglistige Verleitung zum Beischlafe § 193; 3) Verführung § 196; 4) Beleidigung § 199; 5) Beleidigung durch falsche Beschuldigung § 200; 6) Verleumdung § 204; 7) Kreditgefährdung § 205; 8) Mißhandlung § 234; 9) fahrlässige Körperverletzung § 241; 10) Diebstahl an Verwandten § 271; 11) Betrug gegen Verwandte § 286; 12) Krediterschleichung § 289; 13) listige Vermögensbeschädigung § 290; 14) Untreue § 291; 15) Beseitigung von Exekutionsobjekten § 303; 16) Verletzung des Firmen- und Markenschutzes § 311; 17) Besitz- und Gebrauchsdiebstahl § 312;

das öffentliche Interesse nicht berühren, dann gehören sie nicht in das Strafgesetzbuch, dann mag der Beschädigte sich an den Civilrichter wenden; oder aber das öffentliche Interesse fordert eine Bestrafung derselben, dann kann man es nicht in das Belieben des Verletzten stellen, ob dem öffentlichen Interesse Genüge geleistet werden soll oder nicht. Ein drittes können wir uns nicht vorstellen. Zur Befriedigung privater Rachegelüste sind weder Strafrecht noch Strafprozeß da.

Man hat, um diesen Einwendungen die Spitze abzubiegen, die hier bekämpfte Ansicht hinter eine andere Formel zu flüchten gesucht. v. Bar hat in Goltdammers Archiv XXIII S. 644 folgenden Grundsatz aufgestellt:

„Bei gewissen Delikten ist die Strafgewalt des Staates nur dann gesonnen, strafend einzuschreiten, wenn das Bedürfnis der staatlichen Reaktion gegen das Delikt in dem zunächst interessierten Kreise (regelmäßig beim Verletzten) sich in bestimmter Weise (durch die Stellung des Strafantrages) manifestiert." Man hat bei dieser, von vielen Seiten gebilligten Formel zunächst die Ehrverletzungen, im weiteren Sinne aber auch Mißhandlungen, Ehebruch u. s. w. im Auge. Wir möchten nun zunächst die Richtigkeit des aufgestellten Grundsatzes selbst bestreiten. Der Staat kann und darf nicht abwarten, ob und wie der einzelne gegen derartige Verletzungen reagiert. Es ist ja möglich, daß ein tüchtiger, stämmiger Bauernjunge seinem Gegner, der ihn beleidigt hat, lieber das Stiefelmesser in die Rippen rennt, als daß er „den Strafantrag stellt"; daß der Student lieber auf den Mensurboden als zum Einzelrichter geht. Aber der Staat darf es darauf nicht ankommen lassen. Er muß sich die Möglichkeit wahren, wenn derartige Vorkommnisse überhand nehmen, gegen dieselben einzuschreiten; und dazu gibt es keinen einfacheren Weg, als wenn dergleichen Delikte als von Amtswegen zu verfolgende erklärt werden, und dann das Opportunitätsprinzip auf der einen, die subsidiare Privatklage auf

---

18) Verletzung des Briefgeheimnisses § 318; 19) Verletzung von Privatgeheimnissen § 319; 20) Nachdruck § 321; 21) Unbefugte Affigierung und Beseitigung von Ankündigungen § 406, Z. 2 und 3; 22) Naschdiebstahl § 489; 23) Futterdiebstahl § 490; 24) Zechbetrug § 491; 25) Mißbrauch fremder Sachen § 494; 26) Unbefugte Geschenkannahme § 495. — Daneben 24 Antragsdelikte!

der anderen Seite im einzelnen Falle die widerstrebenden Interessen versöhnen. Aber selbst die Richtigkeit des von v. Bar aufgestellten Grundsatzes zugegeben, führt derselbe zum Antragsdelikte mit öffentlicher Klage, und nicht zum Privatdelikte mit prinzipieller Privatklage. Denn wenn sich die Reaktion „in dem zunächst beteiligten Kreise durch Stellung des Strafantrages manifestiert", dann ist eben das Bedürfnis des staatlichen Einschreitens bewiesen, dann muß die öffentliche Klage eintreten. Also weit entfernt, etwas gegen uns zu beweisen, dient v. Bars Formel nur dazu, die Unzulässigkeit der prinzipalen Privatklage in den besprochenen Fällen in das hellste Licht zu setzen.

Ebenso geringes Gewicht können wir der oft wiederholten Argumentation beimessen, daß ja der öffentliche Charakter der betreffenden Delikte dadurch gewahrt bliebe, daß die Strafe von Amtswegen vollstreckt werde, daß insbesondere auch die durch die Antragsdelikte verwirkte Geldstrafe öffentlichen Zwecken und nicht der Tasche des Verletzten zufließe. Es gehören in der Tat bescheidene Ansprüche an die Strafgesetzgebung dazu, um sich bei dieser Wahrung des öffentlichen Interesses beruhigen zu können. Wenn es von der Willkür des einzelnen abhängt, ob die Verfolgung eintreten soll oder nicht, wenn er nicht bloß bis zur Fällung des Straferkenntnisses, sondern bis zum Beginne der Strafvollstreckung seine Klage zurücknehmen kann (§ 83 St.G.Entwurf), dann fühlt auch der geistig beschränkteste Kläger sich als dominus litis, als unumschränkteren Gebieter über Eintritt oder Nichteintritt der Strafe, als selbst der Staatsanwalt es ist, dessen Rolle ausgespielt ist mit dem Urteilspruch. Führen wir dann überdies noch, gerade in den praktisch wichtigsten Fällen, bei Ehrenbeleidigungen und Körperverletzungen, jene unglückliche Zwittergestalt, die Privatbuße, mit welcher den Mängeln unseres Civilprozesses auf eine zwar einfache aber nichts weniger als zutreffende Weise begegnet werden soll — in das Strafrecht ein; bekommt also der Verletzte einige tausend Gulden, die wohlgemerkt, nicht in die Staatskasse, sondern in seine Tasche fließen, während die kriminalistische Doktrin sich darüber in den Haaren liegt, wenn er das Geld eigentlich bekommen hat, ob als Privatstrafe, als Entschädigung oder unter beiden Titeln zugleich; rechnen wir dann weiter hinzu die gleichfalls bis auf den heutigen Tag in ihrem letzten Grunde noch immer rätselhafte Kompensation (Retorsion ist nur ein Euphemismus) bei Ehrenbeleidigungen und Körperverletzungen: dann wird man, glauben wir, doch nicht leugnen können, daß wir auf dem besten Wege sind, Strafrecht und Civilrecht, öffentliches und Einzeln-Interesse in einer Weise zu verquicken, welche nicht bloß der theoretischen Konstruktion unübersteigbare Schwierigkeiten bereitet (das wäre schließlich ja noch Nebensache!), sondern auch dem Rechtsgefühle des Volkes, der öffentlichen Sicherheit, unheilbare Wunden schlagen muß!

Denn darüber wird sich wohl bei unbefangener Ueberlegung niemand einem Zweifel hingeben, daß mit der prinzipalen Privatklage die strafrechtliche Repression an Energie bedeutend verlieren würde. Es ist, wie die Dinge eben bei uns liegen, schon jetzt dem Privatmanne eine bedeutende Last, eine peinliche Unbequemlichkeit, wenn er mit Polizei oder Gericht irgend etwas zu tun haben muß. Er scheut die Gänge, die Mühe, den Zeitverlust; er zieht es vor, unbehelligt zu Hause sitzen zu bleiben und wenn möglich, die ganze Geschichte zu vertuschen. Und das schon in jenen Fällen, in welchen er als Zeuge eine untergeordnete Rolle zu spielen hat. Wie erst dann, wenn er die Hauptfigur in dem bürgerlichen Drama darstellen, wenn er als Ankläger auftreten, die Initiative ergreifen, den ganzen gerichtlichen Apparat in Bewegung setzen, persönlich zu wiederholten Malen sich zu dem vielleicht weit entfernten Gerichte begeben, dem Flehen, den Versprechungen, den Drohungen, vielleicht den klingenden Gründen des Schuldigen Widerstand leisten, die ganze Gehässigkeit der Verfolgung auf sich laden soll, um schließlich — das Expensare seines Vertreters zu bezahlen! Die Kohlhaase sind nicht so dicht gesäet in unserem Vaterlande, um sie als vollwichtigen Faktor bei der Reform unserer Strafrechtspflege in Rechnung zu ziehen.

Wir erinnern an die uns aus der Seele gesprochenen Worte Johns (Gutachten S. 256):

„Eine Gesetzgebung aber, die einem jeden, der einen

Mord plant, die Chance gewährt, mit sechs Monaten Gefängnis abzukommen, eine Gesetzgebung, welche bei vorsätzlicher Körperverletzung mit tödlichem Erfolge bis auf drei Monate Gefängnis" (österr. Entw. 6 Monate § 238), „bei vorsätzlicher Körperverletzung, welche Verstümmelung oder dauerndes Siechtum zur Folge hat, bis auf einen Monat Gefängnis herabgeht" (österr. Entw. § 236), „eine Gesetzgebung, welche durch das Antragserfordernis bei den übrigen vorsätzlichen Körperverletzungen die Bestrafung derselben überhaupt in Frage gestellt hat; eine solche Gesetzgebung — mag sich dieselbe immerhin von Rücksichten der Humanität haben leiten lassen — entbehrt dem Resultate nach den Ernst, der vorhanden sein muß, wenn Leben und Gesundheit der Staatsangehörigen in ausreichender Weise geschützt sein sollen. So lange aber eine solche Gesetzgebung existiert, darf man sich nicht wundern, wenn die Angriffe auf Leben und Gesundheit sich derart häufen, daß diese höchsten irdischen Güter der Menschen gewissermaßen à discrétion der Verbrecherwelt stehen" [1]).

Mit einigen ganz unbedeutenden Veränderungen passen diese Worte auch auf den österreichischen Entwurf; nur tritt an die Stelle des Antragserfordernisses die Privatklage, also die Infragestellung der Verfolgung in zweiter Potenz. Und dann handelt es sich für uns nicht um die immer mißliche Abänderung erst seit kurzem bestehender, sondern um die Einführung neuer Einrichtungen. Wäre es nicht angezeigter, die „Humanität" des deutschen R.St.G.B. bei einzelnen Delikten politischen Charakters (beispielsweise vergl. man die Anwendung der Todesstrafe beim Hochverrat nach dem Entwurfe mit den viel maßvolleren Bestimmungen des deutschen St.G.B.s) in die österreichische Gesetzgebung zu übertragen?

---

1) Nach den bei Olshausen, Der Einfluß der Vorbestrafungen auf später zur Aburteilung kommende Straftaten (Berlin 1876) S. 21 mitgeteilten statistischen Angaben betrug in den alten acht preußischen Provinzen die Zahl der neu eingeleiteten Untersuchungen wegen

1) Verletzungen der Ehre im Jahre 1871: 2280; 1874: 7080;
2) Körperverletzungen „ „ 1871: 7880; 1874: 13210;
Die Vermehrung also ad 1: 4800
ad 2: 5300 Fälle. Wir brauchen diesen Ziffern wohl keine weitere Erläuterung beizufügen.

Stellen wir uns jetzt in kurzen Zügen die praktischen Konsequenzen der prinzipalen Privatklage vor. Nehmen wir an, irgend ein armer Mann aus der untersten Schichte des Volkes wird von einem wohlhabenden Menschen mißhandelt. Was wird er tun? Wird er zum Advokaten gehen und für teures Geld dafür sorgen, daß eine formell und materiell richtige Klage überreicht und dann bei der Verhandlung selbst sein Interesse in genügender Weise vertreten wird? Wir möchten 10 gegen 1 wetten, daß er, nachdem er von maßgebender Seite über den Stand unserer Gesetzgebung belehrt worden, entweder die erlittene Unbill mit einem Fluche auf die Justiz, die nur für die Reichen da ist, verbeißt, oder mit seinen Fäusten sich Recht verschafft, oder aber — lieber einige Gulden für sein Schweigen einsteckt, als das Doppelte oder Dreifache seinem Advokaten zahlt!

Glaser hat auf dem zweiten deutschen Juristentage treffende Worte gesprochen (Verhandl. II. 196):

„Einem armen Manne ist seine Tochter entführt worden. Er kommt zum Staatsanwalte und muß von diesem hören: „„Ich kann dir nicht helfen, du mußt selbst vor Gericht gehen und allenfalls einen Advokaten nehmen."" Das kann unmöglich die Richtung sein, welche wir berufen sind weiter zu verfolgen."

Setzen wir statt „entführt" das Wort „verführt" und wir haben den Fall des § 196 des Entwurfes.

Noch ein Beispiel. — A. und B. haben in derselben Landgemeinde dasselbe „Privatdelikt" gegen verschiedene Personen begangen. Von den „Verletzten" ist der eine arm oder schwerfällig, der andere rührig und wohlhabend genug, einen Winkelschreiber zu bezahlen. A. bekommt einige Monate Gefängnis, B. geht während der ganzen Zeit täglich ironisch grüßend an dem Hause vorbei, in welchem Frau und Kinder des A. wohnen. Wird das dazu beitragen, den Glauben an die „Majestät des Gesetzes", welche der Gesetzgeber selbst dem launenhaften Spiele des Zufalles überantwortet hat, unter den Leuten zu befestigen?

Genug an diesen Ausführungen. Sie dürften hinreichen, um unseren Standpunkt zu kennzeichnen.

Nochmals aber machen wir darauf aufmerksam, daß das,

was durch die prinzipielle Privatklage erreicht werden soll, schon heute durch das Opportunitätsprinzip erreicht ist. Die Staatsanwaltschaft hat das Recht, die Anzeige zu verwerfen, wenn ihr die geschehene Rechtsverletzung als zu unbedeutend erscheint. Sie hat dieses Recht und muß es üben, nicht bloß bei den von dem Entwurfe sogenannten Privatdelikten, sondern bei allen Arten von strafbaren Handlungen. Keinem Staatsanwalte wird es einfallen, dem bartlosen Quartaner, der in der Kneipe einer kleinen Gymnasialstadt bei schlechtem Biere nach Tyrannenblut dürstet, durch eine Anklage wegen Hochverrates zu der Aureole des politischen Martyriums zu verhelfen, oder ihn, wenn er einer ehrsamen Bürgerstochter den Ballhandschuh entwendet, um ihn am Herzen zu tragen, als Dieb vor die Schranken des Gerichtes zu zitieren. Wenn in diesen Fällen das Opportunitätsprinzip genügt, um ganz unbedeutende Rechtsverletzungen unverfolgt zu lassen, warum nicht auch bei den sog. Privatdelikten?

Wir können nach dem Gesagten in der Einführung der prinzipalen Privatklage nur einen Rückschritt erkennen. Mögen unsere Volksvertreter, wenn sie an die Beratung des betreffenden Hauptstückes des St.G.Entwurfes gehen, die Worte vor Augen haben, welche Glaser ebenfalls auf dem zweiten deutschen Juristentage gesprochen hat (a. a. O. S. 295):

„Wenn wir dahin kommen, daß in den Fällen einer großen Anzahl von Verbrechen die Mitwirkung der Staatsanwaltschaft gänzlich ausgeschlossen sein soll, dann, glaube ich, entfernen wir uns entschieden von dem Boden, den wir mit Mühe und Not durch eine lange Entwickelung hindurch gefunden haben.“

4. Wie ist das forum delicti commissi für ein Presserzeugnis zu bestimmen, wenn von mehreren Orten aus vertrieben worden ist?

(Gutachten für den XV. deutschen Juristentag.)

Die Beantwortung der gestellten Frage ist nicht möglich ohne weiter ausgreifende grundlegende Erörterungen. Wenn wir das for. d. c. für ein von mehreren Orten aus verbreitetes Preßerzeugnis bestimmen wollen, so müssen wir früher wissen, wo der Gerichtsstand der begangenen Tat liegt, wenn der Vertrieb nur von einem Orte aus stattgefunden hat. Die über die Beantwortung dieser Vorfrage scheinbar herrschende Uebereinstimmung der Ansichten hat zum großen Teil ihren Grund in der Vieldeutigkeit der gebrauchten Ausdrücke und der durch diese verschleierten Unklarheit der angewendeten Begriffe; ich kann es daher meinen geehrten Fragestellern so wenig wie mir ersparen, Schritt für Schritt in der Untersuchung vorwärts zu gehen, und erst die Lösung der Vorfrage zu versuchen. Dabei gerate ich wohl nicht in Widerspruch mit den Intentionen, welche bei Stellung der Frage maßgebend waren, wenn ich die, allerdings auch unter den Wortlaut derselben fallenden, Preßpolizeidelikte ganz außer acht lasse, und nur die sogenannten uneigentlichen Preßdelikte, richtiger die Preßdelikte kat'exochen — also die durch den Mißbrauch der Preßfreiheit begangenen Delikte — ins Auge fasse.

I. An welchem Orte ist das Preßdelikt begangen, wenn die (dasselbe enthaltende) Druckschrift von **einem** Orte aus verbreitet (vertrieben) worden ist?

1) Eine weitverbreitete Ansicht antwortet: an jenem Orte, an welchem die betreffende Druckschrift erschienen ist; also, was gleichbedeutend, an dem Ausgabeorte. Man vergleiche statt aller anderen Berner, Lehrbuch des deutschen Preßrechtes, S. 279; Schwarze, Das Reichspreßgesetz, S. 34 und 96. Im Rechtshülfegesetz vom 21. Juni 1869, § 21 Absatz 2 hatte diese Ansicht gesetzliche Anerkennung gefunden. Bei Beratung der R.St.P.O. wurde bekanntlich die Aufnahme einer analogen Bestimmung in § 7 Absatz 2 des Entwurfes von verschiedener Seite in Anregung gebracht, und nach längerer zur Klärung der Sache allerdings wenig beitragender Debatte der Antrag Wolffson-Schwarze angenommen: „Begründet der Inhalt einer Druckschrift den Tatbestand einer strafbaren Handlung, so gilt, soweit die Verantwortlichkeit des Verfassers, Herausgebers, Redakteurs, Verlegers und Druckers in Frage steht, die Handlung nur an dem Orte als begangen, an welchem die Druckschrift erschienen ist.“ (Kommiss.-Protok. Sitzg. 38, 142, 171.) Das Plenum des Reichstages trat bei der zweiten Lesung diesem Vorschlage der Justizkommission mit großer Majorität bei, beschloß aber bei der dritten Lesung, die Bestimmung, die von den verbündeten Regierungen als durchaus unannehmbar bezeichnet worden war, wieder fallen zu lassen (Sten. Ber., S. 392 ff., 954 ff.). Dabei war allerdings, insbesondere von dem Abgeordneten Miquel (S. 850), ausdrücklich betont worden, man sei von der Ueberzeugung ausgegangen, daß der fragliche Rechtssatz von der Praxis der deutschen Gerichte insbesondere des Reichsgerichtes auch ohne ausdrückliche gesetzliche Vorschrift zur Anerkennung und Anwendung gebracht werden würde. Wohl infolge dieser Erklärung ist der weggefallene Absatz 2 des § 7 seinem wesentlichen Inhalte nach in die meisten Kommentare der R.St.P.O. übergegangen (man vgl. die Bemerkungen bei Schwarze, Löwe, Keller, Thilo, Dalcke); einer jener Rechtssätze, als deren Quelle man das „Materialienrecht“ — mit dem wir noch einige Jahre zu kämpfen haben werden — bezeichnen kann.

2) Lassen wir die Richtigkeit dieser Ansicht vorläufig dahingestellt, und trachten wir, durch Zurückgehen auf die

Elemente in dem Begriffe des Preßdeliktes, durch die Feststellung der deliktischen Tätigkeit bei diesem, den Ort der begangenen Tat zu bestimmen. Gewiß der einzig richtige Weg, aber keiner von den bequemsten. Es kann nun selbstverständlich das innere Wesen des Preßdeliktes hier nicht weiter besprochen werden, als dies unumgänglich notwendig ist für die gegenwärtige Untersuchung; doch hoffe ich, daß wenige Worte zur Präzisierung meines Standpunktes, zur Absteckung des Kampfplatzes, genügen werden, und verweise bezüglich des weiteren auf die Darstellung in meinem „Reichspreßrecht" (Berlin 1880) und in dem Art. „Preßstrafrecht" in v. Holtzendorffs Rechtslexikon (3. Aufl.).

Das Preßdelikt ist normwidrige und strafbare Gedankenäußerung dem Publikum gegenüber, begangen durch die Verbreitung von Druckschriften. Es ist ein Punkt in dieser Definition, den ich besonders betone. Bei dem Preßdelikte, das unter die größere (nicht juristisch aber politisch gerechtfertigte) Gruppe der strafbaren Gedankenäußerungen fällt, erfolgt die Gedankenäußerung durch die Verbreitung von Druckschriften. Das ist sein charakteristisches Merkmal. Bei dem Preßdelikte ist die Druckschrift der Gedanke, gebannt in das Papier und vervielfältigt; und die Verbreitung ist seine Aeußerung. Ist diese Auffassung richtig, ist die Verbreitung der Druckschrift nicht bloß das Mittel zur Begehung des Preßdeliktes, sondern die Begehung selbst, dann liegt gerade in der Verbreitung die deliktische Tätigkeit. Das Preßdelikt wird begangen durch die und in der Verbreitung. Wollen wir daher den Ort der begangenen Tat bestimmen, so werden wir ausgehen müssen von der Verbreitung.

Die Kasuistik dieses Begriffes ist bekanntlich eine überaus reiche; die auf dem Boden der Praxis aufgetauchten Kontroversen haben vielfache Besprechung gefunden; aber die Begriffsbestimmung selbst ist — vielleicht gerade infolge der reichen Kasuistik — vernachlässigt worden. Zwei Momente sind zu beachten. Verbreitung bedeutet Zugänglichmachen, nicht Zugänglichsein für das Publikum, für die ungezählte unbegrenzte Menge; bezeichnet eine Tätigkeit und nicht einen Zustand, ist ein aktiver und nicht ein passiver Begriff, entspricht dem französischen publication im Gegensatze zu publicité. Eine verbreitete Druckschrift ist eine, die verbreitet **wird**, nicht **ist**. Und damit steht das zweite Moment im innigsten Zusammenhange.

Denken wir an die Verbreitung eines in starker Auflage ausgegebenen Buches. Die Verbreitung desselben wird sich aus einer kaum übersehbaren Zahl von einzelnen Akten zusammensetzen, **die alle auf denselben Mittelpunkt zurückführen.** Würden wir die Verbreitungstätigkeit graphisch darstellen, so würde ein Punkt, von dem nach allen Richtungen hin unendlich zu verlängernde, strahlenförmige Linien auslaufen, das beste Bild dieser Tätigkeit geben. Oder man denke an das vielgebrauchte Bild von dem Stein, der auf den ruhigen Wasserspiegel auffällt, an die in immer weiterem Umkreise sich verbreitenden Wellen, welche endlich die Ufer des Teiches treffen, sich brechen und überschlagen, sich gegenseitig schneiden und kreuzen, bis allmählich wieder Ruhe wird und nur da oder dort noch eine kleine Welle aufblitzt. **In dem Begriffe der Verbreitung liegt es, daß sie weder zeitliche noch örtliche Grenzen hat.** Solange Papier und Druckerschwärze sämtlicher Exemplare dem Kampf ums Dasein nicht zum Opfer gefallen sind, solange nicht etwa die sämtlichen Bücherballen an einer unbewohnten Felsenküste neben den Trümmern des gestrandeten Schiffes liegen — kann die Verbreitung sich ungehemmt entfalten.

Ist nun das Preßdelikt **an allen Orten begangen,** an welchen Verbreitung stattgefunden hat? Wir sind — glücklicherweise — nicht gezwungen, diese Konsequenz zu ziehen. Jene strahlenförmigen Linien, die uns die Verbreitung versinnlichen sollen, konvergieren stetig nach innen; sie treffen sich sämtlich in einem mathematischen Punkte. In dem Augenblicke, in welchem die bewegende Kraft, die als latente im Mittelpunkte schlummerte, sich zu entfalten beginnt, sobald sie das kleinste Raumteilchen rings um den Punkt in der Richtung der einzelnen Strahlenlinien erfüllt: in demselben Augenblicke ist die bewegende Kraft Bewegung geworden, hat sie ihren Lauf in zentrifugaler Richtung begonnen. Und nicht anders steht es mit der Verbreitung. Die geringste Verbreitung ist schon Verbreitung. Die Verbreitung kann kleinere oder größere Kreise umschließen, die Bewegung kann rascher oder langsamer fortschreiten: aber die Verbreitung kann begrifflich nicht mehr sein als Verbreitung. Sobald die Verbreitung begonnen hat, sobald sie den kleinsten Kreis erfüllt; sobald das erste kleinste vielleicht unmeßbare Zeitteilchen seit dem Beginne der Bewegung abgelaufen ist: ebensobald ist auch der juristische Begriff der Verbreitung, der als solcher keiner Steigerung fähig ist, gegeben, als fertiger gegeben. Die Anwendung des Gesagten ergibt sich von selbst. Wenn die Begehung des Preßdeliktes durch die Verbreitung der Druckschrift erfolgt, und wenn der Begriff der Verbreitung schon an dem Orte erfüllt ist, von dem aus die Verbreitung stattfindet (anders können wir den mathematischen Punkt juristisch nicht fassen): so befindet sich an diesem Orte das forum delicti commissi, so ist hier die strafbare Handlung begangen (und zwar als vollendetes Delikt) von allen denjenigen Personen, die an Herstellung und Ausgabe der Druckschrift sowie an dem Beginne der Verbreitung beteiligt sind, insbesondere von Verfasser, Herausgeber, Redakteur, Verleger, Drucker. Daß die weitere Verbreitung diesen Personen gegenüber nicht mehr juristisch in Betracht kommen kann, wird wohl allgemein zugegeben. Ich sehe den Grund in dem Umstand, daß der Gedanke in der Druckschrift sinnliche Gestalt angenommen und mit ihr selbständige von dem Willen seines Schöpfers unabhängige Existenz gewonnen hat. Doch glaube ich, diesen Punkt nicht weiter verfolgen zu müssen. Ebensowenig wird es einer besonderen Begründung des Satzes bedürfen, daß durch die Weiterverbreitung einer Druckschrift strafbaren Inhaltes diejenigen Personen, welche solche Verbreitungsakte setzen, ein neues, selbständiges, wenn auch mit dem ersten kongruentes, Preßdelikt begehen können, vorausgesetzt, daß sie mit dem vom Gesetze verlangten Vorsatze handeln.

Somit hätten wir das Resultat gefunden. Das forum d. c. ist (für die oben genannten Personen) an demjenigen Orte gegeben, von dem aus die Druckschrift verbreitet, oder, wenn das Wort „vertreiben“ in der

Frage im gleichen Sinne genommen werden darf, von dem aus sie vertrieben worden ist.

3) Kehren wir nun zur herrschenden Ansicht zurück. Sie verlegt das forum d. c. an jenen Ort, an welchem die Druckschrift ausgegeben worden und erschienen ist („ausgeben" und „erscheinen lassen" als gleichbedeutende Ausdrücke genommen). Besteht ein Unterschied zwischen beiden Formulierungen? und wenn ja, verdient meine Fassung den Vorzug? — Daß Ausgeben und Verbreiten verschiedene Dinge sind, scheint mir keinem Zweifel zu unterliegen. Unterscheidet doch das Gesetz zwischen Verleger und Verbreiter, das Leben zwischen Verlags- und Sortimentsbuchhändlern. Nun könnte man erwidern: „Ausgeben" der Druckschrift ist eben der Beginn der Verbreitung in dem oben besprochenen Sinne; ihm steht das weitere Verbreiten gegenüber. Ich habe diesen Gedanken nirgends bestimmt ausgesprochen gefunden; doch läßt sich die herrschende Ansicht, wenn überhaupt, gewiß nur in diesem Sinne halten. Denn was dem Beginne der Verbreitung vorangeht, ist nicht Begehung des Deliktes, sondern Vorbereitungshandlung. Soll aber das Ausgeben maßgebend sein für die Bestimmung des Gerichtsstandes der begangenen Tat, dann darf es nicht Vorbereitungs-, dann muß es Begehungshandlung sein. Gibt man mir diese Konsequenz zu, dann ist es aber auch unrichtig, wenn die herrschende Ansicht in den Begriff der Druckschrift das Ausgegebensein hineinnimmt; denn dasselbe Tun kann nicht gleichzeitig Vorbereitungs- und Begehungshandlung sein. So gelangt die bekämpfte Ansicht notwendig zu dem Satze daß eine noch nicht erschienene, noch nicht ausgegebene Druckschrift eine Druckschrift im Sinne des Preßrechtes ist.

Und diese Konsequenz spricht entschieden gegen die Richtigkeit der Ansicht. Denn eine gedruckte Schrift ist noch keine Druckschrift. Sie muß zur Verbreitung bestimmt sein; erst durch diese Bestimmung wird sie zur Druckschrift. Das ist kein Spielen mit Worten; das Preßgesetz hat sich ausdrücklich auf diesen Standpunkt gestellt, und Wissenschaft wie Praxis tun dasselbe. Darum müssen wir die Frage aufwerfen und zu beantworten suchen: wann und wodurch erhält die Druckschrift die Bestimmung, verbreitet zu werden? Ich antworte darauf: durch die Tätigkeit des Verlegers, und in dem Augenblicke, in welchem diese als Verlegertätigkeit ihren Abschluß findet. Diese den gesetzlichen Begriff des „Verlegers" charakterisierende Tätigkeit nennen wir Ausgeben, Erscheinenlassen; in dem Augenblicke, in welchem diese Tätigkeit sich erfüllt, in dem die Bestimmung, verbreitet zu werden, in die Druckschrift hineingelegt wird, ist sie ausgegeben, erscheint sie. Erst jetzt ist sie Druckschrift im gesetzlichen Sinne; das Mittel zur Begehung eines Preßdeliktes ist hergestellt. Daraus folgt, daß das Ausgeben nicht Begehungs-, sondern Vorbereitungshandlung, der Ort der Ausgabe (als solcher) nicht Ort der begangenen Tat ist, daß an dem Ausgabeorte (als solchem) mithin das forum delicti commissi nicht begründet sein kann. Somit führt auch diese Betrachtung zur Rechtfertigung der oben aufgestellten Ansicht.

4) Ich gebe nun gerne zu, daß der Gegensatz der Ansichten in vielen, vielleicht in den meisten Fällen nicht von praktischer Bedeutung ist; der Verleger kann zugleich der erste und eifrigste Verbreiter seiner Verlagsartikel, der Verlagsbuchhändler zugleich Sortimenter sein; der Ort der Ausgabe kann zusammenfallen mit dem Orte, von dem aus die Verbreitung erfolgt. Aber das befreit uns doch gewiß nicht von der Aufgabe, theoretisch die beiden Begriffe auseinanderzuhalten; eine unrichtige Formulierung ist darum nicht weniger unrichtig, weil sie in vielen Fällen praktisch ungefährlich ist. In allen Fällen ist sie es übrigens nicht. Man nehme folgende Beispiele.

Wenn der Leipziger Verleger die bei ihm erschienene Schrift unmittelbar an die mit ihm in Geschäftsverbindung stehenden Sortimentsbuchhandlungen schickt, oder (denn diese Frage ist ja bekanntlich bestritten) wenn er bei einem nur auf Pränumeration abgegebenen Werke die einzelnen Lieferungen unmittelbar an die Besteller versendet, so erblicke ich in diesem Versendungsakte den Beginn der Verbreitung, so betrachte ich Leipzig als den Ort, an welchem die Druckschrift 1) erschienen und von dem aus sie 2) verbreitet worden ist, und halte daher, wenn es sich um eine Schrift strafbaren Inhalts handelt, Leipzig für den Ort, an welchem das forum del. com. begründet ist. Hier gelange ich also zu dem gleichen Resultate wie die herrschende Ansicht. Wenn aber der Verleger, der in einer kleinen abgelegenen Universitätsstadt seine Geschäftsniederlassung hat, die bei ihm verlegte Schrift an den Agenten in Leipzig schickt, damit dieser sie von dort aus auf den Markt wirft und zwar in dem für die Verbreitung des Werkes günstigsten Augenblicke: dann ist das Buch in jener Universitätsstadt erschienen, von Leipzig aus aber verbreitet worden, und zwar vielleicht einige Wochen nach dem Erscheinen; die Universitätsstadt ist der Ausgabeort, Leipzig der Ort der begangenen Tat. In solchen Fällen, und sie dürften nicht gar so selten sein, weicht meine Ansicht von der herrschenden wesentlich ab.

II. Wir sind jetzt endlich in der Lage, an die Beantwortung der zur Begutachtung gestellten Frage selbst heranzutreten. Wo ist das forum d. c. begründet, wenn die Druckschrift nicht von einem, sondern von **mehreren** Punkten aus vertrieben worden ist?

1) Für die herrschende Ansicht kann die Frage keine Frage sein. Denn wenn an dem Ausgabeorte der Gerichtsstand der begangenen Tat gegeben ist, dann kommen die Orte, von welchen aus die ausgegebene Druckschrift vertrieben worden ist, überhaupt nicht mehr in Betracht. Der Fall steht dann dem unter I. besprochenen durchaus gleich. — Ich sehe den Einwand voraus: „Vertreiben" soll in der Frage nicht Verbreiten einer bereits ausgegebenen, sondern eben das Ausgeben der Druckschrift bezeichnen; der vorausgesetzte Fall ist der, daß eine Druckschrift an mehreren Orten ausgegeben wurde. Wenn ich die Frage richtig auffasse, ist das nun nicht gemeint. Aber ich gehe noch weiter. Es ist nach meiner Ansicht nämlich gar nicht möglich, daß eine und dieselbe Druckschrift, sei es gleichzeitig, sei es in verschiedenen Augenblicken, an verschiedenen Orten ausgegeben wird. Es liegen vielmehr, wenn dies der Fall zu sein scheint, tatsächlich entweder

verschiedene Druckschriften vor, oder aber es ist in Wirklichkeit nur ein Ausgabeort vorhanden. Das Erscheinen der Druckschrift ist ihre Geburt als Druckschrift; der Zeitpunkt des Erscheinens ihre Geburtsstunde, der Ort des Erscheinens ihre Heimat. Dasselbe Individuum kann aber nur an einem Orte und in einem Zeitpunkte in die Welt treten; daran wird selbst dann nichts geändert, wenn der Gebärakt sich durch mehrere Stunden verlängern und die Gebärende während dieses Zeitraumes in dem Schlafwagen eines Eilzuges die Territorien mehrerer deutscher Kleinstaaten durchflogen haben sollte.

Freilich steht diese Ansicht nicht im Einklange mit den Gepflogenheiten des deutschen und ausländischen Buchhandels. Wie viele Bücher sind in „Wien, Pest und Leipzig" oder in „Leipzig und Bielefeld" u. s. w. u. s. w. verlegt! Aber es fragt sich eben, ob diese Bezeichnung irgendwelche juristische Bedeutung hat, ob es juristisch möglich ist, daß dieselbe Schrift an mehreren Orten verlegt wird; denn durch die Bezeichnung allein wird die juristische Möglichkeit, wenn sie nicht schon vorhanden war, gewiß nicht geschaffen. Und diese Frage glaube ich mit aller Bestimmtheit verneinen zu müssen.

Die gerügte Bezeichnung sagt nichts anderes, als daß der Verleger X zwei oder mehrere Etablissements hat. Das kann nun in mancher Beziehung von Interesse sein; für das Preßrecht und seine Bestimmungen ist es gleichgültig. Es sind ja nur folgende Eventualitäten denkbar:

a) Bielefeld (bleiben wir bei einem konkreten Beispiele) ist Nebenetablissement; dann ist die Schrift in Leipzig verlegt und Bielefeld kommt juristisch gar nicht in Betracht. Oder

b) Bielefeld ist 1) ein mit einer gewissen juristischen Selbständigkeit operierendes Zweigetablissement oder 2) ein durchaus selbständiges zweites Hauptetablissement desselben Verlegers. Diese beiden Fälle sind preßrechtlich ganz gleich zu behandeln. Sie stehen aber weiter demjenigen Falle gleich, in welchem der Verlag von **zwei** in verschiedenen Händen befindlichen Firmen übernommen wird. Das ist nun zwar möglich, aber nur in derselben Weise, in welcher zwei verschiedene Druckerfirmen den Druck einer Schrift übernehmen können. Und damit sind wir auf einem Gebiete angelangt, auf dem von einer Meinungsverschiedenheit nicht mehr gesprochen werden kann. Ich verweise statt aller anderen auf Berner S. 196, der sich der unwidersprochenen Aeußerung des Bundeskommissärs von Brauchitsch (Sten. Ber. 1874, S. 394) vollinhaltlich anschließt. Entweder werden einzelne Teile der Schrift bei verschiedenen Firmen gedruckt: dann muß jede einzelne auf dem Teile, den sie gedruckt hat, sich als Drucker bezeichnen. Oder dem einen Drucker helfen andere Firmen auf seine Rechnung bei Herstellung des Druckes: dann ist er preßrechtlich für die ganze Druckschrift verantwortlich, und nur sein Name und sein Wohnort fungiert auf dem Buche und eventuell in dem nach § 21 Preßgesetz gefällten Schuldurteil.

Ich kann nicht einsehen, warum die Sache bezüglich des Verlegers anders liegen sollte. Die Angabe: „verlegt in Leipzig, Pest und Wien" ist juristisch eine Monstrosität; das Buch kann nicht ein deutsches, österreichisches und ungarisches gleichzeitig sein und der Verleger kann nicht fortwährend gleichzeitig in allen drei Städten seinen Wohnort haben. Ein Argument gegen die hier vertretene Ansicht kann also aus dieser buchhändlerischen Gepflogenheit wohl nicht hergeleitet werden.

2) Wenn es nun auch unmöglich ist, daß dieselbe Schrift gleichzeitig an verschiedenen Orten erscheint, so ist es ganz gut denkbar, daß sie von verschiedenen Orten aus vertrieben oder verbreitet wird. Ich nehme an, ein Lyoner Verleger habe einen Agenten in Paris, einen anderen in Leipzig, einen dritten in Petersburg; das erste Drittel der Bücherballen erhält der Agent in Paris, das zweite der in Leipzig, das dritte der in Petersburg; die Agenten versenden von den genannten Orten ihre Exemplare an die Sortimentsbuchhandlungen in Frankreich, Deutschland, Rußland. Hier ist Lyon der Ausgabeort, die Schrift mithin eine französische, in preßpolizeilicher Beziehung dem französischen Rechte unterworfen; die Verbreitung aber erfolgt, von drei verschiedenen Zentren aus, in Frankreich und in Deutschland und in Rußland.

Es läßt sich nun allerdings nicht leugnen, daß in manchen Fällen — praktisch dürften sie wohl nicht zahlreich sein — die Entscheidung, ob Versendung zur Verbreitung oder Beginn der Verbreitung selbst, mit gewissen Schwierigkeiten verknüpft ist. Man nehme an, der Lyoner Verleger hätte von Lyon aus nicht an 3, sondern an 5, 10, 100 oder 1000 Agenten Exemplare seiner Schrift zur Weiterverbreitung geschickt. Eine ziffermäßige Abgrenzung ist hier freilich nicht möglich. Aber mit ganz analogen Schwierigkeiten kämpft unsere Praxis täglich, und wohl meist mit Erfolg. Mit Beruhigung können wir ihr im konkreten Falle die Entscheidung darüber überlassen, ob der Verleger die Schrift nur ausgegeben oder ob er sie auch verbreitet hat.

3) Die Fassung der gestellten Frage ist mithin eine vollkommen korrekte. Sie setzt voraus, daß eine und dieselbe Druckschrift an einem Orte erschienen ist, aber von verschiedenen Orten aus verbreitet wurde. Wie ist hier das forum delicti commissi zu bestimmen? Die nächste Antwort ist eine durchaus einfache. Wenn an dem Orte, von welchem aus die Verbreitung erfolgte, der Gerichtsstand der begangenen Tat gegeben ist, so ist hier, wo Verbreitung von mehreren selbständigen Zentren aus vorliegt, an jedem dieser Orte das forum d. c. begründet. Aber dieser Satz bedarf der Erläuterung. Erst mit dieser beginnen die Schwierigkeiten, deren Lösung, bei dem heutigen Stande der strafrechtlichen Wissenschaft, insbesondere dem der Lehre von der Verbrechenskonkurrenz, eine allgemein überzeugende und befriedigende nicht sein kann.

Haben die an Herstellung und Ausgabe der Druckschrift beteiligten Personen ein Delikt oder mehrere, und wenn letzteres der Fall, haben sie diese mehreren Delikte durch eine Handlung oder durch mehrere begangen? Das ist die Frage, die wir zunächst zu beantworten haben. Von den mehreren ersten Verbreitern können wir absehen; denn jeder einzelne von ihnen hat sich dadurch, daß er den Beginn der Verbreitung veranlaßte, gewiß nur eines Deliktes schuldig gemacht.

Die strafbare Tätigkeit besteht bei den Preßdelikten in dem Verbreiten der Druckschrift; in jener eigentümlichen, oben geschilderten, von einem Mittelpunkte aus durch eine nicht abgeschlossene Reihe von konzentrischen Kreisen sich fortpflanzenden Bewegung. In unserem Falle sind mehrere solche Zentren und mit ihnen mehrere Gruppen von konzentrischen Kreisen gegeben; eben darum aber auch mehrere „Verbreitungen" (man gestatte mir diesen Ausdruck). Die einzelnen Verbreitungszentren sind als solche unabhängig voneinander, und eben darum auch die einzelnen Verbreitungen. Es liegen also mehrere selbständige voneinander unabhängige deliktische Tätigkeiten vor, denn die Verbreitung ist die deliktische Tätigkeit bei den Preßdelikten. Und damit sind wir am Ziele; es sind mehrere selbständige, durch ebensoviele selbständige Handlungen begangene, wenn auch untereinander kongruente Preßdelikte gegeben. Es liegt also der Fall einer realen Konkurrenz vor.

Dieses Resultat gilt nicht nur für die mehreren Verbreiter, sondern auch für den Verfasser und ebenso auch für Redakteur und Herausgeber, für Drucker und Verleger. Denn auch für sie liegt nicht in dem Niederschreiben, Vervielfältigen, Ausgeben, sondern in dem Verbreiten das deliktische Tun. Sie haben in unserem Falle mehrfach gehandelt; und zwar so oft gehandelt, als Verbreitungszentren vorliegen.

Wenn ein herumziehender Deklamator in verschiedenen Städten einen und denselben Vortrag hält, so hat er nicht dort gehandelt, eventuell delinquiert, wo er den Vortrag niedergeschrieben oder auswendig gelernt, sondern überall dort, wo er ihn gehalten hat. Die Sache liegt in unserem Falle nicht anders; nur wird das Herumziehen überflüssig durch die mit der Vervielfältigung des fixierten Gedankens eintretende Möglichkeit der Wirkung in die Ferne. Freilich kann bei dem Deklamator ein fortgesetztes Delikt vorliegen, wenn die einzelnen Vorträge als unselbständige Teilakte erscheinen; während in unserem Falle diese Möglichkeit ausgeschlossen ist durch das Auseinandertreten der körperlichen und der geistigen Tätigkeit bei der Aeußerung des Gedankens.

Ich möchte zur Unterstützung meiner Ansicht noch darauf hinweisen, daß das Berliner Obertribunal (und ein

Teil der Schriftsteller hat sich ihm angeschlossen) in mehreren Entscheidungen Realkonkurrenz angenommen hat, wenn dieselbe Aeußerung des einen mehrere andere zur Begehung mehrerer Delikte bestimmte. Ist nun auch die Richtigkeit dieser Entscheidung zweifelhaft, weil nach der heute beliebten Konstruktion der Anstiftung nicht von einem Begehen des Deliktes durch den Anstifter, sondern nur von einer Teilnahme desselben an dem von einem anderen begangenen Delikte die Rede sein kann, so beweist sie doch — und nur darum erlaube ich mir sie zu erwähnen — daß gerade vom Standpunkte der Praxis aus gegen die von mir vertretene Annahme einer Realkonkurrenz in dem zu begutachtenden Falle ernste Bedenken kaum erhoben werden dürften und können.

Ist aber die Annahme einer realen Konkurrenz mehrerer Preßdelikte richtig, dann bestimmt sich für diese subjektiv wie objektiv zusammenhängenden Strafsachen der Gerichtsstand der begangenen Tat nach § 12 Str.-Pr.-O. An jedem der Orte, von welchen aus vertrieben worden ist, können die an Herstellung und Ausgabe beteiligten Personen zunächst wegen des an diesem Orte begangenen Preßdeliktes, dann aber auch unter den Voraussetzungen des § 12 cit. wegen der an den übrigen Orten begangenen Delikte zur Verantwortung gezogen werden. Dies meine Antwort auf die gestellte Frage.

III. Noch ein Punkt bedarf der Erwägung. Wie steht es mit der preßrechtlichen Fahrlässigkeit? Ich stimme mit der herrschenden Ansicht darin vollkommen überein, daß das forum d. c. hier kein anderes ist, als in dem oben besprochenen Falle. Mögen wir an dem Ausgabeorte, mögen wir an dem Orte, von dem aus die Vertreibung stattgefunden hat, den Gerichtsstand der begangenen Tat annehmen: immer wird an dem von uns angenommenen Orte der Gerichtsstand begründet sein nicht bloß für diejenigen Personen, welche nach § 20 erster oder zweiter Absatz Preßgesetz als Täter oder Teilnehmer an dem durch den Inhalt der Druckschrift begangenen Delikte zur Verantwortung gezogen werden, sondern auch für jene, welche nach § 21 Preßges. wegen „Nichtanwendung der pflichtgemäßen Obsorge" haften. Wenn die Ansicht, die ich zuerst in meinem Lehrbuch des österreichischen Preßrechts S. 122 ff. vertreten habe, die Ansicht nämlich, daß es sich bei der sog. „preßrechtlichen Fahrlässigkeit" um nichts anderes als um die fahrlässige Begehung des durch den Inhalt der Druckschrift begründeten Deliktes handelt — richtig ist, dann kann selbstverständlich der Gerichtsstand nach § 21 Preßges. kein anderer sein als nach § 20 Preßges., dann haben eben alle an dem Erscheinen der Druckschrift beteiligten Personen das Delikt an demselben Orte und in demselben Augenblicke begangen.

Dagegen kann ich mir nicht erklären, wie die entgegengesetzte Ansicht zu derselben Gleichstellung zu gelangen imstande ist. Denn wenn die sog. „preßrechtliche Fahrlässigkeit" wirklich nichts zu tun hat mit der fahrlässigen Herbeiführung des in der Druckschrift enthaltenen Deliktes, sondern eine „spezifische", eine „technische", eine „dem Preßgewerbe eigentümliche" culpa ist; dann haben wir, ganz absehend von der Verbreitung der Druckschrift, die strafbare Tätigkeit oder Untätigkeit des Redakteurs, Verlegers, Druckers besonders ins Auge zu fassen, und für jede der genannten Personen den Gerichtsstand der begangenen Tat besonders zu bestimmen; dann ist an dem Orte, wo die Druckerei, das Redaktionsbureau, das Kontor des Chefs der Verlagshandlung sich befindet, das forum delicti commissi, und der Ausgabeort kommt so wenig in Betracht, wie der Ort, von dem aus die Verbreitung stattgefunden hat. Die Gleichstellung der in § 20 und § 21 Preßgesetz enthaltenen Fälle ist nur dann haltbar, wenn man annimmt, daß es sich in beiden Paragraphen um die Begehung des durch den Inhalt der Druckschrift begründeten Deliktes handelt.

IV. Für die Kollegen aus Oesterreich hat die ganze Frage geringe oder gar keine praktische Bedeutung. Die österreichische Str.P.O. von 1873 steht noch auf dem, heute ziemlich allgemein aufgegebenen, Standpunkte der älteren Gesetze, welche alle Schwierigkeiten, die unsere Frage von jeher geboten hat, durch einen Machtspruch aus der Welt zu räumen bestrebt waren. Sie bestimmt in § 486 (der bis auf die Str.P.O. von 1850 in seiner Entstehungsgeschichte zurückgreift):

„Wird die strafbare Handlung durch den Inhalt einer Druckschrift begangen, so ist, wenn der Druckort bekannt und in dem Gebiete gelegen ist, für welches die Strafprozeßordnung Wirksamkeit hat, stets der Druckort; wenn dieser unbekannt oder außerhalb jenes Gebietes gelegen ist, der Ort der Verbreitung in dem letzteren als Tatort anzusehen. Erscheinen in dem letzteren Falle mehrere Gerichte für dieselbe Untersuchung zuständig, so entscheidet unter ihnen das Zuvorkommen."

Nach dem oben Ausgeführten bedarf es wohl keines Nachweises für die Behauptung, daß diese Bestimmung dem Wesen der Sache nicht gerecht wird, keine Lösung, sondern eine Beseitigung der Frage ist. Weiteres Eingehen auf die Vorschrift der österreichischen Str.P.O. ist demnach wohl überflüssig.

Ich würde folgende Thesen zur Annahme empfehlen.

1) Die Preßdelikte werden von den an Herstellung und Ausgabe der Druckschrift beteiligten Personen (Verfasser, Herausgeber, Redakteur, Drucker, Verleger) begangen an demjenigen Orte, von dem aus die Verbreitung der Druckschrift (der Vertrieb) erfolgt.

2) Wird die Druckschrift von mehreren Orten aus verbreitet (vertrieben), so haben die genannten Personen in realer Konkurrenz so oftmal das Preßdelikt begangen, als Verbreitungsmittelpunkte vorhanden sind.

3) Die Bestimmung des Gerichtsstandes der begangenen Tat erfolgt in diesem Falle nach der in § 12 Str.P.O. gegebenen Vorschrift.

5. Adolf Dochow † 20. Dezember 1881.

(Nachruf in Zeitschrift II 1.)

Adolf Dochow wurde am 24. September 1844 zu Templin (Regierungsbez. Potsdam) als das einzige Kind seiner Eltern geboren. Nachdem er schon im fünften Lebensjahre seinen Vater verloren hatte, übersiedelte er mit seiner Mutter nach Berlin. Hier bezog er das Friedrichs-Werdersche Gymnasium und nach dessen Absolvierung zu Ostern 1864 die Berliner Universität. An dieser hatte sich Dr. A. Boretius, später Dochows Kollege in Halle (seit 1874) und jetzt der aufopfernde Vormund seiner Kinder, gerade als Privatdozent habilitiert und in seinem ersten Dozentensemester ein Kolleg über die Lex salica angekündigt. Boretius schreibt (in der Saalezeitung vom 22. Dezember 1881): „Dochow war, ohne daß ich ihn vorher gekannt hatte, der erste ..., der sich bei mir meldete. Mit einem mir unvergeßlich gebliebenen Eifer beteiligte er sich bei den Besprechungen und mit Vertrauen schloß er damals sich an mich persönlich an. Ob auch schon nach einem halben Jahre unsere Wege sich auf lange Zeit trennten, hat er doch durch alle Wandlungen seines und meines Lebensganges mir seitdem bis zum letzten Tage .... die Treue bewahrt." Zu Michaelis 1864 zog Dochow zur Fortsetzung seiner Studien nach Göttingen, im nächsten Semester nach Heidelberg, dann nach München, um endlich wieder nach Göttingen zurückzukehren. Hier lernte er seine spätere Lebensgefährtin (Mathilde Keidel) kennen und verlobte sich mit ihr, kaum 22 Jahre alt. Im Jahre 1866 zum Heere eingezogen, machte er als Gardegrenadier unter dem Großherzog von Mecklenburg den letzten Teil des Feldzugs (Marsch auf Nürnberg) mit, wurde aber nach dem Friedensschlusse wegen Kurzsichtigkeit entlassen.

Nachdem er in Heidelberg auf Grund seines insigni cum laude bestandenen Examens am 17. August 1867 zum Doktor promoviert worden war, hielt er am 6. Februar 1869 Hochzeit und ging, nach einem kurzen Aufenthalte in Jena, nach Heidelberg, um sich hier als Privatdozent niederzulassen. Am 4. März 1871 wurde ihm auf Grund einer Abhandlung über das gewerbs- und gewohnheitsmäßige Verbrechen die venia legendi erteilt. Hier wurden auch seine beiden ältesten Kinder (Hertha am 19. Januar 1870 und Adolf am 9. Februar 1871) geboren. Schon Anfang 1872 in Innsbruck an zweiter Stelle vorgeschlagen, erhielt er bald darauf einen Doppelruf nach Basel und Halle und wurde (28 Jahre alt) mit Patent vom 7. August 1872 zum ordentlichen Professor der Rechte in Halle ernannt.

Ich darf wohl wieder Boretius sprechen lassen: „Er hatte seine Vorbereitungslaufbahn für die Professur vielleicht zu schnell zurückgelegt und es wurde ihm daher in den ersten Jahren nicht ganz leicht, seiner Stellung nach allen Seiten gerecht zu werden. Aber bei seiner unzweifelhaften Begabung und Leichtigkeit des Arbeitens gelang es ihm doch bald, in den Kreisen seiner Zuhörer wie Kollegen, unter den theoretischen Kriminalisten wie namentlich auch bei den strafrechtlichen Praktikern immer mehr Ansehen und Einfluß zu gewinnen. Das Bewußtsein hiervon, welches ihn in seinen letzten Lebensjahren mehr und mehr erfüllte, steigerte seine Schaffensfreudigkeit und Schaffenskraft, so daß das Glück über seine zunehmenden und wohlverdienten Erfolge ihm in der letzten Zeit aus den Augen sah."

Dochows literarische Tätigkeit beginnt schon im Jahre 1868 mit seinen „Bemerkungen zu der Monographie: Die Vermögensbeschädigung von Lueder" (Strafrechtszeitung 1868, Sp. 92—96). — Im Jahre 1871 erschien seine Habilitierungsschrift „Zur Lehre von dem gewerbs- und gewohnheitsmäßigen Verbrechen", erst teilweise, dann vollständig (104 S. Jena, Friedr. Mauke). Die Schrift, welche von gründlichem Quellenstudium wie anerkennenswerter Belesenheit in der Literatur des ausländischen, besonders des französischen Rechtes zeugt und heute noch für die betreffende Lehre als grundlegend bezeichnet werden muß, gelangt im wesentlichen zu negativen Resultaten. Dochow verlangt, daß in der Gesetzgebung der Begriff der Gewohnheitsmäßigkeit gestrichen und durch den der Gewerbsmäßigkeit ersetzt werde; er will aber auch diese nur als Qualifikationsumstand, nicht als Tatbestandsmerkmal behandelt wissen und verwirft daher den Begriff der sogenannten Kollektivdelikte; er hält aber auch Bestimmungen über das gewerbsmäßige Verbrechen für überflüssig, sobald die Strafrahmen im Gesetze weit genug gefaßt werden. Der scharfe kritische Blick, das warme Verständnis für die Bedürfnisse des praktischen Lebens, der feine Sinn für die juristische Technik, welche alle Arbeiten Dochows auszeichnen, treten schon in dieser Erstlingsschrift deutlich hervor. — Dasselbe Jahr brachte noch eine kleine Abhandlung über den „Verweis im deutschen Strafgesetzbuche" (Gerichtssaal XXIII, S. 462—473).

Nach einer kurzen Pause, die wohl durch die Berufung nach Halle veranlaßt worden war, nimmt Dochow die literarische Tätigkeit im Jahre 1874 mit größtem Eifer wieder auf. Er liefert für das von F. v. Holtzendorff herausgegebene Handbuch des deutschen Strafrechtes (III. Band) drei tüchtige, fleißig gearbeitete und klar geschriebene Monographien: Meineid, falsche Anschuldigung, Beleidigung (S. 229—260 und 329—378) und veröffentlicht, von zahlreichen Rezensionen abgesehen, in v. Holtzendorffs Jahrbuch für Gesetzgebung, Verwaltung und Rechtspflege (III. Jahrgang) eine Abhandlung „zur Reform des Strafprozesses" (S. 453—479).

Noch reicher war die Ausbeute des Jahres 1875. Zunächst erschienen (in zwei Abteilungen) die „Strafrechtsfälle ohne Entscheidungen" (Jena, Hermann Dufft, 1876, VIII u. 156 S.). Obwohl gleichzeitig mit L. v. Bars ausgezeichneter Sammlung in die Oeffentlichkeit getreten, bürgerten die „Strafrechtsfälle" sich rasch bei Lehrern wie Studierenden ein und erlebten schon 1880 eine zweite, wesentlich umgearbeitete Auflage. Geschickte Auswahl der einzelnen Fälle, kurze und klare Darstellung des Sachverhaltes, Vermeidung der den Fall komplizierenden und für den Studierenden meist verwirrenden Zusatzfragen, Angabe der Quellen, aus welchen die Fälle entnommen wurden (in der neuen Auflage auch kurze Literaturangaben bei den wichtigeren Fällen), sind wertvolle Vorzüge der Sammlung. Die zweite selbständige Arbeit dieses Jahres ist „Die Buße im Strafrecht und Strafprozeß" (Jena, Hermann Dufft, 59 S.; auch als Universitätsprogramm im kleineren Kreise verbreitet). Mit aller Entschiedenheit vertritt Dochow hier, insbesondere gegen Wächter, die seither zur herrschenden gewordene Ansicht, daß die Buße nicht Strafe und auch nicht eine aus Strafe und Entschädigung zusammengesetzte Rechtsbildung, sondern civilrechtliche Entschädigung sei. Die Schrift gehört meines Erachtens zu dem Besten, was Dochow geschrieben hat. Sie ist reich an treffenden Ausführungen, die leider nicht überall beherzigt worden sind. So ist trotz des zwingenden Nachweises, daß in einem Rechtssystem, welches den Adhäsionsprozeß aufgenommen hat, die Buße einfach widersinnig sei, diese aus den österreichischen Strafgesetzentwürfen bisher nicht verschwunden. Teilweise diesem, teilweise schon dem Vorjahre entstammen 19 Artikel für das v. Holtzendorffsche Rechtslexikon, von welchen einzelne in das Gebiet des Staats- und Verwaltungsrechtes hinübergreifen.

Im Jahre 1876 entstand die kurze Abhandlung: „Das Verbrechen des Mordes und die Todesstrafe" (Deutsche Revue, I., S. 375—384), welche der bekannten gleichnamigen Schrift von v. Holtzendorff ihre Entstehung verdankt. Charakteristisch ist die von allen Uebertreibungen sich fernhaltende Ruhe, mit welcher Dochow, obwohl Gegner der Todesstrafe, die Frage behandelt, die Objektivität, mit welcher er die vielgeschmähte Abstimmung im deutschen Reichstag im Interesse der Rechtseinheit billigt.

Das folgende Jahr brachte unerwartete Aufregung. Ihre Veranlassung bildete die Schrift: „Der Zeugniszwang" (Jena, Hermann Dufft, 1877, 65 S.). Nachdem Rubos Abhandlung über dasselbe Thema (in den preuß. Jahrbüchern, XXXIX. Bd.) bei der Tagespresse allgemeinen und lebhaften Beifall gefunden hatte, hielt Dochow es für angezeigt, an eine unbefangene Nachprüfung der Frage zu gehen, und bei dieser Gelegenheit den Zeugniszwang nach den deutschen

Justizgesetzen in umfassender Weise darzustellen. Von der Unterscheidung zwischen Strafe und Zwang ausgehend, gelangte er zu dem Resultate, daß die preußische Praxis mit ihrer bisherigen Anwendung der §§ 312 und 337 der Krim.-Ordg. von 1805 sich durchaus auf dem Boden richtiger Interpretation des geltenden Rechtes (welches nicht Strafe für Zeugnisweigerung, sondern Erzwingung des Zeugnisses durch gesetzlich nicht beschränkte Zwangsmittel statuiert) befunden habe und daß auch die behauptete Befreiung der Zeitungsredakteure von der allgemeinen Zeugnispflicht juristisch unhaltbar sei. Dieses Resultat entsprach allerdings nicht den Wünschen der Tagespresse; auch hatte Dochow es an scharfer Polemik gegen diese wie gegen ihren Vorkämpfer Rubo nicht fehlen lassen, und nur die erste geharnischte Vorrede war in den später ausgegebenen Exemplaren der Schrift durch eine mildere ersetzt worden. Dennoch hatte die Polemik nirgends die Grenzen sachlicher Objektivität überschritten; und für die Folgerichtigkeit der juristischen Ausführungen spricht wohl am besten der Umstand, daß die in der Schrift aufgestellten Resultate heute kaum von irgend einer Seite ernstlich in Frage gestellt werden. Es muß daher als ein trauriges Zeichen voreingenommener Parteileidenschaft bezeichnet werden, daß alsbald nach Veröffentlichung der Schrift eine Anzahl der bedeutendsten Tagesblätter dieselbe in heftigster persönlichster Weise angriff und Dochow mit den bittersten Schmähungen überhäufte. Dochow hat die Angriffe scheinbar ruhig hingenommen; aber vergessen konnte er diese unerwartete und unverdiente Antwort nicht, welche seiner aus vollster juristischer Ueberzeugung hervorgegangenen Schrift zuteil geworden war. — Aus demselben Jahre stammt die Abhandlung über die Antragsdelikte im Ergänzungsbande zu v. Holtzendorffs Handbuch des Strafrechtes (Bd. IV, S. 237—285), sowie die Darstellung der Entstehungsgeschichte, der leitenden Grundsätze und des Geltungsgebietes der Reichsstrafprozeßordnung in dem ebenfalls von v. Holtzendorff herausgegebenen Handbuch des deutschen Strafprozeßrechtes (I, S. 103—137). Für das letzterwähnte Werk schrieb Dochow später noch einen zweiten Beitrag: „Die Beteiligung des Verletzten am Strafverfahren" (II. S. 351—374).

Nachdem Dochow Anfang 1878 in der Zeitschrift für vergleichende Rechtswissenschaft (II. 1. Heft) eine Abhandlung über: „Die Reform des italienischen Strafrechts" (Entwurf Mancini) veröffentlicht hatte, trat er durch seine Textausgabe der Strafprozeßordnung nebst Gerichtsverfassungsgesetz für das Deutsche Reich (mit fortlaufenden, kurzen und treffenden Anmerkungen) mit der Berliner Verlagsbuchhandlung J. Guttentag (D. Collin) in engere Verbindung. Schon 1879 erschien die zweite vermehrte und verbesserte Auflage der Textausgabe, welche durch ihre Handlichkeit wie durch ihre inneren Vorzüge gar bald alle Rivalinnen verdrängt hatte. Für die von demselben Verlage ins Leben gerufene Sammlung der „Lehrbücher des deutschen Reichsrechtes" arbeitete er ferner seine systematische Darstellung des Reichs-Strafprozesses, von welcher die erste und zweite Auflage 1879, die dritte wesentlich verbesserte (XII u. 365 S.) schon 1880 ausgegeben wurde. Das Buch, welches allgemeinen Beifall in den Kreisen der Praktiker wie bei der studierenden Jugend und den akademischen Lehrern fand, kann als Dochows bedeutendste Leistung betrachtet werden. Klare, einfache und abgerundete Darstellung, der sicherste Beweis für die vollkommene Beherrschung des umfangreichen und spröden Stoffes; sichere Auswahl und Hervorhebung der maßgebenden Gesichtspunkte, welche den gewiegten Lehrer erkennen läßt; hingebende Liebe zu der neu errungenen Rechtseinheit, ernstes und freudiges Bemühen, das Geschaffene wissenschaftlich zu vertiefen und auszubauen ohne nörgelnde Kritik und ohne Anpreisung fremder, für Deutschland unbrauchbarer Rechtssätze: das sind die Vorzüge des Buches, die ihm bleibenden Wert sichern. Bahnbrechende Systematik, tiefgreifende Konstruktionen bietet es nicht und sollte es nicht bieten. Aber es war ein Lieblingsgedanke des Verfassers, in einer neuen Auflage auch hier wesentlich umgestaltend einzugreifen.

Gleichzeitig aber beteiligte sich Dochow in hervorragendster Weise an der 3. Auflage des v. Holtzendorffschen Rechtslexikons. Abgesehen davon, daß er für dasselbe 40 teils neue, teils umgearbeitete Artikel schrieb, übernahm er in Vertretung des verhinderten Herausgebers die Gesamtleitung des Unternehmens und führte diese mit solcher Hingebung und solchem Geschick in der Heranziehung neuer Mitarbeiter, daß die dritte Auflage nicht nur als eine bedeutend vermehrte, sondern auch als eine ganz wesentlich verbesserte kurz vor Dochows Tode in die Oeffentlichkeit treten konnte.

Die Schilderung der litterarischen Tätigkeit des Verstorbenen wäre eine durchaus unvollständige, wenn seiner Rezensionen in den verschiedensten Fachblättern, insbesondere aber im Litt. Centralblatte, nicht gedacht würde, von welchen einzelne noch nach seinem Tode erschienen sind. Dochows kritische Begabung war eine hervorragende. Mit scharfem Auge erkannte er Vorzüge und Schwächen eines Werkes, und nie fehlte ihm der Mut, in ungeschminkten Worten seiner Ueberzeugung Ausdruck zu geben. Wenn er schonungslos sein konnte, wo er litterarischen Schund vor sich sah (und seine scharfen Hiebe pflegten zu sitzen), so fehlte es ihm auch nie an freudiger Anerkennung fremder Leistungen. Nur die Sache faßte er ins Auge, Name und Ruf des Autors war ihm gleichgültig.

Dochows kritische Tätigkeit hat ihm manchen Feind gebracht; sie hat ihm aber auch wohl manches Herz gewonnen. Mir war er durch seine Rezensionen interessant geworden, lang ehe ich ihn persönlich kannte. Mir tat es in meiner Privatdozentenseele wohl, kräftige, vom Herzen kommende Mannesworte zu lesen, wo ich sonst meist schüchternen Tadel für das Schlechte, dürftiges Lob für das Gute gefunden hatte. Und als der Zufall es fügte, daß wir beide, ohne voneinander zu wissen, in unseren Anzeigen dieselben Machwerke schonungslos als das bezeichnet hatten, was sie waren, — da schlang die zersetzende Kritik, was sie sonst nicht zu tun pflegt, ein Band um zwei Fachkollegen, das erst der Tod trennen sollte. Persönlich lernte ich Dochow erst im Herbst 1880 bei Gelegenheit des 14. deutschen Juristentages kennen. Es ergab sich gar mancher Berührungspunkt in unseren Anschauungen, und ich lernte den Mann lieb haben, den ich schon bisher hochgeachtet hatte. Hier in Leipzig wurde in gemeinsamer Besprechung mit unserem Verleger D. Collin der erste Plan zur Gründung der Zeitschrift gefaßt; nachdem ich Dochow nach Schluß des Juristentages in Halle besucht hatte und der Vertrag mit dem Verleger geschlossen war, unternahmen wir noch in den ersten Oktobertagen die vorbereitenden Schritte, und nach einem Vierteljahre durfte das Unternehmen als gesichert betrachtet werden. Mit einem wahren Feuereifer war Dochow an die Arbeit gegangen, unermüdlich in dem Entwerfen, dem Prüfen, dem Durchführen von neuen Plänen, und dabei von besonnener Vorsicht und von peinlicher Gewissenhaftigkeit in den kleinsten Details. Und die Zeitschrift machte ihm wohl noch mehr Freude als Arbeit; fast jeder seiner zahlreichen Briefe an mich gibt Zeugnis von der stolzen und doch zugleich so einfach menschlichen Empfindung der Genugtuung über die rasch errungenen Erfolge.

Ganz besondere Aufmerksamkeit hatte Dochow von jeher der Verbesserung des Strafensystems zugewendet. Seit Jahren sammelte er das Material für eine Arbeit über die Bestrafung jugendlicher Verbrecher, die, wenn ich aus seinen Aeußerungen schließen darf, eine seiner bedeutendsten Leistungen geworden wäre. Wo immer eine Gelegenheit sich bot, trachtete er, mit den Praktikern des Gefängniswesens in Berührung zu treten, die vorhandenen Verbindungen zu erweitern und zu kräftigen. Der internationale Gefängniskongreß zu Stockholm (15.—26. August 1878) hatte ihm reiche Anregung gebracht; an den Versammlungen der deutschen Strafanstaltsbeamten pflegte er in den letzten Jahren regelmäßig teilzunehmen. Noch vor wenigen Monaten hielt er in der Versammlung des nordwestdeutschen Gefängnisvereins zu Hamburg (6. Oktober 1881) einen Vortrag „Ueber das abschreckende Moment im Strafvollzuge", welcher, eine lebhafte Debatte hervorrufend, vielfachen Beifall, aber auch vielfachen Widerspruch fand. Der Vortrag sollte erweitert und umgearbeitet in das vorliegende Heft der Zeitschrift kommen. Dochow beschäftigte sich mit ihm noch in den letzten Tagen seines Lebens, ohne jedoch zum Abschlusse der Arbeit zu gelangen. Ich hatte gehofft, aus den nachgelassenen Papieren die vorhandene Skizze des Hamburger Vortrages ergänzen zu können. Leider blieben meine Bemühungen erfolglos. Dochow pflegte an die Ausarbeitung erst zu gehen, wenn er mit sich vollständig im reinen war, und was ich vorfand, waren lose hingeworfene, für den Dritten unverwertbare Gedanken. Aber es wird mir wohl gestattet sein, die Hauptgedanken, welche Dochow zu begründen und durchzuführen gedachte, hier anzudeuten, soweit sie mir aus seinen mündlichen und schriftlichen Mitteilungen bekannt sind. Schon in dem Hamburger Vortrage, welcher mit der Aufstellung der beiden Thesen geschlossen hatte:

1) Die Strafe ist ein Uebel und zwar ein empfindliches;

2) und wo sie es nicht ist, muß sie es werden,

war Dochow von der Unhaltbarkeit der heute herrschenden Gerechtigkeitstheorie ausgegangen; diese Unhaltbarkeit sollte schärfer nachgewiesen und in ihren Inkonsequenzen beleuchtet werden. Dochows jeder aprioristischen Spekulation abgeneigter, kritisch prüfender Geist ließ sich durch die landesüblichen Sophismen nicht täuschen, mit welchen man die behauptete Wertgleichheit von Schuld und Strafe den Leichtgläubigen nachzuweisen sich bemüht; er erkannte scharf, daß weder in der Gesetzgebung noch in der Praxis das angebliche Axiom: die Strafe muß der Schuld entsprechen, konsequent festgehalten werde; er entnahm den Gründen der von den Strafgerichten gefällten Urteile die Tatsache, daß die Bemessung der Strafe nach dem Maßstabe der Verschuldung einfach ein Ding der Unmöglichkeit sei, und daß die von den Theoretikern verbrochene Verwirrung ethischer und juristischer Standpunkte unsere Praxis haltloser Willkür in die Arme treibe. Wie soll die Strafe hemmend auf die Zunahme der Verbrechen einwirken, wenn sie nicht richtig bemessen wird? und wie soll sie richtig bemessen werden, wenn die Theorie, angeblich im Namen der Wissenschaft, einen Maßstab postuliert, welcher in dem einfachsten Straffalle den Dienst versagt?

Die Strafe ist nach Dochow ein Mittel, um die Unterlassung staatszweckwidriger Handlungen herbeizuführen; sie ist Rechtsgüterschutz durch Rechtsgüterverletzung, mithin begriffsnotwendig ein Uebel; sie ist gerecht, soweit sie notwendig ist. Dieser Satz führt Dochow weiter zu einer Beurteilung der einzelnen Strafarten sowie des Strafensystems unserer Reichsgesetzgebung; er hätte ihn weiter führen sollen zur Aufstellung der Grundsätze über Strafzumessung. Abschließende Resultate zu finden in einer so künstlich verwirrten Frage, durfte Dochow selbst nicht hoffen; aber die Arbeit wäre eine schneidige Kritik jener unwissenschaftlichen Spekulationen geworden, welche, nachdem sie von den Pforten jeder anderen Disziplin zurückgewiesen worden, sich das Gebiet strafrechtlicher Fragen zum Tummelplatze erkoren haben; welche Verbrechen und Strafe auf ihre letzten Gründe zurückzuführen sich anmaßen, ohne Verbrechen und Strafe anderswo studiert zu haben als am grünen Tische. Und diese Kritik wäre gerade jetzt höchst zeitgemäß gewesen. Die Parze hat es anders gewollt.

„Seit dem Oktober v. J." — so erzählt Boretius — „hatte Dochow öfters über Kongestionen und Kopfweh geklagt; angewandte diätetische Mittel schienen aber seinen Zustand wesentlich gebessert zu haben, so daß er in der letzten Woche vor seinem Tode sich durchaus munter und frisch fühlte. An einem geselligen Abend des hiesigen „Juristischen Vereins", am 17. Dezember, war er vielleicht einer der heitersten und lebendigsten Teilnehmer gewesen. Am darauf folgenden Sonntagmorgen befand er sich noch völlig wohl, bis mittags um 11 Uhr ihn plötzliches Unwohlsein befiel und ihm die Sprache lähmte. Schnell aber erholte er sich wieder, so daß er erklärte, gleich eine Vorlesung halten zu können. Zwischen 4 und 5 Uhr wiederholte sich der gefährliche Anfall ...., er verlor die Sprache und von 6 Uhr abends auch das Bewußtsein, welches nicht mehr wiederkehrte. Die Bemühungen der Aerzte vermochten das jugendliche Leben nicht zu retten, welches schwer mit dem Tode rang. Dienstag, den 20. Dezember, nachmittags 2½ Uhr hörte das schwere Röcheln auf, nach zwei Minuten erfolgte der letzte Atemzug, und ich drückte dem treuen, in gewaltsam geknickter Jugendkraft daliegenden Freunde das gebrochene Auge zu."

Wie sich später herausstellte, war der Tod die mittelbare Folge eines Herzleidens, einer beginnenden Verknöcherung der Aorta; ein Pfropfen geronnenen Blutes hatte die Blutzufuhr zum Gehirn verstopft; als der erste weitergetrieben oder resorbiert worden war, folgte ein zweiter, welcher sich festsetzte. Der Todeskampf dürfte, wenn auch heftig und langwierig, doch auch ohne Schmerzgefühl verlaufen sein.

An dem Sarge stand die Frau, die er seit seinen Studentenjahren geliebt hatte, — standen vier unmündige Kinder: Hertha, Adolf, Franz (v. Holtzendorffs Pathenkind, geb. zu Halle 27. Januar 1875) und die kleine Elsa (geb. 23. Juli 1879), — standen zahlreiche Kollegen und Freunde. Am 23. Dezember gaben wir ihm das Geleite zur letzten Ruhestätte.

Diejenige Eigenschaft, welche Dochows wissenschaftliches Streben charakterisierte: die ernste Wahrheitsliebe, sie trat auch in seinem Privatleben aufs deutlichste hervor. Keine Lüge kam, nicht bloß über seine Lippen, sondern über sein ganzes Wesen; jede Heuchelei war ihm fremd; und wer ihn näher kannte, der vermochte in seinen Augen zu lesen, was ihn bewegte. Schroff, vielleicht abstoßend, wenn er sich abgestoßen fühlte, konnte er hingebend und selbstvergessend denjenigen sich fügen, die er liebte. Fremdes Verdienst hat er immer anerkannt, auch dort, wo es nicht gerade auf seinem Wege lag. Jüngeren Kollegen ist er ein treuer Ratgeber, ein uneigennütziger Freund gewesen. Jeden Eindruck rasch in sich aufnehmend und sofort verarbeitend, war er seinen Freunden und Bekannten ein lieber Genosse, welcher gab, was er hatte, ganz und ohne zu feilschen, und die anderen nahm, wie sie eben waren. Nur die Ruhe schien ihm zu fehlen, in der Wissenschaft wie im Leben; das Behagen an stillfriedlicher Tätigkeit war ihm versagt, und rastlos trieb es ihn weiter. Jetzt hat er die Ruhe gefunden, die kein Streben, die kein Kampf ihm stört. Gönnen wir seiner Asche den Frieden; sein Andenken mag uns stärken, wenn wir das Erbteil antreten, das er den Überlebenden Genossen hinterlassen hat: den Kampf für den Fortschritt der Wissenschaft.

6. Sind gleiche Grundsätze des internationalen Strafrechtes für die europäischen Staaten anzustreben und eventuell welche?

Gutachten für den XVI. deutschen Juristentag (1882).

Einleitung.

Die „Reformation des internationalen Strafrechtes" bildet eine der brennendsten unter den juristisch wie politisch bedeutsamen Fragen der Gegenwart. Angeregt durch welthistorische Ereignisse und Bestrebungen von weittragendster Bedeutung, hat die hohe Diplomatie eine bisher allerdings wenig erfolgreiche Aktion eingeleitet, um die Mängel des geltenden internationalen Strafrechtes zu beseitigen, seine Lücken zu ergänzen, seine Widersprüche aufzuhellen; willig, aber nichts weniger als zielbewußt, haben die Volksvertretungen, insbesondere in Deutschland und Italien, sich den Bemühungen ihrer Regierungen angeschlossen; unverdrossen sind die Vertreter der juristischen Wissenschaft in zahlreichen Versammlungen und zahlreicheren Schriften bestrebt gewesen, der Reformbewegung Inhalt und Ziel zu geben, ohne aber bisher über andere als untergeordnete Punkte zu einer communis opinio zu gelangen.

Unter den wissenschaftlichen Bestrebungen verdienen die Thesen, welche das Institut de droit international auf seiner Versammlung zu Oxford vom 6.—10. September 1880 gefaßt hat[1]), die eingehendste Beachtung, sowohl wegen der Zahl und der wissenschaftlichen Bedeutung derjenigen Männer, welche als Mitglieder des Instituts sich an der Beratung und Abstimmung beteiligt haben, als auch darum, weil die spätere

1) Abgedruckt in dem Organe des Institutes, der Revue de droit international et de législation comparée, Tome XIII, p. 75.

Literatur, so insbesondere die bedeutenden Schriften von v. Holtzendorff[1]) und Brusa[2]), in ihren zustimmenden wie abweichenden Ausführungen an die Oxforder Beschlüsse anknüpfen. Ich habe es daher für angezeigt erachtet, die Thesen des Instituts in der v. Holtzendorffschen Uebersetzung als Anhang zu meinem Gutachten zum Abdruck zu bringen.

In denselben Tagen, in welchen die Mitglieder des Instituts zu Oxford tagten, war der 15. deutsche Juristentag zu Leipzig zusammengetreten. Auf der Tagesordnung der Sitzung der vereinigten 3. und 4. Abteilung vom 9. September 1880 stand die Beratung der Frage, deren Lösung die Aufgabe des vorliegenden Gutachtens bildet. Aber da keinerlei Vorarbeiten vorlagen, mußte die Vertagung der Beratung beschlossen werden[3]). So ist es gekommen, daß das berufene Organ des deutschen Juristenstandes, ohne durch ein voreiliges Votum gebunden zu sein, unbefangen unserer Frage gegenübersteht.

Und das ist ein nicht zu unterschätzender Vorteil. Die bisherigen Versuche einer Lösung sind gescheitert. Sie mußten scheitern an dem Auseinandergehen der Meinungen. Es wäre nun allerdings vermessene Torheit, zu erwarten, daß die Meinungsverschiedeneit in allernächster Zukunft schwinden werde. Aber eines kann heute schon angestrebt und wohl auch erreicht werden: eine präzise Fragestellung.

In dem Fehlen derselben sehe ich den Hauptgrund für die Erfolglosigkeit der bisherigen Reformbestrebungen. Nicht immer ist das Fragen leichter als das Antworten; gerade auf wissenschaftlichem Gebiete gilt häufig das Umgekehrte, und in nicht seltenen Fällen liegt in der richtigen Frage auch schon die halbe Antwort. Täusche ich mich nicht, so gilt das auch von unserem Thema. Die richtige Fragestellung

---

1) v. Holtzendorff, Die Auslieferung der Verbrecher und das Asylrecht. Berlin 1881, 71 S. Aus der Sammlung gemeinverständlicher wissenschaftlicher Vorträge (Zeitschr. f. d. ges. Strafrechtsw. I, S. 349).

2) Brusa, Del delitto politico in rapporto con la estradizione. Im Archivio di scienze giuridiche e sociali. Diretto da C. F. Ferraris. Vol. II, p. 87—141 (Zeitschr. I, S. 611).

3) Verhandlungen II, S. 286 und 359 (Referent v. Liszt).

anzubahnen, bildet daher die Hauptaufgabe meines Gutachtens; eine erschöpfende Besprechung der Detailfragen dagegen scheint mir hier nicht am Platze zu sein.

Die Fragestellung.

Die erste Vorbedingung, um zu einer richtigen Fragestellung zu gelangen, ist Klarheit über die wesentlich verschiedenen Begriffe, welche mit dem Ausdrucke „internationales Strafrecht" umfaßt zu werden pflegen.

Internationales Strafrecht bedeutet:

1) Die Rechtssätze, durch welche das Geltungsgebiet des heimischen Strafrechtes den ausländischen Strafrechten gegenüber bestimmt wird; jene Rechtssätze also, welche sagen, ob nur die im Inlande begangenen, oder auch die von Inländern im Auslande begangenen, oder endlich auch die von Ausländern im Auslande begangenen strafbaren Handlungen der Beurteilung nach heimischem Rechte unterliegen. Jene Rechtssätze aber sind nationaler, nicht internationaler, Natur; sie sind von der nationalen Gesetzgebung aufgestellt und binden nur diese. Es ist logisch und juristisch inkorrekt, von einem „deutschen internationalen" Strafrechte zu sprechen. Aber die Bezeichnung hat sich nun einmal eingebürgert und muß daher berücksichtigt werden. Fassen wir das Wort „internationales Strafrecht" in diesem Sinne, so lautet die gestellte Frage präzise gefaßt:

> Ist es anzustreben, daß die verschiedenen [europäischen] [1]) Staaten das Geltungsgebiet ihres nationalen Strafrechtes den ausländischen Strafrechten gegenüber nach denselben Grundsätzen bestimmen? und welches sind diese Grundsätze?

Internationales Strafrecht bedeutet aber weiter:

2) Die Rechtssätze, durch welche die Gewährung der internationalen Rechtshülfe auf strafrechtlichem Gebiete bestimmt wird.

Also Strafrechtshülfe, geleistet von Staat zu Staat, sei es entweder zum Zwecke der Feststellung streitiger

---

1) Ich darf wohl im folgenden die Beschränkung auf die „europäischen" Staaten fallen lassen.

strafrechtlicher Ansprüche durch Unterstützung der Untersuchung, z. B. durch Einsendung von Beweismitteln, Vernehmung von Zeugen u. s. w., oder sei es zum Zwecke der Verwirklichung rechtskräftig festgestellter strafrechtlicher Ansprüche durch Vollstreckung des Urteils oder durch Mitwirkung zu seiner Vollstreckung. Es ist klar, daß die Auslieferung des Verbrechers das eine wie das andere sein kann, je nachdem sie vor oder nach Rechtskraft des verurteilenden Erkenntnisses erfolgt. Schon diese Doppelnatur der Auslieferung erklärt uns ihre hervorragende Stellung innerhalb der mannigfaltigen Akte der Strafrechtshülfe. Es kommt ein weiterer Umstand hinzu. Auf civilrechtlichem Gebiete leisten wir Rechtshülfe dem rechtskräftigen Urteile gegenüber, indem wir es einfach vollstrecken. Anders, wenn wir von den Vermögensstrafen absehen, auf strafrechtlichem Gebiete. Wenn der in Frankreich zu Lebens- oder Freiheitsstrafe rechtskräftig verurteilte Verbrecher nach Deutschland flüchtet, so wird er in Deutschland nicht etwa hingerichtet oder ins Zuchthaus gesperrt, sondern an Frankreich ausgeliefert. Es ist ein feststehender Grundsatz des modernen Strafrechtes, daß ausländische Strafurteile im Inlande nicht vollzogen werden. Auf eine Rechtfertigung oder Kritik dieses Grundsatzes kann ich hier nicht eingehen. Aber der Hinweis auf ihn mag dazu dienen, um die hervorragende Stellung der Auslieferung innerhalb der mannigfaltigen Akte der Strafrechtshülfe vollends zu erklären. So kommt es, daß Wissenschaft und Gesetzgebung fast nur mit der Auslieferung sich beschäftigen und der übrigen Akte der Strafrechtshülfe nur ganz ausnahmsweise erwähnen. Es mag auch mir gestattet sein, im folgenden mein Hauptaugenmerk auf die Auslieferung zu richten.

Bei dieser Auffassung des „internationalen Strafrechtes" gewinnt unsere Frage folgende Gestalt:

> Sind gleiche Grundsätze für die Gewährung der internationalen Strafrechtshülfe (Auslieferung) zwischen den verschiedenen Staaten anzustreben? und welche?

Wir setzen dabei voraus (und diese Ansicht kann heute als eine allgemein anerkannte betrachtet werden), daß eine

Regelung überhaupt wünschenswert, die tatsächliche Gewährung der Rechtshülfe im Einzelfalle unzureichend sei.

Internationales Strafrecht kann aber endlich bedeuten (und gerade das Hereinziehen dieser dritten Bedeutung hat manche Verwirrung verschuldet):

3) Die durch internationale Vereinbarung geschaffenen Rechtssätze zum Zwecke des Schutzes gewisser Rechtsgüter gegen internationale Angriffe. Man denke an internationale Strafdrohungen gegen die Ausschreitungen der anarchistischen Bewegung.

Es ist sofort klar, daß derartige internationale Vereinbarungen von den bisher besprochenen wesentlich verschieden sind. Soweit unsere Frage also auch diese Bedeutung des internationalen Strafrechtes umfassen soll, werden wir ihr eine durchaus selbständige Formulierung geben müssen. Sie lautet dann:

Gibt es internationale Rechtsgüter, und welche? Sind internationale Vereinbarungen zu ihrem Schutze anzustreben? Nach welchen Grundsätzen sind diese zu treffen?

So haben wir die eine Frage in drei Fragen aufgelöst, welche den drei verschiedenen Bedeutungen des Wortes „internationales Strafrecht“ entsprechen. Ich muß sie im Zusammenhange behandeln, um die Notwendigkeit ihrer getrennten Beantwortung nachzuweisen. Diese Behandlung schließt eine Besprechung sämtlicher Detailpunkte notwendig aus. Auch hätte eine solche an dieser Stelle meines Erachtens wenig oder gar keinen Wert.

1. Das Herrschaftsgebiet der nationalen Strafrechtssätze.

Wenn wir einen Blick auf jene Normen der verschiedenen nationalen Gesetzgebungen werfen, durch welche diese das Geltungsgebiet der heimischen Strafrechtssätze den ausländischen Strafrechten gegenüber abgrenzen [1]), so finden wir, trotz aller Verschiedenheit im einzelnen, eine Uebereim-

1) Eine im allgemeinen ganz gute Uebersicht gibt der Traité de droit pénal international et de l'extradition von Pasquale Fiore. Französische Ausgabe von Charles Antoine. Paris 1880, S. 237—282. (Zeitschrift I, S. 153.)

stimmung in den maßgebenden Grundzügen. Wir können, da es sich hier nur um eine schematische Uebersicht handelt, diese in den Gesetzgebungen der meisten Staaten wiederkehrenden Grundzüge in folgende Sätze zusammenfassen:

1) Das inländische Recht findet Anwendung auf alle im Inlande, sei es von Inländern, sei es von Ausländern, begangenen strafbaren Handlungen.

2) Das inländische Recht findet unter gewissen Voraussetzungen und Beschränkungen Anwendung auch auf die vom Inländer im Auslande begangenen strafbaren Handlungen.

3) Das inländische Recht findet ausnahmsweise Anwendung auch auf jene von Ausländern im Auslande begangenen strafbaren Handlungen, welche gegen besonders wertvolle Rechtsgüter des inländischen Gemeinwesens gerichtet sind.

Wie bereits bemerkt, finden sich zahlreiche Abweichungen im einzelnen. Aber sie sind zu unbedeutend, um eine allgemeine Verständigung auf der Basis jener drei Sätze als unmöglich erscheinen zu lassen.

Wäre eine Verständigung auf dieser Basis wünschenswert? Ich muß die Frage auf das entschiedenste verneinen, und zwar aus einem Grunde, dessen Nichtbeachtung meiner Meinung nach einen der Fundamentalfehler der bisherigen Behandlung dieser Frage bildet. Nehmen wir an, alle Staaten Europas würden die Bestimmungen in den §§ 3—9 unseres R.St.G.B. einfach rezipieren. Die unausbleibliche Folge davon wäre eine geradezu unerträgliche Kollision der Strafansprüche der verschiedenen Staaten.

Ich muß zunächst den Begriff des Strafanspruches näher erläutern. Ich nenne Strafanspruch das aus dem Verbrechen entspringende staatliche Recht, zu strafen, soweit es, qualitativ und quantitativ bestimmt, seine subjektive Spitze gegen den Verbrecher kehrt. Der Staat selbst bestimmt die Voraussetzungen für die Entstehung seines Strafanspruches, indem er den allgemeinen Tatbestand der verbrecherischen Handlung überhaupt (Zurechnungsfähigkeit des Täters, Rechtswidrigkeit des Tuns u. s. w.) sowie die Begriffsmerkmale des einzelnen Verbrechens festsetzt; er bestimmt weiter insbesondere die Voraussetzungen für die Entstehung seines Strafanspruches, indem er das Geltungsgebiet seiner nationalen Strafrechtssätze, deren Uebertretung eben den Kern der verbrecherischen Handlung bildet, im Verhältnisse zu den ausländischen Strafrechtssätzen begrenzt.

Und nun nehmen wir wieder an, in allen Staaten wären unsere drei Sätze geltendes Recht. Ein Deutscher hat auf französischem Gebiete eine strafbare Handlung begangen. Deutschland erklärt: mir steht der Strafanspruch zu, denn der Mann ist mein Untertan; Frankreich behauptet: ich bin der Träger des Strafanspruches, denn auf französischem Grund und Boden ist das Verbrechen begangen worden. Die Kollision der Strafansprüche ist da; und eine befriedigende Lösung ist unmöglich.

Man wende mir nicht ein: wer den Verbrecher dingfest macht, der mag ihn bestrafen. Damit sind die Schwierigkeiten nicht beseitigt. Die §§ 4 und 5 unseres R.St.G.B. beweisen es. Wenn wir den Mann in Deutschland festnehmen, so realisieren wir unseren Strafanspruch; wie kommen wir dazu, eine von Frankreich ausgehende Begnadigung berücksichtigen zu müssen (St.G.B. § 5 Ziffer 2); kann etwa Frankreich auf unseren Anspruch verzichten? Ein Dalmatiner hat seinem Freunde auf montenegrinischem Boden bei Ausübung der Blutrache geholfen und ist hier (vielleicht um ihn zu retten) sofort angeklagt und freigesprochen worden: wie kommt Oesterreich dazu, sich durch dieses Urteil seinen Strafanspruch rauben zu lassen (St.G.B. § 5 Ziff. 1)?

Ich verzichte darauf, weitere Beispiele zu geben. Eine internationale Verständigung muß angestrebt werden, um eine Kollision der Strafansprüche zu vermeiden; das dürfte zugegeben werden. Aber die Verständigung muß dann auch auf solcher Basis erfolgen, daß Kollisionen, soweit möglich, wirklich vermieden werden; das scheint mir nicht weniger klar zu sein. Unsere drei Sätze geben eine solche Basis nicht ab, und darum muß eine andere gesucht werden.

Das einzige Mittel aber, jede Kollision der Strafansprüche zu vermeiden, ist die ausnahmsweise Anerkennung des Territorialprinzips, also des Satzes, daß jeder Staat die auf seinem Gebiete begangenen strafbaren Handlungen nach seinem Rechte zu bestrafen berechtigt und verpflichtet sei. Volle Sicherheit wird aber auch dieses Prinzip nur dann gewähren, wenn die bekannten Streitfragen über den Ort der begangenen Tat durch den Gesetzgeber erledigt werden; die Erledigung verliert an Schwierigkeit, sobald der praktisch einfachen Entscheidung [1]) der Vorzug vor der theoretisch richtigen gegeben wird.

Gerne gebe ich zu, daß gewisse Ausnahmen schwer zu vermeiden sind. Gegen Hoch- und Landesverrat (ich würde nur ungern noch weiter gehen) muß der Staat sich schützen, auch wenn sie im Auslande begangen werden, sich schützen durch die Behauptung seines Strafanspruchs. Hier ist die Kollision der Strafansprüche das geringere Uebel.

Aber auch auf die von den Inländern im Auslande begangenen Handlungen das inländische Strafrecht anwenden zu wollen, dazu sehe ich wahrlich keine Veranlassung. Das Prinzip der Nichtauslieferung der Inländer an das Ausland (St.G.B. § 9) beweist nichts für die Notwendigkeit, den Inländer für die im Auslande begangenen Verbrechen im Inlande zu bestrafen; denn dieses Prinzip selbst ist, wie heute mehr und mehr erkannt wird, unhaltbar [2]).

Fast fürchte ich aber, für diesen letzten Satz — heute wenigstens — auf allgemeine Zustimmung in Deutschland nicht rechnen zu können. Und darum möchte ich noch eine Bemerkung hinzufügen.

Wenn man auch hier über das Territorialprinzip hinausgehen will, so tue man es mit aller Entschiedenheit; wenn man dem Inlande auch in diesen Fällen einen Strafanspruch vindiziert, so lasse man sich diesen inländischen Strafanspruch durch das Ausland nicht verkümmern und schmälern. Dann entscheide die tatsächliche Macht über den Schuldigen

1) z. B. durch Aufstellung des (theoretisch gewiß unhaltbaren) Satzes: die Tat ist an demjenigen Orte begangen, an welchem der Täter sich im Augenblicke der Begehung befunden hat.

2) Man vergl. die bei Fiore-Antoine S. 546 angeführte Literatur. Das Institut hat sich durch These VI für die Auslieferung der eigenen Untertanen ausgesprochen. Ebenso v. Holtzendorff in der erwähnten Schrift und zahlreiche andere moderne Schriftsteller.

zwischen den kollidierenden Ansprüchen; hat sie zu unseren Gunsten entschieden, dann wenden wir unser Recht an, schlechtweg und ohne Klausel. Auswärtiger Gesetzgebung, Rechtsprechung oder Justizverwaltung dürfen wir keinen Einfluß einräumen auf unseren Strafanspruch. Die Beschränkungen in § 4 letzter Absatz und § 5 R.St.G.B. müssen unbedingt fallen.

Ich gelange zu folgenden Thesen:

1) Es ist wünschenswert, daß das Geltungsgebiet der heimischen Strafrechtssätze den ausländischen Strafrechtssätzen gegenüber in allen Staaten nach denselben Grundsätzen bestimmt werde.
2) Bei dieser Regelung sind Kollisionen der Strafansprüche verschiedener Staaten, soweit irgend möglich, zu vermeiden. Die Regelung hat daher von dem Territorialprinzipe als ihrer Grundlage auszugehen.
3) Soweit eine Kollision der Strafansprüche durch Ueberschreitung des Territorialprinzipes herbeigeführt wird, ist Existenz und Inhalt des mit dem ausländischen konkurrierenden inländischen Strafanspruches lediglich nach inländischem Rechte zu beurteilen.

2. Internationale Straf-Rechtshülfe (Auslieferung).

I. Notwendigkeit, Ziel und Weg der Reform.

Daß die geltenden Rechtsgrundsätze über die Gewährung der internationalen Rechtshülfe auf strafrechtlichem Gebiete in keiner Weise den Bedürfnissen des Rechtslebens entsprechen, wird wohl keines Beweises bedürfen. Wie schon oben betont, beziehen sich diese Rechtsgrundsätze fast ausschließlich auf die Auslieferung von Verbrechern. Nun bestehen zwar zwischen zahlreichen Staaten Auslieferungsverträge. Aber immer bleiben noch Lücken genug übrig; und, was viel wichtiger ist, die bestehenden Auslieferungsverträge funktionieren schlecht: sie versagen den Dienst, wo er am nötigsten wäre, und geben zu Streitigkeiten Anlaß, durch welche die erprobte Freundschaft zwischen mächtigen Staaten aufs Spiel gesetzt, gelockert und zerstört werden kann.

Es kommt ein weiterer Umstand hinzu, welcher Abhülfe dringend notwendig macht. Die Zahl der zwischen den verschiedenen Staaten geschlossenen und heute gültigen Auslieferungsverträge [1]) beträgt weit über hundert. Dieser Zahl der Verträge entspricht die Buntheit ihres Inhaltes, welche der übersichtlichen Darstellung spottet; entspricht die chaotische Menge der Einzelbestimmungen, welche das Licht eines schöpferischen Gedankens niemals durchdrungen hat; entspricht die Zahl der dadurch veranlaßten Konflikte.

Aus der Lückenhaftigkeit und der Buntheit des geltenden Rechtes ergeben sich die Zielpunkte der anzustrebenden Reform: 1) Ausdehnung der gegenseitigen Gewährung der Rechtshülfe auf alle Staaten, also Verallgemeinerung des Vertragsverhältnisses; 2) Vereinfachung der die Gewährung der Rechtshülfe bestimmenden Grundsätze, also Verallgemeinerung der einzelnen Rechtssätze.

Zur Erreichung des Zieles bietet sich ein doppelter Weg dar.

1) Die Erlassung selbständiger Auslieferungs*gesetze* in den einzelnen Staaten. Diese Gesetze, durch welche Voraussetzung und Gang der Auslieferung für ein bestimmtes Staatswesen geregelt wird, bilden die Grundlage, auf welcher dieser einzelne Staat mit den übrigen Staaten seine Auslieferungsverträge schließt. Die nächste Folge eines solchen Auslieferungsgesetzes ist die Einheitlichkeit in den Auslieferungsverhältnissen eines einzelnen Staates zu allen übrigen und dieser zu jenem.

Eine Anzahl von Staaten hat diesen Weg der Reform mit Erfolg eingeschlagen [2]). Belgien hat in seinen Auslieferungsgesetzen vom 1. Oktober 1833 und 15. März 1874 die Bahn gebrochen; England folgte mit seiner act for

---

1) Man vergl. den Artikel „Auslieferungsverträge" von Bulmerincq in der 3. Aufl. des v. Holtzendorffschen Rechtslexikons.

2) Diese Gesetze finden sich in dem bereits angeführten Werke von Fiore-Antoine.

amending the law relating to the extradition of criminals vom 9. August 1870 (33 und 34 Victor. c. LII), an deren Verbesserung seither fortwährend gearbeitet wurde (Gesetz von 1873; interessanter Kommissionsbericht von 1878); Holland hat sich am 6. April 1875, Canada am 28. April 1877 ein Auslieferungsgesetz gegeben; in den Vereinigten Staaten ist wenigstens das Verfahren durch ein Gesetz vom 12. August 1848 geregelt; Frankreich arbeitet seit 1878, Italien seit einigen Monaten an den Entwürfen eines Auslieferungsgesetzes. In Deutschland scheint bisher niemand den Wert eines solchen Gesetzes gewürdigt zu haben, und die Folge davon ist eine Buntscheckigkeit unserer Auslieferungsverträge [1]), eine Preisgebung der Bedürfnisse unserers Rechtslebens, von welcher sich der Fernerstehende wohl kaum eine richtige Vorstellung zu machen im stande ist.

Aber vielleicht ist dieser Umstand für die auf eine allgemeine Reform gerichteten Bestrebungen selbst eher ein Vorteil als ein Nachteil. Die Erlassung von Auslieferungsgesetzen schließt nämlich eine bisher von keiner Seite gewürdigte Gefahr für das Auslieferungswesen in sich, sobald sie allgemein wird. Nehmen wir an, alle Staaten hätten Auslieferungsgesetze erlassen. Wenn es nun zum Abschlusse von Auslieferungs verträgen kommt, deren unverrückbare Grundlage eben jene Gesetze bilden sollen, so ist ein doppeltes denkbar. Entweder, die Gesetze der beiden vertragschließenden Staaten enthalten abweichende Bestimmungen: dann ist ein Zustandekommen des Vertrages unmöglich, weil jede der beiden Regierungen durch das Gesetz gebunden ist. Oder die Gesetze stimmen miteinander überein, in welchem Falle der Vertragsabschluß keine Schwierigkeiten mehr darbietet. Da das erstere gewiß nicht wünschenswert ist, gelangen wir zur Aufstellung der weiteren Forderung: inhaltliche Uebereinstimmung der in den Einzelstaaten zu erlassenden Auslieferungsgesetze.

Damit sind wir aber bereits zu dem zweiten Wege ge-

---

1) Man vergl. den lehrreichen Aufsatz von Schönemann im Archiv für Strafrecht XXIX, S. 16—47 (Zeitschrift I, S. 349).

führt worden, auf dem die Reform angestrebt werden kann; zu demjenigen, auf dem meines Erachtens allein die erfolgreiche Durchführung einer allgemeinen Reform möglich ist.

2) Dieser zweite Weg ist der Abschluß eines *Weltauslieferungsvertrages*, richtiger eines internationalen Strafrechtshülfevertrages; also eine Vereinbarung sämtlicher Staaten darüber, einmal, daß sie sich gegenseitig Strafrechtshülfe (Auslieferung), weiter, unter welchen Voraussetzungen und auf welche Weise sie sich dieselbe gewähren wollen. Ich denke mir das Zustandekommen dieses Weltvertrages in der Art, daß zunächst die tonangebenden Staaten unter sich die Vereinbarung treffen, dann aber den Beitritt zu dem geschlossenen Vertrage jedem Staate freistellen, dessen Gesetzgebung und Rechtspflege den Grundsätzen der heutigen Kulturstaaten einigermaßen entspricht. Es bedarf wohl nur eines Hinweises auf den Weltpostvertrag, um diesen Gedanken nicht als eine Utopie erscheinen zu lassen. Jede weitere Ausführung der Vorteile eines solchen Vertrages aber erscheint mir als eitel Zeitverschwendung.

Also entweder Weltauslieferungsvertrag oder aber zum mindesten ein deutsches Auslieferungsgesetz: das sind die einzigen Wege, auf welchen die Reform des Auslieferungswesens möglich ist. Beides aber setzt voraus die Klärung der Ansichten über jene Rechtsfragen, deren Lösung den Inhalt jenes Vertrages wie dieses Gesetzes zu bilden hätte; und die Klärung der Ansichten über die einzelnen Rechtsfragen wieder ist nicht möglich ohne Klarheit über das Wesen der Auslieferung. Diese soll uns zunächst beschäftigen. Auf die einzelnen Rechtsfragen will ich nur so weit eingehen, als es unumgänglich notwendig ist.

II. Das Wesen der Auslieferung und die Konsequenzen aus demselben.

Die Auslieferung ist ein Akt der Rechtshülfe (nicht der einzige auf strafrechtlichem Gebiete, aber der wichtigste). Ich glaube nicht, daß von irgend einer Seite ein Widerspruch gegen diesen Satz erhoben werden wird und erhoben werden kann. Aber das weiß ich bestimmt, daß noch niemand sich die Konsequenzen aus diesem Satze klar gemacht hat. Und doch ist es von größter Wichtigkeit, gerade bei schwierigen juristischen Problemen konsequent zu denken; nicht der Konsequenzmacherei an sich zu liebe, sondern weil nur konsequente Durchführung eines an sich unbestrittenen Gedankens Aussicht auf allgemeinen Beifall hat, und weil nur konsequente Rechtssätze scharf und sicher in der Praxis arbeiten. Betrachten wir die Konsequenzen etwas näher.

Die Auslieferung ist ein Akt der Rechtshülfe, nicht ein Akt der Rechtspflege. Sie ist nicht Verfolgung eigener, sondern Mitwirkung zur Verfolgung fremder Strafansprüche; sie trägt nicht universellen, sondern internationalen, nicht kosmopolitischen, sondern diplomatischen Charakter. Ich glaube, der Gegensatz tritt scharf genug zu Tage. Die internationale Rechtshülfe setzt die zwischen selbständigen Staaten bestehenden Schranken voraus; die kosmopolitische Rechtspflege reißt diese Schranken nieder. Die erstere sagt: ich will Dir zu Deinem Rechte helfen; die letztere sagt: Dein Recht ist mein Recht, de me res agitur. Die erstere setzt fremdes Recht voraus, schließt eigenes Recht aus; die letztere setzt eigenes Recht voraus und betrachtet das fremde Recht nur im Lichte des eigenen.

Daraus ergeben sich nun verschiedene Folgesätze.

1) Auslieferung ist Mitwirkung zur Verwirklichung *fremder* Strafansprüche. Wer die Auslieferung begehrt, muß Strafanspruchsberechtigter sein. Ob er es ist, und ob er in dem behaupteten Umfange es ist, darüber kann nur das Recht des Anspruchswerbers entscheiden. Denn er, und nur er stellt die Voraussetzungen fest, von deren Vorliegen Existenz und Umfang seines Strafanspruches abhängt. Wenn Frankreich behauptet, ein nach Deutschland geflüchteter Franzose habe in Frankreich eine nach französischem Rechte als Verbrechen erscheinende Handlung begangen, und daher seine Auslieferung begehrt, so werden wir uns wohl fragen müssen: ist jene Behauptung richtig; aber zur Anwendung unseres deutschen Rechtes bei Beantwortung der Frage ist kein Raum, denn für dieses sind die in Frankreich von einem Franzosen begangenen Handlungen überhaupt juristisch irrelevant. Halten wir an diesem Satze, der eine notwendige Konsequenz aus dem

Wesen der Auslieferung ist, so erledigt sich damit eine Reihe scheinbar schwieriger Streitfragen mit spielender Leichtigkeit.

a) Die Frage, ob eine Handlung überhaupt strafbar sei, ist immer nur nach dem Rechte des die Auslieferung begehrenden Staates zu entscheiden. Durchaus gleichgültig ist es, ob die Handlung auch nach dem Rechte des um die Auslieferung angegangenen Staates als strafbar erscheint oder nicht. Unhaltbar ist demnach die XI. These des Institut de droit international: „En règle, on doit exiger que les faits auxquels s'applique l'extradition soient punis par la législation des deux pays, excepté dans les cas où, à cause des institutions particulières ou de la situation géographique du pays de refuge[1]), les circonstances de fait qui constituent le délit ne peuvent s'y produire." Es ließe sich gegen diese These gar manches sagen, zu dessen näherer Ausführung hier nicht der Ort ist: daß die zu schlechten Witzen geradezu herausfordernde Ausnahme die Unhaltbarkeit des Prinzipes schlagend beweise; daß der konsequente Ausdruck des der These zu Grunde liegenden Gedankens die Forderung gewesen wäre, die Handlung müsse ein delictum juris gentium, d. h. nach dem Rechte aller Kulturstaaten strafbar sein u. s. w. u. s. w. Ich will nur eins betonen.

Die „Strafbarkeit" der Tat an sich ist nicht die Hauptsache; es kommt auch, und zwar in erster Linie, auf die Höhe der Strafe an. Oder empfiehlt sich vom Standpunkte des Institutes für Völkerrecht aus die Auslieferung wegen einer Handlung, die nach dem Rechte des requirierenden Staates mit dem Tode oder mit einer schweren Verbrechensstrafe, nach dem des requirierten Staates aber mit einer geringen Vergehensstrafe bedroht ist (man denke an Tötung auf Verlangen des Getöteten, an das amerikanische Duell und ähnliche Fälle)? Das, was die Strafgesetzgebung eines Staates charakterisiert, sind eben nicht die Normen, sondern die begriffsentwickelnden Rechtssätze und die Strafdrohungen.

1) Man denke nur daran, daß ein Holländer, nach Begehung eines Schiffahrtsdeliktes auf hoher See, sich nach Liechtenstein flüchtet, und an ähnliche Fälle.

Trotz Uebereinstimmung in den Normen ist die größte Verschiedenheit der Strafgesetzgebung möglich; jene kann daher, wenn auf Uebereinstimmung der Gesetzgebung Gewicht gelegt werden soll, nicht zum Kriterium für die Zulässigkeit der Auslieferung gemacht werden. — Für uns entfällt die Schwierigkeit gänzlich. Ist die Auslieferung ein Akt der Rechtshülfe, dann kann immer nur die Gesetzgebung des die Auslieferung begehrenden Staates für die Entscheidung der Frage maßgebend sein, ob der behauptete Strafanspruch überhaupt und in dem behaupteten Umfange besteht oder nicht.

b) Auch die Frage, ob der entstandene Strafanspruch durch einen später eingetretenen Strafaufhebungsgrund (Begnadigung, Verjährung u. s. w.) wieder vernichtet worden sei, ist immer nur nach dem Rechte des die Auslieferung begehrenden Staates zu entscheiden. Auch dieser Satz folgt aus dem Wesen der Auslieferung als eines Aktes der Rechtshülfe. Wenn es sich um ein von Italien an Deutschland gerichtetes Auslieferungsbegehren, also um einen italienischen Strafanspruch handelt, so ist eine etwa nach deutschem Recht eingetretene Verjährung oder eine von einem deutschen Monarchen ausgehende Begnadigung juristisch durchaus irrelevant: denn nicht, ob Deutschland, sondern ob Italien der behauptete Strafanspruch wirklich zukommt, steht zur Frage. Insbesondere bezüglich der Verjährung ist die vorgetragene Ansicht weit davon entfernt, die allgemein anerkannte zu sein; die Mehrzahl der Auslieferungsgesetze und Auslieferungsverträge steht auf dem entgegengesetzten Standpunkte und erklärt, wie der Art. 7 des belgischen Gesetzes vom 15. März 1874: „L'extradition ne peut avoir lieu si, depuis le fait imputé, les poursuites ou la condemnation, la prescription de l'action ou de la peine est acquise d'après les lois de la Belgique", — die Auslieferung für unzulässig, wenn Verbrechen oder Strafe nach den Gesetzen des requirierten Staates verjährt ist. Im Schoße des Institutes für Völkerrecht trat der Widerstreit der Ansichten deutlich hervor; für die bisher herrschende Ansicht erklärten sich Arntz, v. Bar, Bluntschli, Goos, Hornung, d'Olivecrona; die oben von mir vorgetragene wurde, wenn auch aus anderen Gründen, vertreten von Fiore, Geßner, v. Holtzendorff, Martens, Neumann und insbesondere verfochten von dem Berichterstatter Renault [1]). Eine sichere Lösung der Kontroverse ist aber meines Erachtens nur dann möglich, wenn von dem Wesen der Auslieferung ausgegangen wird.

2) Voraussetzung für die Gewährung der Rechtshülfe ist die *Existenz* des behaupteten fremden Strafanspruches. Der um die Auslieferung ersuchte Staat kann und darf sich der unter eigener Verantwortlichkeit stattfindenden Kognition über die Existenz des behaupteten Anspruches nicht entziehen. Er wird aber gleichzeitig prüfen müssen, ob auch die übrigen Voraussetzungen gegeben sind, von deren Vorliegen die Gewährung der Rechtshülfe abhängt: ob z. B. die strafbare Handlung zu den im Auslieferungsvertrag aufgezählten Verbrechen gehört, ob sie nicht etwa den Charakter eines politischen Deliktes an sich trägt, ob der Verfolgte nicht etwa Inländer ist u. s. w. Die genauere Konstruktion dieser Prüfung bietet mancherlei Schwierigkeiten dar, welche hier nur nach ihrer prinzipiellen Seite besprochen werden sollen.

a) Während die Anregung der Auslieferung auf diplomatischem, ihre Ausführung auf dem Wege der Verwaltung erfolgt, muß die Prüfung, ob die Voraussetzungen für die Gewährung der Rechtshülfe vorliegen, den Gerichten überlassen bleiben. Die Rechte der einzelnen Staaten enthalten über diese Frage abweichende Bestimmungen; bald überlassen sie die Entscheidung der Regierung (Frankreich, Italien), bald den Gerichten (England, Vereinigte Staaten, Kanada), bald endlich ordnen sie die Einholung eines Gutachtens der Gerichte von seiten der Regierung an (Belgien, Holland), ohne aber diese an jenes zu binden. Die Ueberlassung der Entscheidung an die Gerichte empfiehlt sich, ganz abgesehen von juristischen Erwägungen, schon aus dem rein politischen Grunde, daß sie der Re-

1) Vergl. dessen Rapport, p. 14 (in den travaux préparatoires de la session de 1880).

gierung den Wünschen der auswärtigen Diplomatie gegenüber einen unverrückbaren Rückhalt gewährt. Die richterliche Entscheidung müßte auf Grund einer zweiseitigen Verhandlung erfolgen, welche, entsprechend den Grundsätzen des im Lande herrschenden Strafprozeßrechtes, zu gestalten wäre. Art. 3 des belgischen Gesetzes vom Jahre 1874 könnte als Muster dienen.

b) Die Prüfung des Auslieferungsbegehrens hat nicht nur die Rechtsfrage, sondern auch die Tatfrage zu umfassen; also auch mit der Frage sich zu beschäftigen, ob der Verfolgte die ihm zur Last gelegte Tat begangen habe. Allein die Prüfung der Tatfrage kann und darf nur eine summarische sein; es genügt die Bescheinigung der behaupteten Tatsachen durch die auswärtige Regierung, und die Bescheinigung wird als eine ausreichende betrachtet werden müssen, wenn ein Beschluß des zuständigen auswärtigen Richters auf Einleitung der Untersuchung, Eröffnung des Hauptverfahrens u. s. w. oder ein (wenn auch noch nicht rechtskräftiges) Urteil desselben vorgelegt wird. Auch in dieser Beziehung enthält das belgische Gesetz mustergültige Bestimmungen.

c) Es muß Fürsorge dafür getroffen werden, daß noch vor der gerichtlichen Entscheidung eine sofortige vorläufige Verwahrung des Verfolgten stattfinden könne (man vergl. Art. 3 u. 5 des belgischen Gesetzes). Selbstverständlich dürfte die Dauer derselben eine nach der Entfernung des requirierenden Staates zu bemessende Frist nicht übersteigen.

3) Die Existenz eines *eigenen* Strafanspruches des um die Auslieferung angegangenen Staates schließt die Gewährung der Rechtshülfe begriffsnotwendig aus. Behauptet der requirierte Staat, selbst der Träger des aus dem begangenen Verbrechen entstandenen Strafanspruches zu sein, so negiert er damit die Existenz des fremden Strafanspruches, als die Hauptvoraussetzung für den Eintritt der Rechtshülfepflicht. Ueber die Richtigkeit der Behauptung entscheiden selbstverständlich diejenigen Organe, welchen die Prüfung des Auslieferungsbegehrens überhaupt obliegt, also nach meinem Vorschlage

die Gerichte. Dieser Satz wird von Wichtigkeit in allen Fällen, in welchen eine wirkliche oder angebliche Kollision von Strafansprüchen vorliegt.

4) Da von einer Rechtshülfepflicht im juristischen Sinne des Wortes nur gesprochen werden kann, wenn und soweit diese durch Vertrag oder Gesetz begründet ist, so wird es Aufgabe der Auslieferungsgesetze oder des Welt-Auslieferungsvertrages sein, Voraussetzungen und Umfang der Auslieferungspflicht genau zu umgrenzen, insbesondere diejenigen strafbaren Handlungen ausdrücklich aufzuzählen, wegen deren die Auslieferung gewährt werden soll. Ich brauche auf diese Details hier nicht weiter einzugehen. Nur die politischen Verbrechen bedürfen einer Besprechung.

III. Die politischen Verbrechen[1]).

1) Der Grundsatz der Nichtauslieferung politischer Verbrecher kann und muß heute als gemeines Recht bezeichnet werden. Jede Reformbestrebung auf dem Gebiete des Auslieferungswesens muß diesen Grundsatz als einen gegebenen und unantastbaren hinnehmen. Der Logik der Tatsachen gegenüber kann keine abweichende subjektive Ansicht Anspruch darauf machen, sich zur Geltung zu bringen. Es mag demnach dahingestellt bleiben, ob die Nichtauslieferung politischer Verbrecher irgendwie juristisch gerechtfertigt werden kann (was nach meiner Meinung nicht der Fall ist), oder ob dieser Grundsatz nicht vielmehr ein Ueberrest ist aus einer mehr und mehr entschwindenden Zeit, in welcher man die Staatsgewalt als die geschworene Feindin der Staatsbürger betrachtete und den Angriff auf die Brieftasche des einzelnen viel schwerer empfand und verurteilte als die Untergrabung

1) Aus der zahlreichen Literatur seien außer der schon oben S. 91 Anm. 2 genannten Arbeit von Brusa nur zwei neuere Schriften hervorgehoben: Teichmann: Les délits politiques, le régicide et l'extradition (Revue de droit internat. XI. 1879) und Renault: Des crimes politiques en matière d'extradition. Paris 1880 (Journal du droit intern. privé et de la jurisprudence comparée).

des staatlichen Lebens. Aber gerade die allgemeine Anerkennung jenes Grundsatzes macht allgemeine Uebereinstimmung über seine Tragweite unerläßlich; und die Anerkennung des Prinzipes schließt die Anerkennung von Ausnahmen nicht aus.

2) Der Begriff des politischen Deliktes gehört bekanntlich zu den bestrittensten und schwierigsten juristischen Begriffen. Vielleicht schwindet ein Teil der Schwierigkeiten, wenn die Theoretiker des Strafrechtes, die bisher in ihrer überwiegenden Mehrzahl mit größerer oder geringerer Vornehmheit die Bestimmung dieses Begriffes abgelehnt haben, künftighin an der Arbeit der Lehrer des Völkerrechtes sich mitbeteiligen. Für uns fragt es sich, ob schon heute eine Einigung über den Begriff möglich ist oder ob nicht vielleicht die voraussichtlich schwierige Einigung durch eine Aufzählung der als politische (bezw. nichtpolitische) zu betrachtenden Verbrechen umgangen werden kann.

Ich halte eine Einigung über den Begriff für schwierig, aber nicht für unmöglich. Mehr und mehr bricht sich die Ansicht Bahn, daß der Einteilungsgrund nicht in dem Motive oder dem Zwecke des Täters, sondern in der Bedeutung des durch die Tat angegriffenen Rechtsgutes gelegen sei[1]). Politische Delikte sind, so können wir umschreibend sagen, die gegen die politischen Rechtsgüter des einzelnen oder der Gesamtheit gerichteten strafbaren Handlungen. Der subjektiven Seite der Tat bleibt der ihr gebührende Einfluß gewahrt, wenn wir hinzufügen: die ...... vorsätzlich begangenen strafbaren Handlungen. Doch ist die Hinzufügung darum überflüssig, weil das positive Recht die genannten Handlungen eben nur als vorsätzlich begangene unter Strafe stellt. Auf dieser Basis könnte eine Einigung erzielt werden. Allein da

1) Man vergl. u. a. Haus, Principes généraux du droit pénal belge (2. Aufl.) I p. 277 ff.; Teichmann a. a. O. (mit einer Uebersicht über die verschiedenen Ansichten); Fiore-Antoine a. a. O. S. 592 ff.; Binding, Grundriß zur Vorlesung über gem. deutsch. Strafrecht, S. 54; Wahlberg, Beiträge zur Geschichte und Klassifikation der politischen und sozialen Verbrechen, Wien 1880, S. 9 (Zeitschr. für das Privat- u. öffentl. Recht der Gegenwart, VII, S. 507).

der Charakter eines bestimmten Rechtsgutes als eines politischen einerseits theoretisch durchaus nicht unzweifelhaft ist, andererseits durch die wechselnde Verfassung der einzelnen Staatswesen bedingt wird, wäre denn doch eine Aufzählung der von den Einzelstaaten als politische Delikte betrachteten strafbaren Handlungen schwer vermeidlich. Die Aufzählung würde aber in diesem Falle nicht eine Umgehung der prinzipiellen Einigung, sondern ihre nähere Erläuterung bedeuten. Hoch- und Landesverrat einerseits, Verletzung der staatsbürgerlichen Rechte andererseits wären die beiden Kernpunkte, um welche sich die aufzuzählenden Delikte zu gruppieren hätten.

3) Die belgische Attentatsklausel. Das Attentat Jaquins auf Napoleon III. im September 1854 bildete bekanntlich die Veranlassung für das Zustandekommen des belgischen Gesetzes vom 22. März 1856 [1]), durch welches bestimmt wurde:

> Ne sera pas réputé délit politique ni fait connexe à un semblable délit, l'attentat contre la personne du chef d'un gouvernement étranger ou contre celle des membres de sa famille, lorsque cet attentat constitue le fait soit de meurtre, soit d'assassinat, soit d'empoisonnement.

Diese Bestimmung ging als die sogenannte belgische Attentatsklausel in eine ganze Reihe von Auslieferungsverträgen der verschiedensten Staaten (Belgien, Holland, Frankreich, Rußland, Deutschland, Oesterreich, Dänemark, Schweden und Norwegen, Montenegro u. s. w.) über; sie fehlt in zahlreichen anderen Verträgen; ihre Annahme ist beharrlich abgelehnt worden von Italien und von der Schweiz. Die gegenwärtige diplomatische Aktion bezweckt nach den in die Oeffentlichkeit gedrungenen Nachrichten in erster Linie die ausnahmslose Aufnahme der Klausel in die bereits geschlossenen und noch zu schließenden Auslieferungsverträge. Bei dem allgemeinen Beifalle, welchen der eine übereinstimmende Tendenz verfolgende Antrag Windthorst (April 1881) in dem deutschen Parlamente wie außerhalb desselben

---

1) Vergl. über die Geschichte dieses Gesetzes Renault, Des crimes polit., S. 19 ff.

gefunden hat, darf ich wohl annehmen, daß die Richtigkeit und Notwendigkeit des der Klausel zu Grunde liegenden Gedankens von keiner Seite (im deutschen Juristentage wenigstens) bestritten werden wird [1]. Aber gegen die Form, in welcher der Gedanke zum Ausdrucke gebracht wird, muß ich eine Reihe von Einwendungen erheben.

a) Es ist durchaus verkehrt, zu sagen: „Nicht ist politisches Delikt das Attentat auf das Leben des Monarchen u. s. w." Ich behaupte gerade umgekehrt: wenn es überhaupt politische Delikte gibt, so nimmt der Königsmord die erste Stelle ein; es gibt, möchte ich sagen, kein politischeres Delikt als den Angriff auf das Leben des Staatsoberhauptes. Der Beweis für diese Behauptung ist leicht erbracht: beinahe in allen modernen Strafgesetzen bildet dieser Angriff den Hauptfall des Hochverrates (oder der diesem gleichstehenden Verbrechenskategorie), also den Hauptfall des politischen Verbrechens kat' exochen. Wer den politischen Charakter des Hochverrates zugibt, darf den des Königsmordes nicht leugnen. Mir ist kein einziges Gegenargument bekannt, welches den Namen eines solchen verdient. Die Verwerflichkeit der Handlung ist doch gewiß kein Grund gegen ihre politische Natur; für diejenigen wenigstens nicht, welche es mit mir auf das entschiedenste in Abrede stellen, daß der Hoch- oder Landesverräter im allgemeinen „est digne de l'estime des honnêtes gens" [2]. Und wer, den allgemeinen Charakter des Mordes betonend, den Königsmord als ein „gemeines, aus politischer Leidenschaft hervorgegangenes" Delikt bezeichnet, vergißt, daß nicht das Leben eines jeden Staatsbürgers, wohl aber das Leben des Staatsoberhauptes politische Bedeutung hat; daß Leben und Leben, wenn auch gleich vor dem Tode, durchaus ungleichwertig sein können vor der Gesetzgebung, und es, wie die Hochverratsparagraphen bezeugen, in unserem positiven Rechte

1) Auch die Versammlung der Gesellschaft für Reform und Kodifikation des internationalen Rechtes hat zu Köln am 16. August 1881 auf Antrag von Dudley-Field aus New York sich einstimmig dahin ausgesprochen, daß die Attentatsklausel in alle Auslieferungsverträge aufzunehmen sei.

2) Renault a. a. O., S. 26.

auch tatsächlich sind[1]). Auch Teichmann[2]) ist es nicht gelungen, die entgegengesetzte Ansicht zu begründen. Nach seiner Meinung verlangt das politische Delikt „un sujet pour ainsi dire impersonnel", und dieses Merkmal fehle dem Königsmorde. Teichmann verwechselt dabei Objekt des Verbrechens im Sinne von Rechtsgut und Objekt des Verbrechens im Sinne von Träger des Rechtsgutes. Das Rechtsgut ist allen Verbrechen gegenüber etwas Unpersönliches; sein Träger allen Verbrechen gegenüber ein „persönliches Subjekt" (oder eine Mehrheit von solchen). Die einfache Tötung des Monarchen muß auch Teichmann als politisches Verbrechen gelten lassen; ist das „sujet" des Deliktes hier ein anderes als bei Mord, Assassinat, Vergiftung?)[3]).

Der Königsmord ist demnach in allen Fällen ein politisches Delikt. Er ist es auch dann, wenn durchaus unpolitische, rein persönliche Motive (Rachsucht, Eigennutz u. s. w.) den Verbrecher zur Tat bestimmten. So wenig zum Hochverrat überhaupt ein besonderer, über den Vorsatz hinausgehender animus hostilis gegen das Staatsganze erforderlich ist, ebensowenig ist dies bei dem Königsmorde der Fall, der ja nur als eine Species des Hochverrates betrachtet werden darf.

Es ist dringend notwendig, das klar zu erkennen und offen auszusprechen. Was hindert uns, im Gesetze oder in den Verträgen zu erklären: Politische Verbrecher werden, mit

---

1) Es sei mir hier eine kurze Zwischenbemerkung gestattet. Renault wirft die Frage auf (a. a. O. S. 26): Y aura-t-il des escroqueries politiques comme on veut admettre des assassinats politiques?" Die Antwort auf die Frage liegt in dem, was im Texte gesagt ist. Aber als Gegenstück zu den escroqueries politiques sei erwähnt, daß es nach englischem Recht zweifellos einen hochpolitischen Beischlaf gibt. Nach der criminal code bill (1878, Sekt. 35) ist Hochverrat: „violating, whether with her consent or not, a Queen consort, or the eldest daugther of a King or Queen regnant, unmarried, or the wife of the eldest son and heir apparent for the time being of the King or Queen regnant".

2) a. a. O.

3) Treffende Ausführungen über den politischen Charakter des Königsmordes finden sich in dem bereits angeführten Werke von Brusa, der, selbst Mitglied des Institut de droit intern., sich gegen die von diesem aufgestellten Thesen ausspricht.

Ausnahme der Königsmörder, nicht ausgeliefert? Die Fassung der belgischen Attentatsklausel aber birgt die Gefahr nie endender Verwirrung in sich. Sie hindert uns, zu irgend einer Einigung über den Begriff des politischen Deliktes zu gelangen. Denn wie könnte die Definition gefaßt werden, wenn sie den Hochverrat nicht mitumfassen soll? Sie gewährt aber auch denjenigen Staaten, welche die Auslieferung nicht zugestehen wollen, ein jurisisch unanfechtbares Argument. So hat Italien bisher die Aufnahme der Attentatsklausel in seine Auslieferungsverträge mit Erfolg verweigert, und zwar mit der Begründung, daß der Angriff auf das Leben des Monarchen nach dem in Italien geltenden Rechte zu den Verbrechen gegen die innere Sicherheit des Staates gehöre, daß diese Verbrechen unzweifelhaft zu den politischen gerechnet werden müssen, und daß es daher nicht angehe, in einem Vertrage eine dem Gesetze direkt zuwiderlaufende Bestimmung zu treffen [1]). Das Argument fällt in dem Augenblicke, in welchem die Auslieferung der Königsmörder als eine Ausnahme von dem Grundsatze der Nichtauslieferung politischer Verbrecher erkannt und verlangt wird.

b) Ich habe den Ausdruck „Königsmord" bisher der Kürze wegen gebraucht. Daß er diejenigen Fälle nicht deckt, welche man ausgenommen wissen will, bedarf keines Nachweises. Aber auch die Formel des belgischen Gesetzes, welche mit geringen Abweichungen in den verschiedenen Verträgen wiederkehrt, ist nicht zu empfehlen. Sie lautet: „L'attentat .... s'il constitue le fait soit de meurtre, soit d'assassinat, soit d'empoissonnement". Zunächst fällt auf — oder sollte doch auffallen — daß die genannten drei Verbrechensbegriffe durchaus nicht in allen Gesetzgebungen wiederkehren, daher vollkommen ungeeignet sind, die Grundlage einer internationalen Vereinbarung abzugeben. Beweis dafür ist die wesentlich verschiedene deutsche Uebertragung der französischen Ausdrücke in den verschiedenen Verträgen. So spricht der österreichisch-russische Vertrag vom 15./3. Oktober 1874 von „Mord, Meuchelmord, Vergiftung"; der

---

1) Man vergl. darüber Fiore-Antoine a. a. O, S. 596, Note 1.

deutsch-luxemburgische vom 9. März 1876 von „Totschlag, Mord, Giftmord". Daß das wesentlich verschiedene Dinge sind, ist klar. Es ist daher dringend wünschenswert, eine Fassung zu finden, welche der Verschiedenheit in der Gesetzgebung der Einzelstaaten gerecht wird. Ich würde vorschlagen, einfach von vorsätzlicher Tötung zu sprechen. Auch wäre es nur eine Konsequenz aus dem geltenden Rechte, wenn das Unternehmen in gleicher Weise wie die Vollendung des Verbrechens behandelt würde.

c) Die Ausdehnung auf die Mitglieder der Familie des Staatsoberhauptes scheint mir überflüssig zu sein. Dafür wären der Thronfolger und der Regent wohl zu nennen. Ueberlegung verdient es, ob nicht auch die unternommene vorsätzliche Tötung des leitenden Ministers in die Klausel aufzunehmen wäre. Die Aufnahme wäre allerdings nur für den Fall notwendig, wenn 1) Gesetz oder Vertrag schlechtweg von politischen Verbrechen sprechen sollten, ohne eine Definition oder Aufzählung derselben zu geben; oder wenn 2) in der Begriffsbestimmung das politische Motiv des Täters als ausschlaggebend bezeichnet würde. Denn in allen anderen Fällen kann es ja keinem Zweifel unterliegen, daß die Tötung des leitenden Ministers als gemeines Delikt der Auslieferung unterliegt. Doch lege ich diesen Bemerkungen kein sonderliches Gewicht bei.

4) Das délit connexe. Schon in dem belgischen Auslieferungsgesetze vom 1. Oktober 1833 findet sich (Art. 6) die Bestimmung:

Il sera expressement stipulé dans ces traités, que l'étranger ne pourra être poursuivi ou puni pour aucun délit politique antérieur à l'extradition, ni pour aucun fait connexe à un semblable délit etc.

In verschiedener Fassung kehrt dieser Satz in zahlreichen Auslieferungsgesetzen und -Verträgen wieder. Frankreich und Belgien haben die Fassung des Gesetzes von 1833 meist unverändert beibehalten [1]). Die italienischen Verträge drücken sich meistens in folgender Weise aus: „ni pour aucun autre fait quelconque rélatif à ce crime ou à ce

1) Vergl. Fiore-Antoine, S. 599 ff.

délit". England dagegen verweigert (auf Grund des Gesetzes von 1870) die Auslieferung nicht bloß, wenn es sich um ein politisches Delikt handelt, sondern auch, wenn der Verfolgte vor den englischen Behörden den Nachweis liefert, „daß das Auslieferungsbegehren zu dem Zwecke gestellt sei, um gegen ihn eine politische Verfolgung einzuleiten".

Es läßt sich nun gewiß nicht behaupten, daß die angeführten Bestimmungen sich durch besondere juristische Klarheit und Brauchbarkeit auszeichnen. Man ist allmählich aber auch zu der Erkenntnis gelangt, insbesondere auf Grund der von Frankreich nach dem Kommune-Aufstand gemachten Erfahrungen, daß die Dehnbarkeit der Ausdrücke: crime connexe oder rélatif à un délit politique dem flüchtigen Verbrecher in vielen Fällen ein durchaus unverdientes und von den vertragschließenden Mächten nicht beabsichtigtes Asyl sichere. In den Beratungen des Instituts für Völkerrecht wurde dieser Erkenntnis entschiedener Ausdruck gegeben [1]). Nach eingehender Debatte einigte man sich auf folgende These (XIV):

L'état requis apprécie souverainement, d'après les circonstances si le fait, à raison duquel l'extradition est réclamée, a ou non un caractère politique.

Dans cette appréciation, il doit s'inspirer des deux idées suivantes:

a) Les faits qui réunissent tous les caractères de crimes de droit commun (assassinat, incendies, vols), ne doivent pas être exceptés de l'extradition à raison seulement de l'intention politique de leurs auteurs;

b) Pour apprécier les faits commis au cours d'une rébellion politique, d'une insurrection, ou d'une guerre civile, il faut se demander s'ils seraient ou non excusés par les usages de la guerre.

Die ganze Frage ist zweifellos eine äußerst schwierige. Aber der größte Teil der Schwierigkeiten entfällt, wenn wir die durchaus verschiedenen, aber regelmäßig zusammengeworfenen Beziehungen, in welchen das gemeine zu dem politischen Delikte stehen kann, scharf auseinanderhalten.

---

1) Vergl. Renault in seinem Rapport, S. 10 ff.

a) Ein und derselbe Täter hat zwei Verbrechen begangen, ein politisches und ein gemeines, die in keinem anderen als dem durch die Identität des Subjektes gegebenen Zusammenhange stehen. Ein der Verfolgung entgangener Mörder z. B. beteiligt sich mehrere Jahre später an einem landesverräterischen Unternehmen; er entflieht hierauf in das Ausland, von dem nunmehr die Auslieferung begehrt wird. Dieser Fall liegt durchaus einfach. Die beiden Handlungen, welche in realer Konkurrenz stehen, können und müssen strenge getrennt werden, die Auslieferung wird bewilligt wegen des Mordes, verweigert wegen des Landesverrates; der Staat, welchem die Auslieferung bewilligt worden ist, darf selbstverständlich Untersuchung und Aburteilung auf den Landesverrat nicht ausdehnen.

b) Eine und dieselbe Handlung kann unter einem doppelten Gesichtspunkte betrachtet werden; unter dem einen erscheint sie als gemeines, unter dem anderen als politisches Delikt. Die Einkerkerung des Monarchen kann als Freiheitsberaubung oder als Hochverrat betrachtet werden; die Mitteilung eines wichtigen Briefes an eine auswärtige Macht als Verletzung des Briefgeheimnisses oder als diplomatischer Landesverrat; die Zerstörung von Kriegsvorräten als Sachbeschädigung oder als militärischer Landesverrat u. s. w. Es sind die Fälle, in welchen der Kriminalist der älteren Schule von einer ideellen Konkurrenz sprechen würde. Auch diese Fälle können, ruhig betrachtet, keine ernste Schwierigkeit bieten. Ausschlaggebend ist für die Beurteilung dieser Fälle ihr spezieller, nicht ihr Gattungscharakter; jene Beurteilung ist die richtige, welche den konkreten Fall am erschöpfendsten berücksichtigt[1]). Handelt es sich um die Auslieferung, so muß die Handlung demnach als ein politisches Delikt und nur als solches betrachtet werden; die Auslieferung ist ohne Einschränkung zu verweigern; eine Spaltung der einen Handlung in zwei Verbrechen ist unbedingt ausgeschlossen.

---

1) Die Fassung im Texte reicht nicht für alle Fälle aus. Aber ich kann hier auf die Natur der sogenannten Idealkonkurrenz nicht weiter eingehen. Das Nähere in meinem Reichsstrafrecht, § 40.

c) Dagegen bietet der dritte und letzte Fall wesentliche Schwierigkeiten. Der Täter hat eine ganze Reihe von Handlungen begangen, welche, einzeln betrachtet, den Charakter gemeiner Verbrechen, als Gesamtheit betrachtet, den Charakter eines politischen Deliktes an sich tragen. Im Laufe eines Volksaufstandes wurden die Wachen ermordet, Läden geplündert, Waffen geraubt, die Gegner in Fesseln geschlagen, Häuser angezündet, öffentliche Gelder unterschlagen, Eisenbahnen und Telegraphen zerstört, Staatsurkunden vernichtet u. s. w., u. s. w. In allen solchen Fällen handelt es sich zunächst um die Frage, ob wirklich alle einzelnen Handlungen desselben Täters als zu einer Gesamthandlung vereinigt gedacht werden dürfen. Wenn wir diese Frage verneinen, so liegt reale Konkurrenz der Einzelhandlungen, also der unter a) bereits besprochene Fall, vor. Erscheinen dagegen die sämtlichen Handlungen als Teilakte einer Gesamthandlung, so haben wir nur die Gesamthandlung und nicht die Teilakte bei der weiteren Beurteilung ins Auge zu fassen. Für die Beurteilung der Gesamthandlung aber ist ihr überwiegender Charakter maßgebend. Ist dieser ein politischer, so liegt ein politisches Delikt vor; ist er es nicht, so haben wir es mit einem gemeinen Verbrechen zu tun; in jenem Falle wird die etwa begehrte Auslieferung verweigert, in diesem wird sie zu bewilligen sein.

Nun weiß ich recht wohl, daß die Kriterien der Gesamthandlung außerordentlich bestritten, oder richtiger, noch sehr wenig untersucht sind. Aber wir begegnen der Gesamthandlung — und das allein will ich besonders betonen — nicht bloß auf dem Gebiete politischer Umwälzungen, sondern tagtäglich in unseren Gerichtssälen. Werden wir hier mit ihr fertig, so müssen wir es auch dort zuwege bringen: die Grundsätze sind die gleichen. Für mich ist insbesondere die Einheit des erreichten oder beabsichtigten Erfolges maßgebend [1]; aber ich will auf dieser Formulierung nicht bestehen. In dem oben gegebenen Beispiele zweifle ich nicht an der Möglichkeit, die Teilakte zur politischen Gesamthandlung zusammenfassen.

---

1) Mein Reichsstrafrecht § 39.

Aber die These des Instituts für Völkerrecht ist auf das allerentschiedenste zu verwerfen. In ihrem ersten Teile ist sie überflüssig; denn daß ein gemeines Delikt durch die politischen Motive des Täters nicht zu einem politischen werden kann, wird ja allgemein zugegeben. Und in ihrem zweiten Teile ist sie unhaltbar. Wer Revolutionen machen will, der muß die Glacéhandschuhe ablegen und statt der Präsidentenglocke das Schwert und die Fackel zur Hand nehmen; von der Studierstube oder von dem Bankettsaale aus werden nur ausnahmsweise Throne gestürzt oder Verfassungen geändert, und ohne ein paar gebrochene Spiegelscheiben oder eingeschlagene Schädel pflegts dabei nicht abzugehen. „Les usages de la guerre!" Als ob man von denjenigen, welche sich die Anerkennung als Kriegführende erst erkämpfen müssen, verlangen könnte, daß sie sofort die Pflichten derselben ohne ihre Rechte übernehmen! So lange es eine — wenn auch noch so traurige — Wahrheit bleibt, daß die Greuel eines Bürgerkrieges mit den Schrecken des Völkerkampfes nicht verglichen werden können, ebenso lange muß der Jurist mit dieser Wahrheit rechnen. Viel bestimmter, aber ebensowenig juristisch, hat M a r t e n s [1]) den der These XIV des Instituts zu Grunde liegenden Gedanken dahin ausgedrückt: die Auslieferung solle stattfinden, wenn es sich handle um ein „crime abominable ou revoltant". Man wende diesen Grundsatz einmal in den Niederungen des nichtpolitischen Verbrechens an. Um Müller zu töten, hat Schulze ihm das Haus über dem Kopfe angezündet; der Bedrohte aber hat sich gerettet. Liegt Mordversuch und Brandstiftung oder nur ersterer vor? Wenn jemand auf diese Frage antworten wollte: „Es kommt darauf an, was ein a n s t ä n d i g e r M ö r d e r in dieser Lage getan hätte," — so würden wir gewiß in dieser Antwort keine juristische Lösung des Problems erblicken können. Größeren Wert hat aber

1) Vergl. seine Note in der Revue de droit intern. XI. Eine ähnliche Fassung wie die der These XIV findet sich übrigens schon in dem Berichte der englischen Kommission von 1878. T e i c h m a n n (a. O.) formuliert: „die Handlungen seien nicht als politische Delikte zu betrachten, s'ils étaient illégitimes (criminels), même si le parti de celui, qui les a commis, était dans son droit".

auch die Formel des Institut de droit international **nicht**. Der Revolutionär, der als thoroughbred gentleman auftritt, muß erst geboren werden.

Nach **einer** Richtung ist allerdings unserer Oxforder These XIV großes Gewicht beizulegen; sie ist ein Beweis dafür, daß die durchaus krankhafte Sympathie für das, was man politisches Delikt nennt und was im wesentlichen Hoch- und Landesverrat ist, im Abnehmen begriffen ist. Vielleicht gelangen wir doch in nicht allzuferner Zukunft dahin, daß mit dem Grundsatze der Nichtauslieferung politischer Verbrecher auch die an ihn sich knüpfenden Kontroversen schwinden!

Ich halte es für überflüssig, auf weitere Details einzugehen und fasse meine Ansicht in folgenden Sätzen zusammen:

1) **Einheitliche Grundsätze über die Gewährung der internationalen Rechtshülfe in Strafsachen, insbesondere der Auslieferung flüchtiger Verbrecher, sind dringend wünschenswert.**

2) **Der sicherste Weg zur vollständigen Erreichung dieses Zieles ist der Abschluß eines Welt-Rechtshülfe-Vertrages; sollte dieser sich zur Zeit als unerreichbar darstellen, so ist die unverzügliche Erlassung eines deutschen Auslieferungsgesetzes notwendig.**

3) **Die Auslieferung ist ein Akt der internationalen Rechtshülfe und nicht der kosmopolitischen Rechtspflege; sie setzt daher einen Strafanspruch des requirierenden, nicht aber des requirierten Staates voraus. Entstehen und Bestehen des behaupteten Strafanspruches ist ausschließlich nach dem Rechte des requirierenden Staates zu beurteilen. Die Entscheidung über das Vorliegen der Voraussetzungen, von welchen die Bewilligung des Auslieferungsbegehrens abhängt, erfolgt durch die Gerichte des requirierten Staates.**

4) **Wegen politischer Verbrechen findet Auslieferung nicht statt. Die politischen Verbrechen sind in Gesetz oder Vertrag namentlich**

und unter Hinweis auf die betreffenden gesetzlichen Bestimmungen aufzuzählen. Maßgebend für die Einreihung unter die politischen Verbrechen ist die politische Natur des durch die Handlung angegriffenen Rechtsgutes, nicht aber das Motiv des Täters.

5) Der Grundsatz der Nichtauslieferung politischer Verbrecher findet keine Anwendung auf den Fall der unternommenen vorsätzlichen Tötung des Staatsoberhauptes.

6) Hat der Verfolgte durch mehrere selbständige Handlungen mehrere Verbrechen begangen, von welchen einige als politische andere als gemeine Verbrechen erscheinen, so findet die Auslieferung wegen der gemeinen Verbrechen statt; Untersuchung und Aburteilung hat sich dann auf diese zu beschränken.

7) Trägt eine und dieselbe Handlung sowohl den Charakter eines gemeinen als auch den eines politischen Deliktes, so findet Auslieferung nicht statt.

8) Hat der Verbrecher mehrere Verbrechen begangen, welche als eine aus mehreren Akten zusammengesetzte Gesamthandlung sich darstellen, so ist diese nach ihrem überwiegenden Charakter entweder als politisches oder als gemeines Delikt zu betrachten und zu behandeln.

3. Internationaler Schutz internationaler Rechtsgüter.

Wir gelangen zur letzten Frage. Für den Theoretiker, vielleicht auch für den Diplomaten, ist sie die interessanteste. Aber die Schwierigkeiten, welche ihre Lösung bietet, lassen die Hoffnung auf allgemeine Verständigung als eine ganz geringe erscheinen. Für mich handelt es sich an diesem Orte nur darum, den Weg anzudeuten, auf welchem mir die Verständigung als möglich erscheint.

I. Gibt es internationale Rechtsgüter?

Wir können auf doppelte Weise uns den Begriff konstruieren.

1) Insoweit der Staat, sei es als Gesamtheit, sei es in seinen einzelnen Bürgern, als Träger der verschiedenen Rechtsgüter erscheint, können und müssen wir diese als nationale bezeichnen. Auch dadurch, daß diese Rechtsgüter in den verschiedenen Staaten in gleicher Weise sich wiederfinden, hören sie nicht auf, nationale Rechtsgüter zu sein, werden sie nicht etwa zu internationalen. Die Integrität des Staatsgebietes z. B. ist ein französisches, deutsches, englisches u. s. w., also ein nationales, nicht aber ein internationales Rechtsgut. Wenn zwei Nachbarn von demselben Baumeister zwei bis zu den geringfügigsten Einzelheiten übereinstimmende Häuser sich bauen lassen, so ist jeder von ihnen für sich Alleineigentümer seines Hauses; die Gleichheit der Häuser ändert daran nicht das geringste. Von internationalen Rechtsgütern können wir nur dann sprechen, wenn nicht der einzelne Staat, sondern die Gesamtheit der Staaten Träger des Rechtsgutes ist. Es muß aber als äußerst zweifelhaft bezeichnet werden, ob es derartige Rechtsgüter überhaupt gibt[1]. Ich selbst habe die Frage bejaht[2]; und würde die Integrität des Münzverkehrs, die internationalen Wasserstraßen und submarinen Kabel u. a. hierher rechnen; ich wage es aber nicht, diese Ansicht zur Grundlage weiterer Auseinandersetzungen zu machen.

2) Dagegen dürfte eine andere Konstruktion größere Aussicht auf allgemeine Billigung haben. Durch internationale Angriffe kann eine internationale Solidarität der nationalen Interessen entstehen, und durch diese das an sich nationale Rechtsgut zu einem internationalen — wenigstens in einem gewissen Sinne — werden. „Aux maux internationaux, il faut des remèdes internationaux",

---

1) Interessante Ausführungen (welchen ich allerdings nicht beistimmen kann) bei Wahlberg in der oben S. 108 Note 1 angeführten Schrift.

2) Mein Reichsstrafrecht, S. 52.

sagt Bluntschli[1]). Die Angriffe der Seeräuber wie die der Anarchisten in ihren verschiedenen Schattierungen liefern ausreichende Beispiele. Es genügt hier, das Prinzip aufzustellen; seine Anwendung überschreitet die dem Kriminalisten gezogenen fachlichen Schranken.

II. Internationale Vereinbarungen.

Soweit durch die in den verschiedenen Staaten bestehenden Bestimmungen für strafrechtlichen Schutz der nationalen Rechtsgüter (in der zweiten weiteren Bedeutung des Wortes) gegen internationale Angriffe in genügender Weise Sorge getroffen ist, sind besondere internationale Vereinbarungen (also abgesehen von Rechtshülfeverträgen) durchaus überflüssig. Sie werden aber notwendig, sobald es an strafrechtlichem Schutz in einzelnen Staaten gänzlich fehlt oder derselbe als ungenügend erscheint. Dabei darf nicht übersehen werden, daß eine gewisse Uebereinstimmung sowohl in der Begriffsbestimmung der strafbaren Handlungen als auch in den Strafdrohungen notwendig ist, wenn den überall sich gleichenden Angriffen mit überall gleicher Energie entgegengetreten werden soll.

Durch solche Vereinbarungen wird an der Strafberechtigung des einzelnen Staates nichts geändert; ebensowenig an der Rechtshülfepflicht der übrigen. Derjenige Staat, auf dessen Gebiet die strafbare Handlung begangen worden, ist nächster Träger des Strafanspruchs; die anderen Staaten sind ihm zur Gewährung der Rechtshülfe, bezw. der Auslieferung, unter denselben Voraussetzungen verpflichtet wie in anderen Fällen. Kollisionen der Strafansprüche aber werden durch die Ueberschreitung des Territorialprinzipes unvermeidlich, und sind nach den uns bekannten Grundsätzen zu entscheiden. Zu einer „Weltrechtspflege" gelangen wir auch auf diesem Wege nicht.

III. Der Antrag Windthorst.

Meine Stellung zu dem Antrage Windthorst u. Genossen ergibt sich nach dem Gesagten von selbst. Der An-

1) In seinem Gutachten an das Institut de droit intern. vom 25. Juli 1880 (vergl. Revue de droit int., XIII, S. 74). Ein ganz übereinstimmender Gedanke in meinem Reichsstrafr., S. 52.

trag, bezw. der beinahe einstimmig dem Antrage entsprechende Beschluß des Reichstages, geht bekanntlich dahin:

Den Reichskanzler zu ersuchen, auf eine Vereinbarung mit den Regierungen anderer Staaten hinzuwirken, wodurch jeder dieser Vereinbarung beitretende Staat sich verpflichtet,

a) den Mord oder Versuch des Mordes, welche an dem Oberhaupte eines der Vertragsstaaten verübt worden sind;

b) die zwischen mehreren getroffene Verabredung des unter a bezeichneten Verbrechens, auch wenn es zu dem Beginne dieses Verbrechens nicht gekommen ist;

c) die öffentliche Aufforderung zu dem unter a bezeichneten Verbrechen sowohl gegen seine eigenen Angehörigen als auch gegen die in seinem Gebiete sich aufhaltenden Fremden mit Strafe zu bedrohen;

d) einen in seinem Gebiete sich aufhaltenden Ausländer, welcher das unter a bezeichnete Verbrechen begangen hat, auf Ansuchen der Regierung des Staates, in welchem das Verbrechen verübt worden, an letztere auszuliefern.

Ich möchte zunächst die in lit. d enthaltene Forderung einer Revision der bestehenden und der Abschließung neuer Auslieferungsverträge durchaus sondern von den übrigen. Die Revision ist dringend nötig, aber nicht bloß in diesem einen Punkte. Und durch eine partielle Reform gefährden wir geradezu die totale: die Verhandlungen, welche jede derartige Reform voraussetzt, sind nicht so einfacher Natur, daß unsere Diplomatie, hat sie einmal einen teilweisen Erfolg errungen, sie leichten Herzens wieder von vorne beginnen dürfte. Zudem setzt der Antrag die ausschließliche Herrschaft des Territorialprinzipes voraus, während doch, wie wir wissen, die meisten modernen Gesetzgebungen weit über dasselbe hinausgehen; eine Revision mit Zugrundelegung des Antrages wäre demnach ohne Bruch mit dem geltenden Rechte gar nicht durchführbar.

Im übrigen bin ich sachlich durchaus einverstanden. Aber einerseits geht mir die Detaillierung zu weit, andererseits halte ich die Selbstbeschränkung auf den Königsmord für unzweckmäßig. Ich fasse demnach die einzige von mir aufzustellende These dahin:

Soweit durch internationale Angriffe auf gewisse Rechtsgüter das Bedürfnis einer internationalen Abwehr erzeugt wird, sind internationale Vereinbarungen über gleichmäßigen strafrechtlichen Schutz dieser Rechtsgüter wünschenswert.

Anhang.

Die Oxforder Beschlüsse des Instituts für Völkerrecht.

1) Die Auslieferung ist ein internationaler Rechtsakt, der der Gerechtigkeit und dem Staatsinteresse entspricht. Sein Zweck ist wirksame Verhinderung oder Bestrafung der Verbrechen.

2) Sicher und regelmäßig kann die Auslieferung nur dann gehandhabt werden, wenn Staatsverträge bestehen. Es ist wünschenswert, daß deren Zahl sich immer mehr und mehr steigere.

3) Dennoch sind es keineswegs Vertragsabschlüsse allein, wodurch die Rechtmäßigkeit der Auslieferung begründet wird. Die Auslieferung darf auch in Ermangelung jeder vertragsmäßigen Verpflichtung bewerkstelligt werden.

4) Es ist wünschenswert, daß in jedem Lande das Auslieferungsverfahren durch Gesetz geordnet werde. Das gleiche gilt von den Bedingungen, unter denen die als Missetäter in Anspruch genommenen Personen solchen Regierungen ausgeliefert werden sollen, mit denen ein Staatsvertrag nicht abgeschlossen wurde.

5) Die Bedingung der Gegenseitigkeit (réciprocité) kann dabei durch politische Interessen empfehlenswert werden, bildet aber keine Forderung der Gerechtigkeit.

6) Unter Staaten, deren Strafgesetzgebungen auf übereinstimmenden Grundlagen beruhen, und die ein wechselseitiges Vertrauen in ihre Gerichtseinrichtungen setzen dürfen, wäre die Auslieferung der eigenen Staatsangehörigen ein Mittel, um eine gute Justizverwaltung zu sichern, zumal man es als wünschenswert betrachten muß, daß soweit als möglich die Gerichtsbarkeit im forum delicti commissi zur Aburteilung berufen werden sollte.

7) Wo man bei der gegenwärtigen Praxis der Nichtauslieferung der eigenen Untertanen stehen bleibt, sollte man wenigstens diejenigen Staatsbürgerrechte nicht berücksichtigen, die erst nach Begehung derjenigen Missetat erworben wurden, wegen welcher die Auslieferung verlangt wurde.

8) Die Berechtigung des um Auslieferung ersuchenden Staates muß nach dessen eigener Gesetzgebung bemessen werden. Dieselbe darf aber nicht in Widerspruch stehen mit der Gesetzgebung des ersuchten Zufluchtsstaates.

9) Liegen mehrere Auslieferungsgesuche wegen eines und desselben Verbrechens vor, so gebührt der Vorrang demjenigen Staate, in dessen Gebiet die Missetat verübt wurde.

10) Wenn dasselbe Individuum durch mehrere Staaten wegen verschiedener Verbrechen in Anspruch genommen wird, so hat der um Auslieferung ersuchte Staat seine Entscheidung unter Berücksichtigung der größeren oder geringeren Schwere jener Verbrechen zu treffen. Ergeben sich bezüglich der Schwere Zweifel, so ist der zeitlich früher gestellte Auslieferungsantrag bevorrechtet.

11) Als Regel ist zu fordern, daß die der Auslieferung zu unterwerfenden Straffälle nach der Gesetzgebung der beiden in Betracht kommenden Länder für strafbar erklärt sind: ausgenommen davon sind solche Fälle, wo wegen besonderer Staatseinrichtungen, oder wegen der geographischen Lage eines Landes der in Betracht kommende Tatbestand nicht entstehen könnte.

12) Da die Auslieferung immer eine tief einschneidende Maßregel ist, setzt sie regelmäßig Vergehen von einer gewissen Erheblichkeit voraus, die in den Auslieferungsverträgen genau aufgezählt werden müssen. Die darauf bezüglichen Bestimmungen werden natürlich von der besonderen Lage der in Betracht kommenden vertragsschließenden Staaten beeinflußt.

13) Wegen politischer Verbrechen findet keine Auslieferung statt.

14) Der um Auslieferung ersuchte Staat prüft selbständig nach den vorliegenden Umständen, ob der dem Auslieferungsgesuch zu Grunde liegende Tatbestand einen politischen Charakter an sich trägt oder nicht. Bei dieser Prüfung hat er sich von folgenden Gesichtspunkten leiten zu lassen:

a) Die Tatbestände, in denen die Merkzeichen eines gemeinen Verbrechens gegeben sind (Mord, Brandstiftung, Diebstahl), dürfen der Auslieferung nicht deswegen entzogen werden, weil deren Urheber politische Zwecke im Auge hatten.

b) Bei der Erwägung derjenigen Tatsachen, die im Laufe einer Insurrektion oder eines schweren Bürgerkrieges begangen wurden, muß man als Richtschnur die Frage nehmen, ob dieselben durch den Kriegsgebrauch entschuldigt werden konnten.

15) Jedenfalls darf die Auslieferung wegen einer Tat, die gleichzeitig als gemeines und politisches Verbrechen anzusehen ist, nur dann gewährt werden, wenn der ersuchte Staat die Zusicherung erhält, daß der Ausgelieferte nicht durch ein Ausnahmegericht abgeurteilt werden wird.

16) Die Auslieferung bezieht sich nicht auf Desertion der zur Landarmee oder Kriegsflotte gehörigen Soldaten oder auf rein militärische Vergehen. Diese Regel steht aber der Auslieferung von Matrosen der Staats- oder Handelsmarine nicht im Wege.

17) Auslieferungsgesetze oder Auslieferungsverträge dürfen auf solche Handlungen angewendet werden, die begangen wurden, ehe dieselben in Kraft traten.

18) Die Auslieferung findet auf diplomatischem Wege statt.

19) Wünschenswert ist, daß in dem Zufluchtsstaate die Gerichtsbehörde berufen werde, nach stattgehabtem kontradiktorischen Verfahren über das Auslieferungsgesuch zu entscheiden.

20) Der um Auslieferung ersuchte Staat darf die Auslieferung nicht gewähren, wenn in Gemäßheit seines Staatsrechtes der Richter entschieden hat, daß dem Auslieferungsgesuche nicht stattgegeben werden darf.

21) Die Prüfung des Auslieferungsgesuches hat sich auf die allgemeinen Bedingungen der Auslieferung und die tatsächliche Begründung der Anklage zu erstrecken.

22) Die Regierung, welche wegen einer bestimmten Missetat die Auslieferung gewährt erhielt, ist in Ermangelung entgegenstehender Verbindungen von Rechts wegen verpflichtet, den Ausgelieferten nur wegen dieser Tat ausschließlich aburteilen zu lassen.

23) Die Regierung, welche eine Auslieferung zugestand, kann nachträglich darin willigen, daß der Ausgelieferte auch noch wegen anderer Verbrechen, als wegen welcher er ausgeliefert wurde, abgeurteilt werde, wofern diese anderen Verbrechen eine Auslieferung begründen konnten.

24) Die Regierung, die infolge einer stattgehabten Auslieferung ein Individuum in ihre Gewalt brachte, kann dasselbe ohne Genehmigung des ausliefernden Staates nicht einer anderen Regierung überweisen.

25) Die vom Richter ausgegangene Beurkundung, wodurch die Auslieferung für zulässig erklärt wird, muß die Umstände feststellen, unter denen die Auslieferung vor sich gehen soll, ingleichen die Tatsache, wegen welcher die Auslieferung gewährt wird.

26) Dem Ausgelieferten sollte es nicht versagt sein, die Regelwidrigkeit derjenigen Umstände, unter denen seine Auslieferung erfolgte, als prozeßhindernde Einrede vor dem in der Sache selbst endgültig erkennenden Gerichtshofe vorzubringen.

7. Der Zweckgedanke im Strafrecht.

(Marburger Universitätsprogramm 1882. Abgedruckt Z. III 1.)

I. Der Ausgangspunkt.

Der alte Gegensatz der philosophischen Weltanschauung, der in dem δίκαιον νόμῳ und δίκαιον φύσει einen zwar eng begrenzten, aber bezeichnenden Ausdruck findet, hat für keine andere Einzeldisziplin, die Ethik mit eingeschlossen, unmittelbarere praktische Bedeutung als für die Wissenschaft des Strafrechtes. Ob die Strafe als Vergeltung begriffsnotwendige Folge des Verbrechens oder ob sie als Form des Rechtsgüterschutzes zweckbewußte Schöpfung und zielbewußte Funktion der staatlichen Gesellschaft ist; ob sie in der Sühne der Vergangenheit — quia peccatum est — ihren zureichenden, jede weitere Rechtfertigung ausschließenden Grund oder ob sie in der Wirkung auf die Zukunft — peccetur — ihre keiner weiteren Begründung bedürfende Rechtfertigung findet: das ist kein Streit der Schulen, an welchem der Jurist des täglichen Lebens mit kühler Achtung vorbeigehen könnte, seine Zweifel beruhigend in dem unerschütterlichen Glauben an die Autorität des geltenden Rechtes. In der Beantwortung jener Fragen liegt vielmehr die Umgrenzung der vom Staate mit Strafe zu bedrohenden Handlungen, sowie der Maßstab für Inhalt und Umfang der Strafe; der Maßstab, den der Gesetzgeber braucht, wenn er den Strafrahmen für den Deliktsbegriff entwirft; der Richter, wenn er innerhalb des Strafrahmens dem einzelnen Verbrechen die ihm gebührende Strafe zumißt; der Strafanstaltsbeamte, wenn er der zuerkannten Strafe im Vollzuge den konkreten Inhalt verleiht. Und der Beantwortung jener Fragen entnahmen und entnehmen wir das Losungswort im Kampfe für wie gegen die Reformbestrebungen. Wer in der Strafe ein willkürliches Gebilde menschlicher Klugheit erblickt, bestimmt zur Hintanhaltung gemeinschädlicher Handlungen, der wird nur zu leicht geneigt sein, von einer Umgestaltung der Strafgesetzgebung die gründliche Heilung aller sozialen Uebelstände zu erwarten, mag er in der Verbesserung des Strafensystems, mag er in der Einengung desselben durch Präventivmaßregeln das Ziel der Reform erblicken. Wem die Strafe als die notwendige, aller menschlichen Erwägung vorhergehende und von ihr unabhängige Folge des Verbrechens erscheint, der wird, trotz aller Konzessionen im einzelnen, an der alleinseligmachenden Kraft tiefgreifender Umgestaltungen verzweifeln. Es bedarf nur eines Blickes auf die Geschichte der Strafe, um die Richtigkeit dieser Behauptung einzusehen: alle Entwickelung im Strafensystem, im guten wie im schlimmen Sinne, insbesondere die ganze Ausbildung und Verbildung des charakteristischen Merkmals der modernen Strafrechtspflege, der Freiheitsstrafe, ist im Kampfe der relativen mit den absoluten Theorien, sowie jener untereinander, also durch die Betonung der Strafzwecke ermöglicht, eingeleitet und durchgeführt worden.

Es war daher eitel Selbsttäuschung, wenn manche, wie Th. R. Schütze (1874), die Erörterung jener Fragen aus den Lehrbüchern des Strafrechtes verbannen zu dürfen glaubten. Die Geschichte des Strafrechtes kann nicht verstanden, das geltende Recht nicht gewürdigt, die Richtung seiner Weiterbildung nicht bestimmt werden, wenn die Triebfedern aller Entwickelung des Strafrechtes verborgen bleiben.

Allerdings fand diese vorsichtige Zurückhaltung ihre psychologische Rechtfertigung in der allgemeinen Stagnation, welche auf diesem Gebiete der Strafrechtswissenschaft eingetreten war. Jahrzehnte hindurch hatte in der communis opinio der Strafrechtslehrer die Vergeltungsstrafe die unbestrittene Herrschaft geübt; mochten sie an Kant oder Fichte, an Hegel oder Herbart anknüpfen, mochten sie vielleicht auch bemüht sein, auf den Stamm absoluter Vergeltung das Reis des Zweckgedankens künstlich, mühselig und doch erfolglos aufzupfropfen — in dem einen waren sie einig: in der rücksichtslosen Verwerfung, ich möchte sagen, in der wissenschaftlichen Brandmarkung aller jener Theorien, welche den Zweckgedanken zu ihrem Ausgangspunkte zu machen sich unterfingen. Noch im Jahre 1878 konnte selbst Binding[1]) mit der ihm eigentümlichen Entschiedenheit den relativen Theorien das Recht absprechen, an der wissenschaftlichen Diskussion weiter teilzunehmen. Da seine Aeußerungen den damals noch für unangreifbar gehaltenen Standpunkt scharf bezeichnen, da ich ferner später noch einmal auf dieselben zurückkommen muß, sei es mir gestattet, sie hier ihrem Wortlaute nach anzuführen. Binding sagt:

„Mit dem Zerfall der naturrechtlichen Staatsauffassung war zugleich der in der neuesten Zeit wieder gewonnene Sieg der absoluten über die relativen Theorien entschieden. Und mit Recht! Denn bei aller Hochachtung vor dem Scharfsinn und der edlen Gesinnung gar mancher Anhänger der verschiedenen Theorien kann man sich deren wissenschaftliche Haltlosigkeit nicht verhehlen. Das Delikt ist danach nicht Grund, sondern nur notwendige Voraussetzung der Strafe. Aber warum dies? Warum wird nur gestraft, nachdem verbrochen ist? Warum ist das Delikt das einzige Symptom, woraus die Gefahren der Gesellschaft erkannt werden können? Wie kommt ferner die relative Theorie dazu, den zu strafen, dessen Tat nicht Strafgrund ist, dessen Tat nur den wahren Strafgrund, die Unsicherheit der Gesellschaft, enthüllt hat? Läge es nicht näher, ihm dafür den Dank der Gesellschaft zu votieren? Wäre es von diesem Standpunkte nicht allein zulässig, das Verbrechen mit einer Verbesserung der Schul- und Polizeieinrichtungen zu beantworten? Und wie kann es die relative Theorie rechtfertigen, den Delinquenten, also doch einen Menschen, herabzuwürdigen zum Objekt des Ex-

1) Grundriß der Vorlesungen über deutsches Strafrecht, 2. Aufl., 1878, S. 94. Vergl. auch Binding in der Zeitschr. für Privat- u. öffentl. Recht, IV (1878) S. 417 ff.

perimentes, ob durch seine Bestrafung Quellen künftigen Unheils für andere ihm gleichartige Menschen verstopft werden können? noch dazu, da dieses Experiment in so vielen Fällen erfolglos verläuft, also die Strafe, deren einziger Rechtsgrund die Zweckmäßigkeit sein soll, ihren Zweck verfehlt! Endlich muß die relative Theorie konsequent bei dem Satze anlangen: nicht der Staat, sondern die bedrohten Gesellschaftskreise ohne Rücksicht auf die sie durchschneidenden Staatsgrenzen müssen das Strafrecht besitzen, während die Wirklichkeit das Gegenteil lehrt. Eine Strafrechtstheorie aber, die nicht zu sagen weiß, warum sie überhaupt straft, warum sie nur straft, nachdem verbrochen ist, warum sie den Verbrecher straft, obgleich dessen Tat den Rechtsgrund der Strafe nicht abgibt, warum sie endlich zugibt, daß der Staat den Verbrecher straft, *eine solche Theorie kann in unserer Wissenschaft eine Stellung nicht mehr beanspruchen*"[1]).

Aber rasch hatte die Sachlage sich geändert. Die totgesagten Gegner erhoben von neuem das Haupt und zückten das eingerostete Schwert. Kein Geringerer als Ihering hatte in seinem „Zweck im Recht" schon 1877 den Grundgedanken der relativen Theorien zum Ausgangs- und Zielpunkte aller seiner Betrachtungen gemacht, und den Zweck als die Triebkraft bezeichnet, welche Recht und Staat aus sich hervorbringt; und diese eine Tatsache hätte hingereicht, um jene vornehme Ablehnung wissenschaftlicher Auseinandersetzung mit dem Zweckgedanken als etwas verspätet, als einigermaßen hors de saison erscheinen zu lassen. Dazu trat ein zweiter Umstand. Die allgemeine Unzufriedenheit mit den praktischen Erfolgen der von der communis opinio beherrschten Strafgesetzgebung, das wachsende Entsetzen über die in der Kriminalstatistik zum unwiderlegbaren Ausdrucke gelangende Ohnmacht der doktrinären Strafrechtspflege hatten den Zweifel an der Wahrheit der seit Jahrzehnten an allen deutschen Universitäten vorgetragenen Doktrinen in weiten und weiteren Kreisen wach-

1) Die hier kursivgedruckten Worte sind bei Binding nicht durch den Druck hervorgehoben.

gerufen. Den Anstoß zur Bewegung gab die bekannte Schrift Mittelstädts: „Gegen die Freiheitsstrafen" (1879). Darin liegt ihre oft verkannte Bedeutung, darin das Geheimnis ihres Erfolges. Sie sprach rückhaltlos, vielleicht zu schroff und sicherlich zu einseitig aus, was die nicht unter dem Banne der Schule stehende Masse der Juristen längst gefühlt hatte. Sie war kein Programm, aber ein „Aufruf zum Kampfe" [1]); und dieses Ziel hat sie erreicht. Seit 1879 ist der Kampf auf der ganzen Linie entbrannt [2]). Wie immer sein Ausgang sein mag, die Gegner der herrschenden Ansicht haben sich heute schon die Anerkennung als kriegführende Macht erkämpft; drei Jahre, nachdem Binding die oben angeführten Worte geschrieben, brach H. Meyer, der es versuchte, sich vor die Bresche zu stellen, in den Klageruf aus [3]): „Nachdem der alte Streit zwischen idealistischer und realistischer Richtung im Strafrecht lange Zeit zu Gunsten der ersteren entschieden zu sein schien, hält jetzt die realistische Richtung wieder mit ziemlichem Geräusch ihren Einzug".

Auch außerhalb Deutschlands ist die Bewegung in Fluß gekommen. Die junge „anthropologische Schule" Italiens [4]),

---

1) Sontag, Zeitschr. f. d. ges. Strafrechtswiss., I, S. 484.

2) Hervorzuheben wären: v. Schwarze, Die Freiheitsstrafe, 1880; Sichart, Ueber Rückfälligkeit der Verbrecher, 1881; Krohne, Der gegenwärtige Stand der Gefängniswissenschaft in der Zeitschr. für die gesamte Strafrechtswissenschaft, I (1881), S. 53—92; Sontag, Beiträge zur Lehre von der Strafe, ebenda I, S. 480—529 (auch im Separatabdrucke unter dem Titel „Für die Freiheitsstrafen" erschienen); Mittelstädt, Für und wider die Freiheitsstrafen, ebenda II (1882), S. 419—429. Ferner: Kräpelin, Die Abschaffung des Strafmaßes, 1880 (Inhaltsangabe in Zeitschr. u. s. w., I, S. 157); Willert, Das Postulat der Abschaffung des Strafmaßes und die dagegen erhobenen Einwendungen. Zeitschr. u. s. w., II, S. 473—496.

3) H. Meyer, Die Gerechtigkeit im Strafrecht. Gerichtssaal XXXIII, S. 101 ff., S. 161 ff. (Inhaltsangabe in Zeitschr. u. s. w., I, S. 604).

4) „Ueber den Ursprung, das Wesen und die Bestrebungen der neuen anthropologisch-kriminalistischen Schule in Italien" hat Prof. Cesare Lombroso in Turin in der früher von Dochow und v. Liszt, jetzt von v. Liszt und Lilienthal herausgegebenen „Zeitschr. f. d. gesamte Strafrechtswissenschaft", I, S. 130—154 eingehend berichtet. Die seither erschienenen, durch diese Bewegung hervorgerufenen italienischen und französischen Arbeiten sind in derselben Zeitschrift vollzählig und unter Mitteilung der Resultate verzeichnet. Ich begnüge mich daher mit einem Hinweise auf das systematische Sachregister der bisher erschienenen Bände, und mache insbesondere auf die Arbeiten des

geführt von Lombroso, Ferri und Garofalo, rasch an Anhängern gewinnend und namentlich in Frankreich sympathisch begrüßt, hat mit jugendlichem Ungestüm in der Verwertung kaum gefundener Resultate, aber auch mit jugendlicher Kraft und Begeisterung den Kampf gegen die klassische Kriminalistik aufgenommen; sie bestreitet dem Strafrecht den Charakter einer juristischen Disziplin und verwandelt es in einen Zweig der Gesellschaftswissenschaft; sie mißtraut den Wirkungen der Strafe und will diese auf einem großen Gebiete ihrer bisherigen Herrschaft ersetzen durch Präventivmaßregeln („Strafsurrogate"); sie nimmt dem Strafprozesse seine juristische Gestaltung und verwandelt ihn in eine fachmännische psychiatrisch-anthropologische Untersuchung des Verbrechers; sie erblickt ihre Hauptaufgabe in der Erforschung der Ursachen des Verbrechens und ihre medizinischen wie juristischen Anhänger wetteifern in statistischen und anthropometrischen Untersuchungen.

Es unterliegt keinem Zweifel, daß die ganze Bewegung in Deutschland so gut wie in Italien, vorläufig noch nicht zur Klärung gelangt ist. Selbst wenn wir von den revolutionären Ansichten der Italiener absehen, gehen die Anhänger der Reformbewegung in ihren Forderungen nach den entgegengesetzten Richtungen auseinander: während Mittelstädt enge, das richterliche Ermessen möglichst ausschließende Strafrahmen fordert, sehen Kräpelin und Willert nur in der Beseitigung des Strafmaßes das Heil der Zukunft. Aber die Bewegung ist da; sie kann mißbilligt und widerlegt, bekämpft und verworfen, sie darf und kann nicht totgeschwiegen werden. Die Wissenschaft muß zu ihr Stellung nehmen. Und das ist der erste Sieg, den der Zweckgedanke sich erkämpft hat.

Ich hatte meine Stellung zu dieser Bewegung schon in meinem Reichsstrafrecht (1881)[1]) angedeutet. Der mir zur

rasch herangereiften Ferri aufmerksam. Das Organ der Richtung ist das von dem Mediziner Lombroso, dem Prof. des Strafrechtes Ferri und dem Staatsanwalte Garofalo herausgegebene Archivio di psichiatria, antropologia criminale e scienze penali, 1880ff.

1) S. 14 ff.

Verfügung stehende Raum gebot äußerste Kürze. Andeutungen mußten genügen; Ausführung wie Begründung waren unmöglich. Wohl darum ist meine Ansicht mehrfach mißverstanden worden; am gründlichsten von demjenigen Schriftsteller, der sie am gewissenhaftesten gewürdigt hat [1]. Vielleicht gelingt es mir in diesen Zeilen, die Ursache des Mißverständnisses zu beseitigen.

Aber vorher möchte ich meine Ansicht, im engsten Anschlusse an meine damalige Darstellung, nochmals zusammenfassen. Die Strafe ist ursprünglich, d. h. in jenen primitiven Formen, welche wir im Uranfange der menschlichen Kulturgeschichte zu erkennen vermögen, blinde, instinktmäßige, triebartige, durch die Zweckvorstellung nicht bestimmte Reaktion der Gesellschaft gegen äußere Störungen der Lebensbedingungen des einzelnen wie der vorhandenen Gruppen von Einzelindividuen. Aber allmählich verändert die Strafe ihren Charakter. Ihre Objektivierung, d. h. der Uebergang der Reaktion von den zunächst beteiligten Kreisen auf unbeteiligte, ruhig prüfende Organe ermöglicht die unbefangene Betrachtung ihrer Wirkungen. Die Erfahrung erschließt das Verständnis der Zweckmäßigkeit der Strafe. Sie gewinnt durch den Zweckgedanken Maß und Ziel; die Voraussetzungen der Strafe (das Verbrechen) sowie Inhalt und Umfang derselben (das Strafensystem) werden entwickelt; in der Herrschaft des Zweckgedankens wird die Strafgewalt zum Strafrecht. Aufgabe der Zukunft ist es, die begonnene Entwickelung weiter zu führen im gleichen Sinn; die blinde Reaktion konsequent umzugestalten in zielbewußten Rechtsgüterschutz.

Die Stellung dieser Ansicht den bisherigen „Theorien" gegenüber dürfte schon jetzt erkennbar sein. Sie wendet sich gegen die relativen Theorien, indem sie den von dem Zweckgedanken durchaus unabhängigen, mithin absoluten, Ursprung der Strafe betont; sie bekämpft die absoluten Theorien, indem sie die Weiterbildung der Strafe durch den Zweckgedanken als Ergebnis der bisherigen

---

1) v. Bar, Handb. d. dtsch. Strafrechts, I, 1882.

Entwickelung nachweist und als Forderung der Zukunft aufstellt. Sie gestattet — und darauf lege ich großes Gewicht — jede metaphysische Grundlegung der Strafe; und verwehrt zugleich — darauf lege ich nicht minder Gewicht — jeder metaphysischen Spekulation den Einfluß auf die empirische Gestaltung der Strafe. Sie ist also, wenn man so will, eine Vereinigungstheorie; aber fundamental verschieden von den bisher so genannten. Denn sie findet die Möglichkeit einer Verbindung scheinbar unvereinbarer Elemente in der Annahme einer allmählichen Summierung kleiner quantitativer Differenzen. Sie könnte sich daher als „evolutionistische Theorie" bezeichnen, wenn nicht dieser Ausdruck für eine wesentlich verschiedene, weil den absoluten Urgrund der Dinge leugnende, Weltauffassung verwendet zu werden pflegte.

II. Die Strafe als Triebhandlung.

1) Indem ich die primitive Strafe als blinde, instinktmäßige, triebartige Reaktion, mit einem Worte als Triebhandlung bezeichnete, wollte ich damit zunächst und in allererster Linie eine negative Eigenschaft der primitiven Strafe zum möglichst scharfen Ausdrucke bringen. Die Strafe ist eben nicht, wie die Anhänger der relativen Theorien übereinstimmend annehmen, eine Ausklügelung menschlichen Witzes, ein Ergebnis staatlicher Rechenkunst; sie ist nicht hervorgebracht durch den Zweckgedanken, sondern unabhängig von ihm und ihm vorhergehend in die menschliche Kulturgeschichte eingetreten. Wäre die Strafe, was wir in Abrede stellen, eine Erfindung menschlicher Klugheit, dann könnten wir sie unmöglich überall, in der Urgeschichte aller Völker, in gleicher, typisch wiederkehrender Gestalt nachweisen, wie dies der vergleichenden Rechtswissenschaft, trotz aller Lückenhaftigkeit ihres Materials, trotz der Unsicherheit ihrer Bewegungen, bereits in so glänzender, überzeugender Weise gelungen ist [1]. Wäre sie Erfin-

1) Zu vergl. sind insbesondere die verschiedenen Arbeiten von A. H. Post, Die Geschlechtsgenossenschaft der Urzeit, 1875; Der Ursprung des Rechtes, 1876; Die Anfänge des Staats- und Rechtslebens, 1878; Bausteine für eine allgemeine Rechtswissenschaft auf vergleichend-ethnologischer Basis, I. Bd., 1880, II. Bd., 1881 (Zeitschr., II, S. 147).

dung menschlicher Klugheit, wie könnten wir uns die der primitiven Strafe analogen, nur quantitativ von ihr verschiedenen Erscheinungen der Tierwelt erklären? — Eben darum aber, weil die primitive Strafe Triebhandlung, d. h. durch die Zweckvorstellung nicht bestimmte Reaktion ist gegen Störungen der Lebensbedingungen des einzelnen und der bereits vorhandenen Gruppen von Einzelindividuen, also gegen Handlungen, die wir kurz, wenn auch ungenau als Verbrechen bezeichnen können, eben darum ist die Strafe notwendige Folge des Verbrechens. Diese Konsequenz allein scheidet meine Ansicht grundsätzlich und endgültig von allen relativen Theorien. Um diese Notwendigkeit der Strafe, ihre Unabhängigkeit von Menschenwitz und staatlicher Klugheit, um die Ablehnung des Zweckgedankens in der primitiven Strafe in klarster und unzweideutigster Weise zum Ausdrucke zu bringen, habe ich sie als Triebhandlung bezeichnet; oder kann das δίκαιον φύσει schärfer betont werden[1])?

Woher nun aber diese Triebhandlung? Wie haben wir uns die gleichmäßige Wiederkehr der primitiven Strafe auf allen Anfangsstufen menschlicher Geschichte zu erklären? Was ist die Ursache dieser triebartigen und darum notwendigen Reaktion gegen das Verbrechen?

Wer die Antwort auf diese Frage aus der Metaphysik sich holen will, dem bleibt es unverwehrt. Meine Auffassung der Strafe hindert ihn nicht daran. Denn die Deutung der Tatsache, wie jene auch immer lauten mag, berührt die empirische Existenz der Tatsache nicht und auf diese allein kommt es mir an. Nur eins darf nicht vergessen werden: die Wissenschaft hört auf, wo die Metaphysik beginnt. Mag das Streben, die Schranken des Naturerkennens zu überfliegen, das Welträtsel zu lösen, den Schleier der Maja zu lüften, mag dieses ernsteste und heiligste aller Streben noch so tief in unserer Anlage wurzeln, noch so unabweislich durch sie gefordert werden: zu wissenschaftlicher Untersuchung führt es nicht. Nicht etwa feindselig,

---

1) Der von v. Bar, Handb., I, S. 195 mir gemachte Vorwurf beruht daher auf einem Mißverständnis.

nicht einmal an sich ablehnend steht die Wissenschaft des Strafrechtes der metaphysischen Erklärung der Strafe gegenüber; aber als etwas Heterogenes muß sie all diese Versuche betrachten und von sich ablehnen.

Sollte mich meine Hoffnung täuschen, daß gerade an diesem Punkte eine Verständigung der widerstrebenden Ansichten möglich wäre? eine Verständigung zwischen dem Strafrecht und der Spekulation über die von hüben wie drüben nicht zu überschreitende Grenzlinie?

Aber diese Abweisung der Metaphysik, nicht aus der nach Erleuchtung ringenden Weltanschauung, sondern aus der nach Erkenntnis strebenden Wissenschaft bedeutet nicht die Ablehnung wissenschaftlicher Hypothesen, vorausgesetzt, daß diese nicht mehr scheinen wollen als sie sind. Nach der von mir bereits in meinem „Reichsstrafrecht" angedeuteten Hypothese, von deren fruchtbringender Bewährung ich mich mehr und mehr überzeugt habe, ist die primitive Strafe nicht bloß im negativen, sondern auch im positiven und eigentlichsten Sinne Triebhandlung, d. h. Ausfluß des Strebens nach Selbstbehauptung des Individuums, nach individueller Selbsterhaltung (und damit vielleicht in letzter Linie nach Arterhaltung), welches auf äußere Störungen seiner Lebensbedingungen durch repulsive Handlungen gegen die Ursache jener Störungen reagiert. Dadurch würde zugleich, da ja der Trieb auch in dieser positiven Bedeutung durch sein blindes, instinktmäßiges Walten sich charakteristisch von dem Willen im engeren Sinne abhebt, unsere Ablehnung des Zweckgedankens aufs neue gerechtfertigt und erklärt werden.

Nun scheint mir die Zurückführung der primitiven Strafe auf jene repulsive Reaktion gegen äußere Störungen durch die Tatsachen so sicher beglaubigt und im wesentlichen so allgemein anerkannt zu sein, daß ich für meine Person die Erklärung der Strafe durch den individuellen Selbsterhaltungstrieb gar nicht einmal als Hypothese bezeichnen möchte, wenn ich auch keinen Anlaß habe, gegen diese Bezeichnung irgend welchen Einspruch zu erheben [1]). Wie

1) Dühring, Kursus der Philosophie, 1875, S. 219ff; E. v. Hartmann, Phänomenologie des sittlichen Bewußtseins, 1879, S. 196ff. — Post,

das Tier, so reagiert der primitive Mensch gegen äußere Störungen, mögen sie von einem belebten, sei es vernunftbegabten, sei es vernunftlosen, Wesen ausgehen, mögen sie in dem Walten der Naturkräfte ihren Grund haben; wie bei jenem, so erfolgt bei diesem die Reaktion als Selbstbehauptung durch Vernichtung oder Verletzung des sinnlichen Urhebers der Störungen. Wie sehr auch die fortschreitende Civilisation die triebartige Reaktion zurückgedrängt hat, indem sie für Befriedigung des Triebes auf indirekten Wegen sorgt: noch in unseren Tagen durchbricht im „Lynchgesetz" der unterdrückte Trieb mit elementarer Gewalt (dem Kennzeichen des Triebes) die von der Gesellschaft gezogenen Schranken.

Die Hypothese beginnt meines Erachtens erst, wenn wir uns den individuellen Selbsterhaltungsbetrieb denken als im unbewußten Dienste der Arterhaltung stehend[1]). Ich will diese Hypothese, die uns manchen tieferen Einblick in das Wesen der Strafe gewähren wird und dadurch sich selbst rechtfertigen mag, hier nicht weiter verfolgen. Aber es ist vielleicht nicht ohne Interesse, zu beachten, daß derselbe Gedanke in den verschiedensten Wendungen immer wiederkehrt. Wer wie Aristoteles den Menschen als φύσει πολιτικὸν ζῶον bezeichnet, wer wie Hugo Grotius, Pufendorf u. a. das Recht auf den appetitus socialis zurückführt, wer wie August Comte die altruistischen Triebe den egoistischen gegenüberstellt, dem kann jene Hypothese nicht fremdartig klingen, da sie im neuen Gewande ja doch nur den alten Satz wiederbringt[2]). Ich glaube auch, daß meine Hypo-

---

Bausteine, I, S. 141: „Ueberall wirkt die Rache mit der Kraft eines Naturgesetzes. Nichtausübung derselben ist identisch mit Unterdrückung oder Vernichtung der Individualität." — Vergl. auch Jellinek, Die sozialethische Bedeutung von Recht, Unrecht, Strafe, 1878, S. 90f.

1) Die Begründung und Durchführung dieser Auffassung des Selbsterhaltungstriebes findet sich in den auf breiter empirischer Grundlage ruhenden Arbeiten von G. H. Schneider, Der tierische Wille, 1880; und insbesondere Der menschliche Wille vom Standpunkte der neueren Entwickelungstheorien (des Darwinismus), 1882.

2) Ungleich weiter geht Post, Bausteine, I, S. 140: „Das Rachegefühl ist ein allgemeines; es geht keineswegs bloß gegen andere Menschen. Wird es nicht durch den Intellekt gezügelt, so richtet es sich ebensogut gegen Tiere

these trotz aller scheinbaren Widersprüche sich mit der von v. Ihering in seinem „Zweck im Recht" durchgeführten Ansicht in allem wesentlichen deckt[1]). Denn wenn Ihering auch von dem Trieb in der hier festgehaltenen Bedeutung nichts wissen will, wenn ihm auch kein Wollen und mithin auch kein Handeln denkbar ist ohne Zweck (S. 3 ff.), wenn er (S. 29) ausdrücklich mit dem Triebe der Selbsterhaltung den der Gattungserhaltung verwirft, so ruht doch sein ganzes System auf dem Gedanken der Koinzidenz der Zwecke (S. 38 ff.), d. h. des Zusammenfallens des egoistischen Interesses mit dem Interesse der Gesamtheit. Der Egoismus ist ihm (S. 52) „die Kraft, die das Kleinste will, das Größte schafft"; „das Infusorium — ausschließlich sich selber lebend, baut es die Welt". —

Muß es besonders hervorgehoben werden, daß auch durch die Annahme unserer Hypothese, durch die Einordnung des Selbsterhaltungstriebes in den Arterhaltungstrieb, die metaphysische Deutung nicht ausgeschlossen wird? Die naturwissenschaftliche Deszendenztheorie hat das Welträtsel nicht gelöst, nicht lösen können und wollen. Man stelle den Arterhaltungstrieb in den Dienst einer höheren Macht, einer Idee, einer göttlichen Weltordnung: und die Brücken von unserer Ansicht zur Metaphysik sind geschlagen für jeden, der die „Reise ins Reich der Dinge an sich" nicht scheut. Die Wissenschaft des Strafrechtes aber würde sich preisgeben, wenn sie daran dächte, ihm zu folgen[2]).

---

oder leblose Gegenstände. Das Rachegefühl ist auch nicht dem Menschen allein eigen, sondern das Tier kennt dasselbe ebenso. Wir werden es hier wahrscheinlich mit einer tellurisch-organischen Aeußerungsform eines allgemeinen kosmischen Gesetzes zu tun haben, welches im Menschen deshalb wirksam ist, weil er ein kosmisches Individuum ist. Die Erhaltung der Individualität in ihrer Vollkraft anderen kosmischen Individuen gegenüber ist der Inhalt eines jeden Racheaktes, und es wohnt jedem kosmischen Individuum das Bestreben inne, seine Individualität zu erhalten. — Wenn wir erst einmal die Stellung des Menschen im Universum als kosmisches Partialsystem begriffen haben, werden wir daran denken können, die Rache auf ihre kosmischen Ursachen zurückzuführen. Vorläufig werden wir hierauf noch verzichten müssen".

1) Ueber meine Stellung zum Iheringschen Zweckgedanken vergl. unten.

2) v. Bar, Handb., I, S. 302, 306, 307 hat meiner Ansicht den Vorwurf gemacht, sie sei eine Beschreibung, keine Erklärung der Strafe. Das ist

2) Der Wert jeder Hypothese liegt ausschließlich in den Diensten, welche sie leistet. Sie muß den Blick des Beobachters schärfen, wenn er die Tatsachen aufsucht, und ihm die Schlußfolgerung erleichtern, wenn er die gefundenen Tatsachen prüft und beurteilt. Die Zurückführung der primitiven Strafe unmittelbar auf den Selbsterhaltungstrieb, mittelbar auf den Trieb der Arterhaltung, bewährt sich sofort, indem sie uns eine häufig, ja regelmäßig übersehene Tatsache klar erkennen und begreifen läßt; eine Tatsache, die für das Verständnis der Geschichte des Strafrechtes von größter Bedeutung ist. Die primitive Strafe als, wenn auch nur mittelbarer, Ausfluß des Arterhaltungstriebes muß von allem Anfange an gesellschaftlichen Charakter tragen, als soziale Reaktion gegen soziale Störungen erscheinen. So wenig das bellum omnium contra omnes als Urzustand der Menschheit anderswo als in der ungeschichtlichen Spekulation vergangener Zeiten existiert hat, ebensowenig hat es in der Geschichte der Menschheit eine aller gesellschaftlichen Elemente entkleidete Privatrache gegeben. Der Mensch tritt als πολιτικὸν ζῶον in die Weltgeschichte ein: was etwa vorherging, fällt auch vom Standpunkte des Darwinismus, und gerade von diesem, vor die Menschwerdung [1].

Die Betrachtung der Geschichte bestätigt diese aus unserer Hypothese gezogene Konsequenz.

Die erste Form der primitiven Strafe, die Blutrache, ist nicht Privatrache, sondern Familien- oder Geschlechterrache. Sie wurzelt in der primitiven Gesellung, der Blutsgenossenschaft, der Sippe. Sie erscheint ursprünglich als Fehde zweier Geschlechter; sie ist Recht und Pflicht der Sippe des Getöteten oder Verletzten [2]; sie richtet sich

---

in gewissem Sinne richtig. Wer das Unerklärbare erklären wollte, verließe den Boden der Wissenschaft. Heißt aber Erklären: Zurückführen auf die letzte bekannte Ursache, dann ist jener Vorwurf unbegründet. Im Arterhaltungstrieb sind wir an der Grenze des Naturerkennens angelangt.

1) Vergl. Jellinek, a. a. O., S. 17.

2) Wo Weiberverwandtschaft besteht, rächt daher der Muttersbruder oder der Schwestersohn; Post, Bausteine I, S. 146.

gegen die ganze Sippe des Verletzers[1], als der Kollektivträgerin der Blutschuld[2]. Dasselbe gilt auch von dem an die Stelle der Blutrache tretenden Sühnegelde, welches ursprünglich gezahlt und empfangen wird von der ganzen Geschlechtsgemeinschaft[3]. Erst allmählich wird Blutrache und Blutschuld beschränkt: jene auf den nächsten Erben, diese auf den Verletzer. Und dasselbe gilt von dem Sühnegeld. Aber noch die Formen des mittelalterlich-deutschen Rechtsganges weisen auf den Ursprung des Rechtes aus den Blutgenossenschaften hin: der Eid mit den eidhelfenden Genossen, die in voller Waffenrüstung, durch Handreichung verbunden, mit gesamtem Munde den Eid des Hauptschwörenden bestätigen, weist unmittelbar auf die Fehde der Genossenschaft zurück[4].

Noch deutlicher tritt uns der soziale Charakter in der zweiten Form der primitiven Strafe entgegen, in der Friedloslegung, der Ausstoßung aus der Gemeinschaft der Friedensgenossen (der Ausgestoßene wird wolfsfrei, gerit caput lupinum), in ihren verschiedenen mehr und mehr sich abschwächenden Gestaltungen, welche unmittelbar zu Tötung und Vermögenskonfiskation, zu Verbannung und Ehrlosigkeit hinüberführen[5].

Mit der Entwickelung der Geschlechts- und Friedensgenossenschaften zu staatlichen Verbänden entsteht die dritte Form der primitiven Strafe: die staatliche Strafe; mag sie geübt werden von dem Häuptling, oder von dem Heerführer im Kriege, oder von dem Priester als Leiter der

---

1) Auch hier wird das System der Weiberverwandtschaft maßgebend, Post a. a. O.

2) Ueber die Mitbestrafung der Familie vergl. Post, Bausteine I, S. 237 ff.; Bernhöft, Staat und Recht der röm. Königszeit, 1882, S. 48 Note 1.

3) Vergl. über die Verteilung, insbesondere bei den Salfranken (Erbsühne und Magsühne) H. Brunner in Holtzendorffs Encyklopädie, 4. Aufl., 1882, S. 196.

4) Die Auffassung der germanischen Rechte kann ich als bekannt voraussetzen. Vergl. im übrigen Posts verschiedene Schriften, besonders aber Bausteine I, S. 142 ff.

5) Vergl. Post, Bausteine I, S. 164 ff. Dafür, daß sie auch dem deutschen Rechte nicht fremd gewesen (wie v. Bar, a. a. O. S. 57 annimmt), vergl. Brunner a. a. O., S. 199.

Völkerschaftsversammlung, als Hüter und Rächer des Ding- und Heerfriedens[1]). Der soziale Charakter dieser Form ist unverkennbar. Aber er kommt nicht ihr allein, sondern auch den beiden ersten Formen zu. Allerdings wird erst durch die staatliche Strafe die völlige Objektivierung der Strafe ermöglicht, welche Vorbedingung ihrer weiteren Entwickelung ist; aber die staatliche Strafe selbst ist nicht unvermittelt aufgetreten, sie bildet keinen prinzipiellen Gegensatz zu Blutrache und Friedloslegung, sondern ist aus diesen emporgewachsen, wie der Staat aus Geschlechtsgemeinschaft und Friedensgenossenschaft[2]).

Der soziale Charakter der primitiven Strafe in allen ihren Formen ist aber zugleich eine neue Bestätigung unserer Auffassung derselben als einer Triebhandlung. Wäre die Strafe bewußte, zweckbestimmte Reaktion, so könnten wir uns ihren sozialen Charakter auf den Anfangsstufen der menschlichen Kultur nicht erklären. Denn zweckbewußte Reaktion der Gesellschaft ist bedingt durch klare Einsicht in die Bedeutung, welche das Verbrechen für die vorhandenen Gruppen von Einzelindividuen (Familie, Friedensgenossenschaft, Staat) besitzt. Diese Einsicht aber ist das Ergebnis jahrhundertelanger, im Kampf ums Dasein errungener Erfahrung. Und die Strafe finden wir vor aller Erfahrung.

3) Die Auffassung der primitiven Strafe als einer Triebhandlung eröffnet uns weiter einen wichtigen Einblick in das Verhältnis der Strafe zur Ethik. Als Triebhandlung kann die Strafe nicht der Ausdruck eines sitt-

---

1) Post, Bausteine I, S. 171 ff. — Ob die sakrale Form der primitiven Strafe selbständige Bedeutung hat, kann hier dahingestellt bleiben.

2) Die Nichtbeachtung dieses Zusammenhanges hindert insbesondere die richtige Würdigung der germanischen Rechte. So scheint mir auch Bernhöft in seiner interessanten Studie: Staat und Recht der römischen Königszeit im Verhältnis zu verwandten Rechten, 1882 (Zeitschr. II, S. 620) dem Unterschiede, welcher zwischen der Behandlung des Totschlägers nach den meisten indogermanischen Rechten und derjenigen des paricidiums nach römischem Rechte (si qui hominem liberum dolo sciens morti duit, paricida esto) unzweifelhaft besteht, eine viel zu prinzipielle Fassung gegeben und daher auch zu weit gehende Folgerungen aus demselben gezogen zu haben. Schon das älteste deutsche Recht belegt politische, militärische und religiöse Verbrechen mit öffentlicher Strafe.

lichen Werturteils des Strafenden sein, kann sie ihren Grund nicht haben in einem als unsittlich erkannten Tun des Bestraften. Die Triebhandlung hat mit der Ethik nichts zu schaffen. Der Ursprung der Strafe kann und muß mithin von der Ethik losgelöst werden, ohne daß diese irgendwie geleugnet oder auch nur zurückgedrängt zu werden brauchte. Der Vorteil dieser Trennung ist nicht hoch genug anzuschlagen: sie befreit die Wissenschaft des Strafrechtes von der Gefahr, in den unausgetragenen Kampf um die Grundlegung der Ethik hineingezogen zu werden und enthebt sie der Verpflichtung, den Rechtstitel, auf den sie ihre Existenz gründet, täglich von neuem nachweisen zu müssen.

Aber wird diese Folgerung aus unserer Hypothese bestätigt durch die Geschichte der Strafe?

Die entgegengesetzte Ansicht ist erst vor kurzem mit aller Bestimmtheit wieder vertreten worden von v. Bar[1]), welchen die seltene Verbindung ausgebreiteter geschichtlicher Kenntnisse mit tiefgehender philosophischer Bildung zur Lösung derartiger Probleme ganz besonders berufen erscheinen läßt. Es wird sich demnach empfehlen, die Rechtfertigung der oben aufgestellten Ansicht an die kritische Betrachtung der Barschen „Theorie der sittlichen Mißbilligung" („Reprobationstheorie") unmittelbar anzuschließen.

v. Bar knüpft an Hegel an. Aber nicht das Recht, wie Hegel angenommen hat, ist das aktive Prinzip[2]), sondern die Moral. Im Wesen der Sittlichkeit liegt, daß sie über die Sittlichkeit oder Unsittlichkeit jedweder Handlung, auch der anderer, ein Urteil sich bildet oder sich zu bilden sucht. Das Urteil über unsittliche Handlungen ist die Mißbilligung. Mit der Mißbilligung in abstracto ist aber noch die Art ihrer konkreten Aeußerung nicht gegeben. Prinzipiell ist jeder Ausdruck der Mißbilligung bis zur völligen Vernichtung, ja jede denkbare Schädigung als Ausdruck der Mißbilligung dem Schuldigen gegenüber Recht. Bei groben Unsittlichkeiten wird die Gemeinschaft mit dem Täter als aufgehoben betrachtet; die ursprüngliche Strafe ist daher überall die

1) Schon in seinen Grundlagen des Strafrechtes 1869. Neuerdings in seinem Handbuch I, S. 311 ff.

2) Man vergl. besonders Bar, Handbuch I, S. 279.

Rechtlosigkeit. Aber je befestigster die moralische Ordnung ist, um so weniger stark braucht der Ausdruck der Mißbilligung zu sein, mit fortschreitender Kultur mildern sich die Strafen.

Soweit die uns hier interessierenden Ausführungen v. Bars[1]). Von unserem Standpunkte aus ergeben sich folgende Einwendungen.

1) Die Strafe als Triebhandlung ist etwas wesentlich anderes als das sittliche Werturteil. Dieses ist ein psychischer Vorgang, der im Bewußtsein des Urteilenden sich abspielt und durchaus nicht in allen Fällen in die Außenwelt hinauszutreten braucht. Die Strafe aber ist repulsive Reaktion, sie ist Handlung, d. h. Körperbewegung, ein Eingriff in die Außenwelt, ein Angriff auf die Ursache der störenden Einwirkung; sie wendet sich gegen den Verbrecher, um dessen Willen zu brechen oder zu beugen[2]), indem sie die Rechtsgüter verletzt oder vernichtet, deren Träger dieser Wille ist: sie ist Rechtsgüterschutz durch Rechtsgüterverletzung.

Zur Abwehr dieser Einwendung könnte v. Bar nun freilich betonen, daß er unter Mißbilligung eben die Aeußerung des sittlichen Verdammungsurteils, also eine gegen den Verbrecher sich kehrende Handlung verstehe. Aber damit wäre für ihn die Notwendigkeit gegeben, die potenzierte Aktivität der Moral nachzuweisen: die Sittlichkeit hätte nicht nur das Werturteil zu erzeugen, sondern weiterhin auch die Aeußerung des Werturteils[3]). Diese zweite Wirkung zuzugeben, liegt keine Veranlassung vor; und der Beweis für dieselbe ist nicht erbracht.

2) Die Strafe als Triebhandlung mit sozialem Charakter setzt soziale Organisation und soziale Organe voraus. Als Triebhandlung kann sie immer nur von einzelnen Individuen ausgehen, welche berufen sind oder sich berufen glauben, im sozialen Interesse einzu-

1) Bei Besprechung des Prinzips des Strafmaßes komme ich auf v. Bars Theorie wieder zurück.

2) Das wird von Bar, Handb., S. 322 selbst zugegeben.

3) v. Bar scheint diesen Unterschied zwischen Werturteil und Aeußerung desselben nicht geeügend zu beachten. Bezeichnend dafür sind die Ausführungen auf S. 313.

schreiten. Die Strafe ist daher begrifflich möglich und tatsächlich gegeben in jeder Art der Gesellung: der Familie, der Friedensgenossenschaft, dem Staat; sie ist begrifflich unmöglich und tatsächlich nicht vorhanden, wo Organisation und Organe fehlen. Die Menschheit als solche kann nicht handeln, mithin auch nicht strafen; die Ethik aber ist das Gesetz der Menschheit; die ethische Strafe daher undenkbar.

Man wende nicht ein: die Menschheit habe sich eben im Staate organisiert. Denn damit wäre ja zugegeben, daß vor der Bildung des Staates die Organisation gefehlt habe, daß also die schon hier unzweifelhaft sich findende primitive Strafe unabhängig ist von jener behaupteten Organisation der sittlich-menschlichen Gemeinschaft.

3) Die Strafe als Triebhandlung muß *vor* dem sittlichen Werturteile liegen. Denn dieses setzt voraus auf seiten des Urteilenden wie des Beurteilten die Kenntnis des Sittengesetzes als des Wertmessers und als der regulativen Maxime, der die menschlichen Handlungen sich anzupassen haben. Die Triebhandlung aber charakterisiert sich gerade — im Unterschiede von der Willenshandlung — dadurch, daß sie ohne Anpassung an ein erkanntes Gesetz, an eine als solche erkannte Norm erfolgt. Mit anderen Worten: die Ethik ist ein Produkt der Geschichte der Menschheit[1]; die Strafe aber ist da, ehe dieses Produkt sich gebildet hat. So ergibt sich auch hier die Unabhängigkeit der primitiven Strafe von der Ethik.

Und diese Unabhängigkeit wird durch die Geschichte aufs schlagendste bestätigt. Die Strafe als repulsive Reaktion gegen Störung der Lebensbedingungen, als Verteidigung durch Angriff, ist nichts der menschlichen Geschichte Eigentümliches. Und wenn dieser Satz auch bezweifelt werden sollte: die in der menschlichen Geschichte auftretende primitive Strafe ist unabhängig von irgend einem sittlichen Urteile über die geschehene Störung der Lebensbedingungen. Sie richtet sich gegen das schädigende Tier, gegen das Kind, gegen den Wahnsinnigen; sie tritt ein, ohne jede Rücksicht auf das Verschulden des Täters, ohne Scheidung von Vorsatz,

---

1) Von v. Bar selbst betont S. 316.

Fahrlässigkeit und Zufall; sie beschränkt sich auch gar nicht auf den Täter, sondern wendet sich in der Blutrache gegen die ganze Sippe desselben. Der Schuldbegriff ist das Ergebnis einer langen, allmählichen Entwickelung[1]. Das sittliche Werturteil ist ohne den Schuldbegriff undenkbar; die Strafe ist vor ihm dagewesen. Die Strafe muß daher unabhängig sein von der Ethik.

4) Und in demselben Verhältnis steht die Strafe zum Recht. Im Rechte steckt der Zweckgedanke; er ist das Wesen des Rechts. Das ist der Grundgedanke der Iheringschen Auffassung. Die Triebhandlung aber ist begrifflich unabhängig von dem Zweckgedanken und ihm zeitlich vorangegangen. Daraus folgt nicht etwa die Unvereinbarkeit meiner Auffassung der Strafe mit dem Iheringschen Zweckgedanken; es empfängt vielmehr jene durch diesen eine neue Erläuterung und Bestätigung; und ebenso umgekehrt. Wie Ihering selbst betont[2], ist die Erfahrung die Quelle des Rechts wie der Sittlichkeit; die primitive Strafe aber liegt vor der Erfahrung, mithin nicht bloß vor der Sittlichkeit, sondern auch vor dem Recht[3]. Erst auf einer höheren Stufe ihrer Entwickelung, als objektivierte Strafe beruht sie auf der Erfahrung; als Rechtsstrafe erst nimmt sie den Zweckgedanken in sich auf.

Wenn daher Ihering in seiner Grundlegung der Ethik[4] sagt: „Daß der Mensch nicht morden, rauben, stehlen darf, hat er erst auf dem Wege der Erfahrung lernen müssen ... auch im Recht wie in allen anderen Dingen hat der Mensch

1) Ich kann auch hier auf die zum Beweise dienenden Quellenstellen nicht eingehen. Für die germanischen, insbesondere nordischen Rechte vergl. man Wilda, Strafrecht der Germanen, S. 640 ff. Dazu aber insbesondere die zahlreichen, aus allen Erdteilen gesammelten Belege bei Post, Bausteine, I, S. 145 f., 176, 230 ff., 241. — Vergl. auch Jellinek, a. a. O. S. 110 ff.

2) Die Belegstellen dafür unten Abschnitt III, wo ich überhaupt diesen Satz erst ausführen und rechtfertigen kann.

3) Man vergl., was Ihering, Zweck im Recht, S. 368 über das „Rechtsgefühl" sagt, welches nach seiner Ansicht dem Recht wie dem Staat vorausgeht, und „seinen letzten Grund in dem Selbsterhaltungstrieb der Person hat".

4) Die geschichtlich-gesellschaftlichen Grundlagen der Ethik. In Schmollers Jahrbuch für Gesetzgebung, Verwaltung und Volkswirtschaft im Deutschen Reich, VI. Bd., S. 1, 21 (Zeitschrift, II, S. 614).

erst durch Schaden klug werden müssen" — so werden wir diesen Satz nicht mißverstehen können. Allerdings reagiert der primitive Mensch, wie das Tier, instinktiv und triebartig gegen Störungen der Lebensbedingungen; und diese Reaktion braucht er nicht erst zu „lernen", so wenig wie das Tier sie zu lernen nötig hat. Wo daher (was gar nicht überall der Fall zu sein braucht und auch nicht überall der Fall gewesen ist) Raub, Mord, Diebstahl wirklich Gefährdungen der Lebensbedingungen sind, da erfolgt auch überall, spontan und nicht erst, nachdem man durch Schaden klug geworden, die Reaktion in der Form der primitiven Strafe. Aber die Entwicklung der rechtlichen und sittlichen Norm, die Abschätzung der Handlung in ihrem rechtlichen und sittlichen Wert, die Reaktion in der Form der objektivierten Rechtsstrafe ist bedingt durch die Erfahrung und durch den in ihr gewonnenen Zweckgedanken.

III. Die Objektivierung der Strafe.

Aller Fortschritt in der geistigen Entwicklung des Einzelindividuums wie der Menschheit besteht darin daß die Triebhandlung in die Willenshandlung sich umsetzt[1]), d. h. daß die Zweckmäßigkeit der Triebhandlung erkannt und die Vorstellung des Zweckes zum Motive des Handelns wird. Der Zweckgedanke ist es, der die Willenshandlung von der Triebhandlung unterscheidet. Der Trieb wird in den Dienst des Zweckes gestellt, die Handlung dem Zwecke angepaßt. Je klarer der Zweck erkannt wird, je vollkommener die bewußte Anpassung erfolgt; je mehr an Stelle nächstliegender direkter Zwecke entferntere, vermittelte gestellt werden; je mehr endlich das

1) Es ist hier nicht der Ort, und ich erachte es gar nicht für meine Aufgabe, die psychologische und physiologische Richtigkeit dieser von mir bereits in meinem Reichsstrafrecht (S. 15) ausgesprochenen Satzes nachzuweisen. Man denke an die ersten Bewegungen des Neugeborenen und ihre Entwicklung. Das bereits angeführte Werk von Schneider, Der menschliche Wille, 1882, beruht durchaus auf demselben Gedanken. Als Parallele zur Entwicklung der Strafe vergl. man, was er S. 480 ff. auf Grund der Arbeiten von Lazarus, Steinthal, Wundt u. a. über die Entwicklung der Sprache aus Reflexbewegungen beibringt.

ganze Handeln mit all seinen Teilakten sich einem höchsten Zwecke unterordnet, der vielleicht über das Dasein des Einzelindividuums hinausreicht — um so vollkommener ist die Entwicklung, deren letztes Ziel: die völlige Einstimmung des Einzelwillens in den Allgemeinwillen, als Ideal aufgegeben werden muß, aber gerade darum nicht gegeben ist.

Wir haben das Gesagte auf die Strafe anzuwenden und zu sehen, ob auch ihre Entwicklung bestimmt wird durch das allgemeine Entwicklungsgesetz.

1) Die Strafe ist als Triebhandlung instinktiv-zweckmäßige Handlung. Die Lebensbedingungen nicht bloß des einzelnen, sondern der vorhandenen Gruppen von Einzelindividuen werden gegen äußere Störungen geschützt durch die Strafe, wenn auch weder jene Lebensbedingungen, noch auch diese Störungen, noch endlich die schützende Kraft der Strafe erkannt und begriffen werden.

Damit die Erkenntnis des Zusammenhanges zwischen Rechtsgüterwelt, Verbrechen und Strafe möglich werde, bedarf es unbefangener, affektloser Betrachtung der gemachten Erfahrungen. Diese ist bedingt durch die Objektivierung der Strafe, d. h. durch den Uebergang der Funktion des Strafens von den zunächst beteiligten Kreisen auf unbeteiligte, unbefangen prüfende Organe. Eine gewisse Objektivierung findet sich bereits in der primitiven Strafe. Aber erst mit dem vollen Uebergang der Strafe auf den Staat, dessen „hoheitsvolle Uebermacht und affektlose Objektivität" (Laas) die unbefangene Prüfung ermöglicht und sicherstellt, ist der entscheidende Schritt getan[1]. Damit ist die Entwicklung nicht abgeschlossen. Der Rechtsgang selbst des späteren deutschen Mittelalters krankt an der mangelhaften Objektivierung, wir können auch sagen, an der unvollkommenen Verstaatlichung der Strafe. Erst die allge-

1) Ueber die Geschichte dieser Objektivierung vergl. v. Haller, Restauration der Staatswissenschaften, II, S. 241 ff.; v. Hartmann, Phänomenologie des sittlichen Bewußtseins, S. 202; Laas, Vergeltung und Zurechnung in der Vierteljahrsschrift für wissenschaftl. Philosophie, V. Bd., S. 137 ff.; A. Merkel, Recht und Macht in Schmollers Jahrbuch, V. Bd., S. 439 ff.; v. Bar, Handbuch, I, S. 323.

meine Aufnahme der Verfolgung von Amtswegen bringt die Entwicklung zum vorläufigen Abschlusse.

2) Die Objektivierung der Strafe ermöglicht zunächst die Erkenntnis der Lebensbedingungen der staatlichen Gemeinschaft und der in ihr befaßten einzelnen, gegen welche das Verbrechen sich richtet. Sie werden fixiert, gegeneinander abgewogen, zu rechtlich geschützten Interessen, zu Rechtsgütern erklärt durch die generellen Imperative: Du sollst nicht töten; nicht stehlen; nicht ehebrechen; dem Leben Deines Fürsten nicht nachstellen; den Heerschild nicht über des Landes Grenzwall tragen u. s. w.[1]).

Diese Katalogisierung der Normen hat hervorragende Bedeutung; sie ist die erste Selbstbeschränkung der staatlichen Strafgewalt; der erste Niederschlag von Recht und Sitte, und eben darum ein mächtiger Hebel zur Ausbildung des einen wie der anderen; sie ist der erste Schritt zur Prävention.

An die Erkenntnis der Rechtsgüter schließt sich genauere Betrachtung der gegen diese gerichteten Handlungen, der Verbrechen im weitesten Sinne. Sie werden erst kasuistisch, dann in begrifflicher Allgemeinheit aufgezählt; der rechtliche Imperativ verwandelt sich in den begriffsentwickelnden Rechtssatz. Diese allmähliche Ausbildung der Begriffe der einzelnen Verbrechen[2]), welche zu den interessantesten Erscheinungen in der Geschichte des Strafrechtes gehört, ist noch heute nicht völlig abgeschlossen; auch in unserem Reichsstrafgesetzbuche finden wir neben durchaus entwickelten noch immer kasuistisch gefaßte, nicht zur begrifflichen Allgemeinheit gelangte strafbare Handlungen[3]).

Es muß ein weiterer Schritt getan werden. Aus den einzelnen Verbrechensbegriffen sind diejenigen Merkmale zu

---

1) Vergl. Binding, Die Normen und ihre Uebertretung. I. Bd., 1872, S. 56 ff.; Jellinek, Die sozialethische Bedeutung von Recht, Unrecht, Strafe, S. 43 f.

2) Es handelt sich für mich an dieser Stelle nur darum, auf die verschiedenen Stufen der Objektivierung, deren Ausdruck die steigende Abstraktion von dem konkreten Falle ist, kurz aufmerksam zu machen.

3) Man denke an den Hoch- und Landesverrat, an die Untreue u. a.

abstrahieren, welche jedes Verbrechen an sich trägt; ist das System jener begriffsentwickelnden Rechtssätze zu schaffen, welche den allgemeinen Teil des Strafrechtes ausmachen. So entsteht allmählich der Begriff der Schuld, der Zurechnungsfähigkeit, des Versuches, der Teilnahme, der Notwehr, des Notstandes u. s. w. Auch hier stehen wir noch heute mitten im Flusse der Bewegung; die Elemente des „allgemeinen Tatbestandes des Verbrechens" bilden das Lieblingsthema der modernen Wissenschaft [1]).

3) Auch nach einer anderen nicht minder wichtigen Richtung hin äußert die Objektivierung ihre Wirkung. Im Triebe liegt das Ungestüme, das Ungezügelte. Mit elementarer Gewalt wendet sich die primitive Strafe gegen den Verbrecher; „der Naturtrieb der Rache kennt kein anderes Maß, als die Größe der Erregung und der Aktionskraft, die in dem betreffenden Individuum angesammelt sind" [2]). Die ursprüngliche Strafe ist daher Vernichtung des Verbrechers. Sie ist es in der Blutrache, die nur in der tatsächlichen Erschöpfung der Kraft ihr Ziel findet; sie ist es in der Friedloslegung als gänzlicher Ausstoßung aus der Rechtsgemeinschaft; sie ist es auch in den ersten, meist unmittelbar auf die Friedloslegung zurückweisenden Gestaltungen der staatlichen Strafe, welche als Vernichtung der physischen, rechtlichen, ökonomischen Persönlichkeit erscheinen [3]).

Aber mit der beginnenden Objektivierung der Strafe gewinnt diese Maß und Ziel. Die Blutrache wird beigelegt durch die Genossen, beschränkt und verboten durch die erstarkende Staatsgewalt; die Friedloslegung nimmt mildere Formen an nach Voraussetzung und Inhalt, bis sie mit dem Uebergange der Friedensgenossen-

1) Ist es doch z. B. auch im heutigen deutschen Rechte noch kontrovers, ob nicht in gewissen Fällen der Eintritt der Strafe unabhängig sei von subjektiver Verschuldung. Man vergl. über diese Frage H. Meyer, Lehrbuch des deutschen Strafrechtes, 3. Aufl., S. 155 f. u. die bei ihm angeführte Literatur u. Rechtsprechung. Ist die Frage zu bejahen, wie ich im Gegensatze zu der in meinem Reichsstrafr., S. 107 geäußerten Ansicht annehmen möchte, so wäre damit ein neuer Beweis dafür geliefert, daß auch heute Strafe und sittliche Mißbilligung durchaus nicht in allen Fällen sich decken.

2) Jellinek a. O., S. 92.

3) Vergl. v. Bar, Handb., I., S. 317.

schaften in den Staat aufgeht, in die staatliche Strafe; und diese selbst begnügt sich mit der Schmälerung, statt mit der Vernichtung der Rechtsgüter, deren Träger der Verbrecher ist.

Die unbefangene Betrachtung ermöglicht weiter die Einsicht in die Wirkungen der Strafe. Sie wird erkannt als Mittel zum Schutze der Rechtsordnung. Freilich ist diese Erkenntnis noch eine unfertige, unklare, sprungweise sich weiter entwickelnde. Noch werden die in der Strafe liegenden Triebkräfte, welchen sie ihre rechtsgüterschützende, verbrechenverhütende Gesamtwirkung verdankt, nicht in ihrer ganzen Bedeutung, nicht in ihrem Zusammenhange erkannt und gewürdigt. Daher das Schwanken und Tasten in der Gesetzgebung und in der Rechtspflege, deren Energie durch äußere Umstände und augenblickliche Bedürfnisse bestimmt wird. Dennoch ermöglicht es diese, wenn auch unvollkommene und unsichere Erkenntnis der Wirkung der Strafe, eben diese Wirkung als Zweck zu setzen; die Strafe in denjenigen Fällen eintreten zu lassen, in welchen gewisse Rechtsgüter des Schutzes gegen gewisse Störungen bedürfen, sie in der Art und dem Maße eintreten zu lassen, wie dies zum Schutze dieser Rechtsgüter gegen diese Verbrechen als nötig erscheint; dennoch ermöglicht, um es mit Einem Worte zu sagen, jene Erkenntnis die, wenn auch wiederum nur unvollkommene und unsichere, Anpassung der Strafe an den Zweckgedanken. Die Strafe wird in den Dienst des Rechtsgüterschutzes gestellt. Ich weiß kein bezeichnenderes Beispiel und zugleich kein wichtigeres und einflußreicheres Moment dieser Anpassung als den Kampf, welchen die mittelalterlich-deutsche Rechtsordnung gegen das proteusartig sich wandelnde und doch in seinem antisozialen Kerne immer sich gleich bleibende Gaunertum zu führen hatte[1]). Eben darum ist die Geschichte des Strafrechtes die Geschichte der zu Rechtsgütern erklärten Interessen der Menschheit; das Strafrecht einer be-

1) Vergl. das bekannte aber von kriminalistischer Seite wenig verwertete Werk von Avé-Lallamant: Das deutsche Gaunertum in seiner sozialpolitischen, literarischen und linguistischen Ausbildung zu seinem heutigen Bestande, 1858—1862. — Dazu v. Bar, Handb., I., S. 100—104.

stimmten Periode die Bilanz aus ihrem menschheitlichen Soll und Haben.

4) So hat die Objektivierung der Strafe dahin geführt, daß sowohl die Voraussetzungen des Eintritts als auch Inhalt und Umfang der als Strafe erscheinenden Reaktion bestimmt und dem Zweckgedanken untergeordnet werden. Trotz alles Wechsels in dem Umkreise der als Verbrechen bezeichneten Handlungen, trotz alles Schwankens in der Zusammensetzung und Gliederung des Strafensystems wird die Anpassung der Strafe an ihren Zweckgedanken: Rechtsgüterschutz zu sein, im Laufe der geschichtlichen Entwickelung einer immer größeren Vervollkommnung zugeführt. Und in dieser Entwickelung ist uns die Bahn des Fortschrittes vorgezeichnet.

Unser Ergebnis aber können wir dahin zusammenfassen [1]: Durch Selbstbeschränkung ist die Strafgewalt zum Strafrecht (jus puniendi), durch Aufnahme des Zweckgedankens die blinde zügellose Reaktion zur Rechtsstrafe, die Triebhandlung zur Willenshandlung geworden. Die Staatsgewalt hat das Schwert der Gerechtigkeit in die Hand genommen, um die Rechtsordnung zu schützen gegen den Frevler, der an ihr sich vergreift. —

Es ist derselbe Gedanke, den Ihering in seinem „Zweck im Recht", wenn auch von anderen Ausgangspunkten ausgehend, seiner Begriffsbestimmung des Rechts zu Grunde gelegt hat. Ein paar Zitate mögen die schon oben angedeutete Uebereinstimmung nachweisen und schärfer hervortreten lassen.

„So gebiert die Gewalt, wenn sie sich mit Einsicht und Selbstüberwindung paart, das Recht" (S. 250). „Das Recht ist in meinen Augen nur die ihres eigenen Vorteils und damit der Notwendigkeit des Maßes sich bewußt gewordene Gewalt, nicht also etwas seinem Wesen nach von letzterer Verschiedenes, sondern nur eine Erscheinungsform derselben: die rechte, richtige, weil an Regeln sich bindende, also disziplinierte Gewalt im Gegensatz der wilden, rohen, weil nur durch den augenblicklichen Vorteil bestimmten, also

1) Vergl. mein Reichsstrafrecht § 1.

der regellosen Gewalt" (S. 251). „Recht ist nichts anderes als der Niederschlag der Erfahrung in Bezug auf die richtige Verwendung der Gewalt" (S. 254). „Das Thema unserer Untersuchung ist, kurz bezeichnet, die Entstehung des Rechts auf dem Wege der Selbstbeschränkung der Gewalt" (S. 322).

Sobald wir diese Bedeutung der objektivierten Strafe, die Selbstbeschränkung der zügellosen Strafgewalt zur Rechtsstrafe in den Vordergrund stellen, wird der Wert klar, welchen die Objektivierung auch für den Verbrecher, und gerade für ihn hat [1]). Es ist ein wichtiges Recht des Staatsbürgers, gestraft zu werden (Fichte); in der Strafe wird der Verbrecher als Vernünftiges geehrt (Hegel): diese und ähnliche Sätze sind der nur scheinbar paradoxe Ausdruck des innersten Kernes, der eigentlichsten Wesenheit, nicht etwa der Strafe überhaupt, wohl aber objektivierten Strafe.

IV. Das Maßprinzip der Strafe.

Der Widerstreit der absoluten und der relativen Theorien hat sich uns gelöst. Ohne die Vereinigung der Gegensätze zu suchen, haben wir sie gefunden in der Geschichte der Strafe. Indem wir uns an den Grundgedanken der Entwicklungslehre erinnerten, daß die Summierung unmerkbar kleiner quantitativer Unterschiede allmählich zu scheinbar qualitativer Differenzierung führen könne, haben wir die Verkehrtheit der regelmäßigen Fragestellung erkannt. Notwendigkeit und Zweckmäßigkeit haben aufgehört, uns unvereinbare Gegensätze zu sein. Die notwendige Triebhandlung hat sich uns zur zweckbewußten Willenshandlung umgestaltet. Der Familienstreit aber der absoluten Theorien untereinander hat unser Interesse zu erregen nicht vermocht; er kann nur auf metaphysischem Boden ausgetragen werden, und diesen zu betreten, bleibt der Wissenschaft als solcher verwehrt. Von den möglichen Deutungen des Absoluten bleibt uns die eine so nahe wie die andere und ebenso fern.

Aber der Streit der Anschauungen hat, wie ich schon

---

1) Vergl. Ihering, S. 543.

in der Einleitung betonte, unmittelbar praktische Bedeutung. Seine Entscheidung ist präjudiziell für die Beantwortung der beiden Fragen: 1) Welche Handlungen sind mit Strafe zu belegen; 2) wie ist die Strafe nach Qualität und Quantität zu bemessen?

Wird es uns auch hier gelingen, den Boden zu ebnen und die Versöhnung der Gegensätze anzubahnen?

Es muß zunächst hervorgehoben werden, daß — sonderbarerweise — die literarische Geschichte der beiden Fragen nicht denselben Weg genommen hat. Bezüglich der ersten erteilt heute bereits die Mehrzahl der Schriftsteller[1]) jene Antwort, welche uns durch unsere bisherigen Erörterungen vorgezeichnet ist: Jene Handlungen, welche für dieses Volk zu dieser Zeit als Störungen seiner Lebensbedingungen erscheinen, sind unter Strafe zu stellen; das kriminelle Unrecht ist nicht der Art nach von dem zivilen unterschieden; der Zweckgedanke allein zieht die Grenzlinie.

Ich darf daher wohl diese Frage als erledigt betrachten und mich auf die Besprechung der zweiten beschränken. Daß wir von unserem Standpunkte aus das Maß der Strafe (Inhalt und Umfang, Strafart und Strafgröße) nur aus dem Zweckgedanken herleiten dürfen, bedarf keiner weiteren Rechtfertigung. Wir haben auf der durch die Geschichte vorgezeichneten Bahn weiter fortzuschreiten. Und nur darum kann es sich handeln, den Zweckgedanken der Strafe genauer zu erforschen, klarer zu bestimmen.

Aber dieser Ansicht steht die heute noch unzweifelhaft in Wissenschaft, Gesetzgebung und Rechtspflege herrschende scheinbar schroff gegenüber, welche das Maß der Strafe nicht der Zukunft, sondern einzig und allein der Vergangenheit, dem begangenen Verbrechen entnehmen will: dem Verbrechen soll vergolten werden nach seinem Werte.

Es wird unsere Aufgabe sein zu untersuchen, wie die Vergeltungsstrafe sich zur Strafe als Rechtsgüterschutz, zur Schutzstrafe, wie ich wohl kurz sagen darf, verhält; ob wir es mit einem durchgreifenden, unversöhnlichen Gegen-

---

1) So Geib, E. J. Bekker, Merkel, v. Bar, Schütze, Wahlberg, Heinze, Binding, Geyer, Thon, Ihering, Dahn, H. Meyer. Vergl. Liszt, Reichsstrafrecht, S. 13.

satze zu tun haben, oder ob nicht auch hier, zum Teile wenigstens, ein auf inkorrekter Fragestellung beruhendes Mißverständnis obwaltet.

1) Ein wesentlicher Schritt zur Verständigung wäre gemacht, wenn man sich einmal darüber klar werden wollte, daß keine metaphysische Grundlegung der Strafe im stande ist, daß Prinzip des Strafmaßes abzugeben. Sie kann und soll uns die empirische Tatsache der Strafe deuten, das Wesenhafte und Gleichbleibende in den wechselnden Erscheinungsformen aufzeigen; aber als Elle dürfen wir die metaphysische Idee uns nicht denken. Ob 5 Jahre Gefängnis oder 10 Jahre Zuchthaus, ob 6 Wochen Haft oder ob 1000 M. Geldstrafe dem einzelnen konkreten Verbrechen entsprechen, das kann sie uns nicht sagen und darf es uns nicht sagen wollen.

Kant freilich hat es versucht. Aber der Versuch ist gescheitert und mußte scheitern. Die Talion hat als Schranke einer zügellosen Reaktion und als Symbolisierung der Vergeltung ihre bedeutsame Rolle gespielt. Das Prinzip des Strafmaßes kann sie nicht abgeben. Darüber herrscht heute Einstimmigkeit.

Aber Kant ist, das beachte man wohl, der Einzige unter den Führern der deutschen spekulativen Philosophie, dem es ernst war mit dem Gedanken, aus dem Prinzipe der Strafe das Prinzip des Strafmaßes zu finden. Es ist hier nicht der Ort, den Grund dieser Tatsache in Kants Auffassung der Ethik nachzuweisen, aber es ist dringend notwendig, die Tatsache sich klar zu machen und nicht aus den Augen zu verlieren.

So ist Fichtes Auffassung der Strafe eine direkte Bestätigung unserer These. Die Folge des im Verbrechen liegenden Rechtes des Bürgervertrages ist die Ausstoßung aus der Rechtsgemeinschaft; der Verbrecher ist vogelfrei. Nur aus Zweckmäßigkeitsgründen gewährt der Staat im Abbüßungsvertrage dem Verbrecher das Recht, bestraft zu werden, d. h. durch die Strafleistung sich das Verbleiben in der Rechtsgemeinschaft zu erkaufen. Nicht aus dem Prinzipe der Strafe, sondern aus dem Zweckgedanken ergibt sich also das Maß der Strafe. Der Abbüßungsvertrag ist die Objektivierung der Strafe durch den Zweckgedanken [1]).

Auch Herbart gelangt zu keinem Prinzipe für das Strafmaß. Wenigstens ist es mir durchaus unmöglich, ein solches in seinen Ausführungen zu finden. Dies gilt auch gegenüber jener Ausprägung, welche die Herbartsche Ansicht durch Geyer gefunden hat [2]). „Nach der Idee der Vergeltung soll jede Wohltat, ebenso wie jede Uebeltat entgolten werden durch den Rückgang des gleichen Quantums von Wohl oder Uebel auf den Täter. Hiermit ist nicht etwa die Talion deduziert ... Die Qualität der Strafmittel wird vielmehr bestimmt durch die Idee des Rechtes, welche Sicherung der Rechtsordnung fordert und durch die Idee des Wohlwollens, welche die Besserung des Verbrechers befürwortet ..... Die Rücksicht auf diese Strafzwecke darf aber niemals zur Verletzung des Strafprinzips — der Vergeltung — führen. Das verdiente Quantum von Strafübeln muß über den Uebeltäter stets verhängt werden." Ich kann mir nun unter einem von der Qualität unabhängigen Quantum von Strafübeln nur unter der einen Voraussetzung überhaupt etwas denken, daß die einzelnen Strafarten untereinander genau kommensurabel sind und daher auf einen gemeinsamen Nenner gebracht werden können. Den Beweis dafür, daß dies in irgend einem Strafensystem der Welt der Fall ist oder der Fall sein kann, möchte ich abwarten. Inzwischen reduziert sich mir die Herbart-Geyersche Theorie auf die (Hegelsche) Forderung nach Wertgleichheit zwischen Verbrechen und Strafe.

Die Entwicklung, welche die Theorie Hegels in den kriminalistischen Kreisen genommen hat, ist für uns an dieser Stelle von ganz besonderer Wichtigkeit. Hegel verlangt bekanntlich Wertgleichheit, nicht spezifische Gleichheit

---

1) Fichte hat auf die Wissenschaft des Strafrechtes weniger Einfluß geübt als Kant, Hegel und Herbart, und überhaupt weniger als er verdiente. Nur Heinzes „Leistungstheorie" bewegt sich zum Teil in Fichteschen Gedankenkreisen.

2) Ich citiere nach v. Holtzendorff, Encyclopädie der Rechtswissenschaft, 4. Aufl., 1882, S. 874. — Man vergl. auch Geyers „philosophische Einleitung in die Rechtswissenschaften", daselbst S. 1 ff., besonders S. 58; ferner Geyer, Geschichte und System der Rechtsphilosophie, 1863, S. 127 ff.

zwischen Verbrechen und Strafe. Wenn nun auch gerade Hegels Ansicht der Ausgangspunkt für eine ganze Reihe der gangbarsten Vereinigungstheorien (Berner u. a.) gewesen ist, so wurde denn doch gerade in allerjüngster Zeit von zwei der hervorragendsten Vertreter der Hegelschen Lehren auf dem Gebiete des Strafrechtes scharf und klar ausgesprochen: daß aus Hegels Prinzip der Strafe das Strafmaß nicht abgeleitet werden könne. Diese Aeußerungen sind von größter Bedeutung. Sie zeigen, daß eine Verständigung zwischen den weitestgehenden Anhängern des Zweckgedankens und der in der Strafrechtswissenschaft heute noch immer durch glänzende Namen vertretenen Hegelschen Philosophie auch in dieser Frage durchaus nicht ausgeschlossen ist.

v. Bar erklärt bereits bei Gelegenheit der Besprechung von Hegels Grundlinien der Philosophie des Rechtes[1]: „Mit anderen Worten: das Wesentliche des Verbrechens ist Auflehnung gegen das allgemeine Rechtsprinzip; daher ist die Frage, durch welche äußeren Mittel, der Qualität und der Quantität nach, diese Auflehnung als eine nichtige bezeichnet werden soll, dem Prinzipe nach nicht zu bestimmen ... Hiernach würde denn auch, was Hegel freilich nicht weiter ausführt, die Gestaltung und Ausmessung der Strafe ... überhaupt nicht in die Sphäre des Prinzips fallen".

Demgemäß verwirft v. Bar mit aller Bestimmtheit die Vergeltungsstrafe[2]. Schuld und Strafe sind ihm inkommensurable Größen. Prinzipiell ist jeder Ausdruck der Mißbilligung gleichwertig. Die ursprüngliche Strafe ist überall die Rechtlosigkeit und erst die fortschreitende Befestigung der Rechtsordnung ermöglicht und bewirkt die Milderung der Strafen.

Ich kann diesen Sätzen nur durchaus beistimmen. Aber wenn die Schuld uns den Maßstab der Strafe nicht abgibt, woher nehmen wir ihn? v. Bar antwortet: die Tradition ist die Gerechtigkeit. Seht hinein in den belehrenden Spiegel des Rechtslebens anderer Völker und Ihr werdet sie er-

1) Handbuch, I, S. 277 ff.
2) Handbuch, I, S. 311 ff.

kennen! — Schwerlich wird diese Antwort irgend jemanden befriedigen. Die Warnung, welche v. Bar an den Gesetzgeber und an die Wissenschaft richtet, daß die gesunde Entwickelung keine Sprünge kenne, mag vielleicht berechtigt gewesen sein. Ein Maßprinzip enthält sie nicht.

Im Ausgangspunkte inniger an Hegel sich anschließend als v. Bar, in der Beantwortung unserer Frage aber viel selbständiger als dieser, sieht Hälschner[1]) das Wesen der Strafe in der Tilgung des Unrechtes, das Maß der Strafe aber ausschließlich in „Rücksichten der Zweckmäßigkeit". Denn bei der Wertvergleichung von Verbrechen und Strafe handelt es sich um die Bestimmung des individuellen Wertes, den jenes für Recht und Staat, diese für den Verbrecher hat. Daraus folgt, daß es für das gerechte Strafmaß keinen absoluten, für alle Zeiten geltenden Maßstab geben kann. „Die Strafgesetzgebung kann nicht anders verfahren, als daß sie die Strafe als Mittel zum Zweck betrachtet und sich bei Feststellung der Strafen durch Rücksichten der Zweckmäßigkeit bestimmen läßt."

Diesen beiden Vertretern einer streng philosophischen Richtung möchte ich einen Schriftsteller anreihen, welcher von anderem Ausgangspunkte zu gleichem Resultate gelangt. Sontag[2]) hält an der absoluten Theorie fest. „Der Grundgedanke (der deutschen Philosophie), daß die Strafe nur aus dem begangenen Verbrechen gerechtfertigt werden könne, wird ewig unverloren bleiben." Und auf derselben Seite fährt er fort: „Muß demnach der Staat gegen das Unrecht, also gegen jede rechtswidrige Handlung und Unterlassung im Interesse des Rechts reagieren, so kann er doch in der Wahl der zu dieser Reaktion dienenden Mittel in keiner Weise beschränkt werden, denn die Vernunft erfordert nur, daß, nicht wie gegen das Unrecht reagiert werde." — Ich selbst habe nichts anderes behauptet[3]).

---

1) Das gemeine deutsche Strafrecht, 1881, I, S. 558 ff.

2) Zeitschr., I, S. 495.

3) Sehr richtig bemerkt daher Mittelstädt, Zeitschr., II, S. 423 gegen Sontag: „Sachlich läuft solchergestalt die absolut-theoretische Begründung vom Wesen der Strafe doch wieder auf Bindings und v. Liszts einfachen Satz hinaus: Strafe ist Rechtsgüterschutz durch Rechtsgüterverletzung."

Das Resultat unserer Untersuchung ist die Bestätigung der oben aufgestellten Behauptung: Aus dem metaphysischen Prinzip der Strafe, welches alle absoluten Theorien zu Grunde legen, läßt sich ein festes Prinzip des Strafmaßes nicht ableiten. In unserem Bestreben, dieses Prinzip aus dem Zweckgedanken zu bestimmen, müßten wir daher die unbefangenen Anhänger der absoluten Theorien zu Verbündeten haben.

2) Aber die Vergeltungsstrafe tritt uns nicht nur als Gleichheit — sei es spezifische, sei es dem Werte nach — zwischen Verbrechen und Strafe entgegen. Es ist vielmehr die Idee der proportionalen Gerechtigkeit, welche regelmäßig in der modernen Literatur als Grundgedanke der Vergeltungsstrafe hingestellt wird. „Die Gerechtigkeit, welche niemals absolut ist, kann nicht mehr bedeuten, als daß in Gemäßheit des jeweiligen rechtlichen Entwickelungsstandes der einzelnen Völker das jeweilig schwerere Verbrechen mit einer schwereren Strafe bedroht sein muß, als das geringere Vergehen“ [1]).

Es ist wenig genug, was die Gerechtigkeit darnach bedeutet. Denn sie ist durchaus abhängig vom Strafensystem. Ob Hinrichtung, ob lebenslange Einsperrung, ob 10 Jahre Zuchthaus die gerechte Strafe ist, das können wir erst sagen, wenn wir wissen, ob das Strafensystem die Todesstrafe und die lebenslange Freiheitsstrafe aufgenommen und ob es als Maximum der zeitigen Freiheitsstrafe 10, 15, 20, 25 oder 30 Jahre aufgestellt hat. Gebt mir das Strafensystem und ich gebe Euch die Gerechtigkeit. Woher aber das Strafensystem zu nehmen sei, davon weiß diese „Gerechtigkeit“ nichts.

Aber wir wollen davon absehen und uns mit dem Zugeständnisse begnügen, daß es keine „absolute Gerechtigkeit“ gibt. Wir wollen auch annehmen, daß die Strafen der gegebenen Systeme gehörig gegeneinander abgewogen und bestimmt seien. Aber wie bestimmen wir die Schwere des Verbrechens? d. h. die relative Schwere dieses Verbrechens im System der Verbrechen?

---

1) v. Holtzendorff, Das Verbrechen des Mordes und die Todesstrafe, 1875, S. 223.

Die Antwort, welche auf diese Frage erteilt zu werden pflegt, hat sich seit Feuerbach[1]) wenig geändert. Nach ihm bildet den (relativen) Maßstab die objektive und subjektive Gefährlichkeit des Verbrechens; objektiv bestimmt nach der Wichtigkeit der verletzten oder gefährdeten Rechte, subjektiv nach der Gefährlichkeit und Intensität der sinnlichen Triebfeder. Man vergleiche damit einige Neuere. Nach Sontag[2]) kann der Forderung der Gerechtigkeit „nur dadurch genügt werden, daß das Verbrechen in seiner Bedeutung für das Volksleben erfaßt wird, und daß in der Gleichung .... dessen gesamter rechtlicher Wert Aufnahme findet. Dieser rechtliche Wert setzt sich aus zwei Faktoren zusammen, dem Angriffsobjekt des Verbrechens, und dem rechtswidrigen Willen des Verbrechers, deren Gewicht mannigfachen Schwankungen unterliegt." Und Lasson sagt[3]): Je größer die Schuld, desto schwerer die Strafe. Die Größe der Schuld aber bestimmt sich nach dem in den Bestand der Rechtsordnung tiefer oder oberflächlicher eingreifenden Charakter der Handlung und nach der in der Handlung zur Erscheinung kommenden Intensität des verbrecherischen Willens[4]).

Es sind also überall zwei Gesichtspunkte: ein objektiver, aus der Schwere der Rechtsgüterletzung hergenommen, ein subjektiver, in der Willensrichtung des Täters gelegen. Es wird mir nun kaum bestritten werden können,

---

1) Revision der Grundbegriffe des peinlichen Rechtes, 1799, II, S. 131 ff.

2) Zeitschr., II, S. 497.

3) System der Rechtsphilosophie, 1882, S. 535 f. (vergl. Zeitschr., II, S. 143).

4) Bequemer hat H. Meyer (Lehrbuch, 3. Aufl., S. 15) sich die Sache zurechtgelegt: „Sehr verschieden ist, welche Nachteile der Staat als Strafe verwendet; es wird dies wesentlich von den obwaltenden Verhältnissen und Anschauungen abhängen .... Im übrigen ist die Höhe der Strafe Sache gesetzgeberischer Abschätzung, wobei in der Hauptsache der Zweck der Vergeltung maßgebend ist und nur in zweiter Linie jene praktischen Zwecke der Strafe in Betracht kommen." Da es mir bisher nicht gelungen ist, mir diese Gerechtigkeit, die überall mit sich handeln läßt, diese opportunistische Gerechtigkeit, diesen gerechten Opportunismus vorstellbar zu machen, so verweise ich gegen H. Meyer auf Merkel, Zeitschr., I, S. 557, Note; Rümelin, Ueber die Idee der Gerechtigkeit in dessen „Reden und Aufsätze. Neue Folge", 1881; v. Bar, Handbuch, I, S. 330, 335 Note, 336.

daß die Durchführung dieser beiden Gesichtspunkte in unserem geltenden Rechte mehr als manches zu wünschen übrig läßt. Die naturgemäße Folge davon ist eine Halt- und Ratlosigkeit unserer Praxis, von welcher der Nichtjurist sich keine Vorstellung macht [1]). Der Richter soll ja bei Ausmessung der Strafe innerhalb des Strafrahmens dieselben Gesichtspunkte zur Anwendung bringen, welche den Gesetzgeber bei Aufstellung des Strafrahmens geleitet haben; wenn diese im Zweifel bleiben, wie soll die Ausmessung gelingen?

Aber, was viel wichtiger ist: die beiden Gesichtspunkte widersprechen einander und lassen sich darum nicht kombinieren; wenigstens nicht in der Weise, daß sie als gleichberechtigt nebeneinander gestellt werden. Nur wenn der eine zum Hauptprinzipe erhoben, d. h. bei der Aufstellung der Strafrahmen zu Grunde gelegt, der andere zum Nebenprinzip gemacht, d. h. bei der Unterteilung der Strafrahmen und bei der Strafausmessung innerhalb des Strafrahmens verwendet würde, ließe sich vielleicht eine Vereinbarung denken. Davon aber ist nirgends die Rede.

Dazu kommt nun noch die Verschwommenheit des subjektiven Prinzips. Ist die juristische Beurteilung der Willensrichtung im Augenblicke der Tat, ist das ethische Werturteil über die Wollensweise über die bleibende Charakterform gemeint? Strafen wir den Mann für das was er tut oder für das, was er ist? Ist die Tat, oder ist der Täter der Gegenstand unseres Urteiles [2])?

Ohne Zweifel wird die übergroße Mehrzahl der Juristen je die erste der gestellten Alternativen mit aller Entschiedenheit bejahen. Aber bei näherer Betrachtung überzeugen wir uns bald, daß bei den meisten Anhängern der proportionalen Gerechtigkeit die ethische Beurteilung der bleibenden Wollensweise in einer ganzen Reihe von Fragen den Ausschlag gibt [3]). So läßt sich die schwerere Bestrafung des Gewohn-

1) Man vergl. die drastische Schilderung der in der Praxis eingerissenen Verwirrung bei Mittelstädt, Zeitschr., II, S. 428, 442, insbesondere S. 443.

2) Vergl. Laas, Vergeltung und Zurechnung in der Vierteljahrsschrift für wissenschaftl. Philosophie, V, S. 448 ff. und dazu Zeitschr., II, S. 146.

3) Ich verweise auf die zutreffenden Bemerkungen von Merkel „Ueber das gemeine deutsche Strafrecht von Hälschner und den Idealismus in der Strafrechtswissenschaft“, Zeitschr., I, S. 553 ff., insbesondere S. 593 ff.

heitsverbrechers vom Standpunkte der Vergeltungsstrafe aus gar nicht anders rechtfertigen, als in dem die in der ganzen vita ante acta verschuldete Erwerbung der Gewohnheit, die Herbeiführung der Abschwächung der Willenskraft als straferhöhendes Moment betont wird. Wer als Jurist die im Augenblicke der Tat als erworben vorhandene Disposition, die gegebene Verminderung der Willensfreiheit ins Auge faßt, muß für den Gewohnheitsverbrecher mildernde Umstände annehmen [1]). Sobald wir aber hinübergedrängt sind auf das Gebiet des sittlichen Werturteiles, haben wir den festen Boden unter unseren Füßen verloren. Wie oft noch müssen Kants bekannte Worte den kriminalistischen Theoretikern und Praktikern ins Gedächtnis zurückgerufen werden: „Die eigentliche Moralität der Handlungen (Verdienst und Schuld) bleibt uns daher, selbst die unseres eigenen Verhaltens, gänzlich verborgen. Unsere Zurechnungen können nur auf den empirischen Charakter bezogen werden. Wieviel aber davon reine Wirkung der Freiheit, wie viel der bloßen Natur und dem unverschuldeten Fehler des Temperaments oder dessen glücklicher Beschaffenheit (merito fortunae) zuzuschreiben sei, kann niemand ergründen und daher auch nicht nach völliger Gerechtigkeit richten" [2]).

Das Eine scheint mir sicher zu sein. Auch die Idee der proportionalen Gerechtigkeit ist nicht geeignet, das Strafmaß zu begründen. In sich widersprechend trägt sie den Widerspruch in Gesetzgebung und Rechtspflege; die Relativität zur Grundlage nehmend, verzichtet sie auf jede absolute Wertschätzung; dem idealen Subjektivismus mehr oder weniger bewußt huldigend, opfert sie die juristische Beurteilung dem Phantom einer idealen, das Prinzip der Ethik verwirklichenden Gerechtigkeit.

3) Wir wollen die Vergeltungsstrafe völlig beiseite lassen, die oben unterbrochene Entwicklung wieder aufnehmen. Der Zweckgedanke, der uns bisher glücklich und sicher ge-

1) Wie dies tatsächlich seit Kleinschrod wiederholt geschehen ist. Man sehe die Geschichte dieser Frage bei v. Lilienthal, Beiträge zur Lehre von den Kollektivdelikten, 1879, insbesondere S. 33 ff.

2) Kritik der reinen Vernunft (S. A. von Hartenstein, 1868), S. 381.

leitet hat, soll auch weiterhin unser Führer sein. Unsere Auffassung der Strafe als Rechtsgüterschutz verlangt unabweislich, daß im einzelnen Falle diejenige Strafe (nach Inhalt und Umfang) verhängt werde, welche notwendig ist, damit durch die Strafe die Rechtsgüterwelt geschützt werde.

Die richtige, d. h. die gerechte Strafe ist die notwendige Strafe. Gerechtigkeit im Strafrecht ist die Einhaltung des durch den Zweckgedanken erforderten Strafmaßes. Wie die Rechtsstrafe als Selbstbeschränkung der Strafgewalt durch die Objektivierung entstanden ist, so erhält sie ihre höchste Vollkommenheit durch die Vervollkommnung der Objektivierung. Das völlige Gebundensein der Strafgewalt durch den Zweckgedanken ist das Ideal der strafenden Gerechtigkeit.

Nur die notwendige Strafe ist gerecht. Die Strafe ist uns Mittel zum Zweck. Der Zweckgedanke aber verlangt Anpassung des Mittels an den Zweck und möglichste Sparsamkeit in seiner Verwendung. Diese Forderung gilt ganz besonders der Strafe gegenüber; denn sie ist ein zweischneidiges Schwert: Rechtsgüterschutz durch Rechtsgüterverletzung. Es läßt sich eine schwerere Versündigung gegen den Zweckgedanken gar nicht denken als verschwenderische Verwendung der Strafe, als die Vernichtung der körperlichen, ethischen, nationalökonomischen Existenz eines Mitbürgers, wo diese nicht unabweislich durch die Bedürfnisse der Rechtsordnung gefordert wird. So ist die Herrschaft des Zweckgedankens der sicherste Schutz der individuellen Freiheit gegen jene grausamen Strafarten früherer Zeiten, welche — es ist gut, sich daran zu erinnern — nicht durch die glaubensstarken Idealisten der Vergeltungsstrafe, sondern durch die Vorkämpfer des „flachen Rationalismus" beseitigt worden sind. „Hätte nicht Beccaria in seinem berühmten Werke über Verbrechen und Strafen (1764) seine Stimme gegen die Maßlosigkeit der Strafen erhoben, so hätte Adam Smith in dem seinigen über die Ursachen des Nationalreichtums (1776) es tun müssen" [1]).

---

1) v. Ihering, Zweck im Recht, S. 362, vergl. S. 47?. In neuerer Zeit hat insbesondere Wahlberg sich das Verdienst erworben, auf diesen

So haben wir im Zweckgedanken das Prinzip des Strafmaßes gefunden, und es handelt sich nun weiter darum, aus dem Prinzipe das Maß der im Einzelfalle zu verhängenden Strafe zu bestimmen, die nach dem Prinzipe diesem Verbrechen entsprechende, die im konkreten Falle gerechte Strafe zu bemessen. Um diese Aufgabe zu lösen, müssen wir die Wirkungen der Strafe genauer untersuchen. Die Strafe ist Rechtsgüterschutz. Aber warum ist sie es? Wie bewirkt sie den Rechtsgüterschutz? Welches sind die in der Strafe liegenden Triebkräfte, welches die unmittelbaren Wirkungen der Strafe? Wie entsteht durch diese Triebkräfte das Endresultat, wie verhält es sich zu diesen unmittelbaren Wirkungen? Worin, mit einem Worte, liegt das Geheimnis der Strafe? Ist es berechtigter Vorwurf, oder kurzsichtige Voreingenommenheit, wenn die Gegner meinen, daß der Zweck, den die Strafe nach unserer Ansicht verfolgt, sicherer und einfacher durch Verbesserung der Schul- und Polizeieinrichtungen erreicht werden könnte?

Es gibt nur eine Methode, durch welche die Antwort auf diese Fragen mit unzweifelhafter Gewißheit gefunden werden kann: die Methode der Gesellschaftswissenschaft, die systematische Massenbeobachtung. Die Kriminalstatistik, das Wort im weitesten Sinne genommen, kann uns allein zum Ziele führen. Wir müssen das Verbrechen als soziale Erscheinung, die Strafe als soziale Funktion untersuchen, wollen wir die rechtsgüterschützende, verbrechenverhütende Wirkung der Strafe mit wissenschaftlicher Bestimmtheit feststellen. Das ist der Boden, auf dem allein der Streit endgültig ausgetragen werden kann.

Eine Kriminalstatistik, wie wir sie brauchen, eine solide, allen wissenschaftlichen Anforderungen genügende, auf alle Fragen des Kriminalisten rasche und sichere Antwort gebende, Kriminalstatistik besitzen wir heute noch nicht. Das ist das Urteil der ersten Autorität auf diesem Gebiete, v. Oettingens[1]). Dieser Mangel erschwert die

Gedanken hingewiesen zu haben. Vergl. seine „Kriminalistische und nationalökonomische Gesichtspunkte mit Rücksicht auf das deutsche Strafrecht", 1872.

1) Ueber die methodische Erhebung und Beurteilung kriminalistischer Daten. Zeitschr., I, S. 414 ff.

Verständigung mehr, als die unversöhnlichsten Gegensätze der Prinzipien.

Wenn ich es daher im folgenden versuche, eine Antwort auf die gestellten Fragen zu geben, so weiß ich so gut wie irgend jemand, daß diese Antwort nicht auf die Bedeutung einer definitiven, unzweifelhaften Feststellung Anspruch erheben kann. Dennoch dürfte der Versuch, die bisherigen Ergebnisse zusammenzufassen und zu verwerten, nach mehr als einer Richtung hin sich fruchtbringend erweisen.

V. Die Strafe als zweckbewußter Rechtsgüterschutz.

1) Es ist das unverlierbare Verdienst der relativen Theorien, mit den geringen damals zu Gebote stehenden Mitteln die in der Strafe liegenden Triebkräfte, die nächsten Wirkungen derselben, erforscht und festgestellt zu haben. Die Kriminalstatistik wird an diesen Ergebnissen nichts oder nur wenig ändern. Der Fehler der relativen Theorien lag nur in ihrer Einseitigkeit. Vor dieser werden wir uns zu hüten haben.

Die Strafe ist Zwang. Sie wendet sich gegen den Willen des Verbrechers, indem sie die Rechtsgüter verletzt oder vernichtet, in welchen der Wille Verkörperung gefunden hat. Als Zwang kann die Strafe doppelter Natur sein [1]).

a) Indirekter, mittelbarer, psychologischer Zwang oder Motivation. Die Strafe gibt dem Verbrecher die ihm fehlenden Motive, welche der Begehung von Verbrechen entgegenzuwirken geeignet sind, und die vorhandenen Motive vermehrt und kräftigt sie. Sie erscheint als künstliche Anpassung des Verbrechers an die Gesellschaft und zwar entweder

α) durch Besserung, d. h. durch Einpflanzung und Kräftigung altruistischer, sozialer Motive;

β) durch Abschreckung, d. h. durch Einpflanzung und Kräftigung egoistischer, aber in der Wirkung mit den altruistischen zusammenfallender Motive.

---

1) Man vergl. Ihering a. a. O., S. 50 ff., 238 ff.; Mein Reichsstrafrecht, S. 3 f.

b) Direkter, unmittelbarer, mechanischer Zwang oder Gewalt. Die Strafe ist Sequestrierung des Verbrechers; vorübergehende oder dauernde Unschädlichmachung, Ausstoßung aus der Gesellschaft oder Internierung in derselben. Sie erscheint als künstliche Selektion des sozial untauglichen Individuums. „Die Natur wirft denjenigen, der sich gegen sie vergangen hat, aufs Bett, der Staat wirft ihn ins Gefängnis [1]).

Besserung, Abschreckung, Unschädlichmachung: das sind demnach die unmittelbaren Wirkungen der Strafe; die in ihr liegenden Triebkräfte, durch welche sie den Schutz der Rechtsgüter bewirkt [2]).

Es wird sich diesen Wirkungen des Strafvollzuges nichts wichtiges hinzufügen lassen. Daß die Strafe eine ganze Reihe von Reflexwirkungen hat, wie ich sie nennen möchte [3]), ist klar, aber nicht bedeutsam genug, um unsere Einteilung umzustoßen. Nur eins bedarf noch der Erwähnung: die Bedeutung der Strafdrohung. Warnend und abschreckend verstärkt sie die vom Verbrechen abhaltenden Motive. Wir dürfen diese Wirkung nicht übersehen, müssen sie aber hier bei Seite lassen. Denn nicht um die staatlichen Imperative, sondern um die staatliche Strafe handelt es sich für uns; die Strafdrohung aber ist nur ein verschärfter Imperativ.

Der Wert eines konkreten Strafensystems hängt von der Sicherheit und der Elastizität ab, mit welcher es die Erreichung eines jeden der drei Strafzwecke ermöglicht. Und genau dasselbe gilt von dem einzelnen Strafmittel. Darin liegt die von Mittelstädt so gänzlich verkannte Bedeutung der Freiheitsstrafe, welche, eben weil sie allen Strafzwecken sich anzuschmiegen geeignet ist wie keine

---

1) Ihering a. a. O., S. 51.

2) Man vergl. die drei Strafzwecke bei Plato, Legg. IX, 854 ff.; Aristoteles, Eth. Nicom., II, 3, § 1, X, 9, §§ 3, 8, 9.

3) Hierher rechne ich die Wirkungen der Strafe auf andere Personen, welche keiner ihrer Formen mangeln und nicht nur als Generalprävention, sondern auch als Kräftigung der sozialen Motive in anderen erscheinen; hierher auch ihre Wirkungen auf den Verletzten, die als Genugtuung zusammengefaßt werden können.

andere Strafart, die erste und führende Stelle im Strafensystem einzunehmen unzweifelhaft berufen ist.

Bedarf es einer besonderen Betonung, daß im einzelnen Falle die drei Strafzwecke sich ausschließen; daß ich eben die Strafe nach Art und Umfang demjenigen Strafzwecke anpassen muß, dessen Erreichung im einzelnen Falle notwendig und möglich ist? daß ich durch Köpfen und Hängen den Verbrecher nicht bessern und nicht abschrecken, durch 25 Stockstreiche bei ihm keine besonders lebhaften altruistischen Motive hervorrufen werde? daß es zwar ein Widerspruch ist, wenn ich den A. durch eine und dieselbe Strafe (vielleicht 300 M.) bessern, abschrecken und unschädlich machen will; kein Widerspruch aber, den A. durch die Geldstrafe abzuschrecken, den B. durch Einzelhaft zu bessern, den C. durch lebenslange Freiheitsstrafe zu sequestrieren? Vielleicht war es nicht ganz überflüssig, darauf ausdrücklich hinzuweisen. Sagt doch noch Sontag[1]: „Eine Sicherungstheorie, die zugleich abschrecken und bessern, also Feuer und Wasser miteinander mischen will, ist in sich so widerspruchsvoll, daß es vollkommen rätselhaft erscheint, wie sich heute noch Vertreter derselben (v. Liszt und Sichart) finden können." Das Rätsel löst sich doch wohl mit dem Mißverständnisse.

2) Wenn aber Besserung, Abschreckung, Unschädlichmachung wirklich die möglichen wesentlichen Wirkungen der Strafe und damit zugleich die möglichen Formen des Rechtsgüterschutzes durch Strafe sind, so müssen diesen drei Strafformen auch drei Kategorien von Verbrechern entsprechen. Denn gegen diese, nicht aber gegen die Verbrechensbegriffe, richtet sich die Strafe; der Verbrecher ist der Träger der Rechtsgüter, deren Verletzung oder Vernichtung das Wesen der Strafe ausmacht. Diese logische Forderung wird durch die bisherigen Ergebnisse der Kriminalanthropologie[2]) im wesentlichen bestätigt. Doch gestattet die Lückenhaftigkeit und Unsicherheit der bisher gewonnenen Resultate keine abschließenden,

1) Zeitschr., I, S. 494.

2) Man vergl. die oben angeführten Arbeiten, insbesondere diejenigen von Lombroso und Ferri.

ins einzelne gehenden Schlußfolgerungen. Im allgemeinen aber dürfte folgende Einteilung zum Ausgangspunkte weiterer Betrachtungen genommen werden können:

1) Besserung der besserungsfähigen und besserungsbedürftigen Verbrecher;

2) Abschreckung der nicht besserungsbedürftigen Verbrecher;

3) Unschädlichmachung der nicht besserungsfähigen Verbrecher.

Ich will im folgenden die praktische Verwertung dieser Einteilung kurz auseinanderzusetzen versuchen. Ich werde dabei aus rein äußeren Gründen eine andere als die eben beobachtete Reihenfolge einhalten.

Erste Gruppe. Die Unverbesserlichen[1]. Der energische Kampf gegen das Gewohnheitsverbrechertum ist eine der dringendsten Aufgaben der Gegenwart. Wie ein krankes Glied den ganzen Organismus vergiftet, so frißt der Krebsschaden des rapid zunehmenden Gewohnheitsverbrechertums sich immer tiefer in unser soziales Leben. Der auf dem Gebiete der Strafrechtswissenschaft herrschende Doktrinarismus hat eine schwere Schuld auf sich geladen, indem er, in rein begriffliche Konstruktionen vertieft, dieser Tatsache gegenüber bis auf den heutigen Tag — von wenigen Ausnahmen abgesehen — teilnahmslos geblieben ist.

---

1) Es ist ein großes und bleibendes Verdienst Wahlbergs, in seinen verschiedenen Schriften den fundamentalen Unterschied von Gewohnheits- und Gelegenheitsverbrechen energisch betont zu haben. Man vergl. insbesondere: „Ueber das gewohnheitsmäßige Verbrechen mit besonderer Rücksicht auf den Gewohnheitsdiebstahl" (Gesammelte kleinere Schriften, I, S. 136 f.); „Das Maß und der mittlere Mensch im Strafrecht" (Zeitschr. für das Privat- und öffentl. Recht der Gegenwart, V. Bd., S. 465 ff.); „Das Gelegenheitsverbrechen" (Ges. kl. Schriften, III, S. 55 f.); „Das Maß und die Wertsberechnung im Strafrechte" (daselbst S. 101 ff.); Gutachten an den internationalen Pönitentiar-Kongreß zu Stockholm über die Bekämpfung des Rückfalles (daselbst S. 213 ff.). — Dieses Verdienst wird durch die zum Teil durchaus berechtigte Kritik seiner juristischen Definition des Gewohnheitsverbrechens und seiner juristischen Begründung der größeren Strafbarkeit des Gewohnheitsverbrechers, welche v. Lilienthal in seinen „Beiträgen zur Lehre von den Kollektivdelikten" mit großem Geschick geübt hat, in keiner Weise berührt. Der Gewohnheitsverbrecher existiert, auch wenn wir keine gute Definition von ihm haben. Gegen v. Lilienthal vergl. auch Hälschner a. a. O., S. 551.

Der Kampf gegen das Gewohnheitsverbrechertum setzt genaue Kenntnis desselben voraus. Diese fehlt uns noch heute. Handelt es sich doch nur um ein Glied, allerdings um das bedeutendste und gefährlichste, in jener Kette von sozialen Krankheitserscheinungen, welche wir unter dem Gesamtnamen des Proletariats zusammenzufassen pflegen. Bettler und Vagabonden, Prostituierte beiderlei Geschlechts und Alkoholisten, Gauner und Halbweltsmenschen im weitesten Sinne, geistig und körperlich Degenerierte — sie alle bilden das Heer der grundsätzlichen Gegner der Gesellschaftsordnung, als dessen Generalstab die Gewohnheitsverbrecher erscheinen. Ehe wir das vagabondierende Gaunertum nicht sozialethisch festgestellt haben, ist es vergebliches Bemühen, das Gewohnheitsverbrechertum als solches fassen zu wollen. Viel wird hier die Moralstatistik, viel insbesondere ihre Anwendung auf die heute noch einer verläßlichen Methode entbehrende Kriminalanthropologie leisten können. Aber — wir dürfen nicht warten, bis diese Leistungen zu Tage gefördert wird. Und wir brauchen es nicht.

Das Gewohnheitsverbrechertum findet seinen juristischen Ausdruck in den Ziffern der Rückfallsstatistik. Wir können dieser, trotz ihrer von keiner Seite geleugneten Unvollkommenheit, einige wertvolle Tatsachen entnehmen; Tatsachen, welche uns genügenden Anhalt zu unmittelbarem Einschreiten bieten.

Zunächst die Tatsache, daß die Rückfälligen die Mehrheit der Verbrecher, und die Unverbesserlichen die Mehrheit der Rückfälligen ausmachen. Ich stütze diese Behauptungen einerseits auf die von Sichart[1]) für Württemberg angestellten Berechnungen, andererseits auf die vor kurzem ausgegebene offizielle preußische Gefängnisstatistik für das Jahr 1/4 1880/81[2]).

In den gerichtlichen Strafanstalten Württembergs stieg[3]) die Verhältniszahl der Rückfälligen zu der Gesamtzahl der

1) Ueber die Rückfälligkeit der Verbrecher und über die Mittel zu deren Bekämpfung, 1881.

2) Statistik der zum Ressort des kgl. preuß. Ministeriums des Innern gehörenden Straf- und Gefangenanstalten pro 1/4 1880/81, Berlin 1882.

3) Sichart, S. 8.

Verurteilten in den Zeitraum von 1868/69 bis 1877/78 von 34 Proz. auf 48 Proz.; in dem Männerzuchthause Ludwigsburg in dem Zeitraume von 1866/67 bis 1877/78 von 51 Proz. auf 72 Proz. Das gäbe als Durchschnittsziffer für das Jahr 1877/78 60 Proz.[1]. Von den Rückfälligen des Zuchthauses Ludwigsburg (1649, die vom 1/1 72 bis 31/3 80 eingeliefert wurden), befand sich im Durchschnitte jeder zum fünften Male in der Strafanstalt[2]; und jedem Verurteilten fielen durchschnittlich 3,27 strafbare Handlungen zur Last, deren er sich von dem Tage der letzten Entlassung bis zur abermaligen Einlieferung schuldig gemacht hatte[3].

Nach der preußischen Statistik waren unter den im Jahre 1/4 80/81 zugegangenen Zuchthausgefangenen[4] wegen Verbrechens oder Vergehens bereits früher bestraft 76,47 Proz.[5]; in der Gesamtzahl der detinierten Gefängnisgefangenen[6] 64,03 Proz. (gegenüber 52,37 Proz. im Vorjahre). Die Durchschnittsziffer für das Jahr 1/4 80/81 beträgt demnach 70 Proz. — Von den 7033 zugegangenen rückfälligen Zuchthausgefangenen waren nach meiner Berechnung auf Grund der mitgeteilten Ziffern[7] über 82 Proz. zweimal und mehrmal, darunter 27 Proz. sechsmal und öfter; von den 21,327 detinierten rückfälligen Gefängnisgefangenen[8] 66 Proz. zweimal und mehrmal, darunter über 22 Proz. sechsmal und öfter bestraft. Die Durchschnittszahlen ergeben demnach 74 Proz. und 24,5 Proz.

Diese Ziffern sprechen für sich. Sie beweisen, daß unsere gegenwärtige Behandlung der Rückfälligen durchaus verkehrt und unhaltbar ist; sie beweisen, daß mindestens die Hälfte aller jener Personen, welche Jahr aus, Jahr ein unsere Strafanstalten bevölkern, unverbesserliche Gewohnheits-

1) Dieselbe Ziffer bei Krohne, Zeitschr., I, S. 76.

2) Sichart, S. 11.

3) Sichart, S. 12.

4) Statistik, S. 43.

5) Der Prozentsatz der Rückfälligen in der Gesamtzahl der Detinierten beträgt nach S. 50: 76,70 Proz.

6) Statistik, S. 55.

7) Statistik, S. 43.

8) Statistik, S. 55.

verbrecher sind. Soche Leute in Zellengefängnissen um teures Geld [1]) bessern zu wollen, ist einfach widersinnig; sie nach Ablauf von einigen Jahren gleich einem Raubtier auf das Publikum loszulassen [2]), bis sie, nachdem sie wieder drei bis vier neue Verbrechen begangen haben, in ein oder zwei Jahren neuerdings eingezogen und wiederum „gebessert" werden: das ist mehr und ist etwas anderes als widersinnig. Aber unser Strafrahmensystem gestattet und fordert es; der „Vergeltung" ist Genüge getan und die Strafrechtswissenschaft hat mit der Lehre vom Kausalzusammenhange, mit der Kontroverse über die Unterlassungsdelikte und anderen Dingen so viel zu tun, daß ihre Zeit es ihr nicht gestattet, mit solchen Kleinigkeiten sich abzugeben.

Gegen die Unverbesserlichen muß die Gesellschaft sich schützen; und da wir köpfen und hängen nicht wollen und deportieren nicht können, so bleibt nur die Einsperrung auf Lebenszeit (bezw. auf unbestimmte Zeit) [3]).

Ehe ich daran denke, diesen Gedanken weiter zu entwickeln, sei eine andere Tatsache noch konstatiert. Es wird Aufgabe der Kriminalstatistik sein, nachzuweisen, welche Verbrechen überhaupt gewohnheitsmäßig begangen zu werden pflegen; die Kriminalanthropologie wird ihr dabei wesentliche Dienste zu leisten in der Lage sein. Aber schon auf Grund der heute vorliegenden Ergebnisse können wir mit einiger Bestimmtheit den Umkreis dieser Verbrechen ziehen. Es sind in erster Linie die Eigentums-, in zweiter gewisse Sittlichkeitsdelikte; also jene Verbrechen, welche auf den stärksten und ursprünglichsten menschlichen Trieben beruhen. Genauer ließen sich folgende Verbrechen hierher

---

1) Sichart berechnet die Kosten für Bau und Einrichtung einer Zelle auf 4000 M. (S. 68); Krohne (Zeitschr., I, S. 66) auf 4500—6000 M.

2) Vergl. die drastische Schilderung bei Kräpelin, Abschaffung des Strafmaßes, S. 21.

3) Diese Forderung wurde mit größerer oder geringerer Entschiedenheit bereits mehrfach aufgestellt; man vergl. insbesondere Wahlbergs Rapport an den Stockholmer Gefängniskongreß; die von v. Lilienthal, Kollektivdelikte, S. 103 in den Anmerkungen angeführte Literatur; Schwarze, Freiheitsstrafe, S. 47, Sichart a. a. O., S. 39, Krohne, Zeitschr., I, S. 81 ff., Sontag, Zeitschr., I, S. 505 f.; Mittelstädt, Gegen die Freiheitsstrafen S. 70.

rechnen[1]): Diebstahl, Hehlerei, Raub, Erpressung, Betrug, Brandstiftung, Sachbeschädigung, gewaltsame Unzucht und Unzucht gegen Kinder[2]). Eine Ergänzung oder Berichtigung dieser Liste auf Grund genauerer Beobachtung ist natürlich nicht ausgeschlossen.

Die „Unschädlichmachung" der Unverbesserlichen denke ich mir in folgender Weise. Das Strafgesetzbuch bestimmt — in ähnlicher Fassung wie die §§ 244, 245 des geltenden Gesetzbuches —, daß bei dritter Verurteilung wegen eines der oben genannten Verbrechen auf Einschließung auf unbestimmte Zeit zu erkennen sei. Die Strafe wird in besonderen Anstalten (Zucht- oder Arbeitshäusern) in Gemeinschaft verbüßt. Sie besteht in „Strafknechtschaft"[3]) mit strengstem Arbeitszwang und möglichster Ausnutzung der Arbeitskraft; als Disziplinarstrafe wäre die Prügelstrafe kaum zu entbehren[4]); obligatorischer und dauernder Verlust der bürgerlichen Ehrenrechte müßte den unbedingt entehrenden Charakter der Strafe scharf kennzeichnen. Einzelhaft hätte nur als Disziplinarstrafe, verbunden mit Dunkelarrest und strengstem Fasten, einzutreten[5]).

Es braucht nicht jede Hoffnung auf Rückkehr in die Gesellschaft ausgeschlossen zu werden. Irrtümer des Richters bleiben ja immer möglich. Aber die Hoffnung müßte eine ganz entfernte, die Entlassung eine ganz ausnahmsweise sein. Alle 5 Jahre könnte der Aufsichtsrat[6]) bei dem Landgerichte, in dessen Sprengel die Verurteilung ausgesprochen wurde, den Antrag auf Entlassung stellen. Gibt die Strafkammer diesem Antrage statt, so erfolgt die Uebergabe an die unten zu erwähnenden Besserungsanstalten. Schlechte Führung hat Rückversetzung in das Arbeitshaus zur Folge.

---

1) Man vergl. dazu v. Lilienthal a. a. O., S. 109; Sichart a. a. O., S. 13.

2) Gerade in der Zunahme der letztgenannten Delikte zeigt sich bekanntlich die steigende Verrohung unserer Volksmassen am deutlichsten.

3) Mittelstädt, Zeitschr., II, S. 437.

4) Vergl. § 38, Ziff. 10 des Bundesratsentwurfes eines deutschen Strafvollzugsgesetzes und die Motive dazu. Neuere Literatur über die Prügelstrafe bei Sontag a. a. O., S. 501.

5) Vergl. die Vorschläge von Sichart a. a. O., S. 40 f.

6) Ich denke an die, einer kräftigen Entwicklung durchaus fähige, Einrichtung, welche § 8 des oben erwähnten Entwurfes vorgeschlagen. Vergl. dazu S. 24 der Motive und Willert, Zeitschr., II, S. 488.

Im wesentlichen würde es sich also um eine freilich bedeutende Erweiterung und Verschärfung der Rückfallsstrafe unseres Strafgesetzbuches handeln. Hierin läge der Anknüpfungspunkt für alle diejenigen, welche, unser höchst modernes Strafrahmensystem für etwas „historisch" gegebenes haltend, einer radikalen Umgestaltung desselben prinzipiell widerstreben.

Zweite Gruppe. Die Besserungsbedürftigen. Der Umkreis derjenigen Verbrechen, welche gewohnheitsmäßig begangen zu werden pflegen, umgrenzt zugleich unsere zweite Gruppe. Aus den besserungsbedürftigen, durch vererbte und erworbene Anlagen zum Verbrechen hinneigenden, aber noch nicht rettungslos verlorenen Individuen rekrutiert sich das Gewohnheitsverbrechertum. Die kleinen Gefängnisse sind die Hauptwerbestellen; aber verlotterte Herbergen, Schnapsbuden und Bordelle machen ihnen den Rang streitig. Diese Anfänger auf der Verbrecherlaufbahn können in zahlreichen Fällen noch gerettet werden. Aber nur durch ernste und anhaltende Zucht. Das Minimum der hier eintretenden Freiheitsstrafe dürfte daher meines Erachtens nicht unter ein Jahr herabsinken. Es gibt nichts Entsittlichenderes und Widersinnigeres als unsere kurzzeitigen Freiheitsstrafen gegen die Lehrlinge auf der Bahn des Verbrechens. Wenn irgendwo trägt hier die Gesellschaft den Löwenanteil an der Schuld, unter welcher der künftige Gewohnheitsverbrecher zusammenbricht.

Praktisch hätte sich die Sache folgendermaßen zu gestalten. Bei der ersten und zweiten Begehung einer der oben genannten strafbaren Handlungen hat das Gericht die Abgabe in eine Besserungsanstalt auszusprechen. Das Urteil hat Suspension, nicht Verlust der Ehrenrechte zur Folge. Die (im Urteile nicht auszusprechende) Dauer der Strafe beträgt mindestens 1 Jahr, höchstens 5 Jahre. Die Strafe beginnt mit Einzelhaft. Bei guter Führung kann widerrufliche Versetzung in progressive Gemeinschaft durch den Aufsichtsrat ausgesprochen werden. Arbeit und Elementarunterricht sind als Mittel zur Stärkung der Widerstandskraft zur Anwendung zu bringen. Prügelstrafe als Disziplinarstrafe ist unbedingt ausgeschlossen. Alle Jahre kann der

Aufsichtsrat an das Landgericht den Antrag auf Entlassung der anscheinend gebesserten Häftlinge richten. Der Entlassene wird auf dieselbe Zeit, die er in der Anstalt zugebracht hat, unter Polizeiaufsicht gestellt. Nach 5 Jahren seit der Einlieferung muß unter allen Umständen die Entlassung erfolgen[1]), der Entlassene tritt auf weitere 5 Jahre unter Polizeiaufsicht.

Um den Erfolg dieser Besserungsanstalten zu sichern, müßten Privatvereine mit offiziösem Charakter, d. h. unter der Oberaufsicht des Staates[2]) stehend, von diesem finanziell unterstützt[3]), für die Unterbringung und Unterstützung der entlassenen Häftlinge Sorge tragen.

Die dritte Gruppe wird, nach Abzug der unverbesserlichen und der besserungsbedürftigen Verbrecher, gebildet durch die große Zahl derjenigen, die wir kurz als Gelegenheitsverbrecher bezeichnen wollen; d. h. aller derjenigen, für welche die begangene Tat eine Episode, eine durch überwiegend äußere Einflüsse hervorgebrachte Verirrung, bei welchen daher die Gefahr einer öfteren Wiederholung der begangenen strafbaren Handlung eine minime, eine systematische Besserung daher durchaus zwecklos ist. Hier soll die Strafe lediglich die Autorität des übertretenen Gesetzes herstellen; sie soll Abschreckung sein, eine gewissermaßen handgreifliche Warnung, ein „Denkzettel" für den egoistischen Trieb des Verbrechers. Sachlich umfaßt mithin das Gebiet der Abschreckungsstrafe alle Verbrechen und Vergehen mit Ausnahme der oben genannten, also alle diejenigen, bezüglich deren gewohnheitsmäßige Begehung durch die Kriminalstatistik nicht erwiesen wird. Im allgemeinen könnten hier die Strafdrohungen unseres Strafgesetzbuches, wenn auch unter Einschränkung der zahlreichen Abstufungen,

---

1) Gegen den Vorschlag, diese Maximalgrenze zu erweitern, hätte ich von meinem Standpunkte aus keine Einwendung.

2) d. h. desjenigen Ministeriums, dessen Leitung die Strafanstalten unterstehen.

3) Privatvereine, welche lediglich auf sich angewiesen sind, wirken nach meiner Meinung eher schädlich als nützlich. Planlose Unterstützung ist schlechter als gar keine. Die herrschende Ansicht scheint allerdings eine abweichende zu sein.

festgehalten werden; doch würde sich eine einheitliche, nicht notwendig in Einzelhaft zu vollstreckende, Freiheitsstrafe [1]) von nicht zu geringem Minimum (nicht unter 6 Wochen) und nicht zu hohem Maximum (10 Jahre sind mehr als genügend), mit fakultativer Aberkennung der bürgerlichen Ehrenrechte, am meisten empfehlen; neben und statt ihr könnte die Geldstrafe in weiterem Umfange als bisher Verwertung finden. Die Todesstrafe scheint mir entbehrlich, sobald die Unverbesserlichen unschädlich gemacht sind.

3) Diese Vorschläge sollen zunächst nur den Beweis liefern, daß die Durchführung des durch den Zweckgedanken geforderten Prinzips des Strafmaßes durchaus möglich ist, und zwar ohne daß an den Fundamentalsätzen des in den Kulturländern geltenden Strafrechtes gerüttelt zu werden braucht. Auch das System der Strafrahmen wird zwar umgestaltet und eingeschränkt, aber nicht umgestoßen [2]); weder die Abschaffung des Strafmaßes, noch die Beseitigung der richterlichen Strafzumessung ist das Ziel meiner Vorschläge. In zwei Worten läßt sich zusammenfassen, was unbedingt und sofort angestrebt werden muß. Unschädlichmachung der Unverbesserlichen, Besserung der Besserungsfähigen. Das übrige findet sich. Ich weiß nicht, ob v. Bar auch diesen, wenn auch noch so lückenhaften, doch juristisch greifbaren Vorschlägen gegenüber von den „Akkorden einer unbestimmten Zukunftsmusik" zu sprechen sich veranlaßt finden wird [3]): aber ich habe für meine Person gegen den Ausdruck nichts einzuwenden. Nur möchte ich beim Bilde bleiben. Das Leitmotiv, das aus der endlosen Melodie von der Negation der Negation des Rechtes uns rettet zu Klarheit und Einfachheit — es ist der Zweckgedanke.

1) Ich habe hier und sonst von den „Uebertretungen" ganz abgesehen.

2) Nur die bedingte Entlassung müßte fallen. Aber diese exotische Pflanze hat auf deutschem Boden nie Wurzel geschlagen, geschweige denn Früchte getragen. Wir werden sie unschwer vermissen.

3) Handbuch, I, S. 307. Ich gebe gerne zu, daß die Ausführungen in meinem „Reichsstrafrecht" sehr unbestimmt gehalten waren. Aber das „kurzgefaßte Lehrbuch" schien mir nicht der Ort, um Reformvorschläge zu entwickeln. Und die Verantwortlichkeit für E. v. Hartmann möchte ich ausdrücklich ablehnen.

VI. Zielpunkte.

Während wir unter der Führung des Zweckgedankens die Formen der Schutzstrafe und das Maß derselben zu gewinnen suchten, mußten wir die Vergeltungsstrafe beiseite lassen. Kehren wir jetzt zu ihr zurück. Wenn auch die Unhaltbarkeit des Prinzips der Wertgleichheit zwischen Verbrechen und Strafe uns ebenso unzweifelhaft geworden ist wie die Unbrauchbarkeit der Idee der proportionalen Gerechtigkeit, so ist doch damit die Unhaltbarkeit und Unbrauchbarkeit der Vergeltungsstrafe überhaupt nicht erwiesen. Vielleicht ist eine andere Form denkbar, in welcher sie sich theoretisch wie praktisch bewährt? Vielleicht ist diese andere Form dem Zweckgedanken nicht prinzipiell feindlich gesinnt?

Ich stehe nicht an, diese beiden Fragen mit aller Entschiedenheit zu bejahen. Die einzig haltbare und fruchtbare Form der Vergeltungsstrafe ist die Schutzstrafe. Nicht auf den Namen kommt es mir dabei an. Aber der Gegensatz zwischen dem quia peccatum est und dem ne peccetur muß endlich in seiner ganzen Hohlheit und Verkehrtheit erkannt werden. Das gilt nicht nur in Bezug auf das Prinzip der Strafe, sondern ebenso in Bezug auf den Begriff des strafbaren Unrechtes und ebenso in Bezug auf Inhalt und Umfang der Strafe. Das erste glaube ich bewiesen zu haben, das zweite ist heute herrschende Ansicht, das dritte ist leicht einzusehen [1]. Dem Verbrecher soll vergolten werden nach seinem Werte für die Rechtsordnung; sein rechtlicher Wert liegt in der Verschiebung des Gleichgewichts der Kräfte, welche das staatliche Leben bestimmen, in der Erschütterung der Rechtsordnung; die Vergeltung besteht demnach in der Wiederherstellung des Gleichgewichts, in der Sicherung der Rechtsordnung. Die Schutzstrafe ist die Vergeltungsstrafe. Das ist, sollte ich meinen, auch der Grundgedanke aller absoluten Theorien, aller metaphysischen Spekulationen über das Wesen der Strafe. Der Grund des Meinungszwiespaltes liegt in einem Fehlschlusse. Von Ver-

1) Vergl. auch die Andeutungen bei Merkel, Zeitschr., I, S. 594.

geltung kann nur einer konkreten Tat gegenüber die Rede sein, und diese ist untrennbar von der Person des Täters. Mag sie eine Episode in seinem Charakterleben, mag sie der Ausdruck seines innersten Wesens sein: es gibt kein Verbrechen, das nicht der Verbrecher begangen hätte. Tat und Täter sind keine Gegensätze, wie der verhängnisvolle juristische Irrtum annimmt; sondern die Tat ist des Täters. Ist sie es nicht, ist sie erzwungen, im Wahnsinn begangen, ein Werk des spielenden Zufalls: dann entfällt mit der Zurechnung die Vergeltung. Nur aus der zu vergeltenden konkreten Tat kann demnach das Maß der Vergeltung bestimmt werden. Von diesem Gedanken ausgehend sind wir zu den oben formulierten Vorschlägen gelangt. Aber die herrschende Ansicht bestimmt die Strafe für die von keinem Täter begangene Tat; d. h. ihre Strafen entsprechen dem Verbrechensbegriffe, der Abstraktion, welche Gesetzgebung und Wissenschaft aus den konkreten Taten gebildet haben [1]). Sie fragt: was verdient der Diebstahl, die Notzucht, der Mord, der Meineid? statt zu fragen: was hat dieser Dieb, dieser Mörder, dieser falsche Zeuge, dieser Frauenschänder verdient? Die Fragestellung ist eine andere als die unsere, und darum mußte die Antwort eine andere sein. Und die Fragestellung ist verkehrt; verkehrt gerade vom Standpunkte der Vergeltung aus. Nicht der Begriff wird gestraft, sondern der Täter; daher kann das Maß der vergeltenden Strafe nicht nach dem Begriff, sondern nur nach der Tat des Täters sich richten. Das scheint eine wohlfeile Binsenwahrheit zu sein; und doch ist es heute noch Ketzerei.

Die Schutzstrafe ist also die richtig verstandene Vergeltungsstrafe. Der Gegensatz zwischen dem quia und dem ne ist ein eingebildeter [2]). Oder weiter gefaßt: Repression und Prävention sind keine Gegensätze. Schwimme ich, weil ich ins Wasser gefallen bin oder damit ich nicht

1) Am deutlichsten ist dieser Fehlschluß bei Berner. Oft gerügt, erhält er sich durch alle Auflagen des Lehrbuchs.

2) Daß v. Iherings Ausführungen auf S. 25 des „Zweck im Recht" mit meiner Behauptung nur scheinbar im Widerspruch stehen, bedarf keines Nachweises.

ertrinke? Nehme ich Medizin, weil ich krank bin oder damit ich gesund werde? Ziehen wir den Grenzkordon, weil im Nachbarlande Epidemie herrscht oder damit wir von ihr verschont bleiben? Stütze ich das Haus, weil es baufällig ist oder damit es nicht einstürzt? All diese Fragen sind gleichwertig mit derjenigen, welche seit Jahrtausenden den Zankapfel der philosophierenden Rechtslehre bildet.

Die Strafe ist Prävention durch Repression; oder wie wir ebensogut sagen dürfen: Repression durch Prävention. Damit sind auch die Fragen, welche Binding[1]) an die Anhänger des Zweckgedankens richtet, beantwortet: „Warum strafen wir nur, nachdem verbrochen ist?" Ja: warum werden nur die Menschen geheilt, welche krank geworden sind; warum heilen wir nicht lieber die Gesunden? Beide Fragen sind gleichberechtigt. Wie wir Heilen nur die auf Bekämpfung der Krankheit gerichtete ärztliche Tätigkeit nennen, so nennen wir Strafe nur die durch das Verbrechen veranlaßte, den Verbrecher verletzende Tätigkeit des Staates. Das schließt die Aufgabe nicht aus, dort nicht und hier nicht, prophylaktisch zu wirken. — „Warum nicht lieber statt der Strafe Verbesserung der Schul- und Polizeieinrichtungen?" Gewiß! Wenn eine zur Höhe der Vollkommenheit entwickelte Sanitätspolizei alle Krankheiten verhindern würde, dann brauchten wir die Aerzte nicht. Aber dieses goldene Zeitalter ist noch nicht angebrochen. Und bis dahin wird die beste Schule und die gediegenste Polizei das Verbrechertum nicht auszurotten im stande sein. — „Warum wird dem Verbrecher, dessen Tat die Unsicherheit der Gesellschaft enthüllt hat, dafür nicht der Dank der Gesellschaft votiert?" Aus demselben Grunde, aus welchem die symptomatische Behandlung das Fieber nicht hegt und pflegt, damit es wachse und gedeihe, sondern energisch bekämpft. — „Wie läßt es sich rechtfertigen, daß der Delinquent, also doch ein Mensch, herabgewürdigt wird zum Objekte eines zu Gunsten anderer angestellten Experimentes?"

---

1) Vergl. oben S. 128.

Wir könnten darauf hinweisen, daß niemand es für eine menschenunwürdige Erniedrigung hält, wenn der Blatternkranke, also doch ein Mensch, zur Vermeidung der Ansteckung ins Blatternspital gebracht wird; aber wir haben es nicht nötig. Denn wir haben das Wesen der Strafe und ihre Rechtfertigung eben nicht in ihren Reflexwirkungen erblickt[1]). Damit erledigt sich auch der Hinweis darauf, daß dieses Experiment in so vielen Fällen erfolglos verläuft. Uebrigens schützt die peinlichste Vorsicht „in so vielen Fällen" nicht gegen Verbreitung von Epidemien; und doch folgt daraus, wie ich glaube, nicht, daß alle Vorsichtsmaßregeln je eher, desto besser, aufzugeben seien. — „Endlich muß die relative Theorie konsequent bei dem Satze anlangen: nicht der Staat, sondern die bedrohten Gesellschaftskreise ohne Rücksicht auf die sie durchschneidenden Staatsgrenzen müssen das Strafrecht besitzen, während die Wirklichkeit das Gegenteil lehrt." Mir ist der Sinn dieses Satzes nicht ganz klar geworden. Wenn das Verbrechen Störung der staatlichen Rechtsordnung, wenn die Strafe Schutz der staatlichen Rechtsordnung ist, dann können nicht die Gesellschaftskreise, dann muß der Staat das Strafrecht besitzen. Das ist die notwendige „Konsequenz" der Schutztheorie. Allerdings sind auch gewisse Gesellschaftskreise Träger eines zum Schutze ihrer Sonderinteressen bestimmten, vom Staate teils anerkannten, teils sogar übertragenen, Strafrechts[2]); aber von diesem war und ist nicht die Rede.

So ist denn wohl auch das auf Grund dieser „Fragen" von Binding gegen die relativen Theorien ausgesprochene Verdammungsurteil „wegen mangelhafter Begründung" anfechtbar. Hat die absolute Theorie keine stärkeren Waffen so bleibt sie besser in der Defensive.

Aber nicht das ist der Hauptzweck meiner Zeilen: dem Zweckgedanken im Strafrechte zu seinem Rechte zu verhelfen. Sondern den Standpunkt zu bezeichnen, auf

1) Vergl. oben S. 164.

2) Vergl. darüber meinen Artikel „Ordnungsstrafe" in v. Holtzendorffs Rechtslexikon, 3. Aufl.

dem eine Verständigung möglich ist. Nicht Revolution, sondern Reformation ist die Losung. An der Reformation aber müssen und können wir alle mitarbeiten. Seit Jahrzehnten hat die Wissenschaft des Strafrechts in ihren bedeutendsten Vertretern dem Leben sich entfremdet. In unfruchtbaren Kämpfen hat sie ihre Kraft zersplittert; in rein abstrakter Gedankenarbeit befangen, hat sie nicht bemerkt, was draußen vorging. Sie glaubte, wie früher die Zügel der Herrschaft in Händen zu haben, während das Leben längst aufgehört hatte, sich um sie zu kümmern. Die Vertiefung der begrifflichen Abstraktionen dürfen wir nicht aufgeben; aber dem Doktrinarismus müssen wir entsagen.

Der Erforschung des Verbrechens als sozialethischer Erscheinung, der Strafe als gesellschaftlicher Funktion, muß innerhalb unserer Wissenschaft die ihr gebührende Beachtung werden. Daß es eine Kriminalanthropologie, eine Kriminalpsychologie, eine Kriminalstatistik als besondere, der Wissenschaft des Strafrechtes mehr oder weniger fernstehende Disziplinen gibt, ist der Beweis des schweren Verschuldens, welches die wissenschaftlichen Vertreter des Strafrechtes trifft; es ist aber auch der Grund für die bisherige Unfruchtbarkeit jener Disziplinen. Nur in dem Zusammenwirken der genannten Disziplinen mit der Wissenschaft des Strafrechtes ist die Möglichkeit eines erfolgreichen Kampfes gegen das Verbrechertum gegeben. Unserer Wissenschaft gebührt die Führung in diesem Kampfe. Auf diese kann und darf sie nicht verzichten, ohne sich selber preiszugeben. Eben darum darf und kann sie aber jenen Disziplinen nicht in vornehmer Teilnahmlosigkeit gegenüberstehen. Ob die theoretischen und praktischen Vertreter des Strafrechtes, ob die Lehrer, die Richter, die Staatsanwälte, die Polizeibeamten ihrer Aufgabe gerade nach dieser Richtung hin gewachsen sind; ob nicht eine ungleich erweiterte theoretische und praktische Vorbildung nötig wäre; ob nicht eine grundsätzliche Trennung der Strafrechtspflege von der Civilrechtspflege, ähnlich jener des Justizdienstes vom Verwaltungsdienste, durch die wesentliche Verschiedenheit der gestellten Aufgaben und der zu ihrer Lösung erforderlichen Kenntnisse dringend gefordert wird: das sind Fragen, die ich hier nicht zu entscheiden und kaum anzudeuten wage. Unzweifelhaft ist mir, daß Strafrechtswissenschaft, Strafgesetzgebung und Strafrechtspflege ihrer großen Aufgabe dem Leben gegenüber bisher in keiner Weise genügt haben. Mit der Erkenntnis dieser Tatsache ist der Weg der inneren Reform vorgezeichnet. Möge die unausbleibliche Revision unseres Strafgesetzbuches, die unerläßliche reichsrechtliche Regelung des Strafvollzuges uns nicht unvorbereitet treffen!

8. Bemerkungen zum Entwurfe des Allgemeinen Teiles eines Strafgesetzbuches für Russland.

(1883)[1].

Sehr geehrter Herr!

Indem ich, der freundlichen Einladung der Redaktionskommission entsprechend, Ihnen meine Bemerkungen zu dem Entwurfe eines Strafgesetzbuches für Rußland übersende, möchte ich vor allem mir Ihre gütige Nachsicht für die gegen meinen Wunsch durch Berufsarbeiten verspätete Einsendung erbitten. Der Entwurf bietet des Interessanten so viel, er trägt einen so selbständigen eigenartigen Charakter, er weicht in so vielen wichtigen Punkten von seinen westeuropäischen Vorbildern ab, daß eingehendes vergleichendes Studium mir unerläßlich schien.

Wenn dennoch meine Bemerkungen kurz genug ausgefallen sind, so waren andere und hoffentlich von den Verfassern des Entwurfes gebilligte Gründe für mich maßgebend.

Meine Bemerkungen sind in erster Linie für die Redaktionskommission, nicht für die Oeffentlichkeit bestimmt. Sie sollen es ermöglichen, daß bei der weiteren Beratung die bescheidene Ansicht des Einsenders, soweit dies wünschenswert erscheint, geprüft und gewürdigt werden könne. Eben darum überwiegt in ihnen die K r i t i k. Wo ich zustimmen konnte, wo ich mit Freude wesentliche Weiterbildung und Förderung des internationalen Schatzes an legislatorischer Erfahrung gefunden (und das war häufig genug der Fall),

1) Diese Bemerkungen sind in Form eines Briefes dem Mitgliede der Redaktionskommission Professor N. Taganzeff mitgeteilt worden.

da habe ich zumeist geschwiegen. Der Entwurf ist eine hochbedeutende Leistung, die nicht bloß Rußland zu Gute kommen wird; die reifste Frucht der Strafrechtswissenschaft, die in weiteren und immer weiteren Kreisen den fruchtbaren Samen ausstreuen wird. Das ist mein Gesamturteil über den Entwurf: ich habe es unterlassen, auf dasselbe immer wieder zurückzukommen.

Noch eine zweite Erwägung zwang mich zur Kürze.

Mehr als die bürgerliche, trägt die peinliche Gesetzgebung eines jeden Landes nationales Gepräge, volkstümlichen Charakter. Als soziale Erscheinung wechselt das Verbrechen in Form und Inhalt nach Zeit und Ort; als soziale Funktion muß die Strafe dem Verbrechen sich anpassen, dem sie begegnen will. Die kriminalpolitische Beurteilung eines Strafgesetzentwurfes ist daher nur dann und nur soweit möglich, wenn und soweit der Urteilende mit den realen Verhältnissen bekannt ist, auf deren Boden die nationale Gesetzgebung emporgewachsen sein muß, wenn sie ihnen genügen soll. Aber Verbrechen und Strafe sind nicht bloß soziale Aktionen und Reaktionen; sie sind auch — und das ist eben das Resultat einer in Jahrtausenden sich abspielenden Entwickelung — juristische Abstraktionen: die Normen des geschriebenen Rechts stellen in begrifflicher Allgemeinheit die Regel auf, unter welche vom Richter die Fälle gebracht werden sollen, aus welchen der Gesetzgeber die Regel abgeleitet hat. Die wissenschaftliche Beurteilung eines Entwurfes in Bezug auf die Folgerichtigkeit und Geschlossenheit der von ihm aufgestellten Normen kann daher von jedem Fachmanne geleistet werden. In diesem Sinne ist jeder Fortschritt der nationalen Gesetzgebung internationaler Gewinn; in diesem Sinne kann die internationale Wissenschaft mitarbeiten an nationaler Reform. Nicht mehr als das bezwecken die nachfolgenden Zeilen.

Aber damit hängt eine weitere Frage unmittelbar und untrennbar zusammen. Wie man immer über die wissenschaftlichen Grundprobleme des Strafrechts denken mag, Eines ist sicher: daß der allgemeine Teil eines Strafgesetzbuches nicht losgelöst von dem besondern Teile endgültig beurteilt werden kann.

Mag man in den einzelnen Verbrechensbegriffen nur die Ausgestaltungen des allgemeinen Delikts-Begriffes erblicken, welche aus diesem sich ergeben und daher aus ihm entwickelt werden können; mag man umgekehrt den sogenannten allgemeinen Tatbestand nur als den Niederschlag, als die höchste und reinste Abstraktion aus den empirisch in den einzelnen Verbrechen gegebenen niederen Begriffen ansehen, welche jenem vorausgehen und ihm also zu Grunde liegen müssen: immer wird der Begriff des Verbrechens nur ein Schema sein können und sein dürfen, welches Leben und Inhalt gewinnt erst durch die Beziehung auf die Begriffe der Verbrechen. Und darum kann unser Urteil über den vorliegenden Teil des Entwurfes nur ein vorläufiges sein, dessen Bewährung aus dem besonderen Teile abgewartet werden muß.

I. Das Strafensystem.

Am deutlichsten vielleicht tritt die Tragweite und zugleich wohl auch die Richtigkeit des Gesagten hervor bei Beurteilung des Strafensystems. Die sozialpolitische Berechtigung desselben als Ganzes und in seinen Gliedern liegt in den sozial-nationalen Verhältnissen; seine begriffliche Bedeutung aber läßt sich nur erkennen in und aus der Verwertung der Strafarten in dem besonderen Teile des Gesetzbuches. Hier steht die wissenschaftliche Kritik, wenn sie anders nicht in allerdings vielbeliebter Weise subjektives Gutdünken zu sein sich bescheidet, vor einer ihre Kompetenz im wesentlichen überschreitenden Aufgabe.

Dies gilt vor allem von der Todesstrafe. Die Erläuterungen der Kommission haben in durchaus scharfer und erschöpfender Weise die für und wider sprechenden Gründe abgewogen: die letzte Entscheidung muß den politisch maßgebenden Faktoren vorbehalten bleiben. Sie werden beurteilen müssen, ob für Rußland entbehrt werden kann, was kein großer Staat bisher entbehren zu dürfen glaubte, oder ob die Verhältnisse kleinster Länder mit homogener Bevölkerung Analogien finden in dem vielbevölkerten, weit ausgedehnten Reiche des Ostens. Die Abschaffung der Todesstrafe würde begeisterten Beifall bei den zahlreichen

Abolitionisten in aller Herren Länder finden; ihre Beibehaltung wird gebilligt werden bei all denjenigen, für welche politische Erwägungen mehr Wert haben als vom Hauche des Ideals berührte aber auch angekränkelte humanitäre Ideen. Die jüngere Generation Deutschlands, auch in den fachwissenschaftlichen Kreisen, dürfte in der Mehrzahl ihrer Vertreter zu der letzteren Gruppe gehören; der Einsender bekennt gern, daß er zu ihr sich rechnet.

Dasselbe aber gilt auch von der Gestaltung der Freiheitsstrafe, welche trotz der in jüngster Zeit gegen sie gerichtete Angriffe die führende Stelle innerhalb jedes modernen Strafensystems einzunehmen berufen und geeignet ist. Auch sie ist bedingt durch die realen Verhältnisse. Soweit prinzipielle Gesichtspunkte hier überhaupt aufgestellt werden können, beschränken sie sich auf die Forderung, daß die Schmiegsamkeit der Freiheitsstrafe (jene Eigenschaft, welcher sie ihre Stelle innerhalb des Strafensystems verdankt) im vollsten Maße dazu benutzt werde, um ihre einzelnen Arten dem im einzelnen Falle verfolgten Strafzwecke anzupassen. Ich habe meine Ansicht über diese Frage in dem 1. Hefte des III. Bandes der „Zeitschrift für die gesamte Strafrechtswissenschaft" ausgeführt, und glaube mich an dieser Stelle unter ausdrücklicher Bezugnahme auf die beiliegende kleine Abhandlung mit einigen kurzen Bemerkungen begnügen zu dürfen. Prinzipiell sind drei Arten der Freiheitsstrafe zu fordern: 1) Eine schwere langdauernde Sicherungsstrafe gegen das gewerbsmäßige Verbrechertum; 2) eine in progressiver Zucht zu vollstreckende Besserungsstrafe; 3) eine intensive aber nicht entehrende Abschreckungsstrafe von bedeutender Spannweite. Aus dem Zwecke und der durch diesen bedingten typischen Grundform dieser Arten der Freiheitsstrafe ergibt sich die Lösung aller auf ihre Vollstreckung bezüglichen, hier nicht näher zu erörternden Einzelfragen. Das Freiheitsstrafensystem des Entwurfes scheint mir im allgemeinen dieser Forderung zu genügen. Die Kátorga ist eine ernste und entschiedene Sicherungsstrafe; das Korrektionshaus entspricht dem Begriffe der Besserungsstrafe; Festungshaft und Arrest können als Abschreckungsstrafe im obigen Sinne aufgefaßt werden. Die Deportation tritt ergänzend hinzu: ob die in keinem anderen Lande so günstig sich bietende Gelegenheit, den unverbesserlichen Verbrecher aus der bürgerlichen Gesellschaft zu entfernen, genügend und gerade in der angedeuteten Richtung verwertet wird, entzieht sich meiner Beurteilung. Für bedauerlich halte ich den durchaus farblosen und schwankenden Charakter der Gefängnisstrafe, welche erst in den Vollzugsverordnungen greifbare Gestalt und pulsierendes Leben gewinnen wird; für bedenklich halte ich die in Art. 22 bestimmte bedingte Entlassung, welche in Deutschland sich einzubürgern vorläufig nicht vermochte und täglich zahlreichere und entschiedenere Gegner findet. Dabei mag aber ausdrücklich zugegeben werden, daß durch die Beschränkung der eigentlichen bedingten Entlassung auf Korrektionshaus-Sträflinge sowie durch ihre wesentlich abweichende, eigenartige Gestaltung im Falle des Art. 21 die schwersten Bedenken gegen dieselbe, wenn auch nicht beseitigt, so doch wesentlich gemildert sind. Uneingeschränkten Beifall verdient die kräftige Entwickelung der Polizeiaufsicht; ebenso die Behandlung der Nebenstrafen an der Ehre. Mag es theoretisch noch so unzweifelhaft sein, daß das Verbrechen entehrt und nicht die Strafe, so kann doch andererseits ebensowenig bestritten werden, daß der entehrende Charakter der Handlung eben in der Strafe seinen Ausdruck findet und finden muß, um überhaupt nach außen erkennbar, gewissermaßen greifbar, hervorzutreten. Auch Art. 30 muß aus den in den Motiven angegebenen Gründen gebilligt werden.

Aber nochmals sei es betont, der Wert des Strafensystems muß sich in seiner Anwendung auf die einzelnen Verbrechen bewähren; das zustimmende Urteil kann daher nur unter Vorbehalt abgegeben werden. Die Zerfahrenheit in den Bestrebungen zur Reform des Gefängniswesens, das ziellose, tastende Schwanken rührt zum weitaus größten Teile davon her, daß man die Strafe, insbesondere die Freiheitsstrafe, losgelöst von dem sicheren Boden des positiven Rechtes, ins Auge zu fassen sich gewöhnt hat.

II. Das räumliche Geltungsgebiet des Strafgesetzbuches.

Gegen die Bestimmungen des II. Abschnittes über das räumliche Geltungsgebiet des Strafgesetzbuches muß ich von meinem Standpunkte aus mancherlei Bedenken geltend machen, wenn ich auch nicht verkenne, daß der Entwurf in fast allen wesentlichen Punkten durchaus auf dem Boden der die moderne Literatur und Gesetzgebung des Westens beherrschenden Anschauungen steht. Wie die „Erläuterungen" zutreffend hervorheben (S. 39), haben sich die sämtlichen neueren Gesetzbücher genötigt gesehen, über das sogenannte Territorialprinzip hinausgehend auch im Auslande begangene strafbare Handlungen der Herrschaft des heimischen Rechtes zu unterwerfen. Wie die Dinge heute liegen, kann auf diese Erweiterungen des Geltungsgebietes der inländischen Strafrechtssätze wohl kaum Verzicht geleistet werden. *Aber es ist dringend notwendig, daß die Beschränkung des Geltungsgebietes auf das heimische Territorium als prinzipielle Grundlage festgehalten und daß von ihr nur insoweit abgewichen werde, als unabweisbare Bedürfnisse es gebieterisch erheischen.* Mit andern Worten: Die Strafbarkeit der im Auslande begangenen verbrecherischen Handlungen nach heimischem Recht muß *Ausnahme, möglichst eng begrenzte* Ausnahme, bleiben.

Es kann in dieser Allgemeinheit nicht als richtig zugegeben werden, wenn die Erläuterungen (S. 39) das Territorialprinzip auf „die Idee einer völligen Entfremdung und Abgeschlossenheit jedes einzelnen Staates" zurückführen. Schon die Tatsache, daß alle neueren wie älteren Gesetze von dem Territorialprinzipe als ihrer Grundlage *aus*gehen — mögen sie auch über dasselbe *hinaus*gehen — verbietet es, die Rechtfertigung dieses Grundsatzes in der willkürlichen Aufstellung jener aprioristischen „Idee" zu finden. Der Grundsatz ergibt sich vielmehr (vergl. S. 30 der Erläuterungen) „aus den Grundbedingungen des Staatslebens". Mehr noch: die wichtigsten *praktischen* Erwägungen sprechen dafür, daß nicht ohne Not von demselben abgewichen werde. Vor allem das *prozessualische Interesse* daran, daß Untersuchung und Aburteilung soweit irgend möglich am Tatorte stattfinde. Ist doch die Vorherrschaft des Forum delicti commissi historisch geworden und gegeben, nicht willkürlich ersonnen und künstlich erfunden. Die Erläuterungen heben (S. 53) Grund und Bedeutung dieses prozessualischen Interesses so scharf und so schlagend hervor, daß ich ihnen nichts hinzuzufügen wüßte als den Wunsch, daß der Entwurf seiner Begründung entschiedener und folgerichtiger angepaßt werden möchte. Sodann aber erzeugt jede Abweichung von dem Territorialprinzipe eine Kollision der Strafansprüche verschiedener Staaten, welche, soweit tunlich, vermieden werden muß. Ich habe mich darüber an anderer Stelle ausgesprochen [1]) und beschränke mich hier darauf, an einem Beispiele meine Ansicht deutlicher zu machen. Ein Russe hat in Frankreich ein Verbrechen begangen. Sowohl Rußland als Frankreich sind nach den Bestimmungen des Entwurfes zum Einschreiten berufen: ihre Strafansprüche kollidieren. Man wende nicht ein, daß diese angebliche „Kollision" wohl theoretisch bedenklich sein möge, praktisch aber ungefährlich sei. Denn sofort erhebt sich die weitere Frage: soll das russische oder das französische Recht Anwendung finden? Diese Frage aber kann nur dann befriedigend gelöst werden, wenn eben der Strafanspruch entweder als ein russischer oder aber als ein französischer anerkannt wird. Art. 8 des Entwurfes enthält eine befriedigende Lösung nicht, ebensowenig wie seine Vorbilder. Er ist vielmehr der klare Ausdruck für die in der modernen Gesetzgebung herrschende Unklarheit: er schwankt zwischen der Auffassung des Strafanspruches als eines eigenen und der Behandlung desselben als eines fremden; er will russisches Recht anwenden, aber doch auch dem ausländischen Rechnung tragen. Und so kommt er dazu, die von einem auswärtigen Staate ausgehende Begnadigung (also den Verzicht auf einen Anspruch, den in erster Linie doch der russische Staat sich selber zuschreibt) als für Rußland bindend anzusehen; so kommt er dazu, die Verfolgung im

1) Man vergl. mein Gutachten an den XVI. deutschen Juristentag (1882) im II. Bande der Zeitschrift für die gesamte Strafrechtswissenschaft (oben S. 90).

Inlande auszuschließen, wenn der Täter eine geringe Strafe ganz verbüßt hat, sie zuzulassen, wenn die vielleicht wegen des gleichen Deliktes zuerkannte schwere Strafe bis auf einen geringfügigen Rest abgelaufen ist. Das sind keine Hirngespinste. Es kann jeden Tag sich ereignen, daß der Russe, der im Auslande ein Verbrechen begangen hat, im Auslande unter dem Drucke politischer Leidenschaften freigesprochen, oder zu einer Scheinstrafe verurteilt, oder begnadigt wird; es kann ebensogut vorkommen, daß die Schwere der zuerkannten Strafe in schreiendem Mißverhältnisse zu der Geringfügigkeit der von dem Täter begangenen Handlung steht. Läßt sich ein Grund denken, der Rußland veranlassen kann, sich diesem Urteile zu beugen? Die Erläuterungen berufen sich (S. 44) auf den Satz: ne bis in idem. Das ist es aber eben, was ich bestreite: wenn Rußland und Frankreich aus demselben Verbrechen Strafansprüche ableiten, so liegen eben zwei solche Ansprüche vor, ein russischer und ein französischer; so ergibt sich dasjenige, was ich „Kollision der Strafansprüche" genannt habe. Art. 8 ist der Beweis dafür, daß diese Kollision als solche auch von den Verfassern des Entwurfes empfunden wurde. Sobald aber die Konsequenz aus der Behauptung eines eigenen Strafanspruches aus den im Auslande begangenen strafbaren Handlungen scharf und glatt gezogen, d. h. Existenz und Inhalt desselben ausschließlich nach heimischem Recht beurteilt, die Berücksichtigung des fremden Rechtes gänzlich aufgegeben wird; ebensobald muß es klar werden, daß eben jene Behauptung eines eigenen Anspruches prinzipiell bedenklich ist und nur aus unabweislichen praktischen Bedürfnissen gerechtfertigt werden kann.

Liegen solche Bedürfnisse in den von Art. 7 umfaßten Fällen vor? Ich möchte die Frage im allgemeinen verneinen.

1) Die Bestrafung der Inländer, welche im Auslande eine verbrecherische Handlung begangen haben, läßt sich nur durch den Hinweis auf den im heutigen Rechte ziemlich allgemein anerkannten Grundsatz rechtfertigen, nach welchem die eigenen Untertanen in keinem Falle an das Ausland ausgeliefert werden dürfen. Aus diesem Grundsatz ergibt sich

jene Konsequenz mit Notwendigkeit. Aber der Grundsatz selbst ist falsch, und wird als falsch mehr und mehr in der Literatur erkannt. Das haben die Erläuterungen auf S. 53 überzeugend nachgewiesen. Dennoch wurde das Prinzip der Nichtauslieferung der Nationalen in den Entwurf aufgenommen. Die dafür geltend gemachten Gründe (S. 54 der Motive) scheinen mir in keiner Weise ausreichend zu sein. Das ganze Auslieferungswesen ist, wissenschaftlich wie legislatorisch, im Flusse begriffen; eine definitive Regelung desselben erst von der Zukunft zu erhoffen. Dieser Lage der Dinge gegenüber hat, glaube ich, jede nationale Gesetzgebung das Recht, ja die Pflicht, zunächst die von ihr als richtig erkannten Grundsätze durchzuführen, soweit sie sich dadurch die Verständigung mit den übrigen Staaten nicht unmöglich macht oder erschwert. Art. 7 Ziff. 1 könnte, um dem letzterwähnten Bedenken Rechnung zu tragen, etwa folgende Fassung erhalten:

> „wenn von russischen Untertanen Verbrechen oder Vergehen begangen worden sind und die Auslieferung derselben aus tatsächlichen oder rechtlichen Gründen unmöglich ist“ [1]).

In Art. 11 wären die entsprechenden Aenderungen vorzunehmen.

2) Anders steht die Sache bei jenen im Auslande, sei es von Inländern, sei es von Ausländern, begangenen strafbaren Handlungen, welche gegen Integrität und Sicherheit des russischen Staates gerichtet sind. Hier ist die Strafbarkeit nach inländischem Rechte wünschenswert, vielleicht nach Lage der Umstände nötig. Es handelt sich gewissermaßen um einen Akt der Notwehr zum Schutze der höchsten und umfassendsten Rechtsgüter. Juristisch-technische Bedenken können dagegen nicht aufkommen. Aber darüber hinauszugehen sehe ich keine Veranlassung. Die Bemerkung auf S. 42 der Erläuterungen, „man könne unmöglich gestatten, daß ein notorischer Mörder u. s. w. straflos in Rußland verweile und alle Rechte genieße“ —

---

1) Man vergleiche in Bezug auf die Formulierung dieses Gedankens den § 4, Ziff. 3 des österreichischen Entwurfes von 1881.

trifft nicht zu; denn dies zu hindern genügt ein Ausweisungsbefehl. Und „die Gemeinsamkeit der Interessen“ (Motive, S. 39): wer den Versuch macht, die Gemeinsamkeit begrifflich zu fassen und die gemeinsamen Interessen von den nicht gemeinsamen zu scheiden, der weiß auch, daß nur in einem verschwindend kleinen Bruchteil der Fälle (Verletzung der internationalen Kabel u. s. w.) jenes Schlagwort Bedeutung und Berechtigung hat (vergl. mein „Gutachten“). Der Schutz der „Rechte russischer Untertanen“ aber kann füglich der ausländischen Gesetzgebung überlassen bleiben. Ziffer 3 des Art. 7 hätte nach meinem Vorschlage demnach zu lauten:

„wenn von Ausländern oder Inländern Hoch- oder Landesverrat gegen das russische Reich begangen worden“ [1]).

Ich fasse meine Vorschläge dahin zusammen:

1) Abänderung des Art. 7 in angegebener Art.

2) Streichung des Art. 8.

3) Abänderung des Art. 11 durch Aufnahme des Wortes „Inländer“.

Ich möchte hinzufügen, daß auch der XVI. deutsche Juristentag auf Grund meines oben erwähnten Gutachtens folgende Thesen mit bedeutender Majorität angenommen hat:

1) Es ist wünschenswert, daß das Geltungsgebiet der heimischen Strafrechtssätze den ausländischen Strafrechtssätzen gegenüber in allen Staaten nach denselben Grundsätzen bestimmt werde.

2) Bei dieser Regelung sind Kollisionen der Strafansprüche verschiedener Staaten, soweit irgend möglich, zu vermeiden. Die Regelung hat daher von dem Territorialprinzipe als ihrer Grundlage auszugehen.

3) Soweit eine Kollision der Strafansprüche durch Ueberschreitung des Territorialprinzipes herbeigeführt wird, ist Existenz und Inhalt des mit dem ausländischen konkurrierenden Strafanspruches lediglich nach inländischem Rechte zu beurteilen.

---

1) Ziffer 3 wäre als Ziffer 1 zu stellen, die jetzige Ziff. 1 als Ziff. 2 mit dem nunmehr notwendigen Zusatze: „ . . . . andere Verbrechen oder Vergehen . . . . “ zu versehen.

Die bisherigen Erörterungen haben uns bereits tief in das kontroversenreiche Gebiet der Auslieferung eingeführt. Art. 11 hat es unternommen, die wichtigsten der hier einschlagenden Fragen durch gesetzliche Bestimmungen zu regeln. Ich möchte diesem Versuche gegenüber zunächst auf einen Vorschlag hinweisen, der von mir in meinem Gutachten an den XVI. deutschen Juristentag gemacht wurde und die Zustimmung der Versammlung fand. Unzweifelhaft repräsentieren die in einzelnen Staaten teils geltenden, teils vorbereiteten Auslieferungsgesetze eine höhere Stufe der Entwickelung des Auslieferungswesens, als die ohne feste gleichbleibende Grundlage zwischen den verschiedenen Staaten abgeschlossenen Auslieferungsverträge. Aber sie können und dürfen nicht als das anzustrebende letzte Ziel gelten. Denn auf inhaltliche Uebereinstimmung der verschiedenen nationalen Gesetze ist nicht zu rechnen; inhaltliche Verschiedenheit derselben aber würde das Auslieferungswesen selbst in bedenklichster Weise gefährden. Mein Vorschlag geht dahin: eine internationale Vereinbarung der einzelnen Staaten über die Grundfragen der Auslieferung anzustreben. Ich denke mir die Verwirklichung dieses Gedankens in ähnlicher Weise wie die des Weltpostvereins: die tonangebenden Großmächte treten zum Abschlusse des Vereines zusammen und behalten den übrigen Staaten den Beitritt auf Grund der vereinbarten Bedingungen vor. Da der Verein sich auf die Fragen der Auslieferung nicht zu beschränken braucht, und auch kaum beschränken kann, würde er am besten als Welt-Rechtshülfeverein bezeichnet werden. Ein solcher Verein würde alle Bedürfnisse der Strafrechtspflege befriedigen. Auch scheint mir gerade der gegenwärtige Augenblick durchaus geeignet zu sein, den Gedanken seiner Verwirklichung entgegenzuführen. Betont sei noch, daß ein im wesentlichen übereinstimmender Vorschlag — ganz unabhängig von mir — von dem jüngsten Schriftsteller über die Frage gemacht worden ist[1]). Bei Annahme des Vor-

---

1) Paul Bernard, Traité théorique et pratique de l'extradition, Paris 1883 (II Bde.).

schlages würde Art. 11 entbehrlich. Soll er aber beibehalten werden, so wäre noch folgendes zu erwägen:

1) Die Nichtauslieferung politischer Verbrecher ist zwar stehender Grundsatz der modernen Auslieferungsverträge. Aber doch gewiß ein Grundsatz von zweifelhaftem Werte. Beweis dafür einerseits die zahlreichen Verwicklungen, zu welchen er in der praktischen Handhabung geführt hat, andererseits das allgemeine, insbesondere auf der Oxforder Versammlung des Institut de droit intern. zu Tage getretene Bestreben, den Umfang seiner Anwendung einzuschränken. Ich unterlasse es, den Nachweis für die juristische Unhaltbarkeit des Prinzips anzutreten, da ich kaum hoffen darf, heute schon mit meiner Ansicht durchzudringen.

Aber empfiehlt es sich, durch gesetzliche Bestimmung sich dauernd die Hände zu binden?

2) Daß die Auslieferung stattzufinden habe in den von der sogenannten belgischen Attentatsklausel umfaßten Fällen, wird heute allgemein nicht nur zugegeben, sondern dringend gefordert. Art. 11, Ziff. 2 läßt es im Zweifel, ob wir es hier mit einem politischen Delikte zu tun haben oder nicht, ob es sich um eine Ausnahme von dem Grundsatze des letzten Absatzes oder aber um einen Fall handelt, auf welchen dieser sich gar nicht bezieht. — Nun ist nach meiner Meinung der Königsmord ein eminent politisches Verbrechen, weil er den Hauptfall des Hochverrates, dieses politischen Deliktes kat' exochen bildet. Die Frage ist praktisch wichtig wegen der — allerdings der Wissenschaft überlassenen — Begriffsbestimmung des politischen Deliktes. Dieser Charakter des Attentats könnte dadurch zum Ausdrucke gelangen, daß die Bestimmung dem letzten Absatze des Art. 11 als Ausnahme von dem Grundsatze der Nichtauslieferung politischer Verbrecher angefügt würde. Ich würde folgende (meinem Gutachten entnommene) Fassung empfehlen:

„Dieser Grundsatz findet keine Anwendung auf den Fall der unternommenen vorsätzlichen Tötung eines ausländischen Staatsoberhauptes."

In dieser Formulierung ist der Ausdruck „Angriff" durch

den technischen Begriff „Unternehmen" ersetzt, und zugleich das Delikt selbst juristisch bestimmt. Die Hervorhebung der „Gesundheit" ist entweder überflüssig oder zu weitgehend.

3) Ziff. 1 des Art. 11 wäre unter allen Umständen zu streichen. Was sie sagt, ist selbstverständlich. Die Schwierigkeiten, welche das sogenannte Délit connexe bietet, haben darin ihren Grund, daß man damit einen besonderen Begriff geschaffen hat, statt bei der Beurteilung dieser Fälle die feststehenden Regeln des Strafrechtes (über ideale und reale Konkurrenz sowie über Handlungseinheit) zur Anwendung zu bringen [1]).

III. Zurechnung und Kriminalität.

Die Definition der Zurechnungsfähigkeit ist bisher weder der Gesetzgebung noch der Wissenschaft gelungen. Aus einem einfachen und doch regelmäßig übersehenen Grunde. Zurechnungsfähigkeit ist eben nichts anderes als der normale Zustand des geistesreifen Individuums. Der Begriff läßt sich positiv nur durch äußerst gefährliche Umschreibungen bestimmen. Die Gesetzgebung muß sich mit negativer Abgrenzung begnügen, wie sie das, um ein Beispiel anzuführen, auch bezüglich der analogen Begriffe der Handlungsfähigkeit, Wehrfähigkeit u. s. w. tut. Jede positive Bestimmung wird den Inhalt des Begriffes nur unklar und unvollständig wiedergeben.

Der Entwurf hat in Art. 36 zwar einen schweren Fehler des deutschen Strafgesetzbuches glücklich vermieden: er hat das dem Vorstellen und das dem Wollen angehörige Moment in dem Begriffe gleichmäßig hervorgehoben. — Aber noch besser wäre es, jede Umschreibung ganz zu vermeiden. Die Betonung der beiden „Fähigkeiten" der Erkenntnis und der Handelnsfreiheit führt keinen Schritt über das hinaus, was in der Zurechnungsfähigkeit selbst schon gegeben ist; denn jene Fähigkeiten werden allmählich und in verschiedenem Grade erworben, sie schwanken bei demselben Individuum in einer vielgliedrigen Skala auf

1) Vergl. mein Gutachten, S. 23 ff. (oben S. 113).

und ab, sie spotten mit einem Wort der juristischen Fassung. Ich würde vorschlagen zu sagen:

„Zur Schuld wird nicht zugerechnet eine Handlung, bei deren Begehung der Täter sich in einem die Zurechnungsfähigkeit ausschließenden Zustande der Bewußtlosigkeit oder krankhaften Hemmung oder Störung der Geistestätigkeit befand."

Mir scheint diese Fassung alles wesentliche zu enthalten.

Daß die Trunkenheit nicht besonders erwähnt wurde, ist gewiß zu billigen. Aber die sogenannte verminderte Zurechnungsfähigkeit hätte nicht gänzlich übergangen werden sollen. Der Hinweis auf Art. 53 (Erläuterungen, S. 229) genügt durchaus nicht. Denn gerade darum handelt es sich, diesen bestrittenen Begriff der subjektiven Meinungsverschiedenheit zu entrücken, ihm durch das Gesetz den Charakter eines mildernden Umstandes zu geben. Ich würde die Einschiebung des folgenden Zusatzes vorschlagen:

„Verminderte Zurechnungsfähigkeit gilt als Strafmilderungsgrund nach Maßgabe des Art. 53."

Bedenklich scheint es mir endlich, wenn dem Strafrichter die Befugnis eingeräumt wird, die Unterbringung des Geistesgestörten (auch bei Bewußtlosigkeit?) in einer Heilanstalt zu veranlassen. Hierzu wäre doch meines Erachtens ein förmliches Entmündigungsverfahren vor dem zuständigen Richter notwendig.

In den Bestimmungen der Art. 37 und 38 über Kinder und Unmündige fällt der Gebrauch des Ausdruckes „Unterscheidungsvermögen" auf. Die Note des Uebersetzers (S. 135) gibt zwar eine Rechtfertigung; dennoch wäre es wünschenswert, daß bei der Behandlung dieses Sonderfalles kein Ausdruck gebraucht werde, der nicht in der allgemeinen Regel des Art. 36 technischen Inhalt erhalten hat. Bedauerlich ist es weiter, daß der von den Motiven (S. 135) ausgesprochene Satz: „Daher muß für Personen jugendlichen Alters die normale Strafe deren Unterbringung in einer Besserungsanstalt sein" — in so weitgehender Weise durchbrochen wurde. Doch bin ich der letzte, der es verkennen wollte, daß nur das Mögliche verlangt und erreicht werden kann.

Schwere Bedenken erheben sich gegen Art. 39, der allerdings auf manche ebenso mißlungene Vorbilder in den modernen Gesetzbüchern sich berufen kann [1]). Der Artikel soll wesentlich verschiedene Fälle umfassen; insbesondere physischen Zwang und Irrtum. Der „physische Zwang" wird allerdings richtig von der Nötigung unterschieden; dennoch ist seine Bedeutung nicht richtig erfaßt. Sie liegt darin, daß sie den Begriff der Handlung überhaupt ausschließt (während bei Nötigung zwar Handlung, aber keine rechtswidrige Handlung vorliegt). Ohne Handlung aber kein Verbrechen. Dieser Satz bedarf keiner ausdrücklichen Sanktion im Gesetze. Soll er aber besonders hervorgehoben werden, so kann er auch einen besonderen Artikel für sich in Anspruch nehmen. Jedenfalls empfiehlt sich die Zusammenwerfung mit dem Irrtume nicht. Denn dieser schließt nicht die Handlung, wohl aber die Schuld aus; und zwar den Vorsatz unbedingt, die Fahrlässigkeit als unverschuldeter Irrtum. Diese Bedeutung des Irrtums ergibt sich mit Notwendigkeit aus dem Begriffe der beiden Schuldarten, bedarf daher keiner ausdrücklichen Anerkennung im Gesetze. Soll diese dennoch ausgesprochen werden, so hätte dies im Anschlusse an Art. 43 zu geschehen. Neben Irrtum und Zwang noch den Zufall zu erwähnen, wie die Motive (S. 142) dies tun, ist überflüssig; denn Zufall ist jede nicht schuldhafte Herbeiführung eines Erfolges. Durch den Begriff der Schuld (Art. 43) ist mithin der des Zufalles mit Notwendigkeit gegeben.

Auch die Bestimmung des Art. 40 scheint mir durchaus entbehrlich. Sie ist aber auch bedenklich, und zwar deshalb, weil sie einzelne Fälle hervorhebt, durch welche, wie ich mich ausdrücke, die „Rechtswidrigkeit" der Handlung ausgeschlossen wird, während andere gleichwertige Fälle (Vornahme einer Amputation durch den Arzt, Züchtigung von Kindern u. s. w.) im Gesetze nicht erwähnt werden. Es wäre

---

1) Das niederländische Strafgesetzbuch hat jede derartige Bestimmung glücklich vermieden.

nicht unmöglich, daß in der Praxis Art. 40 mißverständlich als argumentum a contrario für derartige Fälle verwertet würde.

Der Fassung des Art. 41 würde ich die Notwehrdefinition des deutschen Strafgesetzbuches vorziehen. Daß der Angriff ein gegenwärtiger sein, daß die Verteidigung das nach den Umständen erforderliche Maß einhalten muß, ist meines Erachtens ausdrücklich im Gesetze auszusprechen. Durch die Hervorhebung der „persönlichen oder Vermögensgüter" wird weiter der Anschein geweckt, als sollten die Rechtsgüter, zu deren Schutze Notwehr zulässig ist, durch das Gesetz beschränkt werden. Die Einteilung der Rechtsgüter wird auch durch diese beiden Gruppen, wenn sie streng juristisch gefaßt werden, nicht erschöpft; so gehören nach einer nicht bloß von mir vertretenen Ansicht die Urheberrechte (Individualrechte) in eine besondere zwischen den höchstpersönlichen Rechtsgütern und den Vermögensrechten stehende Gruppe. Jedenfalls würde der Gedanke des Gesetzgebers am klarsten und bestimmtesten durch einfache Weglassung der von mir beanstandeten Worte ausgedrückt. Der Artikel hätte demnach zu lauten:

„Nicht als verbrecherisch gilt die Handlung, welche in Notwehr begangen worden. Notwehr ist diejenige Verteidigung, welche erforderlich ist, um einen gegenwärtigen rechtswidrigen Angriff von sich oder einem anderen abzuwenden."

Für durchaus gelungen halte ich die Behandlung des Notstandes in Art. 42. Ich möchte diesen Artikel als geradezu mustergültig bezeichnen. Beifall verdient zunächst die Zusammenfassung der beiden, noch im deutschen Strafgesetzbuch getrennten Fälle: des Notstandes im engeren Sinne und der Nötigung. Beifall verdient weiter die Ausdehnung auf Notstandshülfe, und die Nichtaufnahme der Forderung, daß der Notstand ein „unverschuldeter" sein müsse; vor allem aber die Ausdehnung auf Handlungen zur Rettung von Freiheit, Geschlechtsehre und anderen Rechtsgütern, sowie die Unterscheidung der beiden Arten des Notstandes in Absatz 1 und 2 des Artikels. Kürzer könnte der zweite Absatz vielleicht lauten:

„Unter denselben Bedingungen gilt nicht als verbrecherisch auch die Handlung, welche zur Rettung anderer Rechtsgüter begangen worden, u. s. w.“

IV. Die Arten der Schuld.

Eine kühne, hochinteressante und im wesentlichen durchaus gelungene Neuerung gegenüber der großen Mehrzahl der modernen Strafgesetzbücher enthält Art. 43 des Entwurfes mit seinem Versuche, den Begriff des Vorsatzes und der Fahrlässigkeit im Gesetze selbst festzustellen. Die Erfahrung hat die Zweckmäßigkeit, ja die Notwendigkeit einer solchen gesetzlichen Feststellung erwiesen. Wissenschaft und Rechtsprechung können und sollen die im Gesetze enthaltenen, wenn auch nicht ausgesprochenen Begriffe aus dem Gesetze entwickeln; sie können aber Begriffe nicht selbständig auffinden, wenn ihnen die Elemente zu der von ihnen zu machenden Abstraktion nicht im Gesetze gegeben sind. Ueberall dort, wo die Gesetzgebung die Definition der beiden Schuldarten der Literatur und Praxis überwiesen hat, bildet denn auch diese Begriffsbestimmung ein unerschöpfliches Feld juristischer Streitfragen. Ich begrüße darum den Art. 43 des Entwurfes mit um so größerer Freude, je sicherer ich überzeugt bin, daß derselbe vielfachen prinzipiellen Bedenken gerade bei meinen deutschen und außerdeutschen Kollegen begegnen wird.

1) Der Begriff des Vorsatzes. Es ist durchaus richtig, wenn die Erläuterungen S. 154 innerhalb der vorsätzlichen „Willensrichtung“ [1]) zwei Fälle unterscheiden: das Handeln um des Erfolges willen und das Zulassen des Erfolges. Auch im letzteren Falle liegt Vorsatz vor. Aber es war nicht nötig, die beiden Fälle im Gesetze besonders hervorzuheben. Wenn ein einheitlicher Vorsatzbegriff aufgestellt werden kann, dann verdient er den Vorzug vor den Artbegriffen. Dieser einheitliche Begriff aber ist, wie

1) Genauer betrachtet, ist die „Willensrichtung“ selbst nie vorsätzlich, sondern vom Vorsatze (= Vorstellung) begleitet. Wille bedeutet Willkür im psychophysischen Sinne.

ich in meinem kleinen Lehrbuch des Reichsstrafrechtes [1]) mich ausdrücke, das Bewußtsein der Kausalität der Handlung, das Wissen um die Folgen der Handlung, das Vorhersehen derselben. In diesem Begriffe ist der direkte wie der indirekte Vorsatz ohne Rest enthalten. Ich würde also vorschlagen zu sagen:

„Die verbrecherische Handlung gilt als vorsätzlich begangen, wenn der Schuldige bei Verübung derselben den Eintritt des daraus entstandenen Erfolges voraussah.“

Die Aenderung ist keine sachliche. Sie empfiehlt sich aber auch dadurch, daß der Parallelismus zwischen Vorsatz und Fahrlässigkeit gewahrt bleibt.

2) Der Begriff der Fahrlässigkeit. Auch hier unterscheiden die Erläuterungen (S. 156) zwei Fälle. Ich kann aber die Richtigkeit dieser Unterscheidung nicht zugeben. Wenn „der Angeklagte zwar voraussah, daß aus seiner Handlung ein Schaden ... entspringen kann, jedoch im Vertrauen auf seine Geschicklichkeit, Kraft . . sich zur Begehung der Handlung entschloß“ — so hat er den Eintritt des Erfolges eben nicht vorausgesehen. Voraussehen bedeutet doch die Vorstellung, daß der Erfolg eintreten werde; der Schuldige aber hatte in unserem Falle die gerade entgegengesetzte Vorstellung. Ich kann hier ganz darüber hinweggehen, in welcher Weise die — in der deutschen Literatur sehr bestrittenen — Unterarten der Fahrlässigkeit festzustellen sind [2]); im Gesetze genügt es, ja empfiehlt es sich, statt der Artbegriffe den Gattungsbegriff zu definieren. Die Fahrlässigkeit charakterisiert sich als schuldhaftes Nichtvorhersehen des Erfolges; und die Schuld liegt in der Nichtanwendung der durch die Umstände gebotenen Vorsicht. Demnach hätte der Absatz zu lauten:

„Die verbrecherische Handlung gilt als fahrlässig begangen, wenn der Schuldige bei Verübung derselben den Eintritt des daraus entstandenen Erfolges

---

1) Berlin und Leipzig 1881.

2) Ich unterscheide: 1) Der Täter hatte die (irrige) Vorstellung, daß der Erfolg nicht eintreten werde; 2) der Täter hatte gar keine Vorstellung von der Kausalität seines Tuns, er hat blind darauf losgehandelt. Die zweite Schuldform ist die schwerere.

nicht voraussah, obwohl er denselben bei Anwendung der durch die Umstände gebotenen Vorsicht hätte voraussehen können."

Die Tragweite der beiden letzten Abschnitte des Art. 43 läßt sich noch nicht übersehen. Hoffentlich sind die Fälle recht zahlreich, in welchen Verbrechen und Vergehen auch als fahrlässig begangene unter (mildere) Strafe gestellt sind. Wenn der Vorsatzbegriff so weit gefaßt wird, wie dies im Entwurf mit gutem Rechte geschehen, dann grenzen die Gebiete der beiden Schuldarten so hart aneinander, daß die regelmäßig für die Straflosigkeit der Fahrlässigkeit angeführten Gründe ihre zwingende Kraft fast gänzlich einbüßen.

So verlockend es wäre, den interessanten Ausführungen der Motive zu § 43 eingehend zu folgen, so muß doch an dieser Stelle darauf verzichtet werden. Meine Bemerkungen gelten nur dem Gesetze. So muß der glücklicherweise in den Entwurf nicht aufgenommene Satz, daß zum Vorsatze das „Bewußtsein des Verbotenseins der Handlung" gehöre (S. 153), ohne Erwiderung bleiben; so kann der Nachweis nicht geliefert werden, daß die allerdings der herrschenden Ansicht entsprechende Unterscheidung zwischen aberratio ictus und error in persona (S. 157) mit einer konsequenten Auffassung und Durchführung des Vorsatzbegriffes, gerade wie der Entwurf ihn aufstellt, durchaus unvereinbar ist. Und anderes mehr. Nicht die Erläuterungen, sondern die herrschende Wissenschaft soll mein Vorwurf treffen, daß wir uns nirgends weniger von veralteten Schulbegriffen frei gemacht haben, als gerade in der Vorsatzlehre. An der Hand eines guten Gesetzbuches wird eine gesunde Praxis mit diesen Ueberbleibseln eines scholastischen Dogmatismus hoffentlich bald und gründlich aufräumen.

V. Versuch und Vorbereitung.

Die Bestimmung des Versuchsbegriffes bleibt nach wie vor ein ungelöstes Problem. Sicher ist es, daß die französische Zauberformel „commencement de l'exécution" die in sie gesetzten Erwartungen nicht befriedigt, daß sie nicht eine einzige der Schwierigkeiten beseitigt hat, welche aus dem Wesen des Versuches sich von jeher ergeben haben. Aber ebenso sicher ist es auch, daß eine bessere Formel bisher nicht gefunden wurde. So muß denn die Kritik, die doch nur eine negative sein könnte, vor der Uebereinstimmung der modernen Gesetzbücher verstummen. Aber andere Bedenken drängen sich auf.

1) Der Entwurf bestimmt, im Anschlusse an die Gesetzgebung von Frankreich, Deutschland, Ungarn, daß der Versuch eines Vergehens nur in den gesetzlich besonders bezeichneten Fällen strafbar sein solle. Die Tragweite dieses Satzes läßt sich nicht übersehen, solange die Fälle nicht bekannt sind, in welchen er Anwendung findet. Hoffentlich entfernt sich der besondere Teil des Entwurfes nicht allzuweit von den gesunden Anschauungen des geltenden russischen Rechtes. Die regelmäßige Straflosigkeit des Vergehensversuches läßt sich der Schwere der hierher gehörenden verbrecherischen Handlungen gegenüber durchaus nicht rechtfertigen. Es sei mir gestattet, bei dieser Gelegenheit auf die in Art. 4 des Entwurfes angenommene Dreiteilung der strafbaren Handlungen in Verbrechen, Vergehen und Uebertretungen zurückzukommen. Ich vermag der vielerörterten Frage nach der Berechtigung und dem Werte dieser Dreiteilung nur untergeordnete Bedeutung beizumessen. Aber andererseits kann ich es doch nicht unterlassen, ausdrücklich zu betonen, daß die „praktischen" Gründe, welche von den Erläuterungen zu Gunsten derselben angeführt werden, mich in keiner Weise überzeugt haben. Die Aufstellung einer besonderen Mittelgruppe: „Vergehen" ist nur dann berechtigt, wenn diese Gruppe auch eine selbständige Stellung einnimmt, wenn die Vergehen in Bezug auf die allgemeinen Vorschriften des Gesetzbuches sowohl von den Verbrechen als auch von den Uebertretungen gesondert werden. Soweit ich die Sachlage übersehen kann, ist dies eben nur in Art. 44 der Fall und gerade hier erheben sich begründete Zweifel gegen die Richtigkeit dieser Sonderstellung. Ueberall sonst (Erweiterung des Territorialprinzipes, Teilnahme u. s. w.) werden Vergehen und Verbrechen gemeinsam den Uebertretungen entgegengestellt; die natur-

gemäße und historisch allein begründete Unterscheidung von schweren und leichten Fällen bricht sich, ich möchte sagen gegen den Willen des Gesetzgebers, durch die ihr zukommende innere Kraft die Bahn, welche unberechtigte legislatorische Traditionen ihr versperren.

2) Mit Bedauern vermisse ich die praktisch durchaus berechtigte und juristisch in jeder Beziehung haltbare Unterscheidung zwischen beendigtem und nicht beendigtem Versuch. Der Versuch ist beendigt, wenn die auf den Erfolg gerichtete Handlung vollzogen ist ohne Eintritt des Erfolges. Er umfaßt 3 Fälle: 1) Der Eintritt des Erfolges ist sicher (gelungenes Verbrechen im Unterschiede vom vollendeten); 2) Der Nichteintritt ist sicher (mißlungenes oder fehlgeschlagenes Verbrechen); 3) Der Eintritt ist zweifelhaft. Die beiden letzteren Fälle sind praktisch von Bedeutung. Ihre mildere Behandlung hat meines Erachtens keinen Grund. Es muß doch einen Unterschied machen, ob die vom Täter gewollte Handlung seinem Vorsatze gemäß ihr Ende erreichte, oder ob sie entgegen der Vorstellung des Täters in ihrem Laufe unterbrochen wurde. Daß der Begriff aus Deutschland stamme (Motive, S. 168) ist nicht richtig. Schon die mittelalterlich italienische Jurisprudenz hat ihn gekannt. Daß er in Deutschland aufgegeben sei, ist ebenfalls unrichtig. Das deutsche Strafgesetzbuch hat ihn in § 46 Abs. 2 verwertet; in der Literatur ist er von Berner (Gerichtssaal 1865, Gutachten an den Juristentag von 1876) und von mir vertreten worden. Die Frage dürfte eingehendere Erwägung gerade wegen der vom Entwurfe bestimmten Strafmilderung bei Versuch verdienen.

3) Der straffreimachende Charakter des sogenannten Rücktrittes vom Versuche wird allgemein anerkannt, wenn auch über den letzten Grund derselben die Meinungen noch so sehr auseinandergehen. In sprachlicher Beziehung sei erinnert: „Den Versuch aufgeben" darf ein Gesetz nicht sagen, welches den Versuch als Anfang der Ausführung definiert; nicht dieser Anfang, sondern die Ausführung wird aufgegeben. Auch sollte wohl im Gesetze selbst ersichtlich gemacht werden, daß es sich um einen Straf-

aufhebungsgrund, d. h. um die nachträgliche Vernichtung eines bereits entstandenen Strafanspruches handelt. Diese Auffassung wird wichtig in Bezug auf die Behandlung der Teilnehmer [1]).

4) Besonderen Beifall verdient es, daß die Frage nach der Strafbarkeit des sogenannten untauglichen Versuches im Gesetze selbst entschieden wird. Ich habe wiederholt die Ansicht vertreten — freilich im Gegensatze zur communis opinio —, daß, wenn dies nicht geschieht, eine Lücke im Gesetz vorhanden ist, zu deren definitiven Ausfüllung der modernen Rechtspflege die Organe mangeln. Gegen die Fassung der gesetzlichen Regel aber möchte ich einige Bedenken geltend machen. Zunächst ist die Unterscheidung von untauglichem Objekt und untauglichen Mitteln bei genauerer Betrachtung nicht haltbar. Ich kann hier nicht näher darauf eingehen. Aber die Frage sei aufgeworfen: Was ist Objekt eines Verbrechens? Drei Antworten sind möglich. 1) Im streng juristischen Sinne immer nur das angegriffene Rechtsgut, also die Abstraktion, das Leben (nicht der lebende Schulze oder Müller), das Eigentum u. s. w. 2) Der Träger des Rechtsgutes, also durchaus nicht immer ein Einzelindividuum (sondern auch der Staat, die Gesellschaft, eine Korporation u. s. w.); 3) Die Sache, in welcher sich das Rechtsgut verkörpert, also meine goldene Uhr, die öffentliche Urkunde, das preußische Geldstück u. s. w. Es ist klar, daß der „Gegenstand" des Verbrechens ein durchaus anderer ist bei den verschiedenen Gruppen von strafbaren Handlungen. Ein so vieldeutiger Begriff aber eignet sich nicht zu legislatorischer Verwendung.

Weiter aber sollte doch mindestens Gleichstellung beider Fälle erwartet werden; der Versuch am untauglichen Objekte sollte unter denselben Bedingungen straflos bleiben wie der Versuch mit untauglichen Mitteln; „grobe Unwissenheit oder roher Aberglauben" müßten auch dort den Ausschlag geben. — Aber Unwissenheit und Aberglauben

1) Nebenbei bemerkt: der Satz auf S. 187, Zeile 5 von unten ist in dieser Allgemeinheit unrichtig. Auch die Verjährung ist Strafaufhebungsgrund, kann daher nur demjenigen zu Gute kommen, in dessen Person sie zutrifft. Dasselbe gilt von der Begnadigung. Richtig unterscheiden die Motive selbst auf S. 254.

selbst würden besser durch eine allgemeine Formel ersetzt. Ueber diese Formel ließe sich allerdings streiten. Das was man ausscheiden will, das sind die extremen Fälle. In dieser Beziehung weiche ich ebenfalls ab von dem Standpunkte, welchen das deutsche Reichsgericht eingenommen hat [1]). Diese Fälle ließen sich vielleicht zusammenfassen unter den Ausdruck „untauglicher" oder „ungefährlicher" Versuch. Der Ausdruck ist um nichts unbestimmter und relativer als der Begriff „unbedeutend", welchen der Entwurf in den Artikeln 42 und 47 mit gutem Glücke verwertet hat. Ich schlage vor zu sagen:

„Straflos bleibt der Versuch, wenn die unternommene Handlung (wegen grober Unwissenheit oder rohen Aberglaubens des Täters) zur Herbeiführung des vorgesetzten Erfolges untauglich war; straffrei wird der Versuch, wenn der Schuldige die Ausführung freiwillig aufgegeben hat. Ist aber u. s. w."

Gegen Artikel 46 hätte ich nichts zu erinnern.

VI. Teilnahme.

In den Bestimmungen des Entwurfes über Teilnahme fällt zunächst das Erfordernis der vorangegangenen gegenseitigen Uebereinkunft auf. Ich glaube nicht, daß dieses Merkmal überhaupt glücklich gewählt ist; sicherlich paßt es nicht auf die sämtlichen zur Teilnahme gerechneten Fälle. — Es hält schwer, in dem bewußten Zusammenwirken mehrerer Mittäter (Ziff. 1 des Art. 47) in allen Fällen eine wenn auch nur stillschweigend getroffene Uebereinkunft zu erblicken; denn wenn auch die Uebereinkunft das Bewußtsein des Zusammenwirkens in sich schließt, so ist doch das Umgekehrte nicht notwendig der Fall. Aber wenn auch dieses Bedenken durch die Spannung des Begriffes der Uebereinkunft, wie sie in den Erläuterungen versucht wird, sich beseitigen läßt, so geht es doch nicht an, in der Anstiftung

---

1) Die Erläuterungen (S. 173, 175) fassen die Stellung der deutschen Wissenschaft zu den Entscheidungen des Reichsgerichtes nicht richtig auf. Köstlin, v. Schwarze, v. Buri, Herz, Lammasch, vor allen aber Hälschner teilen die Ansicht des letzteren.

begrifflich und in allen Fällen eine Uebereinkunft anzunehmen. Der Anstifter hat den bösen Vorsatz wachzurufen sich bemüht; aber erst nach langen inneren Kämpfen des Verleiteten, von welchen der Anstifter gar nichts zu wissen braucht, trägt die schlimme Saat die erwarteten Früchte: wo liegt hier ein Uebereinkommen beider Teile vor? ein „Uebereinkommen", das doch den gegenseitigen Austausch der Ansichten und Absichten voraussetzt? Nach meiner Meinung wäre dieses Merkmal im ersten Absatze entweder ganz zu streichen oder durch das Wort „vorsätzlich" zu ersetzen.

Im übrigen zeichnen sich die Bestimmungen des Entwurfes durch Einfachheit und Klarheit aus. In der Definition des Gehülfen (Ziff. 3) könnte die Aufzählung der Mittel ebenso gespart werden, wie dies in der Definition des Anstifters geschehen ist. Bedenklich ist die Fassung in Ziff. 2: „zur Teilnahme an dieser Handlung angestiftet haben"; es kann fraglich werden, ob diese Vorschrift auch auf den Fall der Anstiftung zur Alleintäterschaft paßt. Alle Zweifel würden vermieden, wenn es hieße: „zur Ausführung dieser Handlung u. s. w.".

Besonderen Beifall verdient die Regelung des Strafmaßes für die verschiedenen Teilnehmer; die Gleichstellung des sogenannten Hauptgehülfen mit Täter und Anstifter entspricht, wie die Erläuterungen gut hervorheben, durchaus dem subjektiven wie objektiven Anteile desselben an dem Verbrechen. Der „Formalismus" des deutschen Strafgesetzbuches ist glücklich vermieden; mögen mit ihm auch die praktischen Schwierigkeiten schwinden oder doch sich mindern.

Der drittletzte Absatz des Art. 47 ist dem § 50 des deutschen Strafgesetzbuches nachgebildet[1]; aber nach den Erläuterungen (S. 195) scheint er doch eine wesentlich andere Bedeutung haben zu sollen. In der deutschen Wissenschaft und Praxis folgert man mit ziemlicher Einstimmigkeit aus den Worten „erhöht oder vermindert" („verschärfen oder mildern" im Entwurfe), daß solche beim Täter vorliegende

1) Was die persönlichen „Bedingungen" neben den „Verhältnissen" bedeuten sollen, vermag ich nicht einzusehen. Die Motive sprechen nur von den letzteren. Der Ausdruck „Verhältnisse" ist umfassend genug. Allenfalls könnte statt von „Bedingungen" von „Eigenschaften" gesprochen werden.

persönliche Verhältnisse, welche die Strafbarkeit der Tat erst begründen oder bedingen, allerdings auf die Strafbarkeit der Teilnehmer Einfluß haben. So wird der Nichtbeamte, der an einem reinen Amtsdelikte teilgenommen hat, nach den für den Beamten geltenden Bestimmungen beurteilt und bestraft. Die Erläuterungen vertreten die entgegengesetzte Ansicht. Es kann dahingestellt bleiben, welche der beiden Auffassungen die richtigere ist; auch kann ich nur nebenbei bemerken, daß der Grund der Meinungsverschiedenheit in der prinzipiell verschiedenen Konstruktion der Teilnahme gelegen sein dürfte. Aber es scheint mir doch wünschenswert, daß auch diese Frage ihre gesetzliche Regelung erhalte.

Ueber die Angemessenheit der im vorletzten Absatze enthaltenen Bestimmung sind verschiedene Ansichten möglich. Mir schiene es angezeigter, die Straffreiheit der Teilnehmer von der tatsächlichen Verhinderung der Ausführung abhängig zu machen. Wer die Geister, die er gerufen, nicht wieder zu bannen vermag, der muß für den Erfolg verantwortlich gemacht werden. Auch wird in den meisten Fällen durch rechtzeitige Anzeige, sei es bei der Obrigkeit, sei es bei dem Bedrohten, die Abwendung herbeigeführt werden können.

Daß die Begünstigung ihren Platz nicht im allgemeinen Teile des Strafgesetzbuches gefunden hat, verdient entschiedene Billigung, wenn auch die entgegenstehende Ansicht gerade in der deutschen Wissenschaft zahlreiche und hervorragende Vertreter gefunden hat.

Art. 49 gibt zu keinen Bemerkungen Anlaß. Auch hier kann das Urteil erst aus dem besonderen Teile seine Begründung erhalten.

VII. Strafumwandlung und Strafmilderung.

Die Vorschriften des VI. Abschnittes werden durch die Erläuterungen zu demselben hinlänglich gerechtfertigt. Dies gilt auch von dem unsere westeuropäischen Ansichten zunächst eigentümlich berührenden Art. 52. Sehr nachahmenswert sind die Art. 50 und 51. Bedenklich ist mir dagegen die auf S. 212 der Motive sich findende Erklärung, daß nach Absicht der Redaktionskommission der besondere Teil des Entwurfes dem richterlichen Ermessen bei Bestimmung der Strafe einen „sehr bedeutenden" Spielraum einräumen werde. In Deutschland hat das System der weitgespannten Strafrahmen, für welches die Mehrzahl der Theoretiker eingetreten war, sich in der Praxis entschieden nicht bewährt. Die richterlich zuerkannten Strafen bewegen sich durchschnittlich um das Minimum herum; die vergeltende Gerechtigkeit hat ihre Energie verloren. In allen Kreisen herrscht heute die — von gewisser Seite als rückläufig bezeichnete — Strömung vor, dieses System zu verlassen und das richterliche Ermessen zu beschränken. Es mag sein, daß der russische Richter die Aufgabe lösen wird, welcher der deutsche Richter nicht gewachsen war. Aber wer durch Erfahrung klug geworden, bringt es nur schwer übers Herz, den Warnungsruf vor der Sirenenstimme theoretischer Spekulationen zu unterdrücken.

VIII. Zusammentreffen. Gewerbs- und gewohnheitsmäßige Begehung. Rückfall.

Als einen wesentlichen Vorzug des Entwurfes vor der Mehrzahl der neueren westeuropäischen Gesetzbücher betrachte ich die Nichtberücksichtigung der sogenannten idealen Konkurrenz. Im Gegensatze zu der gesamten deutschen Literatur habe ich bereits in meinem „Reichsstrafrechte" die Ueberzeugung ausgesprochen, daß das, was man Idealkonkurrenz zu nennen pflegt, eben kein Fall des Zusammentreffens strafbarer Handlungen, sondern etwas toto genere davon Verschiedenes ist. Nicht um mehrere Verbrechen handelt es sich, sondern um mehrere Paragraphen des Gesetzbuches, welche auf den ersten Blick in gleicher Weise auf den vorliegenden Fall zu passen scheinen. Nicht von Verbrechenkonkurrenz, sondern von Gesetzeskonkurrenz kann also die Rede sein. Eine derartige Konkurrenz aber erledigt sich durch die einfache und selbstverständliche Regel: Jenes Gesetz findet Anwendung, welches den Fall nach allen Richtungen hin am erschöpfendsten berücksichtigt; also die lex specialis vor der lex generalis; und wenn eine Sonderbestimmung nicht vorhanden ist, jenes Gesetz, dessen Strafrahmen, weil das höhere Maximum aufstellend, dem Richter die vollständige Berücksichtigung der vorhandenen mehrfachen Gesetzesverletzung gestattet. Alle die unerquicklichen Streitfragen über gleichartige und ungleichartige Idealkonkurrenz, in Bezug auf welche die deutsche Literatur zu den ungeheuerlichsten Lösungsversuchen gelangt ist, schwinden, sobald dieser Grundgedanke festgehalten wird.

Auch die Behandlung der eigentlichen Konkurrenz in dem Entwurfe verdient Billigung. Freilich scheinen mir die gegen das Kumulationsprinzip vorgebrachten „theoretischen" Bedenken (Erläuterungen S. 225) durchaus nicht stichhaltig. Aber einerseits ist die ganze Frage rein theoretisch überhaupt nicht zu lösen, da sie, historisch wie dogmatisch, durch eminent praktische Bedürfnisse hervorgerufen wurde. Hat man doch vielfach in der modernen Literatur von der Konkurrenz der Strafen, statt von dem Zusammentreffen der Verbrechen gesprochen! Und andererseits begegnet der Entwurf den Bedenken, welche die streng folgerichtige Anwendung des reinen Absorptionsprinzips zu erregen geeignet wäre, nicht bloß durch den 3. Absatz des Art. 55, sondern auch durch die Aufstellung des Begriffes der qualifizierten Konkurrenz (Art. 56). Somit kann Art. 55 im wesentlichen als gelungen betrachtet werden.

Dies gilt auch von Art. 57. Nur wäre wohl das „oder" in der zweiten Zeile des 1. Absatzes durch „und" zu ersetzen. In der jetzigen Fassung schließt der Artikel auch den Fall des Art. 58 ein, der doch nach Absicht der Redaktoren von jenem scharf unterschieden werden soll.

Für weniger gelungen halte ich die Art. 56 und 58 des Entwurfes. Es handelt sich hier um eine der wichtigsten unter den modernen sozialpolitischen Fragen; um die Unterscheidung der Gewohnheitsverbrecher von den Gelegenheitsverbrechern und um den energischen Kampf der durch den Staat vertretenen Gesellschaft gegen die ersteren. Freilich auch zugleich um eine Frage, über deren Lösung die Ansichten — zumeist beherrscht von dem Einflusse unfruchtbarer theoretischer Begriffe, traditioneller humanisierender und liberalisierender Grundsätze — weit auseinandergehen. Die Frage ist darum eingehendster Würdigung wert. Ihre Beantwortung bestimmt den realpolitischen Wert der betreffenden Gesetzgebung.

Zunächst scheint es mir sicher zu sein, daß die Geschworenen gänzlich ungeeignet sind, über das Vorliegen der Gewohnheits- oder Gewerbsmäßigkeit abzuurteilen. Diese Feststellung erfordert genaueste fachmännische Ausbildung, Kenntnis der Psychologie und Anthropologie des Verbrechertums, reiche praktische Erfahrung. Aber ich lege diesem Bedenken kein großes Gewicht bei. Jede Gesetzgebung, welche dem Götzenbilde des modernen Liberalismus, dem Schwurgerichte, huldigt, erklärt ja damit das Prinzip der Unwissenheit zum herrschenden, soweit Leib und Leben der Staatsbürger in Frage stehen. Juristische Argumentierung muß hier die Segel streichen.

Unrichtig aber ist es, die gewohnheits- oder gewerbsmäßige Begehung überhaupt als einen und zwar qualifizierten Fall der Realkonkurrenz hinzustellen. Ein Verbrechen kann gewerbs-, kann auch gewohnheitsmäßig begangen sein. Bei der Gewerbsmäßigkeit dürfte dies wohl von vorneherein klar sein, da hier anerkanntermaßen die Absicht weiterer Begehungen genügt. Oder hat der Bordellbesitzer darum nicht gewerbsmäßig die Unzucht befördert, weil er bisher nur einen Gast in seinen Annalen verzeichnen konnte? Aber auch bezüglich der Gewohnheitsmäßigkeit muß es bei näherer Betrachtung klar werden, daß es sich nicht um den schlüpfrigen, mehr und mehr aus der modernen Literatur verschwindenden Begriff eines „Kollektivdeliktes" handeln kann. Wir sind im stande, den Gewohnheitsdieb aus der ganzen Art der Begehung, den Gewohnheitspäderasten aus seiner Körperbeschaffenheit u. s. w. mit wissenschaftlicher, fast mit mathematischer, Genauigkeit zu erkennen, auch wenn uns eben nur eine einzige Handlung vorliegt. Um Konkurrenz handelt es sich also nicht; darf es sich nicht handeln. Sondern um die schon oben erwähnte Gruppeneinteilung der Verbrecher, um jene fundamentale Einteilung, deren Anerkennung die Regeneration der ganzen Strafrechtspflege bedeutet. Die systematische Stellung der hierher gehörigen Bestimmungen ist also nicht der Abschnitt über das Zusammentreffen.

Weiter: Der Entwurf hat Gewerbs- und Gewohnheitsmäßigkeit nebeneinander gestellt, aber weder die eine noch die andere definiert. Beides ist bezeichnend. Jeder Versuch einer Begriffsbestimmung hätte gezeigt, daß beide Begriffe heute noch nicht wissenschaftlich klargestellt sind, daher auch gesetzgeberisch nicht verwertet werden können. Er hätte aber auch gezeigt, daß wir unter beiden Begriffen uns wesentlich dasselbe denken. Wir meinen die grundsätzlichen Gegner der Rechtsordnung; die Verbrecher, denen das Verbrechen (im weiteren Sinne) nicht Episode in ihrem Lebenslaufe, sondern zur Lebensaufgabe, zum Berufe geworden ist; welche in diesem Berufe Lehrlings- und Meisterjahre durchmachen, durch Arbeitsteilung zu technischer Virtuosität gelangen; jene ganze Klasse oder Schichte der Gesellschaft, die wir als rechtliche Halbwelt bezeichnen können; welche ihren Adel, ihren Familienstolz, ihre internationalen Verbindungen, ihre Sprache, ihre Schrift, ihre Erkennungszeichen besitzt; welche ein Leben für sich und gegen alle anderen führt; welche, dutzendmal bestraft, ebenso oft wieder die alten, seit Generationen verfolgten Bahnen einschlägt: mit Einem Worte, das professionelle Gaunertum, dessen Gestalt proteusartig sich wandelt, dessen Wesen immer dasselbe bleibt.

Dieser Begriff kann sozialethisch festgestellt werden. Er ist es aber heute noch nicht. Und darum weg mit ihm aus der Gesetzgebung, wo er nur Verwirrung stiftet. Seine Stelle mag inzwischen der wiederholte Rückfall vertreten, wenn auch diese Vertretung kein vollkommener Ersatz sein kann.

Resultat: Streichung des Art. 56. Dieses Resultat macht aber selbständige Strafdrohungen in Art. 58 notwendig. Und hier möchte ich abermals zu bedenken geben, daß die Strafe gegen den Gewohnheitsverbrecher ernste, schwere, langdauernde Sicherungsstrafe sein muß. Die Strafbestimmungen in Art. 56 entsprechen dieser Anforderung nur sehr teilweise. Da die Unmündigen ohnehin durch

Art. 38 der Strafschärfung der Art. 56 und 58 entzogen sind, steht meines Erachtens der Androhung von Kàtorga auf unbeschränkte Zeit bei drittem Rückfalle nichts im Wege. Ich gehe dabei von der Annahme aus, daß die unerläßliche Voraussetzung der Gleichartigkeit der im Rückfalle begangenen Delikte durch die Fassung des besonderen Teiles des Gesetzbuches garantiert wird.

IX. Strafausschließungsgründe.

Die Artikel 59—61 scheinen mir, soweit sie Abweichungen von dem herrschenden Systeme der westeuropäischen Gesetzbücher enthalten, durchaus den Vorzug vor diesen zu verdienen. Auch die Artikel 63 und 64 geben zu keinen Bemerkungen Anlaß.

Weniger befriedigend sind die Vorschriften der Artikel 61 und 62. Der Beurteilung derselben müssen die Bemerkungen der Motive auf S. 257 vorläufig zu Grunde gelegt werden. Diese Bemerkungen aber bestätigen die bei der ersten Lesung der Artikel sich aufdrängende Vermutung, daß auch der russische Entwurf, wie alle westlichen Gesetze mit Ausnahme der österreichischen Entwürfe von 1874 bis 1881, wesentlich verschiedene Fälle gleichmäßig und darum unrichtig behandelt. Die Fälle selbst sind in den Motiven unterschieden. Die erste sofort auszuscheidende Gruppe bilden die unter Ziffer 3 aufgeführten Fälle; sie verdienen, da es sich um internationale Beziehungen und Rücksichten handelt, eine durchaus gesonderte Behandlung. Ich möchte die Gruppe mit dem der deutschen Rechtssprache geläufigen Ausdrucke als „Ermächtigungsdelikte“ bezeichnen.

Die zweite Gruppe (Ziffer 2 der Motive) umfaßt jene Delikte, bei welchen dem unstreitig vorhandenen öffentlichen Interesse an der Verfolgung ein größeres Interesse des Verletzten an der Nichtverfolgung im Wege steht, da durch den strepitus fori die ihm geschlagene Wunde erweitert und vertieft würde. Man denke an die Verführung eines unbescholtenen Mädchens und ähnliche Fälle. Hier verzichtet der Staat, dem Interesse des Verletzten Rechnung tragend, auf die Geltendmachung eines an sich gegebenen Anspruches, wenn nicht der Verletzte durch Stellung des Antrages erklärt, daß jenes allgemein vorausgesetzte Interesse an der Nichtverfolgung bei ihm in diesem vorliegenden Falle nicht vorhanden sei. Das Antragsrecht des Verletzten hat daher wesentlich negative Bedeutung: Verhinderung der Verfolgung. Für die Privatklage ist hier kein Raum.

In die dritte Gruppe endlich gehören jene Fälle, in welchen eine Rechtsverletzung überhaupt nur unter der Voraussetzung vorliegt, daß der Betroffene die Handlung als Verletzung empfindet, und, daß er dies tut, durch Stellung des Antrages bekundet. Ob z. B. ein Kuß, ein Schimpfwort, ein Schlag, eine unzüchtige Berührung u. s. w. Beleidigung ist oder nicht, hängt ganz von dem gegenseitigen Verhältnisse der Beteiligten, von der Art der Reaktion des Betroffenen ab. Das Antragsrecht hat hier positive Bedeutung: Herbeiführung der Verfolgung. Der Antrag ist hier Bedingung der Strafbarkeit, während er dort (Gruppe 2) Prozeßvoraussetzung ist. Es kann aber durchaus nicht zugegeben werden, daß bei den hierher gehörenden Delikten „die Verletzung der öffentlichen Ordnung an sich als unwesentlich erscheint". Die Ehre, die körperliche Integrität und die anderen hier regelmäßig angeführten Rechtsgüter interessieren die öffentliche Rechtsordnung gar sehr; sie sind Bestandteile derselben und zwar wichtige, wertvolle, wesentliche Bestandteile. Ein verrohtes Volk wird auch zu anderen Rechtsverletzungen geneigt sein. Gleichgültigkeit des Staates gegen jene „geringfügigen" Delikte rächt sich bitter; sie drückt das ethische Gesamtniveau des Volkes. Die Erfahrungen, welche in der deutschen Kriminalstatistik zu Tage getreten sind, sprechen deutlich genug. Die Privatklage paßt nicht in unser modernes Rechtsleben. Ich habe diesen Gedanken bereits 1876 im XXIX. Bande des „Gerichtssaal" durchgeführt, und glaube mich einer weiteren Begründung desselben an dieser Stelle enthalten zu dürfen.

Aber selbst wenn mir auch diese Folgerung nicht zugegeben werden sollte, so dürfte doch die Notwendigkeit einer Unterscheidung der zweiten und dritten Gruppe einleuchten. Ob Bedingung der Strafbarkeit, ob Prozeßvoraussetzung — dieser wesentlich verschiedene Grundcharakter des Antrages (bezw. der Privatklage) muß von ausschlaggebender Bedeutung für die Entscheidung aller einschlagenden Fragen — Teilbarkeit, Rücknehmbarkeit u. s. w. sein. Ich glaube auch in diesem Punkte auf die Andeutungen in meinem „Reichsstrafrechte" verweisen zu dürfen. Die österreichischen Strafgesetzentwürfe von 1874 bis 1881 haben den Unterschied, um den es sich handelt, scharf erfaßt, und können in dieser Beziehung als Muster dienen. Bedauerlich bleibt auch in ihnen der weite Umfang, in welchem die Privatklage zur Anwendung gebracht wird.

Möge der russische Strafgesetzentwurf, welcher in so vielen Fragen bahnbrechend vorangegangen ist, auch in dieser nicht bloß juristisch wichtigen Frage uns von den letzten Resten mittelalterlicher Anschauungen gründlich befreien.

9. Rechtsgut und Handlungsbegriff im Bindingschen Handbuche.

Ein kritischer Beitrag zur juristischen Methodenlehre.

(1886, Zeitschrift VI, 663.)

I. Die juristische Methode.

1. Der Stand der Frage.

Wer es unternimmt, in dem immer lebhafter auf allen Gebieten entbrennenden Streite um die Methode der Rechtswissenschaft bei den Philosophen vom Fach Belehrung und Weisung zu suchen, wird bitter enttäuscht die mehrbändigen Lehrbücher der Logik wieder aus der Hand legen. Die Erkenntniskritiker lassen uns im Stich, wenn wir von ihnen Kritik unserer juristischen Erkenntnis verlangen. Wie dürftig und oberflächlich erscheinen, um Ein Beispiel statt vieler zu nennen, die 16 Seiten über „die Methoden der Rechtswissenschaft" in Wundts Methodenlehre (1883, II. Bd. der Logik) neben seinen tiefdurchdachten und erschöpfenden Ausführungen über „die Logik der Mathematik" oder „die Logik der Naturwissenschaften"! Es ist hier nicht der Ort, die Ursache dieser Erscheinung zu untersuchen. Mag sie darin liegen, daß die Vertreter der Logik die juristische Literatur (von einzelnen Schriften abgesehen) nur vom Hörensagen kennen und es für überflüssig erachten, ein System des Civilrechts oder ein Lehrbuch des Strafrechts im Zusammenhange durchzuarbeiten; oder mag sie darin zu suchen sein, daß unsere „Jurisprudenz" noch immer, zum Teil wenigstens, das ist, was der Name sagt, eine Fertigkeit, eine Kunst vielleicht, aber keine Wissenschaft des Rechts: die Tatsache ist gegeben und mit ihr die Notwendigkeit, daß wir Juristen uns auf die eigenen Füße stellen und, so gut es eben gehen mag, Klarheit über die Fragen zu gewinnen trachten, von deren Beantwortung die Lebensberechtigung unserer heutigen Rechtswissenschaft abhängt.

Diese Klarheit aber können wir nur gewinnen, wenn wir, an der Hand selbständiger Leistungen unserer Wissenschaft, uns zu besinnen bemühen, auf welchem Wege dieselben zu stande gekommen sind, in welchen Punkten und weshalb die Ergebnisse fremder Arbeit von den von uns selbst gefundenen abweichen. Wie der Künstler schafft, ohne daß er der Regeln seiner Kunst sich bewußt zu sein braucht, so kann auch der Vertreter der Wissenschaft arbeiten und forschen, ohne die Methode seiner Forschung in klare Worte kleiden zu können. Und wie die Kunstlehre aus den Werken der Kunst und nur aus ihnen geschöpft werden kann, so muß auch in den Leistungen der Wissenschaft die wissenschaftliche Methode erkannt werden können. Das gilt von allen Wissenschaften, es muß auch von den unserigen gelten.

Bindings strafrechtlichen Leistungen wird heutzutage von niemand mehr vollste Selbständigkeit und scharf ausgeprägte Eigenart abgesprochen werden. Diese Eigenart ist in jedem seiner späteren Werke immer deutlicher hervorgetreten, immer selbstbewußter die eigenen Gedankenkreise verfolgend und in immer schrofferer Einseitigkeit alle fremden Ansichten ablehnend. Gerade durch diese kraftvolle und rücksichtslose Individualität hat Binding befruchtend auf viele von uns gewirkt, ohne eigentliche Schüler zu bilden, hat er vielfachen und lebhaften Widerspruch geweckt und damit jeden einzelnen zur Selbstbesinnung herausgefordert. Wohlwollende Neutralität ist hier nicht am Platze. Auch dem „Handbuche" gegenüber muß Stellung genommen werden von jedem, dem es ernst ist mit seiner Wissenschaft. Nicht auf seine Einzelergebnisse hin, sondern nach seinem wissenschaftlichen Gesamtwerte muß es geprüft werden. Das ist aber nicht möglich ohne kritische Untersuchung der wissenschaftlichen Methode, nach welcher Binding gearbeitet hat. Im vorigen Hefte dieser Zeitschrift hat bereits Merkel mit einem Berichte über das „Handbuch" die Klarlegung und Begründung seiner abweichenden Grundanschauungen über die Methode unserer Wissenschaft verbunden. Indem auch ich im folgenden von meinem Standpunkte aus an diese Prüfung herantrete, möchte ich zunächst mir selbst es klar machen, aus welchen Gründen ich Bindings Methode für eine verfehlte halte, möchte ich aber insbesondere auch andere veranlassen, in dem Streite um die Grundfragen unserer Wissenschaft das Wort zu ergreifen.

Einige einleitende Bemerkungen über meine eigene Auffassung werden sich dabei nicht vermeiden lassen, während eine erschöpfende Darstellung derselben anderer Gelegenheit vorbehalten werden muß.

2. Die Rechtswissenschaft als systematische Wissenschaft.

Alle und jede Wissenschaft ist systematische Erkenntnis ihres Gegenstandes. Dabei verstehe ich unter System jene Ordnung der Erkenntnis, welche, indem sie Grundsätzen und Folgesätzen die richtige Stellung zu einander anweist, die Vollständigkeit der Erkenntnis gewährleistet. Jurisprudenz als Wissenschaft ist daher die systematische Erkenntnis der Rechtssätze, wie dieselben in gewohnheitsmäßiger Uebung oder im gesetzten (sei es gewiesenen, sei es niedergeschriebenen) Recht sich darstellen. Ist diese Auffassung richtig, so ist damit der Rechtswissenschaft ihre Aufgabe vorgezeichnet.

1) Ihr nächstes Ziel ist die Sammlung des Stoffes, die möglichst vollständige Auffindung und Zusammenstellung der ihren Gegenstand bildenden Rechtssätze. Sie hat den Rechtssatz zu suchen im geltenden Recht, das als ein gewordenes aus dem Zusammenhange mit seiner Geschichte nicht losgelöst werden darf. Es ist klar, daß mit dieser Fassung jene Richtungen der Rechtswissenschaft abgelehnt werden, welche, wie der von Merkel sogenannte „Idealismus" Hälschners und anderer ganz oder teilweise, da oder dort, den Boden des geltenden Rechts verlassen, um aus der „Idee des Rechtes" den Inhalt sei es aller, sei es einzelner Rechtssätze zu schöpfen. Es ist weiter klar, daß mit dieser Fassung der „Rationalismus" verworfen wird, der das heute geltende Recht als ein für sich bestehendes bloß aus sich selbst heraus erfassen zu können glaubt, ohne es als ein Gewordenes

und Werdendes zu würdigen. — Die Sammlung des Stoffes muß aber eine vollständige sein, soll nicht das erstrebte System zum losen Aggregate werden. Damit scheidet sich meine Auffassung von derjenigen Berners, wenn anders seine Selbstbeschränkung auf die kommentarische Behandlung des Strafgesetzbuches nicht auf andere als prinzipielle Gründe zurückzuführen ist.

2) Das zweite ist die genaue Analyse der auf diese Weise gefundenen Rechtssätze und der in ihnen als Subjekt und Prädikat verbundenen Begriffe. Ihr Ergebnis ist eine Reihe von Begriffsbestimmungen, in welchen der Scharfsinn des Juristen seine Probe zu bestehen hat. Die juristischen Definitionen bilden zugleich das wertvolle Material für eine reiche und fruchtbare Synthese. In der Pflege der Analyse und Synthese der Rechtssätze und Rechtsbegriffe begegnen sich die Vertreter aller Richtungen der Rechtswissenschaft von deren erstem Ursprung bis auf unsern Tag.

3) Aber damit ist die Aufgabe der Rechtswissenschaft als solcher nicht erschöpft. Sie strebt nach dem System, nach der Ueber- und Unterordnung der Begriffe und der sie verbindenden Sätze. Denn nur die systematische Ordnung verbürgt die volle Beherrschung des einzelnen. Immer höher steigt sie auf dem Wege der Abstraktion von den besonderen zu allgemeineren Begriffen; aus Diebstahl, Mord, Brandlegung u. s. w. entwickelt sie den Begriff des Verbrechens, aus Kauf, Miete, Verpfändung den des Vertrages. Sie ruht nicht, bis sie in jeder einzelnen juristischen Disziplin die höchsten und letzten Begriffe, die umfassendsten Grundsätze gefunden hat. So entsteht der allgemeine Teil des Strafrechts, des Privatrechts, des Staatsrechts u. s. w. Es ist klar, daß die vollständige und befriedigende Lösung dieser Aufgabe bedingt ist durch die Beschaffenheit des Rechtsstoffes, daß sie einem modernen Gesetzbuche gegenüber, wie etwa die Civilprozeßordnung es ist, ungleich leichter und sicherer gelingen wird, als auf Grund der Digestenfragmente oder gar der Quellen des sogenannten deutschen Privatrechts. Immer aber und ausnahmslos muß die Abstraktion und durch sie das System angestrebt werden; erst in diesem erhebt sich der Jurist zum Rechtsgelehrten. Es geht nicht

an, wie H. Meyer das zu tun pflegt, auf die Aufstellung von Grundbegriffen und Grundsätzen ganz oder zum Teil zu verzichten, weil „praktische Rücksichten" der juristischen Konsequenz angeblich hindernd in den Weg treten. Betont sei, daß auch die auf diesem Wege aus dem geltenden Recht abstrahierten Ergebnisse diesem angehören und dessen innerstes Wesen teilen. Gar mancher folgenschwere Irrtum (z. B. über die sogenannte „Analogie"), insbesondere auch Bindings Unterscheidung von gesetztem und ungesetztem Recht, erledigen sich durch die klare Erkenntnis dieser Aufgabe der Rechtswissenschaft.

4) Die Abstraktion aber drängt weiter. Ueber die einzelnen Zweige der Rechtswissenschaft hinaus führt die Abstraktion uns in das Gebiet der allgemeinen Rechtslehre. Die Zurechnungsfähigkeit wird zur juristischen Handlungsfähigkeit, der Begriff des Verbrechens erweitert sich zu dem der rechtserzeugenden Tatsache, die Strafe erscheint als Unterart der Rechtsfolge. Noch fehlt uns dieser allgemeine Teil der Rechtswissenschaft, in den alle einzelnen Teile derselben einmünden müssen; und daß er uns fehlt, ist eine der Hauptursachen für das planlose Auseinanderfallen unserer wissenschaftlichen Bestrebungen, für den beklagenswerten Mangel gegenseitigen Verständnisses, für zahllose Irrtümer und Fehlgriffe. Aber die Zeit ist wohl nicht mehr ferne, in welcher die Ueberzeugung von dem wissenschaftlichen Werte, von der Fruchtbarkeit und Unentbehrlichkeit der allgemeinen Rechtslehre alle juristischen Kreise durchdrungen haben wird. Einstweilen wird jeder einzelne von uns sich selbst den Weg zu bahnen bemüht sein müssen. Die Richtung desselben ist vorgezeichnet: nur durch Abstraktion aus den niederen kann der höhere Begriff gewonnen werden.

5) An die allgemeine Rechtslehre wird die allgemeine Wissenschaftslehre anzusetzen haben. Wie sie den Erkenntniswert und damit die wissenschaftliche Berechtigung des Atombegriffes oder des Begriffes der Kraft für die Physik, wie sie die Bedeutung des Unendlichkleinen oder die der Funktion für die Mathematik klarzulegen und kritisch zu prüfen hat, so wird sie dem Grundbegriffe der Rechtswissenschaft ihre Stelle unter den Grundbegriffen des menschlichen Denkens anzuweisen haben.

3. Die Rechtswissenschaft als praktische Wissenschaft.

Ist das Gesagte richtig, so ist die Rechtswissenschaft eine eminent systematische Wissenschaft. Streng reduktiv, wenn ich so sagen darf, in der Forschung, kann sie eben darum streng deduktiv sein in der didaktischen Dartellung. Sie darf hoffen, in ihren höchsten Begriffen alle niederen wirklich zu umfassen, durch Abstraktion und Determination ihren Gegenstand zu erschöpfen.

Aber so einfach liegt die Sache nicht. Die Rechtswissenschaft ist doch in anderem Sinne Wissenschaft als Logik oder Mathematik oder selbst als mathematische Naturwissenschaft. Sie ist nicht nur eine eminent systematische, sie ist zugleich auch eine eminent praktische Wissenschaft; sie ist letzteres soweit sie das erstere ist, und sie muß ersteres zu werden sich bemühen, will sie in Wahrheit letzteres sein. Hervorgewachsen aus den Tatsachen des Rechtslebens hat sie in letzter Linie nicht Begriffe, sondern Tatsachen zu umspannen. In der begrifflichen Abstraktion erfaßt sie das Rechtsleben des Volkes. Es ist mir von äußerster Wichtigkeit, diesen einfachen Gedanken in seiner Bedeutung für die juristische Methodenlehre ganz klarzulegen.

1) Der Rechtssatz selbst, wie er in Uebung oder Gesetz sich darstellt, ist das Ergebnis einer begrifflichen Abstraktion aus zahlreichen Ergebnissen des Rechtslebens. Wie oft wohl mußte es vorgekommen sein, daß die Tötung eines freien Franken gesühnt wurde durch Aufopferung eines guten Teiles der Fahrhabe des Täters, ehe der Rechtssatz von den Rachinburgen gewiesen werden konnte: Wer einen freien Franken im ehrlichen Kampfe tötet, zahlt 200 Schillinge, wer in diebischer Weise ihn mordet, zahlt 600 Schillinge. Aus ungezählten Tötungsfällen bildet sich der Begriff des Totschlages und der des Mordes. Dieser juristische Begriff der Tötung ist mit den Tötungsfällen nicht identisch, wenn auch aus ihnen auf dem Wege der Abstraktion gewonnen; er ist kein Ding von Fleisch und Blut, das man sehen und fühlen, greifen und fassen könnte: sondern ein Gebilde unseres Denkens, welches das einzelne nur begreifen kann, indem es dasselbe mit anderen

einzelnen vergleicht, die gleichen und ungleichen Merkmale sondert und die ersteren zum Begriffe verbindet. Das ist alles klar und selbstverständlich. Ebenso selbstverständlich und klar aber ist es — oder sollte es sein —, daß, wenn der Tötungsbegriff gewonnen, deshalb die einzelnen Tötungsfälle nicht verschwinden, sondern neben dem Begriffe als etwas ganz und gar von ihm Verschiedenes nach wie vor weiter sich ereignen, d. h. als Tatsachen des Rechtslebens sich vollziehen können.

Dieses Verhältnis ändert sich auch nicht, wenn die fortschreitende juristische Abstraktion zu höheren und höchsten Begriffen gelangt. Neben dem „Verbrechen", das als solches einzig und allein in unserem Denken existiert (wie es ja keinen „Baum", sondern nur einzelne Eichen, Buchen u. s. w. im Walde gibt und in unserem Garten nicht „Obst" wächst, sondern soundsoviele Aepfel oder Birnen oder Kirschen), ereignen sich nach wie vor die einzelnen rechtlich relevanten Tatsachen, daß Hinz dem Kunz ein Auge ausschlägt, oder Müller mit der Frau und der Geldkasse des Meyer nach New-York abfährt.

Das ist das erste, was ich meine, wenn ich die Rechtswissenschaft, im Gegensatze zu Logik und Mathematik, eine eminent praktische Wissenschaft nenne. Sie arbeitet mit Begriffen, die, aus Tatsachen geschöpft, auf Tatsachen sich beziehen.

2) Der ganze Wert der juristischen Begriffsbildung, die ganze wissenschaftliche Bedeutung ihres Systems ruht darin, daß dieses wie jene die Anwendung der Rechtssätze auf die Tatsachen des Rechtslebens erleichtert und sichert. Die Rechtswissenschaft ist um der Rechtspflege willen da; diese aber hat es mit Ereignissen und mit Menschen, mit Hinz und Kunz, mit Meyer und Müller zu tun. Soll die Rechtspflege scharf und sicher arbeiten, so darf sie nicht einen Fall mit dem andern vergleichen, sondern sie muß den Fall unter die Rechtsregel bringen; sie muß mit Subsumtionschlüssen, nicht mit Analogien operieren. Das kann sie aber nur, wenn sie einfache und klare Begriffe, knappe und doch erschöpfende Grundsätze zur Verfügung hat. Je mehr Gesetzgebung und Wissen-

schaft in Kasuistik sich gehen lassen, desto unsicherer, desto zerfahrener wird die Rechtspflege. Nur die systematische Erkenntnis verbürgt volle Herrschaft über den Stoff.

Aus dem Rechtsleben entsprungen, für das Rechtsleben arbeitend, in der Anwendung auf das Rechtsleben sich befruchtend und stets erneuernd, ist die Rechtswissenschaft, obwohl sie wie keine andere Geisteswissenschaft mit dem Handwerkszeuge der formalen Logik zu arbeiten berufen ist, zur Unfruchtbarkeit verurteilt, sobald sie, Ursprung und Ziel aus den Augen verlierend, dem Formalismus sich ergibt.

4. Bindings wissenschaftliche Methode.

Ob die in den beiden vorangehenden Abschnitten aufgestellten Sätze richtig sind, mögen andere beurteilen. Mir kommt es an dieser Stelle nur darauf an, zu zeigen, wo Bindings Wege und die meinigen sich scheiden.

1) Zunächst sei betont, daß Binding zu denjenigen kriminalistischen Schriftstellern gehört, die am entschiedensten die Ableitung der juristischen Begriffe aus den Sätzen des geltenden Rechtes (oben 2, 1) verlangt und am entschlossensten und folgerichtigsten sie durchgeführt haben. Vielleicht hat niemand von uns die reiche Fundgrube der Gesetze und Verordnungen des Reiches und der Einzelstaaten mit solchem Fleiß und mit so glücklichem Forscherblick durchgearbeitet wie er. Ich sehe gerade darin eins der größten und bleibendsten Verdienste Bindings. Tiefgehende und scharfsinnige Analyse (oben 2, 2) werden auch die Gegner ihm nicht bestreiten können. Die Abstraktion der Grundbegriffe und Grundsätze (oben 2, 3) muß als eine ebenso sichere wie umfassende auch von denjenigen anerkannt werden, die Binding schon hier nicht immer zu folgen vermögen.

Der erste der beiden Grundfehler, welche ich der juristischen Methode Bindings zum Vorwurfe mache, liegt auf dem Gebiete der allgemeinen Rechtslehre (oben 2, 4), muß aber gerade darum den ganzen Zusammenhang seines Systems in verhängnisvoller Weise beeinflussen. Dieser Fehler ist die vorschnelle Aufstellung und einseitige Verwertung des Begriffes der Norm.

Ich selbst habe dereinst dem Bindingschen Normbegriff gehuldigt und dafür manchen Tadel gern in Kauf genommen. Ich habe dann, als ich die Unfruchtbarkeit und Gefährlichkeit desselben erkannte, jahrelang mit der Normentheorie in mir gekämpft, ehe ich sie überwinden konnte. Jetzt glaube ich mir selbst klar darüber zu sein, daß und weshalb sie, wenigstens in der von Binding ihr gegebenen und eifersüchtig ihr gewahrten Gestalt, als unhaltbar und verhängnisvoll bezeichnet werden muß.

Daß der Begriff der Norm nicht auf dem Wege einer methodisch unanfechtbaren, stufenweise vorschreitenden Abstraktion gewonnen worden ist, wird wohl kaum bestritten werden. Aber das wäre an sich noch kein hinreichender Grund, die Normentheorie zu verwerfen. Auch die streng induktiven Naturwissenschaften, wie etwa die Mechanik, verdanken manche ihrer fruchtbarsten Entdeckungen nicht der sorgsamen Einzelforschung, sondern der blitzartigen Intuition des Genius. Wie auf dem Gebiete etwa der Physik oder der Biologie die Induktion der kausalen Gesetze, so ist auf dem Gebiete der Rechtswissenschaft die verallgemeinernde Begriffsbildung unzweifelhaft befugt, eine Reihe von Zwischengliedern zu überspringen, den Ergebnissen der ruhigen Erforschung voranzueilen und hypothetisch als gegeben anzunehmen, was der Herleitung aus Feststehendem erst bedarf. Aber ganz ebenso wie die naturwissenschaftliche Hypothese sich nur als das einführen darf was sie ist, als eine Annahme zum Zweck der Erklärung gegebener Tatsachen; so wie sie sorgfältigster und stets erneuerter Prüfung an der Hand der Tatsachen bedarf und als widerlegt erscheint, sobald sie mit einer von diesen in unlöslichen Widerspruch gerät: ebenso kann auch die rechtswissenschaftliche Theorie (das Wort im Sinne von hypothetischer Annahme gebraucht) erst dann auf objektive Bedeutung Anspruch machen, wenn sie durch umfassende Durchforschung des ganzen von ihr betroffenen Rechtsstoffes eine wenn auch nur indirekte Bestätigung gefunden hat. Eine Theorie vollends, welche den von ihr aufgestellten Begriff in den Mittelpunkt des Systems der gesamten Rechtswissenschaft zu rücken sich für berechtigt hält, hat die Verpflichtung, die Vereinbarkeit dieses Anspruches mit dem geltenden Recht durch sorgfältigste und umfassendste Durchforschung des letzteren nachzuweisen. Die Bindingsche Normentheorie ist diesen Nachweis bis zum heutigen Tage schuldig geblieben. Nicht einmal auf dem Sondergebiete des Strafrechts hat der Normbegriff seine heuristische Fruchtbarkeit für die systematische Erkenntnis der Rechtssätze nachgewiesen: eine abgeschlossene systematische Bearbeitung des besonderen Teils des Strafrechts haben weder Binding noch seine Anhänger (darf noch in der Mehrzahl gesprochen werden, nachdem Oetker zu dem „modernen Naturrechtslehrer" Thon abgefallen ist?) bisher auch nur unternommen.

Aber vielleicht bewährt sich der vorschnell aufgestellte (oben S. 219) Begriff der Norm auf dem bisher von Binding im 1. Bande des Handbuches behandelten Gebiete des allgemeinen Teiles unserer Wissenschaft? Ich glaube, diese Frage mit aller Entschiedenheit verneinen zu können. Indem Binding auf den Begriff der Norm sein ganzes System aufbaut, alles in einseitiger Verwertung dieses Begriffes auf denselben zurückführt und aus ihm ableitet, verschleiert sich ihm das sonst so scharfblickende Auge, verschieben sich ihm alle Verhältnisse der Ueber- und Unterordnung der Begriffe, verwirrt sich ihm der Zusammenhang der Grund- und Folgesätze, erleidet das System selbst die verhängnisvollste Erschütterung. Den Beweis für diese Behauptung trete ich an, indem ich zu zeigen versuche, daß zwei der wichtigsten Begriffe der allgemeinen Rechtslehre, der des Rechtsgutes und der der Handlung bei Binding nicht nur nicht zu ihrem Rechte gelangen, sondern von ihm überhaupt nicht zu begrifflicher Klarheit entwickelt sind. Mit diesen beiden Begriffen aber steht und fällt jedes System des Strafrechts.

2) Aber noch einen anderen Grundfehler, der freilich mit dem ersten in nahem psychologischen Zusammenhange steht, glaube ich der wissenschaftlichen Methode Bindings nachweisen zu können. Indem Binding alles im Lichte der von ihm „entdeckten" Norm erblickt, indem er das Verbrechen lediglich als Normübertretung ins Auge faßt, übersieht er, daß Norm und Normübertretung nur Abstraktionen

unseres Denkens, daß sie nur Begriffe sind, die wir aus den ihnen zu Grunde liegenden Tatsachen gewonnen haben (oben 3, 1). Das, was als Wirkliches dem Begriffe des Verbrechens entspricht, mag dieser gefaßt sein wie er will, ist immer ein sinnfälliges Ereignis der Außenwelt, ein Geschehen an Menschen und Dingen, eine Veränderung nach den die Natur beherrschenden Kausalgesetzen. Das übersieht Binding völlig. Und so führt ihn die Normentheorie zu einem in der nach-hegelschen Wissenschaft ganz vereinzelt dastehenden Formalismus, der überall Begriff und Gegenstand, Denken und Sein, Vorstellung und Vorgestelltes auseinander zu halten unfähig wird, der, ohne es zu wissen und zu wollen, die Abstraktionen der juristischen Logik behandelt, als wären sie Dinge von Fleisch und Blut, der aus den Begriffen sich seine Welt baut und in dieser volle Befriedigung findet. Auch diese Behauptung soll erwiesen werden durch die kritische Betrachtung der Behandlung, welche die beiden oben genannten Begriffe, der des Rechtsgutes und der der Handlung, in dem ersten Bande des Bindingschen Handbuches gefunden haben.

II. Der Rechtsgutsbegriff im Bindingschen Handbuche.

1. Die Bedeutung des Begriffes.

Man kann — das gebe ich gerne zu — darüber verschiedener Ansicht sein, ob überhaupt der Begriff des Rechtsgutes von grundlegender Bedeutung für die allgemeine Rechtslehre und damit auch für die Wissenschaft des Strafrechts ist. Wenn ich dem Begriffe diese Bedeutung beilege, so geschieht es insbesondere deshalb, weil ich den Begriff des Rechtsgutes für den Grenzbegriff der abstrahierenden juristischen Logik halte. Die weitestgehende Abstraktion aus den im geltenden Rechte gegebenen Rechtssätzen führt uns nur dahin, daß sie an rechtserzeugende Tatsachen den Eintritt einer Rechtsfolge knüpfen, welche in der Begründung von Rechten und Pflichten, mithin eines Rechtsverhältnisses, besteht. Jene Tatsachen und diese Rechtsfolge, das sind die beiden obersten Begriffe jedes

Zweiges der Rechtswissenschaft, die letzten und höchsten Begriffe auch der allgemeinen Rechtslehre. Für das Strafrecht determinieren sie sich als Verbrechen und Strafe. Sobald wir aber bei diesen beiden letzten Begriffen des Rechts angelangt sind, können wir die Frage nach dem „warum" nicht länger zurückdrängen. Warum verknüpft das Recht mit dieser Tatsache diese, und gerade diese Rechtsfolge? Die Antwort gibt der Begriff des Rechtsgutes. Er sagt uns: Alles Recht ist der Menschen willen da; ihre Interessen, die der einzelnen wie die der Gesamtheit, sollen geschützt und gefördert werden durch die Satzungen des Rechts. Die rechtlich geschützten Interessen nennen wir Rechtsgüter. Es ist klar, daß mit dem „Rechtsgute" der Zweckgedanke seinen Einzug in das Gebiet der Rechtslehre hält, daß die teleologische Betrachtung des Rechts beginnt und die formal-logische ihr Ende findet. Ebenso klar ist es wohl, daß die teleologische Betrachtung des Rechts ihre volle Berechtigung hat; daß die Frage nach dem warum und wozu nicht nur aufgeworfen werden darf, sondern aufgeworfen und beantwortet werden muß. Fraglich kann es nur sein, ob die Betrachtung des Rechts unter dem Gesichtspunkte des Zweckes noch dem Gebiete der Rechtswissenschaft angehört oder bereits in dasjenige einer anderen Wissenschaft, etwa der Gesellschaftslehre, hineinfällt. Ich habe meine Antwort auf diese Frage bereits gegeben, indem ich den Begriff des Rechtsgutes als einen Grenzbegriff bezeichnete; in Bezug auf das Strafrecht habe ich in den ersten Paragraphen meines Lehrbuches meine Auffassung wenigstens in den Grundzügen angedeutet.

Ueber all das kann man, wie gesagt, verschiedener Auffassung sein. Man kann die Bedeutung des Rechtsgutsbegriffes in Abrede stellen, wenn man auch kaum leugnen wird, daß die stete Vergegenwärtigung des Zweckgedankens ein kräftiges Schutzmittel gegen den jedem Rechtsgelehrten drohenden Formalismus an die Hand gibt.

Aber Binding gegenüber bedarf die grundlegende Bedeutung dieses Begriffes keines Nachweises. Er hat sie stets nicht nur anerkannt, sondern aufs kräftigste betont. Man lese z. B. die Ausführungen Normen I, 187, Handbuch I,

167; oder man erinnere sich seiner Grundanschauung, nach welcher alles Recht Rechtsgüterschutz, Schutz der Rechtsgüter durch Normen ist und stets sein muß. Nach dieser Auffassung müssen die beiden Begriffe „Rechtsgut" einerseits, „Norm" andererseits als die beiden Angelpunkte bezeichnet werden, auf welchen das ganze System des Rechts überhaupt, nicht nur das des Strafrechts, gerade im Sinne der Normentheorie sich aufbaut.

Die Frage ist also gewiß berechtigt: wie bestimmt Binding den Begriff des Rechtsgutes? Die Antwort auf diese Frage, die im nächsten Abschnitte quellenmäßig belegt werden soll, sei vorausgeschickt:

Bindings Rechtsgutsbegriff ist ein Scheinbegriff, d. h. ein Wort ohne Inhalt. Das will sagen: Binding ist überhaupt nicht zu begrifflicher Klarheit darüber gelangt, was das Wort „Rechtsgut" eigentlich sagen soll; er hat auch wie es scheint gar nicht einmal das Bedürfnis empfunden, zur Klarheit darüber zu gelangen. Sein „Rechtsgut" ist ein Proteus, der alle Gestalten annimmt; ein Wort, das heute das und morgen wieder etwas ganz anderes bedeutet, ein Blankett, dem jeder den Inhalt geben kann, der ihm gerade paßt. Der eine der beiden Eckpfeiler des stolzen Gebäudes ist auf Sumpfland gebaut.

Ist das möglich? Ich hoffe beweisen zu können, daß es wirklich ist. Wieso es möglich geworden, glaube ich zu begreifen. Zum ersten war die Norm die Lieblingstochter, der Binding all seine Aufmerksamkeit, all seine Bemühung zugewendet hat, so daß er den Zwillingsbruder vernachlässigte und dann ganz vergaß: der erste seiner beiden oben erwähnten methodischen Fehler. Zum anderen, und hier macht sich der zweite Grundfehler geltend, verwechselt Binding auch hier Begriff und Ding, Vorstellung und Vorgestelltes.

Diese letzte Bemerkung bedarf noch einer Erläuterung. Ist das Rechtsgut ein Begriff oder ein Ding? — Wir beginnen mit der Betrachtung der einzelnen Tatsachen des Rechtslebens. A hat dem B die goldene Uhr weggenommen; was meinen wir, wenn wir sagen, das Rechtsgut des Eigentums, dessen Träger B war, ist verletzt? Ich antworte: Rechtsgut des Eigentums ist nicht der Eigentümer B, auch nicht die im Eigentum stehende Uhr, sondern das von der Rechtsordnung geschützte Interesse des B, seine Uhr zu gebrauchen oder zu verbrauchen wie er will. Das Rechtsgut des Eigentums ist also weder ein Mensch noch eine Sache, sondern das Recht selbst unter dem Gesichtspunkte des Zweckgedankens, mithin ein Begriff. Das gilt von allen Rechtsgütern ohne eine einzige Ausnahme. Das Rechtsgut des Lebens ist nicht der Aulus und nicht der Numerius; die Integrität der Münze ist weder ein Zwanzigmarkstück noch eine Zehnguldennote; die Geschlechtsehre des Weibes ist schließlich doch etwas anderes als Frau X oder Fräulein von Y, und die Autorität der Staatsgewalt ist nicht identisch mit einem angestrichenen Pflock oder einem uniformierten Wachtposten. Das klingt so selbstverständlich, daß es als Trivialität erscheinen müßte, solche Sätze zu betonen, wenn nicht — Bindings System zum guten Teil auf einem Verkennen derselben beruhte.

Nur noch eine Bemerkung. Das Verhältnis ändert sich nicht, wenn wir, von der Verschiedenheit der einzelnen Rechtsgüter abstrahierend, den allgemeinen Begriff des Rechtsgutes ins Auge fassen. Auch hier muß es denn doch wohl einleuchten, daß wir es mit einem Begriffe zu tun haben; daß von einer Verletzung oder Gefährdung des Rechtsgutes nur in übertragenem Sinne gesprochen werden kann. Es gibt nur eine Möglichkeit, das Rechtsgut als solches zu treffen: Wenn dem Interesse der Rechtsschutz entzogen, also durch Gesetz etwa das Privateigentum an Grund und Boden aufgehoben oder die freie Liebe eingeführt wird. Aber der Begriff als solcher ist unsterblich, mithin auch unverletzlich. Das sind wieder Trivialitäten. Leider werden wir uns überzeugen müssen, daß sie nicht überflüssig waren.

Und nun wenden wir uns der Bindingschen Darstellung zu.

2. Der Begriff des Rechtsgutes bei Binding.

Die Untersuchung wird uns dadurch wesentlich erschwert, daß Binding in seinem Handbuche zwar den Ausdruck „Rechtsgut" fortwährend gebraucht, aber mit dem Begriffe des Rechtsgutes sich nirgends näher auseinandersetzt. S. 169

Note 10 verweist uns auf die allgemeine Rechtslehre und auf die „Normen". Der Hinweis auf die allgemeine Rechtslehre muß billig überraschen. Wenn im Handbuche die Norm und so viel anderes, was unzweifelhaft der allgemeinen Rechtslehre angehört, in behaglicher Breite entwickelt werden konnte, so mußte in dem umfangreichen Werke auch ein Plätzchen für das Rechtsgut gewonnen werden. Wenn die Norm „in einer Darstellung des Strafrechts nur so weit Stelle finden darf, aber auch so weit Stelle finden muß, als zum Verständnis des Strafrechts unentbehrlich ist", so durfte ein System des Strafrechts, das auf dem Grundgedanken des Rechtsgüterschutzes beruht, diesen Begriff nicht nebenher abtun.

Da Bindings Handbuch des Strafrechts nun aber einmal vor seinem zweibändigen „allgemeinen Teil der Rechtswissenschaft" ins Leben getreten ist, bleibt uns nichts anderes übrig, als jene Stellen, sowohl in den Normen als in dem Handbuche, näher zu prüfen, in welchen Binding gelegentlich sich über den Begriff des Rechtsgutes äußert. Wir betrachten zuerst die Darstellung im ersten Bande der Normen.

Wir finden hier (S. 189) die vorläufige Definition:

„Alle diese Zustände, die durch Aenderung nicht verdrängt werden sollen, sind für das Recht von Wert: man kann sie Rechtsgüter nennen."

Rechtsgut ist mithin ein Zustand, nicht eine Person oder eine Sache. Mit dieser Auffassung steht auch die Begriffsbestimmung wenigstens nicht in Widerspruch, welche Binding Normen I, S. 193 gibt, nachdem er insbesondere vor der Verwechselung von Rechtsgut und subjektivem Recht gewarnt hat:

„Rechtsgut ist vielmehr alles, an dessen unveränderter und ungestörter Erhaltung das positive Recht nach seiner Ansicht ein Interesse hat, was es deshalb durch seine Normen vor unerwünschter Verletzung oder Gefährdung zu sichern bestrebt ist."

Und dasselbe gilt von der allerdings etwas tumultuarischen Aufzählung des „Güterkapitals der Rechtsordnung", welche Binding Normen I, S. 194 und 195 gibt. Wir finden hier neben dem Menschenleben:

„das Leben der menschlichen Frucht, die Körperintegrität, die menschliche Freiheit in ihren verschiedenen Bedeutungen, die Ehre, den Credit, den guten Namen Verstorbener, den Personenstand, die Monogamie, die Ausschließlichkeit des Geschlechtslebens unter Ehegatten, die geschlechtliche Zucht, die Geschlechtsehre der Frau, das öffentliche Sittlichkeitsgefühl, *die Gestaltung der Familienverhältnisse nach Maßgabe der elterlichen und vormundschaftlichen Rechte über die Kinder, die Uebereinstimmung der faktischen Vermögensverhältnisse mit Vermögensrechten der zuständigen Personen,* insbesondere mit deren Eigentums-, Besitz-, Vertragsrechten aller Art, ferner die Staatsverfassung Deutschlands und der deutschen Bundesstaaten, das Staatsterritorium Deutschlands und der deutschen Bundesstaaten, den völkerrechtlichen Friedenszustand des Deutschen Reiches, die kriegerische Stärke Deutschlands und seiner Bundesgenossen während des Krieges, die Staatsgeheimnisse des Deutschen Reiches und der deutschen Bundesstaaten, die Erfüllung der Rechtsansprüche des Staates auf Leistung des Zeugen-, Geschwornen-, Schöffen-, Heerdienstes, die ungehemmte Entwicklung der staatlichen Strafrechtspflege, die Brauchbarkeit von Telegraphen und Eisenbahnen und Wasserstraßen, die Echtheit der telegraphischen Depesche, das Post- und Telegraphengeheimnis, die Echtheit des circulierenden Geldes, die *Wahrhaftigkeit* der zum Beweise verwandten Beweismittel u. s. w. u. s. w."

Es ist gewiß richtig, daß sich gegen diese Aufzählung eine ganze Reihe von Bedenken geltend machen ließe, und zwar nicht nur, wie Binding, Note 320 zu meinen scheint, gegen „die Formulierung der Güterbenennung". Aber im allgemeinen ist doch das Bestreben erkennbar, den einheitlichen Begriff des Rechtsgutes als eines Zustandes festzuhalten und durchzuführen. Insbesondere tritt dieses Bestreben in den von mir durch den Druck hervorgehobenen Wendungen zu Tage.

Und nun vergleiche man dam damit, was Binding an der entscheidenden Stelle seines Handbuch sagt. S. 169 lesen wir:

„Daß Rechtsgüter den Mittelpunkt bilden, worum sich alle Rechte und Pflichten gruppieren, wird mehr und mehr erkannt. Rechtsgut ist alles, was in den Augen des Gesetzgebers für die Rechtsordnung von Wert ist, dessen ungestörte Erhaltung er deshalb durch Normen sicherstellen muß. Rechtsgut sind nicht nur Leben, Körperintegrität, Freiheit, Ehre, Geschlechtsehre der einzelnen, sondern auch ihr Credit, *die Objekte der Vermögensrechte*, die *Echtheit und Wahrhaftigkeit* der Beweismittel wie der Beglaubigungszeichen, die Autorität der Beamten, das Staatsgebiet, die kriegerische Stärke des Staates während des Krieges: kurz alles, was außer dem Gehorsamsrechte des Staates Objekt eines deliktischen Angriffes bildet. Viele der Rechtsgüter sind absolut untaugliche Gegenstände subjektiver Rechte; es gibt kein Recht auf oder am Leben, auf oder an der Körperintegrität, an der Reinheit der Ehe u. s. w.; *andere sind wirklich Objekte von solchen: wie die Sache Gegenstand des Eigentumes, das Kind Gegenstand der väterlichen Gewalt*, das Staatsterritorium Objekt der staatlichen Territorialhoheit. Diese Verschiedenheit deckt sich mit der augenfällig notwendigen Einteilung der Rechtsgüter in immaterielle und materielle durchaus nicht. Es gibt Rechte an materiellen wie an immateriellen Gütern (Eigentum — Autorrecht), und *es gibt* andererseits *der Sinnenwelt angehörige und ihr nicht angehörige Rechtsgüter*, welche nicht Gegenstand subjektiver Rechte sind (Leben — Ehre)."

Eine genaue Vergleichung der beiden Stellen führt zu merkwürdigen Ergebnissen. Zunächst freilich wird die Begriffsbestimmung (wenn wir sie für eine solche nehmen wollen) der Normen fast mit denselben Worten wiederholt, während die im Handbuch (wie hier bei der Wiedergabe) gesperrt gedruckten Worte als Musterbeispiel einer Zirkeldefinition verwendet werden könnten (Delikt ist Verletzung von Rechtsgütern; Rechtsgut ist Angriffsobjekt des Deliktes). Aber sofort finden wir eine höchst bezeichnende Abweichung. Ich habe sie durch Kursivdruck hervorgehoben. Rechtsgut ist jetzt die im Eigentum stehende Sache, also meine goldene Uhr, mein Reitpferd, meine Statue: in den Normen war Rechtsgut die „Uebereinstimmung der faktischen Vermögensverhältnisse mit den Vermögensrechten der zuständigen Personen". Rechtsgut ist jetzt das unter väterlicher Gewalt stehende Kind, also der kleine Franz oder Nachbars Mariechen: in den Normen war Rechtsgut „die Gestaltung der Familienverhältnisse nach Maßgabe der elterlichen Rechte". Man sollte meinen, der Unterschied wäre interessant und wichtig genug, um aufgeklärt zu werden. Binding begnügt sich damit, in Note 10 zu sagen: „Der so wichtige Begriff des Rechtsgutes kann nur im allgemeinen Teile der Rechtslehre vollständig klargelegt werden. Siehe übrigens meine Normen I, 187 ff." Da wir dort bereits vergeblich nachgeschlagen haben, müssen wir uns mit dem Zugeständnis begnügen, daß die Sache vorläufig noch nicht „vollständig klargelegt" sei, und weitergehen.

Wir lesen auf S. 380:

„Was ein Rechtsgut ist, bestimmt nur die einzelne Gesetzgebung für das einzelne Rechtsgebiet. Bezüglich eines sehr großen Teiles derselben herrscht aber allgemeines Recht: Leben, Freiheit, Ehre, *Eigentum, Besitz, Echtheit* der Beweismittel, Staatsverfassung, Staatsterritorium und vieles andere besitzt in allen Kulturstaaten, ja noch darüber hinaus die Rechtsgüterqualität. Aber unleugbar gibt es in einem Staate Angriffsobjekte für Verbrechen, die im anderen als solche nicht anerkannt sind: der eine schützt den Erfinder oder Urheber, der andere schützt ihn nicht, der eine besitzt Monopole, die dem anderen fehlen, ganz abgesehen davon, daß nicht alle Länder die gleichen *Güter hervorbringen.*"

Wollten wir auf die „Formulierung der Güterbenennung" Gewicht legen, so könnten wir fragen, warum Normen I, 195 *nur* von der „Wahrhaftigkeit" der Beweismittel, Handbuch I, 169 von „Echtheit" *und* „Wahrhaftigkeit", hier *nur* von „Echtheit" der Beweismittel die Rede ist: aber die Untersuchung der Gründe dieser schwankenden Ausdrucksweise würde uns zu tief in die Frage nach der Natur der Fälschungsdelikte hineinführen (jede der drei „Güterbenennungen" ergibt eine wesentlich andere Konstruktion der Fälschungsdelikte), und so wollen wir sie beiseite lassen. Viel wichtiger ist es, daß Eigentum und Besitz hier als Rechtsgüter genannt sind. Also nicht die Sache, wie oben Seite 169, nicht Uhr, Pferd oder Statue; auch nicht die Uebereinstimmung der faktischen Vermögensverhältnisse mit dem Rechte der zuständigen Person wie Normen I, 195, sondern — Eigentum und Besitz! Und damit wir ja nicht in die Lage kommen, diese dritte, von den beiden vorangehenden fundamental verschiedene Auffassung des Rechtsguts festzuhalten, sagt Binding zwei Seiten später (S. 393): „Außerdem sei darauf hingewiesen, daß nicht nur mehrere Menschen, sondern auch mehrere Staaten *gemeinschaftliche Rechtsgüter* haben können: *gemeinsame Kohlenstationen, Zollgebäude, Grenzsteine* u. s. w." Also wieder nicht Eigentum und Besitz, sondern die im Eigentum oder Besitz stehende Sache!

Weitere Beispiele bietet jeder Abschnitt. Ich dächte, die angeführten reichten einstweilen aus, um das oben ausgesprochene Urteil zu begründen. Bindings Rechtsgut ist überhaupt kein Begriff, sondern ein leeres Wort, dessen Bedeutung fortwährend wechselt. Jetzt eine Abstraktion, dann ein Gegenstand der Sinnenwelt; jetzt ein Zustand, im nächsten Augenblicke eine Person oder eine Sache. Und auf diesem Scheinbegriff ruht, mit ihm fällt das ganze stolze Lehrgebäude! In den folgenden drei Abschnitten soll der verhängnisvolle Einfluß dieser fundamentalen Unklarheit auf einige der wichtigsten Lehren des Strafrechts nachgewiesen werden.

3. Der Bindingsche Rechtsgutbegriff und das internationale Strafrecht.

Wenn es für uns überhaupt von Interesse ist zu wissen, ob die Bindingschen Rechtsgüter spazieren gehen und Reisen machen, sich verheiraten und Kinder zeugen können, ob es möglich ist, sie in Leinwand zu packen und verschnürt oder versiegelt mit Post oder Eisenbahn über die Grenzen des deutschen Vaterlandes hinaus zu verschicken oder sie bis zum Nordpol oder in den Wüstensand Afrikas mitzunehmen, so wird dieses Interesse zum unabweisbaren

Bedürfnisse, sobald es sich um Grundlegung und Entwickelung des sogenannten „internationalen Strafrechts" handelt. Wer uns auf unsere Frage keine oder eine stets schwankende Antwort zu geben vermag, der darf uns nicht im Ernste zumuten, ihm als Pfadpfinder auf diesem schwierigen Gebiete vertrauensvolle Folge zu leisten. Prüfen wir Bindings Formulierung des sogenannten Realprinzips (§ 80 des Handbuchs).

„Vor allen anderen Staaten ist nun jedes Gemeinwesen berufen, der inländischen Rechtsgüterwelt den vollsten Rechtsschutz zu gewähren .... Den Kreis der inländischen Rechtsgüterwelt kann man nun auf zwei Weisen umgrenzen: man versteht darunter entweder die Summe der *auf einem Staatsgebiete befindlichen* möglichen Verbrechensobjekte oder die Gesamtheit der dem Inlande und den Inländern zuständigen Güter, einerlei *ob sie sich in der Heimat oder in der Diaspora* befinden." Im ersten Fall gelangt man zum Realprinzip auf räumlicher, im zweiten zum Realprinzip auf staatlicher oder nationaler Grundlage. „Das Realprinzip in seiner weiteren Ausdehnung ist das innerlich allein begründete." (S. 301 f.)

Man versuche nun, in den beiden Fassungen des Realprinzipes die verschiedenen Bindingschen „Formulierungen der Güterbenennung" oder richtiger seine ganz verschiedenen Rechtsgüterdefinitionen einzusetzen, um sich von der völligen Unbrauchbarkeit der Formel zu überzeugen. Das Rechtsgut ist, wie wir zuerst sahen, ein Zustand; das Realprinzip in seiner „innerlich allein begründeten" Fassung verlangt also Schutz der „dem Inlande und den Inländern *zuständigen Zustände,* einerlei, ob sich diese (die Zustände nämlich!) in der Heimat oder in der Diaspora befinden." Oder man erinnere sich daran (vergl. oben Seite 228, Zeile 4), daß es Rechtsgüter gibt, die nicht der Sinnenwelt angehören; wie können wir bestimmen, ob diese sich in der Heimat oder in der Diaspora „befinden"? Und wie, auf welche Weise, gelangen die vom Inlande „hervorgebrachten", aber „der Sinnenwelt nicht angehörigen" Rechtsgüter ins Ausland, auf Grund eines Personenbillets oder eines Frachtbriefes? Freilich scheint es, als ob in der zweiten Fassung des Realprinzipes nicht die räumliche Lage der sinnfälligen Verkörperung des Rechtsgutes, also der Person oder Sache, maßgebend wäre, sondern die „Zuständigkeit des Zustandes". Aber warum spricht Binding dann S. 392 von den „auf fremdem Territorium liegenden Bahnhöfen"; Note 4 von „ausländischen Rechtsgütern in der Zone der Occupation"; S. 393 von „gemeinsamen Kohlenstationen, Zollgebäuden, Grenzsteinen"?! — Dem „auf fremdem Territorium liegenden" deutschen Bahnhofe wird von Binding der Fall gleichgestellt (S. 392), „wenn der Personenstand eines deutschen Kindes auswärts unterdrückt wird". Dieser Fall kann in dem ganzen Zusammenhange der Bindingschen Ausführungen gar nicht anders aufgefaßt werden, als daß hier ein einem Inländer „zuständiges", aber „in der Diaspora befindliches" Rechtsgut angegriffen wird: wie aber ist dieses Rechtsgut in die Diaspora gelangt?

Dieser völligen Unklarheit gegenüber kann es kaum überraschen, wenn Binding S. 392 weiterfährt:

> „Wird das Realprinzip anerkannt, so ist es ganz gleichgültig, ob der Täter dem inländischen oder ausländischen Staatsverbande angehört, ob die Handlung sich im Inlande oder im Auslande oder *in keinem von beiden* abspielt, ob das Delikt bloß versucht oder vollendet wird."

Nur schiene mir, des Gleichmaßes willen, in der oben angeführten Fassung des Realprinzipes der Zusatz wünschenswert: „Güter, welche sich in der Heimat oder in der Diaspora oder in keinem von beiden befinden."

Es ist wohl kaum bloß der von Binding mir vorgeworfene (S. 159, Note 11) Mangel an „Akribie" daran schuld, wenn ich in den Ausführungen des Handbuches über internationales Strafrecht „exakte Forschung" zu finden mich vergeblich bemüht habe.

4. Der Bindingsche Rechtsgutbegriff und die Untauglichkeit des Angriffsobjektes.

Eins der merkwürdigsten Ergebnisse systematisierender Jurisprudenz ist die 3. Abteilung des 2. Buches unseres

Werkes: „Die Gründe der Nichtentstehung von Strafrecht und Strafklagrecht." Es liegt nicht in meiner Absicht, die Berechtigung dieser die heterogensten Dinge in bunter Reihe zusammenwürfelnden Abteilung zu untersuchen; es mögen für sie die dunkeln Worte der Vorrede (S. II) zur Rechtfertigung dienen: „Hier trieb der Drang nach Systematik zu einem Bruche mit derselben." Aber § 147 dieser Abteilung: „Untauglichkeit des angegriffenen Objektes kraft Staatswillens" kann in diesem Zusammenhange nicht ganz mit Stillschweigen übergangen werden. Wiederholt hatte ich an anderen Orten Gelegenheit darauf hinzuweisen, daß, wer vom Objekte des Verbrechens spreche, sich und den Lesern Rechenschaft darüber schuldig sei, was er unter dem Objekt verstehe, ob das Rechtsgut als Abstraktion, oder den Träger des Rechtsgutes (soweit dieser ein Einzelindividuum ist), oder bei Sachenrechten die bewegliche oder unbewegliche Sache oder die sonst in bisher nicht näher untersuchten, zahllosen Verschiedenheiten möglichen sinnfälligen Verkörperungen des Rechtsgutes. Bisher hatten wir bei Binding vergeblich nach einer Beantwortung unserer Frage gesucht. Sie gehört ja, wie uns gesagt wurde, in den allgemeinen Teil der Rechtslehre. Hier, wo von der Untauglichkeit des Objektes die Rede ist, hoffen wir endlich nähere Belehrung. § 147 (S. 702 ff.) beginnt:

> „Jedes Verletzungs- und Gefährdungsverbrechen bedarf des tauglichen, also unter Normenschutz stehenden Objektes. Dies kann ein Rechtsgut oder ein subjektives Recht sein, muß aber zur Zeit des Angriffes in dieser Eigenschaft wirklich existieren."

Rechtsgut *oder* subjektives Recht? Oben S. 677 war der Begriff des Verbrechensobjektes ebenso wie das Verhältnis der beiden Begriffe Rechtsgut und subjektives Recht zueinander ganz anders bestimmt. Da war Objekt des Verbrechens das Rechtsgut, und nur das Rechtsgut, nicht das subjektive Recht. Hier werden beide nebeneinander als Objekte des Verbrechens genannt. Dort war uns gesagt worden: es gibt Rechtsgüter, welche Gegenstände von subjektiven Rechten sind, und solche, bei welchen das nicht der Fall ist. Hier erscheinen beide Begriffe als gleichberechtigt. Dieser Unterschied der beiden Auffassungen ist an sich bedeutend genug, für die Frage nach der „Untauglichkeit des angegriffenen Objektes" aber muß die Begriffsverwechselung geradezu verhängnisvoll werden. Das ist auch in der Tat der Fall.

Binding fährt auf S. 703 im unmittelbaren Anschlusse an die eben angeführte Stelle weiter fort:

„1) Ist das subjektive Recht zur Zeit des Angriffes erloschen ... oder ist das Recht noch nicht entstanden, so kann es *natürlich* nicht mehr oder noch nicht Ziel eines verbrecherischen Angriffes sein."

So ganz „natürlich" ist die Sache nun eben nicht. Ganz im Gegenteil. Wäre auf S. 703 noch ebenso wie auf S. 169 oder in den Normen das Rechtsgut Objekt des Angriffes, so könnte von einem Wegfall dieses Objektes nur dann gesprochen werden, wenn das Rechtsgut aufhört, Rechtsgut zu sein, wenn also dem bisher geschützten Interesse der Rechtsschutz entzogen wird. Ob ich an einer bestimmten Sache etwa durch Occupation bereits Eigentum erworben habe oder nicht; ob ich etwa das erworbene Eigentum durch Dereliktion wieder aufgegeben habe oder nicht — das ist durchaus gleichgültig für die Existenz oder Nichtexistenz des Rechtsgutes, das wir Eigentum nennen. Und wenn einem Dutzend Verbrecher die bürgerlichen Ehrenrechte aberkannt werden, das Rechtsgut der Ehre leidet darunter nicht. Nur indem Binding dem Rechtsgut, welches S. 169 Gegenstand eines subjektiven Rechts sein konnte, mithin etwas von diesem selbst wesentlich verschiedenes war, einfach auf S. 703 das subjektive Recht als gleichberechtigtes Objekt des Verbrechens unterschiebt, also nur durch einen geradezu verblüffenden Fehlschluß, gelangt er zu dem „natürlichen" (daher auch gar nicht näher begründeten) Satze: das Objekt des Verbrechens fehlt, wenn das subjektive Recht noch nicht oder nicht mehr besteht.

Beachtung verdienen aber auch die weiteren Ausführungen Bindings an dieser Stelle (S. 703):

„2) Weit interessanter ist der andere Fall, wo das bisher normgeschützte Objekt durch Staatswillen zwar nicht aus dem Dasein, aber aus dem Rechtsschutze gestoßen wird."

Wir erinnern uns daran, daß Objekt des Normenschutzes eben das Rechtsgut ist. Wir sollten also meinen, dieser „weit interessantere Fall“ wäre der bereits oben von mir erwähnte, bei folgerichtiger Durchführung des Bindingschen Grundgedankens einzig denkbare: das Rechtsgut hört auf Rechtsgut zu sein; das Privateigentum z. B. wird abgeschafft oder die freie Liebe eingeführt. Es fällt nun aber Binding gar nicht ein, unter Objekt des Rechtsschutzes, mithin auch des Verbrechens auch hier das Rechtsgut („oder das subjektive Recht“) zu verstehen. Das „Objekt“, das er hier meint, ist vielmehr — der Mensch, das einzelne Individuum. Binding spricht in diesem ganzen Abschnitte nur von der Rechtlosigkeit, von dem Friedlosen des deutschen Mittelalters, von dem Zigeuner der Reichsgesetze; er untersucht, ob und inwieweit etwa noch nach heutigem Recht dem Verurteilten, dem Soldaten in Feindesland, dem seiner Ehrenrechte für verlustig Erklärten der Rechtsschutz ganz oder teilweise entzogen sei. Dieser Auffassung entsprechend sagt Binding in § 147, Note 2: „Ein des Wahlrechts nicht Teilhaftiger oder durch rechtskräftiges Strafurteil Beraubter ist *natürlich* untaugliches Objekt der gewaltsamen Wahlhinderung“; indem er an Stelle des Wahlrechts den Wahlberechtigten setzt und den durch diese Begriffsverwechselung gewonnenen Satz als einen „natürlich“ sich ergebenden ohne weiteren Beweis als unbestreitbar hinstellt. So wird in Note 7 von den Soldaten in Feindesland als „tauglichen Verbrechensobjekten“ gesprochen, so S. 706 „die lebende Leibesfrucht“ als „Objekt der Tötung“, S. 707 die Leiche als taugliches „Objekt bestimmter Delikte“ bezeichnet, ohne daß wir Näheres darüber erfahren, ob die Leiche im Sinne der Bindingschen Normentheorie als ein Rechtsgut oder als ein subjektives Recht anzusehen sei.

5. Der Bindingsche Rechtsgutsbegriff und die Verbrechenseinheit.

Noch ein letztes Beispiel für die verhängnisvolle Wirkung, welche die Unklarkeit des Rechtsgutsbegriffes auf das

Bindingsche System im ganzen und in allen seinen Teilen äußern mußte und geäußert hat.

In § 118 „entwickelt" Binding „das Wesen der Verbrechenseinheit" am einheitlichen Delikt. Als „Faktoren der Einheitsvorstellung" bezeichnet er neben Zeit, Mittel und dem Willensmoment auf S. 531:

> „3) Die Qualität des angegriffenen Rechtsgutes oder Rechtes, und zwar in der doppelten Richtung der Einheitlichkeit des Rechtsgutes im Sinne der Norm und des quantitativ verschiedenen Maßes seiner Verletzbarkeit."

Man beachte auch hier die Nebeneinanderstellung von Rechtsgut und Recht. Die Note 8 bemerkt dazu: „Hier wird natürlich nicht an die Gehorsamsrechte, sondern an Urheber-, Forderungsrechte u. s. w. gedacht. Der Einfachheit halber redet der Text weiterhin von Rechtsgütern." Also „der Einfachheit halber"! Hat Binding auf S. 169 des Handbuches oder im ersten Bande der Normen auch nur der Einfachheit halber von dem Rechtsgute als dem einzigen Objekt des verbrecherischen Angriffes geredet? Sollen wir die dort gegebene Darstellung des Verhältnisses zwischen Rechtsgut und subjektivem Recht schlechthin aus dem Gedächtnisse streichen? Also, wenn von dem Rechtsgute gesprochen wird, so ist das nur eine Abkürzung! Und was sind die „Rechte", die wir hinzuzudenken haben? „Urheberrechte, Forderungsrechte u. s. w." Was hinter dem „u. s. w." noch steckt, erfahren wir nicht.

Aber hören wir weiter.

> „Der Kreis des einheitlichen Rechtsgutes ist nun bald sehr klein, bald ungemein groß. Bald füllt ihn eine scharf ausgeprägte Individualität, bald eine unzählbare Masse fungibler Gegenstände. Es läßt sich hier kein größerer Gegensatz denken als der zwischen Personen und Sachen. Schutz der Person ist Schutz des Individuums in seinem Leben, seiner Ehre, seiner Freiheit, seiner Geschlechtsehre, seinen Geisteswerken. Es ist ein Unding, aus zwei Leben ein Rechtsgut machen zu wollen: die Grenzen der Einheit der Güter und die der Individualität fallen hier notwendig zusammen . . . . . Ganz anders bei den Vermögensverbrechen. Hier präzisieren die Normen des ein-

zelnen Pflichten gegenüber fremdem Vermögen, fremdem Eigen, bestimmten Gruppen von Sachen. Die Individualität des Eigners, des einzelnen Eigentumsobjektes, des Eigentumsrechtes ist vom Standpunkte der Norm aus völlig gleichgültig. Die Einheit des Angriffsobjekts ist hier das Genus, dort die Species: Objekt der Tötung ist nicht das Leben (so verkehrterweise Köstlin in seinem System), sondern ein Leben, Objekt der Unterschlagung das fremde Eigentum, Objekt des Betrugs das fremde Vermögen."

Man vergleiche mit diesen Ausführungen, deren Richtigkeit zu prüfen ich keine Veranlassung habe, mit den bisher von mir wörtlich mitgeteilten Stellen. Haben wir bisher, trotz der reichen Auswahl an inhaltlich ganz verschiedenen Fassungen den Satz gefunden: Objekt der Tötung ist nicht das Leben, sondern ein Leben? Hat Binding bisher nicht immer, wie „verkehrterweise Köstlin in seinem System", von dem Leben, der Freiheit, der Ehre u. s. w. gesprochen? Klar und deutlich enthüllt sich uns Bindings Unvermögen, Abstraktion und Verkörperung, Begriff und Gegenstand zu unterscheiden in den Worten: „es ist ein Unding, aus zwei Leben ein Rechtsgut machen zu wollen". Nicht „aus zwei Leben machen wir ein Rechtsgut"; sondern aus einer Unzahl von einzelnen Lebewesen bilden wir den einen, einheitlichen und unteilbaren Begriff des Lebens! Sollte es wirklich notwendig sein, diesen Satz weiter auszuführen und mit den Schulbeispielen der Logik zu erläutern?

Ich kann es mir nicht versagen, noch einen Satz aus unserem § 118 anzuführen. Er findet sich S. 533 und lautet:

„Alle Rechtsgüter, die nur beschädigt werden können, wie die Gesundheit, das Eigentum, oder beschädigt und zerstört, wie die Sachen, dulden quantitativ verschiedene Verletzungen."

Waren wir bisher im unklaren darüber gelassen worden, ob wir das Eigentum oder die Sache als Rechtsgut zu betrachten haben, so erfahren wir hier, daß sowohl das Eigentum als auch die Sache Rechtsgüter sind, die sich noch dazu verschieden verhalten. Habe ich also eine goldene Uhr in meinem Eigentume, so besitze ich zwei Rechtsgüter, erstens das Eigentum an der Uhr und zweitens die Uhr; mein Eigentum an der Uhr kann beschädigt, meine Uhr dagegen beschädigt und zerstört werden.

Und der Paragraph, in dem uns diese heillose Begriffsverwirrung begegnet, bildet die Grundlage der gesamten Lehre von Verbrecheneinheit und Verbrechensmehrheit!

III. Der Handlungsbegriff im Bindingschen Handbuche.

1. Die Bedeutung des Handlungsbegriffes.

Es wird wohl von keiner Seite in Zweifel gezogen werden, daß das Verbrechen als jener Tatbestand, an welchen die Rechtsordnung den Eintritt der Strafe als Rechtsfolge anknüpft, unter den weiteren auch das Rechtsgeschäft mit umfassenden Begriff der juristischen Handlung fällt. Die Analyse des Verbrechensbegriffes richtet nun naturgemäß zunächst ihr Augenmerk darauf, denselben durch die Entwickelung derjenigen Merkmale näher zu bestimmen, welche das Verbrechen von den übrigen rechtlich-erheblichen Handlungen unterscheiden. Logisch gesprochen: die Wissenschaft des Strafrechts unternimmt die Bestimmung des Begriffs „Verbrechen" zunächst durch die Feststellung der differentia specifica, die ihn innerhalb des genus proximum „juristische Handlung" auszeichnet. Sie fragt: wie beschaffen sind jene juristischen Handlungen, welche Strafe nach sich ziehen? Nicht daß das Verbrechen Handlung ist, interessiert sie an erster Stelle; sondern daß es es bestimmt geartete Handlung ist, bildet den Ausgangspunkt ihrer Betrachtung. So stellt sie die Begriffe der Rechtswidrigkeit, der Schuldhaftigkeit, der Strafbarkeit fest und gelangt etwa zu dem Ergebnisse: Verbrechen ist die vom Staate mit Strafe bedrohte schuldhafte rechtswidrige Handlung.

Nun ist es aber klar, daß, wenn ein Begriff durch genus proximum und differentia specifica bestimmt wird, die Analyse sich nicht auf die Untersuchung des Artunterschiedes beschränken darf. Ist das Verbrechen eine bestimmt geartete Handlung, so kenne ich die Merkmale des Verbrechens vollständig erst in dem Augenblicke, in welchem auch der

Begriff der Handlung feststeht. Daß das Bedürfnis, auch diesen Begriff aufzuhellen, der ja in das Gebiet der allgemeinen Rechtslehre hineinfällt, gerade dem Kriminalisten nicht sofort sich geltend macht, begreift sich leicht. Aber sobald er nach voller Erkenntnis des Verbrechens strebt, drängt ihn dieses Streben mit Notwendigkeit über das Gebiet der ihn zunächst beschäftigenden Art hinaus in das Reich der allen Rechtsgelehrten gleich wichtigen, aber von ihnen allen gleich vernachlässigten Gattung. Man betrachte die kriminalistische Literatur der letzten Jahre. Die Untersuchungen über den Ursachenbegriff, über die Kausalität der Unterlassung, über Ort und Zeit der Begehung über das Verhältnis von Wille und Vorstellung — sie alle sind veranlaßt durch die immer drängender gestellte Frage: was ist Handlung? Welches sind die Merkmale dieses Begriffes? Daß die Antwort auf verschiedenen Wegen gesucht wurde; daß der eine bei Mill und der andere bei Lotze sich Rat holte; der eine bei der Psychologie, der andere bei der Physiologie Anleihen machte; der eine den Willen, der andere die Vorstellung bevorzugte; daß alle tasteten und fehlten und jeder eine Zeitlang das Richtige gefunden zu haben glaubte: das ändert nichts an der Tatsache, daß das Problem gestellt ist und Antwort auf die Frage gegeben werden muß.

Wenn Handlung der Gattungsbegriff, Verbrechen der Artbegriff ist, so wird die zu Lehrzwecken gegebene systematisch-deduktive Darstellung mit dem Handlungsbegriffe anheben müssen. Das ist der Grundgedanke meines strafrechtlichen Systems. Und ich habe bisher nichts gehört oder gelesen, was mich an der Richtigkeit dieses Grundgedankens zweifeln machen könnte.

Gegen Binding aber erhebe ich den ersten Vorwurf, daß er die Bedeutung des Handlungsbegriffes ganz und gar verkannt hat. Die Bestimmung des Deliktes als Normübertretung hat ihm auch hier den Blick getrübt. Die maßlose Ueberschätzung seiner „Entdeckung", die völlige Mißachtung aller entgegengesetzten oder auch nur abweichenden Ansichten hat ihn dahin gebracht, diesen Grundbegriff des Strafrechts gänzlich verkümmern zu lassen. Den Beweis für die Richtigkeit dieser Behauptung erbringt zunächst schon ein Blick in das Inhaltsverzeichnis des 1. Bandes des Handbuches: über 900 Seiten des Systems sind erschienen, und von der „Handlung“ ist noch immer nur nebenher die Rede. In den beiden nächsten Abschnitten dieser Arbeit soll aber weiter an einem besonders grellen Beispiele gezeigt werden, daß die systematische Verwirrung auch zu den schwersten Irrtümern bei der Behandlung einzelner Fragen führen muß.

Aber auch der zweite Grundfehler der wissenschaftlichen Methode Bindings spielt, neben der Ueberschätzung des Normbegriffes, hier wie in Bezug auf die Entwicklung des Rechtsgutsbegriffes, seine verhängnisvolle Rolle: die Verwechselung von Begriff und Gegenstand, von Abstraktion und Wirklichkeit.

Der Begriff der Handlung ist etwas anderes als die einzelnen Handlungen, aus welchen er durch Abstraktion gewonnen wurde. Diese einzelnen Handlungen sind sinnfällige Veränderungen in der Außenwelt, hervorgerufen durch Einwirkungen eines Menschen auf andere Menschen oder auf Sachen, ermöglicht durch die dem Willensimpulse folgenden Bewegungen unseres Körpers. Dabei kann an dieser Stelle die Denkbarkeit eines Bewirkens durch Unterlassen gänzlich beiseite gelassen werden.

Wenn nun jedes Verbrechen Verletzung oder Gefährdung von Rechtsgütern ist, so müssen jene Menschen oder Sachen, auf welche *ge*wirkt, d. h. in deren Zuständen eine Veränderung *be*wirkt wird, als sinnfällige Verkörperungen der Rechtsgüter erscheinen. Es wäre eine ebenso dankenswerte wie freilich auch schwierige Aufgabe, genauer zu untersuchen, auf welche Weise und in welcher Gestalt die Verkörperung erfolgen kann und erfolgen muß. Diese Untersuchung, auf deren Wichtigkeit ich wiederholt hingewiesen habe, ist hier weder möglich noch auch notwendig. Denn bei den einfachsten Verbrechensarten, mit welchen auch Binding fast ausschließlich operiert, ist über die Art und die Gestalt der Verkörperung des Rechtsgutes ein Zweifel kaum möglich. Das Rechtsgut des Lebens verkörpert sich zweifellos in dem lebenden Müller oder Meyer; das Rechtsgut des Eigentums in dem Pferde, das ich mir gekauft, in der goldenen Uhr, die ich von meinem Großvater geerbt habe. Nur in dieser seiner sinnlichen Verkörperung, niemals als Begriff, kann das Rechtsgut verletzt oder gefährdet werden.

Und somit schließt sich uns der Kreis der oben (vergl. insbesondere S. 225) angestellten Betrachtungen. Nur in der begrifflichen Abstraktion der Rechtswissenschaft erscheint das Verbrechen als Verletzung oder Gefährdung von Rechtsgütern; als Ereignis der Sinnenwelt ist es die an einem bestimmten Orte, zu einer bestimmten Zeit erfolgende Bewirkung einer sinnfälligen Veränderung an einzelnen bestimmten Personen oder Sachen durch willkürliche Körperbewegung. Von Ereignissen der Sinnenwelt aber ist alle Gesetzgebung und alle juristische Begriffsbildung ausgegangen; auf Ereignisse der Sinnenwelt zielt alle Rechtswissenschaft ab, indem sie sich zur Lehrmeisterin der Rechtspflege aufwirft. Es ist das Verhängnis des Bindingschen Handbuches, diese einfache Wahrheit verkannt zu haben. Damit ist es dem Formalismus rettungslos anheimgefallen.

2. Der Bindingsche Handlungsbegriff.

Da ganz ebenso wie der Grundbegriff des „Rechtsgutes" auch der Grundbegriff der „Handlung" in dem 1. Bande des Handbuchs keine Stelle gefunden hat, müssen wir aus gelegentlich von Binding gemachten Aeußerungen seine Auffassung des Handlungsbegriffes entnehmen. Leider sind dieselben mehr als ausreichend, um das oben ausgesprochene Urteil zu begründen.

Es ist sehr bezeichnend, daß Binding, welcher die Lehre von Verbrechenseinheit und Verbrechensmehrheit entwickelt, ohne vorher den Handlungsbegriff klargestellt zu haben (vergl. unten S. 246), es doch nicht vermeiden kann, aus Anlaß der Verbrechensmehrheit über den Handlungsbegriff zu polemisieren. Wir lesen S. 565:

„Was außerhalb des Rechts Handlung ist oder heißt, ist für dessen Bereich gleichgültig. Für sein Gebiete ist Handlung nichts anderes, als die Verwirklichung eines rechtlich relevanten Willens; das Verbrechen ist Handlung als Selbstverwirklichung des verbrecherischen Entschlusses und Setzung des verbrecherischen Tatbestandes. Diese Handlung ist also die Einheit von Willensverwirklichung und Erfolg, sie ist das Verbrechen von seinem juristischen Anfang bis zu seinem juristischen Endpunkte ....“

Diese Sätze sind zunächst ganz harmlos. Wir werden durch sie zwar nicht klüger als wir früher waren, wir erfahren nicht, was wir unter „Selbstverwirklichung“ des Willens zu verstehen haben und was es bedeutet, daß der Wille einen „Tatbestand setzt“. Aber da der Wille ja doch nur durch Muskelzuckungen in die Außenwelt treten kann, da der „gesetzte Tatbestand“ nichts anderes sein kann als eine Veränderung an Personen oder an Sachen, so werden wir zunächst geneigt sein, in jenen Sätzen nur einen wenig anschaulichen und daher nicht gerade glücklichen Ausdruck eines an sich ganz richtigen aber durchaus nicht neuen Gedankens zu erblicken.

Und wenn Binding weiter (S. 566 und S. 567, Note 7) meint, ich hätte diesem „juristischen und brauchbaren“ Handlungsbegriff einen „unjuristischen und unbrauchbaren“ „substituiert“, so kann ich in voller Gemütsruhe abwarten, bis Binding bei der Entwicklung des Handlungsbegriffes im 2. Bande seines Systems den Nachweis erbringt, daß die „Selbstverwirklichung des Willens“ auf anderem Wege als durch Körperbewegungen (von Unterlassungen ist, wie bemerkt, nicht die Rede) erfolgen kann. Mit herzlicher Freude gebe ich dann meinen „kraß realistischen Standpunkt“ auf; um wieviel schöner wäre doch die Welt, wenn unser Geist, aus den Fesseln der Sinnlichkeit befreit, in der Aethersphäre des Begriffshimmels seine freien Schwingen entfalten könnte!

Aber schon nach wenigen Seiten schwindet das Gefühl der Uebereinstimmung in der Sache trotz Verschiedenheit der Ausdrucksweise, und schonungslos enthüllt sich uns die ganze Tragweite jener scheinbar harmlosen Sätze.

Es handelt sich um eine derjenigen Stellen, die für die Beurteilung der wissenschaftlichen Methode Bindings von größter Wichtigkeit sind, auf welche ich daher die Aufmerksamkeit meiner Leser ganz besonders hinlenken möchte. Binding bespricht den Fall der sogenannten Idealkonkurrenz von Ehebruch und Incest und sagt S. 568:

„Dennoch liegen zwei scharf zu scheidende Handlungen und zwei ebenso scharf zu scheidende Ursachen verbrecherischer Erfolge vor. Nur muß man sich hüten, die Ursache ebenso äußerlich zu fassen, wie oben die „Handlung" in der zweiten Bedeutung gefaßt wurde.

Die Ursache bildet mit ihrem Erfolg ein untrennbares Ganzes: soviel juristisch verschiedene Erfolge eintreten, soviel Ursachen derselben müssen vorhanden sein. Von den beiden Handlungen, die hier vorliegen, ist die eine Selbstverwirklichung des Ehebruchsvorsatzes, und die Verletzung ehelicher Treue ist ihr Schlußerfolg; die andere ist Verwirklichung des davon ganz verschiedenen Vorsatzes der Blutschande, und die Familienschändung ist ihr Schlußerfolg. Wie gar nicht anders möglich, zeigt nun auch sorgfältige Analyse der Ursachen beider Verbrechen eine Verschiedenheit der Zusammensetzung, die man künstlich beseitigt, um Ursachenidentität zu behaupten. Nicht ist der „Beischlaf" die gleiche Ursache beider verschiedenen Erfolge — logisch ein Unding! — sondern der Beischlaf eines Blutsverwandten mit einer Blutsverwandten ist die Ursache des Incests, aber der Beischlaf eines Ehegatten mit einem Nichtgatten die Ursache des Ehebruchs. Unentbehrliche Bedingungen der ersten Ursache sind gleichgültig für die zweite und umgekehrt."

Da haben wir die „Selbstverwirklichung des Willens". Zwei Willen (hier freilich ganz nebenher zu Vorsätzen abgeschwächt), zwei Tatbestände: also zwei Handlungen im Sinne des „juristischen und brauchbaren Handlungsbegriffes". Der Gegensatz Bindings zu meinem „krassen Realismus" ist augenscheinlich: denn ich kann beim besten Willen nur einen Beischlaf sehen. Soll ich aber diesen Gegensatz kraß idealistisch oder kraß formalistisch nennen? Ist es meine Schuld, daß ich, am Sinnlichen klebend, dem Gedankenfluge nicht folgen kann? oder hat die „Normentheorie" ihrem Entdecker ein Spiegelbild vorgegaukelt, so daß er nicht mehr sieht, was in der Sinnenwelt sich begibt? Prüfen wir näher.

Ehebruch ist Beischlaf eines Ehegatten mit einem Nichtgatten (um bei dieser von Binding gebrauchten, allerdings wenig gelungenen Fassung zu bleiben); Incest ist Beischlaf eines Blutsverwandten mit einer Blutsverwandten.

Ersetzen wir in obigen Ausführungen den bestimmten Begriff durch die Begriffsbestimmung — und ich möchte den Logiker kennen lernen, der mir das Recht dazu streitig machte, — so gewinnen wir folgende Sätze, die zur Auswahl stehen:

1) Der Incest ist die Ursache des Incests, aber der Ehebruch ist die Ursache des Ehebruchs.

2) Der Beischlaf eines Blutsverwandten mit einer B. ist die Ursache des Beischlafes eines Blutsverwandten mit einer B., der Beischlaf eines Ehegatten mit einem Nichtgatten aber ist die Ursache des Beischlafes eines Ehegatten mit einem Nichtgatten.

Wem das nicht klar ist, dem kann nicht geholfen werden. Wenn der „krasse Realismus" jetzt nicht die Waffen streckt, so ist er mit Blindheit geschlagen.

Aber Scherz beseite. Ich kenne keinen Satz, weder in Bindings Handbuch noch sonst irgendwo, der das Wesen des Formalismus: die Verwechselung von Begriff und Ding, in drastischerer Weise zur Anschauung brächte. Versuchen wir, die Fehlschlüsse, deren Binding sich schuldig gemacht hat, uns ganz klar zu machen.

Wir anderen sprechen von dem „Beischlaf" als einem sinnfälligen Ereignis, das sich zwischen zwei lebenden Menschen verschiedenen Geschlechtes tatsächlich an einem bestimmten Orte und zu bestimmter Zeit abspielt.

Dieser konkrete Beischlaf, welchen der Bauersmann Ameier mit seiner Tochter, der verheirateten Bemeier vollzogen hat, ist von uns als Richtern zu prüfen, d. h. unter die im Strafgesetzbuch enthaltenen, aus ungezählten Beischlafsfällen abstrahierten Begriffe zu subsumieren. Wir finden: dieser eine Beischlaf fällt erstens unter den Begriff des Ehebruchs und zweitens unter den des Incestes. Der eine Beischlaf verstößt also gegen zwei Vorschriften der Rechtsordnung. Nun gebe ich gerne zu (s. unten S. 248), daß verschiedene Ansichten darüber möglich sind, ob wir auf Grund der vorgenommenen Prüfung von zwei Verstößen zu sprechen haben, wie die herrschende Lehre dies tut, oder aber von einem zweifachen Verstoße, wie ich es lieber nennen möchte. Aber eins ist ganz unzweifelhaft sicher: daß nur ein Beischlaf vorliegt. Wenn ein Subjekt doppelt prädiziert wird, so entstehen dadurch wahrhaftig nicht zwei Subjekte. Und wenn ein Ereignis unter zwei Begriffe fällt, so hört es doch sicherlich deshalb nicht auf, ein Ereignis zu sein. Bindings Lehre beruht also auch von diesem Standpunkte aus auf einer Verkennung der einfachsten Grundsätze der Logik.

Vielleicht antwortet mir ein Anhänger der Normentheorie: „Binding meint ja gar nicht den konkreten Beischlaf zwischen dem Ameier und der Frau Bemeier er überantwortet die gemein-physiologische Auffassung des Beischlafs als der naturgemäßen Vereinigung der Geschlechtsteile dem „kraß realistischen" Standpunkte; er denkt immer nur an die „Selbstverwirklichung des Willens" (wobei „Wille" gelegentlich mit „Vorsatz" vertauscht wird).

Der Einwand käme mir in der Tat nicht überraschend. Fast sieht es so aus, als ob die Normentheorie zu vornehm-idealistisch wäre, mit dem Beischlaf im Sinne der bloßen Physiologie sich irgendwie abzugeben. Aber leider, leider — wir Menschen können nicht hinaus aus unserer Natur, bis der Tod dem Geiste das All erschließt; wir sind, solange wir im Banne von Raum und Zeit stecken, doch immer nur eine „Spottgeburt aus Dreck und Feuer"; und so oft unsere Richter einen strafbaren Beischlaf abzuurteilen haben, so ist und war und wird es sein der brutale Akt ohne jede begriffliche Abstraktion.

Bleiben wir beim Einwande stehen, da er uns erwünschten Anlaß gibt, dem Formalismus ganz auf den Leib zu rücken. „Der Beischlaf eines Gatten mit einem Nichtgatten ist die Ursache des Ehebruchs." Es ist eine doppelte Auffassung dieses Satzes möglich.

1) Der Beischlaf ist der konkrete physiologische Akt. Dann sagt uns Binding: das Ereignis ist die Ursache des Begriffs, unter den es fällt. Oder 2) Beischlaf ist als die Selbstverwirklichung des rechtswidrigen

Willens, also nur in juristischer Abstraktion zu nehmen. Dann sagt Binding: der Subjektsbegriff ist die Ursache des Prädikatsbegriffes. — In beiden Fällen aber wendet Binding die Kategorien „Ursache und Wirkung", die nur für die Welt der Erfahrung passen, mit denen wir nur sinnfällige Ereignisse in der Einheit unseres Denkens zusammenfassen können, auf Begriffe an, welche nie und nimmermehr im Verhältnisse von Ursache und Wirkung zueinander stehen können. Entweder all unsere Logik, vom Anbeginne unserer menschlichen Selbstbesinnung bis zum heutigen Tage, war falsch und die Kategorien Ursache und Wirkung finden tatsächlich auch auf das Verhältnis zweier Begriffe Anwendung oder aber — Bindings Lehre ist unlogisch, ist nicht nur das Ergebnis einer rein formalistischen, gegen die Forderungen des Lebens verstoßenden, sondern einer auch mit den Fundamentalsätzen der rein formalen Logik unvereinbaren Betrachtungsweise.

Es ist doch so einfach und klar, daß der Beischlaf nicht die Ursache des Ehebruchs ist, sondern daß Ehebruch gar nichts anderes ist als der Beischlaf selbst im Lichte unserer ethischen oder juristischen Betrachtung, nichts anderes als der Begriff, unter den wir Juristen den Beischlaf bringen, wenn gewisse Voraussetzungen gegeben sind. —

Und diese Verheerung in dem Denken eines unserer scharfsinnigsten und gewissenhaftesten deutschen Juristen — wo hat sie anders ihre Wurzeln, als in den beiden oft betonten methodischen Grundfehlern? In der Tat: wenn der wissenschaftliche Wert einer hypothetischen Annahme an den Ergebnissen erkannt werden kann, zu welchen sie führt, dann ist der Stab gebrochen über Bindings Normentheorie.

3. Bindings Handlungsbegriff und die Idealkonkurrenz.

Wie Binding die sogenannte Idealkonkurrenz sich zurechtlegt, haben wir eben gesehen. Ich kann es mir wohl ersparen, dieser Konstruktion gegenüber meine abweichende Ansicht näher zu begründen. Es scheint mir das um so weniger hierher zu gehören, als der Zweck dieser Zeilen lediglich der einer kritischen Prüfung der Bindingschen

Ausführungen ist. Aber, wie ich im Gegensatze zu Binding das Problem stelle, darf und muß hier wohl angedeutet werden, weil dadurch erst meine Auffassung des Handlungsbegriffs für die Zwecke dieser Abhandlung ins volle Licht gesetzt wird.

Wir werden über Einheit und Mehrheit der verbrecherischen Handlung nie zu befriedigenden Ergebnissen gelangen können, wenn wir nicht von der Handlungseinheit ausgehen. Wir werden dabei selbstverständlich den nicht-juristischen, d. h. den seiner juristisch relevanten Merkmale entkleideten Handlungsbegriff zu Grunde zu legen haben. Denn der etwaige Artunterschied wird sich nicht feststellen lassen, wenn die Merkmale der Gattung noch der Untersuchung harren. Daß dieser nicht-juristische Handlungsbegriff darum kein unjuristischer ist, wie Binding glaubt, brauche ich wohl nicht weiter auseinanderzusetzen. Wenn wir uns nun über die entscheidenden Merkmale der „natürlichen" Handlungseinheit (man gestatte mir diese pleonastische Ausdrucksweise) klar geworden sind (und daß auf diesem Gebiete noch sehr viel zu tun ist, weiß ich genau), werden wir zu prüfen haben, ob die juristische, genauer: die kriminalistische Handlungseinheit sich mit der „natürlichen" deckt. Es kann ja sein, daß wir bei einer vom Standpunkte des Juristen aus vorgenommenen Betrachtung zu anderen Ergebnissen gelangen, daß der Begriff der Handlungseinheit für das Gebiet des Strafrechts sich modifiziert. Daß wir bei dieser Prüfung von den Sätzen des geltenden Rechts ausgehen müssen, wird in der neueren Literatur ziemlich allgemein zugegeben. An sich wäre nun folgendes Schema denkbar: 1) Handlungseinheit und Verbrechenseinheit; 2) Handlungsmehrheit aber Verbrechenseinheit; 3) Handlungseinheit aber Verbrechensmehrheit; 4) Handlungsmehrheit und Verbrechensmehrheit. Fall 1 bietet geringe Schwierigkeiten und braucht kaum näher untersucht zu werden. Fall 4 ist die sogenannte Realkonkurrenz, über deren Konstruktion im allgemeinen Uebereinstimmung der Meinungen herrscht. Fall 2 ist in den letzten Jahren wiederholt behandelt worden, und trotz mancher Abweichungen im einzelnen sind wir im wesentlichen wohl auf dem richtigen Wege. Lebhaft bestritten dagegen ist Fall 3: die sogenannte Idealkonkurrenz.

Es sind hier zunächst zwei Ansichten möglich. Man kann die Möglichkeit einer Handlungseinheit mit Verbrechensmehrheit behaupten oder leugnen. Die herrschende Ansicht behauptet sie und gelangt so zu zwei Arten der Verbrechensmehrheit (3 und 4), die sie als Ideal- uud Realkonkurrenz unterscheidet. Ich leugne (mit Hiller, Schütze u. a.) die Möglichkeit dieses Falles. Das Verbrechen ist Handlung; mehrere Verbrechen müssen daher mehrere Handlungen sein; eine natürliche Handlung kann immer auch nur eine verbrecherische Handlung sein. Ich fasse also die sogenannte Idealkonkurrenz nicht als Verbrechensmehrheit, sondern als Gesetzeskonkurrenz auf. Von der Richtigkeit und praktischen Brauchbarkeit dieser Ansicht habe ich mich mehr und mehr überzeugt, aber gern gebe ich zu, daß auch die gegenteilige Ansicht haltbar ist.

Binding steht nun auf einem ganz abweichenden Standpunkte. Ihm ist nicht nur die Realkonkurrenz, sondern ganz ebenso auch die Idealkonkurrenz Deliktsmehrheit und damit notwendig und unbedingt Handlungsmehrheit. Der Begriff der Norm verlangt diese Konsequenz, und darum wird sie gezogen. Wie diese Auffassung an dem Beispiel des Beischlafes mit der eignen verheirateten Tochter durchgeführt, wie da zwei Beischlafshandlungen nachgewiesen werden, ist uns in Erinnerung. Ich will auch darauf nicht näher eingehen, da kaum zu besorgen ist, daß diese Konstruktion Beifall in weiteren Kreisen finden wird. Aber die von Binding gegen meine Ansicht vorgebrachten Gründe interessieren mich.

Ich habe nach wiederholter genauer Prüfung der Bindingschen Ausführungen nur einen Beweisgrund gefunden, der Beachtung verdient. Denn Bindings Handlungsbegriff scheint mir nicht gefährlich; und daß ich den Wortlaut des § 73 St.G.B. (sowie das Schweigen des Gesetzes über die sogenannte gleichartige Idealkonkurrenz) für mich habe, kann Binding selbst nicht in Abrede stellen. Aber Binding sagt S. 472:

„Der Abschnitt bedurfte nicht einmal der Ueberschrift .... um jedem, der mit der neueren Rechtsentwickelung vertraut ist, sofort klarzulegen, daß von dem tradionell gewordenen Gegensatz idealer und realer Konkurrenz und der fast ebenso traditonell gewordenen Verschiedenheit ihrer Bestrafung gesprochen werden soll: der ganze Aufbau des Abschnittes und seine Ausdrucksweise beweist das zur Genüge."

Das ist in der Tat ein kräftiger Trumpf. Wer abweichende Ansichten vertritt, möge schleunigst die Lücken seiner Kenntnisse ausfüllen, ehe er weiter mitreden kann. Bindings umfangreiches Handbuch hat nun darauf verzichtet, „der Lehre des geltenden Rechts eine Vorgeschichte desselben vorauszusenden"; er hat auch auf alle rechtsvergleichenden Ausblicke verzichtet. Daraus mag es sich erklären, daß die Behauptung von der „neueren Rechtsentwickelung", von dem „traditionell gewordenen Gegensatze" ohne jede auch nur die leiseste Begründung dasteht, daß die Entschiedenheit, mit der sie auftritt, die fehlenden Quellen- und Literaturbelege ersetzen muß.

Die Behauptung aber ist gänzlich unrichtig; es ist einfach nicht wahr, daß wir es mit einem in der neueren Rechtsentwickelung traditionell gewordenen Gegensatz zu tun haben!

Ich hatte vor, den Beweis für meine Gegenbehauptung zu erbringen und bei dieser Gelegenheit die geschichtliche Entwicklung der Lehre von Handlungseinheit und Verbrechensmehrheit in groben Umrissen zu entwerfen. Inzwischen ist in Grünhuts Zeitschrift 13. Bd. eine Abhandlung von Hiller: „die Frage der sogenannten Idealkonkurrenz" erschienen (siehe Z. VI S. 403), die mich dieser Aufgabe völlig enthebt. Hiller erbringt in sorgfältiger Zusammenstellung den Nachweis, daß von der Mitte des vorigen Jahrhunderts bis zur Gegenwart stets eine große Anzahl von Autoritäten in der sogenannten Idealkonkurrenz nichts anderes erblickt haben als eine Handlung, welche unter mehrere rechtliche Gesichtspunkte fällt (unum factum, quod plures admittit inspectiones). Man lese bei Hiller nach, wie bestimmt und unzweideutig Koch und Savigny, Kleinschrod und Grolman, Abegg und Krug bis herab auf Breidenbach und Berner sich in diesem Sinne geäußert haben. Man lese bei Hiller nach, wie die neuesten Strafgesetzbücher und Entwürfe, welche auf dem Boden des deutschen Rechtes stehen, den Fall der sogenannten Idealkonkurrenz behandelt haben. Und man wird sich überzeugen, daß „jedem, der mit der neueren Rechtsentwicklung vertraut ist", Bindings Behauptung als eine tatsächlich völlig unrichtige erscheinen muß.

Aber auch die de lege ferenda für die Gleichstellung von Ideal- und Realkonkurrenz von Binding beigebrachten Gründe sind zum Teil erstaunlich schwach. Und wenn wir S. 576 lesen: „Größere Körperkraft, größere Geschicklichkeit greift zur Idealkonkurrenz, weil sie „durch eine Handlung" so viel auszurichten weiß, wie geringere Kraft und geringere Geschicklichkeit durch mehrere", so ist es für den, der auf „kraß realistischem Standpunkte" steht, kaum möglich, der Versuchung zu widerstehen, diesen Satz durch Beispiele zu erläutern und ins rechte Licht zu stellen. Der schwächliche Vater also muß mit einer unverheirateten Tochter und außerdem mit einer nicht blutsverwandten Frau den Beischlaf vollziehen; verfügt er über größere Körperkraft oder größere Geschicklichkeit, so genügt ihm der Beischlaf mit der verheirateten Tochter: er „greift zur Idealkonkurrenz" und „richtet" auf einmal ebensoviel „aus", wie der andere auf zweimal.

Ich verzichte auf weitere Ausmalung. Zudem würde uns dieselbe weiter führen, als die durch den 1. Band des Handbuchs der Kritik gezogenen Grenzen reichen. Der Verbrecher „greift" zur Idealkonkurrenz, um auf einmal zwei Verbrechen begehen zu können! Als ob es jedem Verbrecher gerade darum zu tun wäre, möglichst viele Paragraphen des Strafgesetzbuchs zu übertreten. Auch Bindings Vorsatzbegriff leidet, wie dieser eine Satz (auch ohne die „Normen") zur Genüge beweist, an dem doppelten methodischen Grundfehler aller neueren Bindingschen Arbeiten: der maßlosen Ueberschätzung des Normbegriffes und der damit gegebenen formalistischen Abkehr von den Tatsachen des Rechtslebens. Der 2. Band wird mir hoffentlich den Anlaß geben, auf Bindings Schuldlehre zurückzukommen.

Für diesmal bin ich mit meinen kritischen Betrachtungen zu Ende. Vergnügen haben sie mir nicht gemacht. Aber ich mußte mir von der Seele schreiben, was beim Durcharbeiten des Handbuches sich mir auf jeder Seite aufdrängte. Bindings wissenschaftliche Methode ist nach meiner tiefinnersten Ueberzeugung durch und durch verfehlt. Und es schien mir hoch an der Zeit zu sein, daß diese Ueberzeugung auch einmal öffentlich ausgesprochen werde. Verlieren kann dabei nur derjenige, der sich in die Bresche stellt; die Wissenschaft kann nur gewinnen. Und um die Wissenschaft handelt es sich dabei. Je selbstbewußter und rückhaltsloser die „Normentheorie" als die alleinseligmachende „exakte Forschung" auf dem Gebiete des Strafrechts auftritt, desto entschiedener und rücksichtsloser müssen wir alle, jeder nach seinen Kräften, die Geistesfreiheit der Wissenschaft verteidigen gegen den Terrorismus der Schule.

10. Der italienische Strafgesetzentwurf von 1887.

(Abhandlungen des kriminalistischen Seminars zu Marburg, 1. Bd., 1. Heft, 1888.)

Dem Vaterlande von Angelus Aretinus und Julius Clarus, von Cesare Beccaria und Francesco Carrara (und wie viele andere glänzende Namen könnten diesen angereiht werden!) scheint es im Buche der Geschicke geschrieben zu stehen, daß von hier aus in allen Jahrhunderten befruchtende Anregung, zielweisende Bestimmung jedem Zweige der gesamten Strafrechtswissenschaft zu teil werden solle. Wenn heute die ganze gebildete Welt an der Festesfreude der altehrwürdigen Bologner Hochschule mit gehobenem Herzen Anteil nimmt, sinnenden Blickes Jahrhunderte in der Entfaltung unseres Geisteslebens überschauend, dann mag es auch dem mitlebenden deutschen Kriminalisten nicht versagt werden, als Vertreter seines Faches der heutigen italienischen Wissenschaft den Dankesgruß über die Alpen zu senden und dabei der Gegenwart zu gedenken, in deren Strömungen die Keime zukünftiger Gestaltungen sich entwickeln.

Die Zeiten schienen vorüber zu sein, in welchen, wie noch in der zweiten Hälfte des vorigen und um die Mitte dieses Jahrhunderts, die großen Fragen der Strafgesetzgebung, des Gefängniswesens, der gesamten Kriminalpolitik in weitesten Kreisen Geist und Gemüt jedes denkenden Bürgers lebhaft erregten, wo Fürsten und menschenfreundliche Privatmänner miteinander wetteiferten in Untersuchungen und Vorschlägen, in Arbeiten und Opfern. Das Strafrecht war wieder zur ausschließlichen Sonderbeschäftigung der Fachprofessoren geworden, und was diese lehrten und schrieben, darum kümmerte sich niemand als die nächsten Kollegen. Wie das gekommen, welches die Ursachen dieses Niederganges gewesen und wer sie verschuldet — das ist hier nicht zu untersuchen. In dieses Stillleben hinein ertönte mit einem Male der kampfesfrohe, jugendmutige Schlachtruf der italienischen Kriminalisten; wieder werden die Waffen geschwungen, Waffen des Geistes, wieder stehen die tüchtigsten Männer, Gelehrte und Praktiker, Juristen und Mediziner, an der Spitze der streitenden Parteien, und wieder nimmt das ganze Volk lebhaften Anteil an den Wechselfällen, an dem Auf- und Abwogen des Kampfes der Meinungen. Wie auch die Würfel der Entscheidung rollen und fallen mögen: die italienische Wissenschaft hat wieder einmal die Bahn des Fortschrittes gewiesen, die Geistesöde befruchtet, das morschgewordene Gebäude einer in sich erstarrten Begriffsjurisprudenz in Trümmer geschlagen.

Fern liegt es mir, auf diesen Blättern meine Stellung zu den Kämpfenden darlegen zu wollen. Und nicht geziemen würde es sich, am heutigen Tage, welcher Bologna gilt und damit der gesamten Geistesblüte Italiens, der einzelnen gedenken zu wollen, deren Leistungen, deren Verdienste in dem Ruhmeskranze der ewig jungen Hochschule verzeichnet stehen.

Dagegen sei es mir gestattet, den bedeutungsvollen Einfluß der verjüngten Strafrechtswissenschaft nachzuweisen durch die kritische Besprechung des italienischen Strafgesetzentwurfs von 1887, dessen Inslebentreten dem politisch geeinten Reiche die Rechtseinheit auf einem der wichtigsten Lebensgebiete zu bringen bestimmt ist. Wenn, um das Ergebnis vorwegzunehmen, der Entwurf Zanardelli einen Markstein in der Geschichte der Strafgesetzgebung überhaupt bildet, wenn seine Bestimmungen auch außerhalb Italiens die ungeteilte Aufmerksamkeit der Staatsmänner beanspruchen können, so wird die Universität Bologna für sich und ihre Glieder den Ruhm in Anspruch nehmen dürfen, in hervorragender Weise an der glücklichen Vollendung des nationalen Werkes beteiligt gewesen zu sein.

Ein nationales Werk im vollen Sinne des Wortes ist der italienische Strafgesetzentwurf von 1887. Nicht nur dadurch, daß er dem bisher in verschiedene strafrechtliche Gebiete zerspaltenen Reiche die längst ersehnte Rechtseinheit schafft, sondern auch dadurch, daß er die bis vor kurzem so sehr beliebte und so überaus bequeme Anlehnung an den Code pénal von 1810, welcher bedauerlicherweise auch die Grundlage des preußischen Strafgesetzbuchs von 1851 und durch dieses unserer Reichsgesetzgebung bildet, verschmäht und, um die Bedürfnisse des italienischen Rechtslebens zu befriedigen, aus italienischem Geiste geschöpft hat. Ein beachtenswerter Umschwung der Anschauungen über die Aufgaben einer nationalen Gesetzgebung, das verheißungsvolle Ergebnis der gesamten Entwicklung in den letzten Jahren tritt darin zu Tage.

Während noch die österreichischen Entwürfe von 1874 und 1881 ebenso wie das ungarische Strafgesetzbuch von 1878 sich an das Reichsstrafgesetzbuch, also mittelbar an das französisch-preußische Recht anlehnten, hat bereits die niederländische Strafgesetzgebung von 1881 neue und höchst beachtenswerte Bahnen eingeschlagen. Auch der russische Entwurf von 1881 fußt zwar auf der westeuropäischen Gesetzgebung und Wissenschaft, hat es aber, und zwar mit glücklichem Erfolge, vermieden, fremde Vorbilder nachzuahmen. Das gleiche gilt von dem norwegischen Entwurfe von 1887, dessen erster von Professor Dr. Getz in Christiania gearbeiteter Teil durchaus eigenartigen Charakter aufweist. Nunmehr ist auch Italien, dank der Entschlossenheit und Sachkenntnis seines gegenwärtigen Justizministers, in die Reihe derjenigen Staaten eingetreten, deren Strafgesetzgebung durch die Selbständigkeit und Zeitgemäßheit ihrer Bestimmungen einen neuen Zeitabschnitt in der Entwicklungsgeschichte des Strafrechts einleitet. Eine genauere Betrachtung des italienischen Entwurfs, welcher voraussichtlich in kürzester Frist Gesetzeskraft erlangen dürfte, wird demnach das Interesse auch der deutschen Leser um so mehr beanspruchen können, als auch für das deutsche Reich die zwingende Notwendigkeit immer deutlicher erkennbar wird, nach der glücklichen Vollendung des bürgerlichen Gesetzbuchs an eine gründliche Umgestaltung seiner Strafgesetzgebung heranzutreten. Die endliche Befreiung von dem Banne des Code pénal kann auch uns nur gelingen, wenn wir, aus bequemer Selbstbespiegelung uns aufraffend, offenen Auges und ohne Voreingenommenheit fremde Arbeit zu verfolgen und zu würdigen uns bemühen.

Vorgeschichte und äussere Anlage des Entwurfs.

Die Bestrebungen, ein einheitliches Gesetzbuch für das geeinte Königreich Italien zu schaffen, reichen bis in das Jahr 1860 zurück. Seither sind nicht weniger als vierzehn italienische Justizminister an der Lösung dieser Aufgabe tätig gewesen, nicht weniger als zwölf verschiedene, mehr oder weniger selbständige Entwürfe ausgearbeitet worden. Nicht sprunghaft, sondern weiterbauend auf den von den Vorgängern errichteten Grundlagen haben die bedeutendsten der italienischen Gelehrten, Staatsmänner und Praktiker gemeinsam mit ihren besten Kräften an dem Gelingen des großen Werkes gearbeitet. Und mit vollem Recht durfte Zanardelli die von Mancini 1876 ausgesprochenen Worte wiederholen, daß niemand in Italien für seine Person das Verdienst in Anspruch nehmen kann, der Verfasser des nationalen Strafgesetzbuches zu sein.

Die Geschichte dieser Bestrebungen kann hier nicht im einzelnen geschildert werden. Es genügt, einige der wichtigeren Abschnitte in Erinnerung zu bringen.

Nach jahrelangen Vorarbeiten, an welchen insbesondere de Falco in hervorragender Weise beteiligt war, überreichte Vigliani am 24. Februar 1874 den nach ihm benannten, auch in Deutschland eingehend erörterten Entwurf dem Senat, um ihn, nachdem er hier Annahme gefunden hatte, am 28. Mai 1875 an das Abgeordnetenhaus gelangen zu lassen.

Viglianis Nachfolger Mancini unterzog den Entwurf seines Vorgängers einer durchgreifenden Umgestaltung und legte das erste Buch desselben nebst den darüber eingeholten Gutachten am 25. November 1876 auf den Tisch des Abgeordnetenhauses nieder, während gleichzeitig im Ministerium die Beratungen über das zweite Buch fortgesetzt wurden.

Auf die Minister Conforti und Villa folgte 1882 der Siegelbewahrer Zanardelli. Mit größtem Eifer widmete er sich sofort der Prüfung und Umgestaltung des Entwurfs, als ein abermaliger Wechsel des Ministeriums ihn der unvollendeten Arbeit entriß. Sein Nachfolger Savelli aber nahm den Entwurf Zanardellis auf und brachte ihn mit unwesentlichen Aenderungen am 26. November 1883 bei dem Abgeordnetenhause ein. Auch der nächste Justizminister Pessina hielt an der Arbeit Zanardellis fest, welche von dem Ausschusse der Kammer nur in wenigen Punkten (so wurde die Zweiteilung der strafbaren Handlungen durch die Dreiteilung ersetzt) abgeändert worden war.

Am 23. November 1885 überreichte, nach abermaligem Ministerwechsel, der Siegelbewahrer Tajani den allgemeinen Teil des ersten Buches der neugewählten Kammer. Der Entwurf schloß sich dem früheren unter Berücksichtigung jener Aenderungen an, welche von dem Ausschusse des Abgeordnetenhauses von 1883 bis 1886 vorgenommen worden waren. Noch während der Kammerausschuß mit der Prüfung des Entwurfes beschäftigt war, übernahm Zanardelli zum zweiten Male das Ministerium der Justiz. Seinen Bemühungen ist der vorliegende Entwurf zu danken.

In der Sitzung des Abgeordnetenhauses vom 22. November 1887 überreichte Zanardelli den abermals durchgearbeiteten Entwurf. Demselben (als Band III) sind zwei Bände Begründung, der erste mit 242, der zweite mit 571 Seiten in Quart beigegeben; eine Begründung, welche schon wegen ihrer großen wissenschaftlichen Bedeutung sowie wegen ihrer eingehenden Erörterung auch des sonst so vernachlässigten besonderen Teils den größten Anspruch auf allgemeine Beachtung haben würde.

Um die baldige Einführung des entworfenen Gesetzes zu sichern und die ebenso zeitraubenden und nutzlosen wie gefährlichen parlamentarischen Einzelberatungen zu vermeiden, schlägt der Minister vor, daß das bei Einführung des bürgerlichen und des Handelsgesetzbuches beobachtete Verfahren auch diesmal festgehalten werde. Einem besonderen Ausschusse („commissione coordinatrice"), zusammengesetzt insbesondere auch aus Vertretern der beiden Kammern, soll es überlassen bleiben, die angeregten Abänderungen zu prüfen und die Schlußfassung des Gesetzes vorzunehmen. Das Strafgesetzbuch soll spätestens am 31. Dezember 1888 veröffentlicht werden und wenige Monate später in Kraft treten. Der Wunsch wird dem deutschen Juristen nicht verübelt werden, daß auch für die Einführung des deutschen bürgerlichen Gesetzbuchs ein ähnliches Verfahren eingeschlagen werden möge.

Der Entwurf zählt 480 Artikel. Er zerfällt in drei Bücher.

Das *erste Buch* (Art. 1—100) enthält die allgemeinen Bestimmungen in neun Titeln, und zwar in folgender Reihenfolge. Titel I: Anwendungsgebiet der Strafgesetze. Titel II: Die Strafen. Titel III: Wirkung und Vollzug der Straferkenntnisse. Titel IV: Zurechnungsfähigkeit; Ursachen, welche sie ausschließen oder vermindern. Titel V: Versuch. Titel VI: Beteiligung mehrerer Personen an demselben Verbrechen. Titel VII: Zusammentreffen von Verbrechen oder von Strafen. Titel VIII: Rückfall. Titel IX: Erlöschen der Strafklagen und der Straferkenntnisse.

Im *zweiten Buch* (Art. 101—412) sind die einzelnen Vergehungen (delitti) in zehn Titeln behandelt, welche wieder in Kapitel zerfallen. Titel I: Vergehungen gegen die Sicherheit des Staates [1) gegen das Vaterland; 2) gegen die Staatsgewalt; 3) gegen die Häupter auswärtiger Regierungen und ihre Vertreter; 4) gemeinsame Bestimmungen]. Titel II: Vergehungen gegen die Freiheit [1) gegen die politischen Freiheiten; 2) gegen die Freiheit der Religionsübung; 3) gegen die persönliche Freiheit; 4) gegen das Hausrecht; 5) gegen das Briefgeheimnis; 6) gegen die Freiheit der Arbeit]. Titel III: Vergehungen gegen die öffentliche Verwaltung [1) Amtsunterschlagung; 2) Amtserpressung; 3) Bestechung; 4) Mißbrauch der Amtsgewalt und Verletzung der Dienstpflicht; 5) Vergehen der Religionsdiener; 6) Amtsanmaßung; 7) Gewalt und Widerstand gegen die Obrigkeit; 8) Amtsbeleidigung; 9) Siegel- und Arrestbruch; 10) Verkauf des Einflusses; 11) Vertragsbruch der Lieferanten für öffentliche Bedürfnisse; 12) gemeinsame Bestimmungen]. Titel IV: Vergehungen gegen die Rechtspflege [1) Verweigerung der Dienstpflicht; 2) falsche Selbstanzeige; 3) Verleumdung; 4) falsche Aussage; 5) Untreue des Anwalts; 6) Begünstigung; 7) Entweichung von Gefangenen; 8) Selbsthilfe; 9) Zweikampf]. Titel V: Vergehungen gegen die öffentliche Ordnung [1) Anreizung zu Vergehungen; 2) Verabredung von Vergehungen; 3) Anreizung zu Bürgerkrieg; bewaffnete

Haufen, öffentliche Bedrohung]. Titel VI. Vergehungen gegen die öffentliche Treue [1) Münzfälschung; 2) Fälschung von Siegeln und Stempeln; 3) Urkundenfälschung; 4) Fälschung von Legitimationspapieren; 5) Fälschungen im Handelsverkehr]. Titel VII: Vergehungen gegen die öffentliche Sicherheit [1) Brandstiftung, Ueberschwemmung u. s. w.; 2) Vergehungen gegen den Eisenbahn- und Telegraphendienst; 3) Vergehungen gegen die öffentliche Gesundheit; 4) gemeinsame Bestimmungen]. Titel VIII: Vergehungen gegen Sittlichkeit und Familienordnung [1) Notzucht, Verführung, öffentliches Aergernis; 2) Entführung; 3) Kuppelei; 4) gemeinsame Bestimmungen; 5) Ehebruch und Konkubinat; 6) mehrfache Ehe; 7) Veränderung des Personenstandes und Kindesunterschiebung]. Titel IX: Vergehungen gegen die Person [1) Tötung; 2) Körperverletzung; 3) gemeinsame Bestimmungen; 4) Abtreibung; 5) Aussetzung; 6) Ueberschreitung des Züchtigungsrechtes; 7) Beleidigung; 8) Offenbarung von Geheimnissen]. Titel X: Vergehungen gegen das Eigentum [1) Diebstahl; 2) Raub; 3) Erpressung; 4) Betrug; 5) Unterschlagung; 6) Sachhehlerei; 7) Besitzstörung; 8) Sachbeschädigung; 9) gemeinsame Bestimmungen].

Im *dritten Buch* sind endlich die Uebertretungen in vier Titeln (Art. 413—480) zusammengestellt.

Es ergibt sich aus dieser Uebersicht die wichtige und erfreuliche Tatsache, daß der italienische Entwurf die französische Dreiteilung in Verbrechen, Vergehen und Uebertretungen aufgegeben und an ihre Stelle die Zweiteilung in Vergehungen und Uebertretungen (delitti und contravenzioni) gesetzt hat. Der Entwurf tritt damit in Gegensatz zu den Strafgesetzbüchern von Belgien 1867, Ungarn 1878, unserem Reichsstrafgesetzbuch sowie den Entwürfen von Oesterreich und Rußland; er kann aber für sich das Beispiel des niederländischen Strafgesetzbuchs von 1881, sowie des norwegischen Entwurfs geltend machen. Unter den Gründen, welche Zanardelli für die Zweiteilung geltend macht, spielt insbesondere die Vereinfachung des Strafensystems eine entscheidende Rolle. Die Vergehungen sind im zweiten Buche, die Uebertretungen, soweit sie bleibenden Charakter tragen, im dritten Buche behandelt, im übrigen aber der Sondergesetzgebung überlassen. Ob nicht die Zusammenfassung sämtlicher Uebertretungen in einem besonderen Gesetzbuche, etwa nach dem Beispiele Ungarns, den Vorzug verdient hätte, erscheint mir zum mindesten zweifelhaft.

Erstes Buch. Allgemeiner Teil.

Titel I. Das Anwendungsgebiet der Strafgesetze.

I. Die Rückwirkung des milderen neueren Strafgesetzes ist in Art. 2 anerkannt; der Grundsatz greift auch gegenüber dem bereits rechtskräftig gewordenen Urteil durch, dessen Vollstreckung eingestellt oder dem neueren Gesetze entsprechend umgestaltet wird. Diese Bestimmungen haben zwar nicht die Logik (wie die Begründung I 59 nachzuweisen versucht), wohl aber die Billigkeit für sich und werden darum wohl allgemeinen Beifall finden.

II. In Bezug auf das räumliche Geltungsgebiet der Strafrechtssätze vertritt der Entwurf mit aller Bestimmtheit das Schutzprinzip im Gegensatz zu dem in der Begründung I 64 ausdrücklich verworfenen „principio di preteso cosmopolitismo del magistero penale“. Darnach schreitet der Staat *nur im eigenen Interesse* strafend ein. Wenn auch dieser grundsätzliche Standpunkt die lebhafteste Billigung verdient, so kann doch nicht geleugnet werden, daß seine Durchführung im Entwurfe der inneren Folgerichtigkeit ermangelt. Nur in folgenden zwei Fällen soll nach Begründung I 62 über das in Art. 3 zu Grunde gelegte Territorialprinzip hinausgegangen werden:

1) Wenn die im Auslande begangene Handlung inländische Rechtsgüter verletzt („ravvisa un effetto lesivo dei beni giuridici da esso — dem Inlande — garantiti“). Mit dieser Fassung kann ich mich nur völlig einverstanden erklären. Aber dann gehören hierher nicht nur die in Art. 5 aufgezählten Handlungen gegen das politische und wirtschaftliche Leben des Staates, sondern auch alle Handlungen, welche gegen Rechtsgüter inländischer Bürger gerichtet sind.

2) Weiter sollen im Auslande begangene Handlungen auch dann im Inlande gestraft werden, wenn der „sozialpolitische Erfolg derselben sich auf das Inland erstreckt“. Mit dieser etwas dunklen Wendung ist nichts anderes gemeint, als die Anwesenheit des Täters im Inland, da die Straflosigkeit des Schuldigen eine Drohung für die Sicherheit des Aufenthaltsstaates in sich schließe. Von diesem Gesichtspunkte aus sind die Bestimmungen der Art. 6 und 7 gefaßt. Und hier steckt der Trugschluß. Der Schuldige kann ja doch entweder ausgeliefert oder ausgewiesen werden; damit ist die aus seiner Anwesenheit angeblich drohende Gefahr gänzlich beseitigt. Bezüglich des Ausländer ist das in Art. 7 anerkannt. Bezüglich des Inländers ist dagegen in Art. 9, Abs. 1 die Auslieferung ausdrücklich ausgeschlossen. In der Nichtauslieferung der Inländer, diesem bedauerlichen, aus der Gesetzgebung trotz aller begründeten Angriffe nicht zu beseitigenden Grundsatze, liegt die einzige Veranlassung für die Abweichung von dem Schutzprinzip. Mit dieser Abweichung ist aber sofort auch die ebenso verkehrte wie bedauerliche Notwendigkeit gegeben, fremdes Recht (soweit es milder ist) im Inlande zur Anwendung zu bringen, fremde Rechtssprüche zu berücksichtigen. Zu welchen Verwicklungen das führen kann, liegt auf der Hand. Wenn ein Italiener in New York oder in China ein Verbrechen begangen hat, dann soll der italienische Richter das St.G.B. von New York anwenden oder das chinesische Recht mit dem italienischen vergleichen! Wenn ein Franzose in Marseille einen italienischen Hafenarbeiter getötet hat, dann schützt ihn der Freispruch der Marseiller Geschworenen vor jeder Verfolgung in Italien! Will man nun einmal der herrschenden Anschauung zuliebe die Auslieferung der Inländer nicht zugeben, so würden folgende Sätze vollkommen ausreichen und alle Verwicklungen abschneiden:

1) Der Inländer, welcher im Auslande eine strafbare Handlung begangen hat, wird (mit Einrechnung der etwa im Auslande erlittenen Strafe) ohne weiteres nach inländischem Recht bestraft, wenn dieses auch härter ist;

2) dasselbe gilt von dem Ausländer, welcher im Auslande inländische Interessen gefährdet hat (vergl. die Worte: „a danno di un cittadino o dello Stato italiano" in Art. 7, Abs. 1). Im übrigen wird der Ausländer ausgeliefert, oder, wenn das nicht möglich, ausgewiesen.

In keinem Fall aber Anwendung fremden Rechts oder gar Berücksichtigung fremder Rechtssprüche! Nur darum kann es sich handeln, ob und wieweit dem *inländischen* Recht Geltung zukommen soll.

III. Art. 9 behandelt kurz die Auslieferung. Sie findet niemals statt wegen politischer oder mit diesen zusammenhängender Delikte (per i reati politici ni per i reati a questi connessi). Eine der „belgischen Attentatsklausel" entsprechende Ausnahme ist nicht aufgenommen; getreu seinem bisherigen Verhalten gewährt Italien auch künftighin dem Königsmörder politisches Asyl. Das ist tief zu beklagen, aber kaum zu ändern. So lange die Auslieferung nicht durch einen internationalen Rechtshilfeverein geregelt ist, wird es den einzelnen Staaten nicht verwehrt werden können, ihre eigenen Wege zu gehen.

Titel II und III. Das Strafensystem.

I. Beseitigung der Todesstrafe. Wie seine Vorgänger (und ebenso die Verfasser des norwegischen Entwurfs) hat auch Zanardelli an der Beseitigung der Todesstrafe festgehalten und diesen seinen Standpunkt in glänzender Begründung (I 34) gerechtfertigt. An Stelle der Todesstrafe tritt der schwerste Kerker[1]) (ergastolo). Die Strafe des schwersten Kerkers (Art. 11) ist lebenslänglich und wird in besonderen Anstalten verbüßt, in welchen der Verurteilte in immerwährender Einzelnhaft, mit Verpflichtung zur Arbeit, festgehalten wird. Bei guter Führung kann der Verurteilte nach 10 Jahren zu gemeinsamer Arbeit mit anderen, unter Schweiggebot, zugelassen werden. Mit der Verurteilung zu schwerstem Kerker ist der

1) Ich gebrauche diesen Ausdruck in Anlehnung an die Sprachweise des Josefinischen Strafgesetzbuchs von 1787.

Verlust der väterlichen und eheherrlichen Gewalt sowie der Testierfähigkeit verbunden (Art. 32); außerdem ist der Verurteilte als entmündigt zu betrachten (Art. 33). Das ist der bürgerliche Tod in seiner schwersten Form. Es läßt sich nicht leugnen, daß dieser Strafart sowohl der Charakter der Unschädlichmachung wie jener der Abschreckung im vollsten Maße innewohnt, daß sie den Wegfall der Todesstrafe in keiner Beziehung vermissen läßt. Aber freilich: ob diese langsame, qualvolle Hinrichtung, nachdem der Verurteilte nicht nur der Gesellschaft, sondern auch seiner Familie entrissen worden, ob dieses Hinsiechenlassen an dem unvermeidlichen Kerkermarasmus nicht unendlich viel grausamer, raffinierter, für das Gefühl verletzender ist als die Todesstrafe — das zu entscheiden, mag denjenigen überlassen bleiben, welche in der Beseitigung der Todesstrafe einen Fortschritt der menschlichen Gesittung erblicken. Ueber Gefühle läßt sich nicht streiten; ich für meinen Teil halte das befreiende Schwert für milder und menschlicher als die Begrabung des Lebenden, mag man ihm auch die Oellampe täuschender Hoffnung oder den Brotleib der Kerkernahrung mit in die Gruft geben.

Die Strafe des schwersten Kerkers ist im Entwurf in 9 Fällen angedroht:

1) Bei Angriffen auf Unabhängigkeit oder Einheit des Staates (Art. 101);

2) bei Erregung eines Krieges gegen das Vaterland (Art. 103);

3) bei Angriffen auf Leben, Gesundheit oder Freiheit des Königs, des Kronprinzen oder des Regenten (Art. 112);

4) bis 9) in 6 Fällen der vorsätzlichen (nicht notwendig überlegten) Tötung (Art. 347).

Liegen mildernde Umstände vor, so tritt an Stelle des schwersten Kerkers Zuchthaus von dreißig Jahren (Art. 56) mit Ausschluß der bedingten Entlassung (Art. 15 No. 2); daran schließt sich Polizeiaufsicht von 10 Jahren (Art. 33 Abs. 2).

Man vergleiche damit die Strafdrohungen derjenigen Staaten, welche die Todesstrafe beibehalten haben: der Vergleich wird die Zahl der Gegner der Todesstrafe wohl kaum vermehren!

II. Die Strafen der Vergehungen (delitti) sind, abgesehen von dem ergastolo: a) Zuchthaus (reclusione); b) Einschließung (detenzione); c) Verstrickung (confino); d) örtliche Ausweisung (esilio locale); e) Entziehung der Ehrenrechte (interdizione dei pubblici ufficii); f) die Geldstrafe (la multa).

1) Die Strafe der detenzione, insbesondere für politische und für Preßdelikte bestimmt, von 3 Tagen bis zu 24 Jahren reichend (Art. 14), entspricht der deutschen Festungshaft als einer ausnahmsweise eintretenden custodia honesta, unterscheidet sich aber von dieser durch die Vorschrift der nächtlichen Trennung und des Arbeitszwanges. Ob auf Einschließung oder Zuchthaus zu erkennen sei, ist nicht dem richterlichen Ermessen überlassen, sondern im Gesetze selbst ausdrücklich bestimmt. Bedingte Freilassung tritt auch hier ein (Art. 15).

2) Die eigentliche kriminelle Freiheitsstrafe ist das Zuchthaus (la reclusione) von 3 Tagen bis zu 24 Jahren (Art. 12). Zuchthaus bis zu einem Jahre wird im Gerichtsgefängnisse und zwar vollständig in Einzelnhaft verbüßt, wobei zwei Tage Einzelnhaft als drei Tage der Strafdauer gelten. Bei Zuchthaus von über einem Jahre tritt fortschreitender Strafvollzug (progressives System) ein. *Damit ist auch Italien* (ebenso wie Norwegen) *in die Reihe derjenigen Staaten getreten, welche die langdauernde Einzelnhaft verwerfen,* so lange die Besserung des Verurteilten noch erwartet werden kann. Gegenwärtig ist mithin Belgien das einzige Land, in welchem die starren Anhänger der Zellenhaft noch nicht in die Minderheit gedrängt sind: ein beachtenswerter Fingerzeig für das Deutsche Reich, welches doch auch endlich einmal an eine Regelung seines gänzlich verwahrlosten Gefängniswesens wird denken müssen. Die Stufen der Strafvollstreckung sind (Art. 12 und 13) die folgenden: 1) Einzelnhaft im Beginn der Strafzeit, während eines Sechstels derselben, aber nicht unter 6 Monaten und nicht über 3 Jahren (das Höchstmaß ist immer noch zu hoch!); 2) ge-

meinsame Tagesarbeit unter Schweiggebot und mit nächtlicher Trennung; 3) bei Zuchthaus von mehr als 5 Jahren kann (Art. 13) nach Verbüßung der Hälfte bei der Strafzeit guter Führung Versetzung in eine Zwischenanstalt (stabilimento intermedio, agricolo o industriale), oder aber Anhaltung zu öffentlichen Arbeiten eintreten.

Die Art. 15 und 16 gestatten sowohl bei Zuchthaus als auch bei Festungshaft die bedingte Entlassung, welche aber in einer Reihe von Fällen (so auch bei Rückfälligen) bedingt oder unbedingt ausgeschlossen ist. Bedauerlicherweise hat der Entwurf auf eine Regelung der Schutzfürsorge, ohne welche die bedingte Entlassung so gut wie wertlos ist, verzichten zu dürfen geglaubt.

Ausnahmsweise können beide Freiheitsstrafen in einer Verwahrungsanstalt (casa di custodia) vollstreckt werden (Art. 17, 48, 54).

3) Verstrickung und örtliche Ausweisung (Art. 19—21) werden vom Richter für eine Dauer von nicht weniger als einem Monat und nicht mehr als 3 Jahren erkannt. Uebertretung der damit verknüpften Verpflichtungen hat die Umwandlung der rechtlichen Dauer dieser Strafen in Einschließung zur Folge.

4) Die Entziehung der Ehrenrechte (Art. 18) ist eine lebenslängliche oder eine zeitige. Die letztere wird auf eine Dauer von nicht weniger als 3 Monaten und nicht mehr als 5 Jahren ausgesprochen.

5) Die Geldstrafe besteht in der Einzahlung einer Geldsumme von 10 bis zu 10000 Lire an die Staatskasse (Art. 22), die im Falle der Uneinbringlichkeit in Einschließung bis zu einem Jahre umgewandelt wird (Maßstab: 1 Tag gleich 10 Lire). Nach Begründung I 114 sollen die Geldstrafen verwendet werden zur Entschädigung unschuldig Verurteilter und Verhafteter sowie zum Ersatz des durch die Handlung verursachten Schadens an arme Beschädigte. Wichtiger und zweckentsprechender wäre es wohl, nach dem Vorbilde Ungarns diese Erträge zur Unterstützung entlassener Sträflinge zu verwenden. Die „Unschuld" festzustellen, bietet unser heutiges Strafverfahren keinerlei Mittel; die

Unterstützung Entlassener aber wird durch staatliche Interessen dringend gefordert.

Bedauerlich scheint mit weiter, daß der Entwurf für die Bemessung der Geldstrafe nicht das aus dem Steuersatze des Verurteilten erkennbare Einkommen desselben zu Grunde gelegt hat. Diese Art der Bemessung (also etwa nach Zwölfteln der Einkommensteuer) bietet keinerlei praktische Schwierigkeiten; jede andere Art der Bemessung ist eine durchaus ungerechtfertigte Begünstigung des Reichen und benimmt der Geldstrafe ebensosehr die repressive Kraft wie den moralischen Wert.

III. Die für Uebertretungen (contravenzioni) festgesetzten Strafen sind: a) die Haft (arresto) von einem Tag bis zu zwei Jahren (Art. 23) mit Arbeitszwang, der zunächst wohl nur auf dem Papiere stehen wird; b) die Geldbuße (amenda) von einer Lira bis zu 2000 Lire (Art. 25); c) die Untersagung der Ausübung einer Kunst oder eines Gewerbes in der Dauer von 3 Tagen bis zu 2 Jahren.

IV. Im ganzen kennt also der Entwurf mit Einrechnung des schwersten Kerkers zehn verschiedene Strafarten, darunter vier eigentliche und zwei uneigentliche Freiheitsstrafen: ergastolo, reclusione, detenzione, arresto einerseits, confino und esilio locale anderseits, ferner zwei Strafen am Vermögen: multa und amenda; und endlich zwei Ehrenstrafen: l'interdizione dei pubblici ufficii und la sospensione dall' esercizio di una professione od arte. Auf die Hervorhebung einer besonderen Gruppe von Nebenstrafen hat der Entwurf verzichtet. Zu beachten sind jedoch 1) die Stellung unter Polizeiaufsicht, welche in Wahrheit den Charakter einer Nebenstrafe trägt; 2) die Ersatzmittel für kurzzeitige Freiheitsstrafen; und 3) die Rechtswirkungen der Verurteilung.

V. Trotz aller dagegen sprechenden Bedenken hat der Entwurf die Stellung unter Polizeiaufsicht (la sottoposizione del condannato alla vigilanza speciale dell' Autorità di pubblica sicurezza) beibehalten. In den vom Gesetze bestimmten Fällen muß der Richter, in anderen kann er neben Zuchthaus von über einem Jahre auf dieselbe erkennen. Die Wirkungen der Polizeiaufsicht, welche Art. 29 regelt, sind einigermaßen gemildert. Dennoch wird man wohl auch in Italien die Erfahrung machen, daß die Polizeiaufsicht nur neben einer gesetzlich geregelten Schutzfürsorge gute Früchte bringt; daß sie ohne diese den gebesserten Verbrecher an der Erlangung eines ehrlichen Verdienstes hindert, den ungebesserten dagegen in der Verfolgung seiner verbrecherischen Pläne nicht ernstlich stört. Das Beispiel von Ungarn, Holland und Frankreich, die Mahnungen von Pessina und Brusa hätten wohl größere Beachtung verdient.

VI. Von größter und hoffentlich bahnbrechender Bedeutung sind dagegen die Bestimmungen des Entwurfs über die Ersatzmittel für kurzzeitige Freiheitsstrafen (ungenau surrogati penali genannt). In diesen Bestimmungen und in denjenigen des VIII. Titels über den Rückfall erblicke ich das größte und bleibendste Verdienst des Entwurfs.

Die tunlichste Beseitigung der kurzzeitigen Freiheitsstrafen ist eine der ersten und dringendsten Forderungen der Kriminalpolitik. Dem Gewohnheitsverbrecher gegenüber ohne jede abschreckende Kraft, sind sie für den Neuling auf der Bahn des Verbrechens von tief entsittlichender Wirkung. Die kleinen Gerichtsgefängnisse, mit ihren ungenügenden, bald stark, bald schwach belegten Räumen, der mangelhaften Beaufsichtigung und Beschäftigung der Häftlinge sind ganz ebenso die Brutstätten des Verbrechens und des Lasters, wie die alten Zuchthäuser es waren. Hier ist der Punkt, an welchem jede zielbewußte Verbesserung des Gefängniswesens einzusetzen hat. Alle Reformbestrebungen müssen erfolglos bleiben, so lange die Gesetzgebung nicht einsieht, daß die vielgerühmten Vorzüge der Freiheitsstrafe, vor allem die Möglichkeit einer intensiven Einwirkung auf den Verbrecher, nur der länger dauernden Freiheitsstrafe zukommen, der kurzzeitigen dagegen gänzlich fehlen. Wenn es demnach geboten erscheint, Freiheitsstrafen von weniger als 6 Wochen (ich würde am liebsten noch weiter gehen) völlig auszuschließen, so wird jeder Schritt, der uns diesem Ziele näher führt, mit der größten und dankbarsten Freude begrüßt werden müssen.

Aus den Bestimmungen des Entwurfs gehören die folgenden hierher:

1) An Stelle der uneinbringlichen Geldstrafe kann (statt der Einschließung) die Leistung einer Arbeit für den Staat, die Provinz, die Gemeinde treten, wobei zwei Arbeitstage gleich einem Tage Festungshaft gerechnet werden (Art. 22, Abs. 5). Dasselbe gilt von der Geldbuße.

2) Wenn die Strafe der Haft (arresto) einen Monat nicht übersteigt, kann der Richter unter Berücksichtigung der näheren Umstände anordnen, daß der nicht rückfällige Verurteilte die Strafe in seiner Wohnung verbüße (Hausarrest; vergl. dazu Begründung I 106). Bei Arrestbruch ist die ganze Strafe in den gewöhnlichen Haftlokalen zu verbüßen (Art. 23).

3) In den vom Gesetze bestimmten Fällen kann die Strafe der Haft in einem Arbeitshaus (casa di lavoro) oder auch durch Ausführung öffentlicher Arbeiten verbüßt werden (Art. 24). Die Begründung I 108 Note 1 schildert eingehend die Bewegung, welche sich zu Gunsten dieser Einrichtung insbesondere seit dem internationalen Gefängniskongreß zu Rom (1885) im Auslande geltend gemacht hat. In der Tat bedeutet der Ersatz der Freiheitsstrafe ohne oder mit Arbeit durch Strafarbeit ohne Freiheitsberaubung einen der wichtigsten Fortschritte in der zweckentsprechenden Ausgestaltung unseres Strafensystems.

4) Ganz besonders glücklich ist aber die Zulassung der mit dem Verweise auf das engste verknüpften Friedensbürgschaft (Art. 27 und 28).

An Stelle der Einschließung und des Arrestes, wenn beide Strafen die Dauer eines Monates nicht übersteigen, an Stelle der Verstrickung und der örtlichen Verbannung von nicht über drei Monaten, an Stelle endlich der dreihundert Lire nicht übersteigenden Geldstrafe kann, wenn der Verurteilte in den letzten fünf Jahren nicht bestraft worden ist, der richterliche Verweis (riprensione giudiziale) treten. Zugleich hat sich der Verurteilte allein oder mit einem oder mehreren Bürgen zur Zahlung einer bestimmten Geldsumme für den Fall zu verpflichten (cauzione con malleveria), daß er innerhalb eines bestimmten Zeitraumes neuerdings eine strafbare Handlung begehen sollte.

Bei zweckentsprechender Anwendung dieser Bestimmung durch die Gerichte wird einer der auch im Entwurfe nicht beseitigten Hauptmängel des gegenwärtigen Strafensystems (die kurzzeitige Freiheitsstrafe) fast völlig vermieden werden. Künftigen Reformen, in Italien oder anderswo, bleibt es dann vorbehalten, das Mindestmaß der Freiheitsstrafe auf sechs Wochen zu erhöhen. Aber auch dann noch wird dem italienischen Entwurfe das Verdienst verbleiben, zuerst unter allen festländischen Gesetzgebungen den richtigen Weg beschritten zu haben.

VII. Aus den Bestimmungen des III. Titels über die Rechtswirkungen und den Vollzug der Straferkenntnisse hebe ich eine einzige hervor. Art. 37 bestimmt, daß, ganz unabhängig von dem Schadenersatz (risarcimento dei danni) der Richter auf Antrag der Verletzten geeigneten Falles (ovi occorra) diesem eine bestimmte Summe als Genugtuung (a titolo di riparazione) zusprechen kann, und zwar wegen einer jeden Vergehung (delitto), welche die Ehre des Betroffenen oder seiner Familie verletzt, mag die Handlung auch keinen Schaden verursacht haben.

Es ist damit eine der deutschen Buße ähnliche Einrichtung in das italienische Recht eingeführt. Daß diese Einführung eine glückliche sei, möchte ich bezweifeln. Zunächst ist das innere Wesen dieser „Buße“ durch die Ausführungen I 146 der Begründung um nichts klarer geworden als es vorher war. Die Buße soll demnach weder Ersatz des materiellen noch auch des moralischen Schadens sein. Die Beispiele, welche die Begründung für den letztern, also den moralischen Schaden anführen, beweisen aber an sich schon eine bedenkliche Unklarheit der gesetzgeberischen Gedanken; denn die Schädigung des Kredites, die Tötung des Ernährers der Familie gehören doch unzweifelhaft in das Gebiet des „materiellen“ Schadens. Die Buße soll Genugtuung sein; sie soll bewirken „la soddisfazione dell' oltraggio patito, del risentimento, del rammarico prodotto dall' offesa sull' animo di chi ne è stato vittima". Ihr Zweck ist nicht Ersatz eines Schadens, denn das ist Aufgabe der Civilklage, sondern die Verstärkung der repressiven Kraft der Verurteilung. Ich muß gestehen, daß ich mir bei diesen Ausführungen nicht das geringste denken kann. Nach meiner auch von andern vertretenen Auffassung ist die Buße Genugtuung für den von dem Verletzten erlittenen Eingriff in seine Rechtssphäre. Das scheint mir mit den oben angeführten Worten der Begründung vollkommen übereinzustimmen. Daraus folgt aber sofort, daß die Buße Ersatz eines ideellen („moralischen") Schadens ist; daß sie dem Civilrecht und nicht dem Strafrecht angehört; und daß sie in demselben Augenblicke völlig überflüssig wird, in welchem die Civilgerichte ihre Schuldigkeit tun. Der beste Beweis für die Richtigkeit dieser Behauptung liegt in dem Beispiel der französischen sowie der englisch-amerikanischen Rechtsprechung.

Nicht weniger unklar als der Grundgedanke der Buße ist aber auch die Fassung des Art. 37 selbst. Welche Delikte verletzen die Ehre? Nimmt man Ehre im engern Sinn, so gehören nur Beleidigung und Verleumdung hierher; das entspricht gewiß nicht den Absichten des Entwurfes. Nimmt man aber Ehre im weitern Sinn, dann ist injuria alles quod non jure fit, dann ist die Buße in einem Umfange zugelassen, welcher ihre praktische Handhabung unmöglich macht, dann entscheidet die richterliche Willkür und nicht das Gesetz über die Zulässigkeit einer Genugtuung.

Und endlich, in welcher Höhe soll auf die Buße erkannt werden? Soll auch hier lediglich das richterliche Ermessen entscheiden? Wird nicht gerade durch den Mangel jeder gesetzlichen Begrenzung die Rechtsprechung unsicher gemacht und irregeführt, da ja der zugefügte „moralische Schaden" keinen Anhaltspunkt abgeben darf?

Ich hielte es für das beste, den Art. 37 einfach zu streichen. Es liegt ja für Italien wahrlich keine Veranlassung vor, die Fehler des deutschen Reichsstrafgesetzbuchs zu überbieten.

Titel IV. Die Zurechnungsfähigkeit. Umstände, welche sie ausschließen oder vermindern.

I. Die Schuld und ihre Arten. Es ist eine beachtenswerte Tatsache, daß die neueren Strafgesetzentwürfe bemüht sind, die Begriffe Vorsatz und Fahrlässigkeit im Gesetze selbst zu bestimmen, statt diese Bestimmung wie bisher der Wissenschaft und der Rechtsprechung zu überlassen. Von besonderer Bedeutung ist in dieser Beziehung der russische Entwurf, dessen Fassung mit geringen Aenderungen als mustergültig bezeichnet werden kann [1]).

Leider hat der italienische Entwurf sich diesem Vorbilde nicht angeschlossen, vielmehr in Art. 46 eine Bestimmung getroffen, die ich in jeder Beziehung für gänzlich verfehlt erklären muß. Der Artikel sagt (in möglichst wortgetreuer Uebersetzung):

„Niemand kann gestraft werden außer für eine gewollte (volontaria) Handlung oder Unterlassung."

„Bei Vergehungen (delitti) kann niemand wegen eines Erfolges (fatto, während es wohl effetto heißen müßte) bestraft werden, wenn er beweist, daß er ihn nicht als Folge seiner Handlung oder Unterlassung gewollt hat, außer in den vom Gesetze besonders vorgesehenen Fällen."

„Bei Uebertretungen ist die Untersuchung des Zweckes (la ricerca del fine), welchen der Täter sich vorgesetzt hat, ausgeschlossen."

Es ergibt sich hier eine ganze Reihe von Bedenken.

1) Die Handlung oder Unterlassung an sich, abgesehen vom Erfolg, muß eine gewollte, volontaria, also wohl eine willkürliche sein. Das gilt von Vergehungen, wie von Uebertretungen, von vorsätzlichen wie fahrlässigen Handlungen und Unterlassungen. Hat sich der Gesetzgeber klar

---

1) Art. 43 des russischen Entwurfs hätte nach meinen Vorschlägen zu lauten:

„Die verbrecherische Handlung gilt als vorsätzlich begangen, wenn der Schuldige bei Verübung derselben den Eintritt des daraus entstandenen Erfolges voraussah. Die verbrecherische Handlung gilt als fahrlässig begangen, wenn der Schuldige bei Verübung derselben den Eintritt des daraus entstandenen Erfolges nicht voraussah, obwohl er denselben bei Anwendung der durch die Umstände gebotenen Vorsicht hätte voraussehen können."

gemacht, zu welchen praktischen Schwierigkeiten dieser Satz bei *fahrlässigen Unterlassungen* führen kann? Wenn der Bahnwächter die Stellung des Geleises verschläft, wo ist dann die volontarietà dell' omissione?

2) Als Vergehungen sind nur vorsätzliche Handlungen oder Unterlassungen strafbar. Das ist ein durchaus richtiger, geschichtlich und praktisch begründeter Satz, dessen Bedeutung freilich durch zahlreiche und wichtige Ausnahmen geschmälert wird. Unrichtig ist aber die Bestimmung des Vorsatzes. Das Wesen desselben besteht zweifellos in einer psychischen Beziehung des Täters zu dem eingetretenen Erfolge. Die Begründung spricht auch I 157 von der volontarietà dell' effetto: warum ist in Art. 46 nicht von diesem, sondern von dem „fatto", also von der Tat, die Rede? Die Beziehung besteht auch nicht in dem Wollen des Erfolges, sondern in dem Vorhersehen desselben. Ich halte es schon sprachlich nicht für möglich, von der volontarietà dell'effetto zu sprechen. Der Erfolg will ja nicht, er wird gewollt. Im Deutschen wenigstens könnte man sicher nicht von der „Freiwilligkeit" des Erfolges, sondern nur von seinem „Gewolltsein" sprechen. Auch sachlich ist die Bestimmung nicht haltbar. Die venerisch erkrankte Frauensperson, welche in Kenntnis dieses Zustandes den Beischlaf vollzieht und den Mann ansteckt, ist der vorsätzlichen Körperverletzung schuldig; denn sie hat die Ansteckung als Folge ihrer Handlung (come consequenza della sua azione) vorhergesehen. Ob sie diese Folge gewollt hat oder nicht, muß gleichgültig bleiben. Auf das ungarische Strafgesetzbuch darf der italienische Entwurf sich nicht berufen. Die Begründung I 154 Note 1 gegebene Uebersetzung desselben ist unrichtig. § 75 des ungarischen Strafgesetzbuchs sagt: „Als Verbrechen sind nur vorsätzlich begangene Handlungen anzusehen." Es geht nicht an, zu übersetzen: „Non constituisce crimine che l'atto commesso volontariamente." Denn der Vorsatz besteht eben nicht in dem Wollen der Handlung, sondern in dem Vorhersehen des Erfolges. Ich weiß sehr wohl, daß diese Frage in der Wissenschaft bestritten

ist; in der Rechtsprechung war sie es niemals und wird es niemals sein. Die Rechtsprechung wird sich auch über Art. 46 des Entwurfs hinwegsetzen. Aber besser wäre es doch, sie nicht in diese Zwangslage zu bringen.

3) Der Täter soll beweisen, daß er den Erfolg nicht gewollt habe? Der Wortlaut des Artikels ist gar nicht anders aufzufassen: „nessuno può essere punito, ove dimostri". Ich glaube nicht, daß es den heutigen Anschauungen entspricht, dem Angeschuldigten den Unschuldsbeweis aufzubürden, den Ankläger von der Führung des Schuldbeweises zu entbinden. Und noch dazu der Nachweis, daß der Täter den Erfolg nicht gewollt habe! Den Beweis für eine negative Tatsache! Sollte das wirklich der Absicht des Gesetzgebers entsprechen?

4) Der Vorsatz wird also im Gesetze bestimmt, die Fahrlässigkeit nicht. Das ist eine Ungleichmäßigkeit, ein ästhetischer Mangel, welcher, bei der sonstigen Vollendung der Technik des Entwurfs, auf einen logischen Fehler hinweist. Dieser logische Fehler ist in der Tat vorhanden.

Der italienische Entwurf kennt den Begriff der Fahrlässigkeit gar nicht; er erhebt sich nicht über eine äußerst primitive, ich möchte sagen: rohe, Kasuistik der Fahrlässigkeit. Begründung I 155 lesen wir: „a titolo di colpa, cioè per inavvertenza, imprudenza, negligenza, imperizia nell'arte o professione esercitata, o per inosservanza di regolamenti, ordini, discipline o doveri del proprio stato". Und dieselbe Wendung kehrt im besonderen Teile wieder, z. B. in Art. 352 bei der fahrlässigen Tötung. Sind die Begriffsbestimmungen der Wissenschaft so wenig brauchbar, ist das Beispiel des russischen Entwurfes so wenig berücksichtigenswert, daß nicht einmal die Frage aufgeworfen zu werden brauchte, ob eine Begriffsbestimmung der Fahrlässigkeit möglich und wünschenswert sei?

5) Den Schlußabsatz des Art. 46 verstehe ich überhaupt nicht. Der logische Gegensatz wäre doch folgender:

Bei Vergehungen ist Vorsatz erforderlich, soweit das Gesetz nicht ein anderes bestimmt.

Bei Uebertretungen dagegen ist Vorsatz nicht erforderlich.

Damit würde allerdings die Frage nicht beantwortet sein, ob nicht wenigstens Fahrlässigkeit auch bei den Uebertretungen vorliegen müsse. Aber daß der vom Täter verfolgte Endzweck gleichgültig sei, das ist ein Satz, der in dieser Allgemeinheit teils selbstverständlich, teils unrichtig ist, gewiß aber nicht in das Gesetz hinein gehört.

II. Die Zurechnungsfähigkeit. Es ist merkwürdig, wie schwer sich die Erkenntnis Bahn bricht, daß es ebenso unmöglich wie überflüssig ist, den Begriff der Zurechnungsfähigkeit gesetzlich bestimmen zu wollen. Wenn Zurechnungsfähigkeit nichts anderes ist als der normale Zustand des geistesreifen und geistesgesunden Menschen, dann kann ihr Inhalt, sowie etwa der der Gesundheit, nur negativ, niemals aber positiv angegeben werden; dann muß jeder Versuch einer Begriffsbestimmung zu unklaren und unvollständigen Umschreibungen führen.

Der italienische Entwurf hat sich, dem Beispiele der modernen Gesetzgebungen folgend, nicht dazu entschließen können, auf eine Angabe der positiven Merkmale der Zurechnungsfähigkeit zu verzichten. Er sagt in Art. 47:

„Nicht strafbar ist derjenige, welcher im Augenblicke der Tat sich in einem Zustande von Bewußtlosigkeit oder krankhafter Störung der Geistestätigkeit befand, durch welchen das Bewußtsein seiner Handlungen oder die freie Willensbestimmung ausgeschlossen war“ (non è punibile colui che, nel momento in cui ha commesso il fatto, era in tale stato di deficienza o di morbosa alterazione di mente, da togliergli la coscienza dei proprii atti o la possibilità di operare altrimenti).

Gegenüber dem Reichsstrafgesetzbuch erscheint es als ein wesentlicher Fortschritt, daß nicht nur das Wollen sondern auch das Vorstellen in dem Begriffe der Zurechnungsfähigkeit hervorgehoben ist (ähnlich auch Art. 36 des russischen Entwurfs). Bedenklich scheint mir, daß neben der „krankhaften Störung“ nicht auch die „krankhafte Hemmung“ der Geistestätigkeit erwähnt ist.

Der Ausdruck „deficienza di mente“ dürfte nicht gerade besonders deutlich sein. Aber vor allem möchte ich behaupten, daß durch den Hinweis auf die Willensfreiheit und auf das Bewußtsein der eigenen Handlungen nur wenig gewonnen ist. Nach wie vor halte ich die folgende Fassung für die zutreffendste:

„Zur Schuld wird nicht zugerechnet eine Handlung, bei deren Begehung der Täter sich in einem die Zurechnungsfähigkeit ausschließenden Zustande von Bewußtlosigkeit oder krankhafter Hemmung oder Störung der Geistestätigkeit befand."

Hervorzuheben wäre, daß nach dem 2. Absatze des Artikels der Täter vom Strafrichter einer Irrenanstalt überwiesen werden kann, in welcher er so lange verbleibt, als die zuständige Behörde es für nötig erachtet. Richtiger würde wohl die Einleitung des Entmündigungsverfahrens angeordnet werden.

Art. 48 anerkennt in zutreffender Weise den Strafmilderungsgrund der verminderten Zurechnungsfähigkeit. Hoffentlich findet dieses Beispiel auch in anderen Gesetzgebungen Nachahmung. Es ist meines Erachtens äußerst bedenklich, in Fällen leichterer geistiger Störung dem Richter nur die Wahl zwischen voller Verurteilung oder gänzlicher Freisprechung zu lassen.

Auf Trunkenheit finden nach Art. 49 die eben erwähnten Bestimmungen im allgemeinen entsprechende Anwendung. Die Trunkenheit selbst ist in Art. 471 als Uebertretung unter Strafe gestellt. Diese Behandlung der Trunkenheit verdient nach beiden Richtungen hin grundsätzliche Billigung. Doch ist die Strafdrohung des Art. 471 (Arrest bis zu einem Jahr oder Geldbuße) durchaus unzulänglich. Gewohnheitsmäßige Trunkenheit müßte wesentlich strenger bestraft werden und unter gewissen Voraussetzungen zur Entmündigung des Säufers führen.

III. In ganz eigentümlicher Weise hat der Entwurf, welcher aus guten Gründen mit der forza irresistibile des geltenden Rechts bricht, in Art. 50 die Fälle ausgeschlossener Rechtswidrigkeit (cause di giustificazione) zusammenzustellen versucht. Es sind die folgenden:

1) wenn der Täter die Tat begangen hat auf Grund gesetzlicher Anordnung oder auf Grund eines

für ihn verbindlichen Befehls der zuständigen Obrigkeit;

2) wenn er zu der Tat durch die Notwendigkeit gezwungen worden ist, von sich oder andern einen gegenwärtigen und rechtswidrigen körperlichen Angriff (violenza) abzuwenden;

3) wenn er zu der Tat durch die Notwendigkeit gezwungen worden ist, sich oder andere aus einer schweren und gegenwärtigen, unverschuldeten und auf andere Weise nicht abzuwendenden persönlichen Gefahr zu retten.

Bei Ueberschreitung der Grenzen der Berechtigung tritt Strafmilderung ein; Straflosigkeit dann, wenn die Ueberschreitung die Folge einer Gemütsverwirrung (turbamento d'animo) war, welche durch die Furcht vor dem Angriff oder der Gefahr hervorgerufen wurde.

Diese Bestimmungen können nur zum kleineren Teile als gelungen bezeichnet werden.

Zu 1. Die Hervorhebung gesetzlicher Anordnung und des dienstlichen Befehls kann leicht zu der Annahme führen, als seien andere gleichwertige Umstände ausgeschlossen. Soll etwa die Vornahme einer Operation durch den Arzt, die Ausübung eines (gesetzlich vielleicht gar nicht geregelten) Züchtigungsrechtes als rechtswidrige und strafbare Körperverletzung betrachtet werden?

Zu 2. Die Begriffsbestimmung der Notwehr (difesa legittima) ergibt, zusammengehalten mit der ausdrücklichen Erklärung der Begründung I 171, daß nur zur Verteidigung der Person (des Lebens, der körperlichen Unversehrtheit und der Geschlechtsehre), nicht aber zum Schutze anderer Rechtsgüter, insbesondere des Vermögens, Notwehr gestattet sein soll.

Art. 357, welchen die Begründung heranzieht, erweitert diese Bestimmung nur unbedeutend. Ich darf also dem Dieb gegenüber, um mein Eigentum zu verteidigen, ja keine Körperverletzung begehen, ich muß mich hüten, den Störer meines Hausfriedens die Treppe herabzuwerfen; ich darf, wenn politische Gegner mich hindern wollen, die Wahlstube zu betreten, von meinen Ellenbogen keinen Gebrauch machen; wenn ich ein Schandgemälde, in welchem meine Frau in gemeinster Weise beschimpft wird, zerreiße, so begehe ich strafbare Sachbeschädigung u. s. w. u. s. w. Vergebens suchen wir nach einer Rechtfertigung dieser Beschränkung. Denn die Worte „sarebbe pericoloso" können doch unmöglich als eine solche gelten. Daß die Ausdehnung der Zulässigkeit der Notwehr nicht gefährlich ist, beweist die fast einstimmige moderne Gesetzgebung. Gerade hier hätte das deutsche Reichsstrafgesetzbuch, dessen § 53 eine der wenigen vollkommen gut gefaßten Bestimmungen dieser flüchtigen gesetzgeberischen Arbeit ist, als Muster dienen können.

Zu 3. Die Fassung des Notstandsbegriffes (stato di necessità) weist einige anerkennenswerte Vorzüge gegenüber dem deutschen und der Mehrzahl der übrigen Strafgesetzbücher auf. So die Nichtunterscheidung von Nötigung und Notstand, sowie die uneingeschränkte Zulassung der Nothülfe. Bedenklich ist dagegen die Forderung, daß der Notstand ein unverschuldeter sei, bedenklich besonders aber die auch hier wiederholte Beschränkung auf Gefahr für die Person. Freilich ist hier die Ausdehnung bedenklicher als bei Notwehr. Aber auch hier hätte es nicht an beachtenswerten Vorbildern gefehlt. Ich erinnere nur an die im wesentlichen mustergültigen Bestimmungen in Art. 42 des russischen Entwurfs.

Ganz unverständlich ist mir aber die Vorschrift, daß Ueberschreitung der Grenzen der Berechtigung einen Strafmilderungsgrund abgeben soll. Als unbestreitbar sollte es doch erscheinen, daß, wer vorsätzlich mit Ueberschreitung der Grenzen des Notwehrrechts einen Menschen tötet, dafür voll und ganz verantwortlich ist. Wenn ich, um einen Schlag abzuwehren, meinen schwächlichen Gegner, welchen ich mit leichter Mühe von mir abzuhalten im stande gewesen wäre, niedersteche, soll dann wirklich die Strafe bis auf die Hälfte herabgesetzt werden können?

IV. Einfluß des Alters und der Taubstummheit. Die volle Strafmündigkeit wird im Entwurf mit achtzehn (statt wie bisher mit einundzwanzig) Jahren angenommen. Gegen den noch nicht neunjährigen Täter ist Verfolgung und Bestrafung ausgeschlossen (Art. 52). Im übrigen werden zwei Altersstufen unterschieden.

1) Hat der Täter zur Zeit der Tat das neunte, aber noch nicht das vierzehnte Lebensjahr zurückgelegt, so ist Bestrafung ausgeschlossen, wenn sich nicht ergibt, daß er mit Unterscheidungsvermögen gehandelt hat (ove non resulti che abbia agito con discernimento). Im entgegengesetzten Falle findet Strafmilderung statt (Art. 53). Ich hätte hier nur die Beibehaltung des veralteten Begriffs discernimento zu rügen. Warum hier nur die eine Seite der Zurechnungsfähigkeit, die Entwickelung des Intellektes, hervorheben? Handelt es sich nicht auch hier um das ganze geistige Leben, um die Fähigkeit des Wollens ebenso gut wie um die des Vorstellens? Wäre es nicht klarer und richtiger, schlechtweg von der Zurechnungsfähigkeit zu sprechen, statt von dem „Unterscheidungsvermögen“, welches ja doch für sich allein nicht genügt?

2) Hat der Täter zur Zeit der Tat das vierzehnte, aber noch nicht das achtzehnte Lebensjahr zurückgelegt, so tritt in allen Fällen nur Strafmilderung ein (Art. 54).

Das Greisenalter ist (abweichend von Art. 50 des russischen Entwurfs) nicht besonders hervorgehoben. Dagegen ist die Taubstummheit in eingehender und durchaus mustergültiger Weise behandelt (Art. 55). An die Bestimmungen wird man bei einer Umarbeitung des deutschen Reichsstrafgesetzbuchs anzuknüpfen haben.

V. Weniger erfreulich ist es, daß der Entwurf sich von den echt französischen „allgemeinen mildernden Umständen“ (attenuanti generiche) nicht freimachen konnte (Art. 56). Daß man bei Weglassung derselben dem Richter einen größern Spielraum für die Strafzumessung lassen müßte, ist richtig, beweist aber nichts; denn auch die Annahme oder Nichtannahme der „mildernden Umstände“ steht völlig im Ermessen des Richters. In Wahrheit schließt die gesetzliche Zulassung einer solchen Annahme gerade hier jene Erweiterung der Strafrahmen in sich, welche der Entwurf vermieden wissen will.

Titel V. Der Versuch.

I. Getreu der bisherigen italienischen Ueberlieferung, welche gerade für die Versuchslehre die größte Bedeutung gewonnen hat, unterscheidet der Entwurf zwischen unvollendeten und fehlgeschlagenen Verbrechen (delitto tentato und delitto mancato). Ich begrüße die Beibehaltung dieser Unterscheidung mit um so größerer Freude, als ich von jeher die Ansicht vertreten habe, daß die Außerachtlassung derselben die Grundursache für alle die Streitfragen und Unsicherheiten ist, welche in der deutschen Wissenschaft und Rechtsprechung zu Tage zu treten pflegen.

II. In der Begriffsbestimmung des unvollendeten Verbrechens hat der italienische Entwurf (Art. 58) sich freigemacht von der unfruchtbaren französischen Fassung, von dem nichtssagenden „commencement d'éxécution", welches noch Art. 44 des russischen Entwurfs beibehalten hat.

Nach Art. 58 liegt unvollendetes Verbrechen vor, wenn jemand, in der Absicht eine Vergehung zu verüben, mit äußeren und tauglichen Handlungen deren Ausführung unternommen, aber infolge zufälliger und von seinem Willen unabhängiger Umstände nicht alles getan hat, was zur Vollendung notwendig ist (chiunque, nel fine di commettere un delitto, ne ha intrapresa, con atti esteriori ed idonei, l'esecuzione, ma per circostanze fortuite ed indipendenti dalla propria volontà non ha compiuto tutto ciò che è necessario alla sua consumazione). Die Hervorhebung der Tauglichkeit der Mittel entspricht der bisherigen italienischen Rechtsüberzeugung. Aber auch diejenigen, welche bedingt oder unbedingt die Ansicht des deutschen Reichsgerichtes von der Strafbarkeit des untauglichen Versuches teilen, werden sich mit dieser Fassung im Hinblick auf die besondere Hervorhebung des fehlgeschlagenen Verbrechens befreunden können. Für richtiger hätte ich es freilich gehalten, nicht die positive Tauglichkeit der Versuchshandlung in den Begriff des Versuches aufzunehmen, sondern negativ die Untauglichkeit als einen die Strafbarkeit ausschließenden Umstand zu bezeichnen. Der Unterschied würde gerade für die häufige Gruppe der zweifelhaften Fälle von praktischer Bedeutung werden.

Eine sehr erfreuliche Folge der Zweiteilung der strafbaren Handlungen ist es, daß (vgl. auch Art. 61) der Versuch bei allen Vergehungen strafbar sein soll. Einer der schlimmsten Fehler der französisch-preußischen Strafgesetzgebung ist damit glücklich vermieden.

III. Fehlgeschlagenes Verbrechen (delitto mancato) liegt vor, wenn jemand in der Absicht, eine Vergehung zu verüben, alles getan hat, was zu ihrer Vollendung notwendig ist, diese aber infolge zufälliger und von seinem Willen unabhängiger Umstände nicht eingetreten ist. Ich möchte dieser Fassung gegenüber, welche mir zu mancherlei praktischen Bedenken Anlaß zu geben scheint, an der meines Erachtens zutreffenderen und einwandfreieren Begriffsbestimmung festhalten: „Beendeter Versuch (fehlgeschlagenes Verbrechen) liegt vor, wenn der Täter die auf den Erfolg gerichtete Handlung erfolglos vollzogen hat." Auch läßt sich nach meinem Dafürhalten nicht der geringste Grund dafür geltend machen, das fehlgeschlagene Verbrechen milder zu bestrafen als die Vollendung.

IV. Der freiwillige Rücktritt ist in Art. 60 als Strafaufhebungsgrund anerkannt. Ich vermisse dabei die in den vorhergehenden Artikeln durchgeführte Unterscheidung des unvollendeten Verbrechens und des beendeten Versuches, als dessen Unterart das fehlgeschlagene Verbrechen erscheint. Wenn der Täter durch Gegengift die Wirkung des gegebenen Giftes paralysiert, so kann man wohl kaum sagen, daß er von der Vollendung der Ausführung abgestanden ist. Und doch muß auch ihm die Wohltat des Gesetzes zu teil werden. Der Entwurf bedarf hier entschieden einer Ergänzung, soll nicht eine für die Rechtsprechung recht empfindliche Lücke entstehen.

Titel VI. Beteiligung mehrerer Personen an demselben Verbrechen.

I. Abweichend von der durchaus formalistischen und nach keiner Richtung hin befriedigenden Behandlung der sogenannten „Teilnahme“ in dem deutschen Reichsstrafgesetzbuch geht der italienische Entwurf (ähnlich wie der russische) aus von dem durchgreifenden Unterschiede der gleichwertigen und der ungleichwertigen Beteiligung mehrerer an demselben Verbrechen.

Der Begriff der Täterschaft selbst ist im Entwurf mit Recht nicht bestimmt. Aus Begründung I 197 ergibt sich aber, daß derselbe von dem Entwurf in völlig zutreffender Weise aufgefaßt wird. Täter (wenn man so will: „mittelbarer Täter“) ist auch derjenige, der sich eines Kindes, eines Geisteskranken, eines über die verursachende Bedeutung der Handlung Getäuschten, zur Ausführung seiner Pläne bedient. Bekanntlich hat sich das deutsche Reichsgericht bisher nicht dazu entschließen können, diesen wichtigen Satz mit voller Folgerichtigkeit durchzuführen.

II. Die gleichartige Beteiligung wird als correità im Unterschiede von der complicità bezeichnet. Es gehören hierher (Art. 62):

1) die Mittäter, die esecutori dell' atto che costituisce il reato;

2) die unmittelbar Mitwirkenden, die cooperatori immediati;

3) der Anstifter.

Es leuchtet ein, daß bei dieser Zusammenfassung der correi die Unterscheidung der Mittäter im Sinne des § 47 Reichsstrafgesetzbuch von den an dem Verbrechen selbst unmittelbar beteiligten Gehilfen vermieden wird; daß die Meinungsverschiedenheit zwischen dem deutschen Reichsgericht und den meisten Vertretern der deutschen Rechtswissenschaft über die Abgrenzung der Mittäterschaft von der Beihülfe für den italienischen Entwurf ohne alle Bedeutung bleibt. Das ist ein großer Vorteil. Die Bedürfnisse des Rechtslebens drängen dahin, denjenigen, welcher bei Ausführung eines Mordes dem Opfer die Hände gehalten hat, nicht als Gehülfen mit einer wesentlich milderen Strafe zu belegen. Und so sieht sich das deutsche Reichsgericht veranlaßt, in einer aller juristischen Auslegungskunst spottenden Weise den Begriff der Mittäterschaft über Sinn und Wortlaut des § 47 Reichsstrafgesetzbuch hinaus auszudehnen.

Der italienische Entwurf hat diese Klippe glücklich vermieden.

Auch daß bei der Begriffsbestimmung des Anstifters (colùi che ha determinato altri a commettere il reato) die Aufzählung der Anstiftungsmittel mit oder ohne clausula generalis weggelassen wurde, muß als ein wesentlicher Fortschritt betrachtet werden.

Dagegen ist mir der Schlußsatz des Art. 62 unverständlich geblieben. Wenn „der Täter *auch* aus eigenem Antrieb die Tat begangen hat", so liegt eben nicht Anstiftung, sondern Beihülfe (eccitare o rafforzare la risoluzione di commettere il reato, Art. 63 Ziff. 1) vor. Weshalb dennoch hier eine schwerere Strafe als die des Art. 63 eintreten, weshalb hier correità angenommen werden soll, vermag ich nicht einzusehen. Der logische Fehler liegt wohl in dem „auch" (anche per motivi proprii), denn damit ist die verursachende Bedeutung der von einem anderen ausgehenden Anregung geleugnet, die Unmöglichkeit, Anstiftung anzunehmen, begrifflich festgestellt.

III. Art. 63 kennt drei Formen der minderwertigen Beteiligung:

1) Die moralische Beihülfe durch Einwirkung auf den Entschluß zur Tat;

2) die materielle Beihülfe durch Erteilung von Rat oder durch Gewährung der Mittel zur Tat;

3) die materielle Beihülfe durch Förderung der Ausführung, sei es durch Beistand oder Hülfe vor oder während der Tat, sei es durch eine vorher verabredete nachherige Unterstützung.

Die Begünstigung ist in den besonderen Teil gestellt. Daß diese Behandlung derselben die richtige, wird ja heute nur mehr von vereinzelten Schriftstellern bestritten.

Die minderwertige Beteiligung wird wesentlich milder gestraft als die Täterschaft. Diese Strafmilderung entfällt jedoch, wenn die Tat ohne die Mitwirkung des Gehülfen nicht begangen worden wäre. Damit ist die Gleichstellung des Hauptgehülfen mit dem Täter anerkannt und wenigstens der Versuch gemacht, die Kluft zwischen den Formen der Beteiligung zu überbrücken. Ob freilich die Rechtsprechung mit dem Begriffe des Hauptgehülfen wird arbeiten können, muß erst die Zukunft lehren. Was Begründung I 200 über die Bedeutung dieses Satzes zu lesen ist, kann nur dazu dienen, die lebhaftesten Zweifel an der praktischen Brauchbarkeit desselben zu erwecken.

IV. Ueber den Einfluß der erschwerenden Umstände auf die an der Tat Beteiligten geben die Art. 64 und 65 Bestimmungen, welche, jedenfalls zutreffender als die des § 50 R.-St.-G.-B., im allgemeinen Billigung verdienen. Es ist demnach zwischen sachlichen und persönlichen Erschwerungsumständen zu unterscheiden. Die ersteren (z. B. Gewalt bei der Entwendung) werden jedem der Beteiligten zugerechnet, welche dieselben im Augenblicke der Tat gekannt haben oder aber (ein recht bedenklicher Zusatz!) dieselben als die unmittelbare Folge der verabredeten Tat vorhersehen konnten. Die letzteren dagegen fallen den Beteiligten, welche sie gekannt haben, nur dann zur Last, wenn der betreffende Umstand (z. B. die Hausgenossenschaft) die Ausführung der Tat erleichtert hat.

V. Es wäre endlich an dieser Stelle, als ein eigentümlicher Fall der Beteiligung, auch der nur für Uebertretungen geltende Art. 57 zu erwähnen, welchen der Entwurf ohne jeden inneren Grund in den IV. Titel gestellt hat. Es handelt sich um den Fall, daß der Täter unter der Autorität, der Leitung oder Aufsicht eines anderen gestanden hat. Der Entwurf bestimmt genau, in welchen Fällen die Aufsichtsperson allein oder neben dem Täter zur Verantwortung gezogen werden kann. Ich halte diese Bestimmungen weder für notwendig oder zweckmäßig, noch auch für richtig. Ihre Beseitigung würde wohl kaum zu bedauern sein.

Titel VII. Zusammentreffen von Verbrechen und von Strafen.

I. Für das Zusammentreffen mehrerer Verbrechen hält der Entwurf, einfacher und folgerichtiger als das Reichsstrafgesetzbuch, an dem Grundsatze der Gesamtstrafe (cumulo giuridico im Gegensatze zum cumulo materiale) fest (Art. 66 bezw. 72). Die diesbezüglichen Bestimmungen geben zu kritischen Bemerkungen keinen Anlaß.

II. Die sogenannte Idealkonkurrenz, diese unglückliche Erfindung der deutschen Literatur, erwähnt der Art. 73 in Ausdrücken, welche keinen Zweifel darüber zulassen, daß nach Ansicht des Gesetzgebers hier ein Fall des Zusammentreffens mehrerer Verbrechen nicht vorliegt: „Fällt eine Handlung unter mehrere Strafbestimmungen, so kommt nur die schwerere derselben zur Anwendung" (il colpevole di un fatto il quale costitituisce più tituli di reato soggiace alla pena stabilita per il reato di titolo più grave). Die Begründung I 212 erklärt es „als selbstverständlich (naturale), daß hier nur ein Verbrechen vorliege", ohne sich in weitere Auseinandersetzungen über die Richtigkeit dieses Satzes einzulassen. In der Tat bedurfte es derselben auch nicht, da ja die entgegenstehende, in der deutschen Wissenschaft zur Zeit noch vorherrschende Ansicht außerhalb Deutschlands sich niemals Anerkennung zu verschaffen im stande war. Fraglich kann nur sein, ob nicht die ganze Bestimmung des Art. 73 als selbstverständlich besser gestrichen worden wäre, wie dies auch im russischen Entwurfe geschehen ist. Es wäre dies um so empfehlenswerter gewesen, als tatsächlich die Regel des Art. 73 nicht auf alle Fälle der Gesetzeskonkurrenz paßt (so z. B. nicht auf das Verhältnis des besonderen Gesetzes zum allgemeinen), während sie ihrem Wortlaute nach uneingeschränkte Anwendung erheischt.

III. Einen interessanten, aber nicht ganz unbedenklichen Versuch, das fortgesetzte Verbrechen (reato continuato) gesetzlich zu bestimmen, macht Art. 74 (er findet sich zuerst im Entwurfe Mancini 1876). Mehrere, wenn auch zu verschiedener Zeit begangene Verletzungen derselben Strafbestimmungen werden als ein Verbrechen betrachtet, wenn sie Ausfluß desselben verbrecherischen Entschlusses sind (atti esecutivi della medesima risoluzione delittuosa). Der Angelpunkt in der Auffassung des fortgesetzten Verbrechens, daß nämlich eine Mehrheit von Handlungen vorliege, ist in der Begründung I 121 richtig und scharf erfaßt: „il reato continuato, uno de' cui estremi è la pluralità delle azioni". Damit ist der von der deutschen Wissenschaft und Rechtsprechung begangene Fehler vermieden, eine Handlungseinheit suchen zu wollen, wo eine solche nicht vorliegt und darum auch niemals gefunden werden kann. Bedenklich ist aber die Bestimmung, daß die einzelnen Handlungen als Ausführung eines und desselben verbrecherischen Entschlusses erscheinen müssen. Der Nachweis, daß dies der Fall gewesen, wird sich vor Gericht schwer erbringen lassen. Wenn etwa ein Ehegatte mehrmals im angeheiterten Zustande mit demselben Schankmädchen den Beischlaf vollzogen hat, wie will man da feststellen, ob der „Entschluß" (an und für sich ein schwebender Begriff) schon das erste Mal auf öftere Wiederholung gerichtet war oder aber jedesmal unter dem Einflusse äußerer Umstände neu entstanden ist? Es war nur ein Schritt weiter zu machen, um zu der Erkenntnis zu gelangen, daß bei dem sogenannten fortgesetzten Verbrechen nur die Gleichartigkeit der Teilakte in Bezug auf Schuld, äußere Handlung und Erfolg die Rechtfertigung ihrer Zusammenfassung zur juristischen (und nur juristischen) Einheit enthält. Wird die in dem fortgesetzten Verbrechen enthaltene Mehrheit der Handlungen erkannt, dann kann und darf nicht mehr an der Einheit des Entschlusses festgehalten werden.

Vollen und ungeteilten Beifall verdient dagegen die weitere Vorschrift des Art. 74, nach welcher bei Vorliegen eines fortgesetzten Verbrechens Strafschärfung (um ein Sechstel bis ein Drittel) einzutreten hat. Hoffentlich findet auch dieser Satz bald Eingang in die Gesetzgebung anderer Länder.

Titel VIII. Der Rückfall.

I. Es kann dem deutschen Kriminalisten wohl nicht verdacht werden, wenn er bei Prüfung eines außerdeutschen Strafgesetzbuchs stets ausdrücklich oder stillschweigend die Bestimmungen des heimischen Rechts zur Vergleichung heranzieht; wenn in die freudige Anerkennung fremder Leistungen sich das Bedauern mischt, daß diese Leistungen eben fremde sind. Ganz besonders lebhaft ist diese gemischte Empfindung in mir wach geworden, als ich die Vorschriften der Art. 75—79 des italienischen Entwurfes und die ihnen beigegebene Begründung las.

Nicht etwa, als ob die Forderungen der heutigen Kriminalpolitik hier vollständige Erfüllung gefunden, als ob die grundlegenden Unterscheidungen der Gewohnheitsverbrecher von den Gelegenheitsverbrechern, der Besserungsfähigen von den Unverbesserlichen in dem Entwurf gesetzliche Gestalt gewonnen hätten. Wer solche durchgreifende Neuerungen erwartete, der würde enttäuscht den Entwurf wieder aus der Hand legen.

Aber verkehrt wäre es, deshalb mit dem Gesetzgeber rechten und etwa das Gesetz verwerfen zu wollen, weil es besonnen und vorsichtig nur erreichbare Ziele sich gesteckt hat.

Die Unterscheidung der Verbrechergruppen ist zugleich die Forderung und die Aufgabe der modernen Strafrechtswissenschaft, soweit sich dieselbe von dem Banne überlieferter Metaphysik losgemacht und den Wust veralteter Begriffe von sich gestoßen hat. Eine Forderung und eine Aufgabe: denn die unterscheidenden Merkmale müssen erst gefunden werden. Nur kurzsichtiger Dogmatismus, welcher neuen Schulen nicht weniger gefährlich werden kann wie den alten, vermöchte die Richtigkeit dieses Satzes zu verkennen, Hypothesen für Glaubenslehren auszugeben und die Forderung aufzustellen, daß fruchtbare, aber noch der Bestätigung, der Klärung, der Berichtigung und Ergänzung bedürfende Ergebnisse wissenschaftlicher Forschung sofort zu Gesetzesparagraphen gestempelt werden sollten. Gefährlich für Gesetz und Rechtsordnung, wäre ein solcher Erfolg der auch von mir vertretenen Richtung der sichere Tod für die freie Wissenschaft.

Für den Gesetzgeber kann es sich also, so lange die Merkmale des unverbesserlichen Gewohnheitsverbrechers nicht mit wissenschaftlicher Sicherheit festgestellt sind, nur darum handeln, den Begriff des Rückfalls, diesen rohen, aber praktisch brauchbaren Ersatz für den Begriff der Unverbesserlichkeit, ins Auge zu fassen und durch Androhung schwerer und andauernder Strafe gegen den rückfälligen Verbrecher der Rechtsordnung genügende Sicherheit zu gewährleisten. Das hat der Entwurf getan, und darin liegt nach meiner Meinung eines seiner größten und dankenswertesten Verdienste.

II. Der Rückfall ist als allgemeiner Schärfungsgrund anerkannt. Treffend hebt Begründung I 215 hervor, daß die Rechtfertigung der Rückfallsschärfung in der größeren Gefährlichkeit des Rückfälligen und damit in seiner tieferen rechtlichen Verschuldung gelegen sei. Die temebilità Garofalos klingt aus diesen Sätzen wieder. Aber ebenso auch jener Grundgedanke, der mich bei meinen Bemühungen geleitet hat, die innere Uebereinstimmung der „absoluten" und der „relativen" Theorien nachzuweisen.

Maßgebend ist von diesem Standpunkte aus für die Annahme eines Rückfalls lediglich die Begehung des neuen Verbrechens nach rechtskräftiger Verurteilung wegen des früheren; gleichgültig bleibt es, ob die in diesem Erkenntnisse ausgesprochene Strafe verbüßt worden ist oder nicht.

Für die Verjährung der Rückfallsschärfung hat der Entwurf aus guten Gründen keine allgemeine, festbestimmte Zeitdauer (etwa 10 Jahre) aufgestellt; dieselbe ist vielmehr in jedem einzelnen Falle gleich derjenigen Frist, innerhalb welcher die urteilsmäßig erkannte Strafe selbst verjähren würde.

III. Rückfall ist nach dem italienischen Entwurf nicht die Begehung eines zweiten oder weiteren Verbrechens überhaupt, sondern die Begehung eines zweiten oder weiteren gleichartigen Verbrechens (recidiva specifica im Gegensatze zur recidiva generica). Auch hierin hat der Entwurf sicher das Richtige getroffen.

Mit ganz besonderer Sorgfalt aber sind im Entwurfe, und zwar in Art. 77, diejenigen strafbaren Handlungen aufgezählt, welche untereinander als gleichartig gelten sollen. Ausgehend von dem schon in den früheren Entwürfen sich findenden Grundgedanken, daß es auf die Gleichheit der zum Verbrechen treibenden Motive ankomme (identità dell'impulso im Entwurfe Mancini) hat Zanardelli (vergl. Begründung I 220) sieben verschiedene Gruppen von untereinander gleichartigen Verbrechen unterschieden. Jede dieser Gruppen wird durch die Gleichheit des Motives zusammengehalten, auf welches regelmäßig die Begehung der die

Gruppe bildenden Verbrechen zurückzuführen ist. So ist die Gefahr willkürlicher und ungleichmäßiger Anwendung der Rückfallsschärfung in der Rechtsprechung (man denke an die Schwurgerichte!) in der glücklichsten Weise vermieden.

Diese sieben Gruppen sind die folgenden:

1) Verbrechen aus Gewinnsucht (avidità di lucro);

2) Verbrechen aus Gewalttätigkeit (violenza);

3) politische Verbrechen;

4) Verbrechen aus Widersetzlichkeit gegen die Staatsgewalt (animo ribelle ai principii di legalità e di autorità);

5) Fälschung und Betrug;

6) Verbrechen aus Haß und Zerstörungslust (odio de' proprii simili e spirito di distruzione);

7) Verbrechen aus geschlechtlicher Leidenschaft (libidine).

Abgesehen von diesen Fällen begründet selbstverständlich jederzeit die Begehung derselben strafbaren Handlung die Anwendung der Rückfallsschärfung.

IV. Ueber die Durchführung dieser Grundgedanken ist nur wenig zu sagen. Die Schärfung ist in allen Fällen bindend vorgeschrieben, also nicht in das Ermessen des Richters gestellt. Sie ist eine geringere beim ersten, eine strengere beim zweiten und jedem folgenden Rückfall. Sie besteht, wenn möglich in einer Erhöhung der Intensität der Strafe, in zweiter Linie in einer Verlängerung der Strafdauer. Eine eingehendere Untersuchung des II. und III. Buches des Entwurfs, als sie an dieser Stelle möglich ist, würde erforderlich sein, um erkennen zu können, ob die Strenge der Rückfallsschärfung das äußerste zulässige, und damit das wünschenswerte, Maß erreicht hat. Erwähnenswert ist, daß durch Art. 15, Ziff. 3 und 4 dem Rückfälligen gegenüber die Zulässigkeit der bedingten Entlassung eine sehr wesentliche Einschränkung erleidet.

Titel. IX. Erlöschung der Strafklage und des Strafurteils.

Der Entwurf rechnet hierher (Art. 80 bis 100):

1) Den Tod des Schuldigen.

Beachtung verdient, daß der italienische Entwurf, im Anschluß an das belgisch-französische Recht, das niederländische Strafgesetzbuch und den russischen Entwurf (und abweichend von dem deutschen und ungarischen Strafgesetzbuch sowie den österreichischen Entwürfen) eine Vollstreckung von Geldstrafen in den Nachlaß nicht kennt.

2) Die Amnestie.

3) Den allgemeinen Strafnachlaß und die besondere Begnadigung (indulto generale e grazia speciale).

4) Den Erlaß der Strafe durch den Verletzten (remissione) bei den nur auf dem Wege der Privatklage zu verfolgenden Delikten. Derselbe ist nur in besonderen Fällen unteilbar, ausnahmsweise noch nach rechtskräftiger Verurteilung wirksam; er kann von dem Täter zurückgewiesen werden.

5) Die Verjährung, und zwar sowohl die Verjährung der verwirkten als auch die der rechtskräftig erkannten Strafe (prescrizione dell'azione penale; prescrizione della sentenza di condanna).

6) Die Rehabilitation, d. i. die Beseitigung der dauernden Unfähigkeit zur Erlangung öffentlicher Aemter.

7) Die freiwillige Leistung der Geldbuße bei Uebertretungen (oblazione volontaria), welche schon bisher bei einer Anzahl von Finanz- und Polizeidelikten zulässig war und auch im niederländischen Strafgesetzbuch sich findet.

Die Aufgabe einer kritischen Beurteilung bringt es mit sich, daß dem Ausdrucke der Nichtübereinstimmung, des Tadels, freier uneingeschränkter Lauf gelassen, mit Lobeserhebungen, mit rühmender Anerkennung gekargt werden muß. Einen kleinen und bescheidenen Beitrag zur Klärung derjenigen Fragen, zu deren Lösung das Strafgesetzbuch für das Königreich Italien berufen ist, sollten diese Zeilen liefern. Trotz der mancherlei Ausstellungen, welche sie bringt, schien mir meine Kritik nicht ungeeignet, an dem heutigen Tage der Universität Bologna überreicht zu werden. Denn in letzter Linie soll sie doch der aufrichtigen und lebhaften Bewunderung Ausdruck verleihen, welche ich den Verfassern des Entwurfs freudigen und dankbaren Herzens zolle. Ein glänzendes Zeugnis nationaler Kraft, ein nicht zu widerlegender

Beweis für den Beruf zur Gesetzgebung, welchen das wiedergeborene Italien auf die ununterbrochene geistige Arbeit vergangener Jahrhunderte gründet, weist uns der Strafgesetzentwurf Zanardelli über die Grenzen seines engeren Vaterlandes hinüber auf das die Staaten und Völker versöhnende und einigende Band der Wissenschaft, über die Gegenwart hinaus in eine verheißungsvolle Zukunft selbständiger und doch demselben Ziele zustrebender Arbeit für die allen Völkern gemeinsamen staatlichen Aufgaben.

Die Rechtswissenschaft im Dienste der Gesetzgebung und damit des Rechtslebens innerhalb wie außerhalb der nationalen Grenzen: dieses lebenswarme kraftvolle Bild, welches in einheitlichem Glanze aus den scheinbar trockenen Bestimmungen des italienischen Strafgesetzentwurfes jedem entgegenleuchtet, der im kleinen das Große, im einzelnen das Ganze zu erfassen vermag — ist es nicht auch das Bild der Universität Bologna, der Titel und die Gewähr ihres Ruhmes?

11. Kriminalpolitische Aufgaben.

(1889 bis 1892. Zeitschrift IX 452, 737; X 51, XII 171. — Ins Russische übersetzt von Boris Gurwitsch, Petersburg 1895.)

In dem letzten Hefte der „Zeitschrift" hatte ich Gelegenheit, über die Bildung einer „Internationalen kriminalistischen Vereinigung" zu berichten und den Abdruck der Satzungen mit einigen erläuternden Bemerkungen zu begleiten. Ich habe schon damals betont, daß es Aufgabe der „Zeitschrift" sein wird, die durch die Grundsätze unseres Art. II angeregten Fragen im Auge zu behalten und ihre gründliche und allseitige Behandlung nach Kräften zu fördern.

In den folgenden Zeilen möchte ich meine eigenen vorläufigen Ansichten, vorbehaltlich weiterer Prüfung und besserer Belehrung, näher ausführen, um auf diese Weise für meine Person zur weiteren Erörterung unserer „Grundsätze" anzuregen. Anregen möchte ich, nicht belehren. Abschließende Ergebnisse, ausgearbeitete Vorschläge kann heute wohl niemand bieten; wäre dem anders, so hätte die „Internationale kriminalistische Vereinigung" keinen Zweck. Ihre Daseinsberechtigung liegt in den Aufgaben, die sie als erst zu lösende sich gestellt. Sie ist keine dogmatische Sekte, sondern eine Gesellschaft zu gemeinsamer Arbeit.

Vorerst aber habe ich die Ueberschrift zu rechtfertigen, welche ich für meine Zeilen gewählt, und die Bedeutung auseinanderzusetzen, welche ich mit dem Ausdrucke „Kriminalpolitik" verbinde.

I. Der Begriff der Kriminalpolitik.

In der 3. Auflage meines Lehrbuches habe ich die Kriminalpolitik als selbständigen Zweig der Strafrechtswissenschaft einerseits dem Strafrecht im engeren Sinne, andererseits der Kriminal-Biologie und Kriminal-Soziologie entgegengesetzt. Danach würde Kriminalpolitik bedeuten den systematischen Inbegriff derjenigen Grundsätze, nach welchen der Staat den Kampf gegen das Verbrechen mittels der Strafe und der ihr verwandten Einrichtungen (Erziehungs- und Besserungsanstalten, Arbeitshäuser u. s. w.) zu führen hat.

Es ist aber klar, daß der Ausdruck auch in einem weiteren Sinne genommen werden kann; die Bekämpfung des Verbrechens setzt voraus die Kenntnis der Ursachen des Verbrechens und der Wirkungen der Strafe. Eine wissenschaftlich begründete Kriminalpolitik ist mithin nicht möglich, ohne daß die Ergebnisse der Kriminal-Biologie (Anthropologie) und der Kriminal-Soziologie (Statistik) zu Grunde gelegt werden. Biologische und soziologische Untersuchungen über Verbrechen und Strafe brauchen durchaus nicht notwendig kriminalpolitische Zwecke zu verfolgen; ein Blick in die Zahlenreihen der Kriminalstatistik oder in die Lehrbücher der gerichtlichen Psychiatrie liefert uns dafür vollen Beweis. Aber der Kriminalpolitiker bleibt Dilettant, wenn ihm die feste wissenschaftliche Grundlage fehlt, die er nur in der genauesten und umfassendsten Kenntnis der Tatsachen gewinnen kann.

Mit klarer Bestimmtheit hat das Eduard Henke schon im Jahre 1823 im ersten Bande seines „Handbuch des Kriminalrechts und der Kriminalpolitik" (S. 166) ausgesprochen. „Daher muß derjenige", sagt Henke, „der die Vorschriften der Kriminalpolitik auch nur theoretisch ergründen will, mehr aber noch, wer sie als Gesetzgeber anzuwenden berufen ist, vor allen Dingen die Tiefen der menschlichen Natur, sowie die Gesetze ihrer Entwicklung in zeitlichen und räumlichen Verhältnissen erforschen. Anthropologie im umfassendsten Sinne des Wortes, sowie die Entwicklungsgeschichte der Völker erscheinen daher für den Kriminalpolitiker als die unentbehrlichsten aller Kenntnisse. Nicht minder wichtig aber ist für ihn die Erforschung der Entstehungsart der Verbrechen, die ihren Grund oft weniger in einer moralischen Versunkenheit und Verderbtheit des Verbrechers haben, als in mangelhaften Anordnungen und Einrichtungen der bürgerlichen Gesellschaft, deren Mitglied er ist."

In diesem weiteren Sinne möchte ich die Kriminalpolitik bestimmen als den systematischen Inbegriff der, auf die wissenschaftliche Untersuchung der Ursachen des Verbrechens wie der Wirkungen der Strafe gestützten, Grundsätze, nach welchen der Staat mittels der Strafe und der ihr verwandten Einrichtungen den Kampf gegen das Verbrechen zu führen hat. In diesem weiteren Sinne werde ich das Wort fortan gebrauchen.

Damit bleibt nur der Gegensatz zum Strafrecht im engeren Sinne, d. i. der wissenschaftlichen Betrachtung von Verbrechen und Strafe als begrifflicher Abstraktionen. Dieser Gegensatz darf und soll nicht verwischt werden. Aber keines Beweises bedarf es, daß die sichere Beherrschung des Strafrechts im engeren Sinne dem Kriminalpolitiker unerläßlich ist. Nur wer das geltende Recht als ein gewordenes und seiendes kennt, wer es in allen seinen Beziehungen, in seinem ganzen Zusammenhange versteht und würdigt, darf es wagen, zukünftiger Gesetzgebung die Bahn zu weisen.

Zwei oft gehörte Einwendungen möchte ich an der Schwelle zurückweisen.

Ich spreche von dem Kampfe des Staates gegen das Verbrechen; andere verlangen Bekämpfung des Verbrechens durch die Gesellschaft. Ist dieser Unterschied in der Fassung von sachlicher Bedeutung? Ich habe es niemals begreifen können, daß man besonders, aber nicht ausschließlich, in Italien aus dieser Verschiedenheit der Fassung die weitestgehenden Schlußfolgerungen gezogen, nach dieser Verschiedenheit Anhänger und Gegner gesondert hat. Ich halte beide Fassungen für völlig gleichbedeutend. Im engeren und heutigen Sinne ist nur der Staat Träger und Hüter der Rechtsordnung, nur er mithin Träger und Vollstrecker des Strafrechts. Im weiteren Sinne, in geschichtlich rückblickender und vorschauender Betrachtung aber können wir von Verbrechen und Strafe sprechen, auch wo die Staatenbildung sich noch nicht vollzogen hat; dürfen wir über die staatlichen Grenzen hinwegsehen, und die Interessengemeinschaft der Kulturvölker ins Auge fassen; müssen wir zugeben, daß jede Gesellung, die innerhalb des Staates ein kräftiges Dasein führt oder über das Staatsgebiet hinaus ihre zusammenfassende Tätigkeit entfaltet, auch ihr eigenes Strafrecht auszubilden berufen ist. Uns interessiert nur das Verbrechen gegen die staatliche Rechtsordnung, nur die von dieser angedrohte und verhängte staatliche Strafe. Ich glaube nicht, daß darüber eine Meinungsverschiedenheit möglich ist, wenn nicht kurzsichtige Voreingenommenheit und doktrinärer Eigensinn den freien Blick trübt und den guten Willen zur Verständigung ertötet.

Aber, kann man fragen und hat man gefragt, fällt nicht die Kriminalpolitik aus dem Rahmen der Strafrechtswissenschaft und aus dem Kreise der dem Juristen gewordenen Aufgaben heraus?

In dieser Einen Frage stecken in Wahrheit zwei, welche eine verschiedene Antwort erheischen.

Die Strafrechtswissenschaft umfaßt allerdings dem Wortlaute nach nur die rechtliche Betrachtung von Verbrechen und Strafe. Schädel- und Temperaturmessungen am Verbrecher sind nicht Rechtswissenschaft; und die Verfasser der Reichskriminalstatistik treiben nicht Jurisprudenz, wenn sie ihre Zahlenreihen ordnen und erläutern. Das habe ich niemals bestritten. Aber darum handelt es sich auch gar nicht. Die Frage ist lediglich die: mit welchem zusammenfassenden Ausdruck können wir Strafrecht und Kriminalpolitik umschließen? Die Franzosen sprechen von den sciences pénales, der Italiener von den scienze penali. Diese Bezeichnung ist vorzüglich; aber sie läßt sich ins Deutsche nicht übertragen. Ich kann unmöglich für die „straflichen Wissenschaften" Freunde werben. Man hat die Ausdrücke Kriminologie (Garofalo) und Pönologie (Lieber, sowie die englische und nordamerikanische Literatur unserer Tage) vorgeschlagen; beide sind zu eng. Der erste umfaßt die Strafe nicht und der zweite spricht nicht vom Verbrechen. Daher scheint nichts anderes übrig zu bleiben, als den Ausdruck „Strafrechtswissenschaft" beizubehalten, so wenig bezeichnend er ist, und durch Beifügung des Wortes „gesamte" Strafrechtswissenschaft seiner engeren Bedeutung zu entkleiden. So ist der Name unserer Zeitschrift entstanden, der ihre Begründer selbst nur mäßig befriedigt hat. Den gleichen weiteren Sinn hat die das Fremdwort nicht vermeidende Bezeichnung: „Kriminalistisches Seminar zu Marburg". Leider ist das entsprechende Hauptwort „Kriminalistik" wenig empfehlenswert. Und die „Internationale kriminalistische Vereinigung" mußte sich im Französischen zu einer „Union internationale de droit pénal" abschwächen lassen.

So viel sollte für jeden Einsichtigen außer allem Zweifel sein, daß der Streit um die Benennung einer Wissenschaft, der Mangel eines allgemein angenommenen, passenden Wortes für sie zwar als ein Beweis ihrer Jugendlichkeit betrachtet, aber niemals als Grund gegen ihre Berechtigung verwertet werden kann [1]).

Viel ernster ist der Einwand, daß kriminalpolitische Untersuchungen nicht mehr zur Aufgabe und Zuständigkeit des Juristen gehören. Hier handelt es sich in der Tat um eine Frage von grundsätzlicher Bedeutung. Hier scheiden sich die Heerlager. Ich vertrete mit aller mir möglichen Bestimmtheit die Ansicht, daß der Kriminalist, sei er

---

1) Was L. Lucchini in seiner „lettera confidenziale ed affretata" an mich vom 7. Dezember 1888 (veröffentlicht in der Rivista penale XXIX 300) gegen die in Art. I und II der Satzungen niedergelegten Grundsätze der Internationalen kriminalistischen Vereinigung vorbringt, beruht zum Teil auf einer solchen Verwechslung von Begriff und Wort. Er bestreitet, daß es „die Aufgabe des Strafrechts sei, das Verbrechen als soziale Erscheinung zu bekämpfen" und übersieht dabei, das der deutsche Text nicht vom Strafrecht, sondern von der Strafe spricht (Art. II 1). Er befürchtet eine Vermengung von Recht und Soziologie, wenn unser Art. I verlangt, daß das Strafrecht ebensosehr vom soziologischen wie vom juristischen Standpunkte aus ins Auge gefaßt wird, und bemerkt gar nicht, daß er damit unsere Fassung völlig entstellt wiedergibt. Denn Art. I spricht nicht vom Strafrecht, sondern sagt im deutschen Text: „Verbrechen und Stra e müssen ebensosehr vom soziologischen wie vom juristischen Standpunkte aus ins Auge gefaßt werden", während die französische Fassung ebenso bestimmt „la criminalité et la répression" erwähnt. Strafrecht und Kriminal-Soziologie oder Kriminalpolitik auseinanderzuhalten, hat man seit über einem Jahrhundert nicht als eine besonders schwierige Aufgabe empfunden. Und wenn heute in Italien die Dinge anders liegen sollten, so ist es doch ein wenig viel verlangt, daß diese häuslichen Zwistigkeiten in einem internationalen Programm ihre Lösung finden sollten.

Lehrer des Strafrechts, sei er Polizeibeamter, Staatsanwalt, Untersuchungs- oder Erkenntnisrichter, sei er Verteidiger in Strafsachen oder Leiter einer Strafanstalt, eben nicht nur Jurist sein darf. Ich erblicke den tiefsten Grund für gar manchen Mangel unserer heutigen Zustände in der rein juristischen Ausbildung unserer theoretischen und praktischen Kriminalisten; und ich werde, solange ich kann, diese meine Ansicht immer und immer wiederholen und zu begründen versuchen. Es kommt mir nicht in den Sinn, von dem Kriminalisten selbständige anthropologische oder statistische Untersuchungen zu verlangen; aber ich fordere von ihm, daß er mit den Ergebnissen der Kriminal-Biologie und der Kriminal-Soziologie ebensogut vertraut ist, wie mit den Bestimmungen des Strafgesetzbuchs und den Entscheidungen des Reichsgerichts.

Haben wir Kriminalisten uns diese Kenntnisse einmal zu eigen gemacht, dann werden wir auch verlangen können, daß bei anthropologischen und soziologischen Untersuchungen der Kriminalist als Fachmann gehört werde über die Problemstellung, über die Methode und über die Ergebnisse der Forschung. Und das ist meines Erachtens ganz unerläßlich, sollen diese Forschungen brauchbare und greifbare Ergebnisse zu Tage fördern. Meine weiteren Ausführungen werden hoffentlich den Beweis für die Richtigkeit dieser Auffassung erbringen.

Noch nach einer anderen Richtung hin möchte ich Stellung nehmen. Ich bestreite, daß es eine Gefängniswissenschaft gibt. Was man so nennt, ist ein Teil entweder des Strafrechts im engeren Sinne oder der Kriminalpolitik. Das ist kein bloßer Streit um Worte. Fast könnte es so scheinen; denn das bahnbrechende, von v. Holtzendorff und v. Jagemann herausgegebene Handbuch des Gefängniswesens ist in der Tat mit seinen weitgreifenden Untersuchungen der erste Anfang zu einem Handbuch der Kriminalpolitik. Dennoch liegt die Sache tiefer. Die Freiheitsstrafe ist nur ein Glied in der Kette der Strafmittel, und die Bewohner einer Strafanstalt sind keine selbständige Gruppe der Verbrecherwelt. Daß man von einer besonderen Gefängniswissenschaft spricht, hat seinen

Grund in der fast ausschließlichen Herrschaft der Freiheitsstrafe, wie diese in der einseitigen Betonung des Besserungszweckes ihre tiefste Wurzel findet. Hier aber liegt der Krebsschaden unserer heutigen Strafgesetzgebung. Eine selbständige Gefängniswissenschaft darf es ebensowenig geben, wie eine selbständige Hinrichtungswissenschaft. Das eine wie das andere wäre das Zeichen einer tiefgehenden Erkrankung der gesamten Strafgesetzgebung und Strafrechtspflege. Die Kriminalpolitik, wie ich sie verstehe, hat die Aufgabe, die Freiheitsstrafe in ihre Schranken zurückzuweisen und die Gefängnisreform als einen Teil des Ganzen ins Auge zu fassen.

Die nachstehenden Zeilen sollen, im freien Anschluß an das Programm der „Internationalen kriminalistischen Vereinigung", einzelne Fragen der Kriminalpolitik herausgreifen und besprechen; sie sollen kein kriminalpolitisches System entwickeln. Alle Systemfragen, so interessant sie auch sein mögen, bleiben mithin von der Erörterung ausgeschlossen. Ich darf daher auch die Frage unbesprochen lassen, ob die Unterscheidung der Kriminal-Biologie und der Kriminal-Soziologie, wie ich sie in der dritten Auflage meines Lehrbuches festgehalten habe, und damit die Trennung der individuellen und der sozialen Faktoren des Verbrechens sich in der Tat streng durchführen läßt. Es findet sich wohl anderswo Gelegenheit, dieser Frage die ihr gebührende Beachtung zu widmen und die mit ihr zusammenhängenden methodischen Bedenken eingehend zu würdigen.

II. Die Ergebnisse der Kriminal-Anthropologie.

Wenn wir das Wort Kriminal-Anthropologie oder Kriminal-Biologie (ich ziehe den letzteren Ausdruck vor, doch ist der erstere gebräuchlicher) im weitesten Umfange nehmen, so können wir darunter verstehen die wissenschaftliche Untersuchung der körperlichen und geistigen Eigenart des Verbrechers und die Feststellung der in dieser gelegenen Bedingungen des Verbrechens. Wir könnten im Anschlusse an diese Begriffsbestimmung weiter der Kriminal-Somatologie (Anatomie und Physiologie) als der Lehre von der körperlichen Eigenart des Verbrechers die Kriminal-Psychologie oder die Lehre von der geistigen Eigenart des Verbrechers gegenüberstellen und damit das Gebiet der Kriminal-Biologie systematisch völlig erschöpfen. Ob diese Sonderung bei dem heutigen Stande der Forschungen möglich, ob sie überhaupt zweckmäßig ist, kann hier dahingestellt bleiben; ich werde auf dieselbe im folgenden keine Rücksicht nehmen. Nicht mehr zur Kriminal-Anthropologie im strengen Sinn gehört dagegen die Kriminal-Psychiatrie, soweit sich dieselbe mit den bereits zur Zeit der Tat geistesgestörten Verbrechern beschäftigt. Ich komme auf diese in einem anderen Zusammenhange zurück.

Hat nun die Kriminal-Biologie, das Wort in diesem Sinne genommen, Ergebnisse aufzuweisen, und welches sind diese Ergebnisse?

Es läßt sich nicht leugnen, daß nur in sehr beschränktem Umfange von sicheren Ergebnissen der Kriminal-Anthropologie gesprochen werden kann, und daß das allgemeine Mißtrauen, welchem kriminalbiologische Untersuchungen in den Kreisen der Theoretiker wie in jenen der Praktiker begegnen, nur zu sehr begründet ist. Schritt für Schritt muß wissenschaftliche Erkenntnis errungen werden; wer, gestützt auf unzureichende Beobachtungen, vorschnell gezogene Schlüsse als sichere Wahrheiten der Welt verkündet, schadet nicht nur sich, sondern auch der Sache, die er vertritt. Auch der wohlwollendste Beurteiler wird gar manchen unserer bekanntesten Kriminal-Anthropologen von dem Fehler nicht freisprechen können, für schwach begründete Hypothesen das Ansehen unbestreitbarer Wahrheiten mit allem Ungestüm, aller Einseitigkeit doktrinärer Voreingenommenheit gefordert zu haben.

Aber unrichtig wäre es, für die Fehler einzelner die ganze Richtung verantwortlich zu machen, das Kind mit dem Bade auszuschütten und die biologische Untersuchung des Verbrechens überhaupt in das Reich der wissenschaftlichen Ammenmärchen verweisen zu wollen. Wir müssen die Verbrecherwelt kennen, wenn wir sie bekämpfen wollen; und wir werden sie niemals kennen lernen, wenn wir sie nicht wissenschaftlich untersuchen. An diesen Sätzen wird sich nicht rütteln lassen.

Auch möchte ich gerade die deutschen Leser der Zeitschrift auf die Tatsache aufmerksam machen, daß die Anthropometrie in Frankreich wie anderswo (neuerdings auch in den Vereinigten Staaten) bereits mit glücklichstem Erfolge den praktischen Zwecken der Strafrechtspflege dienstbar gemacht ist. Die „identification anthropométrique" der Verbrecher, insbesondere der Rückfälligen, ist 1879 von Bertillon vorgeschlagen, 1882 von Camescasse an der Polizeipräfektur der Seine eingeführt worden und soll, nachdem sie sich hier glänzend bewährt hat, nunmehr in weiterem Umfange in Frankreich zur Anwendung gebracht werden.

Der Grundgedanke dieser anthropometrischen Identifizierung ist so einfach wie möglich.

Wenn man die Personsbeschreibungen in unseren Steckbriefen liest, so muß man sich eigentlich darüber wundern, daß nach denselben überhaupt irgend ein Verbrecher erkannt und in seiner Identität festgestellt werden kann. Ich greife auf gut Glück einen Steckbrief der Bremer Polizeidirektion vom 9. Mai 1887 heraus.

„Signalement: Statur schlank, Größe 1,75 m, Haare blond, Nase gewöhnlich, Anflug von Schnurrbart, Sprache hochdeutsch und englisch. Kleidung: Braungrauer Ueberzieher mit braunem Sammetkragen und schwarzem seidenen Futter, schwarzen steifen amerikanischen Hut, Stiefeletten mit Gummizügen."

Wenn der Mann die Vorsicht gebraucht, seine Kleider zu wechseln und mit seinem Englisch nicht zu prunken, möchte ich wissen, wie er gefunden werden soll. Man kann mir einwenden, daß in den meisten Fällen genauere Angaben nicht möglich sind. Das gebe ich gerne zu. Aber die Personsbeschreibungen werden auch dann nicht um vieles bestimmter, wenn es sich um bereits abgeurteilte, durch die Hände der Polizei, des Gerichts, des Anstaltsdirektors gegangene Verbrecher handelt, wenn also Monate und Jahre hindurch die Gelegenheit reichlichst vorhanden war, jede wünschenswert erscheinende Feststellung vorzunehmen. So lese ich den Akten einer großstädtischen Polizeidirektion (ich habe auch hier nicht ausgewählt):

„N. N. 1,59. Statur schwächlich, Haar blond, Stirne schmal, gewölbt, schräg, Augenbrauen blond, Augen blau, Nase spitz, Mund klein, Zähne vollständig, Bart fehlt, Kinn schmal, Farbe blaß, Gesichtsbildung schmal."

Es wird auch hier nicht leicht fallen, auf Grund dieser allgemeinen Angaben (nur die Körperlänge ist ziffermäßig festgestellt) einen rückfälligen Verbrecher, der die Angabe seines Namens verweigert, wiederzuerkennen.

Nun haben wir allerdings die Verbrecherphotographien, deren Wert für die strafverfolgenden Behörden von mir wahrhaftig nicht bestritten werden soll. Aber je mehr sich diese Photographien anhäufen, desto schwieriger wird ihre Benutzung. Die Pariser Polizeipräfektur hat über 70000 Photographien aufgesammelt: es leuchtet ein, wie gering die Aussicht ist, in dieser Menge von Bildern den vorgeführten Verbrecher zu erkennen. Und daß, auch abgesehen von diesem Umstande, die Wiedererkennung eines Verbrechers nach seiner Photographie selbst dem geübtesten Auge nicht immer möglich ist, bedarf keiner Ausführung. Wie Tallack erzählt, besaß das Kriminalmuseum der Londoner Polizei 60 Photographien desselben Mädchens (einer Deutschen), deren Verschiedenheit untereinander es schwer machte zu glauben, daß sie alle dieselbe Person darstellten.

Bertillon ist nun von dem Gedanken ausgegangen, die Verbrecherphotographien mit den ihnen entsprechenden Aufzeichnungen nach anthropologischen Grundsätzen in immer kleinere Gruppen zu zerlegen. Die Durchführung dieses Gedankens setzt eine genaue, soweit möglich ziffermäßige Beschreibung jedes einzelnen Verbrechers voraus. Bertillon läßt aufnehmen:

Auf der Vorderseite des Blattes: Name und Vorname des Verbrechers, Geburtsort, Gewerbe, Delikt. Körperlänge. Länge und Breite des Kopfes. Länge des Fußes. Länge des Mittel- und Ringfingers. Länge der ausgestreckten Arme von der Spitze des einen Mittelfingers bis zur Spitze des anderen (envergure). Farbe der Augen. Alter. Tag der vorgenommenen Messung. Unterschrift des Beamten. Auf der Rückseite des Blattes: Narben, besondere Kennzeichen.

Die zu messenden Körperverhältnisse sind diejenigen, welche bei den einzelnen Individuen die größten Verschiedenheiten aufweisen und mithin die Feststellung der Identität am sichersten ermöglichen. Die Messungen selbst können, wie die mehrjährigen Erfahrungen in Paris zweifellos dartun, von jedem Unterbeamten nach kurzer Anweisung mit Leichtigkeit und Sicherheit vorgenommen werden.

Die sämtlichen Photographien sind nun zunächst nach der Körperlänge der von ihnen dargestellten Verbrecher in drei große Gruppen eingeteilt, jede derselben nach der Länge des Kopfes in drei Untergruppen. Jede Untergruppe zerfällt nach der Länge des Fußes in drei weitere Abteilungen; jede von diesen nach der Länge der ausgestreckten Arme wieder in drei Unterabteilungen, und so geht das weiter, bis kleine übersichtliche Gruppen erreicht sind. Auf diese Weise kann die Persönlichkeit eines jeden wiedereingelieferten Verbrechers nach kurzer Zeit festgestellt werden. Bei Einsendung der Messungen von auswärts kann die Hauptstelle, ohne den Verbrecher zu sehen, sofort die gewünschten Auskünfte erteilen. Die Wirkung der Identitätsfeststellung auf die geriebensten Verbrecher soll niederschmetternd sein.

Ich habe das Bertillonsche Feststellungssystem hier zur Sprache gebracht, nicht nur um auf die praktische Bedeutung der Anthropometrie für die Strafrechtspflege aufmerksam zu machen, sondern um zugleich daran zu erinnern, wie gänzlich unbekannt diese und andere Fragen den deutschen Professoren wie den Strafrichtern im allgemeinen geblieben sind, obwohl sie in kriminal-anthropologischen Schriften und Fachblättern vielfache Erörterung gefunden haben (vergl. Akten des I. intern. Krim.-Anthrop.-Kongresses zu Rom 1885, S. 151, Garrauds Archives d'anthropologie criminelle I 193, III 138)[1].

---

1) Jedenfalls verdient die Methode der Gliedmessungen den Vorzug vor dem Vorschlage Frasers (vergl. Tallack, Penological and preventive principles, 1889, S. 196), jeden Verbrecher durch Einätzung (Tättowierung) bestimmter Merkmale in unzweifelhafter Weise zu kennzeichnen. — Das Berliner Polizeipräsidum ist, wie mir Herr Graf Pückler unter dem 15. März d. J. gütigst mitteilt, der Frage ebenfalls näher getreten, da die in den Gefängnissen aufgenommenen Signalements von Gewohnheitsverbrechern beim Fehlen be-

Kehren wir nach dieser Abschweifung zu unserem Thema zurück. Es handelt sich für uns um eine kritische Prüfung der bisherigen kriminal-anthropologischen Untersuchungen.

Zwei Arbeiten sind es insbesondere, welche das Interesse weiterer Kreise auf sich gezogen haben und deshalb an dieser Stelle zur Kennzeichnung einer weit verbreiteten Richtung Erwähnung finden müssen. Ich meine Moriz Benedikts Anatomische Studien an Verbrechergehirnen 1879 und Cesare Lombrosos Uomo delinquente, zuerst 1871 bis 1876 in den Atti dell' Istituto Lombardo veröffentlicht, mehrfach aufgelegt (4. italien. Auflage 1889), ins Französische übersetzt, in deutscher Bearbeitung von Fränkel 1887 erschienen (Z. VIII 656). Beide Arbeiten halten, und es liegt mir daran, das hier zu betonen, wissenschaftlicher Kritik gegenüber nicht stand.

Benedikt hat auf Grund von 22 Beobachtungen die Behauptung aufgestellt, daß das Verbrechergehirn einen besonderen, von dem normalen Gehirn abweichenden Typus darstelle, welchen er als den „Typus der konfluierenden Furchen" bezeichnete. Diese Behauptung hat bei späteren Forschern, bei Meynert, Rüdinger, Binswanger, Flesch, Bardeleben, Giacomini, Tenchini, Hanot, Ferrier u. a. lebhaften Widerspruch gefunden und kann heute als völlig aufgegeben bezeichnet werden.

Auch hat Benedikt selbst seither wiederholt, insbesondere auf dem 1885 zu Antwerpen gehaltenen Kongresse für Phreniatrie und Neuropathologie seiner Ansicht eine gänzlich abweichende Fassung gegeben, welche mit der unten S. 309 zu erwähnenden im wesentlichen übereinstimmt (vergl. die Comptes-Rendus des Kongresses, Gand 1886). Er kommt in seinen Ausführungen zu dem Schlusse, daß der professionelle, unverbesserliche Verbrecher in der Tat eine

---

sonderer Merkmale sich für den Zweck der Rekognition meist als ganz unbrauchbar erweisen und auch durch Photographien nicht immer genügend ergänzt werden können. Beantragt wird die Messung der Hand, des Fußes und des Kopfdurchmessers nach Länge und Breite mittels des Virchowschen Kraniometers. Die von dem Minister des Innern angeordneten Versuche bezüglich der Ausführbarkeit und Zweckmäßigkeit dieses Verfahrens sind noch nicht zum Abschluß gelangt.

angeborene Varietät des Genus homo darstelle. Er betrachtet als das psychologische Grundelement dieser Verbrechernaturen die angeborene oder frühzeitig erworbene psychische, moralische und ästhetische Neurasthenie, d. i. einen Zustand rascher Erschöpfbarkeit mit dem Unlustgefühle großer Schwäche. Diese sei die Ursache der Arbeitsscheu, der Frivolität und der moralischen Widerstandsunfähigkeit, welche eine Hauptrolle in der Psychologie der Gewohnheitsverbrecher spielen. Als Geisteskranke aber könnten diese Verbrecher nicht bezeichnet werden, da ihr Zweck, das Leben zu erhalten und zu genießen, ein naturgemäßer, die Anwendung der Mittel zur Erreichung dieses Zweckes wohlberechnet sei und auch den meisten von ihnen das Gefühl des Unrechts nicht völlig abgesprochen werden könne. Benedikt will den Gewohnheitsverbrecher auch von den Verbrechern mit den Zeichen schwerer angeborener Degeneration unterschieden wissen; diese seien wie die erblich belasteten Geisteskranken und Epileptiker zu behandeln.

Wie man sieht, ist von dem „Typus der konfluierenden Gehirnwindungen“ nicht mehr die Rede. Als Schreckgespenst für die in den alten Bahnen wandelnden Vertreter des Strafrechts spielt Benedikts Verbrechergehirn keine Rolle mehr.

Lombrosos Untersuchungen und Anschauungen haben bis auf den heutigen Tag ihre Zugkraft bewährt. Um ihn hat sich eine Anzahl von Schülern geschart, Ferri und Garofalo an der Spitze, welche mit größerer oder geringerer Selbständigkeit in Büchern und Zeitungsartikeln, in Zeitschriften und auf Kongressen, die Lehren der neuen Schule vertraten. An Lombrosos Namen knüpft sich der Kampf für und gegen die Kriminal-Anthropologie. Das ist kein Glück für die junge Wissenschaft, denn Lombrosos Fehler liegen klar zu Tage. Und es ist eine Verkennung der Tatsachen, denn die Kriminal-Anthropologie hat vor Lombroso bestanden und wird bestehen, auch wenn sämtliche Behauptungen Lombrosos widerlegt werden sollten.

Es ist ganz merkwürdig, wie sehr die Erbitterung des Schulkampfes den klaren Blick der italienischen Schriftsteller getrübt hat. Sie kennen nur mehr Anhänger der alten oder der neuen italienischen Schule. Daß man in Italien oder im Auslande auch selbständige Meinungen haben könne, wird völlig übersehen. Wie oft wurden unsere „Zeitschrift“ und ihre Herausgeber schlankweg zu Vertretern der italienischen Kriminal-Anthropologie gestempelt, ad majorem scolae honorem, weil wir die Arbeiten der Italiener eifrig verfolgten, die Fachgenossen auf sie aufmerksam machten, sie wohlwollend besprachen, in diesem oder jenem Punkte unsere Zustimmung lebhaft zum Ausdruck brachten.

Ich war eigentümlich berührt, als ich in Fränkels Bearbeitung des Uomo delinquente auf der ersten Seite meinen Namen an der Spitze einer stattlichen Reihe von angeblichen Anhängern und Schülern Lombrosos las. Aber die Gegenpartei macht es nicht besser. Ich habe vor mir einen Sonderabdruck aus der Revue critique de Législation et de Jurisprudence, mit einem Brief L. Lucchinis in Bologna an Charles Lucas, membre de l'Institut de France (den bekannten Senior der Gefängnisreformer) vom 26. August 1888. Lucas hatte bei Lucchini angefragt, wie es mit der „neuen Schule“ in Italien stände, ob sie an Einfluß gewinne oder verliere. Lucchini, einer der eifrigsten Gegner der „anthropologischen Schule“, welcher in seinem Buche: I semplicisti del diritto penale 1886 (Z. VI 760) mit allen Waffen der Gelehrsamkeit und des Witzes gegen die Kriminal-Anthropologie ins Feld gezogen ist, erwähnt in seinem Antwortschreiben, daß die Zahl der Anhänger Lombrosos und Ferris von Tag zu Tag im Abnehmen begriffen sei. Er fügt hinzu:

„En Allemagne il y avait M. Liszt, professeur de droit pénal à Marbourg et directeur d'une Revue scientifique très estimable, qui paraissait les suivre (les doctrines anthropojuridiques); mais aujourd'hui il les a nettement répudiées, et a déclaré dans ses derniers travaux, qu'il va se rapprocher plutôt de mes idées, qui sont certainement progressives, mais qui ne s'écartent jamais des points de vue fondamentaux relativement à la place et au but pratique et civil du droit pénal.“

Ich möchte den verehrten Herrn Kollegen hiermit öffentlich gebeten haben, mir jene Arbeit zu nennen, in welcher ich erklärt habe, mich „seinen Ideen“ zu nähern. Mir ist eine solche Arbeit nicht in Erinnerung.

Aber ich kann es den Italienern nicht verargen, wenn sie nur italienische Schulen kennen. Steht die Sache in Deutschland anders? Wie oft habe ich es bei meinem Briefwechsel aus Anlaß der Begründung unserer Vereinigung lesen müssen, daß die Ansichten Lombrosos, Ferris und Garofalos doch viel zu wenig begründet seien, um zur Grundlage weiterer wissenschaftlicher Tätigkeit dienen zu können! Wie viele von den deutschen Fachgenossen (und ich spreche nicht nur von Praktikern) sind mit dem Stande der wissenschaftlichen Forschung genügend vertraut, um sich eine Kriminal-Anthropologie ohne oder gegen Lombroso vorstellen zu können! Hat nicht, wenn ich anders recht berichtet bin, in der Berliner Juristischen Gesellschaft, als im Januar dieses Jahres die Gründung unserer Vereinigung zur Sprache kam, einer unserer Berliner Kriminalisten in wegwerfendem Tone von den wenigen Anhängern ausländischer Irrlehren gesprochen? Und das alles, nachdem v. Kirchenheim in seinem Vorwort zu der deutschen Bearbeitung von Lombrosos Uomo delinquente sich mit genügender Deutlichkeit über die Stellung der deutschen Wissenschaft zu diesem Werke ausgesprochen und damit die bequemeren unter den deutschen Kollegen der Mühe selbständiger Prüfung überhoben hatte!

Bei dieser Sachlage ist es noch immer nicht überflüssig, unwissenden oder böswilligen Gegnern gegenüber mit aller Entschiedenheit zu betonen, daß man die Notwendigkeit und Nützlichkeit kriminal-anthropologischer Untersuchungen vertreten kann, ohne Anhänger von Lombroso zu sein, und daß man Lombroso bekämpfen kann, ohne darum bei den „Ideen“ Lucchinis eine Anleihe machen zu müssen. Für die „Internationale kriminalistische Vereinigung“ aber ist es geradezu eine Lebensfrage, über die volle Selbständigkeit ihrer wissenschaftlichen Stellung gegenüber den streitenden Schulen Italiens von allem Anfange an bei niemandem auch nur den leisesten Zweifel zu lassen.

Eben darum kann ich es auch nicht vermeiden, meine Ansicht über Lombrosos Uomo delinquente hier näher auszuführen, obwohl die Zeitschrift bereits (Z. V 669) eine eingehende und wahrhaftig nicht einseitige Besprechung der dritten, 1884 erschienenen Auflage des Buchs aus der Feder Kraepelins gebracht hat.

Lombroso hat die körperlichen und geistigen Eigentümlichkeiten des „Verbrechers" genau beschrieben. Der Verbrecher ist groß und schwer, besitzt lange Arme, ist häufig Linkshänder; der Schädelinhalt bleibt hinter dem Durchschnitt zurück; Schläfenfortsätze am Stirnbein, Entwicklung der Stirnsinus, Größe der Jochbögen, Vorspringen der Augenbrauen, Prognathismus, Dicke der Schädelknochen, Häufigkeit der Hinterhauptsgrube zeichnen seinen Schädel aus. Das Gesicht zeigt uns verbildete, henkelförmig abstehende Ohren, schief gestellte, schielende Augen, krumme Nase, eine fliehende, enge Stirn, reiches Haupthaar, spärlichen Bartwuchs, gewaltige Kinnlade. Erkrankungen des Gehirns, der Leber, der Lungen, des Magens, des Herzens sind häufig. Das Schmerzgefühl ist herabgesetzt (daher die Todesverachtung, die Grausamkeit, das Tättowieren, die größere Lebensdauer); Tastgefühl, Gehör, Gesicht, Muskelsinn sind vermindert, dafür der Geruch und die Empfindung für magnetische und meteorologische Einflüsse gesteigert. Bewegungs- und Funktionsstörungen werden vielfach beobachtet. Der Verbrecher ist moralisch stumpf, mitleidslos, kennt weder Reue noch Gewissen. Ausgesprochene Irreligiosität kann man ihm nicht vorwerfen. Aber er ist eitel, faul, unbeständig, leichtsinnig, abergläubisch, den Weibern, dem Wein, dem Spiel ergeben; die Orgien vertreten ihm unsere gesellschaftlichen Unterhaltungen. Der Verstand ist gering, die Perzeption verlangsamt; der Verbrecher ist mehr schlau als klug, mehr Nachahmer als Erfinder. Er hat besondere Neigung zu geheimen Verbindungen, besitzt seine eigentümliche Sprache, seine besondere Literatur und schreibt seine eigene Handschrift, die bei den Mördern ganz andere Züge aufweist als bei den Dieben und Betrügern.

Soweit Lombroso. Es scheint mir fast überflüssig. zu betonen, daß ich von alledem nichts glaube. Ganz abgesehen von den sofort zu erwähnenden grundsätzlichen Einwänden, sind die Einzelbeobachtungen so wenig überzeugend, die Ergebnisse anderer Forscher weichen von ihnen so vielfach ab, daß es unmöglich ist, ihnen an sich wissenschaftlichen Wert beizumessen. Ich kann mich damit begnügen. auf die trefflichen Kritiken von G. Tarde, La criminalité comparée (Paris 1886) sowie von N. Colajanni, La sociologia criminale (Catania 1889) zu verweisen. Beiden Schriftstellern kann man nicht vorwerfen, daß sie Anhänger der „alten Schule“ sind. Auch fassen sie nur zusammen, was viele andere vor ihnen gesagt und geschrieben haben.

Wichtiger scheint mir, daß Lombroso selbst zugibt, diese Eigentümlichkeit nur bei einem Teile der Verbrecher, den geborenen Verbrechern (delinquenti nati) gefunden zu haben, daß er aber diesen Begriff nicht klarstellt, vielmehr die geborenen Verbrecher bald mit dem Gewohnheitsverbrecher, bald mit dem moralisch Irren, bald mit dem Epileptiker zusammenwirft. Dieser gänzliche Mangel an wissenschaftlicher Klarheit macht jede ernste Erörterung unmöglich.

Das schlimmste aber ist die vielbesprochene Behauptung Lombrosos, jedes Verbrechen stelle einen atavistischen Rückschlag in die Bildungen und Gewohnheiten des primitiven Menschen dar, jeder Verbrecher trage die körperlichen und geistigen Züge des Wilden, besonders die des Mongolen. Selbst wenn man die Eigenart des „Urmenschen“ als wissenschaftlich festgestellt annehmen, an einen einheitlichen anthropologischen Typus des „Wilden“ glauben; selbst wenn man die physiologische Möglichkeit eines derartigen atavistischen Rückschlages als bewiesen zugeben wollte: scheitert Lombrosos Hypothese an dem Einwand, daß, wenn Epilepsie und moralisches Irresein die charakteristischen Eigentümlichkeiten des Urmenschen gewesen wären, das Menschengeschlecht wohl die Sonne des heutigen Tages nicht mehr geschaut haben, sondern seit Jahrtausenden an der Zeugungsunfähigkeit der erblich Degenerierten zu Grunde gegangen sein würde. Lombrosos Ansichten widerlegen sich untereinander selbst.

Die atavistische Theorie Lombrosos, von ihm selbst in den neueren Ausgaben seines Buches lange nicht mehr mit der früheren Bestimmtheit vorgetragen, hat denn auch fast allgemeinen Widerspruch gefunden, den allerlebhaftesten wohl gerade in den Kreisen der Kriminal-Anthropologen. Niemand, der die Verhandlungen des römischen Kongresses von 1885 auch nur oberflächlich verfolgt hat, der die kriminal-anthropologische Literatur auch nur in ihren wichtigsten Erscheinungen kennt, kann über diese Tatsache im unklaren geblieben sein. Die „Internationale kriminalistische Vereinigung" hat nicht die leiseste Veranlassung, im Gegensatze zu der Ueberzeugung der überwiegenden Mehrheit unter den Kriminal-Anthropologen Lombrosos Theorien zum Leitfaden ihrer Arbeiten zu machen.

Aber das Verdienst Lombrosos und seiner Anhänger liegt gar nicht in den Theorien, welche sie aufgestellt, liegt auch nicht in den Tatsachen, welche sie gesammelt, oder in den Schlußfolgerungen, welche sie daraus gezogen haben. Tatsachen können entkräftet, Schlußfolgerungen widerlegt, Theorien als haltlos nachgewiesen werden. Lombrosos Verdienst ist es, die anthropologische Untersuchung des Verbrechers nicht auf Schädel und Gehirn beschränkt, sondern auf den ganzen Menschen ausgedehnt zu haben, unermüdlich neue Gesichtspunkte heranziehend, neue Untersuchungsmethoden anwendend. Sein Verdienst ist es, Juristen und Gebildete aller Stände für seine Forschungen interessiert und den kräftigen Anstoß dazu gegeben zu haben, daß auch die Strafrechtswissenschaft den Fragen der Kriminal-Anthropologie ihre Aufmerksamkeit zuwendete. Daß man den Menschen und nicht den Begriff bestrafe, das haben uns die Italiener nicht erst gelehrt (Beweis dafür unsere gesamte ältere kriminalistische Literatur seit der Mitte des 18. Jahrhunderts), aber sie haben es uns ins Gedächtnis zurückgerufen, als wir über Kant und Hegel, über Fichte und Herbart, über Schopenhauer und Ed. v. Hartmann den obersten Grundsatz aller Strafrechtswissenschaft vergessen hatten. Sie haben uns aufgerüttelt aus dem metaphysischen Schlaf und aus der erstarrenden Begriffsjurisprudenz; recht rücksichtslos allerdings und mit unnötigem, unerfreulichem Lärm, aber mit glücklichem Erfolg. Darin sehe ich den bleibenden Wert von Lombrosos Uomo delinquente; und darum müssen wir, meine ich, nachsichtig sein mit den Fehlern des Werkes und den Schwächen seines Verfassers.

Neben den Fehlern und Irrtümern, welche Lombroso eigentümlich sind, weist sein Uomo delinquente aber noch andere auf, welche der Verfasser mit gar manchem seiner auf demselben Felde tätigen Kollegen teilt.

Einen dieser Fehler, weitaus den wichtigsten von allen, kann ich an dieser Stelle nicht übergehen, weil von seiner Vermeidung die ganze Zukunft der Kriminal-Anthropologie abhängt.

Es gibt keinen homo delinquens, d. h. der Verbrecher bildet keinen einheitlichen anthropologischen Typus. Das ist keine aprioristische Behauptung, sondern die unabweisliche Schlußfolgerung aus den zweifellosen Tatsachen der Strafgesetzgebung. Die Handlungen, welche wir als Verbrechen, Vergehen oder Uebertretungen unter Strafe stellen, weichen in ihrer Erscheinung wie ganz besonders in den Triebfedern, auf welchen sie beruhen, so unendlich weit voneinander ab, daß es von vornherein als gänzlich verkehrt erscheinen muß, sie auf dieselben organischen Bedingungen zurückführen zu wollen. Es gibt also auch keine Verbrechergehirne. Niemandem, der auch nur die oberflächlichsten strafrechtlichen Kenntnisse besitzt, kann es in den Sinn kommen, nach solchen zu suchen. Es ist nicht das erstemal, daß ich diese Ansicht ausspreche, und ich fürchte, es wird nicht das letztemal sein, daß ich es tun muß. Es bewährt sich hier sofort die Richtigkeit des oben S. 295 von mir aufgestellten Satzes, daß die kriminal-anthropologische Forschung des Beistandes der Kriminalisten vom Fach nicht entraten kann, wenn sie nicht bei ihren ersten Schritten bereits auf die bedenklichsten Abwege geraten will.

Es gibt aber auch keine Mörderschädel. Denn der Mörder ist ebensowenig eine anthropologische Einheit, wie der Verbrecher überhaupt. Der Raubmord und der Mord aus politischem Fanatismus, der Lustmord und die Tötung aus Rache können nicht auf der gleichen körperlichen und geistigen Eigenart des Täters beruhen. Wir können ganz allgemein sagen: Die kriminal-anthropologische

Untersuchung darf unter gar keinen Umständen mit den Deliktsbegriffen des Strafgesetzbuchs arbeiten. Will sie ja doch nicht den Begriff, sondern den Menschen untersuchen. Daß man die Paragraphen des Strafgesetzbuchs als anthropologische Typen ansehen konnte, wäre einfach unbegreiflich, wenn nicht eine Entfremdung zwischen Anthropologen und Kriminalisten bestände, welche das gegenseitige Verständnis fast unmöglich macht.

Wir werden also darauf verzichten müssen, den anthropologischen Typus des Verbrechers überhaupt, des Mörders, Brandstifters, Fälschers, Notzüchters u. s. w. insbesondere feststellen zu wollen; wir werden alle auf eine solche Feststellung gerichteten Versuche ohne weiteres als methodisch verfehlt grundsätzlich zurückweisen können. Es ist ja klar: wenn jeder Mensch das Produkt ist aus seiner angeerbten Veranlagung, seiner Erziehung (das Wort im weitesten Sinne genommen) und den ihn umgebenden äußeren Verhältnissen, so kann im gegebenen Einzelfall bald dieser, bald jener der drei genannten Faktoren die entscheidende Rolle gespielt haben. Nur wo die sei es angeborenen, sei es erworbenen individuellen Bedingungen den Ausschlag gegeben haben, können wir hoffen, in der körperlichen oder geistigen Eigenart des Verbrechers den Schlüssel zu der von ihm begangenen Tat finden zu können.

So verengt sich uns das Arbeitsfeld für kriminal-anthropologische Untersuchungen; aber damit erweitert sich zugleich die Aussicht auf bleibende und wertvolle, wenn auch weniger glänzende Ergebnisse.

Ich halte heute schon, auf Grund der bereits vorliegenden Arbeiten, im Anschlusse an zahlreiche Forscher, die Tatsache für durchaus feststehend, daß zahlreiche Verbrecher die der Psychiatrie längst bekannten Kennzeichen einer körperlichen und geistigen Entartung aufweisen. Ich darf hier wohl davon absehen, die Schriftsteller namhaft zu machen, welche durch ihre tatsächlichen Angaben die Richtigkeit dieses Satzes bewiesen haben. Kirn hat im Handbuch des Gefängniswesens I 53 die Einzelergebnisse zusammengestellt und die Kennzeichen der Entartung kurz beschrieben. Auch mag noch auf die in allerletzter Zeit veröffentlichte Abhandlung von Laurent in den Archives de l'anthropologie criminelle III 564: Les dégénerés dans les prisons verwiesen werden. Reiches Material findet sich in den deutschen Arbeiten von v. Krafft-Ebing, Knecht, Sommer, Binswanger, Sander und Richter, Moeli und anderen. Man mag es dort nachsehen, wenn die Behauptung befremdlich erscheinen sollte. Nur das möchte ich nebenher betonen, daß auch Valentini in seinem vortrefflichen, viel zu wenig gewürdigten Buche: Das Verbrechertum im preußischen Staate 1869, S. 225 auf eine hierher gehörende, wie ich glaube, nicht unwichtige aber wenig beachtete Tatsache (die überaus häufigen schweren Menstruationsstörungen bei den weiblichen Gefangenen) hingewiesen hat.

Die Entartung (Degeneration) beruht in den meisten Fällen auf erblicher Belastung (hereditäre Degeneration). Sie hat ihren Grund in körperlichen und geistigen Krankheiten der Eltern, insbesondere in Psychosen und Neurosen (Epilepsie) derselben, in Trunksucht, Ausschweifung, Syphilis der Erzeuger. Sie tritt in besonders schweren Formen auf, wenn derartige Zustände sowohl auf der väterlichen wie auch auf der mütterlichen Seite sich finden. Die Entartung kann aber auch eine erworbene sein, auf schlechter Ernährung insbesondere in der ersten Jugend, auf liederlichem Lebenswandel, auf Krankheiten aller Art beruhen.

Das Wesen der Entartung besteht in allen Fällen in einer neuropathischen Verfassung, in einer Schwächung der Widerstandskraft des Zentralnervensystems. Damit ist das Denken, Fühlen und Wollen krankhaft geändert, das Gleichgewicht des Seelenlebens gründlich gestört.

Festzuhalten ist, daß die erbliche Belastung wie die erworbene Schwächung nur in einer mehr oder minder starken Veranlagung, einer Prädisposition, besteht, welche durch geeignete und rechtzeitige Maßregeln wie jede Veranlagung (man denke an die Kinder lungenkranker Eltern) wirksam bekämpft werden kann, während sie unter ungünstigen äußeren Verhältnissen zu einem chronischen, unheilbaren Zustande sich entwickelt. Festzuhalten ist ferner, daß es eine besondere Veranlagung zur Begehung von strafbaren Handlungen nicht gibt, sondern daß es von den äußeren Verhältnissen, von den Lebensschicksalen in ihrer Gesamtheit abhängt, ob die Störung des seelischen Gleichgewichtes zum Selbstmord, zum Wahnsinn, zu schweren Nervenleiden, zu körperlichen Krankheiten, zu unstetem abenteuerlichen Lebenswandel oder aber zum Verbrechen führt.

Von diesem Standpunkte aus verschwindet der homo delinquens; der Typus des Verbrechers gliedert sich, soweit er überhaupt anthropologisch faßbar ist, ein in den des degenerierten und zumeist erblich belasteten Menschen.

Es ist klar, daß gegen diese Gruppe von Verbrechern besondere ernste Maßregeln nötig sind. Ist eine Wiederherstellung des gestörten seelischen Gleichgewichtes noch möglich, so wird sie sicherlich durch einige Wochen oder Monate, welche der Verbrecher in unseren Strafanstalten zubringt, nicht herbeigeführt, sondern gründlichst unmöglich gemacht werden. Wenn aber der Zustand einmal unheilbar geworden ist, dann bedarf es einschneidender Maßregeln zum Schutze der Gesellschaft. Ob wir in dem einen wie in dem anderen Falle noch von Bestrafung sprechen können, oder ob die vorübergehende oder dauernde Unterbringung in besonderen Anstalten gefordert werden muß, das ist eine Frage, deren Lösung mich an dieser Stelle nicht interessiert.

Die nächste und wichtigste Aufgabe der Kriminal-Anthropologie besteht meiner Ueberzeugung nach darin, ohne Rücksicht auf die Deliktsbegriffe des Strafgesetzbuches diese Gruppe von Verbrechern genau zu untersuchen, ihre Eigenart festzustellen und zu erklären, insbesondere auch ihr Verhältnis zu den Gewohnheitsverbrechern zu bestimmen. Nur so kann die sichere Grundlage für eine Aenderung unserer Gesetzgebung gewonnen werden. Messungen und Wägungen, der ganze kriminal-anthropologische Apparat Lombrosos und seiner Anhänger wird bei diesen Untersuchungen etwas, wenn auch nicht vollständig, in den Hintergrund treten, auf die möglichst genaue Erforschung des ganzen Lebensganges des einzelnen und seiner Eltern das Hauptgewicht gelegt werden müssen. Der medizinische Beirat wird von dem größten Werte sein; aber die Arbeit selbst muß der Kriminalist in die Hand nehmen. Unsere Strafanstalten bieten ihm ein Arbeitsfeld von genügender Ausdehnung, von unerschöpfter Fruchtbarkeit. Wenn es es dabei lernt, nicht nur die Bücher, sondern auch die Menschen zu studieren, nicht nur die Begriffe, sondern auch die Tatsachen zu beobachten, so wäre das nicht der kleinste Gewinn für unsere Wissenschaft.

III. Die Aufgaben und die Lehren der Kriminalstatistik.

Mit der biologischen muß die soziologische Untersuchung des Verbrechens Hand in Hand gehen. Ich verstehe darunter die wissenschaftliche Untersuchung des Verbrechens als einer eigenartigen Erscheinung des gesellschaftlichen Lebens und die darauf gestützte Klarlegung der sozialen Bedingungen des Verbrechens.

Die einseitige Betonung des kriminal-anthropologischen Standpunktes verleitet nur zu leicht zu einer Unterschätzung der sozialen Bedingungen, welche zum Verbrechen führen. Und doch sind diese bei einem großen Teile der Verbrechen von ungleich bedeutenderem Einflusse auf das Zustandekommen der Tat als die individuelle Eigenart des Täters. Auch führen die individuellen Bedingungen des Verbrechens teilweise unmittelbar auf die sozialen Bedingungen desselben zurück. Das Massenelend ist der Nährboden, auf welchem nicht nur das Verbrechen selbst gedeiht, sondern auch die Entartung auf Grund erblicher Belastung, die hereditäre Degeneration, welche ihrerseits wieder zum Verbrechen führt.

Die einseitige Betonung des kriminal-anthropologischen Standpunktes verleitet weiter nur zu leicht zu fatalistischer Entsagung und damit zur Verneinung jeder kräftigen Kriminalpolitik. Ist jedes Verbrechen organisch bedingt, die Frucht der von den Vätern begangenen Sünden, das letzte Ergebnis der durch Geschlechter sich fortpflanzenden, stufenweise sich steigernden Entartung — was soll uns diesen Unglücklichen gegenüber die Strafe? Wer die Literatur der italienischen Schule kennt, der weiß, daß das Mißtrauen gegen die Wirksamkeit der Strafe wie ein roter Faden durch die Schriften ihrer bedeutendsten Vertreter sich hindurchzieht, daß die Einführung der sostitutivi penali, der Ersatzmittel für die Strafe (z. B. die Erleichterung der Ehescheidung statt der

Bestrafung des Ehebruchs) als die höchste gesetzgeberische Weisheit gepriesen wird.

Ganz anders steht es, wenn wir das Schwergewicht auf die Untersuchung der sozialen Bedingungen des Verbrechens legen. Diese entziehen sich nur zum Teile menschlicher Einwirkung. Wir können nicht nur die aus den gesellschaftlichen Verhältnissen entspringenden Antriebe zum Verbrechen zu beseitigen oder ihre Kraft zu mindern suchen, sondern wir können durch Strafdrohung und Strafvollzug Motive schaffen, welche dem Einfluß der gesellschaftlichen Verhältnisse das Gleichgewicht zu halten im stande sind. Jene Art der Bekämpfung des Verbrechens durch Milderung des Massenelends, Hebung der Bildung, Kräftigung staatsbürgerlicher Gesinnung u. s. w. gehört nicht mehr in den Rahmen der Kriminalpolitik. Aber die Gestaltung der Strafdrohung und die Regelung des Strafvollzugs gehören ihr an und nur ihr allein. Besserung und Abschreckung oder, wenn man lieber will, Erziehung und Zucht spielen hier ihre maßgebende Rolle. Kriminal-Anthropologie und Kriminal-Soziologie müssen zusammenwirken, wenn das Verbrechen in seiner Erscheinung und in seinen Wurzeln klargelegt und wenn die Strafe ihrem Zwecke: das Verbrechen zu bekämpfen, entsprechend gestaltet werden soll.

Die Methode soziologischer Erforschung des Verbrechens und der Strafe kann eine doppelte sein: systematische Einzelbeobachtung und systematische Massenbeobachtung. Letztere, in ihrer Anwendung auf Verbrechen und Strafe nennen wir Kriminalstatistik. Die erstere wird weit mehr als bisher gepflegt werden müssen; aber die letztere tritt naturgemäß in den Vordergrund. Nur mit ihr wollen wir uns hier beschäftigen.

Es hat lange genug gedauert, bis die Kriminalstatistik sich von der Justizstatistik losgelöst, bis man erkannt hat, daß ihre Aufgabe nicht die Schilderung der von den Strafgerichten geleisteten Tätigkeit, sondern die soziologische Darstellung des Verbrechens und der Strafe ist. Noch ist diese Entwicklung der Kriminalstatistik nicht abgeschlossen, noch ist sie weit davon entfernt, ihrer neuen und schwierigen Aufgabe völlig gerecht zu werden.

Dies gilt auch von unserer vortrefflichen Reichskriminalstatistik, deren fünf bisher erschienene Bände, die Jahre 1882—1886 umfassend, eine überaus reiche Fülle von Belehrungen und Anregungen enthalten. Das Verdienst dieser von dem Reichsjustizamt und dem Kaiserlich statistischen Amt gemeinsam geleisteten Arbeit, ihr hoher Wert für den theoretischen und praktischen Kriminalisten, ihre Bedeutung in inhaltlicher wie in technischer Beziehung sollen wahrlich nicht geschmälert werden, wenn ich hier vom kriminalsoziologischen Standpunkte aus einige Bedenken vorbringe.

Ich will nicht abermals darauf hinweisen, daß die Reichskriminalstatistik manche beklagenswerte Lücke aufweist, daß sie insbesondere darauf verzichtet hat, Bettel und Landstreicherei in den Kreis ihrer Ermittlungen einzubeziehen. Es ist darüber gerade in dieser Zeitschrift mehrfach gesprochen worden. Auch trägt die Schuld der Unterlassungssünde nicht die Kriminalstatistik, sondern der Strafgesetzgeber, welcher diese Gruppe von strafbaren Handlungen unter die Uebertretungen zu verweisen den Mut hatte.

Wichtiger, weil von grundsätzlicher Bedeutung, erscheint mir ein anderes Bedenken. Die Kriminalstatistik wird und muß so lange hinter dem durch ihre Aufgabe ihr gesteckten Ziele zurückbleiben, als sie sich damit benügt, einfach mit den technisch-juristischen Deliktsbegriffen des Strafgesetzbuchs zu arbeiten. Die einzelnen Paragraphen und die einzelnen Abschnitte des Strafgesetzbuchs entsprechen ebensowenig den soziologischen wie den anthropologischen Einheiten des Verbrechens. Das Strafgesetzbuch gestaltet seine Deliktsbegriffe in erster Linie nach den durch die Tat verletzten oder gefährdeten Interessen; der Kriminal-Soziologie aber kommt es auf die Antriebe zur Tat, insbesondere auf die äußeren gesellschaftlichen Verhältnisse an, welche für diese bestimmend gewesen sind. Darüber aber erfährt sie aus der Kriminalstatistik so gut wie nichts.

Einige Beispiele dürften klar machen, was ich meine.

Die Gruppe der „Vermögensdelikte" ist strafrechtlich klar und scharf abgegrenzt, kriminalistisch ist sie ohne Wert, ja geradezu irreführend. So bilden Diebstahl und

Sachbeschädigung in ihrem kriminalistischen Verhalten die schärfsten Gegensätze. Die Zahl der Diebstähle ist in dem fünfjährigen Zeitraume von 1882—1886 wesentlich gefallen, die der Sachbeschädigungen bedeutend gestiegen. Dagegen zeigt die zeitliche Bewegung und die geographische Verteilung der Sachbeschädigung in allem wesentlichen eine Uebereinstimmung mit Beleidigung und Körperverletzung, mit Hausfriedensbruch und Widerstand gegen die Staatsgewalt, also einerseits mit „Delikten gegen die Person", anderseits mit „Delikten gegen Staat, Religion und öffentliche Ordnung". Und diese auf den ersten Blick auffallende Erscheinung wird uns völlig selbstverständlich, sobald wir uns daran erinnern, daß die Triebfedern des Diebstahls weitab liegen von denjenigen der Sachbeschädigung.

Auch Diebstahl und Betrug bieten uns kriminalstatistisch ein so verschiedenes Bild, daß ihre Zusammenfassung zu einer und derselben Gruppe keineswegs gerechtfertigt ist. Ja selbst das dem Diebstahl juristisch nächstverwandte Delikt, die Unterschlagung, nimmt statistisch neben jenem eine durchaus selbständige Stellung ein und ist z. B. an der starken Abnahme des Diebstahls nicht beteiligt.

Dieselbe Erscheinung wiederholt sich, wenn wir kleinere Gruppen ins Auge fassen. So wäre es durchaus unrichtig, die Sittlichkeitsdelikte, diese Untergruppe der „Delikte gegen die Person", als eine kriminal-soziologische Einheit aufzufassen. Die Kuppelei, deren Wurzel die Gewinnsucht ist, trägt einen durchaus anderen Charakter als die Notzucht oder die Erregung öffentlichen Aergernisses durch unzüchtige Handlungen.

Es ist allerdings richtig, daß unsere Reichskriminalstatistik stets bemüht ist, die fehlerhafte Zusammenfassung verschiedenartiger Delikte zu größeren Gruppen durch genaues Eingehen auf die Bestandteile dieser Gruppen, durch ihre Zerlegung in die Einzeldelikte, abzuschwächen und gutzumachen. Aber einmal ist damit die Wertlosigkeit der großen Gruppen zugegeben, welche doch wieder vielfach zur Grundlage von Ermittlungen und Auseinandersetzungen gemacht werden und welche auch gar nicht aufgegeben werden können, solange nicht ein Ersatz für sie in einer anderen Zusammenfassung der einzelnen strafbaren Handlungen gefunden ist. Und zum anderen kehren dieselben Bedenken, wenn auch in verminderter Stärke, wieder, wenn wir die einzelnen Delikte des Strafgesetzbuchs kritisch prüfen. Raubmord und Lustmord fallen so wenig unter denselben soziologischen wie unter denselben anthropologischen Begriff, die Fälle der Brandstiftung können in beiden Beziehungen verschiedene Bedeutung haben; und selbst wenn wir den diplomatischen Landesverrat oder die Verletzung der Wehrpflicht ins Auge fassen, so werden wir lebhafte Bedenken gegen die Brauchbarkeit dieser juristischen Begriffe für kriminal-soziologische Untersuchungen nicht unterdrücken können, da ja die Antriebe, welche zu diesen Delikten führen, in wesentlich verschiedenen individuellen wie sozialen Verhältnissen ihre Wurzel haben können.

Will die Kriminalstatistik ihrer Aufgabe gerecht werden, so muß sie uns die Bedingungen des Verbrechens enthüllen; sie muß uns als die wichtigste Methode der Kriminal-Soziologie und als eine der Methoden der Kriminal-Biologie die sozialen wie die individuellen Faktoren klarlegen, durch welche das Verbrechen bestimmt wird. Nun weiß ich sehr wohl, daß eine solche Forderung die genaue und begründete Angabe derjenigen Umstände voraussetzt, auf welche die statistischen Erhebungen ausgedehnt werden sollen. Und über den Umfang und den Inhalt dieser Ausdehnung gehen heute noch die Ansichten weit auseinander. Aber ich hoffe, daß die Beratungen im Schoße der „Internationalen kriminalistischen Vereinigung“ die Beseitigung der Meinungsverschiedenheiten, die Klärung der Ansichten, die Ausarbeitung bestimmter und brauchbarer Vorschläge zu Tage fördern werden.

Ich bin mir weiter auch darüber klar, daß es äußerst bedenklich wäre, den Inhalt der von den Gerichten auszufüllenden Zählkarten zu vermehren. Aber meiner Meinung nach sind es auch gar nicht die Gerichte, sondern die Organe der Gefängnisverwaltung, welchen die Erfüllung dieser neuen Aufgabe zu übertragen wäre. Eine nach einheitlichen Grundsätzen für das ganze Deutsche Reich geregelte Gefängnisstatistik könnte das Urmaterial für die kriminalbiologischen und kriminal-soziologischen Arbeiten des Kaiserlich statistischen Amtes liefern. Trotz aller Schwierigkeiten, trotz aller Bedenken zweifle ich keinen Augenblick daran, daß wir von den statistischen Behörden des Deutschen Reichs eine neue fruchtbringende Förderung kriminal-soziologischer Untersuchungen erwarten dürfen, sobald nur einmal die Fragestellung feststeht. Diese zu finden, ist unsere Aufgabe, ist Aufgabe des Kriminalisten, nicht des Statistikers [1]).

Mögen wir aber auch heute noch weit entfernt sein von der Erreichung des Zieles, welches die Kriminalstatistik sich zu setzen berufen und verpflichtet ist, so können wir doch schon heute den Bänden unserer Reichskriminalstatistik manche wertvolle Lehre entnehmen über die Bewegung und die Verteilung der Kriminalität im Deutschen Reich, über die Anwendung und die Wirksamkeit unseres Strafensystems. Und manch wichtiger weiterer Aufschluß ist zu erwarten, wenn die Fragen gelöst sein werden, zu welchen die bisherigen Ergebnisse angeregt haben, z. B. über die geographische Verteilung der Kriminalität der Weiber und der Kinder, über die auffallend ungünstige Stellung der katholischen Bevölkerung und anderes mehr.

Die fast ausschließliche, dem Willen des Gesetzes, wenn auch nicht seinem Wortlaute, widersprechende Vorrherrschaft der kurzzeitigen Freiheitsstrafe, sowie die durchaus unzulängliche Bestrafung der Rückfälligen wird mich in den späteren Abschnitten dieser Abhandlung beschäftigen. Hier möchte ich nur auf einzelne Ergebnisse von allgemeiner Bedeutung aufmerksam machen. Nicht neue Tatsachen, nicht eigene Gedanken will ich vorbringen, sondern lediglich wieder einmal hinweisen auf die leider so wenig beachteten Zahlenreihen unserer Reichskriminalstatistik.

Man beachte zunächst die nachstehende Tabelle I.

---

1) Ich erinnere daran, daß die Versammlung des Vereins der deutschen Strafanstaltsbeamten, welche 1886 zu Frankfurt a. M. tagte, sich für die Einführung einer, die sozialen Bedingungen des Verbrechens klarlegenden, Gefängnisstatistik ausgesprochen hat (Blätter für Gefängniskunde XXII 127). Die Einrichtung derselben würde allerdings noch genauerer Ueberlegung bedürfen, als ihr damals gewidmet werden konnte.

Tabelle I.

Zahlen der Verurteilten wegen Verbrechen und Vergehen gegen Reichsgesetze 1882 bis 1887. (Die Zahlen sind entnommen dem Septemberheft 1888 der Monatshefte zur Statistik des Deutschen Reichs.)

In dem Jahre	überhaupt	wegen Verbr. u. Verg. gegen Staat, Religion, öff. Ordn.	wegen Verbr. u. Verg. gegen die Person	wegen Verbr. u. Verg. gegen das Vermögen	wegen Verbr. u. Verg. im Amt
1882	329 968	51 623	107 398	169 334	1613
1883	330 128	51 684	112 237	164 590	1617
1884	345 977	56 082	125 299	162 898	1698
1885	343 087	53 367	127 865	157 275	1580
1886	353 000	60 458	134 019	156 930	1593
1887	356 339	62 331	137 745	154 744	1519

Die Ziffern sind nichts weniger als erfreulich. Die absolute Zahl der Verurteilten überhaupt ist wesentlich gestiegen. Wenn wir das Anwachsen der Bevölkerung in Betracht ziehen, zeigt sich die Zunahme nur um so deutlicher. Das ergibt sich aus Tabelle II.

Tabelle II (nach der Reichskriminalstatistik).

Auf 100 000 strafmündige Einwohner kommen

im Jahre	verurteilte Personen	Handlungen, wegen welcher eine Verurteilung erfolgte
1882	1029	1215
1883	1024	1241
1884	1067	1316
1885	1047	1346
1886	1066	1362

Die Zunahme der Handlungen, wegen welcher eine Verurteilung erfolgte, ist eine ununterbrochene.

Fassen wir die einzelnen Gruppen näher ins Auge.

Die erste Gruppe, Verbrechen und Vergehen gegen Staat, Religion und öffentliche Ordnung weist im Jahre 1882 nur 51 623, im Jahre 1887 dagegen 62 331 Verurteilte auf.

Eine Betrachtung einzelner in diese Gruppe gehörender Delikte ergibt ein wesentlich verschiedenes Verhalten derselben.

Tabelle III. (Vergl. Bemerkung zu Tabelle I.)
Die Zahl der Verurteilten betrug

bei	1882	1883	1884	1885	1886	1887
Gewalt u. Drohung gegen Beamte (St.G.B. §§ 113, 114, 117—119)	11 948	11 853	12 462	12 507	13 127	13 446
Hausfriedenbruch	13 826	13 306	15 353	14 855	15 983	15 969
Meineid	1 011	871	923	940	827	867
Fahrlässiger Falscheid	373	313	375	404	358	396
Religionsvergehen	256	315	255	250	262	288
Delikte in Beziehung auf den Personenstand	74	87	112	99	109	106
Doppelehe	38	44	53	60	54	76
Ehebruch	70	92	94	76	114	122
Blutschande	314	330	323	288	338	347
Unzucht unter Mißbrauch eines Vertrauensverhältnisses	67	34	42	34	34	38
Widernatürlicher Unzucht	329	269	345	391	373	418
Unzucht mit Gewalt u. s. w.	2 851	2 737	2 755	2 862	3 187	3 131
Aergernis durch unzüchtige Handlungen, Verbreitung unzüchtiger Schriften	1 404	1 277	1 403	1 514	1 465	1 472
Kuppelei	1 377	1 657	1 454	1 586	1 856	1 919

Wir sehen innerhalb der Delikte gegen Staat, Religion und öffentliche Ordnung ein starkes Anschwellen von Hausfriedensbruch sowie von Gewalt und Drohung gegen Beamte. Auch die Kuppelei zeigt steigende Bewegung; diese dürfte jedoch zum größten Teil durch die strengere Rechtsprechung (Bestrafung der Zuhälter, des Vermietens von Wohnungen an Prostituierte) zu erklären sein. Die Zahl der wegen der übrigen Sittlichkeitsdelikte verurteilten Personen hat keine beachtenswerte Veränderung erfahren, ich glaube daher auch, dieselben übergehen zu dürfen. Sehr auffallend dagegen ist die Abnahme in der Zahl der wegen Meineids Verurteilten. Sollten heute weniger Meineide geschworen werden als im Beginn dieses Jahrzehnts? Man wird sich schwer dazu entschließen wollen, das anzunehmen. Viel näher liegt es, die sinkende Bewegung in den Ziffern der Verurteilten aus der nachlassenden Kraft der Strafverfolgung zu erklären. In der Tat ist, wie die Statistik uns lehrt, der Prozentsatz der Freisprechungen bei Meineid im Steigen begriffen.

Auch in der zweiten Gruppe, den Verbrechen und Vergehen gegen die Person, finden wir steigende Ziffern. Ich hebe in Tabelle IV die wichtigeren Einzeldelikte dieser Gruppe hervor.

Tabelle IV. (Vergl. Bemerkung zu Tabelle I.)

Die Zahl der Verurteilten betrug

bei	1882	1883	1884	1885	1886	1887
Beleidigung	38 971	39 911	42 616	40 859	42 586	44 084
Mord	151	153	139	126	144	131
Totschlag	169	164	131	164	154	142
Kindesmord	171	175	161	189	187	168
Abtreibung	191	167	258	243	226	226
Aussetzung	54	70	65	47	46	31
Fahrlässiger Tötung	476	521	567	512	558	626
Körperverletzung,						
einfacher	16 527	17 116	18 718	18 620	19 334	19 202
gefährlicher	38 291	40 933	48 118	51 449	53 759	55 821
schwerer	573	544	592	663	637	549
fahrlässiger	1 192	1 392	1 547	1 705	1 855	1 996
Schlägerei	191	176	153	159	172	147
Vergiftung	13	11	15	5	10	12
Widerrechtlicher Freiheitsentziehung	116	154	177	180	186	216
Nötigung und Bedrohung	3 623	4 021	5 243	5 820	6 493	6 602

Die Zunahme bei Beleidigung, Körperverletzung, Nötigung und Bedrohung springt in die Augen. Unrichtig wäre es, die Tragweite dieser Erscheinung durch den Hinweis auf die Tatsache abschwächen zu wollen, daß die Beleidigung, die einfache, vorsätzliche und die fahrlässige Körperverletzung auf dem Wege der Privatklage zu verfolgen, daß für die Erhebung oder Nichterhebung der Privatklage aber die verschiedenartigsten, nicht juristischen Beweggründe maßgebend seien und daß demnach aus einer größeren Zahl von Verurteilungen nicht auf eine vermehrte Begehung dieser Delikte geschlossen werden dürfe. Daß dieser Einwand nicht stichhaltig ist, ergibt die einfache Erwägung, daß ja auch bei den nicht auf dem Wege der Privatklage verfolgbaren Delikten dieser Gruppe, so bei gefährlicher Körperverletzung, bei Freiheitsentziehung, Nötigung und Bedrohung, ja selbst bei fahrlässiger Tötung dieselbe Zunahme sich zeigt. Aber auch die steigende Häufigkeit der Privatklage für sich allein müßte als ein betrübendes Zeichen steigender Reizbarkeit unserer Bevölkerung betrachtet werden.

Es ist auch ein recht schwacher Trost, wenn die Reichskriminalstatistik (V. Band, II S. 10) den Nachweis zu erbringen versucht, daß unter den nach § 223a St.G.B. Verurteilten nur etwa 10 Proz. eigentliche Messerhelden sind, während über 50 Proz. sich eines „anderen gefährlichen Werkzeuges" bedienen. Mag auch vorzugsweise mit Bierkrügen und Stuhlbeinen, mit Knotenstöcken oder meinetwegen auch mit der Faust gearbeitet werden — der Schluß auf die zunehmende Verrohung unseres deutschen Volkes ist trotz alledem gleich unabweisbar.

Die dritte Gruppe, die Verbrechen gegen das Vermögen umfassend, scheint uns entschädigen zu wollen. Die Zahl der Verurteilten ist fortwährend und beträchtlich gesunken. Leider zerstört eine nähere Betrachtung der einzelnen in diese Gruppe gehörigen Delikte unsere guten Hoffnungen so gründlich wie nur möglich.

Freilich Diebstahl und Hehlerei haben in allen ihren Formen (mit Ausnahme der Hehlerei im Rückfall) abgenommen, und diese Abnahme bestimmt die sinkende Richtung der ganzen Gruppe.

Tabelle V. (Vergl. Bemerkung zu Tabelle I.)

Die Zahl der Verurteilten betrug

bei	1882	1883	1884	1885	1886	1887
einfachem Diebstahl . . .	79 116	76 929	74 293	69 241	68 479	65 297
einfachem Diebstahl im Rückfall	12 016	12 191	11 865	11 275	11 306	10 901
schwerem Diebstahl . . .	8 972	7 841	7 893	7 207	6 658	6 885
schwerem Diebstahl im Rückfall	2 946	2 672	2 669	2 675	2 373	2 324
einfacher Hehlerei	8 261	7 754	7 459	7 174	6 717	6 739
gewerbs- und gewohnheitsmäßiger Hehlerei . . .	217	178	197	210	183	191
Hehlerei im Rückfall . . .	44	42	39	32	52	44

Allein bei anderen Delikten derselben Gruppe finden wir eine entgegengesetzte Bewegung. Insbesondere ist auf die steigende Richtung bei Sachbeschädigung, Untreue, Betrug, vor allem bei Betrug im wiederholten Rückfalle aufmerksam zu machen.

Tabelle VI. (Vergl. Bemerkung zu Tabelle I.)

Es betrug die Zahl der Verurteilten

bei	1882	1883	1884	1885	1886	1887
Sachbeschädigung	11 639	11 153	12 379	12 812	12 798	13 099
Untreue	267	277	350	292	387	418
Betrug	11 094	11 451	11 646	11 482	12 360	13 101
Betrug im Rückfall	875	936	1 044	1 136	1 249	1 459
darunter:						
nach zwei Vorbestrafungen wegen Betruges	442	464	462	529	550	646
nach drei Vorbestrafungen wegen Betruges	217	226	280	310	345	363
nach vier Vorbestrafungen wegen Betruges	101	117	156	145	157	196
nach fünf Vorbestrafungen wegen Betruges	41	43	51	69	91	124
nach sechs bis zehn Vorbestrafungen wegen Betruges	43	30	49	49	84	110
nach elf u. mehr Vorbestrafungen wegen Betruges	1	—	1	2	1	2

Ich habe nicht die Absicht, hier Kriminalstatistik zu dozieren und Tabellen abzudrucken und sehe daher ab von der Wiedergabe weiterer Zahlen. Aber auf das eindringlichste möchte ich den Lesern der Zeitschrift die kriminalpolitischen Lehren zu Gemüte führen, welche in den Zahlenreihen der Reichskriminalstatistik deutlich genug zu lesen sind. Unser geltendes Strafrecht ist machtlos gegenüber dem Verbrechertum. Die Abnahme des Diebstahls und der an ihn gebundenen Hehlerei darf uns nicht irre machen. Sie hat, ganz ebenso wie die Abnahme der Forst- und Feldrügesachen ihren Grund in der Besserung der wirtschaftlichen Lage und würde in dem Augenblicke in ihr Gegenteil umschlagen, in welchem diese zum Ungünstigen sich veränderte. Daß an der Abnahme des Diebstahls unsere Strafrechtspflege und unser Strafvollzug herzlich unschuldig sind, beweist die Zunahme der übrigen nach demselben Systeme bekämpften Delikte. Die Gewinnsucht, die Roheit und Gewalttätigkeit, die Widersetzlichkeit, die geschlechtliche Zügellosigkeit im Zaume zu halten, das vermag unser heutiges Strafrecht nicht. Millionen haben wir für den Bau von Zellengefängnissen alle Jahre geopfert; und die Verbrecherziffer steigt von Jahr zu Jahr [1]).

Auch unsere Maßregeln zur Besserung der jugendlichen Verbrecher haben keinen Erfolg aufzuweisen. Die Zahl der wegen Verbrechen und Vergehen gegen Reichsgesetze verurteilten Personen im Alter von 12—18 Jahren betrug

im Jahre 1882	30 710
„ „ 1883	29 966
„ „ 1884	31 332
„ „ 1885	30 675
„ „ 1886	31 383
„ „ 1887	32 511

Nun ergibt allerdings ein Vergleich der Zahl der Verurteilten Jugendlichen mit jener der verurteilten Erwachsenen, daß die relative Kriminalität der Jugendlichen nicht, wie die absoluten Zahlen es vermuten ließen, im Steigen begriffen ist. Wird die Kriminalität der Erwachsenen nämlich gleich 100 gesetzt, so betrug die Kriminalität der Jugendlichen

im Jahre 1882	53
„ „ 1883	52
„ „ 1884	52
„ „ 1885	51
„ „ 1886	52

Aber durch eine solche Betrachtung kann die Tatsache nicht aus der Welt geschafft werden, daß im Deutschen Reich jahraus jahrein etwa 30 000 Jugendliche unter den in der Reichskriminalstatistik verzeichneten Verurteilten sich befinden.

Man mache sich doch die ganze Jämmerlichkeit des gegenwärtigen Zustandes völlig klar. Von 1882 bis 1887 sind im ganzen über zwei Millionen Menschen, darunter etwa 180 000 Jugendliche, wegen Verbrechen oder Vergehen gegen Reichsgesetze verurteilt worden. Nun beträgt aber die Zahl dieser Verbrechen und Vergehen weniger als ein Viertel der sämtlichen vor deutschen Gerichten zur Ab-

1) Der gefährliche Optimismus Starkes wird durch die Reichskriminalstatistik völlig widerlegt. Starke hat auch mit seiner Beweisführung beim großen Publikum mehr Anklang gefunden als bei den Fachmännern. Wie früher Mittelstädt, Aschrott, Illing, so erklärt sich neuerdings auch Mischler gegen ihn (Archiv für soziale Gesetzgebung und Statistik II, 192).

urteilung gelangenden strafbaren Handlungen. Die Gesamtzahl der Verurteilten in diesem Zeitraum dürfte mithin auf etwa 10 Millionen Menschen rund geschätzt werden. Das macht etwa 15 Millionen im Jahrzehnt. Man sollte doch glauben, daß derartige Ziffern die Strafrechtspflege als einen Gegenstand erscheinen lassen sollten, welcher nicht nur diesen oder jenen Fachmann, sondern die gesamte Juristenwelt, ja das ganze Volk auf das lebhafteste interessiert. Wir alle wissen, daß davon keine Rede ist. Wir wissen auch und sehen es täglich an den verschiedensten Tatsachen, daß die Vertreter der Strafrechtspflege selbst für die Ziffern der Kriminalstatistik kein Verständnis besitzen. Ich kann es nicht unterlassen, eine dieser kleinen Tatsachen, welche, der letzten Zeit angehörend, besonders lehrreich ist, hier in Erinnerung zurückzurufen. Als die ständige Deputation des deutschen Juristentages für die 19. Versammlung dieser Körperschaft keine geeignete strafrechtliche Frage mehr wußte, wandte sie sich an einen deutschen Praktiker, welcher durch seine tüchtigen wissenschaftlichen Arbeiten in strafrechtlichen Fachblättern weiteren juristischen Kreisen vorteilhaft bekannt ist, mit der Bitte um Aushilfe (Verhandlungen III 297). Die vorgeschlagene und angenommene Frage lautete:

> „Erscheint es angemessen, die prinzipale Privatklage auf die Körperverletzung des § 223a St.G.B., sowie auf Sachbeschädigung und Hausfriedensbruch auszudehnen?"

Während also die aus Roheit und Gewalttätigkeit entspringenden Handlungen überhaupt, während gerade die gefährliche Körperverletzung, der Hausfriedensbruch und die Sachbeschädigung insbesondere, in reißendem Ansteigen begriffen sind, hat es die ständige Deputation des deutschen Juristentages für angezeigt erachtet, ernstlich die Frage zu erörtern, ob nicht, da ja die öffentliche Rechtsordnung an derartigen Verletzungen privater Interessen nur in untergeordneter Weise beteiligt sei, eine wesentliche Einschränkung der Bestrafung empfohlen werden könne. Die Zahlen der Reichskriminalstatistik aber sind weder in dem Gutachten noch in der Verhandlung erwähnt worden. Haben die Mitglieder des deutschen Juristentages es nicht gewußt, daß derartige legislative Erörterungen ohne kriminalstatistische Grundlage nicht viel Besseres bedeuten als kindliches Spiel? Oder sind sie zu vornehm gewesen, im Vollgefühle der Sicherheit, welche die Begriffs-Jurisprudenz (und nur sie) verleiht, um herabzusteigen zur prüfenden Betrachtung der Tatsachen?

Bei dieser Sachlage wird man es nicht für überflüssig halten, wenn die „Vereinigung" die Notwendigkeit einer soziologischen, mithin in erster Linie statistischen Betrachtung des Verbrechens und der Strafe grundsätzlich und an erster Stelle betont, wenn sie von ihren Mitgliedern verlangt, daß sie die grundlegende Bedeutung solcher Betrachtungen zu würdigen wissen, wenn sie sich in Art. I ihrer Satzungen die Aufgabe stellt, die Ansicht, daß Verbrechen und Strafe ebensosehr vom soziologischen wie vom juristischen Standpunkt aus ins Auge gefaßt werden müssen, nebst den aus ihr sich ergebenden Folgerungen in Wissenschaft und Gesetzgebung zur Anerkennung zu bringen. Ohne diese Anerkennung gibt es keine Kriminalpolitik.

IV. Strafrechtspflege und Strafvollzug.

Die „internationale kriminalistische Vereinigung" will nach Art. II Ziffer 6 ihrer Satzungen „den Bestrebungen zur Verbesserung der Gefängnisse und verwandter Anstalten besondere Beachtung widmen". Daß wir unter unseren ersten Mitgliedern die bewährtesten Vorkämpfer der Gefängnisreform in den verschiedensten Ländern der alten und neuen Welt zu begrüßen hatten, gibt uns die Bürgschaft für ein fruchtbares Zusammenwirken mit den wissenschaftlichen und praktischen Gesellschaften und Kongressen, welche ihre Arbeitskraft der Verbesserung des Gefängniswesens dienstbar gemacht haben. Dennoch wird die selbständige Daseinsberechtigung unserer Vereinigung neben diesen Kongressen und Gesellschaften nicht in Zweifel gezogen werden können. Sie liegt den für einzelne Länder und Landesteile wirkenden Gesellschaften gegenüber in dem internationalen Charakter der „Vereinigung"; sie gründet sich in unserem Verhältnis zu den internationalen Pönitentiar-Kongressen auf die durchaus frei-genossenschaftliche, jedes amtlichen Charakters entbehrende Stellung und Zusammensetzung der „Vereinigung", auf ihr insbesondere nach der juristischen Seite hin erweitertes Arbeitsgebiet, auf ihr Bestreben, zu scharf gefaßten, bis ins einzelne gehenden, gesetzgeberischen Vorschlägen zu gelangen.

Es handelt sich aber auch — und es liegt mir fern, dies verschweigen zu wollen — um größere oder geringere Meinungsverschiedenheiten zwischen uns und einzelnen, sicher nicht allen, Vertretern der Gefängnisreform, um Meinungsverschiedenheiten, welche festgestellt, geprüft, beseitigt werden können und gemeinsame Arbeit nicht ausschließen.

Die „Vereinigung" bestreitet der Freiheitsstrafe nicht die führende Stelle, die sie sich im Laufe der Jahrhunderte durch ihre inneren Vorzüge erworben hat. Aber uns ist die Freiheitsstrafe nur eines der dem Staate zur Verfügung stehenden oder zu stellenden Strafmittel; wir behalten uns vor, kritisch zu prüfen, ob nicht das Anwendungsgebiet der Freiheitsstrafe eingeschränkt werden kann und soll, ob nicht ein teilweiser Ersatz derselben durch andere Strafmittel als möglich und wünschenswert erscheint.

Vor allem aber gehen wir davon aus, daß Strafrechtspflege und Strafvollzug verschiedene Entwicklungsstufen in derselben strafenden Tätigkeit des Staates sind, daß ihre dem heutigen Strafrecht eigentümliche Auseinanderreißung ebenso unrichtig wie zweckwidrig ist (Art. II Ziffer 5). Auf die Verständigung über die Tragweite dieses Satzes lege ich das größte Gewicht.

Es ist nicht überflüssig, sich der sprunghaften, willkürlichen, des inneren Zusammenhangs entbehrenden Entwicklung zu erinnern, welche die Geschichte des Gefängniswesens von dessen ersten Anfängen bis zum heutigen Tage kennzeichnet.

Unabhängig von der Strafgesetzgebung haben sich die Zuchthäuser des 16. und 17. Jahrhunderts entwickelt; unabhängig von der Strafgetzgebung haben sie sich allmählich, insbesondere im Laufe des 18. Jahrhunderts, durch Aufnahme verurteilter Verbrecher zu Strafanstalten umgebildet.

Unsere heutigen Strafanstalten sind keine Schöpfungen der Strafgesetzgebung. Anderen Kräften verdankt das moderne Gefängniswesen Entstehung und Entwicklung. Und den Zusammenhang von Strafurteil und Strafvollzug haben wir auch heute nicht gefunden.

Dazu kommt der verhängnisvolle Einfluß, welchen das philadelphische Zellensystem auf die Geschicke unseres europäischen Gefängniswesens gewonnen hat.

Als John Howard das europäische Festland bereiste, waren hier bereits tüchtige Anfänge zu einer zielbewußten Umgestaltung der Zucht- und Strafanstalten gemacht worden. Das 1775 eröffnete Zuchthaus zu Gent, das heute noch, wenn auch ausgebaut und teilweise umgestaltet, in seiner ursprünglichen Anlage den Zwecken des Strafvollzuges dient, hatte (um frühere kleinere Versuche, wie das 1720 eröffnete Zuchthaus zu Kassel, unerwähnt zu lassen) die Sträflinge am Tage zum gemeinsamer Arbeit vereinigt, sie des Nachts in Einzelzellen voneinander getrennt. Damit war die Grundlage zu einer gedeihlichen Weiterentwicklung geschaffen, welche unzweifelhaft auch die kräftige Unterstützung der Strafgesetzgebung gesucht und gefunden hätte.

Aber diese Weiterentwicklung ist unterbrochen worden. So gründlich durchbrochen, daß noch heute in der gesamten Literatur des Gefängniswesens das in Gent eingeführte System nach den um ein halbes Jahrhundert späteren Einrichtungen zu Auburn seinen Namen hat; so gründlich, daß noch heute ein deutscher Schriftsteller (Starke, Das belgische Gefängniswesen, S. 2), ohne seinen wissenschaftlichen Ruf zu schädigen, seinen Lesern erzählen darf, das Gentner Zuchthaus verdanke seine Entstehung den von John Howard ausgegangenen Anregungen.

Unser heutiges Gefängniswesen steht unter dem Zeichen der nordamerikanischen Zellenhaft; seine Wurzeln führen nicht auf Maria Theresia und nicht auf John Howard, sondern auf die philadelphischen Quäker zurück.

Und wieder vollzog sich diese durchgreifende Umgestaltung des Strafvollzuges, auf dem europäischen Festlande wenigstens, ohne jede durchgreifende Aenderung der Strafgesetzgebung. Daß in England die Zellenhaft bei langdauernden Freiheitsstrafen nur den ersten Abschnitt eines fortschreitend gestalteten (progressiven) Strafvollzuges bildete, daß sie mit der Lösung aus diesem Zusammenhange ihr innerstes Wesen änderte, wer hat daran gedacht, als man in Preußen Moabit und die übrigen Zellengefängnisse baute? Das preußische Strafgesetzbuch und sein Strafensystem mußte sich jeder denkbaren Art des Strafvollzuges anpassen, als ob dieser mit der Strafgesetzgebung und ihrem Strafensystem überhaupt nichts zu schaffen hätte.

So ist es geblieben bis zum heutigen Tage. Wir meinen, uns der Rechtseinheit auf strafrechtlichem Gebiete im ganzen Deutschen Reich zu erfreuen, weil in Berlin und in München, in Hamburg und in Stuttgart der Strafrichter nach denselben Paragraphen desselben Gesetzbuchs sein Urteil spricht; wir beachten nicht, daß das Strafurteil erst durch seinen Vollzug Inhalt und Bedeutung gewinnt und daß drei Jahre Gefängnis je nach der Anstalt, in welcher sie vollstreckt werden, eine ganz verschiedene Bedeutung haben, daß sie wesentlich verschiedene Strafen sind trotz der gleichen Bezeichnung. Nicht der Richter, sondern der Leiter der Strafanstalt bestimmt Bedeutung und Inhalt des richterlichen Urteils, und der Leiter der Strafanstalt, nicht der Gesetzgeber, verleiht den leeren Strafdrohungen des Gesetzbuchs Leben und Kraft. Die Fülle der gesetzgebenden und der richterlichen Gewalt ist in seiner Person vereinigt [1]).

Daß ein derartiger Zustand unhaltbar ist, bedarf keines Nachweises. Aber daran sei ausdrücklich noch erinnert, daß, als der Entwurf eines Reichsgesetzes über den Vollzug der Freiheitsstrafen ausgearbeitet werden sollte, nicht Ein Vertreter der deutschen Strafrechtspflege, kein Richter, kein Staatsanwalt, kein Verteidiger in den mit dieser Aufgabe betrauten Ausschuß berufen wurde. Die „Gefängnispraktiker" sollten das unter sich fertig machen. Daß die Männer, aus welchen jener Ausschuß zusammengesetzt wurde die tüchtigsten ihres Faches waren, Männer, auf welche stolz zu sein wir alle Ursachen haben — das kommt hier nicht in Betracht. Bezeichnender als durch den Ausschluß aller theo-

---

1) Wem die Richtigkeit dieser offenkundigen Tatsache noch nicht völlig klar ist, der vergleiche, was Praktiker, wie Krohne Z. I 71, Medem Z. VII 146, Aschrott Z. IX 21 und andere darüber gesagt haben. — v. Arnim, Bruchstücke über Verbrechen und Strafen II 120, hat auch in dieser Frage im Jahre 1803 klarer gesehen, als mancher moderne Strafgesetzgeber.

retischen und praktischen Kriminalisten konnte doch die Anschauung unserer maßgebenden Kreise, daß der Strafvollzug mit dem Strafrecht nichts zu schaffen habe, nicht zum Ausdrucke gebracht werden!

Diese Ansicht ist aber grundfalsch. Sie muß beseitigt werden, ehe an eine Besserung unserer Zustände zu denken ist. „Die Strafrechtspflege kann (um an die treffende Worte zu erinnern, welche Wirt in das Album des Römer Kongresses geschrieben) auf keinen Erfolg rechnen, wenn der Vollstreckung der Strafurteile nicht dieselbe Bedeutung beigelegt wird, wie der Findung derselben."

Strafvollzug und Strafrechtspflege und mit ihnen beiden die kriminalistische Wissenschaft haben gleichmäßig unter der unnatürlichen Trennung gelitten.

Was den Ausbau unseres Gefängniswesens am meisten gehemmt, was ihn zur Zeit geradezu unmöglich gemacht hat, das ist der von den Vertretern der Gefängnisverbesserung auf eigene Faust geführte Kampf um das Haftsystem. Was ist nicht vergeudet worden an Zeit, Kraft und gutem Willen, um die Vorteile der Zellenhaft oder jene des ganz zu Unrecht so genannten irischen Systems nachzuweisen! Der Systemstreit hat der Gefängnisverbesserung die Teilnahme des Volkes entzogen, welches an die Kraft eines kriminalistischen Universalheilmittels zu glauben sich nicht entschließen konnte; er hat Regierungen und Volksvertretungen stutzig gemacht, welche kopfschüttelnd die Kosten all der notwendigen Neubauten überschlugen; der Systemstreit hat auch den deutschen Entwurf eines Strafvollzugsgesetzes zu Fall gebracht und damit eine nicht nur auf dem Papiere stehende Rechtseinheit auf strafrechtlichem Gebiete für das ganze Deutsche Reich auf lange Jahre hinaus vereitelt.

Und doch ist es klar, daß die Grundgedanken des Strafvollzuges den Zwecken sich anpassen müssen, welche der Gesetzgeber mit der Strafe überhaupt verfolgt, daß wir uns so lange nicht für und nicht gegen die Zellenhaft entscheiden können, ehe wir nicht wissen, was wir denn durch die Zellenhaft erreichen sollen und wollen. Wie wir den Strafvollzug zu gestalten haben, um zu bessern, abzuschrecken, unschädlich zu machen oder vielleicht auch nur den Forderungen der „vergeltenden Gerechtigkeit" Genüge zu leisten: darüber werden wir ohne den Beirat jener Personen kaum urteilen können, welche ihr ganzes Leben der Vollstreckung der Freiheitsstrafe gewidmet und in täglicher Berührung mit Verbrechern aller Art unschätzbare Erfahrungen gesammelt haben. Aber welches die anzustrebenden Ziele sind, das muß der Gesetzgeber wissen, ehe er jenen Beirat zuzieht. Der Leiter einer Strafanstalt hat eine bestimmte, ihm vorgezeichnete Aufgabe zu erfüllen; es wäre ebenso verkehrt wie unbillig, ihm zumuten zu wollen, daß er sich selbst diese Aufgabe stelle.

Die Strafrechtswissenschaft aber hat bei dem gegenwärtigen Stande der Dinge zu ihrem Unheil es gelernt, sich auf die Auslegung des Strafgesetzbuchs und der Strafprozeßordnung zu beschränken. Sie interessiert nicht der Verbrecher, sondern das Verbrechen, nicht der Mensch, sondern der Begriff. Mit dem verbrecherischen Menschen hat nur der Strafvollzug zu tun, und dieser wird in Vorlesungen, Lehrbüchern und Kommentaren nur so weit berührt, als er auf reichsrechtlichen Bestimmungen ruht. Den Unterschied von Versuch und Vollendung, von Täterschaft und Teilnahme, von Diebstahl und Unterschlagung, von Betrug und Untreue u. s. w. u. s. w. haben wir auf das schönste und schärfste entwickelt und in der tiefen Erfassung gar manchen Begriffes haben wir (das beweist der Entwurf eines bürgerlichen Gesetzbuchs für das Deutsche Reich) die privatrechtlichen Juristen entschieden überholt. Aber daß auch das Strafrecht um der Menschen willen da ist, daß die Strafe die Aufgabe hat, die Rechtsordnung und mit ihr die Lebensinteressen der Rechtsgenossen zu schützen, das Verbrechen zu bekämpfen durch Besserung, Abschreckung, Unschädlichmachung des Verbrechers — das ist heute noch eine Ketzerei. Freilich eine Ketzerei, an die gar mancher im Herzen heimlich glaubt, wenn er auch die Bannflüche der Hohen Priester scheut, welche des Besitzes der allein seligmachenden rechtgläubigen Schulweisheit sich rühmen. Als ob nicht ein Blick in die erste beste Strafanstalt es auch dem blödesten Auge klar machen müßte, daß die Strafe wahrlich etwas anderes ist als die dialektische Entwicklung des Rechtsbegriffes, als die Negation der Negation des Rechts!

Am meisten aber hat unsere Strafrechtspflege gelitten. Mit dem Urteilsspruch ist die Aufgabe des Strafrichters zu Ende. Er hat den Tatbestand festzustellen und die Paragraphen des Strafgesetzbuchs anzuwenden. Das Weitere kümmert ihn nicht. Er hat den Angeklagten im Termin das erste Mal gesehen und bekommt ihn nicht wieder zu Gesicht, falls ihn nicht ein Rückfall wieder vor dieselbe Richterbank führt. Mit dem Strafvollzug hat er nichts zu tun, wenn er nicht gerade als Amtsrichter, ungern genug, Organ einer Strafvollstreckung ist, die so gut wie alles zu wünschen übrig läßt. Auch für ihn kommt, wie für die Wissenschaft, nur der Begriff, und nicht der Mensch in Betracht. Und da die privatrechtlichen Begriffe zahlreicher und feiner sind als die des Strafrechts, so können und dürfen wir uns nicht wundern, wenn der Strafrichter seinem Kollegen von der Civilkammer gegenüber sich als Richter zweiter Klasse fühlt. Solange wir Mord und Totschlag behandeln, als ob Kauf und Miete in Frage stände, hat er auch völlig recht: vom Standpunkte der Begriffsjurisprudenz aus erscheint die Civilrechtspflege unzweifelhaft als die vornehmere Schwester.

Am deutlichsten enthüllt sich die herrschende Verwirrung der Begriffe, wenn man die Strafzumessung mit kritischem Blicke betrachtet. Die Schwere der Strafe soll der Schwere des Verbrechens entsprechen; so lehrt es die orthodoxe Wissenschaft, so fordert es die „vergeltende Gerechtigkeit". Und da in der Schwere der begangenen Handlung unzählige Abstufungen denkbar sind, bemüht sich der Gesetzgeber, in weit gespannten Strafrahmen dem Richter eine möglichst hohe Zahl von „Strafgrößen" zur Verfügung zu stellen. Beim einfachen Diebstahl sind es nicht weniger als 1825 (5 × 365) verschiedene Abstufungen in der Schwere des Vergehens, deren Abschätzung auf der Goldwage der Strafzumessung wir von dem Richter verlangen. Aber nach welchen Grundsätzen die Schwere des Verbrechens ermittelt und die ihr entsprechende Strafgröße gefunden werden soll, darüber sagt der Gesetzgeber nichts. Vergeblich würde der Richter versuchen, in Lehrbüchern oder Kommentaren sich Rat zu holen. So schwebt unsere ganze Strafzumessung in der Luft; diese höchste und feinste Leistung der „vergeltenden Gerechtigkeit" erweist sich bei näherer Betrachtung als ein Taschenspielerkunststück, bei welchem der Künstler sich nicht einmal die Mühe gibt, die andächtigen Zuseher zu täuschen. v. Mayr hat schon im Jahre 1877 (Allgemeine Zeitung No. 70, Beilage) auf den Grundfehler unserer Strafzumessung aufmerksam gemacht; andere haben die Frage aufgenommen, zuletzt ist sie von Medem eingehend erörtert worden. Sie wird nicht wieder zur Ruhe kommen. Beweisen uns doch auch die Zahlen der Reichskriminalstatistik, wie völlig ungleich das Strafensystem unseres Strafgesetzbuchs von den verschiedenen Strafgerichten des Deutschen Reichs gehandhabt wird; ist es doch eine offenkundige Tatsache, daß örtliche Ueberlieferungen, persönliche Anschauungen, Zufälle aller Art, nicht aber feste Grundsätze für die Strafzumessung im Einzelfalle maßgebend sind. Kann es der „Gerechtigkeit" entsprechen, wenn dieselbe Tat von verschiedenen Strafkammern desselben Gerichts mit ganz verschiedenen Strafen belegt wird? Sollte es wirklich ein Angriff auf die „Idee der Vergeltung" sein, wenn die Beseitigung solcher Mißstände gefordert wird? [1])

Will man aber wirklich Wandel schaffen, so muß das Uebel an der Wurzel angepackt werden. Die Wurzel des

---

1) Auch in England und in den Vereinigten Staaten wird die Willkürlichkeit der richterlichen Strafzumessung lebhaft empfunden. Man lese bei Tallack, Penological and preventive principles (1889, S. 272 ff.) nach, was Barwick Vaker, Du Cane, Tallack selbst und andere über die Frage sagen. — Für das Deutsche Reich vergl. man Mittelstädt Z. II 445: „Was hier innerhalb der gesetzlichen Willkür waltet, das ist das verschiedene Temperament der Strafrichter, ihre schwankende Meinung vom Wesen und Zweck der Strafe, es sind Grundsätze, Vorurteile, Gewöhnungen, Stimmungen des mannigfaltigsten Ursprungs und der allerungreifbarsten Beschaffenheit. Daß dieses Walten von Fleisch und Blut im Strafrichter sehr menschlich und sehr natürlich ist, weiß ich wohl. Nur bezweifle ich, daß diese Elemente es sind, auf welche die Strafgerechtigkeit, die ideale wie die gesetzliche, gegründet werden muß." — Aehnlich auch, trotz seines abweichenden Standpunktes, Willert Z. II 484, 486, Medem, Gerichtssaal XXVI 590 und andere.

Uebels liegt aber nicht in dem zu weit gespannten Strafrahmen des Gesetzes, sie liegt nicht in der milden Schwäche oder der Unfähigkeit des Strafrichters; sie liegt vielmehr in dem Grundsatze der richterlichen Strafzumessung selbst. Die Ehrfurcht vor dem Richterspruch darf uns nicht abhalten, hier die kritische Sonde anzulegen. Es wird nicht geleugnet werden können, daß in weitaus den meisten Fällen der Richter gar nicht in der Lage ist, die ihm vom Gesetzgeber gestellte Aufgabe zu lösen die Strafe in einer ihrem Zwecke (man mag diesen bezeichnen, wie man will) entsprechenden Weise zu bemessen. Er kennt den Verbrecher gar nicht, den er bestrafen soll; und auf den Menschen, nicht auf die, doch nicht von ihm loszulösende Tat kommt es uns an.

Den Menschen aber lernen wir, wenn überhaupt, erst während des Vollzuges einer nicht bloß nach Tagen und Wochen bestimmten Freiheitsstrafe kennen. Mit dieser Erkenntnis ist uns die Richtung vorgezeichnet, in welcher wir vorzugehen haben. Die zu lösende Aufgabe kann nur dahin gehen, die endgültige Strafzumessung erst während des Strafvollzuges eintreten zu lassen. Mit der Lösung dieser Aufgabe wäre auch die Verbindung zwischen Strafrechtspflege und Strafvollzug hergestellt, in deren Mangel wir eine der wichtigsten Ursachen der heute herrschenden Uebelstände erblickt haben.

Die wenigstens teilweise Beseitigung der richterlichen Strafzumessung ist demnach eine der wichtigsten Aufgaben, welche die Kriminalpolitik unserer Tage uns stellt. Ihre Lösung würde eine tiefgreifende und segensreiche Umwälzung auf allen Gebieten des Strafrechts zur Folge haben, die siegreiche Bekämpfung des Verbrechens fördern und verbürgen.

Aber ist die Lösung dieser Aufgabe denkbar? Kann die richterliche Strafzumessung entbehrt werden? Und wer soll an die Stelle des Richters treten?

Ich würde die Frage nicht aufgeworfen haben, wenn ich ihre Lösung nicht für möglich hielte. Es sei mir gestattet, die Grundgedanken zu entwickeln, welche meiner Meinung nach bei der Lösung dieser Aufgabe festzuhalten wären.

In erster Linie wird es sich darum handeln, das geeignete Organ zu finden oder zu schaffen, welchem die Nachprüfung des richterlichen Urteils, die endgültige Strafzumessung übertragen werden könnte. Nur wenn es gelingt, diese Vorfrage in befriedigender Weise zu erledigen, ist weitere Erörterung überhaupt möglich.

Meine Ansicht geht nun dahin, daß zweckentsprechend zusammengesetzte Aufsichtsräte oder Strafvollzugsämter diejenige Behörde wären, welche zur endgültigen Festsetzung der Strafdauer berufen werden könnten.

Wir würden damit an bestehende, freilich noch recht unvollkommene Einrichtungen anknüpfen. Schon Wagnitz und v. Arnim haben die Einsetzung von Aufsichtsräten vorgeschlagen, in Preußen war 1804 bereits ihre Einführung geplant. Sie finden sich heute als „Strafvollzugskommissionen", „commissions de surveillance", „visiting committees" und mit anderen Namen in den verschiedensten Ländern, so in Oesterreich, Frankreich, Belgien, England, Holland, in Baden, Württemberg und Hamburg, vereinzelt auch in Preußen und Bayern. Auch der Entwurf eines Reichsgesetzes, betreffend den Vollzug der Freiheitsstrafen, hatte sie in Vorschlag gebracht. Schon 1883 (Z. III 40; oben S. 170) habe ich auf ihre Entwicklungsfähigkeit aufmerksam gemacht.

Fast überall hat man die Hauptaufgabe des „Aufsichtsrates", wie der Name andeutet, in der Ueberwachung des Strafvollzuges erblickt, ihm insbesondere die Befugnis eingeräumt, die Gefängnisse zu untersuchen, wahrgenommene Uebelstände zu beseitigen, Beschwerden der Gefangenen zu entscheiden, Disziplinarstrafen zu verhängen, Anträge auf Begnadigung zu stellen u. s. w. Teilweise wurde er auch an der Verwaltung selbst beteiligt und beschließt über den Arbeitsbetrieb, Ankauf der Urstoffe, Verkauf der Erzeugnisse und anderes.

Es würde mich von meinem Gegenstande abführen, wollte ich die Frage untersuchen, ob diese Regelung der Zuständigkeit des Aufsichtsrates im allgemeinen und im einzelnen Billigung verdient. Ich will nur betonen, daß wir bereits in vielen Ländern, zum Teil auch im Deutschen

Reich, eine Strafvollzugsbehörde besitzen, welcher bei geänderter Zusammensetzung auch andere und wichtigere Aufgaben übertragen werden könnten.

Es steht nichts im Wege, den Strafvollzugsämtern, wie wir sie etwa nennen könnten, einen durchaus amtlichen Charakter zu verleihen. Oesterreich hat dies in seinem Gesetz vom 1. April 1872 R.G.Bl. No. 43 „betreffend die Vollziehung von Freiheitsstrafen in Einzelnhaft und die Bestellung von Strafvollzugskommissionen" in nachahmenswerter Weise bereits getan. Ich denke mir die Zusammensetzung der Aemter etwa in folgender Weise.

Fünf Mitglieder: der Leiter der Strafanstalt (vorausgesetzt, daß die Forderung nach fachmännischer Ausbildung der höheren Gefängnisbeamten erfüllt ist), der Staatsanwalt, der Untersuchungsrichter und zwei von der Regierung auf die Dauer von drei (oder fünf) Jahren ernannte Vertrauensmänner. Bei der Ernennung der letzteren wäre besondere Rücksicht einerseits auf die Leiter der Schutzfürsorgevereine, andererseits auf die Vertreter der Selbstverwaltungskörper zu nehmen. Auch die Zuziehung der strafrechtlichen Theoretiker wäre ins Auge zu fassen; sie würde diesen die für ihre wissenschaftliche wie lehramtliche Tätigkeit äußerst wertvolle Gelegenheit geben, stets mit dem Leben Fühlung zu behalten, Rechtsprechung und Strafvollzug kennen zu lernen, die Verbrechen an den Verbrechern zu studieren. Die Vereine zur Unterstützung entlassener Sträflinge aber würden auf diese Weise in die Lage versetzt, durch ihre Leiter mit den einzelnen Sträflingen von dem Beginne des Strafvollzuges an in Verbindung zu treten und die nach der Entlassung eintretende Schutztätigkeit schon vorher, entsprechend der Eigenart, den Verhältnissen, Fähigkeiten und Neigungen des Sträflings, vorzubereiten. Und die Organe der Selbstverwaltung sind schon wegen des Zusammenhanges der Strafrechtspflege mit der Armenpflege, mit den Arbeitshäusern, den Erziehungs- und Besserungsanstalten u. s. w. zu Sitz und Stimme in dem Strafvollzugsamte zu berufen.

Einem auf diese oder ähnliche Weise aus fünf Fachmännern zusammengesetzten Strafvollzugsamte könnte meines Erachtens mit vollster Beruhigung die endgültige Bestimmung der Strafdauer, also die entscheidende Strafzumessung übertragen werden. Wochen, Monate, Jahre hindurch können die Mitglieder des Amtes durch wiederholten persönlichen Verkehr mit jedem einzelnen Sträfling sich die Grundlage ihres Urteils bilden. Hat eine Entscheidung auf dieser Grundlage nicht mehr, unendlich viel mehr Wert, als die summarische Strafzumessung durch unsere heutigen Schöffengerichte oder durch die mit Arbeit überladenen Strafkammern? [1])

Die Nachprüfung des richterlichen Urteils in Beziehung auf die Strafzumessung ist in verschiedener Weise möglich. Unüberwindliche Schwierigkeiten begegnen uns nirgends.

Wir können zunächst an dem auf eine bestimmte Strafe lautenden Urteile festhalten, aber eine nachträgliche Verkürzung oder Verlängerung der urteilsmäßig erkannten Strafdauer durch das Strafvollzugsamt zulassen.

Wir würden uns damit nicht zu weit von den heute bestehenden Einrichtungen entfernen. Die Verkürzung der urteilsmäßig erkannten Strafdauer besitzen wir bereits annähernd in der bedingten Entlassung. Die schweren Uebelstände, welche ihre gegenwärtige Handhabung im Gefolge hat, vor allem die tiefgreifende Rechtsungleichheit, welche in den verschiedenen deutschen Ländern durch die große Verschiedenheit in der Häufigkeit ihrer Anwendung geschaffen wird, lassen sich leicht vermeiden. Es sind Uebelstände, welche nicht der Einrichtung, sondern ihrer Handhabung anhaften. Die Strafvollzugsämter in der von mir vorgeschlagenen Zusammensetzung werden besser geeignet sein, über die bedingte Entlassung zu entscheiden, als die „oberste Justizaufsichtsbehörde", welche ihre Entscheidung doch nur auf das Gutachten der „Gefängnisverwaltung" stützen kann. Die Schutzfürsorge der Vereine zur Unterstützung entlassener Sträflinge wird eine kräftigere und

1) Ich würde die Entscheidung des Strafvollzugsamtes dem von anderer Seite (Willert Z. II 488, van Hamel in seinem Gutachten an den Römerkongreß, Bulletin de la commission pénitentiaire internationale 1884, S. 473) gemachten Vorschlage einer Ueberprüfung der Strafzumessung durch das erkennende Gericht selbst bei weitem vorziehen.

zweckentsprechendere sein, wenn der Vertreter des Vereins an der Beschlußfassung über die Beurlaubung des ihm persönlich bekannten Sträflings teilgenommen hat. Die Entlassung selbst aber würde auf diese Weise den ihr heute immer noch anhaftenden Charakter einer bedingten Begnadigung verlieren und zu dem werden, was sie ihrem Zwecke nach sein soll und in ihrem Ursprungslande England tatsächlich ist: zu einem organischen Gliede des Strafvollzuges. Es steht nichts im Wege, die dem Entlassenen auferlegten Verpflichtungen auf ein Mindestmaß herabzusetzen und so die „Beurlaubung" der wirklichen Freilassung möglichst zu nähern; auch könnte dem Vollzugsamte die Befugnis eingeräumt werden, die vorzeitige Entlassung unbedingt auszusprechen, wenn die begründete Wahrscheinlichkeit vorliegt, daß der zu Entlassende ein ehrliches Fortkommen suchen und finden werde. Damit wären wir bei dem oben gemachten Vorschlage angelangt: die bedingte Entlassung hätte sich zu der nachträglichen Verkürzung der urteilsmäßig erkannten Strafe entwickelt. Es wird nicht behauptet werden können, daß diese, dem Grundgedanken der bedingten Entlassung entsprechende Entwicklung mit den geltenden Rechtsgrundsätzen unvereinbar sei.

Als das notwendige Gegenstück der, sei es bedingten, sei es unbedingten vorzeitigen Entlassung betrachte ich aber die Möglichkeit einer nachträglichen Verlängerung der urteilsmäßig erkannten Strafe. Auch sie wäre durch die Strafvollzugsämter zu beschließen. Sie hätte dort einzutreten, wo durch die Führung des Verurteilten in der Strafanstalt die Wirkungslosigkeit des Strafvollzuges dargetan wäre. Aehnliche Vorschläge sind wiederholt von den verschiedensten Seiten gemacht worden. (Man vergl. z. B. Wirth in den Blättern für Gefängniskunde V 198). Ich glaube nicht, daß erhebliche Einwände gegen eine solche Einrichtung erhoben werden können. Zunächst ist es nicht notwendig, die Verlängerung der Strafdauer bei allen strafbaren Handlungen zuzulassen; sie könnte auf diejenigen Delikte beschränkt bleiben, welche erfahrungsgemäß dem Gebiete des gewerbs- oder gewohnheitsmäßigen Verbrechertums anzugehören pflegen. Auch würde ich, wenn auch dieser Einwand für mich überhaupt und grundsätzlich ohne Bedeutung ist, nicht zugeben können, daß eine nachträgliche Verlängerung der Strafdauer einen Bruch mit den Forderungen der „vergeltenden Gerechtigkeit" in sich schließe. Man mache sich nur klar, daß die Strafkammer, welche an einem Vormittage ein Dutzend Straffälle abzuurteilen hat, wahrhaftig nicht das geeignete Organ für die Ausübung „vergeltender Gerechtigkeit" darstellt. Man überlege sich, daß die Tiefe der rechtlichen Verschuldung, um mit den Anhängern der „vergeltenden Gerechtigkeit" zu sprechen, durch die Stellung bestimmt wird, welche der verbrecherische Wille der Rechtsordnung gegenüber einnimmt; daß die Verschuldung eine um so schwerere ist, je mehr die Auflehnung des Einzelwillens gegen die Rechtsordnung eine grundsätzliche, dem innersten Wesen des Verbrechers entspringende, bleibende ist; daß mithin das Verhalten des Verurteilten in der Strafanstalt sehr wohl zum Maßstab seines Verschuldens dienen und die Ueberzeugung, daß der gegen die Rechtsordnung sich auflehnende Wille nicht gebrochen sei, den Grund abgeben kann, eine Verlängerung der Strafdauer eintreten zu lassen.

Derselbe Gedanke kann aber auch auf andere Weise als durch die nachträgliche Verkürzung oder Verlängerung der urteilsmäßig erkannten Strafdauer verwirklicht werden: nämlich dadurch, daß gänzlich oder teilweise Verzicht auf die richterliche Strafzumessung überhaupt geleistet wird.

Es liegt mir sehr viel daran, gerade hier die Fragestellung möglichst zu begrenzen.

Die Urteile mit unbestimmter Strafdauer, die „indeterminate sentences" der Nordamerikaner, sind wiederholt Gegenstand der Erörterung gewesen. Lange ehe Kraepelin 1880 und Willert 1882 die Abschaffung des Strafmaßes forderte, haben Obermaier (1835), Röder und andere in ähnlichem Sinne sich geäußert. Guillaume in der Schweiz, Garofalo in Italien, van Hamel in Holland, Wines jun. und Richard Vaux in den Vereinigten Staaten, Medem in Preußen haben neuerdings die „Einsperrung auf unbestimmte Zeit" verteidigt. Am eingehendsten hat wohl die letzte Versammlung der National Prison Association of the United States, welche im Juli 1888 zu Boston tagte, die Frage geprüft.

Es kommt mir nicht in den Sinn, an dieser Stelle das Problem in seiner ganzen Ausdehnung aufzurollen. Insbesondere kann die Behandlung der unverbesserlichen Gewohnheitsverbrecher, auf welche ich später zurückkommen werde [1]), hier ganz außer Betracht bleiben.

Vor allem aber handelt es sich für mich nicht um absolut unbestimmte Strafurteile, sondern um Urteile mit einer, nur durch Mindest- und Höchstmaß bestimmten Strafdauer. Die Bestimmung der beiden äußersten Grenzen könnte entweder im Einzelfalle durch den Richter oder, was ich für wesentlich besser hielte, ein für allemal durch den Gesetzgeber erfolgen. Einen ähnlichen Gedanken hat v. Holtzendorff schon im Jahre 1861 in seiner Schrift über die Kürzungsfähigkeit der Freiheitsstrafe vertreten und im Handbuch des Gefängniswesens I 439 wiederholt.

Ein Beispiel mag den Vorschlag klarer machen. Der Angeklagte, welcher bereits einmal wegen Diebstahls eine Freiheitsstrafe verbüßt hat, steht wegen desselben Deliktes abermals vor Gericht. Er wird, nehmen wir an, zu Gefängnis von zwei bis zu fünf Jahren verurteilt, sei es, daß das Gesetz für diesen Fall ein für allemal dieses Mindest- und Höchstmaß bestimmt hat, sei es, daß der Richter diese Bestimmung im Einzelfalle für die angemessene erachtet. Das Urteil würde dem Strafvollzugsamte die Möglichkeit gewähren, den Verurteilten je nach den Ergebnissen des Strafvollzugs entweder 5 Jahre in der Strafanstalt zu behalten, oder ihn nach 2 Jahren zu entlassen, oder aber den Strafvollzug bis zu irgend einer Zeitdauer zwischen 2 und 5 Jahren auszudehnen.

So gefaßt, scheint mir die Frage der sogenannten unbestimmten Strafurteile ruhiger Erwägung durchaus wert zu sein. Die gegen diese von Tallack, Wahlberg, Lamezan, Tarde, v. Jagemann und anderen neuerdings erhobenen

1) Bei dieser Gelegenheit werde ich auch die genaueren Literaturnachweise beibringen.

Bedenken würden an Gewicht wesentlich verlieren. Ich für meine Person würde den Urteilen mit einer durch Höchst- und Mindestmaß bestimmten Strafdauer den Vorzug geben vor der nachträglichen Verkürzung oder Verlängerung der urteilsmäßig erkannten Strafe. Denn im letzteren Falle müssen wir doch immer von der richterlichen Strafzumessung ausgehen, und diese verträgt sich ebensowenig mit den Forderungen der Gerechtigkeit wie mit jenen der Zweckmäßigkeit.

Es würde ohne besondere Schwierigkeiten möglich sein, durch Ausarbeitung eines Gesetzentwurfs die praktische Durchführbarkeit meines Vorschlages zu beweisen. Auch werde ich in den folgenden Abschnitten dieser Abhandlung Gelegenheit haben, meinen Gedanken weiter zu entwickeln. Aber darauf kommt es mir heute noch gar nicht an. Ich bin mit Art. II, Ziff. 5 der Satzungen unserer Vereinigung von dem Gedanken ausgegangen, daß „die dem heutigen Strafrechte eigentümliche Trennung des Strafvollzuges von der Strafrechtspflege als unrichtig und zweckwidrig erscheint"; ich habe nachzuweisen versucht, daß die Herstellung einer organischen Verbindung zwischen den beiden Entwicklungsstufen in der strafenden Tätigkeit des Staates möglich ist, sobald das geeignete Organ für diese Verbindung geschaffen wird. Das geeignete Organ aber erblicke ich in den zweckentsprechend zusammengesetzten Strafvollzugsämtern.

Alle weiteren Ausführungen sollten nur zur Erläuterung und Begründung meiner Ansicht dienen. Auf diese selbst aber möchte ich die Kritik der Fachgenossen lenken. Nur in gemeinsamer Arbeit können wir hoffen zu greifbaren Ergebnissen zu gelangen. Ich kann nur wiederholen, was ich oben sagte: Die Aufgabe dieser Zeilen ist es nicht, zu belehren, sondern die Erörterung der Fragen anzuregen, deren Lösung die „Internationale kriminalistische Vereinigung" sich zur Aufgabe gestellt hat.

V. Die kurzzeitige Freiheitsstrafe.

Wollen wir das Strafensystem eines Landes kennen lernen, so genügt es nicht, daß wir die Bestimmungen des

Strafgesetzbuchs über die Strafarten in Augenschein nehmen. Entscheidend für das Ergebnis der Untersuchung ist nur die tatsächliche Anwendung der im Gesetze vorgesehenen Strafmittel. Ueber die Handhabung des Gesetzes durch die Gerichte aber belehrt uns die Kriminalstatistik.

Wenn ich es im folgenden unternehme, gestützt auf die Zahlenreihen der Reichskriminalstatistik, den ziffermäßigen Nachweis für die fast ausschließliche Herrschaft der kurzzeitigen Freiheitsstrafe in der deutschen Strafrechtspflege zu erbringen, so kann es sich für mich nur um die möglichste Verbreitung einer feststehenden, jedermann zugänglichen Tatsache, nicht um die Geltendmachung neuer und selbständiger Beobachtungen handeln. Dürfte die Kenntnis der einfachsten kriminalistischen Tatsachen, wie man es wohl zu erwarten berechtigt wäre, in Fachkreisen vorausgesetzt werden, so könnte ich mir und meinen Lesern die folgenden Ausführungen sparen. Man wird es mir aber kaum verübeln können, wenn ich meine bescheidenen Zweifel hege.

Auch das möchte ich ausdrücklich betonen, daß es mir fern liegt, gegen irgend jemanden, sei es den Gesetzgeber, sei es den Richter, an dieser Stelle Vorwürfe zu erheben. Als unser Reichsstrafgesetzbuch entworfen und beraten wurde, da ging das allgemeine, von den Stimmführern der Wissenschaft getragene Verlangen nach möglichster Beseitigung oder doch Herabsetzung der Mindestmaße für Strafarten und Strafrahmen, nach möglichster Erweiterung des Spielraums für das freie richterliche Ermessen. Der Gesetzgeber ist dem Zuge der Zeit gefolgt, als er seine weiten, nach unten zumeist unbegrenzten Strafrahmen aufstellte, das Mindestmaß der Zuchthausstrafe herabsetzte und die „mildernden Umstände" dem französischen Recht entlehnte. Zu schöpferischen Gedanken, zu kritischer Prüfung hatte man damals keine Zeit. Die viel beklagte und getadelte Milde unserer Strafrichter aber, ihre Scheu, über das Mindestmaß hinauszugehen, hat ihren tiefsten Grund in der schon oben (S. 331) betonten Tatsache, daß die Aufgabe der Strafzumessung, wie die „vergeltende" Gerechtigkeit sie stellt, eine unlösliche ist und bleiben muß. Es mag auch, wie Aschrott Z. IX 10 betont, die Ueberzeugung von der gänzlichen Wirkungslosigkeit unserer kostspieligen Freiheitsstrafen nicht ganz ohne Einfluß auf die Entscheidungen der Strafgerichte geblieben sein [1]).

Lassen wir also die Ziffern sprechen. Dem V. Bande der Reichskriminalstatistik entnehme ich die nachstehende Tabelle.

Tabelle VII.
(Nach der Reichskriminalstatistik.)

Verhältnismäßige Häufigkeit der Anwendung der verschiedenen Strafarten.

Von je 100 überhaupt Verurteilten wurden verurteilt zu	1882	1883	1884	1885	1886
Todesstrafe	0,08	0,08	0,02	0,02	0,02
Zuchthausstrafe	4,07	3,74	3,48	3,36	3,22
Gefängnisstrafe	69,13	68,00	66,89	65,72	64,65
Festungshaft	0,08	0,05	0,05	0,05	0,02
Haft	0,44	0,44	0,42	0,37	0,37
Geldstrafe	25,23	26,70	28,10	29,36	30,58
Verweis	0,97	1,04	1,04	1,12	1,14
Prozentsatz der Verurteilten, gegen welche erkannt ist auf:					
Verlust der bürgerl. Ehrenrechte	6,21	5,78	5,47	5,30	4,93
Zulässigkeit von Polizeiaufsicht	2,50	2,21	2,16	2,09	1,90

1) Dennoch kann ich es mir nicht versagen, an zwei ebensosehr bekannte wie wenig berücksichtigte Aeußerungen des damaligen Justizministers Dr. Leonhardt zu erinnern. Ich meine einmal die Ministerialverfügung vom 12. Januar 1874 (Justizministerialblatt S. 31), in welcher der Minister darauf hinweist, daß nicht ohne Grund eine ungerechtfertigte Milde in der Bestrafung Schuldiger als eine der ganzen bürgerlichen Gesellschaft drohende Gefahr empfunden werde, und daß es nicht mit den Absichten des deutschen St.G.B. im Einklange stehe, wenn bei Ausmessung der Strafe von der unteren Grenze des Strafrahmens ausgegangen und diese nur da überschritten werde, wo bestimmte Straferhöhungsgründe vorliegen. Und weiter erinnere ich an die Worte des Ministers in der Sitzung des Reichstags vom 3. September 1875: „Die Frage, ob das St.G.B. sich bewährt habe, kann in dieser Allgemeinheit nicht bejaht werden.... Im guten Vertrauen auf die Rechtssitte und das Rechtsbewußtsein im Volke hat der Gesetzgeber gewagt, Vorschriften zu geben, welche die Möglichkeit schweren Mißbrauches mit sich führen, ja mit sich führen müssen. Die Möglichkeit ist zur Wirklichkeit geworden .... Und das St.G.B. hat sich nicht als ein Gesetz erwiesen, welches gegenüber den in den betreffenden Richtungen hervorgetretenen strafbaren oder doch strafwürdigen Handlungen die erforderliche Repression gewährt."

Die Tabelle beweist, daß Gefängnisstrafe und Geldstrafe zusammen etwa 95 Proz. aller Strafurteile ausmachen, daß auf alle übrigen Strafarten zusammen nur etwa 5 Proz., auf Zuchthaus allein zwischen 3 und 4 Proz., auf Gefängnisstrafe allein dagegen zwischen 64 und 70 Proz. entfallen. Beachtenswert wäre noch, daß von 1882 bis 1886 die Anwendung von Zuchthaus und Gefängnisstrafe in ununterbrochenem Sinken, die der Geldstrafe sowie des Verweises dagegen in ebenso ununterbrochenem Steigen begriffen ist. Auch die Aberkennung der bürgerlichen Ehrenrechte und die Zulassung von Polizeiaufsicht ist von Jahr zu Jahr seltener geworden.

Die Rolle, welche das Zuchthaus in unserer Strafrechtspflege spielt, ist mithin eine gänzlich untergeordnete. Ich werde aus diesem wie aus anderen Gründen diese Strafart zunächst außer Betracht lassen und betone hier nur, daß die Strafen bis zu 5 Jahren etwa 87 Proz., die von 5 Jahren und darüber etwa 13 Proz. aller Verurteilungen zu Zuchthaus ausmachen, sowie daß die durchschnittliche Dauer des Zuchthauses etwas über zwei und ein halbes Jahr beträgt.

Dagegen möchte ich einen Augenblick bei der Gefängnisstrafe verweilen. Ihr gesetzliches Mindestmaß beträgt bekanntlich einen Tag, ihr Höchstmaß 5 Jahre. ihr gesetzlicher Durchschnitt mithin zwei und ein halbes Jahr.

Von je 100 im Jahre 1886 zu Gefängnis Verurteilten waren aber verurteilt nach

Tabelle VIII

zu 2 Jahren und mehr	0,97	20,09	4,00
zu 1 bis 2 Jahren	3,08		
zu 3 Monaten bis 1 Jahr	16,09		96,00
zu 1 bis 3 Monaten	15,48	79,91	
zu 8 Tagen bis 1 Monat	28,11		
zu 4 Tagen bis 8 Tagen	16,94		
zu weniger als 4 Tagen	19,48		
	100,00	100,00	100,00

Die Zahlen der Vorjahre zeigen keine wesentliche Abweichung.

Unter 100 zu Gefängnis Verurteilten wurden also etwa 80 Proz. oder vier Fünftel zu einer Freiheitsstrafe unter

3 Monaten, etwa 20 Proz. oder ein Fünftel zu einer Freiheitsstrafe von 3 Monaten und mehr verurteilt. Dabei beachte man, daß alle gerade auf 3 Monate, nicht mehr und nicht weniger, lautenden Erkenntnisse in jenen 20 Proz. bereits mitgezählt sind. Es bleibt ferner die Zahl derjenigen Fälle, in welchen auf Gefängnis von 3 Monaten und darüber erkannt wurde, nur wenig zurück hinter der Zahl der Verurteilungen zu einem, zwei oder drei Tagen Gefängnis. In etwa dem fünften Teil aller Fälle erreicht die Gefängnisstrafe nicht einmal die Dauer von vier Tagen; in mehr als einem Drittel aller Fälle nicht die Dauer von acht Tagen. Nur in vier Fällen von hundert wurde auf Gefängnis von einem Jahre und darüber, in 96 Fällen dagegen auf Gefängnis unter einem Jahre erkannt. Es kann uns demnach auch nicht wunder nehmen, wenn die tatsächliche Durchschnittsdauer des Gefängnisstrafe statt 30 Monaten deren zwei beträgt, hinter dem gesetzlichen Durchschnitt also um 2 Jahre und 4 Monate zurückbleibt.

Die folgende Uebersicht zeigt uns die Strenge der Gerichte in der Anwendung der Gefängnisstrafe auf einzelne Delikte.

Tabelle IX. (Siehe Bemerkung zu Tabelle I, S. 477.)

Die durchschnittliche Dauer der erkannten Gefängnisstrafe betrug im Jahre 1886:

bei Gewalt und Drohungen gegen Beamte	45	Tage
bei Hausfriedensbruch	13	"
bei Beleidigung	18	"
bei einfacher Körperverletzung	25	"
bei gefährlicher Körperverletzung	75	"
bei Nötigung und Bedrohung	24	"
bei einfachem Diebstahl	23	"
bei Unterschlagung	32	"
bei einfacher Hehlerei	39	"
bei Betrug	48	"
bei Sachbeschädigung	25	"

Diese Uebersicht gäbe zu mancherlei Bemerkungen Anlaß. Sie zeigt vor allem, daß Höchst- wie Mindestmaß der gesetzlichen Strafdrohungen von sehr untergeordnetem Einfluß auf die tatsächlich erkannte Strafe ist. So beträgt das Höchstmaß der gegen Sachbeschädigung an zweiter Stelle neben Geldstrafe angedrohten Gefängnisstrafe zwei Jahre, das Höchstmaß derselben bei Diebstahl, wo sie als einzige Strafe verhängt wird, fünf Jahre; der tatsächliche Durchschnitt dagegen ist dort um zwei Tage höher als hier. Bei der Unterschlagung, welche nach den gesetzlichen Strafdrohungen dem Diebstahl gegenüber als das mildere Delikt erscheint, ist die tatsächlich erkannte Freiheitsstrafe wesentlich härter als bei diesem. Der Betrug wird mehr als doppelt so streng gestraft wie der Diebstahl, obwohl die Strafrahmen der Gesetzgebung dazu keinen Anlaß bieten. Bei der gefährlichen Körperverletzung erhebt sich die durchschnittliche Dauer der Gefängnisstrafe nur um 15 Tage über das gesetzliche Mindestmaß.

Sehen wir noch etwas näher zu. Der einfache Diebstahl wird nach St.G.B. § 242 mit Gefängnis von einem Tage bis zu fünf Jahren bestraft. Von je 100 im Jahre 1886 (die Zahlen der Vorjahre weichen wenig ab) wegen einfachen Diebstahls Verurteilten kamen fast 4 mit dem Verweis, mehr als ein Drittel (35,62) mit Gefängnis von einem, zwei oder drei Tagen davon; fast 90 erhielten Gefängnis von weniger als drei Monaten, nicht ganz 6 Gefängnis von drei Monaten bis zu einem Jahre. Nicht einmal ein ganzes Prozent der sämtlichen Verurteilten wurde mit Gefängnis von einem Jahre und darüber bestraft. Der Strafrahmen für einfachen Diebstahl ist mithin von unserer Rechtsprechung von fünf Jahren auf ein Jahr im Höchstmaß, der Durchschnitt von 30 Monaten auf etwa drei Wochen herabgesetzt worden!

Dieselbe Erscheinung wiederholt sich bei allen übrigen Vergehen, sowie bei einem großen Teile der Verbrechen. Das Reichsjustizamt hat in jedem einzelnen Bande der Reichskriminalstatistik auf sie hingewiesen: ohne jeden Erfolg. Die Strafrahmen unseres Reichsstrafgesetzbuchs stehen auf dem Papiere, die Rechtsprechung hat für ihren Bedarf sich andere zurechtgelegt. Die nach Tagen und Wochen berechnete Freiheitsstrafe beherrscht unsere gesamte Strafrechtspflege.

Und man beachte es wohl: Unsere Zahlen beruhen ausschließlich auf der Reichskriminalstatistik. Diese aber umfaßt nur diejenigen Verurteilungen, welche wegen Verbrechen oder Vergehen gegen Reichsgesetze ergangen sind, also, wie wir oben S. 323 gesehen haben, nur ein Fünftel bis ein Viertel der sämtlichen von deutschen Gerichten erlassenen Strafurteile. Unberücksichtigt geblieben ist insbesondere die ganze große Gruppe der Uebertretungen, welche naturgemäß mit den kleinsten Geld- oder Freiheitsstrafen belegt werden. Die Strafe der Haft spielt demnach in der Reichskriminalstatistik nur eine ganz zufällige Rolle. Wir haben mithin die Vorherrschaft der kurzzeitigen Freiheitsstrafe nachgewiesen, ohne die wichtigste und häufigste der kurzzeitigen Freiheitsstrafen, die Haft, irgendwie zu berücksichtigen.

Dazu tritt noch eine weitere Erwägung. Auch die Geldstrafe führt in den meisten Fällen auf dem Wege der Strafumwandlung mittelbar wieder zu kurzzeitigen Freiheitsstrafen.

Ich glaube nicht, daß jemand es wagen wird, angesichts dieser Tatsachen mir zu widersprechen, wenn ich die Behauptung aufstelle: *unsere gesamte heutige Strafrechtspflege beruht fast ausschließlich auf der kurzzeitigen Freiheitsstrafe.* Daraus ergibt sich unmittelbar der weitere Schluß: *wenn die kurzzeitige Freiheitsstrafe nichts taugt, ist unsere ganze heutige Strafrechtspflege nichts wert.*

Daß aber die kurzzeitige Freiheitsstrafe an und für sich wie ganz besonders bei der gegenwärtigen Einrichtung der kleinen Gefängnisse nichts taugt, darüber sind heute wohl alle Einsichtigen einer und derselben Ansicht. Von einigen Tagen oder Wochen Haft oder Gefängnis wird wohl niemand eine nachhaltige bessernde Einwirkung auf den Sträfling erwarten. Um aber die kurzzeitige Freiheitsstrafe abschreckend zu gestalten, bedarf es einer ganz anderen Einrichtung unserer kleinen Gefängnisse, als wir sie heute vorfinden, vor allem einer strengen Durchführung des Arbeitszwanges, der ja mit unserer deutschen Haftstrafe nur ausnahmsweise (und auch hier meist nur auf dem Papiere) verbunden ist. In unseren heutigen kleinen Gerichtsgefängnissen finden wir alle die Mängel wieder, welche die alten Zuchthäuser zu Brutstätten des Lasters, zu Hochschulen des Verbrechens gemacht haben: in denselben ungenügenden, bald stark, bald schwach belegten Räumen hausen miteinander alte und junge Sträflinge, hartgesottene Sünder und schüchterne Anfänger auf der Bahn des Verbrechens, ohne genügende Aufsicht, teilweise ohne Beschäftigung, ohne Unterricht und Seelsorge. Nur die harte ernste Zucht der alten Häuser fehlt. Für den Gewohnheitsverbrecher hat das Gefängnis keine abschreckende Kraft; den Gelegenheitsverbrecher, besonders das zum ersten Male sich verfehlende Weib, richtet es sittlich zu Grunde. Die kurzzeitige Freiheitsstrafe ist nicht nur nutzlos: sie schädigt die Rechtsordnung schwerer, als die völlige Straflosigkeit der Verbrecher es zu tun imstande wäre.

Diese Tatsache ist längst bekannt. Auch hat es an Vorschlägen nicht gefehlt, die kurzzeitige Freiheitsstrafe unseres heutigen Rechts zu beseitigen oder doch zu beschränken. Dennoch ist die Gesetzgebung der meisten Länder, insbesondere auch die des Deutschen Reichs, auf ihrem alten Standpunkte stehen geblieben.

Es ist daher leider nicht ganz überflüssig, einige Zeugnisse für die Wertlosigkeit der kurzzeitigen Freiheitsstrafe zu sammeln. Die Zahl derselben ließe sich leicht vermehren. Aber Vollständigkeit des Materials ist es gar nicht, was ich anstrebe. Mir genügt es, wenn es mir gelingt, die dringende Notwendigkeit einer Umgestaltung unserer Strafgesetzgebung durch die Ausführungen einzelner berufener Gewährsmänner nachzuweisen. Wenn meine Leser finden sollten, daß ich nur längst Gekanntes wiederhole, so würde der damit ausgesprochene Tadel seine eigentliche Spitze wohl nicht gegen mich richten. Solange der „Kreuzzug gegen die kurzzeitige Freiheitsstrafe" nicht zum Ziele geführt hat, ist es kein überflüssiges Beginnen, das Kreuz zu predigen.

Schon im Jahre 1803 hat v. Arnim in seinen Bruchstücken über Verbrechen und Strafen (I 95) die Worte gesprochen:

„Jetzt sind unsere Aufbewahrungs- und Strafgefängnisse

nichts anderes als Verführungspepinieren, das weiß ein jeder; und jenes (die Belassung derselben in diesem Zustande) hieße also nichts anders, als daß man die Verbrecher erst in den Aufbewahrungs- und Strafgefängnissen noch schlimmer werden lassen wollte, um sie demnächst in den Besserungsanstalten zu bessern, und sogar moralisch zu bessern."

Seither sind 86 Jahre ins Land gezogen. Aber jenes Wort von den „Verführungspepinieren" ist nicht alt geworden. Wollte man jenen Satz anführen, ohne den Verfasser zu nennen — man würde wohl ohne weiteres auf einen heutigen Gefängnisdirektor als seinen Urheber schließen können.

Denn gerade in den Kreisen der preußischen Gefängnispraktiker ist man sich längst klar über die Nutzlosigkeit der kurzzeitigen Freiheitsstrafe, über die entsittlichende Wirkung unserer kleinen Gerichtsgefängnisse. Mir sind diese Stimmen von ganz besonderem Wert. Ihnen gegenüber muß mancher Einwurf, mancher Vorwurf verstummen, der dem preußischen Rechtslehrer nicht erspart zu werden pflegt, sobald er kritische Streifzüge ins heilige Land der Strafrechtspflege unternimmt.

Valentin, damals Strafanstaltsdirektor zu Wartenberg in Ostpreußen, sagte im Jahre 1869 (Das Verbrechertum im preußischen Staat, S. 63 f.): „Man hört oft die Zuchthäuser, in denen die Kollektivhaft vollstreckt wird, „Brutstätten des Lasters" nennen. Ohne die Berechtigung dieses Epithetons absolut in Abrede stellen zu wollen, darf ich doch behaupten, daß diese Bezeichnung den Gerichtsgefängnissen in einem viel höheren Maße gebührt ..... Ich glaube die Behauptung aufstellen zu dürfen, daß die Art und Weise, wie die Gefängnisstrafe zur Vollstreckung kommt, ein neues und wahrlich nicht unerhebliches Moment des Notstandes bildet, der einen hervorragenden Anteil an der Bildung und Ausdehnung des Gewohnheitsverbrechertums ausübt."

Noch kräftiger hat sich ungefähr um dieselbe Zeit ein anderer preußischer Gefängnisdirektor geäußert. Man lese die Schilderung, welche Krohne 1868 in seiner Denkschrift über „die Organisation des Gefängniswesens mit besonderer

Beziehung auf die kleinen Gefängnisse für Untersuchungs- und kurzzeitige Strafgefangene" mit der ihm eigentümlichen Anschaulichkeit unterworfen hat:

„Gearbeitet wird in diesen Gefängnissen fast gar nicht, höchstens etwas Kartoffelschälen für die Küche, Waschen fürs Haus und im günstigsten Falle Arbeiten in des Gefangenenwärters Garten, wobei es denn auch vorgekommen sein soll, daß er sie ganz gemütlich mit auf seinen Acker nimmt, was so lange gut geht, bis gelegentlich ein Gefangener entläuft. Wenn nun aber gar die Gefangenen bei den Bürgern der Stadt in Tagelohn gehen zum Holzspalten und Gartenarbeiten, und abends ins Gefängnis zurückkehren mit Tabak, selbst Branntwein, den sie erbettelt oder gestohlen, wenn dann abends in den gemeinschaftlichen Räumen Tabak geraucht, Karten gespielt, selbst Branntwein getrunken wird, wo ist da die Grenze zwischen Strafe und Farce? .... Das sind denn doch Zustände ...., die mit einer vernünftigen Rechtspflege und einem geordneten Strafvollzug unvereinbar sind. Diese Zustände finden sich nicht vereinzelt in diesem oder jenem Lande, das ist der Durchschnittszustand der kleinen Gefängnisse in Deutschland, wie die auf eingezogenen Erkundigungen beruhenden Mitteilungen von d'Alinge zur Genüge beweisen; sie finden sich in großen Staaten so gut wie in kleinen, im Norden und Süden, im Osten und Westen. Was hilft es denn nun, die größeren Gefängnisse zu reformieren, wenn die kleineren Gefängnisse den Weg zu neuen Verbrechen und zu den Zuchthäusern bahnen?"

Man vergleiche damit die Ausführungen in der Statistik der unter dem Ministerium des Innern stehenden Strafanstalten, Jahrgang 1872 bis 1874: sie beweisen, daß man an dieser Stelle die Ansicht Krohnes vollinhaltlich teilt. Es ist das preußische Ministerium des Innern, welches das Verdammungsurteil Krohnes unterschreibt!

Aber vielleicht ist es anders und besser geworden seit der Gründung des Deutschen Reichs?

Ich beziehe mich wieder auf Krohne. In dem Werke: „Grundsätze für den Bau und die Einrichtung von Zellengefängnissen (Beschlüsse der Kommission, welche in der

Versammlung des Vereins der deutschen Strafanstaltsbeamten zu Wien am 20. September 1885 zur Ausarbeitung dieser Normativbedingungen niedergesetzt wurde", 1885) sagt Krohne S. 40:

„Zunächst wurden in den Vorbesprechungen all die langjährigen und von den verschiedensten Seiten vorgebrachten Klagen über den mangelhaften Strafvollzug in den kleinen Gefängnissen hervorgehoben. Es wurde darauf hingewiesen, daß von einer ernsten, irgend welchen nachhaltigen Eindruck machenden Strafe in den kleinen Gefängnissen keine Rede sei, daß die Strafe in den kleinen Gefängnissen, statt durch Besserung oder Abschreckung von neuen Verbrechen abzuhalten, meist zu neuen Verbrechen erziehe; statt Respekt vor dem Strafgesetze oder der Strafjustiz einzuflößen, dieselbe in den Augen der Gesetzesverletzer herabsetze, um nicht einen härteren Ausdruck zu gebrauchen. Es wurde geltend gemacht, daß alle Verbesserungen an den großen Gefängnissen, in welche der fertige Verbrecher eingeliefert wird, nutzlos sind, solange noch der werdende Verbrecher seine erste, meist kurze Strafe in den kleinen Gefängnissen verbüßt. Aus diesen Gründen würde es das richtigste sein, auf die Beseitigung der kleinen Gefängnisse wenigstens als Strafgefängnisse mit allen zu Gebote stehenden Mitteln zu dringen, weil auch bei einer vollständigen Umgestaltung derselben höchstens einige der ärgerlichsten und anstößigsten Uebelstände sich würden beseitigen, ein planmäßiger und wirksamer Strafvollzug in denselben aber niemals würde ermöglichen lassen" [1]).

v. Arnims Buch war das letzte deutsche Werk über Kriminalpolitik. Die Zeit war angebrochen, wo die spekulative Philosophie mit der historischen Schule auf allen Gebieten der Geisteswissenschaft um die Herrschaft rang. Das Strafrecht verfiel der Metaphysik und blieb ihr verfallen, auch als fast überall sonst ihre Herrschaft gebrochen war. Noch heute steckt uns Kriminalisten die Hegelsche Philo-

---

1) Man vergleiche auch Krohne, Lehrbuch der Gefängniskunde 1889, insbesondere § 44.

sophie von der Schule her in allen Gliedern. Mühsam erhob sich neben der Spekulation, gestützt auf das Reichsrecht, eine positiv-dogmatische Richtung. Ihr verdanken wir die scharfe Begriffsbildung, die Entwicklung der allgemeinen Lehren. Für die Kriminalpolitik aber hatte die deutsche Wissenschaft kein Herz. Ruhig ließ sie die einseitig humanitären Freunde der Gefängnisverbesserung gewähren.

Wenn heute der Kampf gegen die kurzzeitige Freiheitsstrafe auf der ganzen Linie entbrannt ist, so verdanken wir dies einerseits den Anregungen französischer Schriftsteller, anderseits dem Mißbehagen unserer deutschen Praktiker.

Unter den Franzosen hat sich ganz besondere Verdienste Bonneville de Marsangy durch seinen fortgesetzten Kampf gegen die kurzzeitige Freiheitsstrafe erworben. In seinem großen und bedeutsamen kriminalpolitischen Werke: De l'amélioration de la loi criminelle, en vue d'une justice plus prompte, plus efficace, plus généreuse et plus moralisante, 1864, finden wir fast alle diejenigen Maßregeln zur Beschränkung der kurzzeitigen Freiheitsstrafe besprochen, welche noch heute den Gegenstand unserer Erörterungen bilden: bedingte Entlassung, Friedensbürgschaft, Strafarbeit ohne Einsperrung, richterlichen Verweis, Umgesaltung der Geldstrafe u. s. w. Bis auf den heutigen Tag ist Bonneville de Marsangy nicht müde geworden, seine Vorschläge in Wort und Schrift zu vertreten (vergl. Bulletin de la société générale des prisons XI 311).

Bonneville de Marsangy hat einen großen und bleibenden Einfluß auf v. Holtzendorff gewonnen. Schon 1864 besprach dieser in seiner Allgemeinen deutschen Strafrechtszeitung IV 642 eingehend und mit lebhafter Zustimmung die Vorschläge Bonneville de Marsangys. Seither hat er, unermüdlicher als ein anderer, bis an sein Lebensende die Forderungen einer einsichtigen, aber maßvollen Kriminalpolitik vertreten, den Mißbrauch der kurzzeitigen Freiheitsstrafe und die Uebertreibungen der Zellenhaft bekämpft, Vorschläge zur Verbesserung der Strafgesetzgebung gemacht. Seinen letzten Lebensjahren entstammen die kleine Abhandlung im Gerichtssaal XXXIX 1: „Die Richtungen des Strafvollzugs und der gegenwärtige Stand der sachverständigen Meinungen", sowie die beachtenswerten Ausführungen im Handbuche des Gefängniswesens I 432.

In seinen kriminalpolitischen Anregungen und Bestrebungen liegt v. Holtzendorffs bleibendes Verdienst; es wird dadurch nicht geschmälert, daß die orthodoxe Schulphilosophie sie ihm als Verirrungen auslegte und nachtrug.

Unter den deutschen Praktikern ragt Illing hervor als unerschrockener Rufer im Streite. Er hat es sich nicht verdrießen lassen, bei jeder Gelegenheit auf die Häufigkeit wie auf die Verderblichkeit der kurzzeitigen Freiheitsstrafe hinzuweisen [1]). In den Ausführungen zur Statistik der unter dem Ministerium des Innern stehenden Anstalten ist er wiederholt auf die Frage eingegangen, seine Behauptungen auf unwiderlegliche Zahlenreihen stützend. Auf den Versammlungen des Vereins der deutschen Strafanstaltsbeamten hat er seine Stimme erhoben, um die Milde unseres Gesetzbuchs und die noch größere Milde unserer Gerichte dem Verbrechertum gegenüber zu betonen, eine Milde, welche der Gesellschaft, den Nichtverbrechern, gegenüber als eine beklagenswerte Härte erscheint. In seiner Abhandlung über „die Zahlen der Kriminalität in Preußen für 1854—1884" (Zeitschrift des Königlich preußischen statistischen Bureaus, 1885, S. 73) hat er neue Tatsachen gesammelt und die alten zusammengestellt, um in der Kurzzeitigkeit der Strafen und in der Art des Strafvollzuges die beiden Uebelstände nachzuweisen, welche vornehmlich der Vermehrung der Delikte und der Rückfälle Vorschub leisten.

Und Illing, ich betone es, urteilt nicht vom grünen Tisch weg, wie man uns „Professoren" das vorwirft, sondern heraus aus der Fülle der Erfahrungen, die er in jahrelanger Tätigkeit gesammelt, geprüft und immer wieder geprüft hat.

Aber gar mancher andere Name ließe sich anführen. Medem und Mittelstädt, Strosser und Sichart, Schmölder und Fulda, Aschrott und Köhne, von den Theoretikern Sontag und Lammasch, der Irren-

1) Vergl. z. B. Blätter für Gefängniskunde XV 87, XXII 148.

arzt Kraepelin[1]) — mögen sie in ihren einzelnen positiven Vorschlägen noch so sehr voneinander abweichen, sie sind doch einverstanden über die Notwendigkeit einer gründlichen Umgestaltung unserer gegenwärtigen, durch die fast ausschließliche Verwendung der kurzzeitigen Freiheitsstrafe gekennzeichneten Strafrechtspflege; sie sind einig in der Ueberzeugung, daß die kurzzeitige Freiheitsstrafe schädlicher wirkt als die völlige Straflosigkeit des Verbrechens, daß wir in unseren kleinen Gerichtsgefängnissen auf Staatskosten Schulen des Verbrechens unterhalten, daß eine der Hauptursachen der Rückfälligkeit in unserem Strafensystem zu suchen ist.

Eine Strafe, die das Verbrechen fördert: das ist die letzte und reifste Frucht der „vergeltenden Gerechtigkeit"!

Und wie viele Abhandlungen und Aufsätze in Zeitungen und Zeitschriften, wie viele Reden in Vertretungskörpern und Vereinsversammlungen ließen sich noch anreihen, wenn es darauf ankäme, nicht nur ein Stimmungsbild zu geben, sondern das vollständige Material zu beschaffen!

Selbst Heinze hat in das Album des Römer Gefängniskongresses 1885 den zweifelnden Ausspruch eingetragen:

„Die Freiheitsstrafe in der Gestalt der Einsperrung ist

---

1) Medem, Ueber Strafzumessung und Strafmaß, Gerichtssaal XXVI 590 (1874). Entwurf eines Gesetzes betreffend den Vollzug der Freiheitsstrafen, Z. VII 135. Das Problem der Strafzumessung, Gerichtssaal XL 161.

Mittelstädt, Gegen die Freiheitsstrafe, 1879 und Für und wider die Freiheitsstrafen, Z. II 419.

Strosser, Blätter für Gefängniskunde XXI 145.

Sichart, Die Rückfälligkeit der Verbrecher, 1881 (S. 42, 71).

Fulda, Die Gefängnisverbesserung und der Strafvollzug im Deutschen Reich, 1880. Das Verbrechertum. Drei Vorträge, 1883.

Schmölder, Die Strafen des deutschen St.G.B. und deren Vollzug, 1885. Die Freiheitsstrafen und die Besserungstheorie, Preußische Jahrbücher LVIII 456.

Aschrott, Zur Reform des deutschen Strafen- und Gefängniswesens, Z. IX 1.

Köhne, Zur Reform der deutschen Strafvollstreckung, Deutsches Wochenblatt, 25. April 1888.

Sontag, Beiträge zur Lehre von der Strafe Z. II 515.

Lammasch, Ueber Zwecke und Mittel der Strafe, Z. IX 449.

Kraepelin, Abschaffung des Strafmaßes, 1880.

weit davon entfernt, eine dem Wesen der Strafe vollkommen entsprechende Maßregel zu sein; ihre Beibehaltung ist nur zu rechtfertigen durch den Mangel eines geeigneten Strafmittels."

Fast scheint es überflüssig, darauf hinzuweisen, daß auch außerhalb Deutschlands dieselbe Erscheinung sich zeigt: die fast ausschließliche Verwendung der kurzzeitigen Freiheitsstrafe, die verderbliche Wirkung derselben, die steigende Erbitterung gegen dieses ungeeignete Strafmittel, das wachsende, aber noch unsichere Bemühen, etwas anderes an ihre Stelle zu setzen.

Auch hier kann es mir, und mehr noch als für das Deutsche Reich, nur darauf ankommen, auf gut Glück einige Schriftsteller herauszugreifen. Die Sammlung des Materials liegt auch hier weder in meiner Aufgabe noch in meiner Absicht.

Beginnen wir mit Frankreich.

Der Zustand der kleinen französischen Gefängnisse kann als bekannt vorausgesetzt werden. Es wird uns nicht überraschen, wenn wir in dem oben erwähnten Album den drastischen Ausspruch Lacassagnes finden: A notre époque la justice flétrit, la prison corrompt et les sociétés ont les criminels qu'elles méritent.

Und in demselben Album schreibt A. Ribot:

„In meinen Augen gibt es nichts Barbarischeres als den Mißbrauch der Gefängnisstrafe in den Fällen leichter Vergehungen. Ich bin der Ansicht, daß der Richter die Machtvollkommenheit haben muß, der Gefängnisstrafe einige Tage der Arbeitsleistung oder je nach der Natur der Umstände einen einfachen Verweis zu substituieren. Man wird in Zukunft erstaunt sein, daß eine so einfache und notwendige Reform Gegenstand langwährender Diskussion sein konnte."

In Garrauds und Lacassagnes Archives de l'anthropologie criminelle III 555 äußert sich Emile Gautier auf Grund eigener Anschauungen über die französischen Gesetze dahin:

„En verité, la prison, telle quelle est organisée, est un véritable cloaque épanchant dans la société, un flot continu de purulence et de germes de contagion physiologique et morale. Elle empoisonne, abrutit, déprime et corrompt. C'est à la fois une fabrique de phthisiques, de fous et de criminels."

Und im selben Sinne, wenn auch weniger drastisch, sagt Fernand Desportes, La réforme pénitentiaire en Suède, 1882, S. 20[1]):

„Les petites prisons sont, en général, la pépinière des maisons centrales. Les malfaiteurs y font leur première étape; ils s'y affermissent dans leurs mauvais dessins; ils y forment de coupables relations; ils y acquièrent une expérience funeste; entrés dans ces établissements pour quelque délit peu grave, ils en sortent souvent capables des plus grands forfaits."

Der Verfasser hebt (S. 15) rühmend hervor, daß der schwedische Gesetzgeber im allgemeinen die kurzzeitige Freiheitsstrafe und die wiederholten Verurteilungen nicht zugelassen habe: „il en comprend les déplorables effets, effets que, chez nous, tous les criminalistes signalent et déplorent, tandisque les tribunaux semblent pendre à tâche d'en multiplier la cause".

In Italien sind die Anhänger der verschiedensten Richtungen über die Verwerflichkeit der kurzzeitigen Freiheitsstrafe einig. Lucchini, Beltrani-Scalia, Lombroso, Ferri, Garofalo, Alimena begegnen sich hier in demselben Urteile.

Aber liegt dieser Mißerfolg der kurzzeitigen Freiheitsstrafe nicht vielleicht nur in der schlechten Einrichtung der kleinen Gefängnisse? Haben nicht vielleicht doch die unerschütterlichen Anhänger des Zellensystems recht, wenn sie von der strengen Durchführung der Einzelhaft die Beseitigung aller Mißstände erwarten?

Ich will nicht in Abrede stellen, daß durch die Zellenhaft die gegenseitige Verpestung der Gefangenen fast völlig vermieden werden kann. Das ist aber auch alles, was ich

1) Vergl. unter vielen anderen auch Labroquère, Bulletin XII 56. Die Milde der französischen Gerichte ergibt sich aus den Tabellen der Kriminalstatistik und ist von den Großsiegelbewahrern wiederholt, aber vergeblich, gerügt worden.

zugebe. Eine nach Tagen oder auch nach Wochen bemessene Zellenhaft, mit Arbeit, Beköstigung und ohne Prügel, hat auf verkommene oder verkommende Naturen keine abschreckende Wirkung. Und bessern wird man erst recht nicht in vierzehn Tagen.

Ich glaube auch ferner behaupten zu dürfen, daß eine vollständige Durchführung der Zellenhaft in den kleinen Gefängnissen in Frankreich, Deutschland und anderswo noch lange auf sich warten lassen wird; und ich bin für meine Person sogar der sehr bestimmten Ansicht, daß wir das dazu nötige Geld besser verwerten können.

Daß aber selbst dann, wenn wir die nötigen Millionen flüssig machten, gar nichts gewonnen wäre, daß der Grundmangel der kurzzeitigen Freiheitsstrafe nicht in der Art ihrer Vollstreckung, sondern eben in ihrer Kurzzeitigkeit gelegen ist, das beweist uns ein Blick auf das Musterland der Zellengefängnisse.

Für Belgien hat Prins wiederholt mit scharfem Tadel auf das Ueberwiegen der kurzzeitigen Freiheitsstrafen hingewiesen. So in seinem Buche: Criminalité et répression 1886, insbesondere S. 91 ff. und in einer 1888 aus der Revue de Belgique abgedruckten Abhandlung über das später zu erwähnende Gesetz vom 31. Mai 1888 (loi sur la libération conditionnelle et les condamnations conditionnelles) insbesondere S. 10 f. „Ces chiffres", sagt er an der erstangeführten Stelle, „semblent témoigner surtout de la mansuétude du juge. Ils sont, en réalité, la preuve du formidable abus qui, chez nous comme en France, se fait des petites peines".

Denselben Standpunkt hat der belgische Justizminister Le Jeune in der Sitzung des Abgeordnetenhauses vom 9. Mai 1888 mit den Worten eingenommen: „je crois, qu'on peut dire, sans crainte d'être démenti, qu'aujourd'hui l'inefficacité absolue de l'incarcération, lorsque l'imprisonnement n'est que de courte durée, est péremptoirement démontrée".

Und noch ein paar Stimmen aus einem anderen Lande, dessen Einrichtungen uns ebenfalls vielfach als Muster empfohlen worden sind, aus England, wo die „Pönologie" an die bewährtesten Vorbilder anknüpfend, bis zum heutigen Tage zahlreiche und erfahrene Vertreter gefunden hat.

Die Wiederholung kurzer Freiheitsstrafen hat die Howard Association schon 1872 in ihrer dem Londoner Gefängniskongreß überreichten Denkschrift: Defects in the criminal law administration als ein kostspieliges Unrecht gegen die Steuerzahler und das Publikum im allgemeinen (a costly injury to the ratepayers and to the public generally) bezeichnet.

Und neuerdings hat auch Tallack, der altbewährte unermüdliche Schriftführer der Howard Association, seiner Ueberzeugung, daß die Wirksamkeit der Einsperrung bei weitem überschätzt worden sei, sehr bestimmten Ausdruck gegeben. Aus seinem höchst beachtenswerten Buche: Penological and preventive principles (London, 1889) ließe sich eine ganze Reihe von hierher gehörenden Aussprüchen anführen. So lesen wir S. 51: there is an increasing impression, amongst experienced observers, that the efficacy of even the best systems of imprisonment, has, all along, been exceedingly overestimated, and that their disadvantages, both to the State and to the criminal, have been too much lost sight of. Und S. 391 faßt er seine Ansicht in den Worten zusammen: Progress in this department will, as it has been here urged, be greatly promoted by an increased resort to judiciously administered substitutes for imprisonment, including conditional liberty or probation, sentences of liability to detention, but not necessarly involving that infliction; fines, and moderate corporal chastisements, as merciful and economical alternatives, in lieu of prolonged incarceration. In these matters, the present writer has united in the views approved by an increasing proportion of penologists.

Die Wichtigkeit der Frage, ob, unter welchen Voraussetzungen und auf welche Weise die kurzzeitige Freiheitsstrafe beseitigt oder beschränkt werden kann, wird heute denn auch gerade von denjenigen Männern betont, welche, mit dem heutigen Stande des Gefängniswesens am besten vertraut, der Verbesserung desselben ihre besondere fürsorgende Aufmerksamkeit gewidmet haben.

Schon auf dem ersten Internationalen Gefängniskongreß zu London 1872 war die Frage:

> Is it possible to replace short imprisonments and the nonpayment of fines by forced labour without privation of liberty?

Gegenstand eingehender Beratung gewesen (Report S. 155).

Graf Foresta vertrat die bejahende Beantwortung und fand damit lebhaften Beifall im Schoße der Versammlung. Tallack, Collins, John Bowring, v. Holtzendorff unterstützten den Vorschlag Forestas, während Stevens und Mackay ihn für undurchführbar erklärten. Ein Beschluß wurde nicht gefaßt.

Eine abermalige Erörterung des Gegenstandes brachte der dritte Internationale Gefängniskongreß Rom 1885. Die zweite Frage der Ersten Abteilung lautete:

> Ne pourrait on pas utilement remplacer, pour certains délits, les peines d'emprisonnement ou de détention, par quelque autre peine restrictive de la liberté, telle que le travail dans quelque établissement public sans détention ou l'interdiction à temps d'un lieu déterminé; ou bien en cas d'une première faute légère, par une admonition? (Vergl. Comptes rendus I 179, II 417.)

Wieder wurde der Gedanke, Ersatzmittel für die kurzzeitige Freiheitsstrafe zu schaffen, vertreten von Teichmann, Nocito und vielen anderen, von allen Seiten sympathisch begrüßt. Aber über die praktische Durchführung desselben konnte man sich nicht einigen, und die Beratung endete, ohne daß ein bestimmter Beschluß gefaßt worden wäre.

Für die Beratungen des zu Petersburg im Sommer 1890 zusammentretenden vierten Kongresses ist die Frage, nunmehr aber in folgender Fassung, wiederholt:

> Pour quel genre d'infractions à la loi pénale, sous quelles conditions et dans quelle mesure conviendrait-il d'admettre dans la législation:
>
> a) Le système des admonitions ou remonstrances adressées par le juge à l'auteur des faits réprobes et tenant lieu de toute condamnation?
>
> b) Le mode de suspension d'une peine, soit d'amende, soit d'emprisonnement ou tout autre que le juge

prononce, mais qu'il déclare ne devoir pas être appliquée au coupable, tant qu'il n'aura pas encouru de condamnation nouvelle?

Von Wulfert in Moskau, Dreifus in Paris, v. Kirchenheim in Heidelberg, sowie von dem Schreiber dieser Zeilen sind Gutachten über die Frage eingefordert worden.

Auch auf der ersten, am 7. und 8. August d. J. zu Brüssel abzuhaltenden Versammlung der „Internationalen kriminalistischen Vereinigung" lautet die zweite der zur Beratung gestellten Fragen (die erste betrifft die unten besprochene bedingte Verurteilung des belgischen Rechts):

Welche Maßregeln kann man dem Gesetzgeber empfehlen, um die Anwendung des Gefängnisses bei Verurteilung wegen leichterer Vergehungen einzuschränken?

Die von Garofalo und mir über diese Frage erstatteten Gutachten sind im ersten Hefte der „Mitteilungen der Internationalen kriminalistischen Vereinigung" (Beilage zum letzten Hefte der „Zeitschrift") zum Abdruck gebracht.

An eingehender und vielseitiger Erörterung der Ersatzmittel für die kurzzeitige Freiheitsstrafe wird es demnach im Laufe der nächsten Jahre nicht fehlen.

Die Ausführungen der beiden folgenden Abschnitte sind dazu bestimmt, die Erörterung anzuregen und zu fördern, nicht ihr vorzugreifen. Ich möchte zunächst aus Literatur und Gesetzgebung das mir zugängliche Material zusammentragen, dann aber meine eigene Ansicht vortragen und begründen. Diese meine Ansicht kann nur eine vorläufige, keine endgültige sein. Besserer Belehrung werde ich dabei stets freudig und dankbar zu folgen wissen.

VI. Die Ersatzmittel der kurzzeitigen Freiheitsstrafe.

1. Der Stand der Frage.

Wenn Heinze die Beibehaltung der Freiheitsstrafe in der Gestalt der Einsperrung überhaupt nur aus dem Mangel eines geeigneten anderen Strafmittels erklären und rechtfertigen zu können meint, so läßt sich gewiß mit um so größerem Rechte die Behauptung aufstellen, daß die Beseitigung oder Beschränkung der kurzzeitigen Freiheitsstrafe in dem Augenblicke erfolgen muß, in welchem es gelungen sein wird, andere Strafmittel oder strafvertretende Einrichtungen an ihre Stelle zu setzen. An Vorschlägen in der Literatur, an Vorbildern in der Gesetzgebung fehlt es nicht. Ich möchte im folgenden diese Vorschläge und Vorbilder sammeln und damit den Beweis dafür erbringen, daß die Frage so gut wie spruchreif ist. Die Ausführung meiner eigenen Ansicht bleibt einem weiteren Abschnitte vorbehalten. Dabei lasse ich, dem Zwecke meiner Ausführungen entsprechend, die Frage zunächst gänzlich unerörtert, ob es nicht möglich wäre, die der kurzzeitigen Freiheitsstrafe unserer Tage anhaftenden Mängel durch eine veränderte Gestaltung des Strafvollzuges zu beseitigen.

Ich beginne mit demjenigen Ersatzmittel für die kurzzeitige Freiheitsstrafe, welches, obgleich der Zeit nach das letzte unter den vorgeschlagenen, doch meines Erachtens den gegründetsten Anspruch auf ernste Beachtung zu erheben berechtigt ist.

I. Die Aussetzung der Strafvollstreckung. (Die sogenannte „bedingte Verurteilung".)

Geht man von dem Gedanken aus, daß die Tage und Nächte, welche der zum ersten Male Verurteilte in dem Gefängnisse zubringt, zusammengeworfen mit graugewordenen Verbrechern, ohne Beschäftigung und ohne Aufsicht, in zahlreichen, ja in den meisten Fällen entscheidend sind für sein späteres Leben; daß sein Ehrgefühl gebrochen, die Scheu vor der Strafe vernichtet ist; daß die erste kurze Freiheitsstrafe nur die erste Stufe ist, die zum Rückfall und durch diesen zum unverbesserlichen Gewohnheitsverbrechertum führt; ist man sich klar darüber, daß auch die kurze Einzelhaft nicht bessert oder abschreckt, sondern nur abstumpft und die stärkste Triebfeder knickt, welche von der Verbrecherlaufbahn zurückhält, die Achtung vor sich selbst — dann liegt die Schlußfolgerung nahe genug, daß es sich empfehlen müßte, dem Erstverurteilten eine Frist zu gewähren, ehe die Gesellschaft ihn preisgibt, noch einmal sein Schicksal ihm in seine eigene Hand zu legen, damit er sich zu bewähren, sich zu retten in der Lage sei.

Auf diesem Gedanken ruht die Aussetzung der Strafvollstreckung, wie ich sie genannt habe, oder der sursis à l'exécution de la peine, die condamnation conditionnelle, der conditional release, die sospensione della pena, das Probationssystem, wie man anderswo sich auszudrücken pflegt.

Das Verdienst der ersten Anregung dieser Einrichtung gebührt Bérenger. In einem Gesetzvorschlage (Bulletin de la société générale des prisons VIII 550) sur l'aggravation progressive des peines en cas de récidive et sur leur atténuation en cas de premier délit, welchen Bérenger im Jahre 1884 dem Senate machte, finden wir folgende Bestimmung:

„En cas de condamnation à l'emprisonnement, si les circonstances sont atténuantes, si en outre l'inculpé n'a pas subi de condamnation et que sa conduite antérieure, sa situation, ses marques de repentir paraissent offrir des garanties suffisantes, les tribunaux correctionnels sont autorisés, après avoir prononcé la condamnation, à ordonner par décision motivée qu'il sera sursis à l'exécution de la peine, tant que le condamné ne donnera pas de nouveaux sujets de plainte.

En cas de seconde condamnation dans le délai de cinq ans, la première peine est d'abord exécutée et ne peut se confondre avec la seconde.

Son exécution commence à courir du jour de l'arrestation."

Die Aussetzung der Strafvollstreckung führt mithin zur Straffreiheit, wenn der Verurteilte im Laufe der nächsten 5 Jahre nicht abermals eine strafbare Handlung begeht.

Der Vorschlag fand die Zustimmung des mit seiner Beratung betrauten Senatsausschusses. Dabei ist es bis zum Augenblicke geblieben. Aber die von Bérenger gegebene Anregung scheint auf fruchtbaren Boden gefallen zu sein. Wiederholt tauchten übereinstimmende Vorschläge auf. So in der sogenannten loi du pardon, welche von Michaux dem Senat vorgeschlagen und von diesem in der Sitzung vom 12. Dezember 1885 in Erwägung gezogen wurde (Bulletin X 259). In § 2 finden wir, ganz wie bei Bérenger, den „sursis à l'exécution de la peine". Aehnlich in dem von Reybert und Genossen im Jahre 1886 an die zweite Kammer gerichteten Vorschlag (Bulletin X 1901); doch ist hier die Fassung eine etwas andere, und unterscheidet sich von derjenigen Bérengers insbesondere durch einen bedenklichen Mangel an Klarheit und Bestimmtheit. § 1 verfügt:

„Les tribunaux correctionnels, appréciant la gravité des délits et la valeur morale des délinquants traduits devant eux, pourront décider que la peine encourue ne sera pas appliquée et ordonner la mise en liberté suspensive des condamnés."

Eingehend wurde die Frage auch im Schoße der Société générale des prisons erörtert. Die erste Abteilung der Gesellschaft schloß sich mit einer nicht unwesentlichen Abweichung an die von Bérenger gewählte Fassung an. Der Eingang der Bestimmung sollte lauten: En cas de condamnation à un emprisonnement de moins d'un mois (u. s. w.). Bei Verurteilung zu schwererer Freiheitsstrafe sollte die Aussetzung der Strafvollstreckung ausgeschlossen bleiben (Bulletin XII 150). Die Anträge der Abteilung sind, soviel ich weiß, in der Vollversammlung der Gesellschaft noch nicht zur Beratung gekommen. Doch hat sich unter anderen Labroquère (Bulletin XII 62) für dieselben ausgesprochen.

Inzwischen hatte Bérengers Gedanke in Belgien rasche und kräftige Verwirklichung gefunden. Nachdem Prins schon 1880 (Criminalité et répression S. 109) die Aussetzung des Strafvollzuges vorgeschlagen hatte, überreichte Justizminister Le Jeune in der Sitzung des Abgeordnetenhauses vom 24. März 1888 einen Gesetzvorschlag betreffend die Einführung der bedingten Entlassung und der bedingten Verurteilung (condamnation conditionnelle). Die Begründung des Entwurfs betont die Wirkungslosigkeit, ja Schädlichkeit der kurzzeitigen Freiheitsstrafe. Die Verhandlungen der beiden Häuser im Mai desselben Jahres brachten keine neuen Gesichtspunkte. Unter dem 31. Mai 1888 wurde das neue Gesetz veröffentlicht. Wir haben den französischen Wortlaut des ganzen Gesetzes Z. IX 340 mitgeteilt; der uns hier allein interessierende Art. IX bestimmt:

„Les cours et tribunaux, en condamnant à une ou plusieurs peines, peuvent, lorsque l'emprisonnement à subir, soit comme peine principale ou subsidiaire, soit par suite du cumul de peines principales et de peines subsidiaires, ne dépasse pas six mois et que le condamné n'a encouru aucune condamnation antérieure pour crime ou délit, ordonner par décision motivée qu'il sera sursis à l'exécution du jugement ou de l'arrêt, pendant un délai dont ils fixent la durée, à compter de la date du jugement ou de l'arrêt, mais qui ne peut excéder cinq années.

La condamnation sera considérée comme non avenue si, pendant ce délai, le condamné n'encourt pas de condamnation nouvelle pour crime ou délit.

Dans le cas contraire, les peines pour lesquelles le sursis a été accordé et celles qui font l'objet de la nouvelle condamnation sont cumulées."

Die Bedingungen, unter welchen die Aussetzung des Strafvollzuges bewilligt werden kann, sind nach dem belgischen Gesetze mithin die folgenden:

1) Die erkannte Freiheitsstrafe darf die Dauer von 6 Monaten nicht übersteigen.

2) Der Verurteilte darf noch nicht wegen Verbrechens oder Vergehens verurteilt worden sein.

Die Wirkung der Aussetzung ist entweder

1) Straffreiheit, wenn der Verurteilte während des im Urteil bestimmten, 5 Jahre niemals übersteigenden Zeitraums keine neue Verurteilung wegen Verbrechens oder Vergehens erlitten hat; oder

2) nachträgliche Vollstreckung der zuerkannten Strafe, wenn eine solche Verurteilung eintritt.

Gegenüber dem Vorschlage von Bérenger zeichnet sich das belgische Gesetz durch größere juristische Bestimmtheit aus. Kleine Schwierigkeiten in der Handhabung des Gesetzes werden nicht ausbleiben. Bei besserer Fassung des Gesetzes können sie aber leicht vermieden werden. So entsteht die schon während der Beratung des Entwurfs von dem Abgeordneten Woeste (Sitzung vom 16. Mai 1888) aufgeworfene Frage, ob die Aussetzung ein zweitel Mal demjenigen bewilligt werden könne, welcher nach Ablauf der Frist eine neue strafbare Handlung begangen hat. Minister Le Jeune ist allerdings der Ansicht, daß diese Frage ohne Zweifel verneint werden müsse. Aber ich halte seine Ansicht dem Wortlaute des Gesetzes gegenüber für unmöglich. Die Verurteilung soll als „non avenue" betrachtet werden; das kann nichts anderes heißen, als daß sie rechtlich nicht mehr vorhanden ist. Eine nicht vorhandene Verurteilung aber ist keine Verurteilung. Ich sehe nicht ein, wie man über dieses Bedenken hinwegkommen will. Völlig unklar bleibt ferner das Verhältnis der Vollstreckungsverjährung zu der durch Ablauf der Aussetzungsfrist bewirkten Beseitigung des verurteilenden Erkenntnisses. Die verschiedene Dauer dieser und der Verjährungsfrist kann leicht zu schweren Unzukömmlichkeiten führen. Auch bleibt nach dem Wortlaute des Gesetzes die Frage offen, ob durch eine im Auslande erfolgte Verurteilung die Bewilligung der Aussetzung gehindert, bezw. die nachträgliche Vollstreckung der Strafe herbeigeführt wird. Durch Begnadigung des Verurteilten wird wohl die Aussetzung der Vollstreckung in unbedingte Straffreiheit verwandelt: aber ganz bestimmt geht das aus dem Gesetze nicht hervor und auch in dem Falle der Begnadigung erhebt sich die Frage, ob bei Begehung eines neuen Deliktes die abermalige Bewilligung der Aussetzung zulässig ist.

Aber trotz dieser und anderer Mängel bedeutet das belgische Gesetz einen hoch beachtenswerten Versuch, mit dem ganzen Jammer der kurzzeitigen Freiheitsstrafe aufzuräumen und den Gelegenheitsverbrecher vor der sittlichen Verderbnis zu schützen, welche ein nach Tagen oder Wochen bemessener Aufenthalt im Gefängnis, mag dieses auch nach belgischem Muster mit der genügenden Anzahl von Einzelzellen versehen sein, notwendig mit sich bringt.

Das belgische Gesetz vom 31. Mai 1888 hat denn auch in der Wissenschaft die ihm gebührende Beachtung gefunden. In der allgemeinen österreichischen Gerichtszeitung No. 1 bis 3 hat Brunner auf das Gesetz hingewiesen und mit seiner Zustimmung nicht zurückgehalten. Lammasch Z. IX 448 empfiehlt die Aussetzung der Strafvollstreckung mit oder ohne Auferlegung einer Friedensbürgschaft [1]). Auch v. Jagemann schlägt in den Blättern für Gefängniskunde XXIV 17

1) Vergl. auch Prins und Lammasch in den Mitteilungen der Internat. krimin. Vereinigung I 28 und 34; sowie v. Liszt daselbst I 44.

die Einführung der „bedingten Verurteilung" im Sinne der belgischen Gesetzgebung vor, bemerkt dabei aber, daß die obere Grenze von 6 Monaten „vielleicht" zu hoch gegriffen sei[1]. In Italien hat sich insbesondere B. Alimena (Rivista penale XXVII 557) für die sospensione della pena neben dem richterlichen Verweis ausgesprochen. Daß unter den Beratungsgegenständen für den vierten internationalen Gefängniskongreß (Petersburg 1890) der sursis à l'exécution sich befindet, habe ich bereits oben S. 358 angeführt. Auch die erste Versammlung der Internationalen kriminalistischen Vereinigung wird sich, wie bereits bemerkt, mit der Frage beschäftigen.

Die Aussetzung der Strafvollstreckung ist der deutschen Rechtspflege vor 1870, insbesondere den Polizeibehörden durchaus nicht fremd gewesen. Genauere Prüfung der deutschen Landesrechte, die mir an dieser Stelle nicht möglich ist, würde manches interessante Ergebnis zu Tage fördern. Aber nicht unterlassen kann ich es, ausdrücklich darauf hinzuweisen, daß im März 1888, noch ehe Le Jeune den belgischen Kammern seinen Gesetzentwurf vorlegte, ein preußischer Strafanstaltsdirektor (Wirth-Plötzensee) dem preußischen Justizminister die Einführung folgender gesetzlicher Bestimmung vorschlug:

„Bei Aburteilung von Personen, deren Verhältnisse durch die Verbüßung einer Freiheitsstrafe besonders schwer betroffen würden, namentlich bei jugendlichen Personen, ist der Richter ermächtigt, mit Festsetzung der urteilsmäßigen Strafe, falls diese nur in Entziehung der Freiheit bestehen kann, auszusprechen, daß die Strafe vorläufig nicht vollstreckt werden soll, jedoch nur in dem Falle, wenn der Abgeurteilte zum erstenmal gerichtlich bestraft wird und das Urteil auf nicht länger als einen Monat Strafzeit lautet.

Zu jedem solchen Urteil hat der Richter eine Garantiefrist von mindestens 2 und höchstens 3 Jahren, die vom Tage des Urteilsausspruches an gerechnet läuft, festzusetzen.

---

1) Vergl. auch Berner in der Nationalzeitung vom 20. Juni 1889.

Innerhalb dieser Garantiefrist darf der vorläufig Abgeurteilte vor keinem deutschen Gericht wegen irgend einer strafbaren Handlung zur Bestrafung kommen.

Hat er dieser Bedingung genügt, so gilt die vorläufig nicht vollstreckbare Strafe als verbüßt.

Hat er sich innerhalb der Garantiefrist wieder strafbar gemacht, so wird die vorläufig nicht vollstreckbare Strafe alsdann an ihm vollstreckt. Die Nichteinhaltung der Garantiefrist bildet für die neue Aburteilung bei der Strafausmessung einen Grund zur Strafschärfung.

Außerdem kann der Richter für den Ausspruch der vorläufigen Nichtvollstreckbarkeit eines Urteils sich von dem Abgeurteilten oder für diesen von dritten Personen auf die Dauer der Garantiefrist eine Kaution in Geld im Betrage von 10 bis zu 10000 M. bestellen lassen. Die Kaution ist zur Staatskasse verfallen, wenn die vorläufig nicht vollstreckbare Strafe doch noch zur Vollstreckung kommen mußte; sie wird zurückgegeben, wenn dies nicht der Fall gewesen ist."

Die Begründung des Vorschlages steht auf demselben Standpunkte wie Bérenger und das belgische Gesetz. Ob der Vorschlag irgend welche Beachtung gefunden hat, ist mir nicht bekannt.

Dagegen ist begründete Aussicht dafür vorhanden, daß die Aussetzung der Strafvollstreckung demnächst in das österreichische Recht Eingang finden wird. Auf Antrag des Abgeordneten Dr. Bareuther hat Justizminister Graf Schönborn am 29. Mai d. J. folgenden Gesetzentwurf dem Abgeordnetenhause vorgelegt:

„Das Gericht kann den Aufschub des Vollzuges einer zuerkannten, die Dauer von 6 Monaten nicht übersteigenden Freiheitsstrafe mit der Wirkung beschließen, daß die Strafe als abgebüßt anzusehen ist, wenn der Verurteilte innerhalb der vom Gerichte festgesetzten Zeit, welche die Dauer von 3 Jahren nicht übersteigen darf, ein Verbrechen oder Vergehen nicht begangen hat.

Dieser Beschluß kann nur bei Personen ausgesprochen werden, welche wegen Verbrechens oder Vergehens noch nicht verurteilt worden sind, von denen mit Grund Besserung zu erwarten ist, und deren Heimatsangehörigkeit festgestellt ist.

Diese Bestimmung gilt nicht von Freiheitsstrafen, welche im Falle der Uneinbringlichkeit von Geldstrafen an deren Stelle zu treten haben.

Nach Ablauf der im Beschluß angegebenen Zeit hat das Gericht die Erlöschung der Freiheitsstrafe auszusprechen.

Der Vollzug von Nebenstrafen und der Eintritt der mit einer Verurteilung verbundenen Rechtsfolgen wird von dem Beschlusse auf Aufschub des Strafvollzuges nicht berührt.

Wenn das Ende der Rechtsfolgen von der Zeit der Abbüßung der Strafe zu berechnen ist, so tritt dieses Ende mit dem Ausspruche des Gerichtes auf Erlöschung der Strafe ein.

Für das Einführungsgesetz: Der Beschluß auf Aufschub des Strafvollzuges in Gemäßheit des Paragraphen des Strafgesetzes muß bei Verkündung des Urteils eröffnet werden.

Die Beschlußfassung steht dem Gerichte erster Instanz und wenn gegen den Ausspruch bezüglich der Schuld oder der Strafe ein Rechtsmittel ergriffen wird, dem Gerichte zu, welches über die abzubüßende Freiheitsstrafe zu entscheiden hat.

Der Staatsanwaltschaft steht das Recht der Beschwerde gegen den Beschluß auf Aufschiebung des Strafvollzuges und auf Erlöschung der Strafe zu. Gegen den vom Gerichte erster Instanz zu fassenden Beschluß, daß die Strafe ungeachtet des auf Aufschub des Vollzuges ergangenen Ausspruches in Vollzug zu setzen ist, hat der Verurteilte das Beschwerderecht.

Die Beschwerde, welche binnen 3 Tagen nach Bekanntgabe des Beschlusses anzubringen ist, geht gegen Beschlüsse der Gerichtshöfe erster Instanz an das Oberlandesgericht und gegen Beschlüsse der Bezirksgerichte an den Gerichtshof erster Instanz."

Wie sehr der Gedanke eines Aufschubs der Strafvollstreckung in der Luft liegt, beweist endlich noch ein flüchtiger Blick auf die englisch-amerikanische Gesetzgebung der letzten Jahre.

In Massachussetts (Vereinigte Staaten) wurde das schon seit 1870 gegen jugendliche Verbrecher zur Anwendung gebrachte Probation System im Jahre 1878 versuchsweise für die Stadt Boston. 1880 für den ganzen Staat auch auf Erwachsene ausgedehnt. Wenn Hoffnung vorhanden ist, daß der Angeklagte auch ohne Bestrafung sich bessern wird, kann auf Antrag des Probation Officer (eines von den Behörden dazu bestellten Privatmannes) der Gerichtshof erlauben, daß, anstatt der Aburteilung, die Stellung unter „Probation" eintrete. Der Angeklagte steht in diesem Falle während der vom Gerichte bestimmten, zwischen 2 und 12 Monaten ausgemessenen Zeit unter der Aufsicht des Probation Officer, der ihn mit Rat und Tat zu unterstützen, bei schlechter Führung aber, ohne daß es eines Haftbefehles bedarf, zu verhaften und vor Gericht zu stellen hat. Dieses kann nunmehr entweder mit der Aburteilung vorgehen oder irgend eine andere im Gesetze zugelassene Anordnung treffen [1].

Die guten Erfolge dieser Einrichtung veranlaßten die Howard Association im Jahre 1881 die Aufmerksamkeit der maßgebenden Personen Englands auf dieselbe zu lenken. Diese Bemühungen führten zu einem von Howard Vincent eingebrachten Gesetzentwurf, welcher im Jahre 1887 als „The Probation of first Offenders Act" (Gesetz vom 8. August 1887) angenommen wurde [2].

Das englische Gesetz bildet ein interessantes Gegenstück zu der belgischen Condamnation conditionelle.

Der Probation of first offenders act vom 8. August 1887 räumt dem Richter das Recht ein, die Aburteilung auf eine bestimmte Zeit zu vertagen, wenn der Angeklagte noch keine Verurteilung erlitten hat, wenn die ihm zur Last gelegte Tat nicht mit einer höheren als 2-jährigen Gefängnisstrafe bedroht ist, und wenn endlich der Angeklagte sich über einen bestimmten Wohnsitz und genügende Unterhalts-

1) Vergl. Tallack 209, sowie neuerdings Aschrott, Aus dem Strafen- und Gefängniswesen Nordamerikas, 1889, S. 39.

2) Eine französische Uebersetzung dieses Gesetzes, welches den ausführlichen Namen hat: „An act to permit the conditional release of first offenders in certain cases", findet sich (mit einer kurzen Einleitung von Albert Gigot) im Annuaire de législation étrangère XVII 52.

mittel ausweisen kann. Der Freigelassene muß sich, mit oder ohne Bürgschaftsleistung, verpflichten, auf Verlangen sich wieder vor Gericht zu stellen. Die abermalige Begehung einer strafbaren Handlung hat Festnahme und Aburteilung zur Folge [1]).

Ohne Zweifel verdient das belgische Gesetz den Vorzug vor dem englischen. Unserer deutschen Rechtsanschauung wenigstens würde es gewiß widersprechen, eine Freiheit und Ehre immerhin tief genug schädigende Maßregel gegen den Angeschuldigten eintreten zu lassen, ohne daß die Begehung einer strafbaren Handlung urteilsmäßig feststeht. Aber der Grundgedanke ist in beiden Gesetzen derselbe, und das fällt um so mehr ins Gewicht, als der Probation of first offenders act bei der Beratung des belgischen Gesetzes gänzlich unerwähnt geblieben ist, wohl auch damals den maßgebenden Personen noch nicht bekannt geworden war.

II. Zwangsarbeit ohne Einsperrung.

Der squalor carceris, der Schmutz, den der entlassene Gefangene aus der Strafanstalt mitbringt und von dem er sein Leben lang seine Seele nicht wieder freimachen kann, läßt sich vermeiden, wenn es gelingt, den Charakter der Strafe zu wahren, ohne den Verurteilten hinter Schloß und Riegel zu bringen. Halten wir daran fest, daß das, was der

1) Ich gebe hier den Wortlaut der wichtigsten Bestimmungen des Gesetzes wieder.

In any case, in which a person is convicted of larceny or false pretences, or any other offence punishable with not more than two years' imprisonment, before any Court, and no previous conviction is proved against him, if it appears to the Court before whom he is so convicted, that, regard being had to the youth, character, and antecedents of the offender, to the trivial nature of the offence, and to any extenuating circumstances under which the offence was committed, it is expedient, that the offender be released on probation of good conduct, the Court may, instead of sentencing him at once to any punishment, direct that he be released on his entering into a recognizance, with or without sureties, and during such period as the Court may direct, to appear and receive judgement when called upon, and in the meantime to keep the peace and be of good behaviour.

The Court may, if it thinks fit, direct that the offender shall pay the costs of the prosecution, or some portion of the same, within such period and by such instalments as may be directed by the Court.

Freiheitsstrafe bessernde wie züchtigende Wirkung verleiht, der Arbeitszwang ist, so entsteht das Problem, ob es nicht möglich sei, den Arbeitszwang festzuhalten, aber auf die Einsperrung zu verzichten, den Kern zu behalten und die Schale wegzuwerfen.

Die Zwangsarbeit ohne Einsperrung ist der Gesetzgebung nicht fremd. Es ist keine Neuerung, die in Vorschlag gebracht wird. Fast in allen Ländern ließe sich an bestehende Einrichtungen anknüpfen.

An erster Stelle ist hier an die Handarbeitsstrafe in dem Gebiete des sächsisch-thüringischen Rechts zu erinnern, welche alle Wandlungen der Strafgesetzgebung von 1698 bis zum Jahre 1870 siegreich überdauert hat (Wächter, Sächsisch-Thüringisches Strafrecht 219). Es genügt hier, den Art. 23 des St.G.B. vom 1. Oktober 1868 anzuführen. Derselbe lautet:

„Auf Handarbeitsstrafe ist niemals das Erkenntnis zu richten. Es kann jedoch bei Gefängnisstrafen, welche im Gerichtsgefängnisse vollstreckt werden, solchen Personen, die ihrem Stande nach Handarbeit verrichten, der Richter welche die Strafe zu vollstrecken hat, diese Strafe, insoweit hierzu Gelegenheit vorhanden ist, durch Handarbeit verbüßen lassen.

Jedoch soll in jedem einzelnen Falle die Strafarbeit sich nicht über die Dauer von vier Wochen erstrecken, und bei höher ansteigenden Strafen der übrige Teil der Strafzeit durch Gefängnis verbüßt werden.

Die Handarbeit wird an jedem Tage in der Dauer der ortsüblichen Tagelohnarbeit geleistet, dabei jedoch die Woche zu sechs Arbeitstagen gerechnet.

Personen, welche ihren Unterhalt mit Handarbeit erwerben, kann der Richter nach seinem Ermessen eine Unterbrechung der Strafarbeit gestatten, doch sind dieselben in jeder Woche mindestens zur Verbüßung von drei Straftagen anzuhalten."

Die Handarbeitsstrafe erscheint demnach, wie Wächter richtig betont, als ein „Surrogat der Gefängnisstrafe". Daß sie sich bewährt hat, bezeugt Schwarze im Archiv des Kriminalrechts 1853 S. 273. „Insbesondere gilt dies," so fährt er fort, „bei den Forstfrevlern in den Walddistrikten, wo die Gefängnisstrafen oft geradezu unvollstreckbar und für die Frevler selbst nachteilig sein würden. Auch fragt sich wohl, ob nicht bei Personen, die ihr Brot durch Handarbeit verdienen, eine noch größere Ausdehnung dieses Strafmittels angemessen wäre, zumal, wenn man gebührende Rücksicht darauf nehmen wollte, dem Schuldigen von Zeit zu Zeit einige Tage Unterbrechung zur Versorgung seiner Angehörigen, die außerdem leicht der Gemeinde zur Last fallen, zu gestatten."

Auch eine Reihe anderer deutschen Staaten (z. B. Baden, Preußen) hatten Strafarbeit ohne Freiheitsentziehung, insbesondere bei Forstübertretungen, in den Kreis ihrer Strafmittel aufgenommen. Nach § 7 des preußischen Gesetzes vom 11. April 1854 konnten ganz allgemein polizeiliche Gefängnisstrafen gegen Gefangene, welche sich auf ihre Kosten zu verpflegen außer stande waren, auch in der Weise vollstreckt werden, daß diese Gefangenen während der für Gefängnisstrafe bestimmten Zeitdauer, ohne in eine Gefangenanstalt eingeschlossen zu sein, zu Arbeiten, welche ihren Fähigkeiten und Verhältnissen angemessen waren, angehalten wurden.

Das Reichsstrafgesetzbuch hat diese Bestimmung nicht aufgenommen, sie mithin für die von der Reichsgesetzgebung geregelten Delikte ausgeschlossen.

Dagegen wurde auf Wunsch mehrerer thüringischer Regierungen in den § 6 des Einführungsgesetzes zum R.St.G.B. ein Zusatz aufgenommen. § 6 bestimmt:

„Vom 1. Januar 1871 ab darf nur auf die im St.G.B. für das Deutsche Reich enthaltenen Strafarten erkannt werden. Wenn in Landesgesetzen anstatt der Gefängnis- oder Geldstrafe Forst- oder Gemeindearbeit angedroht oder nachgelassen ist, so behält es hierbei sein Bewenden."

Die Fassung dieser Bestimmung ist eine wenig glückliche. Zunächst scheint der Wortlaut sich nur auf die bereits bestehenden, nicht auf die künftig zu erlassenden Landesgesetze zu beziehen. Doch haben Wissenschaft und Gesetzgebung sich, wie ich glaube, aus guten Gründen über dieses Bedenken hinweggesetzt. Auch das preußische Forstdiebstahlsgesetz vom 15. April 1878, welches an Stelle des älteren Gesetzes vom 2. Juni 1852 getreten ist, hat die Forst- und Gemeindearbeit beibehalten.

Dagegen halte ich es nicht für möglich, über ein anderes Bedenken hinwegzukommen. § 6 Abs. 2 spricht nur von Gefängnis- und Geldstrafe. Die Forst- und Gemeindearbeit darf demnach nicht an Stelle der Haft treten. Daß für diese Beschränkung keinerlei Zweckmäßigkeitsgründe sprechen, bedarf keines Nachweises. Aber gänzlich willkürlich wäre es, das Wort „Gefängnis" hier im nicht technischen Sinne, als gleichbedeutend etwa mit „Freiheitsstrafe" überhaupt zu nehmen, wie Binding (Handb. I 304 Note 24) und Olshausen (Note 7 zu § 6) dies wollen. Abgesehen von allen anderen Bedenken (soll „Gefängnis" hier etwa auch Zuchthaus und Festungshaft bedeuten?) ist insbesondere die Tatsache ausschlaggebend, daß die Haftstrafe unseres R.St.G.B. den Arbeitszwang nur in genau bestimmten Ausnahmsfällen in sich schließt, daher grundsätzlich nicht durch Zwangsarbeit ersetzt werden kann. Die Richtigkeit dieser Ansicht wurde bei der Beratung des preußischen Feld- und Forstpolizeigesetzes vom 1. April 1880 allseitig anerkannt. Der Antrag, an Stelle der Haft Forst- oder Gemeindearbeit treten zu lassen, wurde mit lebhaftem Bedauern von dem Ausschusse des Abgeordnetenhauses abgelehnt, nachdem der Regierungsvertreter darauf hingewiesen hatte, daß eine derartige Bestimmung mit § 6 Abs. 2 des Einf.-Gesetzes zum R.St.G.B. unvereinbar sei.

Aus dieser unglücklichen Fassung des angeführten § 6, dessen Fehler auf dem Wege der Auslegung nur teilweise zu beseitigen sind, mag es sich auch erklären, daß die deutsche Landesgesetzgebung seit 1870 den ihr gemachten Vorbehalt nur wenig ausgenützt hat.

Am interessantesten ist für unsere Zwecke das preußische Forstdiebstahlsgesetz vom 15. April 1878. Dieses verfügt in § 14:

„Statt der in dem § 13 vorgesehenen" (an Stelle der uneinbringlichen Geldstrafe tretenden) „Gefängnisstrafe kann während der für dieselbe bestimmten Dauer der Verurteilte, auch ohne in einer Gefangenanstalt eingeschlossen zu werden, zu Forst- oder Gemeindearbeiten, welche seinen Fähigkeiten und Verhältnissen angemessen sind, angehalten werden.

Die näheren Bestimmungen wegen der zu leistenden Arbeiten werden mit Rücksicht auf die vorwaltenden Lohn- und örtlichen Verhältnisse von dem Regierungspräsidenten (Landdrosten) in Gemeinschaft mit dem Ersten Staatsanwalt beim Oberlandesgerichte erlassen. Dieselben sind ermächtigt, gewisse Tagewerke dergestalt zu bestimmen, daß die Verurteilten, wenn sie durch angestrengte Tätigkeit mit der ihnen zugewiesenen Arbeit früher zu stande kommen, auch früher entlassen werden."

Die Schlußbestimmung dieses Paragraphen gibt zu mancherlei Bedenken Anlaß. Wie Ziegner-Gnüchtel Z. VIII 258 hervorhebt, äußert die Einteilung in Tagewerke eine Wirkung nur zu Gunsten des Sträflings, der, wenn er im Rückstande ist, doch nach Ablauf der Strafzeit entlassen werden muß [1]).

Unter dem Namen der prestations en nature ist die Zwangsarbeit ohne Einsperrung auch dem französischen Recht bekannt.

Der Code forestier vom 18. Juni 1859 bestimmt in Art. 210 Absatz 2 ff.:

„L'administration forestière pourra admettre les délinquants à se libérer des amendes, restitutions, reparations civiles et frais, au moyen de prestation en nature consistante en travaux d'entretien et d'amélioration dans les forêts ou sur les chemins vicinaux.

Le Conseil général fixe par commune, la valeur de la journée de prestation." (Vergl. Rolland de Villargues, Les Codes criminels II p. 208 der 5. Aufl.)

Mehrfache Verwendung finden die „Leistungen in Natur" auch in der Gesetzgebung der Schweiz. Ich muß mich hier damit begnügen, einige mir zufällig bekannt gewordenen

1) Bedenken gegen die Forst- und Gemeindearbeit überhaupt bei Borggreve, Forstliche Blätter XV 15, Borchardt, Der Holzdiebstahl u. s. w., 1842, S. 66, Ziegner-Gnüchtel Z. VIII 258.

Bestimmungen zusammenzustellen. Eine vollständige Durchforschung des schweizerischen Rechts hätte außer allem Verhältnisse zu der nächsten Aufgabe dieser Zeilen gestanden.

Nach dem schweizerischen Bundesgesetze vom 30. Juni 1849, Art. 28, können Geldstrafen, welche wegen Uebertretung von Zoll- und Steuergesetzen oder Polizeiverordnungen des Bundes erkannt worden sind, in Kerker oder in öffentliche Arbeiten ohne Einsperrung umgewandelt werden.

Die Strafprozeßordnung von Bern von 1854, Art. 523, dehnt diese Bestimmung auf alle Arten von Geldstrafen aus.

Der Canton du Vaud bestimmt in Art. 7 des Gesetzes vom 17. März 1875 sur les établissements de détention:

„Si l'amende est indépendante de toute autre peine, le condamné qui ne peut ou ne veut la payer en argent, peut se faire inscrire chez le receveur de l'Etat pour être employé à des travaux publics. Avis en est donné au voyer du district et à l'inspecteur forestier de l'arrondissement, qui peuvent requérer le condamné pour des ouvrages d'entretien et de construction de route, d'endiguement ou de sylviculture et l'admettre à acquitter son amende sous leur surveillance et leur contrôle, à raison de trois à six francs par journée, suivant la valeur de son travail. A ce défaut, ou si le condamné n'exécute pas le travail qui lui est assigné, l'amende sur la déclaration de non-paiement délivrée par le receveur et en vertu d'ordonnance du travail du district, est transformée en emprisonnement, à raison d'une journée de détention pour trois francs d'amende."

Die Anwendung dieser Bestimmung hat, wie Correvon auf dem Römer Kongresse (Comptes rendus I 192) erwähnte, Schwierigkeiten ergeben. Doch hält der Redner dieselben nicht für unüberwindlich.

Das russische Friedensrichtergesetz von 1864 ließ öffentliche Arbeit an Stelle der einfachen Haft zu. Die Bestimmung fand aber keine praktische Anwendung und wurde deshalb, wie Foinitzky dem Kongreß zu Rom mitteilte (Comptes rendus I 188), in den Entwurf des St.G.B. nicht aufgenommen.

Das italienische St.G.B. von 1889 kennt dieses

surrogato penale in einer doppelten Gestalt. Zunächst kann nach Art. 22, Abs. 5 an der Stelle der uneinbringlichen Geldstrafe statt der Einschließung auf Begehren des Verurteilten die Leistung einer Arbeit (la prestazione di un' opera) für den Staat, die Provinz, die Gemeinde treten, wobei zwei Arbeitstage gleich einem Tag Einschließung gerechnet werden. Sodann aber bestimmt Art. 24, daß in den durch das Gesetz vorgesehenen Fällen die Strafe der Haft in einem Arbeitshause (casa di lavoro) oder auch durch Ausführung von gemeinnützigen Arbeiten (mediante la esecuzione di opere di publica utilità) vollstreckt werden kann. Im Weigerungsfalle tritt die regelmäßige Art der Strafverbüßung ein.

Der Bericht des Ministers Zanardelli verweist zur Rechtfertigung der ersten dieser beiden Bestimmungen auf die Tatsache, daß sie in allen Entwürfen seit 1874 beibehalten worden sei (eingehendere Begründung in dem Berichte von Mancini). Er hofft, daß durch die Ausführungsverordnungen die unzweifelhaft vorhandenen praktischen Schwierigkeiten beseitigt werden können (relazione I 116). Bei der zweiten der beiden Bestimmungen hatte der Minister (relazione I 115) in Uebereinstimmung mit dem italienischen Juristentag, welcher zu Turin 1880 abgehalten wurde (Berichterstatter Lucchini) besonders eine wirksamere Bestrafung von Bettel, Landstreicherei und ähnlichen strafbaren Handlungen im Auge.

Auch der von B. Getz ausgearbeitete norwegische Entwurf von 1888 bestimmt in § 32 letzter Absatz, daß die an Stelle der uneinbringlichen Geldstrafe tretende Gefängnisstrafe auf Begehren des Verurteilten ersetzt werden kann durch Arbeit im Dienste des Staates oder der Gemeinde. Leider spricht sich die Begründung des Entwurfs nicht näher darüber aus, in welcher Weise die Durchführung dieser Bestimmung gedacht ist.

Und nun noch einige Literaturangaben. Arbeit ohne Einsperrung wurde empfohlen von

Bonneville de Marsangy II 293 (1864), Bulletin de la Soc. gén. des prisons XI 313 (1887), Ribot (oben S. 354);

v. Holtzendorff, Allgemeine deutsche Strafrechtszeitung IV 654 (1864);

Schmölder a. a. O. 48 (1885), Preuß. Jahrb. LXII 142;

Aschrott Z. IX 46, Lammasch Z. IX 449;

Michaux, Bulletin X 259 (1885), Labroquère, Bulletin XII 62 (1888); ferner von der rheinisch-westfälischen Gefängnisgesellschaft in der Versammlung von 1882.

Die Verhandlungen des internationalen Gefängniskongresses zu London 1872 habe ich bereits oben S. 358 erwähnt. Auf dem Kongresse zu Rom 1885 sprachen sich für die Handarbeitsstrafe aus Teichmann, de Nocito (bei Uneinbringlichkeit der Geldstrafe), de Foresta, Correvon, v. Holtzendorff. Als Gegner traten Garofalo, Dreyfus, Foinitzki auf.

Neuerdings (Blätter für Gefängniskunde XXIV 17) empfiehlt v. Jagemann „öffentliche Arbeit, sei es mit Internierung zur Tageszeit im Gefängnis, sei es ohne solche, zu Gunsten von Staat oder Gemeinden unter besonderen Arbeitsaufsehern, so daß der Bestrafte nach der Arbeitszeit heimkehrt".

III. Der Verweis (Verwarnung, avertissement, réprimande, admonition répressive, ammonizione, ripressione guidiziale) ist von der Gesetzgebung verschiedener Zeiten und Länder verwertet worden. Von den bekannten Bestimmungen des römischen Rechts (3 D I 15 de offic. praes. vig.; 19 C. II 12 ex quibus caus. inf. irrog.) sowie von der Verwendung des Verweises im kanonischen Recht kann hier füglich abgesehen werden. Ebenso von der Geschichte des Verweises in der älteren französischen und italienischen Gesetzgebung. Ueber das geltende Recht der verschiedenen Länder hat B. Alimena in der Rivista penale XXVII 557 eine interessante vergleichende Abhandlung veröffentlicht, auf welche ich hiermit bezüglich der Einzelnheiten Bezug nehme. Alimena unterscheidet in zutreffender Weise zwei Gruppen von Gesetzgebungen. Die erste Gruppe, welche er als die des deutschen Rechts bezeichnet, kennt den Verweis nur bei gewissen strafbaren Handlungen jugendlicher Uebeltäter (R.St.G.B. § 57). In diese Gruppe gehört auch das St.G.B. des Kantons Appenzell a. Rh. vom 28. April 1878

§ 37. Ihr schließt sich auch der von Alimena nicht erwähnte russische Entwurf an. Und dasselbe gilt von dem norwegischen Entwurf von 1888.

Die zweite Gruppe verwendet den Verweis, in bald mehr, bald weniger ausgedehntem Umfange, auch gegen Erwachsene. Hierher gehörten eine Anzahl deutscher Einzelstaaten, so Oldenburg St.G.B. von 1814 Art. 25, die Länder des sächsisch-thüringischen Rechts, Braunschweig St.G.B. von 1840 § 17, Hannover St.G.B. von 1840 Art. 18, Hessen St.G.B. von 1841 Art. 7, Ziff. 13, Baden St.G.B. von 1845 § 49.

In besonders weitem Umfang (in nahezu 100 Fällen) macht das geltende russische Recht von dem Verweise Gebrauch. Nur ausnahmsweise verwendet ihn das österreichische St.G.B. von 1852 (bei Mißhandlungen im Schoße der Familie). Auch die Strafgesetzbücher von Spanien und Portugal, des Kantons Waadtland und der Insel Malta kennen den gerichtlichen Verweis.

Dagegen ist er den Strafgesetzen von Belgien, Holland, Ungarn und andern Ländern, sowie unter andern den österreichischen Entwürfen von 1874—1889 sowie dem spanischen Entwurfe von 1885 fremd geblieben, auch wo es sich um leichtere Vergehen oder Uebertretungen jugendlicher Personen handelt.

Auf die neueste italienische Gesetzgebung, welche den Verweis, die riprensione guidiziale, mit der Friedensbürgschaft in Verbindung gebracht hat, komme ich unten zu sprechen.

Eine ausgedehntere Anwendung des Verweises ist vielfach vorgeschlagen worden. Insbesondere von Bonneville de Marsangy 1864 in seinem mehrerwähnten Werke und vor kurzem (1887) im Schoße der Société générale des prisons (Bulletin XI 314). Doch hat sich nach eingehenden Beratungen die erste Abteilung der Gesellschaft gegen den Vorschlag ausgesprochen (Bulletin XII 150) und, wie bereits oben erwähnt, an Stelle des Verweises die Aussetzung der Strafvollstreckung empfohlen (oben S. 362).

Auf dem Kongreß zu Rom fand die erweiterte Anwendung Fürsprecher in Teichmann und Nocito. Dagegen wurde sie von Garofalo, Dreyfus, Foinitzki,

Jacquin lebhaft bekämpft. Auf Ribots Aeußerung habe ich schon oben S. 354 hingewiesen.

Auch v. Holtzendorff hat wiederholt, zuletzt wohl Gerichtssaal XXXIX 34, den Verweis als Ersatzmittel für die kurzzeitige Freiheitsstrafe empfohlen. Ihm schließen sich Schmölder (1885) S. 40, sowie v. Jagemann (Blätter für Gefängniskunde XXIV 17) vollinhaltlich an. Krohne (Lehrbuch der Gefängniskunde 233) wünscht weitere Ausdehnung des Verweises bei Personen, welche das erste Mal vor den Strafrichter kommen. Auch Garraud, Traité I 604 und Alimena haben sich im gleichen Sinne geäußert. Der letztere wünscht den Verweis wochweise neben der Aussetzung der Strafvollstreckung.

Dagegen hält Sontag Z. II 499 den Verweis selbst in dem geringen Umfange, in welchem ihn § 57 R.St.G.B. zuläßt, als Kriminalstrafe nicht für empfehlenswert. Wie man sieht, gehen die Ansichten in Gesetzgebung und Wissenschaft noch weit genug auseinander.

IV. Der Hausarrest ist bekanntlich dem römischen Recht nicht fremd gewesen. Die Stelle in l. 9. XLVIII 22 D. de interd. et rel: Potest praeses quemdam damnare, ne domo sua procedat ist vielfach angeführt und verwertet worden. Er findet sich aber auch vereinzelt in diesem und jenem Gesetzbuch des 19. Jahrhunderts. So in dem der beiden Sizilien von 1819 als mandato in casa.

Das österreichische St.G.B. von 1852 bestimmt in § 246 (vergl. auch § 262): „Außer diesen beiden Graden des Arrestes kann auch auf Hausarrest, entweder gegen bloße Angelobung, sich nicht zu entfernen, oder mit Aufstellung einer Wache erkannt werden. Der Hausarrest verpflichtet den Verurteilten, sich unter keinem Vorwande vom Hause zu entfernen, bei Strafe, die noch übrige Arrestzeit in dem öffentlichen Verhaftorte zu vollstrecken." Praktische Bedeutung hat, soviel ich weiß, diese Bestimmung niemals gehabt.

Das St.G.B. von Zürich, das vielfach neben dem österreichischen Gesetzbuch genannt wird, kennt dagegen den Hausarrest nicht.

Wohl aber hat das italienische St.G.B von 1889 den Hausarrest aufgenommen. Nach Art. 23 kann der Richter, wenn die Strafe der Haft (arresto) einen Monat nicht übersteigt, unter Berücksichtigung aller Umstände anordnen, daß der nicht rückfällige Verurteilte die Strafe in seiner Wohnung verbüße. Bei Arrestbruch ist die ganze Strafe in den gewöhnlichen Haftlokalen zu verbüßen.

Die Begründung des Gesetzes hebt hervor (relazione I 105), der Zweck der Bestimmung bestehe darin, soviel als möglich, ohne den Charakter der Strafe zu verwischen, Nachteil und Schande der Einsperrung dem Bürger zu ersparen, welcher geringfügige Gesetzesübertretungen begangen hat, und es zu vermeiden, daß dieser an das Leben und die traurige Gesellschaft der Gefängnisse sich gewöhne und so jene Scheu und Scham verliere, welche den Hang zum Verbrechen kräftig zu zügeln vermögen.

Auf dem Kongresse zu Rom 1885 wurde der Hausarrest empfohlen von Nocito, bekämpft von Garofalo, Dreifus, Jacquin.

Für denselben sind neuerdings Jagemann in den Blättern für Gefängniskunde a. a. O. und Krohne, Lehrbuch 233, eingetreten.

V. Die Friedensbürgschaft ist in zwei durchaus verschiedenen Formen denkbar.

Die erste dieser Formen tritt uns am anschaulichsten entgegen im englischen Recht. Man vergleiche darüber die zuletzt von Aschrott, Strafensystem u. s. w. in England, S. 98, gegebene Darstellung. In dieser Gestalt bezweckt die Friedensbürgschaft die Sicherung des Friedens der Gesamtheit oder eines Einzelnen gegen Störung durch Begehung rechtswidriger Handlungen. Sie wird daher, grundsätzlich wenigstens, neben der zuerkannten Geld- oder Freiheitsstrafe auferlegt. Dies ist auch noch die Auffassung der englischen Konsolidationsgesetzgebung von 1861, welche den Richter ermächtigt, bei misdemeanours neben oder statt der Freiheitsstrafe auf Geldstrafe und Stellung einer Friedensbürgschaft zu erkennen (24 und 25 Vict. c. 96—100).

So war die Friedensbürgschaft auch im wesentlichen aufgefaßt in dem Entwurf einer Novelle zum R.St.G.B., welcher im Jahre 1875 an den deutschen Bundesrat gelangte. Nach § 39a der Vorlage wurde dem Richter die Ermächtigung erteilt, neben einer Freiheits- oder Geldstrafe in den durch das Gesetz vorgeschriebenen Fällen auf die Leistung einer Friedensbürgschaft im Betrage von 30 bis zu 3000 M. und für die Zeitdauer von einem Monat bis zu einem Jahre zu erkennen. Die im Gesetze vorgesehenen Fälle betreffen: Bedrohung und Landzwang, Herausforderung zum Zweikampf, Aufforderung zum Widerstand gegen die Staatsgewalt und zu strafbaren Handlungen; ferner Körperverletzung, Sachbeschädigung, gewisse Gefährdungen des öffentlichen Friedens (St.G.B. §§ 130 und 130a); endlich Versuch einer strafbaren Handlung, unternommene Verleitung und Anerbietung zur Begehung einer solchen [1]).

In dieser Gestalt weist uns die Friedensbürgschaft zurück auf die peinliche Gerichtsordnung Karls V.; in dieser Gestalt hat sie sich in den deutschen Landesrechten teilweise bis in die neueste Zeit hinein erhalten; in dieser Gestalt ist sie auch der außerdeutschen Gesetzgebung unseres Jahrhunderts nicht fremd geblieben [2]).

Meiner Meinung nach kann es auch gar keinem Zweifel unterliegen, daß die Friedensbürgschaft in dieser Gestalt eine äußerst empfehlenswerte Maßregel ist und größere Beachtung von seiten der Wissenschaft verdient, als ihr bisher zu teil geworden. Wenn sie, insbesondere von deutschen Schriftstellern, wegen der „Vermengung polizeilicher und rechtlicher Gesichtspunkte" bekämpft worden ist, so dürfte dieser Vorwurf dem Ansehen der ihn erhebenden Schriftsteller gefährlicher sein, als der von ihnen bekämpften Einrichtung [3]).

Aber an dieser Stelle interessiert mich die Friedensbürgschaft in dieser ihrer ersten Gestalt nicht. Hier möchte ich vielmehr darauf hinweisen, daß sie geeignet ist, an die Stelle der kurzzeitigen Freiheitsstrafe zu treten,

1) Ueber das Nähere vergl. Schierlinger, Friedensbürgschaft, 1877.

2) Man vergl. die Gesetzgebungen von Baden, Frankreich, Dänemark, Spanien. Genaueres Eingehen auf dieselben liegt nicht in meiner Absicht.

3) Für die Friedensbürgschaft haben sich ausgesprochen: Bonneville de Marsangy a. a. O. (1864), dem sich v. Holtzendorff schon 1864 angeschlossen hat; Prins, Criminalité 107, 109; Aschrott Z. IX 6, 46; Lammasch Z. IX 448, Krohne, Lehrbuch 234. Gegen sie erklärte sich in den letzten Jahren insbesondere v. Buri Z. IV 171 aus dem oben angedeuteten Grunde.

oder genauer gesprochen, anderen Ersatzmitteln der kurzzeitigen Freiheitsstrafe den nötigen Nachdruck zu verleihen.

In der Literatur hat, soviel ich sehen kann besonders Aschrott diese zweite und, wie ich glaube, weitaus wichtigere Aufgabe der Friedensbürgschaft betont [1]). Ihm schließt sich Lammasch Z. IX 448 an.

Es ist indessen darauf hinzuweisen, daß schon der englische Strafgesetzentwurf von 1878 in Sektion 13 den Richter ermächtigte, in allen Fällen, mag das Delikt mit Strafknechtschaft oder mit Gefängnis oder mit Geldstrafe bedroht sein, neben oder statt dieser Strafen den Verurteilten zur Leistung einer Friedensbürgschaft in einem vom Gerichte zu bestimmenden Betrage anzuhalten. Diese Bestimmung geht mithin über die oben erwähnte Vorschrift der Konsolidationsgesetze weit hinaus; sie ist jedoch nicht geltendes Recht geworden und der Verfasser des Entwurfs, James Fitzjames Stephen, scheint ihr keine besondere Bedeutung beigelegt zu haben [2]).

Die Friedensbürgschaft kann sowohl mit der Aussetzung der Strafvollstreckung als auch mit dem richterlichen Verweis verbunden werden. Die letztgenannte Verbindung finden wir in dem italienischen St.G.B. von 1889.

Die Art. 27 und 28 des italienischen St.G.B. kommen hier in Betracht.

Danach kann an Stelle der Einschließung und des Arrestes (detenzione und arresto), wenn beide Strafen die Dauer eines Monats nicht übersteigen, an Stelle ferner der Verstrickung (confino) und der örtlichen Verbannung (esilio locale) von nicht über drei Monaten, an Stelle endlich der 300 Lire nicht übersteigenden Geldstrafe, wenn der Verurteilte in den letzten fünf Jahren nicht bestraft worden ist, der richterliche Verweis (riprensione guidiziale) treten. Zugleich hat sich der Verurteilte allein oder mit einem oder mehreren Bürgen zur Zahlung einer bestimmten Geldsumme für den Fall

1) Strafensystem und Gefängniswesen in England S. 101 und Z. IX 46.

2) Vergl. Lammasch, Allg. österr. Gerichtszeitung 1879, No. 7, Note 9.

zu verpflichten (malleveria), daß er innerhalb eines bestimmten Zeitraumes neuerdings eine strafbare Handlung begehen sollte.

Der Bericht des Ministers (relazione I 119) rechtfertigt in eingehender, geschichtlicher, rechtsvergleichender und kriminalpolitischer Begründung die Aufnahme dieser Bestimmung, für welche insbesondere Lucchini wiederholt und mit größter Entschiedenheit eingetreten ist.

Fortsetzung. 2. Kritik und Vorschläge.

Ich gehe von dem Gedanken aus, daß der Wegfall der kurzzeitigen Freiheitsstrafe, d. h. der Einsperrung bis zu sechs Wochen wünschenswert und möglich ist. Das würde bedeuten: 1) den gänzlichen Wegfall der Haftstrafe; 2) die Erhöhung des Mindestmaßes der Gefängnisstrafe auf sechs Wochen. Die Frage der Festungshaft kann hier noch unerörtert bleiben.

Daß der Wegfall der kurzzeitigen Freiheitsstrafe wünschenswert sei, wird wohl nach den oben mitgeteilten Aeußerungen zuständiger Fachmänner nicht ernstlich bestritten werden können. Eine Strafart, welche nicht bessert, welche, will man nicht zum Stock, zu Hungerkost, zu nutzloser quälender Strafarbeit greifen, auch nicht abschreckt, welche der Unschädlichmachung zu dienen ihrem Wesen nach ungeeignet ist; eine Strafart, welche nichts nützt, wohl aber viel schadet und überdies kostspielig in jeder Beziehung ist: eine solche Strafart hat keine Daseinsberechtigung [1]).

Ueber das Mindestmaß der künftigen Freiheitsstrafe mag man verschiedener Ansicht sein. Für meine Person wäre ich sehr gern geneigt, noch höher zu greifen. Aber es handelt sich darum, Vorschläge zu machen, welche einigermaßen Aussicht auf Billigung in weiteren Kreisen haben. Das Mindestmaß von sechs Wochen empfiehlt sich schon dadurch, daß es dem bisherigen Höchstmaße der Haftstrafe ent-

1) Ich kann mich demnach auch nicht für die geschärfte und zugleich verkürzte Haft erwärmen, wie sie, in Anlehnung an den mittleren und strengen Arrest des Reichs-Mil.-St.G.B. auch für das Deutsche Reich mehrfach, z. B. von Medem, Z. VII 158, vorgeschlagen worden ist.

spricht, den Wegfall dieser Strafart ermöglichen und damit das System der Freiheitsstrafen wesentlich vereinfachen würde. Wie einschneidend aber eine Erhöhung des Mindestmaßes der Gefängnisstrafe auf sechs Wochen zur Entlastung der kleinen Gerichtsgefängnisse beitragen würde, lehrt ein Blick auf die oben S. 343 mitgeteilte Uebersicht. Die Lösung der Gefängnisfrage, heute noch wegen der Baukosten in weiteste Ferne gerückt, erscheint in dem Augenblicke als durchführbar, in welchem die kurzzeitige Freiheitsstrafe fällt.

Aber auch, wenn man die gänzliche Beseitigung der Einsperrung bis zu sechs Wochen nicht für notwendig erachten sollte, wird die möglichste Einschränkung derselben verlangt werden müssen. Auch für diesen Fall können demnach die folgenden Ausführungen auf Beachtung Anspruch machen.

In welcher Weise ist der Ersatz der kurzzeitigen Freiheitsstrafe möglich? was kann und soll an ihre Stelle treten?

Das Material zur Beantwortung dieser Frage habe ich in dem vorigen Abschnitte zu sammeln gesucht. Hier handelt es sich um die kritische Sichtung und Prüfung des Stoffes.

Dabei kann die Prügelstrafe aus dem Spiele bleiben. Soweit sie jugendlichen Verbrechern gegenüber empfohlen worden ist, komme ich auf sie in einem anderen Zusammenhange zurück. Als Disziplinarstrafe gegen erwachsene Unverbesserliche hat die Prügelstrafe mit der Erörterung der gegenwärtigen Frage nichts zu tun. Und ganz abgesehen von alledem scheint es mir in jeder Beziehung überflüssig und unzweckmäßig, in diesem Augenblicke, in welchem es sich um die Gewinnung der ersten Grundlage für kriminalpolitische Reformbestrebungen handelt, durch die Hereinziehung dieser die Gemüter erregenden Streitfrage die Aussicht auf allseitige Verständigung zu trüben.

Auch will ich hier nicht weiter darauf eingehen, daß durch eine Umgestaltung der Geldstrafe und ihrer Eintreibung eine wesentlich erweiterte Anwendung derselben und damit eine bedeutsame Einschränkung des Gebietes der kurzzeitigen Freiheitsstrafe ermöglicht werden würde.

Aber ein anderes muß und will ich betonen. Es handelt

sich nicht um eine Milderung unseres Strafensystems. Der gegenwärtige Augenblick wäre herzlich schlecht gewählt dazu. Die beklagenswerte Milde unserer Strafgesetzgebung wird nur durch die noch beklagenswertere Milde unserer Strafgerichte übertroffen. Wir wollen die kurzzeitige Freiheitsstrafe nicht beseitigen, weil sie zu hart, sondern weil sie nutzlos und schädlich ist.

Es handelt sich ferner auch nicht um eine Erweiterung des richterlichen Ermessens. Die Strafrahmen unserer Gesetzbücher sind wahrlich mehr als weit genug, und die „richterliche Strafzumessung" ist die erste große Grundlüge des herrschenden Systems.

Von diesem Gesichtspunkte aus muß ich mich mit aller Entschiedenheit gegen die erweiterte Anwendung des einfachen richterlichen Verweises, also des Verweises ohne Auflegung einer Friedensbürgschaft erklären. Für diejenigen, deren Ehrgefühl stumpf geworden oder niemals rege gewesen ist, ist der Verweis des Richters eine Komödie ohne jede ernste Bedeutung; für den Ehrliebenden ist er eine tiefe Verletzung, eine schwere Kränkung. Für beide bleibt das „Schuldig im Namen des Gesetzes", die „Verurteilung von Rechts wegen" an eindringlicher Wirkung nicht hinter dem Verweise zurück. Wird die Würde der Rechtsprechung von dem Richter gewahrt, wie sichs gebührt, so verfehlt sie ihren Eindruck niemals auf den, welcher das erste Mal vor den Schranken des Gerichtes erscheint. Jener unnahbare Ernst des Urteilsspruches wird geschwächt, die Unpersönlichkeit der Gerechtigkeit, die über den menschlichen Leidenschaften in unbewegter Ruhe thront, wird herabgezogen, wenn der Richter, wie der Vater zu seinem ungezogenen Jungen, verweisend und verwarnend zu dem Verurteilten spricht, zu ihm herabsteigt, um ihm verständlich und handgreiflich zu machen, was als dunkle Ahnung tiefer von ihm empfunden wird: daß er die Rechtsordnung gebrochen hat und ohnmächtig nunmehr in der Gewalt der Rechtsordnung sich befindet.

Dieselben Bedenken sprechen, wie ich glaube, auch gegen den, nach italienischem Vorbilde, mit der Friedensbürgschaft verbundenen Verweis. Es tritt die Erwägung hinzu, daß die Möglichkeit, eine solche Bürgschaft zu leisten, gerade bei denjenigen Personen entfällt, auf welche der Verweis des Richters den geringsten Eindruck macht und daß der ehrliebende und besitzende Bürger demnach doppelt so schwer getroffen wird, wie der abgehärtete Habenichts. Der Verweis erscheint daher, soweit es sich um Erwachsene handelt, in jeder seiner beiden Gestalten, als ungeeignet, die kurzzeitige Freiheitsstrafe zu ersetzen. An diesem Ergebnisse wird nichts geändert, wenn man auch in einzelnen Ausnahmsfällen den Verweis wahlweise neben Freiheitsstrafe von kurzer Dauer androhen wollte. Die Aufgabe, die wir uns gestellt, heischt durchgreifende Lösung. Mit halben Maßregeln ist niemandem gedient.

Noch größere Bedenken sprechen gegen die Verwendung des Hausarrestes. Auch er entspricht nicht dem unerläßlichen Ernste der Rechtsordnung, auch er ist ungeeignet, der Zunahme der Roheitsverbrechen zu steuern. Auch der Hausarrest wirkt in durchaus ungleicher Schwere auf die verschiedenen Klassen der Verurteilten; schwer trifft er alle, welche ihren Lebensunterhalt außer der eigenen Wohnung zu suchen verpflichtet sind; leicht erträgt ihn, wer im Zimmer arbeitet oder in seinem Laden die Kunden bedient; unanwendbar ist er gegenüber dem Gesinde, das darauf angewiesen ist, die Befehle der Herrschaft auszuführen.

Dazu kommen die zahllosen Schwierigkeiten der Ausführung. Wie soll in großen Städten die Beachtung des auferlegten Hausarrestes überwacht werden? Will man etwa jedem Verurteilten einen Schutzmann an die Seite stellen? Die Kosten der Strafrechtspflege würden sich auf diese Art kaum vermindern. Unseren Strafgefangenen gönnen wir den täglichen Genuß der freien Luft; wie soll es mit den Spaziergängen des etwa auf einen Monat in seinem Hause verstrickten Arrestanten gehalten werden?

Auch der Hausarrest kann demnach in ausgedehnterem Umfange nicht zum Ersatz der kurzzeitigen Freiheitsstrafe verwendet werden.

Dasselbe gilt aber auch von den übrigen, öfter vorgeschlagenen, in dem vorhergehenden Abschnitte von mir gar nicht besonders erwähnten Beschränkungen der persönlichen Freiheit. v. Jagemann a. O. 17 erwähnt die folgenden:

„Wirtshausverbot, Ortsverbot, Eingrenzung (der Konfinierte darf ohne Erlaubnis der Obrigkeit während der Strafdauer den Ort nicht verlassen), Verbot des Waffentragens oder Waffenbesitzes, vielleicht auch Auferlegung der Pflicht zum Nachweis des Aufenthalts.“ [1])

Ich leugne gar nicht, daß ich diesen und ähnlichen Vorschlägen sehr sympathisch gegenüberstehe. Aber ich bestreite, daß sie in ausgedehnterem Umfange zur Anwendung kommen können. Wie denkt man sich z. B. die Durchführung des Wirtshausverbotes in Berlin oder München? Wollen wir Stimmung machen für die Beseitigung der kurzzeitigen Freiheitsstrafe, so müssen wir zunächst wenigstens absehen von Vorschlägen, deren Verwirklichung nur unter kleinstädtischen Verhältnissen oder unter Aufgebot einer zahlreichen und gut geschulten Polizeimacht möglich ist.

Ganz anders verhält es sich mit der Strafarbeit ohne Einsperrung. Ich halte es für einen der schwersten Fehler unserer modernen deutschen Gesetzgebung, daß sie dieses Strafmittel verkümmern ließ. Die Einsperrung ist es, welche, wiederholt für kürzere Zeit angewendet, entsittlichend wirkt; die Zwangsarbeit ohne Einsperrung ist von diesem Mangel frei. Der Mann, der tagsüber gearbeitet hat, kehrt abends in den Schoß seiner Familie zurück. Daß der Ertrag seiner Leistungen nicht ihm, sondern dem Gemeinwesen heimfällt, bildet den einzigen Unterschied derselben von der freien Arbeit. Dieser Unterschied wird ihn allerdings empfindlich drücken: aber die Strafe soll ja als ein Uebel von ihm empfunden werden.

Ich glaube auch nicht, daß die Ausführung auf unüberwindliche Schwierigkeiten stoßen würde, wenn ich auch nicht in der Lage bin, über die Ergebnisse der preußischen Forst- und Gemeindearbeit an dieser Stelle Zuverlässiges zu berichten. Wird die Zwangsarbeit, wie dies aus guten Gründen die sächsisch-thüringische Gesetzgebung getan hat, beschränkt auf diejenigen Personen, welche durch Handarbeit ihren Unter-

1) Vergl. auch Krohne, Lehrbuch, S. 234, Note 3.

halt verdienen, so wird es nicht schwer fallen geeignete Arbeit zu finden. Auf den Ertrag derselben kann der Staat um so eher zu Gunsten der Gemeinden verzichten, als er nicht unbeträchtliche Ersparungen in seinen Ausgaben für die Gerichtsgefängnisse machen wird. Den Gemeinden aber wird es niemals an Arbeit fehlen; im Notfall kann Aufschub der Strafvollstreckung eintreten; die Vermischung mit freien Arbeitern ist durchaus unbedenklich; die Ueberwachung macht keine Schwierigkeiten, wenn die Arbeit nicht nach der Zeit, sondern nach der Leistung bemessen wird. Alle die Bedenken, welche insbesondere Foinitzky auf dem Römer Kongresse geäußert hat, scheinen mir hinfällig, sobald man nicht an die Erbauung besonderer Arbeitsanstalten (ateliers pénitentiaires) oder gar an die Einrichtung von Arbeiterkolonien denkt.

Trotz alledem halte ich die Strafarbeit nicht für geeignet, an die Stelle der kurzzeitigen Freiheitsstrafe zu treten. Wenigstens unmittelbar nicht. Sie ist vielmehr nach meiner Meinung das geeignetste Ersatzmittel für die uneinbringliche Geldstrafe, so daß sie die kurzzeitige Freiheitsstrafe nur, soweit diese statt der uneinbringlichen Geldstrafe zur Anwendung gelangt, zu ersetzen berufen wäre.

An und für sich ist die unentgeltliche Arbeitsleistung, sei es an den Staat, sei es an die Gemeinde, der Vermögensstrafe näher verwandt, als der Freiheitsstrafe. Es tritt die weitere Erwägung hinzu, daß die Strafarbeit gegen diejenigen, welche nicht von ihrer Hände Arbeit leben, überhaupt nicht angewendet werden könnte, ohne entweder eine äußerst schwere Verschärfung des geltenden Rechts in sich zu schließen, oder aber die unübersteiglichsten Schwierigkeiten in der praktischen Durchführung hervorzurufen. Die Strafarbeit kann nur als Tagelohnarbeit allgemeinere Anwendung finden. Der Staat kann nicht den Schuster oder Schneider anhalten, ihm Stiefel oder Kleider zu liefern, oder vom kleinen Beamten sich Abschriften machen lassen, ohne daß ihn diese Art des Strafvollzuges mehr kostet als die schönsten Strafanstalten. Aber Steine klopfen, Wege ausbessern, Mauern aufführen, Holz verkleinern lassen — das ist alles möglich ohne verwickelte Buchführung und kostspielige Aufsicht, ohne Vergeudung von Zeit und Kraft durch die Behörden.

In der Beschränkung auf Tagelohnarbeit aber würde die Zwangsarbeit als Ersatzmittel der Freiheitsstrafe eine gänzlich ungerechtfertigte Begünstigung einer einzelnen Bevölkerungsklasse bilden. Der Handwerker müßte ins Gefängnis wandern, der Taglöhner bliebe gerade so frei, wie er es immer ist. Das bedarf keiner weiteren Ausführung.

Ganz anders liegt die Sache, wenn wir die Strafarbeit als Ersatzmittel für die uneinbringliche Geldstrafe auffassen. Wer die Geldstrafe bezahlt, hat damit seiner Verpflichtung genügt; wer sie nicht bezahlen kann, der leiste dem Staat seine Arbeit. Wird das: „Nicht-bezahlen-können" ernst genommen, so dürfte der Fall wohl ausgeschlossen sein, daß bei anderen Personen als bei Handarbeitern die Geldstrafe als uneinbringlich erscheint.

Nur eine Frage bedarf noch einer kurzen Erwägung. Wie dann, wenn der zur Strafarbeit Verpflichtete sich durch Flucht oder Weigerung der Leistung seiner Verpflichtung entzieht? Für diesen Fall bleibe man bei dem bisherigen Grundsatze und lasse die Freiheitsstrafe, d. h. die Einsperrung an die Stelle der uneinbringlichen Geldstrafe treten. Aber wohlgemerkt: Freiheitsstrafe nicht unter sechs Wochen. Denn eine andere Freiheitsstrafe gibt es nach meinem Vorschlage nicht. Ich glaube nicht, daß diese Aussicht eine besonders kräftige Lockung enthalten würde, einer Strafarbeit von wenigen Tagen aus dem Wege zu gehen.

Prügelstrafe, Freiheitsbeschränkung, Hausarrest, Verweis, Strafarbeit haben sich als ungeeignet erwiesen, die kurzzeitige Freiheitsstrafe zu ersetzen. Was bleibt uns von den im vorigen Abschnitte erwähnten Vorschlägen noch übrig?

Mit aller Bestimmtheit trete ich für die Einführung der Aussetzung der Strafvollstreckung, sei es mit, sei es ohne Friedensbürgschaft, in unsere Gesetzgebung ein.

Die Vorzüge dieser Einrichtung ergeben sich aus dem bisher Gesagten. Es handelt sich nur um ihre praktische Durchführung. Für diese bietet uns die jüngste belgische Gesetzgebung beachtenswerte Fingerzeige.

Vergegenwärtigen wir uns die praktische Tragweite eines Gesetzes, welches die „bedingte Verurteilung“ im Sinne des belgischen Rechtes einführte, im Zusammenhange mit der von mir vorgeschlagenen Erhöhung des Mindestmaßes der Freiheitsstrafe auf sechs Wochen.

Der Angeklagte wird verurteilt. Wird das Urteil vollstreckt, so hat er mindestens sechs Wochen Freiheitsstrafe zu verbüßen. Aber die Vollstreckung kann ausgesetzt werden, wenn es sich um einen Angeklagten handelt, welcher zum erstenmal eine Verurteilung zu Freiheitsstrafe erleidet. Der Richter sagt ihm: Noch einmal geben wir dein Schicksal in deine Hand. Wenn du innerhalb der dir bestimmten Frist nicht abermals eine mit Freiheitsstrafe bedrohte Handlung begehst, bleibt die Strafe dir erlassen. Im anderen Falle wird sie ohne weitere Rücksicht vollstreckt.

Einigt man sich über diesen Grundgedanken, so wird es nicht schwer fallen, die richtige gesetzliche Fassung zu finden. Insbesondere wird es leicht sein, die Friedensbürgschaft mit der Aussetzung der Strafvollstreckung in Verbindung zu bringen.

An dieser Stelle bin ich noch nicht in der Lage, meinerseits bestimmte Vorschläge zu machen. Jeder derartige Vorschlag setzt eine vorangehende Verständigung über das Strafensystem voraus. Mit diesem soll der folgende Abschnitt sich beschäftigen. Die Aussetzung der Strafvollstreckung aber ist die erste kriminalpolitische Frage, welche, und zwar in nächster Zukunft, wissenschaftliche Lösung finden wird. Das ist meine feste, auf Tatsachen gestützte Ueberzeugung. Damit ist aber das Problem einer geeigneten Behandlung der Gelegenheitsverbrecher zum weitaus größten Teile gelöst.

VIII. Die Umgestaltung unseres Strafensystems.

Die entscheidende Probe auf die Durchführbarkeit der von der „Internationalen kriminalistischen Vereinigung“ vertretenen Grundsätze kann einzig und allein gemacht werden durch die Aufstellung eines auf diesen Grundsätzen aufgebauten Strafgesetzentwurfs. Diese Arbeit, heute noch verfrüht, wird gemacht werden. Ein erster, vorläufiger Entwurf eines St.G.B., zunächst in möglichst engem Anschluß an das geltende deutsche Reichsrecht ist von mir seit längerer Zeit geplant und wird hoffentlich den Abschluß dieser Abhandlungen bilden. Er wird keine andere Bedeutung beanspruchen, als die eines ersten Versuchs, die Grundlage für weitere Verhandlungen zu gewinnen, der Erörterung bestimmte Bahnen zu weisen.

Einstweilen handelt es sich für mich an dieser Stelle darum, in den allgemeinsten Umrissen das Strafensystem zu entwickeln, welches ich dem Entwurf zu Grunde zu legen gedenke. Die Behandlung der Jugendlichen, die Bestrafung der wiederholt Rückfälligen, die ganze Reihe der Vorbeugungsmittel bleibt zunächst außer Betracht. Nur der Regelfall des erwachsenen Verbrechers, der noch nicht als unverbesserlich betrachtet werden kann, soll erörtert werden. Das Eingehen auf Einzelfragen werde ich dabei, soweit wie irgend möglich, zu vermeiden suchen.

In Auseinandersetzungen über Berechtigung und Zweckmäßigkeit der Todesstrafe möchte ich mich nicht einlassen. Eine allgemeine Uebereinstimmung ist hier nicht zu erzielen, und es kann sich für uns nicht darum handeln, Fragen aufzuwerfen, an deren Lösung von vornherein verzweifelt werden muß. Wir brauchen Zeit und Kraft für andere Aufgaben. Angesichts der geringen Zahl der in den modernen Gesetzbüchern mit dem Tode bedrohten Delikte, angesichts der noch viel geringeren Zahl der vollzogenen Hinrichtungen kann die Frage der Todesstrafe, vom kühlen kriminalpolitischen Standpunkte aus, nicht als eine der brennendsten bezeichnet werden. Wo man die Todesstrafe abgeschafft hat, wird man sie nicht wieder einführen wollen. Die Länder, in welchen die Abschaffung angestrebt wird, mögen das für sich abmachen. Für das Deutsche Reich habe ich nicht den Mut, die Abschaffung zu beantragen, wenn ich auch der Meinung bin, daß die Todesstrafe in einem zweckentsprechenden Strafensystem, bei vernünftig geregeltem Strafvollzug, sehr bald als überflüssig und unzweckmäßig sich erweisen wird. Ich gehe demnach davon aus, daß die Todesstrafe in demjenigen Umfange beibehalten wird, in welchem das deutsche R.St.G.B. sie verwendet. Da ich eine ausgedehntere Verwertung des Verweises nicht befürworte (oben S. 384), so kann das Schwergewicht der Erörterung auf die Freiheits- und die Geldstrafe gelegt werden.

I. Die Freiheitsstrafe.

1) Das Mindestmaß derselben ist auf sechs Wochen heraufzusetzen. Die Gründe dafür habe ich oben (S. 382) entwickelt. Die kurzzeitige Freiheitsstrafe entfällt damit gänzlich und die besondere Strafe der Haft wird überflüssig.

Die Uebertretungen (im Sinne des geltenden deutschen Rechts) werden ausschließlich mit Geldstrafe bedroht. An die Stelle der uneinbringlichen Geldstrafe tritt Strafarbeit ohne Einsperrung (oben S. 386). Den Umrechnungsmaßstab bildet die Höhe des Tagelohns, wobei selbstverständlich die örtlichen Verhältnisse zu berücksichtigen sind. Ich setze dabei voraus, daß eine Reihe von strafbaren Handlungen, welche das R.St.G.B. zu den Uebertretungen rechnet, ihren Platz unter den Vergehen finden werden. Man denke an Bettel, Landstreicherei, Fälschung von Ausweispapieren, Trunksucht, Tierquälerei und anderes.

Für diejenigen strafbaren Handlungen, welche wir gegenwärtig als Vergehen bezeichnen, ist das Mindestmaß von sechs Wochen nicht zu hoch gegriffen. Denn hier soll nach meinem, im nächsten Abschnitte eingehender erörterten Vorschlage die Aussetzung der Strafvollstreckung dem erstmals Verurteilten gegenüber nach richterlichem Ermessen eintreten. Zur Freiheitsstrafe kommt es daher überhaupt nur, wenn entweder 1) die Tat eine milde Beurteilung überhaupt nicht verdient, die Aussicht auf gute Führung des Verurteilten eine geringe ist; oder aber 2) wenn wir es mit einem bereits rückfälligen Täter zu tun haben, welcher das in ihn gesetzte Vertrauen mißbraucht, durch das der Verurteilung nachfolgende Verhalten die Entschiedenheit seines verbrecherischen Willens bewiesen hat. In beiden Fällen empfiehlt sich eine Freiheitsstrafe von einiger Empfindlichkeit von selbst.

Welch große Entlastung unserer Strafgerichte, welche Vereinfachung des Strafvollzugs, welche finanziellen Ersparnisse die Durchführung dieses Gedankens zur Folge hätte, bedarf keiner weiteren Auseinandersetzung.

2) Ich halte ferner daran fest, daß an die Stelle der richterlichen Strafzumessung die Verurteilung zu einer nur durch Höchst- und Mindestmaß der Dauer bestimmten Freiheitsstrafe zu treten hätte. Die Höchst- und Mindestmaße wären im Gesetz für die einzelnen strafbaren Handlungen zu bestimmen. Diese gesetzlichen Strafrahmen würden sich von denjenigen des geltenden Rechts nur dadurch unterscheiden, daß sie keine so große Spannweite hätten. Daneben könnte dem Richter gestattet werden, bei Vorliegen besonderer, in den Urteilsgründen genau anzugebender Milderungsumstände an Stelle des im Gesetze angedrohten, den nächst niederen Strafrahmen zur Anwendung zu bringen.

Wir würden auf diese Weise mit einigen wenigen Abstufungen das Ausreichen finden. Ich schlage vor:

1) Freiheitsstrafe von 6 Wochen bis zu 2 Jahren
2) „ „ 2 Jahren „ „ 5 „
3) „ „ 5 „ „ „ 10 „
4) „ „ 10 „ „ „ 15 „
5) lebenslange Freiheitsstrafe.

Es bedarf dabei wohl keiner besonderen Bemerkung darüber, daß ich gegen eine abweichende Bestimmung der Strafrahmen keine grundsätzlichen Bedenken hätte. Insbesondere wäre zu überlegen, ob nicht der erste von meinen Strafrahmen in zwei kleinere, etwa von 6 Wochen bis zu 6 Monaten, und von 6 Monaten bis zu 2 Jahren, aufzulösen wäre.

Die Strafvollzugsämter (oben S. 334) hätten darüber zu entscheiden, ob der Verurteilte nach Verbüßung des Mindestmaßes zu entlassen oder länger, wenn nötig bis zur Erschöpfung des Strafrahmens, in der Strafanstalt anzuhalten sei.

Die Bedenken gegen eine derartige Regelung habe ich schon oben zu entkräften gesucht. Sie wurzeln in dem

Glauben, daß nur die richterliche Strafzumessung den Forderungen der „vergeltenden Gerechtigkeit“ entspricht. Dieser Glaube ist ein Aberglaube. Dies ergibt die einfache Betrachtung der richterlichen Tätigkeit, das lehren unwiderleglich die Zahlen der Kriminalstatistik. Man nenne mir Einen Richter im ganzen Deutschen Reich, der es wagt, zu behaupten, er könne beim einfachen Diebstahl 1825 Abstufungen in der Schwere der Tat unterscheiden; der es für möglich hält, im Urteil die Gründe anzugeben, weshalb 14 Tage Gefängnis und nicht 8 Tage oder 6 Wochen oder 2 Monate als „angemessen“ erscheinen; der es bestreitet, daß Zufall und Willkür für die Höhe der erkannten Strafe maßgebend sind; der es leugnet, daß die Strafzumessung ein Griff ins Dunkle ist! Man nenne mir Einen deutschen Strafrichter, den seine Tätigkeit bei der Strafzumessung innerlich befriedigt — und ich gebe mich für überwunden.

Strafvollzugsämter in der von mir oben vorgeschlagenen Zusammensetzung werden gewiß vor Irrtümern auch nicht immer bewahrt bleiben. Aber ihr Urteil stützt sich auf längere Beobachtung jedes einzelnen Verurteilten, auf die Kenntnis seines Charakters, seiner Vergangenheit, seiner Familien- und Erwerbsverhältnisse, seiner Aussichten für die Zukunft. Ihre Zusammensetzung gewährt ihnen die volle Unabhängigkeit des Richters, sichert ihnen aber zugleich die stete und befruchtende Berührung mit dem Leben des Volkes überhaupt, der Verbrecherwelt insbesondere. In der Umgestaltung der richterlichen Strafzumessung erblicke ich den Angelpunkt jeder durchgreifenden Umgestaltung unserer Strafrechtspflege.

Es ist klar, daß sie unser Strafverfahren wesentlich vereinfachen wird. Auf die Feststellung der Tatsachen und die damit gegebene Bestimmung des Strafrahmens wird die Tätigkeit des Strafrichters sich beschränken können. Die Berufung wegen des Ausmaßes der Strafe fällt hinweg. Die Tätigkeit nicht nur der ersten, sondern auch der zweiten Instanz wird mithin vereinfacht. Das wird für unser ganzes Strafverfahren von heilsamster Wirkung sein.

Die Beschränkung des richterlichen Strafzumessungsrechtes wird aber auch unsere Strafgesetzbücher von einer

Menge unnützen Ballastes, unsere Strafgerichte von einer Fülle ebenso harter wie unfruchtbarer Arbeit befreien. Zahlreiche „erschwerende Umstände", manche feine Unterschiede in den Tatbeständen werden fallen und mit ihnen die zeitraubendsten Streitfragen. Wozu der „schwere Diebstahl", der doch die gefährlichsten, das ist die gewohnheitsmäßigen Diebe nicht trifft, der doch in der Rechtsprechung zu einer wesentlichen Erhöhung der Strafe nicht führt? Wenn alle die schönen Unterscheidungen von „Einbrechen", „Einsteigen" und „Erbrechen von Behältnissen", wenn die Begriffe der „falschen Schlüssel" und der „Gegenstände der Beförderung", der „Nachtzeit" und des „Einschleichens", wenn all diese durch langen Gebrauch liebgewordenen kleinen alten Zöpfe aus der Mode kommen, wenn ein frischer Windzug dieses Spinnengewebe von Streitfragen auseinanderfegt — wieviel Zeit, wieviel Kraft, wieviel Arbeitslust wird uns übrig bleiben für ernstere, wichtigere, des gereiften Mannes würdigere Dinge!

Ich möchte hier hinweisen auf die, zwar von einem anderen Gesichtspunkte ausgehenden, aber gerade darum mir doppelt wertvollen Ausführungen von Staatsanwalt Blume-Hildesheim auf der 12. Jahresversammlung des nordwestdeutschen Vereins für Gefängniswesen (XVII. Vereinsheft S. 28). Der Redner sagte:

„Aber nicht allein räumlich, sondern auch sachlich stehen Verbrechen und Vergehen in den engsten Beziehungen. Die Merkmale, die sie scheiden, erweisen sich in praxi häufig als ganz minimale. Vergreift sich jemand an einem im Dienste befindlichen Förster selbst unter Anwendung von Mordwaffen, so begeht er ein Vergehen, verursacht er demselben dabei, wenn auch nur kulpos, eine Hautwunde am kleinen Finger, so begeht er ein Verbrechen und eine Zuchthausstrafe bis zu zehn Jahren kann ihn treffen. Stiehlt der Dieb aus einem Hause ein über sein Bedürfnis hinausgehendes Quantum Cigarren, indem er die mit einem Drahtstifte verschlossene und mit Papier beklebte Cigarrenkiste mit seinem Taschenmesser aufbricht, so ist er wegen eines Verbrechens mit Zuchthaus zu bestrafen; heißt er die ganze Kiste Cigarren mit sich gehen, so hat er nur ein Vergehen begangen und kann mit einem Tage Gefängnis abkommen. Derartige Beispiele ließen sich durch Mitteilungen aus den Erfahrungen der Praxis beliebig vermehren . . . . ."

Aber auch, wenn wir die Begriffe verschiedener Delikte miteinander vergleichen, gelangen wir teilweise zu einem durchaus übereinstimmenden Ergebnisse.

Hat es einen wirklichen Wert, wenn wir anders nicht mit den Begriffen spielen oder unsern Scharfsinn an juristischen Knackmandeln prüfen wollen, den feinen, niemals greifbaren Unterschied zwischen Diebstahl und Unterschlagung aufrecht zu erhalten, den wir uns künstlich geschaffen haben, obwohl er dem Leben fremd ist? Wenn der Junge, der neben mir mit einer Hutschachtel einhergeht, mir mit derselben plötzlich entläuft; wenn mein Dienstmädchen die ihr übergebenen Silberlöffel verkauft oder wenn der Handlungsgehülfe die Waren verschleppt, um seiner Geliebten die standesgemäße Kleidung zu sichern — kommt es denn wirklich darauf an, ob er wegen Diebstahls oder Unterschlagung verurteilt wird? Freilich, gar manche schöne Abhandlung wäre ungeschrieben geblieben, gar manche Nichtigkeitsbeschwerde (oder um deutsch zu sprechen, Revision) wäre nicht überreicht worden, gar mancher doctor juris hätte einen andern Vorwurf zur Erhärtung seiner Gelehrsamkeit sich wählen müssen, wenn wir den strafrechtlichen Begriff des „Gewahrsams" und die vielen feinen, an ihn anknüpfenden Fragen nicht gehabt hätten.

Ich glaube, daß man mir und meinem Lehrbuch den Vorwurf nicht machen kann, der scharfen Bestimmung der strafrechtlichen Begriffe zu geringe Aufmerksamkeit geschenkt zu haben; und ich gestehe gern, daß mir eine gelungene begriffliche Unterscheidung heute noch dieselbe Freude macht wie in den Knabenjahren die Auflösung einer mathematischen Gleichung. Aber die Strafrechtspflege scheint mir denn doch eine andere Aufgabe zu haben, als die Befriedigung solcher Neigungen. Wenn wir aus den §§ 242, 243 und 246 den einen Satz machten:

„Wer eine fremde bewegliche Sache sich (rechtswidrig) aneignet, wird mit Gefängnis von 6 Wochen bis zu 2 Jahren bestraft",

so würde ich mit herzlicher Freude ein paar Seiten meines

Lehrbuches, die mir ebensoviel Arbeit wie Freude bereitet haben, dem gesunden Menschenverstande zum Opfer bringen.

3) Die Freiheitsstrafen des künftigen Gesetzbuchs sind Gefängnisstrafe und Zuchthausstrafe.

Mit beiden ist Arbeitszwang verbunden. Jedoch kann der Richter in den im Gesetze vorgesehenen Fällen (politische Delikte, Zweikampf) den Verurteilten von der Verpflichtung zur Arbeit entbinden. So wird die Festungshaft überflüssig, ohne daß der ihr zu Grunde liegende Gedanke verloren geht.

Von dem ihnen gemeinsamen Arbeitszwange abgesehen, sind die beiden Arten der Freiheitsstrafe so viel als als möglich voneinander zu unterscheiden.

a) Für jede der beiden Strafen sind besondere Strafanstalten einzurichten: Gefängnisse einerseits, Zuchthäuser andererseits. In den ersteren darf Zuchthausstrafe, in den letzteren Gefängnisstrafe unter keinen Umständen vollstreckt werden. Wenn irgend möglich, sind auch die verschiedenen Abstufungen der Zuchthausstrafe in getrennten Anstalten zu vollstrecken.

b) Das Mindestmaß der Zuchthausstrafe schließt sich an das Höchstmaß der Gefängnisstrafe unmittelbar an. Die Gefängnisstrafe ist ausschließlich eine zeitige; sie reicht von 6 Wochen bis zu 2 Jahren. Die Zuchthausstrafe ist entweder eine lebenslängliche oder eine zeitige; die letztere beträgt 2 bis 5, 5 bis 10 oder 10 bis 15 Jahre[1]).

c) Die Gefängnisstrafe wird in Einzelhaft verbüßt. Die Zuchthausstrafe beginnt mit einjähriger Einzelhaft; der noch übrige Teil der Strafzeit wird in fortschreitender (progressiver) Gemeinschaftshaft mit nächtlicher Trennung vollstreckt.

d) In Beziehung auf die Hausordnung in den Strafanstalten, die Disziplinarstrafen, die Gewährung von Vergünstigungen, auf Art der Arbeit, Arbeits-

1) Die Behandlung der sogenannten Konkurrenzfälle bleibt einstweilen außer Betracht; auch hier wird eine wesentliche Vereinfachung gegenüber dem geltenden Recht möglich sein.

aufgabe und Arbeitsverdienstanteil, Verkehr mit der Außenwelt u. s. w., sind Gefängnisstrafe und Zuchthausstrafe möglichst voneinander zu unterscheiden.

e) Die Verurteilung zu Gefängnisstrafe hat niemals, die zu Zuchthausstrafe stets den Verlust der bürgerlichen Ehrenrechte zur Folge. Doch kann der Richter in den durch das Gesetz vorgesehenen Fällen dem Verurteilten die Ehrenrechte vorbehalten, wenn festgestellt wird, daß die für strafbar befundene Handlung nicht aus einer ehrlosen Gesinnung entsprungen ist.

f) Der aus dem Gefängnisse Entlassene ist niemals, der aus dem Zuchthause Entlassene stets unter Polizeiaufsicht zu stellen. Die Dauer der Polizeiaufsicht ist der in dem Zuchthause tatsächlich verbüßten Strafzeit gleich. Das Strafvollzugsamt kann die Befreiung des Entlassenen von der Polizeiaufsicht verfügen, wenn sich derselbe der Aufsicht eines staatlich anerkannten Schutzfürsorgevereins unterwirft.

Die unter a) bis f) aufgestellten Grundsätze sollen in erster Linie zur Klarlegung meines Grundgedankens dienen: daß Gefängnis- und Zuchthausstrafe so weit als irgend möglich in ihrem Vollzuge sich voneinander unterscheiden müssen. Ueber die einzelnen Sätze wird eine Verständigung leicht möglich sein, sobald man sich einmal über den Grundgedanken geeinigt hat.

Die scharfe Unterscheidung von Zuchthaus und Gefängnis entspricht allerdings nicht den vielfach hervorgetretenen Bestrebungen, eine einzige, nur in ihrer Dauer verschiedene Freiheitsstrafe einzuführen. Die einseitigen Anhänger der Besserungstheorie begegnen sich in diesen Bestrebungen mit den überzeugungstreuen Vorkämpfern der Zellenhaft. Wie früher schon Mittermaier, Schlatter, Dietz, Fueßlin, Röder und andere, wie der internationale Wohltätigkeitskongreß zu Frankfurt a. M. 1857, so vertraten auf dem Gefängniskongreß zu Stockholm 1878 insbesondere Thonissen und andere, freilich im Gegensatze zu Berner, Starke, Illing, den Gedanken der „unification de la peine privative de la liberté". Und auf den Versammlungen des nordwestdeutschen Gefängnisvereins in den Jahren 1887, 1888 und 1889 waren es insbesondere Krohne und Streng, welche die einheitliche, in Einzelhaft zu vollstreckende Freiheitsstrafe befürworteten[1]).

Aber auch die von dem Berichterstatter Blume vorgeschlagenen Sätze, welche neben der vom Arbeitszwange freien Haft nur eine Freiheitsstrafe mit Arbeitszwang empfehlen sollten, laufen im wesentlichen auf dasselbe hinaus, sobald wir die Bestrafung der Uebertretungen nicht in unsere Erörterungen einbeziehen.

Ich halte den Gedanken der einheitlichen Freiheitsstrafe für gänzlich verkehrt. Er steht und fällt mit seinen Voraussetzungen: der Besserungstheorie und dem Glauben an die Allmacht der 30 Kubikmeter Rauminhalt unserer Musterzellen. Sobald wir anerkennen, daß es Unverbesserliche gibt, kann die Besserungstheorie nicht mehr die alleinige Grundlage unseres Strafensystems abgeben. Sobald wir uns überzeugen, daß die Dauer und die Wirkung der Zellenhaft eine beschränkte ist, werden wir mindestens zwei Arten der Freiheitsstrafe unterscheiden müssen: die eine, welche in der Zelle verbüßt wird, und die andere, bei welcher dies nicht oder doch nur zum kleineren Teil der Fall ist. Und unter allen Umständen kann die Notwendigkeit der tatsächlichen Unterscheidung auf so lange nicht bestritten werden, als nicht die für vollständige Durchführung der Einzelhaft erforderliche Zahl von Zellen vorhanden ist. Ich hoffe freilich, daß dieser von den wenigen heute noch vorhandenen Fanatikern der Zellenhaft herbeigesehnte Augenblick niemals eintreten wird. Der gründliche Mißerfolg des vielgepriesenen Systems in Belgien spricht eindringlicher als die eingehendste Auseinandersetzung.

Die 14. Jahresversammlung des nordwestdeutschen Gefängnisvereins (1889) hat sich denn auch mit erdrückender Mehrheit gegen die von Blume vorgeschlagene Beseitigung des Zuchthauses und für die Vertiefung des Unterschiedes zwischen Zuchthaus und Gefängnis ausgesprochen.

Zwei Arten der Freiheitsstrafe müssen wir unterscheiden. Das folgt, wenn wir auch hier noch

1) Siehe die Verhandlungen im 17. und 18. Vereinsheft S. 6, bezw. S. 38.

davon absehen wollen, den wiederholten Rückfall der erstmaligen Begehung gegenüberzustellen, schon aus der verschiedenen Schwere der strafbaren Handlungen. Wollten wir Totschlag, Notzucht, Brandstiftung, Raub mit derselben Strafe belegen, mit welcher wir Beleidigung, Hausfriedensbruch, Sachbeschädigung bedrohen, so würden wir das Rechtsbewußtsein unserer Bevölkerung auf das tiefste erschüttern. Wir haben es ja bereits unzweifelhaft getan, indem wir den Unterschied zwischen Zuchthaus und Gefängnis, welchen das Gesetz verlangt, in der tatsächlichen Handhabung so gut wie gänzlich verwischten und an seine Stelle den Unterschied der Strafanstalten setzten [1]).

Der unserem heutigen Recht verloren gegangene Unterschied von Gefängnis und Zuchthaus muß wieder belebt und so weit als irgend möglich durchgeführt werden. Darin erblicke ich eine der wichtigsten und dringendsten Forderungen der Kriminalpolitik.

Klar sollte es sein, daß der Unterschied nicht in dem Vorhandensein oder Fehlen des Arbeitszwanges gesucht werden darf. Einsperrung ohne Arbeit ist verderblich. Nach den mit der Haft gemachten Erfahrungen haben wir wahrhaftig keine Veranlassung, den dort begangenen verhängnisvollen Fehler auch auf die Gefängnisstrafe zu übertragen.

Nur bezüglich des jetzigen Herrschaftgebietes der Festungshaft bin ich geneigt, eine Ausnahme zu machen. Die Personen, gegen welche sie heute zur Vollstreckung gelangt, gehören Lebenskreisen an, welche sich ohne Handarbeit zu beschäftigen wissen, bei welchen die Zucht durch Anhaltung zu harter Arbeit, wenn auch vielleicht nicht ganz überflüssig, so doch nicht unbedingt notwendig ist. Hier mag der Strafvollzug nach wie vor bestehen in der „Freiheitsentziehung mit Beaufsichtigung der Beschäftigung und der Lebensweise der Gefangenen"; weitere von demselben Geiste getragene, aber am besten in die Hausordnungen zu verweisende Bestimmungen können sich anschließen. Wenn ich

---

1) Vergl. dazu die lehrreichen Verhandlungen des nordwestdeutschen Gefängnisvereins auf den Versammlungen von 1887 bis 1889.

dennoch die Festungshaft als selbständige Art der Freiheitsstrafe gestrichen wissen will, so ist es mir nicht nur um den Wegfall des Namens zu tun. Es kommt mir vielmehr darauf an, daß auch in diesen Fällen die Freiheitsstrafe in den gewöhnlichen Strafanstalten und nicht wie bisher „in Festungen oder in anderen dazu bestimmten Räumen" vollzogen werde. Unserer heutigen Festungshaft ist die Eigenschaft, ein Uebel zu sein, gänzlich abhanden gekommen. Nur der Geldbeutel des Bestraften (oder seiner Angehörigen) leidet darunter. Hochverrat, Landesverrat und die schweren Fälle der (tätlichen) Majestätsbeleidigung erfordern aber eine ernste, einschneidende Bestrafung. In den leichteren Fällen des letztgenannten Delikts kann die Aussetzung der Strafvollstreckung eintreten. Ebenso auch beim Zweikampf, wenn man es nicht vorzieht, diesen, wogegen ich gar nichts einzuwenden hätte, straffrei zu lassen [1]).

Bleibt auch der Arbeitszwang dem Gefängnis wie dem Zuchthause erhalten, so wird es dennoch möglich sein, sie durch andere in die Sinne fallende Merkmale auseinanderzuhalten.

Ich rechne zu diesen vor allem die Vollstreckung der beiden Strafen in getrennten Strafanstalten. Nichts prägt sich dem Gedächtnisse der Menschen leichter und tiefer ein, als was an bestimmte Oertlichkeiten geknüpft ist. Die Zuchthausstrafe wird sich erst dann wieder dem Rechtsbewußtsein des Volkes klar darstellen als die schwerste der Freiheitsstrafen, wenn sie im Zuchthause verbüßt wird, nur im Zuchthause, und wenn im Zuchthause sonst nichts vollstreckt wird als eben die Zuchthausstrafe. Wo einer gesessen hat, daran erinnert sich jeder, der um die Tat weiß. Ob die getragene Jacke braun oder grau war, ob der Zellenflügel A oder der Zellenflügel B den Verurteilten beherbergt hat, das sind feine Unterscheidungen, die sich dem Verständnisse der großen Menge (und nicht bloß dieser) völlig entziehen. Ich kann mir nicht denken, daß die praktische Durchführung dieses Gedankens besondere Schwierigkeiten verursachen sollte.

---

1) Vergl. auch Sontag Z. I 12.

Ich halte es ferner für unbedingt notwendig, daß das Mindestmaß der Zuchthausstrafe nicht unter das Höchstmaß der Gefängnisstrafe hinuntergreift. Wenn der Gefängnissträfling fünf Jahre sitzen muß, während der Zuchthäusler nach einem Jahre wieder nach Hause kommt, so kann man es den Leuten nicht übelnehmen, daß sie nicht begreifen wollen, die erstere habe die leichtere Strafe erlitten.

Bekanntlich ist das englische Recht noch weiter gegangen. Das Höchstmaß des imprisonment (2 Jahre) schließt sich nicht an das Mindestmaß der penal servitude (5 Jahre) an, sondern ist von diesem durch einen breiten Zwischenraum getrennt. Das hat manches für sich. Dennoch halte ich es für zweckentsprechender, wenn wir im Deutschen Reich uns möglichst an das heute geltende Recht anschließen und uns von den eingewurzelten Ueberlieferungen nicht weiter entfernen, als unbedingt notwendig ist. Ich schlage daher Spannrahmen vor, welche sich aneinanderschließen, und beantrage als Grenze derselben zwei Jahre. Die Gefängnisstrafe würde mithin mit zwei Jahren im Höchstmaße schließen, die Zuchthausstrafe mit zwei Jahren im Mindestmaße beginnen.

Die Herabsetzung des Höchstmaßes der Gefängnisstrafe auf zwei Jahre dürfte angesichts der kriminalistischen Zahlenreihen (oben S. 343) keinem ernsten Bedenken begegnen. Sie entspricht durchaus der tatsächlichen Anwendung der Gefängnisstrafe durch unsere deutschen Gerichte. Auf 100 zu Gefängnis Verurteilte kommen im Jahre 1886 nur 0,97 zu Gefängnis von zwei Jahren und darüber Verurteilte. Von dieser Zahl sind noch diejenigen abzurechnen, welche Gefängnis von gerade zwei Jahren erhielten. Mein Vorschlag bedeutet mithin, beim Lichte betrachtet, keine Veränderung des geltenden Rechtes, keine Abweichung von unserer heutigen Uebung.

Die Erhöhung des Mindestmaßes der Zuchthausstrafe ergibt sich mit Notwendigkeit aus den bisherigen Erörterungen. Sie ist unbedingt notwendig, um die Zuchthausstrafe von der Gefängnisstrafe scharf abzuheben. Ich erinnere daran, daß das preußische St.G.B. dasselbe Mindestmaß hatte, während Bayern bis zur Einführung des

R.St.G.B. die Zuchthausstrafe mit vier Jahren beginnen ließ. Dieser Vorschlag entspricht mithin zwar allerdings nicht dem geltenden Recht, wohl aber langjährigen, weit verbreiteten und wohl erprobten deutschen Rechtsanschauungen. Die von den Motiven zum Entwurf des deutschen R.St.G.B. für die Herabsetzung des Mindestmaßes beigebrachten Gründe fallen dagegen nicht ins Gewicht.

Einen weiteren, wichtigen Unterschied zwischen Zuchthaus- und Gefängnisstrafe erblicke ich in der grundsätzlichen Festhaltung des entehrenden Charakters der ersteren[1]. Ich weiß sehr wohl, daß gerade dieser Vorschlag auf heftigen Widerspruch stoßen wird. Aber ich rechne ebenso bestimmt auf zahlreiche und entschiedene Anhänger desselben. Suchen wir uns zu verständigen.

Man wende nicht ein: nicht die Strafe entehrt, sondern das Verbrechen. Wir wollen ja gerade auf entehrende Verbrechen eine Strafe setzen, welche es zum Ausdrucke bringt, daß der Verbrecher durch seine Tat sich selbst entehrt hat. Nur der Einwand verdient Beachtung, daß nicht jedes mit Zuchthaus bedrohte Verbrechen im Einzelfalle aus ehrloser Gesinnung entsprungen zu sein braucht, und daß umgekehrt ehrlose Gesinnung die Triebfeder einer Handlung sein kann, welche eine Gefängnisstrafe nach sich zieht. Daraus wäre zu folgern, daß je nach der Beschaffenheit der Tat zu „individualisieren" sei, wie das häßliche, aber beliebte Wort lautet.

Die teilweise Berechtigung dieses Einwandes gebe ich zu. Aber dem zu Zuchthaus Verurteilten gegenüber genügt es, wenn dem Richter die Möglichkeit gewährt wird, ausnahmsweise die Ehrenrechte vorzubehalten. Damit wäre der entehrende Charakter der Zuchthausstrafe im Grundsatz gewahrt und doch die individualisierende Beurteilung des Einzelfalls gesichert. Dieses Verfahren böte zugleich den Vorteil, daß der Richter in keinem Falle die Ehrenrechte abzuerkennen hätte, die Anschauung also, daß das Verbrechen und nicht die Strafe entehre, zu ungeschwächtem Ausdruck gelangen würde.

---

1) Vergl. dazu Sontag Z. I 14, sowie die angeführten Verhandlungen des nordwestdeutschen Gefängnisvereins.

Es entspricht dem geltenden Recht, gewissen Delikten gegenüber (Meineid, Kuppelei, Wucher) diese Begünstigung auszuschließen. Doch müßte meines Erachtens die Reihe dieser strafbaren Handlungen nicht unwesentlich vermehrt werden.

Soweit es sich aber um einen zu Gefängnis verurteilten Uebeltäter handelt, möchte ich von dem Verlust der bürgerlichen Ehrenrechte gänzlich absehen. Dem Gefängnissträfling gegenüber haben wir immer noch Besserung zu erhoffen und zu erstreben. Diese gefährden wir durch die Aberkennung der Ehrenrechte. Um diesen Preis ist mir die „Individualisierung" zu teuer erkauft.

Bezüglich der Ehrenfolgen der Verurteilung selbst möchte ich zur Zeit noch nicht in Einzelvorschläge eintreten. Nur zwei Punkte seien hervorgehoben. Die Unfähigkeit, in das deutsche Heer oder in die Kaiserliche Marine einzutreten, als Folge der Verurteilung zur Zuchthausstrafe muß unbedingt gestrichen werden. Der Gedanke, von welchem diese Bestimmung getragen wird, ist ideal, aber unpraktisch. Er begünstigt den Ehrlosen, dem es gar nicht darum zu tun ist, die Waffen für das Vaterland zu tragen; er setzt eine Prämie (welche unsere Versicherungsanstalten sehr wohl zu würdigen wissen) auf das Verbrechen; er beraubt die Rechtsordnung der wertvollen Möglichkeit, die strenge Zucht des Militärdienstes gerade den widerspenstigsten oder schlaffsten Naturen gegenüber auch für ihre Zwecke nutzbar zu machen [1]).

Mir scheint in jeder Beziehung der von Medem Z. VII 172 gemachte Vorschlag unbedingte Zustimmung zu verdienen. Danach wäre in das Gesetzbuch die folgende Bestimmung aufzunehmen:

„Entlassene Zuchthaussträflinge genügen, wenn ihnen die bürgerlichen Ehrenrechte nicht vorbehalten sind, ihrer Militärpflicht als Arbeiter im Bereich der Militärökonomie."

Von der Polizeiaufsicht könnte in diesem Falle abgesehen werden.

---

1) Vergl. Mittelstädt, Preußische Jahrbücher XL 425. Medem Z. VII 143.

Ich möchte ferner zur Erwägung stellen, ob nicht die Fortdauer der Unfähigkeit zur Ausübung, bezw. Erlangung der Ehrenrechte nach verbüßter Strafe (St.G.B. § 34) mit der sofort zu erwähnenden Polizeiaufsicht in nähere Verbindung gebracht werden könnte. Mir scheint es wenig angemessen, daß jemand, der unter Polizeiaufsicht steht, an der Wahl der Volksvertreter teilnehmen soll; und ich halte es für unbillig, den Entlassenen, den unter Polizeiaufsicht zu stellen wir keinen Grund haben, immer noch unter den Folgen der Verurteilung leiden zu lassen. Demnach würden die Ehrenfolgen des § 34 nur dann eintreten, wenn Polizeiaufsicht statthat, und nur so lange dauern, wie diese.

Die Polizeiaufsicht selbst kann erst im Zusammenhange mit der Schutzfürsorge erschöpfend besprochen werden. Aus dem schon oben S. 403 erwähnten Grunde möchte ich sie dem entlassenen Gefängnissträfling gegenüber gänzlich ausschließen. Wir müssen daran festhalten, ihn bis auf weiteres als gebessert zu betrachten und zu behandeln. Daß die Stellung unter Polizeiaufsicht diesem Gedanken nicht entspricht, bedarf keiner Ausführung. Und in denjenigen Fällen, in welchen die Aufsicht durch Schutzfürsorgevereine nicht genügt, sondern polizeiliche Ueberwachung ausnahmsweise als wünschenswert erscheint, wird sich diese auch ohne richterliches Urteil herbeiführen lassen. Der entlassene Zuchthäusler wäre dagegen grundsätzlich unter Polizeiaufsicht zu stellen. Nur wenn die erfolgte Besserung des Entlassenen mit Grund anzunehmen ist, könnte ohne Bedenken mit Zustimmung des Entlassenen die Schutzfürsorge an die Stelle der Polizeiaufsicht treten.

Daß in der gesamten Gestaltung des Strafvollzuges der Unterschied der beiden Arten der Freiheitsstrafen zum Ausdrucke gebracht werden kann, wird man wohl kaum bestreiten wollen. Alle näheren Bestimmungen hierüber gehören aber nicht mehr in das St.G.B., sondern in das Strafvollzugsgesetz, welches gleichzeitig mit jenem ins Leben zu treten hätte. Ich komme darauf in einem späteren Abschnitte zurück. Dort werde ich es dann auch zu rechtfertigen haben, daß ich die Zellenhaft einerseits für die gesamte Dauer der Gefängnisstrafe, anderseits als Anfangsstufe der Zuchthausstrafe in Vorschlag bringe.

4) Besonderer Erwägung bedarf noch die Frage, ob die lebenslange, sowie die über zehn Jahre hinausgehende zeitige Zuchthausstrafe beizubehalten sei.

Alle sachkundigen Beobachter stimmen darin überein, daß durch eine über zehn Jahre dauernde Freiheitsstrafe eine weitere Einwirkung auf den Charakter des Verurteilten nicht mehr erzielt werden kann. Vom Standpunkte des Besserungszweckes läßt sich also eine über zehnjährige Zuchthausstrafe ebensowenig rechtfertigen, wie wenn durch den Vollzug derselben abgeschreckt werden sollte. Dieselben Gründe sprechen mit verstärkter Kraft gegen die lebenslange Zuchthausstrafe.

Es ist aber nicht notwendig, auf diesen Einwand näher einzugehen, da andere Erwägungen die Beibehaltung einer mehr als zehnjährigen Zuchthausstrafe als unabweislich erscheinen lassen.

Zunächst bedarf es einer Freiheitsstrafe, durch welche unverbesserliche Gewohnheitsverbrecher dauernd oder doch für längere Zeit unschädlich gemacht werden können. Es kann sich nur fragen, ob die Zuchthausstrafe sich für diese Aufgabe eignet oder ob die Aufnahme einer weiteren, besonderen Strafart in das Strafensystem notwendig ist. Ich werde in einem der nächsten Abschnitte zu zeigen versuchen, daß die Zuchthausstrafe ohne weiteres dem Zwecke der Unschädlichmachung dienstbar gemacht werden kann und daß es einer besonderen Strafe (etwa „Strafknechtschaft") für Unverbesserliche nicht bedarf.

Solange wir ferner die Todesstrafe nicht aus dem Strafensystem gestrichen haben, ist es unbedingt notwendig, einen Uebergang zwischen der zehnjährigen Freiheitsstrafe und der Strafe am Leben zu haben.

Aus diesen Gründen kann ich mich nicht entschließen, den Wegfall der zehn- bis fünfzehnjährigen sowie der lebenslänglichen Zuchthausstrafe zu befürworten.

II. Die Geldstrafe

bedarf, wie von allen Seiten zugegeben wird, einer gründlichen Umgestaltung, wenn sie ihre ganz hervorragend abschreckende Wirkung voll entfalten soll.

Die gegenwärtige Androhung und Handhabung der Geldstrafen ist in jeder Beziehung ungenügend. Wird von den Geldstrafen im St.G.B. an sich ein zu geringer Gebrauch gemacht, so sind auch die erkannten Geldstrafen dem Vermögen des Verurteilten zu wenig angepaßt, mithin teils viel zu mild, teils viel zu hart. Dazu tritt die außerordentlich ungleiche Anwendung der Geldstrafe in den verschiedenen Oberlandesgerichtsbezirken, sowie die häufige Uneinbringlichkeit der erkannten Geldstrafe, welche in weitaus den meisten Fällen zur Umwandlung in die so verhängnisvoll wirkenden kurzzeitigen Freiheitsstrafen führt.

Nach der Reichskriminalstatistik waren von 100 im Jahre 1886 zu Geldstrafe Verurteilten

verurteilt zu weniger als 10 M. . .	28,05	75,47
„ „ 10 bis 50 M. (ausschl.)	47,42	
„ „ 50 „ 500 „ „	21,60	
„ „ 500 M. und mehr . . .	2,93	

Zwei Drittel aller wegen Verbrechen und Vergehen (die Uebertretungen sind nicht berücksichtigt) erkannten Geldstrafen haben mithin den Betrag von 50 M. nicht erreicht. Gewiß keine ernste Strafe für einen wohlhabenden Mann, etwa für einen Nahrungsmittelfälscher, dem seine fortgesetzte strafbare Tätigkeit Tausende von Mark ins Verdienen gebracht hat.

Sehr merkwürdig ist die Anwendung der Geldstrafen von 500 M. und mehr in den verschiedenen Oberlandesgerichtsbezirken. Diese Strafstufe ist zur Anwendung gebracht

im O.L.G.B.	Colmar	in 43,46	Fällen auf 100
„ „	Oldenburg	„ 26,82	„ „ „
„ „	Stuttgart	„ 16,84	„ „ „
„ „	Rostock	„ 4,41	„ „ „

In allen übrigen Bezirken kommt auf 100 Verurteilungen zu Geldstrafe noch nicht ein Fall, in welchem auf 500 M.

und mehr erkannt wird. Ja, in acht Bezirken berechnet sich die Häufigkeit dieser Strafstufe nicht nach Zehnteln, sondern nach Hunderteln von Prozenten; in Königsberg ist der Prozentsatz: 0,01.

Nebenbei bemerkt: ein neuer lehrreicher Beitrag zur Lehre von der richterlichen Strafzumessung und von der Einheitlichkeit der Strafrechtspflege im Deutschen Reich!

1) In erster Linie wäre zu fordern, daß die Geldstrafe, soweit sie wegen Verbrechen oder Vergehen erkannt wird, nach dem Vermögen des Verurteilten bemessen werde.

Nur soweit es sich um Uebertretungen handelt, wäre an der bisherigen Art der Androhung im wesentlichen festzuhalten, denn hier handelt es sich nur darum, daß gestraft, daß also die Macht der Rechtsordnung zur Geltung gebracht wird. Das Wie der Bestrafung tritt daneben völlig in den Hintergrund. Es wäre hier lediglich zu überlegen, ob nicht die Spannweite der auf Uebertretungen angedrohten Strafe vermindert werden könnte.

Bei Verbrechen und Vergehen dagegen wollen wir durch die Strafe eine Wirkung in dem Gemüte des Bestraften erzielen, in seiner Seele eine Hemmungsvorstellung für die Zukunft schaffen. Eine dem Vermögen des Verurteilten angepaßte Geldstrafe ist dazu trefflich geeignet. Wird dagegen auf gut Glück hin etwa eine Strafe von 25 M. ausgesprochen, so wird diese dem Reichen nur lehren, daß er sich derartige Scherze öfter erlauben kann, während sie den Armen empfindlich drückt, ihn vielleicht ins Gefängnis führt und in ihm ein Gefühl der Verbitterung zurückläßt, welches nur zu leicht die Veranlassung zur Begehung neuer strafbarer Handlungen werden kann.

Die Bemessung der Geldstrafe nach dem Vermögen ist längst und von verschiedenen Seiten vorgeschlagen worden. So von v. Holtzendorff schon 1864, von Schmölder, von Tallack, von v. Jagemann u. a.[1]).

1) v. Holtzendorff in der Besprechung von Bonneville de Marsangy, Strafrechtszeitung IV 653; Schmölder in den Preußischen Jahrbüchern LXII 129, 140; Tallack: Penological and preventif principles 231; v. Jagemann: Blätter für Gefängniskunde XXIV 17.

Die Durchführung dieses Grundsatzes wird auf ernste Schwierigkeiten nicht stoßen. Der Gesamtbetrag der im Jahre zu zahlenden direkten Steuern würde eine durchaus sichere, unschwer festzustellende Grundlage bieten. Der Richter hätte innerhalb dieses Betrages nach Zehnteln oder Zwölfteln des Steuersatzes die Strafe auszumessen. Soweit es sich um Verurteilte handelt, welche zur direkten Steuer nicht veranlagt sind, könnte ein bestimmter kleiner Satz, etwa von 3 M., festgehalten werden.

Jede derartige Bemessung bietet den großen Vorteil, daß die Geldstrafen weder zu gering, noch zu streng ausfallen, sondern stets innerhalb der Grenzen der Leistungsfähigkeit des Verurteilten bleiben, ihn aber dennoch ebenso empfindlich berühren wird, wie etwa eine Heraufsetzung in der Einkommensteuerstufe.

Etwaige technische Bedenken aber werden sich leicht beseitigen lassen, wenn bei der Beratung des Gesetzentwurfs die gutachtliche Aeußerung von Sachverständigen im Steuerfache herangezogen wird.

2) Bezüglich der Anwendung der Geldstrafe im St.G.B. wäre zu unterscheiden.

Bei Uebertretungen möchte ich sie, wie schon oben erwähnt, ausschließlich androhen. Bei den meisten Vergehen wird sich die wahlweise Androhung empfehlen. Die, sei es wahlweise, sei es notwendige Verbindung mit einer Freiheitsstrafe kann jedenfalls in weitaus größerem Umfange als bisher bei Verbrechen wie bei Vergehen zur Anwendung kommen. Ins einzelne gehende Vorschläge sind heute noch verfrüht [1]).

3) Dringend notwendig ist die sorgfältige Regelung der Vollstreckung der Geldstrafe. Daß die Bestimmungen der Z.P.O. über die Zwangsvollstreckung von Geldforderungen hier nicht passen, dürfte heute wohl von niemandem mehr bestritten werden [2]). Es wird sich darum handeln, nur bei wirklicher Zahlungsunfähigkeit des Ver-

---

1) Vergl. dazu Schmölder a. a. O., dem ich in allem wesentlichen zustimme.

2) Vergl. dazu Kronecker im Archiv des Strafrechts XXVII 81 u. XXVIII 9.

urteilten die Geldstrafe für uneinbringlich zu erklären. Zugleich aber muß durch Gestattung von Teilzahlungen, durch Gewährung von Zahlungsfristen, durch Lohnabzüge u. dergl. dem weniger Zahlungsfähigen die allmähliche Abtragung ermöglicht und damit dem Staate die Leistung gesichert werden [1]).

Wird die Vollstreckung der Geldstrafe zweckentsprechend, unter Berücksichtigung der Umstände des Einzelfalles, geregelt, so wird der Fall ihrer Uneinbringlichkeit selten genug eintreten. Auch dem Tagelöhner wird es möglich sein, allmählich einen Taler oder mehrere abzutragen. Die Buchführung der Gerichte kann wesentlich erleichtert werden, wenn die Teilzahlungen etwa durch Einkleben von Postfreimarken in ein bei Gericht erliegendes Buch erfolgen.

Ist aber die Geldstrafe tatsächlich uneinbringlich, so darf in keinem Falle kurzzeitige Freiheitsstrafe an ihre Stelle treten. Denn das hieße den ärmsten Teil unserer Bevölkerung, an welchen die Versuchung zur Begehung strafbarer Handlungen ohnedies am häufigsten und am drängendsten herantritt, von Staats wegen entsittlichen und in die Bahn des Verbrechens werfen. Hier hat vielmehr die Zwangsarbeit ohne Einsperrung (oben S. 386) einzutreten. Ihre Durchführung bietet in dieser Beschränkung keine Schwierigkeiten. Sie sichert der Strafe die Eindringlichkeit, sie bewahrt den Verurteilten vor den verhängnisvollen Wirkungen des Gefängnisses und sie kostet nach meinen Vorschlägen dem Staate keinen Pfennig, während sie den Gemeinden einen, wenn auch unbedeutenden, Vorteil zuführt.

4) Im Zusammenhange mit der Geldstrafe wie mit dem Strafensystem überhaupt, mag sie auch begrifflich das Gegenstück zur Stafe bilden, steht die dem Verletzten von dem Schuldigen zu leistende Entschädigung. Denn die Einbuße, welche der Verurteilte dadurch an seinem Vermögen leistet, dient zugleich dem Schutze der öffentlichen Rechtsordnung; wie die Geldstrafe, bildet sie ein

1) Beachtenswerte Vorschläge bei Garofalo in seinem Bericht an die Internationale kriminalistische Vereinigung; vergl. Mitteilungen derselben I 52.

empfindliches Uebel, dessen Vorstellung künftighin dem Antrieb zur Begehung eines Verbrechens hemmend entgegentreten wird; mehr als die Geldstrafe, welche an den Staat gezahlt wird, befriedigt sie das durch das Verbrechen gestörte Bedürfnis des Geschädigten wie der Rechtsgenossen nach ausgiebigem Schutz durch die Rechtsordnung.

Ich habe auf diesen Zusammenhang in meiner Besprechung des Entwurfs eines B.G.B. für das Deutsche Reich [1]) hingewiesen; ich habe dort auch die Gesichtspunkte angedeutet, von welchen bei Regelung dieses Gebietes die bürgerliche Gesetzgebung meiner Meinung nach auszugehen hat. Denn dem bürgerlichen Recht und nicht dem Strafrecht gehören die Bestimmungen über Voraussetzung und Inhalt der Entschädigungspflicht an; die strafrechtliche „Buße" findet nur in der Mangelhaftigkeit unseres Privatrechts ihre Daseinsberechtigung.

Aber freilich, Privatrecht und Strafrecht müssen ineinander arbeiten. Das B.G.B. muß die ihm nach dieser Richtung hin gestellte Aufgabe klar erfassen und im großen Stile durchführen, ohne sich um die Engherzigkeiten des heutigen römischen Rechts zu kümmern. Es muß insbesondere den Satz aufgeben, daß nur für vermögensrechtlichen Schaden Ersatz zu leisten sei; es muß die Entschädigungspflicht zur Genugtuungspflicht erweitern; es muß aus der deliktischen Entstehungsursache für die Verbindlichkeit des Schuldigen die Berechtigung ableiten, den Inhalt dieser Verbindlichkeit umzugestalten.

Es ist bekannt, daß der deutsche Entwurf eines B.G.B. von alledem nichts geleistet hat. Ich zweifle auch, bei dem heutigen Stande unserer privatrechtlichen Anschauungen, ob die Ueberarbeitung des Entwurfs Wandel bringen wird. Aber gerade darum muß der enge Zusammenhang, welcher zwischen den Deliktsobligationen des Privatrechts und dem Strafensystem besteht, von kriminalistischer Seite stets aufs neue und mit steigender Entschiedenheit betont werden.

---

1) Die Grenzgebiete zwischen Privatrecht und Strafrecht, 1889, S. 27. Auch Garofalo hat in allen seinen Arbeiten, zuletzt in seinem Bericht an die Internationale kriminalistische Vereinigung, die Notwendigkeit betont, an dieser Stelle einzusetzen.

IX. Die Einführung des Aufschubs der Strafvollstreckung in das deutsche Recht.

Gesetzentwurf nebst Begründung.

Nach diesen unerläßlichen Auseinandersetzungen über das von mir vorgeschlagene Strafensystem bin ich nunmehr in der Lage, die oben S. 369 unterbrochene Erörterung über die sogenannte bedingte Verurteilung wiederaufzunehmen und den Entwurf eines Gesetzes vorzulegen, welches die Grundlage für die weitere Auseinandersetzung zu bilden bestimmt ist [1]).

So viel scheint mir wenigstens sicher zu sein, daß aus dem deutschen Volkscharakter und aus den Verhältnissen unseres deutschen Rechtslebens keine Bedenken gegen die Einführung der Maßregel überhaupt hergeleitet werden können. Der Charakter des deutschen Volkes ist weder so reizbar, noch so unstet, daß die Aussetzung der Strafvollstreckung den Verletzten zur Selbstrache gegen den Täter bestimmen oder dem Schuldigen nach wenigen Wochen aus dem Gedächtnisse schwinden wird. Und das Vertrauen des Volkes in die Sicherheit und den Ernst unserer Strafrechtspflege ist zu tief eingewurzelt, als daß es durch öftere Beweise einer scheinbar übergroßen Milde erschüttert werden könnte. Es kann sich also, da die mit der bedingten Verurteilung verbundenen Vorteile außer allem Zweifel stehen, nicht darum handeln, ob, sondern nur darum, wie sie in das deutsche Recht aufgenommen werden soll.

1) Es ist mehrfach, besonders von Wirth (Z. IX 760) und Lammasch (a. a. O. S. 37) die Einführung des Aufschubs der Strafvollstreckung besonders in Bezug auf Jugendliche empfohlen worden. Lammasch schlägt geradezu vor, den § 57, No. 4, R.St.G.B. in folgender Weise abzuändern: „Ist die Handlung ein Vergehen oder eine Uebertretung, so kann das Gericht, wenn der Angeschuldigte vorher noch niemals bestraft worden war, die Vollstreckung der zu erkennenden Freiheitsstrafe insolange aufschieben, als der

---

1) Vergl. zu dem Folgenden den trefflichen Bericht Lammaschs an die Internationale kriminalistische Vereinigung in den Mitteilungen I 34.

Verurteilte sich nicht einer neuen strafbaren Handlung schuldig macht, oder in besonders leichten Fällen auf Verweis erkennen."

Ich verkenne nicht das Gewicht der Gründe, welche dafür sprechen, gerade dem Jugendlichen so weit als möglich die Einsperrung zu ersparen. Aber die Frage kann nur im Zusammenhange mit der strafrechtlichen Behandlung der Jugendlichen überhaupt geregelt werden, und auf diese kann ich erst später eingehen. Zudem wird durch die besondere Betonung der Jugendlichen die große Bedeutung der Einrichtung auch für Erwachsene zu sehr in den Hintergrund gedrängt. Ich schlage daher, in Uebereinstimmung mit dem belgischen Gesetz und mit dem österreichischen Entwurfe, vor, den Aufschub der Strafvollstreckung allen Personen, Jugendlichen und Erwachsenen, Männern und Weibern, zu gute kommen zu lassen, bei welchen nach Ansicht des Richters Hoffnung auf gute Führung vorhanden ist.

2) Voraussetzung für die Gewährung des Aufschubs ist, nach meinem Vorschlage, daß der Verurteilte noch keine Freiheitstrafe im Inlande verbüßt hat. Handelt es sich doch darum, demjenigen, der noch niemals in einer Strafanstalt gesessen hat, wenn irgend möglich, die Einsperrung zu ersparen. Daher darf durch die einmalige oder auch mehrmalige Verbüßung einer Geldstrafe, mag dieselbe auch wegen eines Vergehens ausgesprochen sein, die Bewilligung des Aufschubes nicht ausgeschlossen werden. Dasselbe muß von der Arbeit ohne Einsperrung gelten, welche an Stelle der uneinbringlichen Geldstrafe getreten ist. Auf der anderen Seite darf es keinen Unterschied machen, ob die abgesessene Freiheitsstrafe wegen eines Verbrechens oder Vergehens, oder aber wegen einer Uebertretung erkannt war. Nach meinen Vorschlägen, welche als einzige Uebertretungsstrafe die Geldstrafe verlangen, wird der letztere Fall allerdings niemals eintreten können; aber nach dem heute noch geltenden System, dem der österreichische Entwurf sich vollständig anschließt, haben wir mit einer überwiegenden Anzahl von Personen zu rechnen, welche wegen Uebertretungen eine Reihe von Haftstrafen verbüßt haben, ehe sie wegen eines Vergehens verurteilt wurden. Hier hat der

Aufschub der Strafvollstreckung keinen Sinn. Ich halte es demnach für wenig glücklich, wenn das belgische Gesetz die Bedingung aufstellt: „que le condamné n'a encourru aucune condamnation antérieure pour crime ou délit", oder wenn der österreichische Entwurf, seinem Vorbilde folgend, sagt: „Dieser Beschluß kann nur bei Personen ausgesprochen werden, welche wegen Verbrechens oder Vergehens noch nicht verurteilt worden sind."

Bei diesen Fassungen ist ferner übersehen, daß nicht die Verurteilung zu einer Freiheitsstrafe, sondern die tatsächliche Verbüßung einer solchen den Verurteilten des Aufschubes unwürdig macht. Nur wenn jemand bereits gesessen hat, kann man sagen, daß es unbedingt und allgemein keinen Zweck mehr habe, ihm die schädlichen Folgen einer erstmaligen Einsperrung ersparen zu wollen.

Ich hielte es ferner für angemessen, nur der im Inlande erfolgten Verbüßung einer Freiheitsstrafe die Wirkung beizulegen, daß sie das richterliche Ermessen ausschließt.

Abgesehen aber von dem Falle, daß der Verurteilte bereits, sei es ganz, sei es teilweise, im Inlande eine Freiheitsstrafe verbüßt hat, möchte ich dem richterlichen Ermessen in Beziehung auf die Persönlichkeit des Verurteilten keine Schranken setzen. Alle derartigen gesetzlichen Vorschriften haben wenig Wert. Aus guten Gründen hat das belgische Gesetz die weiteren Bedingungen fallen gelassen, welche Bérengers Entwurf (oben S. 361) aufgestellt hatte. Anders der österreichische Entwurf, welcher den Aufschub der Strafvollstreckung nur bei Personen gestatten will, „von denen mit Grund Besserung zu erwarten ist und deren Heimatsangehörigkeit festgestellt ist". Anders auch Wirth, welcher verlangt, daß der Aufschub nur bei Personen eintreten soll, „deren Verhältnisse durch die Verbüßung einer Freiheitsstrafe besonders schwer betroffen würden". Derartige Erwägungen mag man getrost dem Richter überlassen.

3) Größere Schwierigkeiten bietet die Frage, bei welchen Freiheitsstrafen der Aufschub der Strafvollstreckung zugelassen werden soll.

Unbedingt müßte sie ausgeschlossen sein bei der Verurteilung zu Zuchthaus. Mit dem strengen, entehrenden Charakter der Zuchthausstrafe (deren Mindestmaß, wie erwähnt, nach meiner Meinung auf 2 Jahre hinaufzusetzen wäre) verträgt sich diese milde, in der Hoffnung auf sofortige Besserung des Verurteilten sich gründende Maßregel nicht. Der Entwurf Bérenger wie das belgische Gesetz sprechen auch nur von dem emprisonnement. Und als gründlich verfehlt muß es bezeichnet werden, wenn der österreichische Entwurf den Aufschub der Strafvollstreckung bei jeder Art der Freiheitsstrafe zulassen will.

Tritt infolge der Anwendung des richterlichen Milderungsrechtes (oben S. 392) Gefängnis an die Stelle von Zuchthaus, so halte ich die Aussetzung der Strafvollstreckung für ausgeschlossen. Sie käme in diesem Falle einer zweimaligen Milderung der Strafe gleich. Zur Vermeidung von Mißverständnissen wird es sich empfehlen, diesen Satz im Gesetze ausdrücklich auszusprechen.

Auch darüber gehen die Ansichten auseinander, in welcher Weise im Gesetze die Dauer der Freiheitsstrafe zu begrenzen sei, deren Vollstreckung aufgeschoben werden soll. Das belgische Gesetz und der österreichische Entwurf verlangen, daß die Dauer der erkannten Freiheitsstrafe sechs Monate nicht übersteigt. v. Jagemann (oben S. 365) hebt hervor, daß diese obere Grenze vielleicht zu hoch gegriffen sei. In der Tat beträgt dieselbe in dem Vorschlage der société génèrale des prisons (oben S. 361) ebenso wie in dem Wirthschen Entwurf nur einen Monat. Dagegen hatte der Entwurf Bérenger eine obere Grenze überhaupt nicht aufgestellt, sondern den Aufschub der Strafvollstreckung bei jeder Verurteilung zu Gefängnisstrafe ohne Ausnahme zugelassen.

Ich halte meinerseits diese letzte Lösung der Frage für die allein sachgemäße. Legt man das Schwergewicht auf die im Einzelfall erkannte Strafe, so veranlaßt man damit den Richter, welcher dem Verurteilten den Aufschub sichern will, dazu, sich unterhalb der durch das Gesetz gezogenen oberen Grenze zu halten, während er sonst vielleicht auf eine länger dauernde Strafe erkannt und damit der „bedingten Verurteilung" einen wesentlich größeren Nachdruck gegeben hätte. Die in Aussicht stehende Strafe wird einen um so größeren Einfluß auf den Verurteilten ausüben, je schwerer, einen um so geringeren, je milder sie ist.

Es ist ferner darauf hinzuweisen, daß nach den Ergebnissen der Reichskriminalstatistik (oben S. 344) die tatsächliche Durchschnittsdauer der Gefängnisstrafe nur zwei Monate beträgt und daß 80 Proz. aller Verurteilungen zu Gefängnis die Dauer von drei Monaten nicht erreichen. In den wenigen Fällen aber, in welchen unsere Gerichte auf eine Gefängnisstrafe von mehr als drei Monaten erkennen, handelt es sich entweder um bereits mit Freiheitsstrafe vorbestrafte, mithin von dem Aufschub der Strafvollstreckung ausgeschlossene Personen, oder aber es liegen die Verhältnisse für den erstmals Verurteilten so ausnahmsweise ungünstig, daß die Gewährung des Aufschubs der Strafvollstreckung auch von dem freien richterlichen Ermessen nicht erwartet werden kann.

Ich möchte daher vorschlagen, die Aussetzung der Strafvollstreckung bei jeder Verurteilung zu Gefängnisstrafe nach freiem richterlichen Ermessen zuzulassen. Wird die Höchstdauer der Gefängnisstrafe auf 2 Jahre herabgesetzt (oben S. 401), so werden die gegen diesen Vorschlag möglicherweise geltend zu machenden Bedenken wohl noch um ein wesentliches verringert.

4) Lammasch hat in seinem der Internationalen kriminalistischen Vereinigung erstatteten Gutachten noch weitere Einschränkungen vorgeschlagen, von deren Zweckmäßigkeit ich mich nicht überzeugen kann.

So sagt er (S. 40): „Keinesfalls vermöchte ich es zu billigen, wenn ein Gericht, welches jemanden wegen mehrerer selbständiger konkurrierender Delikte zu einer sechs Monate nicht übersteigenden Gesamtstrafe verurteilt, gleichwohl dem Verurteilten die Begünstigung der bedingten Suspension der Strafvollstreckung gewährte. In dieser Beziehung scheint mir daher das belgische Gesetz einer Einschränkung zu bedürfen, da derjenige, welcher bereits wiederholt strafbare Handlungen verübt hat, einer Bevorzugung gegenüber anderen Sträflingen unwürdig ist."

Ich möchte dieser Ansicht gegenüber zunächst darauf hinweisen, daß mehrere selbständige strafbare Handlungen sehr leicht nebeneinander vorkommen können, ohne daß trotz dieses Zusammentreffens der Fall einen schweren Charakter annimmt. Man denke an den gewöhnlichen Verlauf eines Wirtshausstreits: Körperverletzung, Beleidigung, Sachbeschädigung, Hausfriedensbruch, Widerstand gegen die Staatsgewalt können die unangenehmen Folgen eines und desselben trunkenen Zustandes sein. Ist es nicht sehr gut denkbar, daß ein solcher Fall, der bei dem bisher gänzlich unbescholtenen, durchaus friedfertigen Angeklagten infolge einer Verkettung besonderer Umstände zum erstenmal vorgekommen ist, mildere Beurteilung verdient als ein anderer, in welchem nur eine selbständige Handlung vorliegt?

Ich erinnere ferner an die schwankende Grenze zwischen der sogenannten realen Konkurrenz einerseits, der Einheit der Tat oder des Deliktes andererseits. Bei fortgesetztem Delikt, bei dem sogenannten Kollektivdelikt und in allen verwandten Fällen will Lammasch den Aufschub der Strafvollstreckung zulassen; bleiben diese Fälle wirklich an innerer Strafwürdigkeit stets so weit hinter der realen Konkurrenz zurück, um auf eine grundsätzlich andere Behandlung als diese Anspruch machen zu können? Ist es nicht zweckmäßiger, die Beurteilung des einzelnen Falles auch hier dem richterlichen Ermessen zu überlassen?

Lammasch will ferner den Aufschub der Strafvollstreckung grundsätzlich ausschließen bei denjenigen Delikten, „in Betreff deren weniger Strenge der Bestrafung als vielmehr Konsequenz des Auftretens der Staatsgewalt nötig ist, z. B. Zweikampf und Herausforderung zu demselben"; in anderen Fällen, wie z. B. bei der Beleidigung, will er die Bewilligung abhängig machen von der Zustimmung des Verletzten.

Ich bezweifle, daß die erste Gruppe von strafbaren Handlungen einer scharfen Abgrenzung fähig ist; und ich befürchte, daß, wenn der Verletzte seine Zustimmung verweigert, sich des Verurteilten eine Verbitterung bemächtigen wird, welche der Gesamtheit nicht weniger gefährlich ist, als dem Verletzten selbst.

Es können somit, meiner Meinung nach, von der vorangegangenen Verbüßung einer Freiheitsstrafe und der Verurteilung zu Zuchthaus abgesehen, alle anderen Einschränkungen des richterlichen Ermessens entbehrt werden. Damit wird zugleich die Fassung des Gesetzes wesentlich vereinfacht.

5) Weder das belgische Gesetz, noch der österreichische Entwurf verbinden mit dem Aufschub der Strafvollstreckung die Auferlegung einer Sicherheitsleistung für gutes Verhalten. Auch Bérenger hatte sie nicht aufgenommen. Wohl aber findet sie sich in dem Wirthschen Entwurf. Ich halte eine solche Verbindung für äußerst empfehlenswert. Die drohende Vermögenseinbuße wird den guten Vorsätzen des Verurteilten die ihnen sonst vielleicht fehlende Kraft und Dauer verleihen. Rechtfertigt er dennoch das in ihn gesetzte Vertrauen nicht, so bedeutet der Verfall der Sicherheitssumme eine empfindliche Verschärfung der nunmehr zur Vollstreckung gelangenden Freiheitsstrafe. Zugleich aber ist der Eindruck, welchen die Auferlegung einer Sicherheitsleistung nach außen hin, dem Publikum gegenüber, macht, nicht zu unterschätzen. Die Bedeutung des Aufschubes der Strafvollstreckung als einer letzten eindringlichen Mahnung zu gutem Verhalten wird viel einleuchtender, sie springt ungleich mehr in die Augen, wenn mit der Entlassung des Verurteilten zugleich eine Beschränkung desselben in der Verfügung über sein Vermögen eintritt [1].

Segensreiche Wirkung aber erwarte ich mir von dieser Friedensbürgschaft nur dann, wenn nicht nur die Auferlegung, sondern auch die Höhe der zu bestellenden Sicherheit, sowie die Art der Bestellung dem freien richterlichen Ermessen überlassen wird. Die Fälle werden sich nicht allzu selten ereignen, in welchen die Verhältnisse des im übrigen durchaus vertrauenswürdigen Angeklagten ihm die Bestellung einer nennenswerten Sicherheit in Bargeld oder in Wertpapieren geradezu unmöglich machen. Wollte man in diesen Fällen den Aufschub der Strafvollstreckung verweigern, so würde

1) Diese Erwägungen waren es auch, welche den italienischen Gesetzgeber dazu bestimmten (oben S. 381), mit der Erteilung des richterlichen Verweises die Bestellung einer cauzione di malleveria zu verbinden.

man zu einer durchaus ungerechtfertigten, das Rechtsbewußtsein des Volkes tief erschütternden Bevorzugung der Wohlhabenderen gelangen.

Ist die Art der Bestellung durchaus dem freien Ermessen des Gerichts überlassen, so wird dieses sich auch mit der Uebernahme der Bürgschaft durch eine dem Gerichte als zahlungsfähig bekannte Person begnügen können. Damit ist aber zugleich eine Art von persönlicher Schutzfürsorge begründet, da der Bürge in seinem eigenen Interesse für das gute Verhalten, mithin auch für das ehrliche Fortkommen des Verurteilten Sorge tragen wird.

6) Die Dauer der bedingten Aussetzung habe ich auf drei Jahre festgesetzt. Nach dem belgischen Gesetz ist sie von dem Gericht im Einzelfalle zu bestimmen, soll jedoch fünf Jahre nicht übersteigen. Der österreichische Entwurf hält ebenfalls an der richterlichen Bestimmung fest, setzt aber das Höchstmaß auf drei Jahre herab. Nach dem Wirthschen Entwurf hat der Richter „eine Garantiefrist von mindestens zwei und höchstens drei Jahren" festzusetzen. Lammasch (S. 40) betont, daß die Frist, da es sich um eine Begünstigung des Verurteilten handelt, kürzer sein müsse als die allgemeine Verjährungsfrist.

Ich ziehe eine ein für allemal im Gesetze bestimmte Frist der richterlichen Festsetzung im Einzelfalle vor, schließe mich aber im übrigen der Ansicht Lammaschs an. Maßgebend ist dabei die Frist für die Verjährung nicht der Strafverfolgung, sondern der rechtskräftig erkannten Strafe. Diese Frist beträgt gemäß § 70 St.G.B. nach Herabsetzung des Höchstmaßes der Gefängnisstrafe (oben S. 401) fünf Jahre. Es empfiehlt sich demnach, für die Aussetzung der Strafvollstreckung eine allgemeine Frist von drei Jahren festzuhalten.

Verstreicht die für die Aussetzung der Strafvollstreckung bestimmte dreijährige Frist, ohne daß der Verurteilte neuerdings im Inlande zu einer Freiheitsstrafe verurteilt wird, so entfällt die Vollstreckung endgültig und die bestellte Sicherheit wird frei.

Die Fassung des belgischen Gesetzes: „la condamnation

sera considérée comme non avenue" hat zu der Streitfrage Anlaß gegeben (oben S. 363), ob die Aussetzung ein zweites Mal demjenigen bewilligt werden könne, welcher **nach** Ablauf der Frist eine neue strafbare Handlung begangen hat. In Belgien verneint man die Frage, während ich der Ueberzeugung bin, daß sie nach dem Wortlaute des belgischen Gesetzes bejaht werden muß.

Nach dem österreichischen Entwurf ist die Frage dagegen bestimmt zu verneinen. Das Gericht hat die „Erlöschung der Freiheitsstrafe" auszusprechen. Das verurteilende Erkenntnis selbst aber wird nicht hinwegfingiert. Die vorangegangene **Verurteilung** aber schließt die Anordnung der Aussetzung unbedingt aus.

Nach der von mir vorgeschlagenen Fassung kann die Frage überhaupt nicht aufgeworfen werden. Danach ist maßgebend, ob eine Freiheitsstrafe **verbüßt** worden ist oder nicht. Daher **kann** nach Ablauf der dreijährigen Frist die Aussetzung ein **zweites Mal** bewilligt werden. Ich glaube nicht, daß unsere Gerichte diese Befugnis mißbrauchen und ohne daß besondere Gründe es rechtfertigen, noch einmal dem Verurteilten die Möglichkeit gewähren werden, die Einsperrung von sich abzuwenden. Aber solche Gründe **können** vorliegen. Die Umstände, unter welchen die neue strafbare Handlung begangen worden, können so wesentlich mildernd ins Gewicht fallen, daß eine Fortdauer der nur latent gebliebenen verbrecherischen Gesinnung nicht anzunehmen ist. Und auch abgesehen davon entspricht die belgische Fassung: la condamnation sera considérée comme non avenue, mag sie auch juristisch nicht unbedenklich sein, allein der Bedeutung der ganzen Einrichtung. Mit dem Ablauf der Bewährungsfrist sind Schuld und Strafe getilgt, ist der Makel der Verurteilung hinweggenommen, ist der Täter wieder eingetreten in den Kreis der unbescholtenen Männer. Er hat sich den Anspruch erworben, wieder so behandelt zu werden, als wenn nichts gegen ihn vorgekommen wäre. Das ist der richtige Gedanke in dem juristisch anfechtbaren Ausdrucke: bedingte Verurteilung. Dem richterlichen Ermessen können wir die Beurteilung des einzelnen Falles getrost anheimgeben.

7) Begeht der Verurteilte innerhalb der Bewährungsfrist abermals eine mit Freiheitsstrafe bedrohte Handlung, so entfällt damit die Bedingung, unter welcher die Aussetzung der Strafvollstreckung gewährt worden. Streng genommen wäre für die Frage nach dem Ablauf der Frist der Zeitpunkt der begangenen Handlung maßgebend.

Läuft die Frist z. B. am 31. Dezember 1890 ab, so würde durch die Begehung einer strafbaren Handlung im November 1890 die Wohltat des Aufschubs der Strafvollstreckung verwirkt, mag auch die Verurteilung erst im Februar 1891 erfolgen. Aus praktischen Gründen aber ist es zweckmäßig, die richterliche Feststellung, daß eine strafbare Handlung begangen sei, als maßgebend zu betrachten und zu verlangen, daß das, wenn auch nicht rechtskräftige Urteil noch in die Frist hineinfalle. Der Gefahr, daß dadurch die Frist zu Gunsten des Verurteilten ungerechtfertigt erweitert würde, läßt sich durch die Bestimmung vorbeugen, daß durch die Erhebung der sei es öffentlichen, sei es privaten Klage der Ablauf der Frist gehemmt wird. Mit der Beendigung des Verfahrens durch Einstellungsbeschluß oder durch freisprechendes Erkenntnis beginnt der noch übrige Teil der Frist zu laufen.

Wird der Verurteilte innerhalb der Bewährungsfrist wegen einer neu begangenen strafbaren Handlung abermals zu Freiheitsstrafe verurteilt, so sind nunmehr zwei Freiheitsstrafen nebeneinander zu vollstrecken: die früher erkannte, deren Vollstreckung ausgesetzt war, und diejenige, welche in dem neuen Urteil ausgesprochen wird. Das belgische Gesetz bestimmt für diesen Fall ausdrücklich: „les peines, pour lesquelles le sursis a été accordé et celles qui font l'objet de la nouvelle condamnation sont cumulées." Im österreichischen Entwurf fehlt eine diesbezügliche Bestimmung. Mir war es keinen Augenblick zweifelhaft, daß die Bestimmung des belgischen Gesetzes das Richtige getroffen hat und daß die beiden Strafen ungekürzt, also ohne Zusammenfassung zu einer Gesamtstrafe, nebeneinander zu verbüßen sind.

Ich will dabei nicht verhehlen, daß eine andere Regelung notwendig wird, wenn wir von meinem (oben S. 392) gemachten Vorschlag ausgehen, nach welchem an die Stelle des absolut bestimmten Urteils die Verurteilung zu einer nur durch Höchst- und Mindestmaß begrenzten Freiheitsstrafe treten soll. Aber ich kann auf diese Frage so lange nicht eingehen, als ich nicht in der Lage war, meine Ansicht über die Behandlung der Konkurrenzfälle nach diesem System auseinanderzusetzen. Und ich glaubte, der von mir vertretenen Sache am besten und sichersten zu dienen, wenn ich mich mit meinen Vorschlägen möglichst an das geltende Recht anschloß. Die Einführung des Aufschubs der Strafvollstreckung in unser Recht ist möglich, noch ehe an die gründliche Umgestaltung unserer Strafgesetzgebung herangetreten wird.

8) Noch eine Frage des materiellen Rechts bedarf der kurzen Erörterung. Wir nehmen an: A wurde am 1. Juli wegen des Deliktes x zu einer Gefängnisstrafe von drei Monaten verurteilt, gleichzeitig wurde die Aussetzung der Strafvollstreckung angeordnet. Am 1. August stellt sich heraus, daß A im Juni eine zweite strafbare Handlung y begangen hatte. Was nun?

Zunächst muß der Erhebung der öffentlichen oder privaten Klage weges des Deliktes y auch hier hemmende Wirkung auf den Ablauf der Bewährungsfrist eingeräumt werden. Sodann ist § 79 St.G.B. entsprechend zur Anwendung zu bringen, d. h. das Gericht setzt nach den §§ 74 bis 78 St.G.B. die Strafe für die beiden Delikte x und y fest. Von dem Ergebnisse dieser Feststellung wird es abhängen, ob die Aussetzung der Strafvollstreckung überhaupt noch zulässig ist. Wird z. B. nunmehr auf Zuchthaus erkannt, so ist die Aussetzung ohne weiteres aufzuheben. Aber in allen Fällen hat sich die Sachlage geändert, so daß ein neuer Beschluß des Gerichts darüber notwendig wird, ob die Aussetzung aufrecht zu erhalten oder aufzuheben sei. Auch wenn das Gericht z. B. nur auf Gefängnis von vier Monaten als Gesamtstrafe erkennen sollte, kann es mit Rücksicht auf die neu bekannt gewordene strafbare Handlung zu der Ueberzeugung gelangen, daß der Verurteilte der Wohltat des Gesetzes unwürdig sei.

9) Die prozessualischen Fragen, welche durch die Einführung des Aufschubs der Strafvollstreckung angeregt werden, dürften sich ohne besondere Schwierigkeiten in der Rechtspflege lösen lassen. Insbesondere scheint es mir keiner Erwähnung im Gesetze zu bedürfen, daß die Beschlußfassung über die Aussetzung demjenigen Gericht zukommt, welches in erster oder in höherer Instanz über die Schuld des Angeklagten zu entscheiden hat. Im Gesetze selbst ist meines Erachtens ein einziger Punkt zu regeln.

Es fragt sich nämlich, ob die selbständige Anfechtung des Beschlusses, durch welchen die Aussetzung der Strafvollstreckung angeordnet oder die beantragte Aussetzung abgelehnt wird, zugelassen werden soll. Der österreichische Entwurf bejaht die Frage und gibt gegen die Anordnung dem Staatsanwalt in allen Fällen, gegen die Versagung dem Verurteilten unter bestimmten Voraussetzungen (oben S. 367) das Recht der Beschwerde an die höhere Instanz.

Ich kann diesen Standpunkt nicht teilen und schlage daher vor, die selbständige Anfechtung des Beschlusses über die Aussetzung der Strafvollstreckung auszuschließen und lediglich die Anfechtung mit den gegen das Endurteil gerichteten Rechtsmitteln zu gestatten. Denn nur auf Grund der die Schuldfrage erörternden mündlichen Verhandlung, nicht aber lediglich auf Grund der Akten kann das Gericht sich ein Urteil darüber bilden, ob in der Person des Verurteilten die Voraussetzungen für die Annahme zutreffen, daß die Aussetzung der Strafvollstreckung ihm und der Gesamtheit zum Vorteil gereichen werde.

Kann der Beschluß über die Aussetzung aber nur mit den gegen das Endurteil gerichteten Rechtsmitteln angegriffen werden, so ergibt sich alles weitere von selbst. Die für Berufung und Revision überhaupt geltenden Vorschriften werden auch dann uneingeschränkte Anwendung finden müssen, wenn sie nicht nur gegen das Endurteil, sondern zugleich auch gegen den mit diesem verbundenen Beschluß über die Aussetzung der Strafvollstreckung gerichtet sind. Insbesondere wird in der Revisionsinstanz auch bezüglich des Aussetzungsbeschlusses Verhandlung und Entscheidung auf die Rechtsfrage beschränkt bleiben müssen. Ebenso ist es klar, daß Recht und Pflicht des Staatsanwaltes, die Interessen des Angeklagten wahrzunehmen, keine Einschränkung erfahren darf, wenn es sich um den Beschluß des Gerichts über die Aussetzung der Strafvollstreckung handelt.

Von diesen Erwägungen geleitet, habe ich den unten folgenden Gesetzentwurf aufgestellt. Getreu meiner grundsätzlichen Anschauung, daß es Ehrenpflicht der Wissenschaft sei, für den Fortschritt der Gesetzgebung die Bahn zu ebnen und zu weisen, daß aber fruchtbringende Erörterung nur auf dem Boden bestimmter, greifbarer Vorschläge möglich ist, übergebe ich ihn dem Urteil der Fachgenossen. Alle mir zukommenden, ausführlichen oder kurzen Bemerkungen werde ich sorgfältig sammeln und im Interesse der Sache zu verwerten suchen. Irre ich mich nicht, so ist die Stimmung nicht nur der Kriminalisten vom Fach, sondern weiter Kreise der Bevölkerung der Einführung der Neuerung günstig. Benutzen wir die Gelegenheit, um einen wertvollen Fortschritt unserer Gesetzgebung vorbereiten zu helfen.

Gesetzvorschlag, betreffend die Einführung des bedingten Aufschubs der Strafvollstreckung.

§ 1. Bei jeder Verurteilung zu Gefängnisstrafe kann das Gericht, wenn die Gefängnisstrafe nicht wegen Annahme mildernder Umstände an Stelle von Zuchthaus ausgesprochen wurde und der Verurteilte bisher Freiheitsstrafe im Inlande weder ganz noch teilweise verbüßt hat, anordnen, daß die Vollstreckung der erkannten Strafe bis auf weiteres auszusetzen sei.

Die Vollstreckung der etwa neben der Freiheitsstrafe erkannten Geldstrafen wird durch diese Anordnung nicht berührt.

§ 2. Die Aussetzung der Vollstreckung kann von der Bestellung einer Sicherheit abhängig gemacht werden (Friedensbürgschaft).

Die Höhe der zu bestellenden Sicherheit sowie die Art ihrer Bestellung bestimmt das Gericht nach freiem Ermessen.

Wird die Bestellung der Sicherheit innerhalb der vom

Gerichte bestimmten Frist nicht nachgewiesen, so ist die erkannte Strafe zu vollstrecken.

§ 3. Der Beschluß des Gerichts, durch welchen die Aussetzung der Vollstreckung angeordnet oder die beantragte Aussetzung abgelehnt wird, kann nur mit den gegen das verurteilende Erkenntnis gerichteten Rechtsmitteln und nach den für diese geltenden Grundsätzen angefochten werden.

§ 4. Die Vollstreckung der erkannten Strafe entfällt und die bestellte Sicherheit wird frei, wenn der Verurteilte innerhalb der nächsten drei Jahre nach Rechtskraft des Erkenntnisses nicht wegen einer neuen nach dieser begangenen strafbaren Handlung im Inlande zu Freiheitsstrafe verurteilt wird.

Der Eintritt dieser Folgen ist auf Antrag des Verurteilten durch Beschluß des Gerichts auszusprechen.

§ 5. Wird der Verurteilte innerhalb der nächsten drei Jahre nach Rechtskraft des Erkenntnisses wegen einer neuen nach dieser begangenen strafbaren Handlung im Inlande zu Freiheitsstrafe verurteilt, so verfällt die bestellte Sicherheit der Staatskasse und die früher erkannte Strafe kommt neben der für die neue strafbare Handlung verwirkten Strafe unverkürzt zur Vollstreckung.

Die Erhebung der Klage wegen der neu begangenen strafbaren Handlung hemmt für die Dauer des Verfahrens den Ablauf der dreijährigen Frist.

§ 6. Wenn vor Ablauf der dreijährigen Frist die Verurteilung wegen einer strafbaren Handlung erfolgt, welche vor Rechtskraft des in § 1 erwähnten Erkenntnisses begangen war, so finden die §§ 74—78 St.G.B. Anwendung, und das die Strafe nach diesen Paragraphen bestimmende Gericht hat darüber zu beschließen, ob die Anordnung der Aussetzung aufrecht zu erhalten oder aufzuheben sei.

Die Erhebung der Klage wegen der neu bekannt gewordenen strafbaren Handlung hemmt den Ablauf der dreijährigen Frist für die Dauer des Verfahrens.

Nachtrag.

Die auf Umgestaltung der Strafgesetzgebung gerichtete Bewegung ist in so raschen Fluß gekommen, daß meine oben S. 360 ff. gemachten Mitteilungen über die Aussetzung der Strafvollstreckung bereits nicht mehr völlig dem heutigen Stande der Frage entsprechen. Ich benutze daher diese Gelegenheit zu einigen Nachträgen. Zunächst erinnere ich daran, daß die Internationale kriminalistische Vereinigung auf ihrer ersten Versammlung zu Brüssel am 7. August d. J. sich einstimmig zu Gunsten der bedingten Verurteilung ausgesprochen hat. Die Verhandlungen werden im 3. Heft der „Mitteilungen" veröffentlicht werden, den Lesern der Zeitschrift mithin demnächst zugänglich sein. Von besonderer Wichtigkeit ist es, daß auch in dem Ausschußentwurf eines neuen französischen St.G.B. der Aufschub der Strafvollstreckung Aufnahme gefunden hat. Professor Leveillé aus Paris hat in Brüssel den Wortlaut der betreffenden Bestimmungen mitgeteilt; sie werden in dem Bericht über die Brüsseler Versammlung abgedruckt werden. — Daß die deutsche Tagespresse sich der Frage bemächtigt und fast ausnahmslos sich für die bedingte Verurteilung ausgesprochen hat, ist bekannt; die Zeitungsstimmen hier zu verzeichnen, ist wohl nicht nötig. — Eine eingehende Erörterung der einzelnen, im Texte vorgeschlagenen Bestimmungen wird jedenfalls stattfinden, wenn die deutschen Mitglieder der Internationalen kriminalistischen Vereinigung ihre erste Landes-Versammlung (voraussichtlich zu Ostern 1890) abhalten werden.

Ich teile endlich noch den Wortlaut des österreichischen Entwurfs in derjenigen Fassung mit, in welcher er aus den Beratungen des Strafgesetzausschusses hervorgegangen ist:

§ . . . „Das Gericht kann den Aufschub des Vollzuges einer zuerkannten, die Dauer von sechs Monaten nicht übersteigenden Freiheitsstrafe mit der Wirkung beschließen, daß die Strafe als abgebüßt anzusehen ist, wenn der Verurteilte innerhalb der vom Gerichte festgesetzten Zeit, welche mit mindestens einem Jahr von der Rechtskraft des Urteils anzusetzen ist und die Dauer von drei Jahren nicht übersteigen darf, ein Verbrechen oder Vergehen nicht begangen hat.

Dieser Beschluß kann nur in besonders rücksichtswürdigen Fällen bei Personen ausgesprochen werden, von denen mit Grund Besserung zu erwarten ist, deren Wohnsitz festgestellt ist, und welche noch nicht wegen Verbrechen oder Vergehen verurteilt worden sind, gegen welche nicht auf Schmälerung der staatsbürgerlichen Rechte, auf Zulässigkeit der Stellung unter Polizeiaufsicht oder Verwahrung in einer Zwangsarbeits- (Besserungs-) Anstalt, auf Verweisung (§ 37) oder Untersagung der Ausübung eines vorsätzlich mißbrauchten Berufes (§ 34, Abs. 1) erkannt wurde.

Auf Freiheitsstrafen, welche im Falle der Uneinbringlichkeit von Geldstrafen an deren Stelle zu treten haben, finden vorstehende Bestimmungen keine Anwendung.

Die Eintreibung zuerkannter Entschädigungsansprüche und Geldbußen, sowie der Vollzug von Nebenstrafen wird von dem Beschlusse auf Aufschub des Strafvollzuges nicht berührt.

Für das Einführungsgesetz:

Art. XL. Der Beschluß auf Aufschub des Strafvollzuges in Gemäßheit des § . . . des Strafgesetzes muß bei Verkündung des Urteils eröffnet werden.

Die Beschlußfassung auf Aufschub des Strafvollzuges steht dem Gerichte erster Instanz und, wenn gegen das Urteil auch nur von einer Seite ein Rechtsmittel ergriffen wurde, dem über dieses Rechtsmittel erkennenden Gerichtshofe zu.

Dem Ankläger steht das Recht der Beschwerde gegen den Beschluß auf Aufschiebung des Strafvollzuges zu. Ueber diese Beschwerde entscheidet, wenn gegen das Urteil ein Rechtsmittel ergriffen wurde, der über dieses Rechtsmittel erkennende Gerichtshof, in anderen Fällen, wenn das Urteil von einem Bezirksgerichte geschöpft wurde, der Gerichtshof erster Instanz, sonst das Oberlandesgericht.

Nach Ablauf der im Beschlusse angegebenen Zeit hat das Gericht die Erlöschung der Freiheitsstrafe auszusprechen. Gegen den vom Gerichte erster Instanz zu fassenden Beschluß auf Erlöschung der Strafe hat die Staatsanwaltschaft, gegen den Beschluß, daß die Strafe ungeachtet des auf Aufschub des Vollzuges ergangenen Ausspruchs in Vollzug zu setzen ist, hat der Verurteilte das Beschwerderecht.

Die Beschwerde, welche binnen drei Tagen nach Bekanntgabe des Beschlusses anzubringen ist, geht gegen Beschlüsse der Gerichtshöfe erster Instanz an das Oberlandesgericht und gegen Beschlüsse der Bezirksgerichte an den Gerichtshof erster Instanz.

Wenn der Beschluß, womit das Erlöschen der Freiheitsstrafe ausgesprochen wurde, rechtskräftig geworden ist, kann derselbe wegen eines erst nachträglich bekannt gewordenen, wenn auch innerhalb der festgesetzten Frist begangenen Verbrechens oder Vergehens nicht angefochten werden."

X. Strafe und Zwangserziehung.

Seit dem Erscheinen des letzten Stückes meiner „Kriminalpolitischen Aufgaben" im X. Bande der „Zeitschrift" sind etwa zwei Jahre verflossen. An sich eine kurze Zeit. Und doch hat inzwischen die Sachlage sich so völlig geändert, daß es mir nicht möglich ist, dort anzuknüpfen, wo ich aufgehört habe. Weit über die Kreise der „Internationalen kriminalistischen Vereinigung" hinaus hat die von dieser angeregte Bewegung sich verbreitet. Die Notwendigkeit einer gründlichen Umgestaltung unserer Strafgesetzgebung wird heute nicht mehr bestritten; ist einmal das bürgerliche Gesetzbuch für das Deutsche Reich glücklich unter Dach und Fach, so kommt, dessen werden wir von maßgebender Seite versichert, auch unser französisch-preußisch-deutsches Strafgesetzbuch an die Reihe. Daß bis dahin noch Jahre vorübergehen werden, sichert und stärkt die Hoffnung auf glückliches Gelingen. Wir müssen wissen, was wir wollen, im Großen wie im Kleinen, ehe wir den Anspruch geltend machen, daß das deutsche Volk unsere Forderungen prüfe und erledige.

Es unterliegt keinem Zweifel, daß schon durch die bisherigen wiederholten, vorurteilsfreien, rein sachlichen Erörterungen, im Schoße der I.K.V. wie innerhalb anderer Verbände, eine wesentliche Klärung der Ansichten, eine wertvolle Ausgleichung der Gegensätze, eine praktischere Gestaltung der Vorschläge herbeigeführt worden ist. Niemand kann das dankbarer anerkennen als ich. Aber wir sind noch lange nicht am Ende. Eine ganze Reihe von wichtigen Fragen ist überhaupt noch nicht zur Erörterung gelangt; andere mußten, trotz wiederholter Besprechung, als noch nicht spruchreif zurückgestellt werden; und — was mir das wichtigste zu sein scheint — die fortschreitende Erkenntnis des unlöslichen Zusammenhanges aller einzelnen Probleme führt nicht nur stets zu neuen Fragen, sondern zwingt auch zu abermaliger Ueberprüfung der bereits scheinbar erledigten Fragen.

Unter diesen Umständen scheint es mir am richtigsten, wenn ich zwanglos, wie das Bedürfnis sich ergibt, meine Erörterungen weiterführe. Auf meine früheren Vorschläge zurückzukommen und die gegen sie erhobenen Einwände zu prüfen, dazu ist es jetzt noch zu früh. Und wenn später einmal der rechte Augenblick gekommen sein wird, um das Einzelne zum Ganzen zusammenzufassen, dann wird es der Aufgabe, die ich mir gestellt habe, besser entsprechen, das Erreichbare auszugestalten und zu begründen, als eigensinnig die beste Kraft auf die Verteidigung verlorener Posten zu verschwenden. Noch einmal sei es gesagt: ich will nicht belehren, sondern anregen. Nach meinem Wissen und Können will ich mitarbeiten an der Lösung der nur in gemeinsamer Arbeit zu lösenden Aufgabe. Ob ich Recht behalte mit meinen Ansichten, ist mir gleichgültig. In diesem Sinne habe ich meine früheren Ausführungen geschrieben; in diesem Sinne bitte ich die nachstehenden zu nehmen.

Einer der bedeutendsten und unermüdlichsten Vorkämpfer für die Umgestaltung unserer Strafgesetzgebung, Dr. Aschrott in Berlin, hat in Schmollers Jahrbüchern der Internationalen kriminalistischen Vereinigung den Vorwurf gemacht, daß sie der Behandlung jugendlicher Verbrecher nicht die der Wichtigkeit der Frage entsprechende Aufmerksamkeit zugewendet habe.

Der Vorwurf meines verehrten Kampfgenossen war schon in dem Augenblicke, in dem er ausgesprochen wurde, nicht völlig begründet; durch die inzwischen eingetretenen Tatsachen wird er völlig widerlegt.

Schon auf der Tagesordnung der ersten allgemeinen Versammlung der I.K.V. (Brüssel 1889) standen die beiden folgenden Fragen:

1) „Mit welchem Alter soll die strafrechtliche Verfolgung jugendlicher Verbrecher beginnen?" und

2) „Soll die Zulässigkeit der Zwangserziehung von der Begehung einer strafbaren Handlung abhängig gemacht werden?"

Da die Fragen in Brüssel nicht mehr zur Beratung kamen, wurden sie auf die Tagesordnung der zweiten Versammlung (Bern 1890) übertragen. Zugleich wurde die weitere Frage beigefügt:

„Ist es notwendig und zweckmäßig, die Behandlung jugendlicher Verbrecher von der Unterscheidung abhängig zu machen, ob sie mit der zur Erkenntnis der Strafbarkeit erforderlichen Einsicht gehandelt haben?"

Die Beratung führte, nachdem die zweite Frage ausgeschieden worden war, zur Annahme des folgenden Beschlusses (Mitteilungen II 116):

„Unter voller Anerkennung der Bedeutung und des Einflusses geographischer und ethnographischer Verhältnisse ist die Vereinigung der Ansicht,

1) daß Kinder, welche das Alter von 14 Jahren nicht erreicht haben, keinen strafrechtlichen Maßnahmen unterstellt werden sollen,
2) daß für die Jugendlichen über 14 Jahren die Frage nach dem Unterscheidungsvermögen wegfallen und durch die Frage ersetzt werden soll, ob es nötig ist, dieselben öffentlicher Erziehung zu unterstellen,
3) daß die Behandlung der schuldig befundenen wie der vernachlässigten Kinder sich der Individualität derselben anpassen müsse."

Im Anschlusse an diese Beratungen der allgemeinen Versammlung ist auch die deutsche Landesgruppe der I.K.V. dem Probleme näher getreten. Für die zweite Landesversammlung (März 1891) waren Staatsanwalt Dr. Appelius in Elberfeld und Strafanstaltsdirektor Dr. Krohne in Berlin gebeten worden, sich als Berichterstatter über die Frage zu äußern:

„Nach welcher Richtung hin ist eine Umgestaltung der über die Behandlung jugendlicher Verbrecher im Strafgesetzbuch gegebenen Bestimmungen wünschenswert?"

Von der Versammlung wurde nach den Vorträgen der Berichterstatter beschlossen, die Erörterung der Frage zu vertagen und einen aus drei Mitgliedern bestehenden besonderen Ausschuß zu beauftragen,

1) auf Grund eines in geeigneter Weise zu entwerfenden Fragebogens das Material für die Behandlung der Frage zu sammeln, und
2) hierüber rechtzeitig vor Stattfinden der nächsten Jahresversammlung eingehenden gedruckten Bericht zu erstatten.

In den Ausschuß wurden die Herren Appelius, Krohne sowie der Schreiber dieser Zeilen berufen.

Die Gewählten traten, gemeinsam mit dem von ihnen zugezogenen Direktor der staatlichen Erziehungsanstalt zu Wabern, Herrn Kessler, im Juli 1891 in Eisenach zu einer ersten Besprechung zusammen. Bei dieser wurde uns zunächst klar, daß die durch die Fassung der Frage gegebene Beschränkung auf das rein stafrechtliche Gebiet unmöglich beibehalten, daß vielmehr das Gesamtgebiet der Zwangserziehung mit in den Kreis der Untersuchung hereingezogen werden müsse. Wir hielten es ferner für besser, statt eines Fragebogens die Grundzüge eines vollständigen, die ganze Frage im Zusammenhange regelnden Gesetzentwurfs zu entwerfen. Diese, im Anhange abgedruckten Vorschläge sind an alle an der Frage interessierten Behörden, Anstalten, Vereine und Privatpersonen mit der Bitte um Meinungsäußerung versandt worden. Auf Grund des so gewonnenen Materials sollen die vorläufigen Vorschläge einer erneuten Prüfung im erweiterten Kreise unterzogen und dann mit eingehender

Begründung der nächsten Landesversammlung vorgelegt werden, zu welcher nicht nur die Mitglieder der Vereinigung, sondern auch alle diejenigen Vereine und Personen eingeladen werden sollen, welche zu tatkräftiger Mitwirkung bereit sind. Somit dürfte nicht nur eine vielseitige und gründliche Erörterung der Frage gesichert, sondern auch die Hoffnung auf praktische Erfolge bei den gesetzgebenden Körperschaften des Deutschen Reiches begründet sein.

Zweck der nachstehenden Zeilen aber ist es, zu unseren vorläufigen Vorschlägen eine vorläufige Begründung zu liefern, und damit die kritische Prüfung anzuregen und zu erleichtern. Selbstverständlich ist es, daß, wenn auch für die Vorschläge selbst die sämtlichen Mitglieder des Ausschusses einstehen, doch für die von mir zu gebende Begründung niemand anders verantwortlich gemacht werden kann als ich allein.

I. Die Gestaltung der Zwangserziehung.

Mag durch eine Novelle zum Strafgesetzbuch, mag durch das Einführungsgesetz zum Bürgerlichen Gesetzbuch, mag durch ein besonderes Gesetz die Zwangserziehung (oder wie zweifellos richtiger in unseren Vorschlägen gesagt wird: „die staatlich überwachte Erziehung") geregelt werden, — sicher ist es für alle Fälle, daß nur dann auf gleichmäßige und zweckentsprechende Durchführung des Gesetzes in allen Teilen des Deutschen Reiches gerechnet werden kann, wenn der Reichsgesetzgeber nicht davor zurückscheut, die Durchführung durch Aufstellung bindender Vorschriften von Reichs wegen zu regeln und insbesondere durch die Schaffung einer geeigneten Organisation zu sichern.

1) Unsere Vorschläge verlangen zunächst die Errichtung besonderer Erziehungsämter (Satz I, 5). Sie sollen zusammengesetzt sein aus einem Vertreter der Staatsregierung, je einem Vertreter der beiden christlichen Kirchen, einem Vertreter des Provinzial- oder Kommunalverbandes und einem Vertreter der oberen Schulbehörde. In der Hand des Erziehungsamtes liegt die Bestimmung über die Art und die Ausführung der staatlich überwachten Er-

ziehung, während das Vorliegen der Voraussetzungen, an welche das Gesetz den Eintritt der staatlich überwachten Erziehung geknüpft hat, ausnahmslos durch den Richter festzustellen ist. Ueberdies kann gegen die Anordnungen des Erziehungsamtes von den Eltern oder dem Vormund die Entscheidung des Oberlandesgerichts angerufen werden.

2) Die staatlich überwachte Erziehung ist entweder Familienerziehung oder Anstaltserziehung; die letztere Unterbringung in einer staatlichen oder in einer nicht staatlichen, aber unter staatlicher Aufsicht stehenden Anstalt (Satz I, 4). Ob Familienerziehung oder Anstaltserziehung, und in letzterem Falle, welche Art derselben, einzutreten hat, bestimmt, wie bereits erwähnt, das Erziehungsamt, das dabei die ganze Sachlage, insbesondere aber die Eigenart des Zöglings zu berücksichtigen haben wird. Doch ist verbrecherischen Jugendlichen gegenüber (Satz II, 9) sowohl die Familienerziehung als auch die Unterbringung in einer anderen als einer staatlichen Erziehungsanstalt ausgeschlossen.

Von diesem Falle abgesehen, ist in unseren Vorschlägen der alte und immer noch unausgetragene Streit nicht berührt, ob die Familienerziehung den Vorzug vor der Anstaltserziehung verdiene oder umgekehrt. In Wahrheit wäre auch jede im Gesetz gegebene grundsätzliche Entscheidung zwischen den beiden Systemen, wäre die ausschließliche Billigung des einen, die völlige Verwerfung des anderen, durchaus verkehrt. Der Gesetzgeber darf der Verwaltung nicht die Hände binden. Wenn es schwer ist geeignete Familien zu finden, welche die Zöglinge nicht aus Gewinnsucht übernehmen, sondern ihnen ernsten, sittlichen Halt zu bieten bereit und befähigt sind, so wird umgekehrt auch die Anstaltserziehung nur unbefriedigende Ergebnisse liefern, wenn nicht die geeigneten Anstalten unter guter Leitung zur Verfügung stehen. Gewiß ist für tief verdorbene, im Alter vorgerücktere Jugendliche die Unterbringung in einer stramm geleiteten staatlichen Anstalt das Beste; aber ebenso bietet die Familienerziehung unter günstigen Verhältnissen für jüngere, weniger verdorbene Kinder, insbesondere für

Mädchen, eigenartige Vorzüge, für welche in der Anstalt nur schwer Ersatz gefunden werden kann. Schon aus diesen Gründen empfiehlt sich die Verbindung beider Systeme. Oder richtiger, es empfiehlt sich, im allgemeinen dem Erziehungsamte freie Hand zu lassen. Durch das den Eltern eingeräumte Recht, richterliche Entscheidung herbeizuführen, wird die Gefahr einer willkürlichen oder sachlich unrichtigen Verwaltungsmaßregel so gut wie völlig beseitigt. Ist das freie Ermessen des Erziehungsamtes maßgebend, so kann dieses auch ohne Weitläufigkeiten den Uebertritt des Zöglings aus der einen in die andere Art der Erziehung herbeiführen; insbesondere nach probeweiser Anhaltung in der Anstalt die leichtere Familienerziehung eintreten lassen, oder umgekehrt, wenn der einer Familie überwiesene Zögling sich schlecht führt, ihn in die Anstalt zurückrufen. Auf diese Weise kann, wie das in Wabern mit bestem Erfolge geschehen ist, ein Anstaltsvorstand nicht nur über die in der Anstalt angehaltenen, sondern zugleich über eine ebenso große Anzahl auswärts untergebrachter Zöglinge die Erziehung führen und leiten.

Nach unserer Auffassung ist die Anstaltserziehung die strengere, einschneidendere Maßregel gegenüber der Familienerziehung; in manchen Fällen daher unbedingt notwendig, in andern nicht zu empfehlen; zumeist aber die Anfangs- und Durchgangsstufe, an welche sich, bei guter Führung, aber stets nur widerruflich, die Entlassung in eine geeignete Familie anschließen kann. Von dieser Auffassung sind unsere sämtlichen Vorschläge getragen.

3) Die meisten Zwangserziehungsgesetze, so auch das preußische Gesetz vom 13. März 1878 (abgeändert durch Gesetz vom 23. Juni 1884) dehnen die staatliche Beaufsichtigung der Erziehung nur ausnahmsweise bis zur Großjährigkeit aus. Der regelmäßige feste Endpunkt ist in den verschiedenen Ländern verschieden bestimmt; Preußen hat das vollendete 18. Lebensjahr festgehalten [1]). Außerdem kann schon früher die Entlassung verfügt werden, wenn die

1) Anhalt 15 Jahre (ausnahmsweise 17); Bremen, Oldenburg, Sachsen-Weimar, Lübeck 16 (18), Hamburg 16 (20), Hessen 18, Baden 18 (20), Braunschweig (20).

Erreichung des Zweckes der Zwangserziehung anderweitig sichergestellt, oder dieser Zweck erreicht ist (Preußen § 10). Die Entlassung ist entweder eine endgültige oder eine widerrufliche.

Unsere Vorschläge stehen auf einem anderen Standpunkte. Nach ihnen dauert die staatliche Aufsicht fort bis zum vollendeten 21. Lebensjahre. Eine „Entlassung“ ist nur möglich bei Ansaltserziehung; sie besteht dann aber nicht in der völligen Freigebung des Zöglings, sondern darin, daß er in einer Familie untergebracht wird (Satz I, 6). Nur in besonderen Ausnahmsfällen kann von der Unterbringung in einer Familie abgesehen werden (man denke z. B. an die Verheiratung eines weiblichen Zöglings). Stets aber ist die Entlassung eine widerrufliche.

Diese Vorschläge beruhen auf der naheliegenden Erwägung, daß, wenn überhaupt der Staat an die Stelle der Eltern oder des Vormundes tritt, sein Erziehungsrecht nicht früher enden soll als das der in erster Linie berufenen Personen geendet hätte. Man wird sogar zugeben müssen, daß jugendlichen Personen gegenüber, bei welchen sittliche Verwahrlosung oder verbrecherische Gesinnung festgestellt ist, die Notwendigkeit einer bis zur Großjährigkeit reichenden Ueberwachung dringender ist als in anderen Fällen. Aber eine Lockerung des festen Bandes, ohne völlige Lösung desselben, ist nicht ausgeschlossen; an die Stelle der strengen Anstaltszucht soll und kann in allen geeigneten Fällen während der letzten Jahre der Minderjährigkeit die Unterbringung in einer Familie treten und so der Uebertritt in die völlige Freiheit der Selbstbestimmung allmählich vorbereitet werden.

4) Die Familienerziehung besteht in der von Staats wegen angeordneten und beaufsichtigten Erziehung in der eigenen oder einer geeigneten fremden Familie.

Die Beaufsichtigung ist Sache des Erziehungsamtes. Dieses aber kann unmöglich die Lebensführung des Kindes, Schulbesuch, Beschäftigung, Ernährung, sittliche Unterweisung u. s. w. unmittelbar überwachen. Es bedarf vielmehr zur Erfüllung dieser Aufgabe besonderer Mittelspersonen, welche als Hülfsbeamte des Erziehungsamtes die Ueberwachung der Familienerziehung an Ort und Stelle ausüben, auf die Abstellung aller Mißstände hinwirken, und gegebenenfalls die anderweitige Unterbringung des Kindes bei dem Erziehungsamte beantragen. Wir bezeichnen diese Hülfsbeamten als Vertrauenspersonen (Satz IV, 1).

5) Die Anstaltserziehung kann zunächst in einer staatlichen Erziehungsanstalt vollzogen werden. Wir rechnen zu ihnen auch die von Kommunalverbänden errichteten Anstalten (Satz IV, 3).

Die staatlichen Anstalten stehen unter der unmittelbaren Aufsicht des Erziehungsamtes. Dieses hat alle Vierteljahre durch eines seiner Mitglieder sich von dem ordnungsmäßigen Betrieb der Anstalt zu überzeugen.

Von ganz besonderer Bedeutung für die Erreichung der Zwecke der Zwangserziehung ist die Persönlichkeit des Leiters der Anstalt. Wir verlangen, daß er entweder ein Geistlicher oder ein akademisch gebildeter Lehrer sei und eine mehrjährige praktische Tätigkeit hinter sich habe. Er hat nicht nur die Erziehung der in seiner Anstalt angehaltenen Zöglinge zu leiten, sondern auch die der entlassenen, in Familien untergebrachten Zöglinge zu überwachen. Die Wiedereinziehung in die Anstalt kann er im allgemeinen selbständig verfügen.

6) Neben den Staatsanstalten sind Privatanstalten nicht zu entbehren. Allerdings verdienen für ältere Kinder, bezw. für Jugendliche, staatliche Anstalten zweifellos den Vorzug; und nach unseren Vorschlägen soll, wie bereits erwähnt, bei Personen im Alter von 16 bis zu 20 Jahren die Zwangserziehung ausnahmslos in Staatsanstalten stattfinden. Daneben aber bleibt Raum genug für die Tätigkeit der Privatanstalten; und insbesondere wird die von uns geforderte Ausdehnung der staatlich überwachten Erziehung auf verwahrloste Kinder die Heranziehung derselben zur Zeit und noch auf lange hinaus unvermeidlich machen. Aber die Privatanstalten müssen Sicherheit dafür bieten, daß sie geeignet sind, die Zwecke der Zwangserziehung zu erreichen. Während sie einerseits gewissen gesetzlichen Anforderungen in Beziehung auf die Persönlichkeit des Leiters, auf Lage

und bauliche Einrichtung, Unterricht und Beschäftigung der Zöglinge unbedingt entsprechen müssen, haben sie andererseits sich der unmittelbaren Aufsicht des Erziehungsamtes zu unterwerfen (Satz IV, 2). Sie müssen sich eingliedern in den staatlichen Verwaltungsorganismus. Die dankenswerte Mitwirkung der Gesellschaft, der Kirche, der Einzelnen an dem schweren und umfassenden Werke der Erziehung muß innerhalb der durch die Gesetzgebung gezogenen Schranken und im einheitlichen Geiste erfolgen, soll sie segensreich sein. Damit ist auch die Möglichkeit gegeben, den Leitern der Privatanstalten amtliche Befugnisse einzuräumen, die freilich nicht ganz so weit reichen können, wie die Befugnisse der den Strafanstalten vorgesetzten Personen.

Erziehungsämter, Anstaltsleiter, Vertrauensmänner, Familienvorstände — das sind die Glieder der von uns vorgeschlagenen, einfachen und doch zugleich umfassenden Organisation. Man werfe uns nicht vor, daß unsere Vorschläge zu sehr ins einzelne gehen: auch das beste Gesetz bleibt wertlos, solange seine praktische Durchführung nicht gesichert ist.

II. Die Beseitigung des Unterscheidungsvermögens.

Weitaus die wichtigste, die einschneidendste der von uns vorgeschlagenen strafrechtlichen Neuerungen ist in dem Satze II ausgesprochen: „Gegen Personen, welche bei Begehung der strafbaren Handlung das 16., aber nicht das 20. Lebensjahr vollendet haben, kann der Richter entweder auf Strafe oder auf staatlich überwachte Erziehung erkennen."

Damit ist das Merkmal fallen gelassen, durch dessen Vorliegen seit dem französischen Strafgesetzbuch in den meisten Ländern der Eintritt der Strafe, durch dessen Nichtvorliegen der Eintritt der Zwangserziehung bedingt war: das „discernement", das „Unterscheidungsvermögen", oder wie das R.St.G.B. sagt: „die zur Erkenntnis der Strafbarkeit der Handlung erforderliche Einsicht". Das freie Ermessen des Richters soll entscheiden, ob Strafe, ob staatlich überwachte Erziehung einzutreten hat.

In dieser Loslösung aus den Fesseln der französischen

Ueberlieferung erblicke ich die Hauptaufgabe der kommenden Gesetzgebung auf diesem Gebiete und zugleich die wichtigste Bedingung für das Gelingen aller weiteren Fortschritte. Hier liegt aber auch die schwächste Stelle unseres geltenden Rechts. Wird hier einmal Sturm gelaufen, so ist der Sieg zweifellos, und damit die endgültige Niederlage der Gegner entschieden.

Die Beseitigung des Unterscheidungsvermögens aber ist nur eine Frage der Zeit.

Man wird nicht bestreiten können, daß die geistige (die intellektuelle) Reife nur eine Seite in dem bildet, was wir Zurechnungsfähigkeit nennen, um daran die Erreichung der Strafmündigkeit zu binden. Wie immer man die Begriffe Schuld und Strafe fassen mag, vom Standpunkt der „Vergeltung" aus oder von jenem des Zweckgedankens im Recht, stets werden wir kriminelle Strafe nur dort eintreten lassen, wo wir einen einigermaßen ausgereiften Menschen vor uns haben. Unsere Strafanstalten sind keine Kleinkinder-Bewahranstalten, auch keine Volksschulen; sie sind bestimmt für ausgewachsene Menschen.

Ich habe hier noch nicht zu untersuchen, ob die im geltenden Rechte aufgestellten Altersgrenzen richtig gewählt, ob sie nicht zu niedrig gegriffen sind. Ich will betonen, daß es auch nach unserer Meinung eine Altersstufe gibt, innerhalb welcher die Zurechnungsfähigkeit (wenn auch vermindert) bei dem einen gegeben sein, bei dem anderen fehlen kann, innerhalb welcher mithin die Prüfung im Einzelfalle unvermeidlich ist. Aber diese Prüfung muß sich auf den ganzen Menschen erstrecken; nicht nur auf seine geistige, sondern auch, und zwar in erster Linie, auf seine sittliche Reife. Ich will gar nicht davon sprechen, daß die von unserem R.St.G.B. gewählte Fassung so unglücklich wie möglich ist, daß die Häufung von „Erkenntnis" und „Einsicht" wohl nur von wenigen lebenden Menschen begriffen wird. Sicher ist ja doch die ausschließliche Betonung der geistigen, der intellektuellen Entwicklung. Nun ist aber das, was unser Handeln bestimmt und zugleich den Wertmesser für dasselbe abgibt, nicht die Einsicht in die Strafbarkeit, nicht die Unterscheidung von gut und böse, sondern die Klarheit, Sicherheit und Kraft, mit welcher die allgemeinen Vorstellungen von Recht, Religion, Sittlichkeit unser gesamtes Handeln beeinflussen. Aus der Herrschaft der regulativen Maximen ergibt sich die sogenannte sittliche Freiheit als Grundlage der Zurechnungsfähigkeit im Sinne der herrschenden Lehre. Nicht das Kennen, sondern das Können; nicht der Inhalt der Vorstellungen, sondern ihre ethisch-gemütliche Betonung ist maßgebend: das sind Sätze, deren Richtigkeit zweifellos ist von jedem Standpunkte aus.

Auch die Zurechnungsfähigkeit, wie ich sie auffasse, also die normale Bestimmbarkeit durch Motive, setzt voraus, daß nicht nur dieselben Vorstellungen auftauchen, wie beim normalen Menschen, sondern daß sie auch die gleiche Kraft haben, zu Motiven zu werden. Der dreizehnjährige Junge kann recht gut wissen, daß es verboten, daß es strafbar ist, mit Mädchen geschlechtlichen Unfug zu treiben, er kann vollständig darauf gefaßt sein, dafür seine Prügel zu bekommen: kann diese Einsicht gleichgestellt werden mit der des Erwachsenen? Die sittliche Widerstandskraft, das Wort in jedem Sinne genommen, ist das Entscheidende. Auf sie aber kommt es nach Lage unserer Gesetzgebung nicht an.

Gegen die beliebte Betonung des Unterscheidungsvermögens spricht noch eine weitere Erwägung. Entscheidend ist nach geltendem Recht, ob der Täter die Einsicht besessen hat, welche erforderlich war, um die Strafbarkeit der von ihm begangenen Handlung zu erkennen. Wie überall in unserem heutigen formalistischen Strafrecht, sehen wir nur auf die uns gerade zur Aburteilung vorliegende Tat, nicht auf die ganze Persönlichkeit des Täters. Nehmen wir auf der einen Seite einen Knaben, der bereits wiederholt wegen raffinierter Diebstähle gestraft, jetzt eine an sich harmlose Urkundenfälschung begangen hat. Wir haben zu prüfen, ob er die zur Erkenntnis der Strafbarkeit dieser Tat erforderliche Einsicht besessen hat; verneinen wir die Frage (vielleicht handelt es sich um Fälschungen in einem Schulhefte), so ist Strafe ausgeschlossen, Zwangserziehung zulässig. Hat dagegen das bisher unbescholtene Mädchen einen geringfügigen Diebstahl begangen, so muß sie, wenn der Richter das Vorhandensein des Unterscheidungsvermögens bezüglich des Diebstahls annimmt, zur Strafe verurteilt werden; Zwangserziehung (statt der Strafe) ist ausgeschlossen. Nicht auf das ganze Vorleben des Angeklagten und seine etwaigen Vorstrafen, nicht auf seine gesamte Eigenart, insbesondere seine sittliche Veranlagung und Entwicklung kommt es an; gleichgültig bleibt es, ob Abschreckung oder Besserung, ob die Strafe oder die Zwangserziehung nach Lage des Falles größere Erfolge zu erzielen verspricht: nur die einzelne, dem Richter gerade vorliegende Tat darf in Betracht gezogen werden; nur ob in Bezug auf sie die zur Erkenntnis der Strafbarkeit erforderliche Einsicht vorhanden war oder nicht, steht in Frage.

Damit aber wird der Strafrichter in eine peinliche Zwangslange gedrängt. Er ist der Ueberzeugung, daß der geistig gut entwickelte dreizehnjährige Angeklagte durch eine Jahre hindurch fortgesetzte Anstaltserziehung zu einem brauchbaren Staatsbürger gemacht werden kann; er ist ebenso überzeugt, daß eine zweiwöchige Freiheitsstrafe ihn weder abschrecken noch bessern, wohl aber verhärten und verderben wird: das Gesetz zwingt ihn, auf Strafe zu erkennen. Französische Richter haben es unumwunden eingeräumt, daß sie in einem solchen Falle, über das Gesetz sich hinwegsetzend, das „discernement" verneinen, um dem Kinde die Wohltat der Zwangserziehung nicht zu rauben. Unseren deutschen Anschauungen und Gepflogenheiten dürfte es nicht entsprechen, einen solchen Gewaltschritt zu wagen. Um so dringender müssen wir eine Aenderung der Gesetzgebung fordern.

Man könnte versuchen, alle die Uebelstände, welche sich aus der schroffen, durch das Merkmal des Unterscheidungsvermögens bedingten Scheidung von Strafe und Zwangserziehung ergeben, dadurch zu beseitigen, daß man neben der Strafe, als Ergänzung derselben, die Zwangserziehung zuläßt. Diese hätte einzusetzen, sobald die Strafe verbüßt ist.

In der Tat ist dieser Vorschlag nicht nur in der Literatur mehrfach gemacht worden (von von Jagemann, Altsmann, von der Goltz, Krauß, Stursberg, Simonson u. a.)[1]), sondern hat auch in einzelnen deutschen Landesgesetzgebungen bereits Verwirklichung gefunden.

Ich führe folgende Beispiele an.

Oldenburg. Gesetz, betreffend die Zwangserziehung verwahrloster Kinder und jugendlicher Uebeltäter. Vom 12. Februar 1880.

Art. 9, § 1. Die Zwangserziehung kann vom Staatsministerium, Departement der Justiz, auch angeordnet werden:

1) gegen jugendliche Personen, gegen welche gemäß § 57 St.G.B. eine Freiheitsstrafe von weniger als 6 Monaten erkannt ist, wenn in Berücksichtigung ihres Alters und seitherigen Betragens die Zwangserziehung zum Zweck ihrer sittlichen Besserung erforderlich erscheint.

Lübeck. Gesetz betreffend die Zwangserziehung verwahrloster Kinder und jugendlicher Uebeltäter. Vom 17. März 1884.

§ 1. ... zur Zwangserziehung kann untergebracht werden:

1) wer [2]) ..... vor Vollendung des 15. Lebensjahres zu einer Freiheitsstrafe verurteilt worden ist, sofern die Beschaffenheit der strafbaren Handlung, die Persönlichkeit der Eltern oder sonstigen Erzieher des Kindes oder dessen übrige Lebensverhältnisse die Annahme einer weiteren sittlichen Verwahrlosung rechtfertigen.

Hamburg. Gesetz, betreffend die Zwangserziehung verwahrloster Personen. Vom 6. April 1887.

§ 1, Ziff. 2. Zwangserziehung ist zulässig:

„gegen Jugendliche, welche wegen einer strafbaren Handlung verurteilt worden sind (§ 57 St.G.B.) und entweder die gegen sie erkannte Strafe verbüßt oder Strafaufschub erhalten haben oder begnadigt sind,

wenn ... mit Rücksicht auf die Beschaffenheit der strafbaren Handlung, auf die Persönlichkeit der Eltern oder

---

1) von Jagemann, Mitteilungen der I.K.V. I, 71; Altsmann, Z. XI, 89; von der Goltz, Nordwestdeutscher Gefängnisverein, Heft XX, 137; Krauß, Blätter für Gefängniskunde XXV, 83; Stursberg, Rheinisch-Westfälische Gefängnisgesellschaft, Versammlung von 1883; Simonson in seinen Thesen für die 2. Versammlung der I.K.V., Gruppe Deutsches Reich.

2) nach Vollendung des 8. und vor Vollendung des 12. Lebensjahres strafbare Handlung begeht oder . . . .

sonstigen Erzieher, auf das bisherige Betragen, die übrigen Lebensverhältnisse und das Alter der Kinder die Zwangserziehung zur Verhütung weiterer sittlicher Verwahrlosung und zum Zwecke der Besserung erforderlich erscheint".

Zur Unterstützung dieses Vorschlages könnte man darauf hinweisen, daß durch die Verbüßung der zuerkannten Strafe, in den allermeisten Fällen einer kurz dauernden Freiheitsstrafe, die mehrere Jahre umfassende Zwangserziehung nicht überflüssig gemacht wird. Gewiß kann der strafmündige Jugendliche ebenso, vielleicht noch viel mehr, einer langdauernden erziehlichen Einwirkung, also der Besserung durch Zwangserziehung, bedürftig sein, wie der strafunmündige. Und gewiß ist, daß die wünschenswerte Besserung durch eine Strafhaft von wenigen Tagen, Wochen oder auch Monaten lange nicht in allen Fällen erreicht werden kann. Es ist völlig verkehrt, den gewitzten jugendlichen Verbrecher nach 14 Tagen laufen zu lassen, den weniger entwickelten aber auf Jahre hinaus in eine Erziehungsanstalt zu stecken. Aber auch die Besserungsfähigkeit kann nicht ohne weiteres dem Jugendlichen abgesprochen werden, den der Richter wegen der Reife seiner geistigen Entwicklung für strafmündig erklären mußte. Es wird vielmehr gerade bei geistig besser veranlagten Jugendlichen die Hoffnung auch auf sittliche Besserung in vielen Fällen besser begründet sein, als bei solchen, die auch in ihrer geistigen Entwicklung zurückgeblieben sind.

Dennoch ist jener Vorschlag zu verwerfen. Was soll die kurze Freiheitsstrafe als Vorläuferin einer jahrelang währenden Anstaltserziehung? Soll sie tiefer, nachhaltiger wirken als diese? Wozu erst dem Jugendlichen das Brandmal des Gefängnisses aufprägen, ehe er in Erziehung genommen wird? Nein! die Verbindung von Strafe und Erziehung ist ein Opfer, das dem Gespenste der vergeltenden Gerechtigkeit gebracht wird; sie ist eine Halbheit, die im Einzelfalle sicher keinen Nutzen, wahrscheinlich aber schweren Schaden bringt.

Die Beseitigung des „Unterscheidungsvermögens", als der den Eintritt von Strafe oder Zwangserziehung bedingenden Voraussetzung, ist unsere erste und wichtigste strafrechtliche Forderung. Sie entspricht durchaus einer heute in immer weitere Kreise sich verbreitenden Ansicht.

Bezeichnend dafür sind die Verhandlungen der I.K.V. zu Bern 1890, wo Berichterstatter und Redner gegen das discernement zu Felde zogen[1]; bezeichnend die ablehnende Haltung des Kongresses zu Antwerpen 1890; insbesondere aber die Anträge der Berichterstatter Dr. Appelius und Dr. Krohne auf der zweiten deutschen Landesversammlung der I.K.V. 1891.

Hat man aber einmal erkannt, daß die Unbrauchbarkeit des von der heutigen Gesetzgebung verwendeten Merkmals in der einseitigen Hervorhebung der geistigen Reife, in der Nichtberücksichtigung der gesamten Persönlichkeit, insbesondere ihrer sittlichen Veranlagung und Entwicklung liegt, dann darf man an die Stelle des geltenden Rechts nicht etwa eine Vorschrift setzen, welche an dem gleichen Fehler leidet. Ich kann daher auch dem eben erwähnten Antrage Appelius nicht beitreten. Dieser lautete:

> „doch hat der Richter bei einem Täter, der in der Entwicklung so weit zurückgeblieben ist, daß er das Strafwürdige seines Tuns nicht erkannte, statt auf Strafe, auf Unterbringung in eine Erziehungs- oder Besserungsanstalt zu erkennen".

Die Berücksichtigung der Gesamtpersönlichkeit des Angeklagten ist nur möglich, wenn die Wahl zwischen Strafe und Zwangserziehung in das freie Ermessen des Richters gestellt ist. Dahin ging der Beschluß der Berner Versammlung der I.K.V. (siehe oben S. 428), dahin der Antrag Krohne auf der zweiten deutschen Landesversammlung; dahin gehen auch unsere Vorschläge.

Der schroffe Bruch mit dem gegenwärtigen System, welcher durch die Annahme dieser Vorschläge vollzogen würde, liegt nicht darin, daß in einer großen Anzahl von

---

1) Vergl. insbesondere Mitteilungen I, 111 (Getz, der seiner Anschauung im norwegischen Entwurf Ausdruck gegeben hat), II, 45 (Foinitzky, mit trefflicher Begründung), II, 109 (Gauckler, trotz der Vorliebe der Franzosen für ihre Formel), II, 113 (Correvon). Der Beschluß der Versammung ist oben S. 428 abgedruckt.

Fällen die Zwangserziehung an Stelle der Strafe zu treten hätte. Denn in dem Vollzuge der Freiheitsstrafe gegen Jugendliche wird überall, wo er von sachkundiger Hand geleitet wird, der Zweck der Erziehung und Besserung in den Vordergrund treten; und umgekehrt werden Staatserziehungsanstalten für jugendliche Verbrecher stets eine stramme, ernste Zucht erfordern. Der Unterschied zwischen Strafanstalten für jugendliche Verbrecher und Besserungsanstalten für dieselben wird immer mehr im Namen als in der Sache liegen. Das Wesentliche ist vielmehr, daß an Stelle einer Anhaltung von wenigen Wochen und Monaten eine Jahre hindurch fortgesetzte Anhaltung überall dort tritt, wo sie Aussicht auf Erfolg bietet, wo also Besserungsbedürftigkeit einerseits, Besserungsfähigkeit anderseits zusammentreffen.

III. Die Altersstufen.

Das geltende Recht läßt die bedingte Strafmündigkeit mit dem vollendeten zwölften, die unbedingte mit dem vollendeten achtzehnten Lebensjahr beginnen. Wir schlagen vor, die erste Altersstufe erst mit dem sechzehnten, die zweite erst mit dem zwanzigsten Lebensjahre abzuschließen. „Wer bei Begehung einer strafbaren Handlung das 16. Lebensjahr nicht vollendet hat, kann wegen derselben nicht strafrechtlich verfolgt werden" (Satz I, 1). „Gegen Personen, welche bei Begehung der strafbaren Handlung das 16., aber nicht das 20. Lebensjahr vollendet haben, kann der Richter entweder auf Strafe oder auf staatlich überwachte Erziehung erkennen" (Satz II).

Die Reichskriminalstatistik gibt uns leider keine Auskunft darüber, wie stark die Anteile sind, welche die einzelnen Jahrgänge vom 12. Jahre bis zur erreichten Großjährigkeit dem Verbrechertum stellen. Sie faßt vielmehr je drei und drei Jahrgänge zusammen.

Im Jahre 1888 wurden wegen Verbrechen und Vergehen gegen Reichsgesetze verurteilt:

1)	unter 15 Jahre alt:	9 583	männliche Personen
		2 148	weibliche "
	im ganzen	11 741	

2) 15 bis unter 18 Jahre alt:	17 104	männliche	Personen
	4 224	weibliche	„
im ganzen	21 328		
3) 18 bis unter 21 Jahre alt:	55 538	männliche	„
	5 199	weibliche	„
im ganzen	60 737.		

Es läßt sich daher teilweise nur annähernd, teilweise gar nicht bestimmen, welchen Einfluß unsere Vorschläge auf den Stand der Kriminalität ausüben würden. Durch die Hinaufrückung der unteren Altersgrenze auf 16 Jahre würden dem Strafrichter die drei Jahrgänge der ersten, und der erste Jahrgang der zweiten Gruppe entzogen worden sein, also etwa 16—17 000 Kinder (es darf nicht vergessen werden, daß innerhalb einer jeden Gruppe die einzelnen Jahrgänge sicherlich steigende Ziffern aufweisen). Zu den bedingt Strafmündigen würden nach unseren Vorschlägen gehören die beiden letzten Jahrgänge der zweiten, und die beiden ersten Jahrgänge der dritten Gruppe.

Ich rechne in die beiden Jahrgänge vom 16. bis 18. Jahr (mit Berücksichtigung der nach dem geltendem Recht wegen mangelnden Unterscheidungsvermögens freigesprochenen), etwa 18 000[1]); in die beiden folgenden etwa 32 000[2]), im ganzen 50 000 Personen. Wie viele von ihnen nach unseren Vorschlägen nicht bestraft, sondern der Zwangserziehung überwiesen worden wären, entzieht sich jeder, auch nur annäherungsweisen Berechnung. Immerhin erhellt, daß es sich um sehr bedeutende Ziffern handelt, wenn auch zweifellos durch die ausgedehntere Anwendung der Zwangserziehung die Zahl der in Betracht kommenden Jugendlichen zunächst von Jahr zu Jahr wesentlich vermindert werden wird.

Tausende von „jugendlichen Verbrechern" im Sinne des geltenden Rechts sollen also künftighin dem Strafrichter entzogen werden; die „strafende Gerechtigkeit" soll eine schwere

---

1) In der zweiten Gruppe (15—18 Jahre) wurden 1888 freigesprochen: 3618 Personen.

2) Hier sind die Freigesprochenen nicht zu berücksichtigen, da das Unterscheidungsvermögen keine Rolle spielt.

Einbuße erleiden. Dennoch glauben wir nicht, daß unsere Vorschläge grundsätzlichen Einwänden begegnen werden.

1) Daß die untere Grenze der bedingten Strafmündigkeit hinaufgerückt werden müsse, wird heute fast allgemein zugegeben. Kindern gegenüber, mögen sie auch das zwölfte Lebensjahr zurückgelegt haben, taugt weder die Strafverfolgung, noch die Strafe. Das Gerichtsverfahren zerstört die Scheu, mit der das kindliche Gemüt die strafende Gerechtigkeit des Staates betrachtet; die Untersuchungshaft bringt das verhältnismäßig noch wenig verdorbene Kind nur zu häufig in die Gesellschaft erfahrener Genossen, welche in dem bisher noch nicht verurteilten Knaben, mehr vielleicht noch in dem zum ersten Male eingezogenen Mädchen das Schamgefühl, die Regungen der Reue, die guten Vorsätze vernichten; welche dem unerfahrenen zaghaften Anfänger die nur zu rasch erfaßten Anweisungen, die nur zu getreu befolgten Ratschläge mit auf die Lebenslaufbahn geben; welche mit den gelehrigen Schülern Verbindung anknüpfen, die ihre verhängnisvolle Bedeutung dann erst recht entfalten, wenn die Tore des Gefängnisses hinter den Entlassenen sich wieder geschlossen haben.

Das sind keine leeren Spiegelbilder. Wer hat den Mut zu behaupten, daß die Untersuchungshaft bei den Gerichten des Deutschen Reiches regelmäßig oder doch nur in der Mehrzahl der Fälle in Einzelzellen vollzogen werde! Das anerkennenswerte Bemühen aber, die vier oder fünf Zellengenossen so auszuwählen, daß eine gegenseitige Entsittlichung ausgeschlossen bleibe, muß an der Unmöglichkeit scheitern, bei der Einlieferung die Gemütsart des einzelnen Angeschuldigten auch nur mit annähernder Sicherheit festzustellen.

Und nun erst die öffentliche Verhandlung vor dem erkennenden Gericht! Das angeklagte Kind, das sich als den Mittelpunkt, als den Helden eines Schauspieles fühlt, das die Augen aller Anwesenden auf sich gerichtet weiß, das seinen Namen in den Zeitungen zu lesen hofft, den bewundernden Altersgenossen zum Neid, das, so ganz anders als in der Schule, als erwachsener, mit prozessualischen Rechten ausgestatteter Staatsbürger behandelt wird, es nimmt eine Fülle von neuen Eindrücken, von nicht geahnten Aufregungen hinüber in die Strafhaft, alle geeignet, die Stimme des Gewissens zum Schweigen zu bringen, die Wirkung der Strafe abzuschwächen.

Man kann ja allerdings die Oeffentlichkeit der Verhandlung ausschließen, wenn es sich um jugendliche Angeklagte handelt und damit einen Teil der üblen Folgen beseitigen. Aber auf das gerichtliche Verfahren selbst kann man nicht verzichten, solange man an der bedingten Strafmündigkeit festhält. Denn ob Strafe einzutreten hat oder nicht, darüber kann nur der Strafrichter nach durchgeführtem Strafverfahren entscheiden. Nur der völlige Verzicht auf die Bestrafung vermag das Kind vor den schädlichen Wirkungen des Strafverfahrens zu schützen.

Auf die Strafe aber kann und muß verzichtet werden, solange der Charakter nicht annähernd die Reife, solange die sittliche Widerstandskraft nicht annähernd die Stärke erreicht haben, wie wir sie durchschnittlich beim Erwachsenen finden. Das dreizehnjährige Kind kann recht gut wissen, was gut und böse, was erlaubt und was verboten ist; durch dieses Wissen allein tritt es dem Erwachsenen nicht gleich. Nur wenn die auftauchende Vorstellung von dem aus der Handlung erwarteten Vorteil mit einem Schlag alle die anderen, rechtlichen, religiösen, sittlichen Vorstellungen weckt, die uns im Hause und in der Schule, durch die Kirche und vor allem durch das Leben, mühsam genug, anerzogen werden; nur wenn diese Vorstellungen lebhaft und kräftig genug sind, um als Hemmungsvorstellungen zu wirken, kann der Jugendliche dem Erwachsenen annähernd gleichgestellt werden. Die Erziehung, die geistige, sittliche, körperliche Entwicklung müssen zu einem gewissen Abschlusse gelangt sein, ehe die Strafe am Platze ist.

Darüber freilich kann man verschiedener Ansicht sein, mit welchem Jahre die Altersgrenze zu ziehen sei; ob insbesondere die Vollendung des 14. oder die des 16. Lebensjahres als maßgebend angenommen werden soll.

Für das 14. Lebensjahr spricht der regelmäßige Abschluß der Schulpflicht. Solange die Erziehung, selbst nach den staatlichen Mindestforderungen, nicht beendet ist, kann gegen den kindlichen Tunichtgut wohl eine strengere, ernstere Art der Erziehung eintreten; aber Schulkinder gehören nicht in die Strafanstalten. Ich glaube, daß dieser Satz kaum auf Widerspruch stoßen wird. Die Strafgesetzbücher mehrerer deutscher Einzelstaaten hatten die Strafverfolgung bis zum vollendeten 14. Lebensjahre ausgeschlossen; so Braunschweig (1840), Sachsen (1868), Hamburg (1869). Die Versammlung der I.K.V. in Bern 1890 hat sich für diese Altersgrenze ausgesprochen; Krohne in Halle 1891 hat sie, wie früher Streng in seinen Studien, empfohlen. Nach beendeter Schulzeit, sagt man, tritt das Kind ins Leben hinaus; es wird aufgenommen in die kirchliche Gemeinschaft; im Haus, in der Fabrik, auf dem Felde arbeitet es mit den Erwachsenen. Mit dem Eintritt ins Leben beginnt die Strafmündigkeit, mag diese auch noch in jedem Einzelfalle festgestellt werden, und, auch wenn sie festgestellt ist, nicht die volle Verantwortlichkeit nach sich ziehen.

Unsere Vorschläge gehen noch einen Schritt weiter. Sie lassen die bedingte Strafmündigkeit erst mit dem vollendeten 16. Lebensjahre eintreten. Sie stützen sich darauf, daß erst mit der Geschlechtsreife die Ausbildung der körperlichen und seelischen Eigenart, und damit die Zurechnungsfähigkeit, wenn auch immer noch nur als bedingte und verminderte, gegeben sei. Wir leugnen nicht, daß in unseren heutigen gesellschaftlichen Verhältnissen auch das geschlechtsunreife Kind vielfach mitten im wogenden Leben, im erbittertsten Kampf ums Dasein stehen muß, daß es dem Erwachsenen gleich betrachtet und behandelt wird. Aber wir betonen, daß darum allein das Kind noch nicht aufhört, Kind zu sein, weil es der Schule entwachsen ist; daß ihm Zeit gelassen werden muß, ins Leben sich einzuleben; daß gesellschaftliche Mißstände uns niemals berechtigen können, die durch die Natur selbst gezogenen Grenzen außer acht zu lassen.

Zwischen diesen beiden Ansichten wird man zu entscheiden haben. Aber mag man die sozialen Verhältnisse oder die individuelle Entwicklung als ausschlaggebend betrachten, stets wird es sich als unabweislich herausstellen, die Altersgrenze hinaufzurücken. Kinder gehören nicht vor den Strafrichter. Das ist der Satz, an dem, im Gegensatz zu unserem geltenden Recht, unbedingt festgehalten werden muß. Ob man den Begriff „Kind" soziologisch oder biologisch bestimmen will, ist eine Frage zweiten Ranges.

2) Von wesentlich geringerer praktischer Bedeutung ist der zweite Teil unserer Vorschläge: Ausdehnung der nur bedingten Strafmündigkeit bis zum vollendeten zwanzigsten Lebensjahr. Es wird selten genug vorkommen, daß dem 18-jährigen Mädchen, dem 19-jährigen Burschen die volle Zurechnungsfähigkeit des Erwachsenen mangelt; es wird auch nur selten von der Zwangserziehung, die doch mit erreichter Großjährigkeit, also nach wenigen Jahren oder Monaten, ihr Ende nehmen muß, eine nachhaltige, die Eigenart umgestaltende Einwirkung auf Leute in diesem Lebensalter erwartet werden können. Aber Ausnahmen sind möglich und es empfiehlt sich, sie ins Auge zu fassen. Und gerade weil es sich nur um Ausnahmsfälle handelt, ist die Abweichung unserer Vorschläge von dem geltenden Recht weit geringer, als es auf den ersten Blick scheinen möchte.

IV. Verfolgung und Bestrafung der Jugendlichen.

Unsere Vorschläge (Satz II, 1 bis 8) enthalten hier eine Reihe von Bestimmungen, die wohl kaum einer besonderen Rechtfertigung bedürfen. Wir haben uns bemüht, Streitfragen einstweilen aus dem Wege zu gehen. Prügelstrafe, Erhöhung des Mindestmaßes der Freiheitsstrafe, bedingte Verurteilung, unbestimmte Strafurteile u. s. w. haben wir nicht erwähnt. Gelingt es, in der Hauptsache Uebereinstimmung der Ansichten zu erzielen, die Kräfte zu sammeln zu gemeinsamem Vorgehen, so wird jeder von uns gern seine Lieblingswünsche opfern. Für meine Person möchte ich nur betonen, daß ich der Einführung der bedingten Verurteilung für Jugendliche allein völlig gleichgültig gegenüberstehe. Daß wir die vielumstrittene Neuerung seinerzeit allgemein in unser künftiges Strafgesetzbuch aufnehmen werden, davon bin ich überzeugt. Will man schon früher auf begrenztem Gebiete einen Versuch wagen, so mag man es immerhin tun.

Aber man vergesse dabei nicht, daß die bedingte Verurteilung dem Jugendlichen gegenüber eine ganz andere Bedeutung und zumeist eine geringere Wirkung haben wird als gegenüber dem Erwachsenen, daß also die dort gemachten, sei es guten, sei es schlimmen Erfahrungen durchaus nicht verallgemeinert werden dürfen. Sie hat eine andere Bedeutung, weil der Richter dem Jugendlichen, nicht aber dem Erwachsenen gegenüber nach unseren Vorschlägen die Wahl zwischen Bestrafung und Ueberweisung zur Zwangserziehung hat, seine ganze Stellung zum Angeklagten mithin eine wesentlich andere ist, je nachdem es sich um eine jugendliche oder aber um eine erwachsene Person handelt. Der an sich unpassende Ausdruck „bedingte Verurteilung" ist dem Jugendlichen gegenüber ganz verkehrt. Der Richter kann doch nur sagen: „Für dieses Mal laß' ich dich laufen. Kommst du wieder, so werde ich streng gegen dich vorgehen." Aber er kann sich nicht die Hände binden; er kann keine Strafe „bedingt" aussprechen: denn vielleicht hält er das nächste Mal nicht kurze Freiheitsstrafe, sondern die langjährige Zwangserziehung für das geeignete Mittel. Und ebenso umgekehrt. Die „bedingte Verurteilung" bedeutet daher in Wahrheit entweder einen völligen Verzicht sowohl auf Strafe, als auch auf Zwangserziehung; oder aber sie fällt vollständig zusammen mit dem Verweis des geltenden Rechts, ist mithin unbedingte Verurteilung. Damit ist aber zugleich gezeigt, daß die erziehliche Wirkung, die wir uns von der bedingten Verurteilung nach belgischem Muster erwarten, fast völlig wegfällt. Nichts bleibt übrig als eine ernste, eindringliche Mahnung an den jugendlichen Uebeltäter. Diese kann sehr am Platze sein, recht wohltätig wirken: aber wenn man meinen sollte, damit die „bedingte Verurteilung" eingeführt zu haben, so wäre das eine arge Täuschung. Eine noch ärgere freilich, wenn man meinen wollte, daß die Anhänger der bedingten Verurteilung darin eine sie einstweilen befriedigende Abschlagszahlung erblicken würden.

Die besondere Aufmerksamkeit der Leser möchte ich nur auf die von uns vorschlagene Regelung der vorläufigen Entlassung lenken. Die Entscheidung über die Entlassung soll in die Hände einer besonderen Kommission gelegt werden. Während der Dauer der Probezeit, welche mindestens drei Jahre dauert, steht der Entlassene unter der Aufsicht des Erziehungsamtes. Die Richtung dieser Vorschläge ist klar; eine nähere Begründung derselben wohl überflüssig.

V. Die Ausdehnung der Zwangserziehung auf verwahrloste Kinder.

Weit über das Gebiet des Strafrechts hinaus führt uns unser dritter Hauptsatz:

„Die staatlich überwachte Erziehung hat auch ohne das Vorliegen einer strafbaren Handlung bei Kindern einzutreten, welche das 16. Lebensjahr noch nicht vollendet haben und in der Erziehung so sehr vernachlässigt sind, daß sittliche Verwahrlosung eingetreten oder zu befürchten ist."

Dieser Vorschlag bedarf eingehenderer Begründung. Er will für einen Teil des Deutschen Reiches, insbesondere für Preußen, neues Recht schaffen; er will für die Mehrzahl der übrigen deutschen Länder das bestehende Recht verteidigen gegen den Entwurf eines bürgerlichen Gesetzbuches für das Deutsche Reich.

Der Grundgedanke, von dem wir ausgehen, ist an sich klar genug. Unwiderlegliche Gründe sprechen für die Ausdehnung der Zwangserziehung auf die „bloß" verwahrloste, noch nicht verbrecherisch gewordene Jugend.

Zweifellos kann die Besserungsbedürftigkeit auch dort gegeben sein, wo die Begehung einer an sich strafbaren Handlung nicht festgestellt ist. Die Uebertretung des Strafgesetzes ist gewiß nicht das einzige, gewiß nicht einmal das wichtigste Merkmal sittlicher Verderbtheit. Man denke an das dreizehnjährige Mädchen, welches, faul und verlogen, eitel und genußsüchtig auf der Straße sich umhertreibt, aller menschlicher Voraussicht nach rettungslos dem Diebstahl und der Prostitution verfallen; oder man erinnere sich des Knaben, der in der eingestandenen Absicht seine Mutter zu töten, alle Vorbereitungen zur Ausführung seines Planes getroffen, aber an dem Anfang der Ausführung verhindert, nach Lage unserer Gesetzgebung damit eine „strafbare Handlung“ überhaupt nicht begangen hat. Und wie überaus zahlreich sind die Fälle, in welchen gerade Kinder und Jugendliche, deren sittliche Verwahrlosung zweifellos, deren verbrecherische Neigung höchst wahrscheinlich ist, Jahre hindurch es verstehen, sich der Entdeckung zu entziehen.

Man kann auch nicht bezweifeln, daß die Besserungswürdigkeit unabhängig ist von der Begehung einer strafbaren Handlung. Ist es nicht mehr als verkehrt, die staatliche Fürsorge nur demjenigen zu teil werden zu lassen, dem ein Verbrechen zur Last fällt? Das Kind, das „bloß“ sittlich verwahrlost ist, ohne bisher das Strafgesetz übertreten zu haben, mag ganz zu Grunde gehen; der Staat kümmert sich nicht darum. Hat aber ein günstiges Geschick es so gefügt, daß das Kind im zarten Alter einen Diebstahl oder eine andere strafbare Handlung begeht, dann tritt der Staat ein; er nimmt sich des Kindes an, er trägt die Kosten der Erziehung, er macht aus dem Kinde einen tüchtigen, brauchbaren Menschen. Liegt es nicht nahe, die Vorsehung anzuflehen, sie möge das sittlich verwahrloste Kind recht früh aus der Bahn des Lasters hinüberführen auf die Bahn des Verbrechens und ihm so den einzigen Weg eröffnen, auf dem es gerettet werden kann?

Man wende nicht ein, daß die Ausdehnung der Zwangserziehung auf die Verwahrlosten dem Staate wie den Provinzialverbänden schwere, vielleicht unerschwingliche Kosten aufbürde. Die Rechnung stimmt nicht. Denn die verwahrloste Jugend ist die Vorfrucht des gewerbsmäßigen Verbrechertums. Was wir dort einfach ausgeben, werden wir hier zehnfach sparen. Wer dafür noch einen Beweis verlangt, der betrachte die Zahlen der englischen Kriminialstatistik. Wenn in England die Zahl der jährlich begangenen Verbrechen in raschem und stetigem Sinken begriffen ist, so liegt die Ursache für diese, dem europäischen Festlande so auffallende Erscheinung nicht zum kleinsten Teil in der Fürsorge, welche in England Staat und Gesellschaft der verwahrlosten Jugend widmen.

Die deutsche Reichsgesetzgebung hat sich bisher mit der verwahrlosten Jugend nicht beschäftigt. Die Gesetzgebung der deutschen Einzelstaaten zerfällt dieser Frage gegenüber in zwei große Gruppen.

Die Stellung der *ersten Gruppe* wird am besten durch die eingehende Betrachtung der preußischen Gesetzgebung gekennzeichnet.

Das preußische Gesetz vom 13. März 1878, betreffend die Unterbringung verwahrloster Kinder, stellt sich dar als die Ausführung des § 55 Abs. 2 R.St.G.B.

Es bestimmt in § 1:

„Wer nach Vollendung des sechsten und vor Vollendung des zwölften Lebensjahres eine strafbare Handlung begeht, kann von Obrigkeitswegen in eine geeignete Familie oder in eine Erziehungs- oder Besserungsanstalt untergebracht werden, wenn die Unterbringung mit Rücksicht auf die Beschaffenheit der strafbaren Handlung, auf die Persönlichkeit der Eltern oder sonstigen Erzieher des Kindes und auf dessen übrige Lebensverhältnisse zur Verhütung weiterer sittlicher Verwahrlosung erforderlich ist."

Allerdings werden nach § 16 des Gesetzes „andere gesetzliche Bestimmungen, wonach die zwangsweise Unterbringung von Kindern in eine geeignete Familie oder in eine Erziehungs- oder Besserungsanstalt auch ohne die Voraussetzung einer verübten strafbaren Handlung zugelassen ist, durch dieses Gesetz nicht berührt". Aber diese Verfügung ist, wie sofort gezeigt werden wird, ohne alle praktische Bedeutung.

Das Gesetz vom 13. März 1878 hat, trotz einzelner kleiner Mängel, die Aufgabe, die es sich gestellt, in glänzender Weise gelöst; es hat die festen Grundlagen geschaffen, auf welchen nach allen Richtungen hin, soweit das Bedürfnis sich äußern sollte, weiter gebaut werden konnte. Hervorgewachsen aus der klaren, von allen beteiligten Kreisen mit völliger Bestimmtheit ausgesprochenen Erkenntnis, daß die gesetzliche Regelung der Zwangserziehung der erste Schritt auf der Bahn einer zielbewußten Sozialpolitik ist, hat es dieser theoretischen Erkenntnis die praktische Durchführung gesichert, die unentbehrliche Organisation geschaffen, das Verfahren geregelt, die wichtige Kostenfrage gelöst. Es hat die Handhabung der Zwangserziehung den provinzialen und kommunalständischen Verbänden, bezw. den selbständigen Stadtkreisen, also Körperschaften übertragen, welche stark genug sind zur Erfüllung der ihnen gestellten Aufgabe durch das Ansehen, das sie genießen, durch ihre Erfahrung in allen Fragen der Verwaltung, durch ihre finanzielle Leistungsfähigkeit. Es hat den dennoch unentbehrlichen Zuschuß aus Staatsmitteln nicht versagt (bis zur Hälfte der Auslagen); dafür aber jenen Verbänden die Pflicht auferlegt, soweit nötig neue Erziehungs- und Besserungsanstalten zu errichten und nicht nur während der Zwangserziehung, sondern auch nach der Entlassung aus dieser Fürsorge für die Zöglinge zu tragen.

Aber das preußische Gesetz spricht nur von den verbrecherischen, nicht auch von den verwahrlosten Kindern. Und in dieser Selbstbeschränkung liegt sein Mangel. Man hat das seiner Zeit in unseren gesetzgebenden Kreisen klar genug erkannt und bestimmt genug ausgesprochen. Schon während der Beratung des Entwurfs in den beiden Häusern war die Ausdehnung der Zwangserziehung, insbesondere auf bloß verwahrloste Kinder und Jugendliche, vielfach begehrt worden. Die Regierung verhielt sich diesen Anregungen gegenüber auch durchaus nicht grundsätzlich ablehnend; aber sie betonte die Neuheit der Sache, die Schwierigkeiten der Ausführung, die Unvermeidlichkeit großer finanzieller Opfer; sie verlangte, daß man sich Selbstbeschränkung auferlege, bis das Gesetz sich eingelebt und bewährt habe. Und so blieb es bei der engen Fassung des Regierungsentwurfs.

Der Hinweis auf die neben dem Gesetze vom 13. März 1878 bestehenden sonstigen gesetzlichen Vorschriften ist wenig mehr als eine Redensart.

In Betracht kommen die folgenden Bestimmungen aus Teil II Titel 2 des Allgemeinen Landrechts:

§ 90. „Sollten Eltern ihre Kinder grausam mißhandeln oder zum Bösen verleiten oder ihnen den notdürftigen Unterhalt versagen, so ist das vormundschaftliche Gericht schuldig, sich der Kinder von Amts wegen anzunehmen."

§ 91. „Nach Befund der Umstände kann den Eltern

in einem solchen Falle die Erziehung genommen und auf ihre Kosten anderen zuverlässigen Personen anvertraut werden."

§ 266. „Eingeschränkt wird die väterliche Gewalt in Ansehung der Erziehung, wenn der Vater dieselbe vernachlässigt, die Kinder grausam mißhandelt, sie zum Bösen verleitet oder ihnen den nötigen Unterhalt versagt."

Diese Vorschriften entsprechen im wesentlichen dem Standpunkte, welchen das heute geltende bürgerliche Recht (von besonderen Gesetzen abgesehen) auch außerhalb Preußens, so in Oesterreich, Bayern, Sachsen, Württemberg u. s. w., einnimmt. Danach kann also staatlich überwachte Erziehung an Stelle der häuslichen treten bei Mißbrauch der elterlichen Gewalt, sowie bei grober Vernachlässigung des Kindes. Hat also die sittliche Verwahrlosung des Kindes in einem schweren Verschulden der Eltern ihren Grund, so ist die Möglichkeit eines staatlichen Einschreitens gegeben. Zu diesem Falle tritt dann noch die weitere, für uns hier nicht in Betracht kommende Möglichkeit hinzu, daß der Inhaber der elterlichen Gewalt selbst, der mit dem mißratenen Kinde nicht fertig werden kann, den Antrag auf Uebernahme desselben in staatlich überwachte Erziehung stellt.

Daß jene Bestimmungen des Preußischen Landrechts und der ihm entsprechenden außerpreußischen Rechte in keiner Weise ausreichen, läßt sich leicht zeigen.

1) Zunächst fehlt es an jeder Sicherheit für die tatsächliche Durchführung der gut gemeinten gesetzlichen Vorschriften.

Selbst die Motive zu dem Entwurf eines bürgerlichen Gesetzbuchs für das Deutsche Reich (IV 804) heben ausdrücklich hervor, daß „der Inhaber der elterlichen Gewalt nicht unter der ständigen Aufsicht des Vormundschaftsgerichts steht". Fehlt es aber an einer solchen Aufsicht, so wird auch dort, wo die sittliche Verwahrlosung selbst zweifellos feststeht, diese nur in den seltensten Fällen auf ein nachweisbares Verschulden der Eltern zurückzuführen sein.

Noch schwerer fällt die Kostenfrage ins Gewicht. Die Eltern werden zumeist nicht in der Lage sein, die nicht unbedeutenden Kosten der Zwangserziehung zu tragen. Die Ortsarmenverbände werden sich weigern, für die Kosten aufzukommen; sie werden, um Unannehmlichkeiten und Weiterungen zu entgehen, die Sachlage zu vertuschen trachten und die ohnehin so schwierige Feststellung des elterlichen Verschuldens noch schwieriger machen. Diese Befürchtung ist nicht unbegründet.

Obwohl das preußische Gesetz von 1878 den Ortsarmenverbänden nur einen verschwindend kleinen Bruchteil der Zwangserziehungskosten (Einlieferung in die Familie oder Anstalt, vorschriftsmäßige erste Ausstattung des Zöglings, Rückreise der Entlassenen) auferlegte, stieß doch, wie die Denkschrift des preußischen Ministeriums des Innern vom Jahre 1882 hervorhebt, die Durchführung des Gesetzes während der ersten Jahre gerade bei den Ortsarmenverbänden auf unvorhergesehene Schwierigkeiten, welche ihren Grund in der (allerdings ungerechtfertigten) Besorgnis vor finanzieller Belastung hatten. Nur die Ueberweisung der Zwangserziehungskosten an den Staat und an die geldkräftigen Provinzial- und kommunalständischen Verbände hat die Durchführung des preußischen Gesetzes von 1878 überhaupt ermöglicht. Ohne eine entsprechende Regelung der Kostenfrage mußten die Vorschriften des Preußischen Landrechts toter Buchstabe bleiben. Und jeder Kundige weiß, daß sie tatsächlich nur auf dem Papiere stehen.

2) Aber nehmen wir einmal an, alle diese Schwierigkeiten wären beseitigt; die Zwangserziehung werde in allen berücksichtigungswerten Fällen wirklich eingeleitet; die Frage der Kosten sei gelöst; die zur Unterbringung geeigneten Familien und Anstalten seien vorhanden. Nehmen wir an, daß alle die Voraussetzungen gegeben seien, die gegenwärtig fehlen: jene Bestimmungen des Preußischen Landrechts würden dennoch als unzureichend erscheinen. Denn die sittliche Verwahrlosung eines Kindes kann eintreten ohne jedes Verschulden der Eltern oder Vormünder. Wenn der Vater als Geselle außer Haus arbeitet und die Mutter krank oder schwach ist; wenn der Vater den ganzen Tag in der Fabrik oder auf dem Felde beschäftigt ist und die Mutter durch Aufwarten,

Waschen, Nähen in fremden Familien den unentbehrlichen Zuschuß zu den Wocheneinnahmen verdienen muß; wenn in diesen und Hunderten von ähnlichen Fällen die zahlreichen rasch aufeinander gefolgten Kinder ohne genügende Aufsicht zurückgelassen werden und nun allmählich körperlich und sittlich verkommen: kann man von einem „Verschulden" der Eltern sprechen? Liegt hier nicht die Schuld an der Gesellschaft, in welcher solche Zustände möglich, ja notwendig sind? Ist es nicht abermals mehr als verkehrt, wenn der Staat dem vielleicht bereits rettungslos verdorbenen Kinde schlechter Eltern zu Hülfe kommen will, das sittlich gut veranlagte, aber schuldlos verwahrloste Kind armer Eltern zu Grunde gehen läßt?

Man hat die ganze Sachlage verdreht, indem man von einem Eingriff der Staatsgewalt in das Erziehungs r e c h t der Eltern sprach und diesen Eingriff nur bei einem Verschulden der Gewalthaber für gerechtfertigt erklärte. Das ist der Nachklang der heidnisch-römischen Auffassung von der patria potestas, jener Auffassung, die freilich auch heute noch, wie wir gleich sehen werden, unsere romanistisch denkenden Juristen und daher auch den Entwurf eines bürgerlichen Gesetzbuchs für das Deutsche Reich beherrscht. Das christlich-deutsche Rechtsbewußtsein unseres Volkes denkt und empfindet anders. Uns ist die geistige, leibliche und sittliche Erziehung des Kindes kein subjektives Privat r e c h t der Eltern, sondern eine rechtlich begrenzte und bestimmte ethische P f l i c h t der Eltern; die erste, natürlichste, heiligste Pflicht der Eltern; eine Pflicht der Eltern dem Kinde gegenüber, aber auch gegenüber der Gesellschaft, die auf dem Familienverbande sich aufbaut. Die richtige Fragestellung kann nur lauten: hat der Staat das Recht, die Eltern in der Erfüllung der ihnen zunächst obliegenden Erziehungspflicht zu unterstützen oder zu vertreten, wenn die Eltern teilweise oder völlig unvermögend sind, dieser Pflicht zu genügen? Wird die Frage so gestellt — und sie m u ß so gestellt werden — so kann die bejahende Antwort nicht zweifelhaft sein.

Man besorge auch nicht, daß man durch eine solche Ausdehnung der staatlichen Erziehung die Verantwortlichkeit der Familien schwächen, daß man die Eltern veranlassen werde, die Lasten und Kosten der Erziehung von sich ab- und auf den Staat zu überwälzen. Den Eltern gegenüber, welche schuldhaft ihre Pflicht nicht erfüllen, hat der Staat Mittel genug in der Hand: Heranziehung zu einem wenigstens teilweisen Ersatz der Kosten, Untersagung der Ausübung des Wahl- und Stimmrechts, Wirtshausverbot, Geld- und Freiheitsstrafe, Ueberweisung an die Landespolizeibehörde u. s. w. (Satz III, 4).

Die große Mehrzahl der deutschen Einzelstaaten hat denn auch die Notwendigkeit erkannt, die Zwangserziehung verwahrloster Kinder unabhängig von jedem Verschulden der Eltern eintreten zu lassen. Die Staaten bilden, trotz mancher Abweichungen im einzelnen, die *zweite Gruppe*. Ich führe die wichtigsten der einschlagenden Bestimmungen hier an. Man beachte die verschiedene Fassung, welche der einheitliche Grundgedanke in den einzelnen Gesetzen gefunden hat.

1) Braunschweig. Gesetz über polizeiliche Maßregeln gegen Kinder. Vom 22. Dezember 1870.

§ 1. Kinder, welche das schulpflichtige Alter noch nicht überschritten haben, können, sobald die Besorgnis ihrer ungenügenden sittlichen Erziehung begründet ist, auch ohne und selbst gegen den Willen ihrer gesetzlichen Vertreter entweder bei fremden zuverlässigen Erziehern, oder, falls dies untunlich ist, in der Erziehungsanstalt zu Bevern untergebracht werden.

§ 2. Gegen Kinder unter 12 Jahren, welche an sich strafbare oder unsittliche Handlungen verüben, sind, falls die zu Gebote stehenden Mittel der häuslichen Zucht nicht ausreichend erscheinen, folgende außerordentliche Maßregeln zulässig:

1) körperliche Züchtigung,
2) Unterbringung bei fremden und zuverlässigen Erziehern,
3) Aufnahme in die Erziehungsanstalt zu Bevern.

2) Herzogtum Anhalt. Gesetz, die Einstellung verwahrloster Kinder in eine Erziehungs- und Besserungsanstalt betreffend. Vom 29. Dezember 1873.

Art. 1. Kinder in dem Alter von 7 bis zu 12 Jahren, welche durch ihr an die Oeffentlichkeit tretendes Verhalten eine solche sittliche Verwahrlosung zu erkennen geben, daß bei einem Belassen derselben in den bisherigen Erziehungsverhältnissen zu befürchten steht, daß sie der Verbrecherlaufbahn verfallen, können auf Antrag des Vorstandes einer Gemeinde, resp. des Inhabers eines selbständigen Gutsbezirks, in welchem sie ihren Aufenthalt haben, oder der zuständigen Schulbehörde in eine Erziehungs- und Besserungsanstalt[1]) für verwahrloste Kinder eingestellt werden.

3) Oldenburg. Gesetz, betreffend die Zwangserziehung verwahrloster Kinder und jugendlicher Uebeltäter. Vom 12. Februar 1880.

Art. 9. § 1. Die Zwangserziehung kann vom Staatsministerium, Departement der Justiz, auch angeordnet werden:

2) Gegen Kinder unter 16 Jahren, welche so widerspenstig oder ungehorsam gegen ihre Eltern oder Vorgesetzten sich betragen, daß die Fürsorge der Familie oder der Armenbehörde als unzureichend zu ihrer Besserung sich zeigt, sofern nicht deren Verweisung in die Zwangsarbeitsanstalt nach Art. 4, Ziff. 8 des Gesetzes vom 14. März 1870 für erforderlich oder für angemessener erachtet wird.

4) Sachsen-Weimar-Eisenach. Gesetz, die Unterbringung verwahrloster Kinder betreffend. Vom 9. Februar 1881.

§ 17. Die Vorschriften dieses Gesetzes finden, soweit nicht durch das besondere Verhältnis Abweichungen bedingt sind, auch dann entsprechende Anwendung, wenn das Vormundschaftsgericht in Ausübung der ihm obliegenden vormundschaftlichen Fürsorge für verwahrloste Kinder — (vergl. § 16 des Gesetzes vom 27. März 1872 über die elterliche Gewalt und das Vormundschaftswesen, § 11 des Gesetzes vom 24. Juni 1874 über das Volksschulwesen) — für erforderlich erachtet, daß solche Kinder zur Zwangserziehung in einer geeigneten Familie oder in einer Erziehungs- oder Besserungsanstalt untergebracht werden.

5) Lübeck. Gesetz, betreffend die Zwangserziehung

1) Von Uebergabe an eine Familie ist keine Rede.

verwahrloster Kinder und jugendlicher Uebeltäter. Vom 17. März 1884.

§ 1. Durch obrigkeitliche Anordnung kann zur Zwangserziehung in einer geeigneten Familie oder in einer Erziehungs- oder Besserungsanstalt untergebracht werden:

2. Wer vor Vollendung des 15. Lebensjahres so verwahrlost sich erweist oder gegen Eltern oder sonstige Vorgesetzte so widerspenstig oder ungehorsam sich beträgt, daß die Fürsorge der Familie oder deren Vertreter als unzureichend zu deren Besserung sich zeigt.

6) Baden. Gesetz, die staatliche Fürsorge für die Erziehung verwahrloster jugendlicher Personen betreffend. Vom 4. Mai 1886.

§ 1. Jugendliche Personen, welche das 16. Lebensjahr noch nicht vollendet haben, können wegen sittlicher Verwahrlosung auf Grund einer gerichtlichen Entscheidung in einer geeigneten Familie oder in einer staatlichen oder in einer geeigneten Privaterziehungs- oder Besserungsanstalt untergebracht werden:

wenn ihr sittliches Wohl durch Mißbrauch des Erziehungsrechtes oder durch grobe Vernachlässigung seitens der Eltern oder sonstigen Fürsorger gefährdet ist, oder

wenn nach ihrem Verhalten die Erziehungsgewalt ihrer Eltern oder sonstigen Fürsorger und die Zuchtmittel der Schule sich zur Verhütung ihres völligen sittlichen Verderbens unzulänglich erweisen.

7) Hamburg. Gesetz, betreffend die Zwangserziehung verwahrloster jugendlicher Personen. Vom 6. April 1887.

Nach § 1 ist Zwangserziehung zulässig „gegen Kinder unter 16 Jahren, bei welchen die gewöhnlichen Erziehungsmittel des Hauses und der Schule sich als unzureichend erwiesen haben, um sie vor sittlichem Verfall zu bewahren".

8) Hessen-Darmstadt. Gesetz, die Unterbringung jugendlicher Uebeltäter und verwahrloster Kinder betreffend. Vom 11. Juni 1887.

Zwangserziehung ist nach Art. 1, Abs. 2 auch zulässig bei Kindern und jugendlichen Personen unter 16 Jahren:

3. „Wenn Kinder über 6 Jahre zwar noch keine strafbare Handlung begangen haben, aber doch bereits eine Ver-

wahrlosung an den Tag legen, welche die erziehliche Einwirkung der Eltern oder anderer Erzieher und der Schule als unzureichend erscheinen läßt."

In diesem Falle „wird jedoch vorausgesetzt, daß mit Rücksicht auf die Persönlichkeit der Eltern und der Kinder, sowie nach Lage der sonstigen Verhältnisse der Familie die Fortdauer der elterlichen Pflege und Erziehung zum sittlichen Verderben der Kinder führen würde".

Auf dem gleichen Standpunkte stehen unsere Vorschläge. Sie treten damit in scharfen Gegensatz zu dem Entwurf eines bürgerlichen Gesetzbuchs für das Deutsche Reich. Mit einem Federstrich beseitigt dieser alle Fortschritte, welche in den außerpreußischen Ländern gemacht worden sind; von rein romanistisch-privatrechtlichen Gesichtspunkten ausgehend, will er für alle Zukunft die von uns als unentbehrlich betrachtete Ausdehnung der Zwangserziehung unmöglich machen. Durch reichsrechtliche Vorschrift soll die Landesgesetzgebung gebunden werden an die heidnisch-römische Auffassung der väterlichen Gewalt.

Betrachten wir die Bestimmungen des Entwurfs über die Voraussetzungen eines staatlichen Eingriffes in das Erziehungsrecht der Eltern, bezw. des Vormundes.

§ 1546 des Entwurfs bestimmt:

„Wenn der Inhaber der elterlichen Gewalt durch Mißbrauch des Rechtes, für die Person des Kindes zu sorgen, insbesondere durch Mißbrauch des Erziehungsrechtes oder durch Vernachlässigung des Kindes dessen geistiges oder leibliches Wohl gefährdet, oder wenn eine solche Gefährdung infolge ehrlosen oder unsittlichen Verhaltens des Inhabers der elterlichen Gewalt für die Zukunft zu besorgen ist, so hat das Vormundschaftsgericht die zur Abwendung der Gefahr erforderlichen Maßregeln zu treffen. Das Vormundschaftsgericht kann insbesondere anordnen, daß das Kind zum Zwecke der Erziehung in einer geeigneten Familie oder in einer Erziehungsanstalt oder Besserungsanstalt unterzubringen sei. Sofern das Interesse des Kindes es erfordert, kann das Vormundschaftsgericht auch die elterliche Gewalt mit Ausnahme der elterlichen Nutznießung ganz oder teilweise entziehen."

Im Zusammenhange damit steht § 1685: „Das Vormundschaftsgericht kann, auch gegen den Willen des Vormundes, anordnen, daß der Mündel zum Zweck der Erziehung in einer geeigneten Familie oder in einer Erziehungsanstalt oder Besserungsanstalt unterzubringen sei. Soweit jedoch ein Elternteil die Pflicht und das Recht hat, für die Person des Kindes zu sorgen, finden in Ansehung der Zulässigkeit einer solchen Anordnung die Vorschriften des § 1546 entsprechende Anwendung."

Dazu sagen die Motive IV 805:

„Liegen die Voraussetzungen des § 1546 vor, so hat das Vormundschaftsgericht die zur Abwendung der Gefahr erforderlichen Maßregeln zu treffen. Die Art dieser Maßregeln muß bei der Vielgestaltung des Lebens dem verständigen Ermessen des Vormundschaftsgerichtes überlassen werden. Als eine besonders wichtige Maßregel, welche in vielen Fällen sich als das einzige wirksame Mittel erweisen wird, um das Kind vor dem schlechten Einflusse der Eltern und vor weiterer sittlicher Verwahrlosung infolge Vernachlässigung der Erziehung zu bewahren, hebt der § 1546 die Unterbringung des Kindes zum Zwecke der Erziehung in einer geeigneten Familie oder in einer Erziehungs- oder Besserungsanstalt hervor."

Nach diesen Bestimmungen kann den Eltern gegenüber die Zwangserziehung nur dann verfügt werden, wenn ein Verschulden derselben vorliegt. Das ist genau der Standpunkt des heute in Preußen wie in den meisten anderen deutschen Ländern geltenden Privatrechts. Für die tatsächliche Durchführung dieser Bestimmungen ist keinerlei Sorge getragen; die Regelung der Kostenfrage ist übergangen.

Hatten wir gehofft, daß der Entwurf zum Reichsgesetz erheben werde, was heute bereits zahlreiche Einzelstaaten, über das Privatrecht hinausgehend, in besonderen Gesetzen über die Ausdehnung der Zwangserziehung unter allgemeinem Beifall und mit unbestrittenem Erfolge verfügt haben, so sind wir in dieser Hoffnung getäuscht. Freilich: Wer den den Entwurf beherrschenden engherzig romanistischen Geist kennt, hat solche Hoffnungen wohl niemals gehegt.

Aber ein anderes durften wir mit Fug und Recht erwarten: daß der Entwurf der Landesgesetzgebung die Bahn frei lassen, ihr es nicht verwehren werde, über die engen Grenzen des römischen Privatrechts hinauszugehen. Aber auch um diese bescheidene Hoffnung sind wir betrogen. Nicht durch den Entwurf selbst, wohl aber durch das Einführungsgesetz.

Nach Art. 16 des Entwurfs eines Einführungsgesetzes zum bürgerlichen Gesetzbuch für das Deutsche Reich soll § 55 St.G.B. künftig lauten:

„Wer bei Begehung der Handlung das zwölfte Lebensjahr nicht vollendet hat, kann wegen derselben nicht strafrechtlich verfolgt werden. Gegen denselben können jedoch nach Maßgabe der landesgesetzlichen Vorschriften die zur Besserung und Beaufsichtigung geeigneten Maßregeln getroffen werden. Die Unterbringung in eine Familie, Erziehungsanstalt oder Besserungsanstalt kann nur erfolgen, nachdem durch Beschluß des Vormundschaftsgerichts die Begehung der Handlung festgestellt und die Unterbringung für zulässig erklärt ist."

Man beachte die Worte: „kann nur erfolgen, nachdem u. s. w." Sie schließen, im Gegensatze zu dem heute geltenden Rechte, die Zwangserziehung aus, wenn es sich nur um verwahrloste, aber noch nicht verbrecherisch gewordene Kinder und Jugendliche handelt. Sie schließen sie aus von Reichs wegen. Alle heute geltenden, weiter gehenden andesrechtlichen Bestimmungen sollen beseitigt, neue Bevon vornherein unmöglich gemacht werden. Mit dürren Worten ist das in den Motiven gesagt. Es sei mir gestattet, diese im Wortlaute vorzuführen. Schroffer, unverhüllter tritt nirgends der Geist des römischen Privatrechts uns entgegen als hier. Hier haben die Verfasser des Entwurfs sich selbst das Urteil gesprochen.

Die Motive zu Art. 16 (S. 123) sagen:

„Ein Bedürfnis, neben §§ 1546, 1685 des B.G.B. solche landesgesetzliche Vorschriften aufrecht zu erhalten, welche aus dem Gesichtspunkte der sittlichen Verwahrlosung der Kinder oder der Besorgnis einer solchen Verwahrlosung die Unterbringung des Kindes in eine Familie . . . gegen den

Willen des gesetzlichen Vertreters ohne Rücksicht darauf gestatten, ob das Kind eine strafbare Handlung begangen hat oder wegen einer von demselben begangenen strafbaren Handlung strafrechtlich nicht verfolgt werden kann, liegt nicht vor. Ein so allgemeiner Vorhalt würde auch bedenklich sein. Auf Grund desselben wäre die Landesgesetzgebung in der Lage, in weitem Umfange in die elterliche Gewalt einzugreifen und die zum Schutze der letzteren im bürgerlichen Gesetzbuch gezogenen Schranken zu durchbrechen." Aber auch für die Fälle des § 55 Abs. 1 St.G.B. kann es in Frage kommen, ob nicht das Bedürfnis besonderer landesgesetzlicher Vorschriften zu verneinen sei. „Auch hier reichen die angeführten Bestimmungen des bürgerlichen Gesetzbuchs im allgemeinen aus. Nur für den Fall versagen die Vorschriften des bürgerlichen Gesetzbuchs, wenn den Inhaber der elterlichen Gewalt ein Verschulden nicht trifft, derselbe mit der Unterbringung des Kindes nicht einverstanden ist und in der Weigerung, diese Maßregel zu ergreifen, nach den Umständen des Falles eine Vernachlässigung der Erziehung des Kindes nicht gefunden werden kann. In Ansehung dieses Falles gehen die im Anschlusse an § 55 St.G.B. erlassenen Landesgesetze insofern weiter, als sie die Zulässigkeit der Unterbringung des Kindes von dem besonderen Nachweise eines den Eltern zur Last fallenden Verschuldens nicht abhängig machen und dadurch das Eingreifen in die Elternrechte erleichtern. Da die in Rede stehenden Landesgesetze zugleich eine Reihe anderer die Durchführung der Zwangserziehung betreffenden Bestimmungen enthalten, welche mit dem Verwaltungsrechte im engsten Zusammenhang stehen und deshalb jedenfalls unberührt bleiben müssen, so empfiehlt es sich, dieselben im Anschlusse an den bisherigen § 55 Abs. 2 im vollen Umfange aufrecht zu erhalten, und zwar um so mehr, als sie das St.G.B. gewissermaßen zu ergänzen bestimmt sind und auf besonderen straf- und sozialpolitischen Gründen beruhen. Soweit dagegen die Landesgesetze über den § 55 St.G.B. hinausgreifend, die Zulassung der Zwangserziehung auf Kinder erstrecken, welche das zwölfte Lebensjahr zurückgelegt oder zwar das zwölfte Lebensjahr noch nicht zurückgelegt, aber eine strafbare Handlung nicht begangen haben, treten dieselben außer Kraft. Insoweit sind künftig allein die Vorschriften des bürgerlichen Gesetzbuchs (§§ 1546, 1680) maßgebend."

Ich glaube, mich jeder Kritik dieser denkwürdigen Ausführungen enthalten zu können. Noch ist der Entwurf nicht Gesetz. Und zu dem Manne, unter dessen Oberleitung die zweite Lesung stattfindet, können wir das Zutrauen haben, daß er die hohe sozialpolitische Bedeutung der Frage erkennt. Wir verlangen ja nicht mehr von dem künftigen bürgerlichen Gesetzbuch für das Deutsche Reich, als daß es nicht vernichte, was andere geschaffen und daß es die Bahn des Fortschrittes uns nicht verlege.

Anhang.

Vorläufige Vorschläge des von der I.K.V. Gruppe Deutsches Reich eingesetzten Ausschusses.

I. Es empfiehlt sich, den Beginn der Strafmündigkeit auf das 16. Lebensjahr hinaufzurücken.

1) Wer bei Begehung einer strafbaren Handlung das 16. Lebensjahr nicht vollendet hat, kann daher wegen derselben nicht verfolgt werden.

2) Es kann jedoch in diesem Falle staatlich überwachte Erziehung eintreten.

3) Der Richter stellt die Begehung der strafbaren Handlung fest und entscheidet darüber, ob staatlich überwachte Erziehung eintreten soll oder nicht. Gegen die Entscheidung steht einerseits den Eltern und dem Vormunde, andererseits einer besonderen zu diesem Zwecke zu errichtenden Behörde (Erziehungsamt) die Beschwerde nach dem richterlichen Instanzenzuge, jedoch ohne aufschiebende Wirkung zu.

4) Die staatlich überwachte Erziehung ist entweder

a) eine von Obrigkeits wegen beordnete und beaufsichtigte Erziehung in der eigenen oder in einer geeigneten fremden Familie,

oder

b) Unterbringung in einer staatlichen oder unter staatlicher Aufsicht stehenden Erziehungsanstalt.

5) Die Bestimmung über die Art und die Ausführung der staatlich überwachten Erziehung liegt in den Händen des Erziehungsamtes. Diese Aemter sind für Bezirke einzurichten, welche ungefähr der Größe eines preußischen Regierungsbezirkes entsprechen.

Für Stadtkreise mit über 50000 Einwohnern kann ein besonderes Erziehungsamt eingerichtet werden. Das Erziehungsamt ist zu bilden aus einem

Vertreter der Staatsregierung, je einem Vertreter der beiden christlichen Kirchen, einem Vertreter des Provinzial- oder Kommunalverbandes und einem Vertreter der oberen Schulbehörde. Gegen die Anordnungen des Erziehungsamtes in Betreff der zu No. 4 erwähnten Art der Erziehung steht den Eltern oder dem Vormunde innerhalb bestimmter Frist der Antrag auf Entscheidung des Oberlandesgerichtes zu. Der Antrag hat keine aufschiebende Wirkung.

6) Die staatlich überwachte Erziehung darf nicht über das vollendete 21. Lebensjahr ausgedehnt werden. Aus der Anstaltserziehung kann die Entlassung vor diesem Zeitpunkte nur dann erfolgen, wenn die Unterbringung in eine Familie sichergestellt ist. In besonders berücksichtigungswerten Fällen kann nach Vollendung des 18. Lebensjahres, wenn es zum besseren Fortkommen des Zöglings notwendig erscheint, von der Unterbringung in eine Familie abgesehen werden. Die Entlassung ist stets eine widerrufliche.

II. Gegen Personen, welche bei Begehung der strafbaren Handlung das 16., aber nicht das 20. Lebensjahr vollendet haben, kann der Richter entweder auf Strafe oder auf staatlich überwachte Erziehung erkennen.

1) Die Verhandlung gegen jugendliche Angeklagte findet unter Ausschluß der Oeffentlichkeit statt. Eltern oder Vormünder, Pflegeeltern, Erzieher, Arbeitgeber haben das Recht, der Verhandlung beizuwohnen.

2) Die Untersuchungshaft gegen Jugendliche ist stets in Einzelhaft zu vollstrecken, soweit nicht die Rücksicht auf die Gesundheit es verbietet.

3) Als Strafmittel sind nur zulässig Gefängnis bis zu 10 Jahren, Haft, Geldstrafe, Verweis. Ausgeschlossen bleiben Todesstrafe, Zuchthaus, Festungshaft, Aberkennung der bürgerlichen Ehrenrechte, Ueberweisung an die Landespolizeibehörde und Polizeiaufsicht. Bei Bemessung der Dauer der Freiheitsstrafe ist das jugendliche Alter nicht als Milderungsgrund zu betrachten.

4) Freiheitsstrafe gegen Jugendliche ist in Einzelhaft zu vollstrecken, soweit nicht Rücksicht auf die Gesundheit es verbietet. Die Einzelhaft darf nicht über die Dauer von 3 Jahren ausgedehnt werden; jedoch kann der Strafgefangene in die Zelle zurückversetzt werden, wenn sein Verhalten dies, namentlich auch mit Rücksicht auf die Mitgefangenen erforderlich macht. Jugendliche Sträflinge, deren vorläufige Entlassung in Aussicht genommen ist, sind mindestens während der letzten vier Wochen aus der Einzelhaft zu nehmen.

5) Jugendliche Gefangene dürfen mit Erwachsenen nicht zusammengebracht werden.

6) Werden Jugendliche gemeinsam verwahrt, so sind sie ununterbrochen unter der Aufsicht eines Beamten zu halten.

7) Während der Untersuchungs- und der Strafhaft ist für geeignete Beschäftigung der Jugendlichen Sorge zu tragen.

8) Bei Freiheitsstrafen, deren Dauer zwei Jahre nicht übersteigt, kann nach Verbüßung der Hälfte der Strafdauer, jedoch nicht vor Ablauf von drei Monaten, vorläufige Entlassung eintreten. Bei Freiheitsstrafen, deren Dauer zwei Jahre übersteigt, kann nach Verbüßung eines Jahres vorläufige Entlassung eintreten.

Ueber die Entlassung entscheidet eine aus dem Vorsteher des Gefängnisses, dem Vorsitzenden der Strafkammer und einem Beamten der Staatsanwaltschaft des Landgerichts zusammengesetzte Kommission. Die Probezeit dauert bis zum Ablauf der Strafzeit, mindestens aber drei Jahre. Sie ruht während der Dauer des Militärdienstes.

Die vorläufige Entlassung kann erst eintreten, wenn durch das Erziehungsamt für die Unterbringung des Entlassenen in ausreichender Weise Sorge getragen ist. Das Erziehungsamt hat während der Dauer der Probezeit den Entlassenen durch eine Vertrauensperson zu überwachen und bei schlechter Führung den Widerruf der Entlassung bei der oben erwähnten Kommission zu beantragen.

9) Die staatlich überwachte Erziehung ist in einer staatlichen Erziehungsanstalt zu vollziehen und darf nicht über das vollendete 21. Lebensjahr ausgedehnt werden.

10) Die Kosten der Erziehung in einer staatlichen Zwangserziehungsanstalt fallen dem Staate zur Last, soweit nicht die Eltern oder das Vermögen der Zöglinge zur Deckung herangezogen werden können.

III. Die staatlich überwachte Erziehung hat auch ohne das Vorliegen einer strafbaren Handlung bei Kindern einzutreten, welche das 16. Lebensjahr noch nicht vollendet haben und in der Erziehung so sehr vernachlässigt sind, daß sittliche Verwahrlosung eingetreten oder zu befürchten ist.

1) Das Vorliegen dieser Voraussetzung hat auf Antrag des Erziehungsamtes, bei welchem die Anzeigen von seiten der Ortspolizeibehörde oder des Pfarrers oder des Lehrers oder des Waisenrates einzureichen sind, der Richter festzustellen.

2) Die Bestimmungen unter I 4, 5 und 6 finden auch hier ihre Anwendung.

3) Für die Kosten der staatlich überwachten Erziehung haben die Landarmenverbände unter staatlicher Beihülfe aufzukommen. Inwieweit ein Rückgriff auf den Ortsarmenverband stattfindet, bestimmt die Armengesetzgebung. In jedem Falle sind die Eltern in erster Linie für die Kosten verhaftet.

4) Eltern und Vormünder, welche die Erziehung der ihnen anvertrauten Kinder schuldhaft so weit vernachlässigen, daß staatlich überwachte Erziehung eintreten muß, werden und zwar

a) Eltern mit Geldstrafe oder Ueberweisung an die Landespolizeibehörde,

b) Vormünder mit Geldstrafe, an deren Stelle Freiheitsstrafe treten kann,

bestraft.

IV. Für die Ausführung der staatlich überwachten Erziehung sind die folgenden Grundsätze maßgebend.

1. Familienerziehung.

Des Erziehungsamt hat an denjenigen Orten, an welchen sich Kinder in staatlich überwachter Familienerziehung befinden, geeignete Vertrauenspersonen zu bestellen, welche als Hülfsbeamte des Erziehungsamtes die Ueberwachung der Familienerziehung an Ort und Stelle ausüben. Die Ueberwachung durch die Vertrauensperson besteht darin, daß sie den Schulbesuch, die Beschäftigung und Lebenshaltung des Kindes beaufsichtigt, auf die Abstellung aller Mißstände hinwirkt und, wenn erforderlich, bei dem Erziehungsamte die anderweitige Unterbringung des Kindes beantragt.

2. Privatanstalten.

Den Privatanstalten dürfen Kinder, welche in staatlich überwachte Erziehung genommen sind, nur dann überwiesen werden, wenn sie die nachfolgenden Bedingungen erfüllen.

a) Der Leiter der Anstalt muß entweder

1) ein Geistlicher einer der Landeskirchen oder ein akademisch gebildeter Lehrer sein und eine mehrjährige erfolgreiche, praktische Tätigkeit als Seelsorger im Gemeindedienste oder als Lehrer im Schuldienste oder Schulaufsichtsdienste oder als Lehrer an einer staatlichen Erziehungsanstalt nachweisen,

oder

2) die Befähigung zum öffentlichen Elementarlehrer besitzen und eine zehnjährige erfolgreiche praktische Tätigkeit als Lehrer, davon mindestens zwei Jahre an einer staatlichen oder unter staatlicher Aufsicht stehenden Erziehungsanstalt nachweisen.

b) Die Anstalt muß durch ihre Lage, die baulichen Einrichtungen, sowie durch den Nachweis einer geeigneten und ausreichenden Beschäftigung der Zöglinge außerhalb der Lehrstunden den erziehlichen Anforderungen entsprechen.

c) Ein ausreichender, den Anforderungen der einklassigen Volksschule entsprechender Unterricht muß sichergestellt sein. Mit Genehmigung des Erziehungsamtes kann derselbe in der Volksschule stattfinden.

d) Die Anstalt muß sich der unmittelbaren Aufsicht des Erziehungsamtes unterwerfen, zu diesem Zwecke den Lehr-, Beschäftigungs- und Wirtschaftsplan dem Erziehungsamte zur Genehmigung vorlegen und ihm einen jährlichen Bericht nach vorgeschriebenem Muster einreichen.

Das Erziehungsamt hat alle Vierteljahre durch eine geeignete Persönlichkeit, wenn möglich durch den Vorsteher einer staatlichen Erziehungsanstalt von dem ordnungsmäßigen Betriebe der Anstalt sich zu überzeugen. Bei dieser Besichtigung hat der Leiter der Anstalt diejenigen Kinder namhaft zu machen, welche nach seiner Ansicht zur vorläufigen Entlassung aus der Anstaltserziehung und Unterbringung in einer Familie sich eignen. Dem Besichtigenden steht das Recht zu, auch aus eigenem Antrieb Anträge auf Entlassung aus der Anstalt beim Erziehungsamte zu stellen. Der Leiter der Anstalt hat für geeignete Unterbringung der zu Entlassenden in Familien Sorge zu tragen, für sie an dem Orte, wo sie untergebracht sind, eine Vertrauensperson zu bestellen, die Entlassenen jährlich einmal zu besuchen, ihre Führung zu überwachen, an das Erziehungsamt jährlich über alle aus seiner Anstalt Entlassenen zu berichten und nötigenfalls Anträge auf Wiedereinziehung in die Anstalt zu stellen.

3. Staatliche Erziehungsanstalten.

Unter staatlichen Erziehungsanstalten sind die vom Staate oder von Kommunalverbänden errichteten Anstalten zu verstehen. Für sie sind folgende Grundsätze maßgebend:

a) Der Leiter der Anstalt muß entweder ein Geistlicher einer der christlichen Landeskirchen oder ein akademisch gebildeter Lehrer sein und eine mehrjährige Tätigkeit als Seelsorger im Gemeindedienste oder als Lehrer im Schuldienste oder Schulaufsichtsdienste oder als Lehrer an einer staatlichen Erziehungsanstalt nachweisen.

b) Die Anstalt steht unter der unmittelbaren Aufsicht des Erziehungsamtes. Dieses stellt nach dem Vorschlage des Leiters der Anstalt Lehr-, Beschäftigungs- und Wirtschaftsplan fest, läßt sich alljährlich Bericht erstatten und hat alle Vierteljahre durch eines seiner Mitglieder sich von dem ordnungsmäßigen Betriebe der Anstalt zu überzeugen.

c) Der Leiter der Anstalt hat in geeigneten Fällen den Antrag auf Entlassung aus der Anstaltserziehung zu stellen, für die geeignete Unterbringung der zu Entlassenden in eine Familie Sorge zu tragen, für sie an dem Orte, wo sie untergebracht sind, eine Vertrauensperson zu bestellen, die Entlassenen jährlich einmal zu besuchen, ihre Führung zu überwachen, an das Erziehungsamt jährlich über alle aus seiner Anstalt Entlassenen zu berichten und nötigenfalls die Wiedereinziehung in die Anstalt zu verfügen. War von der Unterbringung in eine Familie bei der Entlassung abgesehen worden, weil dies zum besseren Fortkommen des Zöglings notwendig erschien (oben I, 6), so erfolgt die Wiedereinziehung in die Anstalt nur mit Genehmigung des Erziehungsamtes.

12. Die Gutachten der Präsidenten der Oberlandesgerichte und der Oberstaatsanwälte (Preussens) über die sogenannte „bedingte Verurteilung".

(1890, Z. X 666.)

Unter dieser Ueberschrift bringt das Justizministerialblatt für die preußische Gesetzgebung und Rechtspflege vom 13. Juni 1890 (52. Jahrgang, No. 24) im nichtamtlichen Teil die folgende [1]) Darstellung:

„Unter den Mitteln, welche gegenwärtig in der kriminalistischen Literatur zum Ersatze für kurzzeitige Freiheitsstrafen vorgeschlagen werden, ist besonders die sogenannte „bedingte Verurteilung" hervorgetreten. Das Wesen der letzteren besteht bekanntlich in der Befugnis des Richters, bei Fällung eines Strafurteils die Strafvollstreckung mit der Wirkung auszusetzen, daß die Strafe wegfällt, wenn der Verurteilte innerhalb eines bestimmten Zeitraumes nicht wegen einer neuen strafbaren Handlung verurteilt worden ist. Nachdem eine ähnliche Einrichtung bereits seit mehreren Jahren in der Stadt Boston und dem Staate Massachusetts bestanden hatte, ist dieselbe neuerdings auch in europäischen Ländern, nämlich durch Gesetz vom 8. August 1887 in England und durch Gesetz vom 31. Mai 1888 in Belgien eingeführt worden. Hinsichtlich der besonderen Gestaltung dieser in Einzelheiten und in der Form verschiedenen, jedoch in dem oben ausgedrückten Grundgedanken materiell übereinstimmenden Gesetze genügt es hier, auf die zahlreiche, diesen Gegenstand betreffende Literatur, insbesondere auf die Mitteilungen der „Internationalen kriminalistischen Ver-

1) Es sei bemerkt, daß die hier im Drucke hervorgehobenen Stellen im J.M.Bl. zumeist nicht hervorgehoben sind.

einigung", Jahrgang 1 und 2 (Berlin, Guttentag 1889), und auf die unter dem Titel „Kriminalpolitische Aufgaben" veröffentlichten Aufsätze des Professors Dr. von Liszt in der Zeitschrift für die gesamte Strafrechtswissenschaft [1]) Bezug zu nehmen. Hervorgehoben sei an dieser Stelle nur, daß nach dem belgischen Gesetz die bedingte Verurteilung bei Gefängnisstrafen bis zur Dauer von sechs Monaten zugelassen ist, und daß die Verurteilung als „nicht geschehen" (comme non avenue) angesehen werden soll, wenn der Verurteilte während der vom Gericht zu bestimmenden Probezeit, welche die Dauer von fünf Jahren nicht überschreiten darf, nicht eine neue Verurteilung wegen eines Verbrechens oder Vergehens erlitten hat.

Aehnliche gesetzgeberische Vorschläge befinden sich in Frankreich und in Oesterreich in der Vorbereitung, ohne daß jetzt bereits übersehen werden kann, ob dieselben Gesetzeskraft erlangen werden [2]).

Die am 7. und 8. August 1889 in Brüssel abgehaltene Versammlung der „Internationalen kriminalistischen Vereinigung" hat den Wunsch ausgesprochen, daß das in Belgien eingeführte System der bedingten Verurteilung in allen Ländern für Strafen von geringerer Bedeutung angenommen werden möchte. Diesem Wunsche hat sich kürzlich die Landesversammlung der deutschen Mitglieder der bezeichneten Vereinigung in Halle für Deutschland im wesentlichen angeschlossen. In der wissenschaftlichen und in der Tagespresse ist die Frage der gesetzlichen Einführung dieses Systems eine viel erörterte und viel bestrittene geworden. Die Anhänger der bedingten Verurteilung, insbesondere von Liszt, erblicken in ihr ein geeignetes Mittel zur Beseitigung eines großen Teils der nach ihrer Meinung unwirksamen und geradezu schädlichen kurzen Freiheitsstrafen, und zwar ein Mittel, welches mit dem

1) Bd. 9 S. 452 und 737, Bd. 10 S. 51 (oben S. 290 ff.).

2) Der von dem Ausschusse des österreichischen Abgeordnetenhauses vorläufig angenommene § 24 des Strafgesetzes unterscheidet sich von dem belgischen Gesetze nicht unerheblich, und zwar namentlich, insofern er die bedingte Verurteilung nur in besonders rücksichtswürdigen Fällen und nur mit der Wirkung zulassen will, daß die Strafe nach bestandener Probezeit als verbüßt gilt.

erforderlichen Maße von Abschreckung den Vorteil verbinden würde, vielen wegen leichterer Vergehen Verurteilten die Schande und die Nachteile der gefänglichen Einziehung zu ersparen. Die Gegner, unter ihnen insbesondere Professor Dr. von Kirchenheim in Heidelberg und Professor Dr. Wach in Leipzig[1]), bestreiten diese Vorteile und befürchten von der fraglichen Neuerung eine destruktive Wirkung auf unsere Strafrechtspflege.

Es ist hier nicht der Ort, diesen bisher vorzugsweise in wissenschaftlich-akademischen Kreisen geführten Meinungsstreit näher darzulegen. Derselbe hat indes dem Herrn Justizminister bereits im Januar d. J. Veranlassung gegeben, die Präsidenten der Oberlandesgerichte und die Oberstaatsanwälte der Monarchie zu einer gutachtlichen Aeußerung über die einschlägigen Fragen aufzufordern. Diese Aeußerungen sind nunmehr eingegangen, und es dürfte für die Justizbehörden und Justizbeamten, sowie auch für weitere Kreise nicht ohne Interesse sein, über den wesentlichen Inhalt derselben unterrichtet zu werden.

In dem bezüglichen Zirkularerlasse des Herrn Justizministers waren insbesondere folgende Fragepunkte aufgestellt:

1) Liegen über die praktische Bewährung der „bedingten Verurteilung" in den Ländern, in welchen dieselbe gesetzlich eingeführt ist, genügende Erfahrungen vor?
2) Hat sich ein Bedürfnis zur Einführung der bedingten Verurteilung geltend gemacht, insbesondere:
   a) Kann den anzuerkennenden Mängeln der kurzzeitigen Freiheitsstrafen (mangelnde Wirksamkeit, Gefahr der sittlichen Verschlechterung der Verurteilten durch Mitgefangene) nicht in anderer Weise abgeholfen werden?
   b) Hat es sich gezeigt, daß mit der Vollstreckung solcher Strafen gegen noch nicht vorbestrafte Personen Härten verbunden waren, welche zu dem Maße der Verschuldung in keinem Verhältnisse standen?

      Sind solche Verurteilte namentlich auch durch die Verbüßung der Strafe in ihrem weiteren Fortkommen erheblich beeinträchtigt worden?

---

1) Die Reform der Freiheitsstrafe, Leipzig, Duncker und Humblot, 1890.

c) Hat sich die Ausübung des Allerhöchsten Begnadigungsrechtes als ausreichend erwiesen, um solche Härten zu beseitigen?

3) Ist von der „bedingten Verurteilung" zu erwarten, daß dieselbe

a) die von ihr Betroffenen mit mehr Erfolg von der Begehung neuer Straftaten abhalten werde, als dies die Vollstreckung der Strafe vermag,

b) den Anspruch der durch die Straftat Verletzten auf Genugtuung befriedigen und

c) dem Rechtsgefühle des Volkes im allgemeinen Genüge leisten werde?

4) Ist zu befürchten, daß die Aussicht auf mögliche Straflosigkeit bei der ersten Verurteilung ein Anreiz zur Begehung von Straftaten werden könnte?

5) Ist eine gleichmäßige Ausübung des in der „bedingten Verurteilung" liegenden Rechtes zum Straferlaß von seiten der Gerichte zu gewärtigen?

6) Empfiehlt sich die „bedingte Verurteilung" insbesondere gegenüber jugendlichen Delinquenten?

Von den erstatteten dreizehn eingehenden Berichten sprechen sich zwölf mit Entschiedenheit gegen die gesetzliche Einführung der bedingten Verurteilung aus, und zwar sind in diesen zwölf Gutachten sämtliche vorstehend mitgeteilte Fragen bis auf die zu 6. im wesentlichen einstimmig zu Ungunsten derselben beantwortet. Das gleiche gilt von der auf die jugendlichen Delinquenten bezüglichen Frage 6 hinsichtlich der Mehrheit der Berichte. Eine Minderheit hält in diesem Punkte die Einführung der Neuerung im Sinne eines Versuches für statthaft oder wenigstens für nicht geradezu verwerflich. Einer von diesen zwölf Berichten nimmt insofern eine vermittelnde Stellung ein, als er eventuell eine der bedingten Verurteilung ähnliche Einrichtung für zulässig erachtet, bei welcher jedoch die Entscheidung über Bewilligung des Strafaufschubes nicht dem Richter, sondern dem Justizminister zustehen müsse. Der dreizehnte Bericht endlich erklärt sich zwar zur Zeit ebenfalls gegen die Annahme der bedingten Verurteilung. Er erachtet die letztere jedoch mit gewissen Einschränkungen grundsätzlich für zweckmäßig und ist daher der Ansicht, daß ihre Einführung für die Zukunft in Aussicht genommen werden könnte.

In den die Ansichten der großen Mehrheit wiedergebenden zwölf Berichten sind zu den einzelnen Punkten folgende, hier nur kurz zusammen zu fassende Bemerkungen gemacht worden:

I. Zu Frage 1: Liegen über die praktische Bewährung der „bedingten Verurteilung" in den Ländern, in welchen dieselbe gesetzlich eingeführt ist, genügende Erfahrungen vor?

Solche Erfahrungen seien nicht vorhanden. In England und Belgien bestehe die Einrichtung erst seit ungefähr zwei Jahren, eine Frist, welche vollständig ungenügend sei, um über den Erfolg einer so erheblichen gesetzlichen Neuerung zuverlässige und für andere Staaten verwertbare Erfahrungen zu sammeln. Für Belgien habe dies der Vorsitzende der Internationalen Vereinigung am 7. August 1889 ausdrücklich anerkannt. In Boston und Massachusetts gelte das mit der bedingten Verurteilung im wesentlichen übereinstimmende „Probationssystem" zwar schon längere Zeit und solle sich nach den Mitteilungen einzelner Schriftsteller[1]) gut bewährt haben. Es sei indes zu berücksichtigen, daß die Eigenart der dortigen Volksgewohnheiten und des dortigen öffentlichen Rechtes einen sicheren Schluß auf die Erprobung der Einrichtung in Deutschland nicht zulasse. Nach den vorhandenen Nachrichten seien die angeblich günstigen Erfolge des Systems in Boston zum großen Teile der eifrigen Tätigkeit des Probation officer, Kapitän Savage, zu verdanken, welcher die Ueberwachung der auf Probe Verurteilten in vortrefflicher Weise organisiert habe und selbst besorge. Eine solche Tätigkeit sei in dem kleinen Staate Massachusetts ausführbar, der mit der Stadt Boston zusammen weniger als zwei Millionen Einwohner zähle. Undurchführbar aber sei dieselbe im Deutschen Reiche, da sich nicht die erforderliche große Zahl von Männern finden würde, welche gewillt und ihrer Lebenslage nach im stande seien, eine Wirksamkeit, wie die des Pro-

1) Vergl. Aschrott, Ersatz kurzzeitiger Freiheitsstrafen S. 24/25.

bation officer, mit Erfolg zu üben. Eine bloße Polizeiaufsicht im heutigen Sinne würde nicht geeignet sein, diese Wirksamkeit zu ersetzen und an sich auch der Natur der hier in Frage kommenden leichten Delikte durchaus nicht entsprechen, vielmehr gegenüber den bedingt Verurteilten lediglich eine unerträgliche Härte in sich schließen. Es fehle also für unsere heimischen Zustände, abgesehen von allem anderen, von vornherein an einer wesentlichen Voraussetzung des Gelingens. Uebrigens seien die zum Erweise der günstigen Wirkung des Systems in Amerika beigebrachten sehr spärlichen Zahlen, nach welchen nur verhältnismäßig wenige Verurteilte die Probezeit nicht bestanden haben sollen [1]), ohne Beweiskraft. Denn da die bedingte Verurteilung nur die leichteren Straffälle und die besseren Individuen betreffe, liegt es in der Natur der Sache, daß die Zahl derjenigen, die sich innerhalb der verhältnismäßig kurzen Probezeit eine neue Bestrafung zuzögen, eine geringe sein müsse. Die angeführten Zahlen würden erst dann etwas beweisen können, wenn dargetan wäre, daß vor Einführung des Probationssystems beträchtlich mehr Personen innerhalb desjenigen Zeitraums, der jetzt als Probezeit gelte, einer zweiten Bestrafung verfallen wären. An einem solchen Nachweise fehle es aber gänzlich. Es sei übrigens bemerkenswert, daß, soviel hier bekannt, das neue System in den Vereinigten Staaten von Amerika auf den kleinen Staat Massachusetts mit der Stadt Boston beschränkt geblieben sei und nicht auch in den anderen Territorien Eingang gefunden habe.

Stehe man hiernach dem Vorschlage ganz ohne zuverlässige Erfahrungen in Betreff seiner praktischen Folgen gegenüber, so müsse seine Verwirklichung bis zu dem Zeitpunkt des Vorliegens solcher Erfahrungen entschieden unrätlich erscheinen.

II. Zu Frage 2: Hat sich ein Bedürfnis zur Einführung der bedingten Verurteilung geltend gemacht?

---

1) Nach Aschrott (a. a. O.) in Boston innerhalb zehn Jahren etwa der zehnte Teil.

Unterfrage a: Kann den anzuerkennenden Mängeln der kurzzeitigen Freiheitsstrafen [1]) nicht in anderer Weise abgeholfen werden?

Die Klagen über völlige Unwirksamkeit der kurzen Freiheitsstrafen seien in hohem Grade übertrieben und gingen vielfach von Stellen aus, welche mit der praktischen Strafrechtspflege und den wirklichen Zuständen in unseren Gefängnissen nicht hinlänglich vertraut seien. Ein beträchtlicher Teil der Bevölkerung scheue sich auch vor der kürzesten Gefängnisstrafe und werde nach Erduldung einer solchen sich nach Kräften vor einer neuen Bestrafung hüten. Dies zeige sich bei der praktischen Bearbeitung der Strafsachen und insbesondere der Begnadigungssachen. Der bezeichnete wichtige Teil der Bevölkerung setze sich aus der großen Mehrzahl derjenigen zusammen, die durch Geburt, Stand, Beruf, Besitz, Ruf und Lebenshaltung sich in einer Stellung befänden, in welcher sie, wenn auch in den bescheidensten Kreisen, Anspruch auf eine gewisse Geltung bei ihren Mitmenschen zu erheben hätten. Diese Kategorie reiche tief hinab bis in die Kreise der Handarbeiter, denn auch der redliche Arbeiter wolle mit Recht sich in seinen Kreisen geachtet sehen und fürchte in dieser Achtung durch eine Verurteilung zu Freiheitsstrafe Einbuße zu erleiden. Unwirksam seien kurzzeitige Strafen allerdings, abgesehen von den Gewohnheitsverbrechern, gegenüber welchen sie kaum in Frage kämen, gegenüber dem nicht ehrliebenden Teile der Bevölkerung, und insoweit sei ein Bedürfnis zur Abhülfe als vorhanden anzuerkennen.

Ebenfalls sehr übertrieben sei die Behauptung, daß die kurzzeitigen Strafen geradezu schädlich wirkten, weil sie meist in kleinen Gefängnissen vollzogen werden müßten, in welchen Gemeinschaftshaft bestehe, und weil daher die zum ersten Male wegen geringer Verfehlungen Bestraften durch die Gemeinschaft mit verdorbenen und verbrecherischen Mit-

1) Hier fehlen die eingeklammerten Worte: „mangelnde Wirksamkeit, Gefahr der sittlichen Verschlechterung der Verurteilten durch Mitgefangene". Vergl. oben S. 470. v. Liszt.

gefangenen sittlich schwer geschädigt würden. Nach den in allen Oberlandesgerichtsbezirken aufgestellten Belegungsplänen würden die kleinen Gefängnisse ausschließlich zur Vollstreckung kurzer Strafen benutzt; schwerere Verbrecher fänden sich daher in denselben nicht vor. Außerdem seien die Insassen mit wenigen Ausnahmen im Amtsgerichtsbezirk wohnhafte Personen derselben Klassen, welche in der Freiheit die Umgebung der meisten Verurteilten gebildet hätten, und von denen ein schädigender Einfluß auf die letzteren im allgemeinen nicht zu besorgen sei. Die wenigen gefährlichen Elemente, welche sich in solchen Gefängnissen fänden, nämlich einzelne Untersuchungsgefangene und Landstreicher, würden schon jetzt von Mitgefangenen getrennt gehalten, wozu hinreichender Isolierraum in der Regel vorhanden sei. Eine wirkliche Mischung von gefährlichen und unverdorbenen Elementen finde nur in den größeren Gefängnisanstalten statt, insofern diese zum Teil auch noch zur Verwahrung kurzzeitiger Verurteilter mitbenutzt werden müßten. Gerade in diesen Häusern seien aber die Einrichtungen auch hinsichtlich der Zahl der Einzelzellen im allgemeinen bessere, so daß eine Sonderung der Gefangenen sich in gewissem Umfange durchführen lasse. Jugendliche Verurteilte mit einigermaßen längerer Strafzeit würden in besonderen Stationen vereinigt, die zu ganz kurzen Freiheitsstrafen Verurteilten aber gemäß § 32 des Gefängnisreglements vom 16. März 1881 von Erwachsenen getrennt und in besonderen Räumen untergebracht. Auch die räumliche Trennung der Geschlechter sei selbstverständlich durchgeführt. Wenn vereinzelte Schriftsteller die kleineren Gefängnisse als Brutstätten des Lasters und der sittlichen Verderbnis schilderten, so könne dies, soweit sich der Vorwurf auf Preußen beziehe, hiernach nur auf unzureichende Bekanntschaft mit den wirklichen Zuständen in diesen Anstalten und mit den zur Aufbesserung des Gefängniswesens in den letzten zwanzig Jahren aufgewendeten Anstrengungen zurückgeführt werden. Gleichwohl sei anzuerkennen, daß die Zustände in der angegebenen Richtung noch keineswegs befriedigend seien. Unerfindlich aber bleibe, wie hieraus ein

Schluß auf die Notwendigkeit der „bedingten Verurteilung“ gerechtfertigt werden könne. Seien die Strafen unwirksam und die Gefängniseinrichtungen ungenügend, so ergebe sich hieraus lediglich die Notwendigkeit, beide zu verbessern, nicht aber ein Grund, die Strafen abzuschaffen. Letzteres würde heißen, etwas Mangelhaftes durch ein Nichts ersetzen wollen. Eine solche Abschaffung würde aber in der bedingten Verurteilung liegen, da diese an die Stelle des Vollzuges der Strafen die bloße Drohung mit dem möglichen Vollzuge zu setzen beabsichtige, und da ihr Wert nach der Ansicht ihrer Verteidiger gerade darin beruhen solle, daß sie die kurzen Freiheitsstrafen in möglichst weitem Umfange in Wegfall bringe.

Eine Aufbesserung des Strafvollzuges sei nach der allgemeinen Ansicht der Sachverständigen sehr wohl ausführbar, und zwar *hauptsächlich durch möglichst vollständige Durchführung der Einzelhaft* und Festsetzung besonderer Verschärfungen für ganz kurze Freiheitsstrafen, namentlich von Kostschmälerung. An der vollen Durchführung der Einzelhaft hätten bisher wohl überhaupt nur finanzielle Bedenken gehindert, welche mehr und mehr zurücktreten müssen, je weiter inzwischen bei den auszuführenden Bauten, wie dies tatsächlich in der preußischen Justizverwaltung geschehe, die Zahl der Einzelzellen gefördert werde. Seien die angedeuteten Verbesserungen erreicht, dann werde auch den kurzen Gefängnisstrafen die größtmögliche Wirksamkeit unter voller Berücksichtigung des Besserungszweckes verliehen sein, so daß jeder Grund für den Wunsch nach ihrer Beseitigung fortfallen würde. Gegen vollständig verderbte und verstockte Individuen aber für leichte Delikte unbedingt wirksame Strafen zu erfinden, werde immer eine ungelöste Aufgabe bleiben, die am wenigsten durch die „bedingte Verurteilung“ gelöst werden würde.

Unterfrage b: Hat sich gezeigt, daß mit der Vollstreckung solcher Strafen Härten verbunden waren, die zu dem Maße der Verschuldung in keinem Verhältnis standen?

Diese Frage sei im allgemeinen zu verneinen. Unsere Strafgesetze seien im großen und ganzen mild und ließen dem Richter durch Festsetzung von sehr niedrigen Mindestmaßen der Strafe ausreichenden Spielraum, um auch besonders leicht geartete Fälle mit einer der Billigkeit entsprechenden Strafe zu treffen. (In einzelnen Berichten ist hier darauf hingewiesen, daß im Volke eher über zu milde, als über zu strenge Bestrafungen Klage geführt werde.) Bei einigen wenigen strafgesetzlichen Bestimmungen sei allerdings beobachtet worden, daß diese Mindestsätze vom Gesetzgeber entweder der Strafart oder dem Strafmaße nach nicht glücklich gewählt seien. Dies gelte ganz besonders von dem gemeinschaftlich verübten Hausfriedensbruche (§ 123 Abs. 3 St.G.B.), bei welchem öfters nur der Tatbestand einer so geringfügigen Ausschreitung vorliege, daß das festgesetzte Strafminimum von einer Woche Gefängnis zu hart erscheine. Aehnlich verhalte es sich mit einigen anderen Strafvorschriften, z. B. den den Arrestbruch (§ 137 St.G.B.), die Gläubigerbenachteiligung (§ 211 der Konkursordnung, § 288 St.G.B.), den einfachen Bankerott (§ 210 der Konkursordnung) betreffenden, in denen lediglich Gefängnisstrafe angedroht sei, während zuweilen Fälle vorkämen, die es wünschenswert erscheinen ließen, auf Geldstrafe erkennen zu dürfen. Die Zahl dieser Bestimmungen sei indes eine nur geringe, und es lasse sich hinsichtlich ihrer leicht Wandel schaffen durch eine entsprechende Abänderung des Strafgesetzbuches.

Wenn behauptet werde, daß im allgemeinen die Verbüßung kurzer Gefängnisstrafen eine unbillige Härte in sich schließe, so müsse dem mit Entschiedenheit entgegengetreten werden. Wo das Gesetz Freiheitsstrafen allein androhe, seien in der ungeheueren Mehrzahl der Fälle die Tatbestände auch so geartet, daß selbst vom sittlichen Standpunkte aus eine Freiheitsentziehung gerechtfertigt und sogar geboten erscheine. Es sei auch nicht zutreffend, daß das Volk, wie die Anhänger der bedingten Verurteilung besonders betonen, in der gefänglichen Einziehung als solcher einen so erheblichen Makel sehe, daß den von derselben Betroffenen ihr weiteres Fortkommen aus diesem Grunde ungebührlich erschwert werde. Die Einsicht des Volkes werde unterschätzt, wenn man annähme, daß dasselbe sein Urteil lediglich von der Tatsache der Strafverbüßung abhängig mache. Vielmehr blicke es auf die Tat, und nur wenn diese nach seinen Begriffen ehrlos erscheine, betrachte es den Täter als verächtlich. Gerade dem Volke sei wohl bewußt, daß die Handlung, und nicht die Strafe den Schuldigen schände. In der öffentlichen Meinung werde daher im allgemeinen ein nur bedingt verurteilter Dieb nicht günstiger dastehen, als jetzt ein solcher, der seine Strafe abbüßen müsse. Sei die Tat aber nach den Volksbegriffen nicht ehrwidrig, so leide der Verurteilte in den leichten Fällen, die hier allein in Betracht kämen, bei seinen Standes- und Berufsgenossen meist in seiner Geltung überhaupt keinen wesentlichen Abbruch. Was das Erwerbsleben betreffe, so werde dieses bei den niedrigen Klassen des Volkes durch die Verbüßung kurzer Strafen nicht in besonders erheblichem Maße geschädigt, da solche die Verbindungen und die Hülfsquellen des Verurteilten nicht so nachhaltig beeinträchtigten, um ihn, insbesondere bei der gegenwärtigen Nachfrage nach Handarbeitskräften, dauernd der Möglichkeit der wirtschaftlichen Existenz zu berauben.

Damit solle keineswegs in Abrede gestellt werden, daß durch die Vollstreckung auch kurzer Freiheitsstrafen tatsächlich wenigstens ein Teil der Verurteilten in seinem Fortkommen benachteiligt werde. Diese Erscheinung, welche die Betroffenen lediglich ihrem eigenen ungesetzlichen Verhalten zuzuschreiben hätten, könne jedoch nicht dazu führen, daß der Staat auf seine in den Interessen des gemeinen Wohles und der Rechtsordnung gegründete Verpflichtung, zu strafen, auch nur teilweise zu verzichten hätte.

Unterfrage c: Hat sich die Ausübung des Allerhöchsten Begnadigungsrechtes als ausreichend erwiesen, um solche Härten zu beseitigen?

Die Abstellung solcher Härten, welche in besonders gearteten Fällen bei der Ausübung der Strafrechtspflege vorkämen, sei recht eigentlich eine Aufgabe des landesherrlichen Begnadigungsrechtes und habe mit der Rechtsprechung, welche lediglich Recht, nicht aber Gnade zu verwirklichen habe, nichts zu schaffen. Die Vermischung beider Gesichtspunkte in den Befugnissen des Richters sei an sich dem Berufe des letzteren, wie derselbe in Deutschland sich entwickelt habe, nicht entsprechend. Uebrigens habe sich das Allerhöchste Begnadigungsrecht bisher als ausreichend erwiesen, um Härten der bezeichneten Art zu beseitigen. Wenn in solchen Fällen die Gnade Seiner Majestät des Königs angerufen worden, sei dieselbe auch in Gestalt eines Aufschubes, einer Milderung oder des gänzlichen Erlasses der Strafe gewährt worden. Sei die Anrufung aber unterblieben, so hätten sich die Betreffenden das Ausbleiben einer solchen Berücksichtigung selbst zuzuschreiben.

III. Zu Frage 3:

Unterfrage 3a: Ist von der bedingten Verurteilung zu erwarten, daß sie die von ihr Betroffenen mit mehr Erfolg von der Begehung neuer Straftaten abhalten werde, als dies die Vollstreckung der Strafe vermag?

Schon jetzt werde über die unzureichende präventive Wirkung der Strafen geklagt. Durch Einführung der bedingten Verurteilung werde sich der beklagte Mangel nur steigern, denn es bedürfe keines Beweises, daß in der Vollstreckung einer Strafe ein wirksameres Abschreckungsmittel liege, als in der bloßen Androhung einer solchen für den Fall einer neuen Gesetzesübertretung. Ganz besonders gelte dies hinsichtlich der großen Massen, deren Eigenschaften hier vorzugsweise in Betracht zu ziehen seien, da aus ihnen die große Mehrzahl der Verurteilten hervorginge. Solche Androhungen seien schon jetzt in den Strafgesetzen selbst vorhanden. So wenig, wie diese die Begehung von Delikten zu verhüten vermöchten, werde es die Besorgnis im stande sein, bei einem neuen Fehltritt eine aufgeschobene leichte Strafe wegen eines früheren Vergehens mit erdulden zu müssen. Soweit in dieser Beziehung gegenüber den mächtigen und momentan wirkenden Antrieben zu strafgesetzwidrigen Handlungen überhaupt etwas geleistet werden könne, vermöchte dies nur ein zweckmäßiger und vor allen Dingen empfindlich eingerichteter Strafvollzug.

Unterfrage 3b und c: Ist zu erwarten, daß die bedingte Verurteilung den Anspruch der durch die Straftat Verletzten auf Genugtuung befriedigen und dem Rechtsgefühle des Volkes im allgemeinen Genüge leisten werde?

Diese Frage sei bestimmt zu verneinen. Wenn auch schon seit langer Zeit der Staat die Ausübung des Strafklagerechts im Wege der öffentlichen Verfolgung übernommen habe, so sei damit doch materiell der Anspruch des Verletzten auf eine Sühne der ihm zugefügten Rechtsverletzung nicht beseitigt. Dieser Anspruch sei vielmehr vom Gesetzgeber sorgfältig zu berücksichtigen, weil sonst die durch strafbare Handlungen Benachteiligten in ihren Rechtsbegriffen beirrt, in den Glauben an Mangelhaftigkeit des staatlichen Schutzes versetzt und auf den Weg der Selbsthülfe gedrängt würden. Die bedingte Verurteilung lasse eine genügende Berücksichtigung dieses wichtigen Gesichtspunktes durchaus vermissen, da sie die Strafe nur aussprechen, der Regel nach aber nicht vollziehen lassen wolle. Mit dem bloßen theoretischen Richterspruche aber werde dem Verletzten nicht gedient sein, vielmehr verlange dieser die reale Zufügung des Strafübels.

Hierin liege schon, daß, auch im allgemeinen betrachtet, das behandelte System dem Rechtsgefühle des Volkes nicht entsprechen werde. Denn dieses wünsche, daß jede gerichtlich erwiesene Straftat auch ihre wirkliche Strafe finde. Dies erscheine ihm mit Recht als ein Grundsatz, welcher die Rechtsordnung stützen und tragen helfe. Das Volk erwarte vom Richter stets das Recht, aber auch lediglich dasselbe, und nicht Gnade. Es fordere, daß derselbe sich im Gegenteil von allen Erwägungen, die nicht dem Gebiete des Rechtes, sondern dem der Gnade angehören, fernhalte. Dies sei eine uralte germanische Anschauung, die in dem deutschen Volkscharakter wurzele. In dieser das diskretionäre Ermessen ausschließenden Verpflichtung des Richters, stets dann zu strafen, wenn die Voraussetzungen der Strafbarkeit überhaupt vorlägen, werde auch eine gewichtige Gewähr für die Unabhängigkeit und Unparteilichkeit der Rechtsprechung gefunden. Diese wohlbegründete Anschauung würde durch die bedingte Verurteilung verletzt werden. Wenn der Richter einen überwiesenen Uebeltäter straflos lasse, so werde der gemeine Mann dies nicht verstehen und vielfach in den für die Rechtsordnung bedenklichen Glauben geraten, daß der Justiz die Macht oder der Wille, zu strafen, fehle. Er werde geneigt sein, wenn die Strafe ausbleibe, Parteilichkeit des Richters anzunehmen. Diese Geneigtheit werde dadurch noch wachsen, daß die bedingte Verurteilung verhältnismäßig am häufigsten wohlhabenderen oder sonst bürgerlich über den niedrigsten Klassen stehenden Personen zu teil werden würde. Denn bei diesen Personen würden die Vorbedingungen derselben, frühere Unbescholtenheit und besondere Würdigkeit der Berücksichtigung am häufigsten zutreffen. So würden auch in dieser Richtung Richterstand und Rechtsprechung in ihrem Ansehen bei dem Volke Gefahr laufen, und zwar auf einem Gebiete, auf welchem unter den gegenwärtigen sozialen Verhältnissen besondere Vorsicht geboten sei.

Dazu komme, daß das Kriterium, von welchem bei der bedingten Verurteilung die Straflosigkeit schließlich abhänge, nämlich das Ausbleiben einer zweiten Verurteilung, ein nur negatives und deshalb unzureichendes sei. Der bedingt Verurteilte könne während der Probezeit eine neue kriminelle Bestrafung nicht erlitten und dennoch sich so schlecht geführt haben, daß er einer Gnadenerweisung unwürdig erscheine. Andererseits werde es vorkommen, daß ein Verurteilter bei sonst vollkommen tadelfreier Lebenshaltung während der Probezeit wegen eines geringfügigen Deliktes sich eine Bestrafung zuziehe. Der erstere wäre mit der Strafe zu verschonen, an dem letzteren würde dieselbe zu vollstrecken sein. Diese Konsequenz dürfe nicht auf den Beifall des Volkes rechnen und werde ebenfalls nicht dazu beitragen, das Vertrauen auf die Justiz zu stärken. Endlich werde es dem gemeinen Manne nicht einleuchten, daß es gerecht und billig sei, wenn wegen einer bereits in Vergessenheit geratenen und für verziehen erachteten Straftat nach Jahren die Strafe deshalb noch zur Vollstreckung gelange, weil der Täter wegen eines anderen geringfügigen und mit der früheren Tat nicht im Zusammenhange stehenden Vergehens aufs neue verurteilt worden sei.

IV. Zu Frage 4: Ist zu befürchten, daß die Aussicht auf mögliche Straflosigkeit bei der ersten Verurteilung ein Anreiz zur Begehung von Straftaten werden könnte?

Es sei nicht zu bestreiten, daß die Hoffnung, der Strafe zu entgehen, oft eine wesentliche Stelle unter den Erwägungen einnehme, welche zu dem Entschluß zu einer strafbaren Handlung führen. Diese Hoffnung werde unzweifelhaft bestärkt werden durch eine Einrichtung, welche für die erste Verurteilung die Strafe der Regel nach wegfallen lassen wolle. Der erste Schritt auf der Bahn der Gesetzwidrigkeit werde dadurch erleichtert, und gerade dieser erste Schritt sei es oft, welcher die folgenden nach sich ziehe. Werde das Rechtsbewußtsein erst unvermerkt durch den Gedanken gelockert, daß der Richter bei einer ersten Straftat es bei einer bloßen Drohung bewenden lasse, dann werde sich auch nach und nach im allgemeinen eine größere Geneigtheit einstellen, es das erste Mal mit der Uebertretung der Strafgesetze nicht genau zu nehmen. Hieraus werde sich mit Wahrscheinlichkeit eine Zunahme der strafbaren Handlungen überhaupt ergeben.

(In einem Berichte ist hier wörtlich bemerkt:

„Gerade in der gegenwärtigen Zeit tut es bei der großen Freiheit des Individuums und bei der Lockerung aller sonstigen Zuchtmittel dringend not, die Schranken des Gesetzes fest- und die Achtung vor ihnen hochzuhalten. Der Uebermut, sich über das Gesetz hinwegzusetzen, und die Frivolität, mit der rohe Burschen Gewalttätigkeiten verüben und sich den Beamten widersetzen, muß aber ohne Frage noch mehr zunehmen, wenn sie sehen, daß sie im Falle der Entdeckung als Erstbestrafte mit einer bloßen Drohung davonkommen.")

V. Zu Frage 5: Ist eine gleichmäßige Ausübung des in der bedingten Verurteilung liegenden Rechtes zum Straferlaß seitens der Gerichte zu gewärtigen?

Diese Frage sei mit „nein" zu beantworten. Die Entscheidung, ob ein Angeklagter „bedingt" oder „unbedingt" zu verurteilen sei, könne lediglich auf Grund diskretionären Ermessens erfolgen, es sei unmöglich, dieselbe an bestimmte, eine feste Richtschnur für den konkreten Fall darbietende Voraussetzungen zu knüpfen. Es liege daher in der Natur der Sache, daß von dem neuen Institute die einzelnen Gerichte in sehr verschiedenem Umfange Gebrauch machen würden. Dies gelte um so mehr, als hierbei die kriminalpolitischen Anschauungen der Richter und der mitwirkenden Laien erheblich in Betracht kämen, und als Gerichte verschiedener Ordnung mit der Anwendung der bedingten Verurteilung betraut sein würden. (Ein Bericht hebt hervor, daß Erkundigungen, welche in Belgien an zuständiger Stelle eingezogen seien, diese Sätze bestätigt hätten. In dem Bezirke eines Generalprokurators seien die Angeklagten in 14 Proz. der anhängig gewesenen Fälle, in dem Bezirke eines anderen in noch nicht 5 Proz. bedingt verurteilt worden.) Diese notwendig eintretende Ungleichmäßigkeit werde aber die bereits oben (zu Frage 3 c) betonte Gefahr des Zweifels an der Unparteilichkeit der Rechtsprechung bei dem minder gebildeten Teile des Volkes noch erhöhen. Der unbedingt Verurteilte werde auf zahlreiche andere Personen aus Nachbarbezirken, vielleicht auch aus dem eignen Gerichtsbezirk hinweisen können, welche Aehnliches unter ähnlichen Umständen begangen hätten, als er selbst, und welche dennoch vom Richter nur bedingt verurteilt worden, also völlig straflos ausgegangen seien. Die Schwere der hierin für das Ansehen von Gesetz und Gericht liegenden Gefahr sei nicht zu verkennen.

Der Einwand, daß auch jetzt von verschiedenen Gerichten dieselben Taten strafrechtlich verschieden beurteilt würden, ohne daß jene Gefahr sich gezeigt habe, sei nicht stichhaltig. Denn erstlich zeige sich diese Verschiedenheit hauptsächlich in der Abmessung der Strafe, und weniger in der Entscheidung der Tat- und Schuldfrage. Letztere werde in allen nicht an sich zweifelhaften Fällen im allgemeinen eine ziemlich gleichmäßige sein. Auf Unterschiede in der Strafabmessung aber lege die öffentliche Meinung weniger Gewicht, als darauf, ob überhaupt eine Strafe eintrete. Dann aber handle es sich bei der gegenwärtigen Ungleichmäßigkeit, soweit eine solche bestehe, lediglich um verschiedene Auffassungen bei der Rechtsanwendung, was dem Volke auch bewußt und ihm erklärlich sei. Bei der bedingten Verurteilung aber würde es sich um einen aus diskretionärem Ermessen hervorgehenden Gnadenakt gegenüber rechtlich gleich beurteilten Individuen handeln. Ein solcher Akt, bei welchem persönliche Rücksichten in Betracht gezogen werden müßten und sollten, verfalle selbstverständlich viel leichter und intensiver der Kritik und der Mißdeutung.

Gegenwärtig beruhe das Recht zum Straferlaß allein in der Hand des Landesherrn, von welchem es unter Mitwirkung des Justizministers nach einheitlichen Grundsätzen geübt werde. Diese Einheitlichkeit würde vollständig aufgehoben werden, wenn dieses Recht durch Einführung der bedingten Verurteilung in erheblichem Umfange auf zahlreiche Gerichte übertragen würde. Dadurch aber würde ein ganz unerwünschter und unersprießlicher Zustand geschaffen sein. Habe man doch selbst bei der vorläufigen Entlassung gemäß dem § 23 St.G.B., welche häufig mit der bedingten Verurteilung verglichen werde, die Einheitlichkeit der Entscheidung dadurch gewahrt, daß dieselbe dem Justizminister zugewiesen worden sei.

VI. Zu Frage 6: Empfiehlt sich die bedingte Verurteilung insbesondere gegenüber jugendlichen Delinquenten?

Wie bereits oben angeführt, gehen in diesem Punkte die Meinungen der zwölf Berichte auseinander. Die Mehrheit verneint die Frage mit folgenden Ausführungen:

Zwar sei die Geneigtheit, einen ersten Fehltritt bei jugendlichen Personen leichter aufzunehmen, eine größere, und es sei auch anzuerkennen, daß diese Personen durch Gefängnisstrafen härter betroffen und weit mehr der sittlichen Verschlechterung ausgesetzt würden, als Erwachsene. Allein gerade bei der Jugend sei der volle Ernst der Strafgewalt erforderlich. Die Jugend täusche sich mit dem ihr eignen leichten Sinne ohnehin leicht über die Folgen und die sittliche Bedeutung ihrer Handlungen selbst hinweg.

Diese Neigung und dieser Leichtsinn würden um so verderblicher wachsen, wenn die Erfahrung lehre, daß man die jugendlichen Delinquenten das erste Mal mit Strafe verschonte. Einem solchen Anwachsen müsse man um so sorgfältiger vorbeugen, als schon jetzt unter der heranwachsenden Jugend, namentlich in dem Bereiche größerer Städte, Zuchtlosigkeit und Verderbnis in bedenklicher Weise hervorträten. Gerade gegenüber jugendlichen Uebeltätern sei daher im ersten Straffalle Ernst und Strenge angezeigt, durch welche mancher auf den rechten Weg werde zurückgeführt werden, der durch unzeitige Nachsicht und Schwäche dauernd verloren gehen würde. Selbstverständlich müßten die Gefängnisse in Ansehung der „Jugendlichen", soweit sie noch mangelhaft seien, so eingerichtet werden, daß ausgedehnte Einzelhaft zur Anwendung gelangen könne. Dann werde der Befürchtung drohender sittlicher Verderbnis der Boden entzogen sein.

Allerdings kämen gerade bei Jugendlichen auch verhältnismäßig viel besonders rücksichtswürdige Straffälle vor, welche mehr aus Unverstand und Unbesonnenheit, als aus gesetzwidrigen Neigungen entsprungen seien. Für solche Fälle biete die Gnade Seiner Majestät des Königs die einzig geeignete und angemessene Abhülfe, und dieselbe werde auch nach den gemachten Erfahrungen in ausgiebigem Maße gewährt. Insbesondere sei vielfach auf diesem Wege in den dazu geeigneten Fällen jugendlichen Delinquenten ein- oder mehrjähriger Strafaufschub behufs Beobachtung ihrer weiteren Führung bewilligt worden. Sei die letztere gut gewesen, so sei demnächst Erlaß der Strafe oder Umwandlung derselben in einen Verweis erfolgt. Dies sei ein Verfahren, welches alle Vorteile der bedingten Verurteilung ohne deren Nachteile darbiete, und dabei werde es zweckmäßig zu bewenden haben.

In einigen Berichten ist davor gewarnt, der bedingten Verurteilung im Sinne eines Versuches bei sogenannten „Jugendlichen" Eingang zu verstatten. Denn abgesehen davon, daß dieser Versuch voraussichtlich nicht gelingen werde, sei eine teilweise Annahme dieses Institutes unausführbar; dieselbe würde notwendig die allgemeine Einführung nach sich ziehen. Weil diese Konsequenz zu übersehen sei, werde von manchen Anhängern der Einrichtung das Verlangen nach ihrer baldigen gesetzlichen Verwirklichung einstweilen auf die jugendlichen Uebeltäter beschränkt.

Die Minderheit der Berichte weist darauf hin, daß in Ansehung dieser Verurteilten die gegen den erörterten Neuerungsvorschlag bestehenden kriminalpolitischen Bedenken sich in geringerem Grade geltend machten. Auf ein jugendliches Gemüt mache in der Regel schon das gerichtliche Verfahren, insbesondere die Hauptverhandlung und der öffentlich verkündete Urteilsspruch, einen bedeutenden Eindruck, so daß es in zahlreichen Fällen eines wirklichen Strafvollzuges nicht geradezu bedürfen werde. Auch werde der letztere bei Jugendlichen schwer so einzurichten sein, daß alle moralischen Gefahren für den Gefangenen vermieden würden. Die Furcht vor dem Gefängnis sei bei der Jugend noch eine sehr große, und die Strafwirkung möge daher, wenn das Gefängnis wirklich betreten werden müsse, öfters über das Ziel hinaustreffen. Die gefängliche Einziehung jugendlicher Verurteilter unterbreche und vernichte mitunter den Bildungsgang der letzteren, dessen ungestörten Fortgang sie bedürften, um in hinreichendem Maße erwerbsfähig zu werden. Sie verschließe denselben nicht selten auch eine bessere Laufbahn, welche sie trotz der erfolgten Verurteilung hätten beschreiten können, wenn nicht die Gefängnisstrafe zur Vollstreckung gelangt wäre. Endlich sei bei jugendlichen Personen eine bessere Ueberwachung und Fürsorge während der Probezeit möglich. Diese Momente ließen es zwar keineswegs notwendig, aber doch wenigstens als statthaft erscheinen, eine Probe mit der bedingten Verurteilung bei jugendlichen Delinquenten anzustellen.

Der dreizehnte, von den Anschauungen der großen Mehrzahl abweichende Bericht hält zwar auch dafür, daß zur Zeit noch nicht genügende praktische Erfahrungen über die bedingte Verurteilung vorliegen, um dieselbe gesetzlich einzuführen. Er erachtet jedoch ihre Annahme nicht grundsätzlich für unratsam. Die einzelnen Fragen seien, wie folgt, zu beantworten.

Frage 2a bis c.

Die Klagen über Unwirksamkeit und Schädlichkeit der kurzzeitigen Freiheitsstrafen seien im wesentlichen als begründet anzuerkennen. Zwar sei die Behauptung, daß in den kleinen amtsgerichtlichen Gefängnissen die Verurteilten durch die Gemeinschaft mit Verbrechern verdorben würden, übertrieben, da diese Gefängnisse meist nur leichte Delinquenten aus dem Amtsgerichtsbezirke selbst enthielten; Bettler und Landstreicher aber abgesondert würden. Der bezeichnete Mißstand trete indessen bei größeren Gefängnissen schärfer hervor, und es werde überhaupt kaum durchführbar sein, das Gefängniswesen durch Annahme der obligatorischen Einzelhaft in der vorgeschlagenen Weise wirklich zu reformieren. Es biete sich also die bedingte Verurteilung als geeignetes Ersatzmittel für kurzzeitige Freiheitsstrafen dar. Freilich könnten hierbei nur ganz kurze Strafen in Betracht kommen; der von Lisztsche Gesetzentwurf gehe viel zu weit und sei nicht annehmbar.

Mit der Vollstreckung kurzzeitiger Freiheitsstrafen seien nicht selten Härten verbunden gewesen, welche zu dem Maße der Verschuldung nicht im richtigen Verhältnisse gestanden hätten. Insbesondere seien die Verurteilten öfters in ihrem Fortkommen erheblich beeinträchtigt worden. Allerdings sei diese Beeinträchtigung weniger eine Folge der Strafverbüßung, als der Tat und der Verurteilung, und die Mißachtung der Welt würde daher auch den treffen, der wegen einer entehrenden Tat nur bedingt verurteilt worden. Immerhin aber dürfte ein solcher Verurteilter doch in etwas milderem Lichte erscheinen, weil er noch nicht die Schwelle des Gefängnisses habe zu überschreiten brauchen.

Durch die Ausübung des Allerhöchsten Begnadigungsrechts seien solche Härten in gewissem Umfange beseitigt worden. Durchgreifend aber könne dasselbe nicht wirken, weil Voraussetzung der Begnadigung stets ein Antrag sei, und ein solcher seitens der Verurteilten in den geeigneten Fällen nicht immer gestellt werde. Auch biete das System der bedingten Verurteilung anscheinend bessere Gewähr dafür, daß der Erlaß der Strafe nur Würdigen zu gute käme, da ein Gnadengesuch zumeist nur auf Grund der Akten beurteilt werde, während die bedingte Verurteilung sich auf eine mündliche Verhandlung vor dem Richter gründen würde.

Fragen 3a bis c und 4.

Die bedingte Verurteilung sei allerdings geeignet, gewisse Besorgnisse zu erregen, doch erschienen diese nicht durchgreifend. Auf jeden Fall sei die Annahme gerechtfertigt, daß bei Anwendung der bedingten Verurteilung die Wiederholung strafbarer Handlungen, namentlich während der gestellten Garantiefrist, seltener sein werde. Der Verurteilte müsse sittlich gehoben werden; man müsse ihm Vertrauen zeigen, und er werde dieses Vertrauen voraussichtlich rechtfertigen, wie es die Mehrzahl der auf Grund des § 23 des St.G.B. vorläufig Entlassenen tue.

Der Anspruch der durch die Straftat Verletzten auf Genugtuung sei nicht hinwegzuleugnen. Auf denselben dürfe aber nur in beschränktem Maße Rücksicht genommen werden, da die Herbeiführung der Bestrafung Sache des Staates sei. Uebrigens werde ja auch bei der bedingten Verurteilung eine Strafe ausgesprochen. Ob dieselbe auch vollzogen werde, und in welcher Weise, darüber habe der Verletzte mit der Justizpflege nicht zu rechten. Das Rechtsgefühl des Volkes werde sich in die Einrichtung finden. Mit der Zeit werde es die Ueberzeugung gewinnen, daß der Aufschub keine Aufhebung der Strafvollstreckung sei, sondern daß jede Straftat ihre Sühne finde, wenn auch in Ausnahmefällen dem Verurteilten eine Frist gewährt werde, damit er sich zu retten im stande sei. Nur die falsche Anwendung des Rechtes zum bedingten Straferlaß durch den Richter könnte zu einer dauernden Erschütterung des Rechtsgefühls im Volke führen. Daß die Aussicht auf möglichste Straflosigkeit bei der ersten Verurteilung ein Anreiz zur Begehung von Straftaten werden könnte, sei ebenfalls nicht zu besorgen, da die meisten Delikte ohne vorheriges Nachdenken über die Folgen begangen würden. Auch könne niemand wissen, ob ihm der Richter die Wohltat der bedingten Verurteilung zubilligen werde.

Frage 5.

Eine gleichmäßige Ausübung des in der bedingten Verurteilung liegenden Rechtes zum Straferlaß von seiten der Gerichte sei allerdings nicht zu erwarten, da die Entscheidung dem freien Ermessen des Richters überlassen werden müsse. Zunächst würden Mißgriffe vorkommen, und es sei möglich, daß manche Gerichte in bewegten Zeiten zu einem zu häufigen Gebrauch des Ersatzmittels hinneigen könnten. Dies könne aber ebensowenig als ausschlaggebend gegen die bedingte Verurteilung angeführt werden, wie die Möglichkeit einer verschiedenen Strafzumessung gegen die relative Bestimmung der gesetzlichen Strafmaße.

Frage 6.

Für ganz unbedenklich sei die bedingte Verurteilung gegenüber jugendlichen Uebeltätern zu erachten, da bei diesen die Freiheitsstrafe schädlicher wirke, als bei Erwachsenen. Alles zusammengefaßt sei also die bedingte Verurteilung an sich empfehlenswert. Es sei aber bedenklich, mit dieser Einrichtung Versuche anzustellen, und deshalb empfehle sich ein mehrjähriges Abwarten der in anderen Staaten sich ergebenden Erfahrungen.

Es ist vielleicht von Interesse, hier noch zu erwähnen, daß einige Berichte neben dem eigentlichen Gegenstande des Gutachtens auch noch eine Erörterung der von Professor von Liszt vorgeschlagenen anderweiten Ersatzmittel für kurzzeitige Freiheitsstrafen angestellt haben. Diese Mittel, nämlich Ausdehnung des Verweises und der Geldstrafen, Einführung von Hausarrest, Strafarbeit ohne Einsperrung und der Friedensbürgschaft, sind überwiegend für nicht zweckmäßig, zum Teil sogar für nachteilig erachtet, ebenso die von Liszt vorgeschlagene Bemessung der wirklichen Strafdauer durch sogenannte „Strafvollzugsämter". Auf Einzelheiten in dieser Beziehung kann hier nicht eingegangen werden. Es wird die Mitteilung genügen, daß gegen Erweiterung der Geldstrafen und Einführung der Friedensbürgschaft hauptsächlich der Einwand gemacht ist, daß diese Mittel nur gegen den wohlhabenderen Teil der Bevölkerung anwendbar sein würden, nicht aber gegen den ärmeren und ärmsten, aus welchem sich naturgemäß die große Mehrzahl derjenigen zusammensetze, welche sich überhaupt gegen die Strafgesetze vergingen. Außerdem würden diese Einrichtungen gewissermaßen ein Klassenprivilegium für die Begüterten schaffen, denn es werde im Volke als eine Vergünstigung angesehen, sich wegen einer Straftat mit Geld abfinden zu können. Diese Vergünstigung würde der großen Mehrheit der Delinquenten wegen fehlender Geldmittel und mangelnden Kredits versagt bleiben. Eine solche gesetzgeberische Maßnahme müsse mit Rücksicht auf die sozialen Fragen der Gegenwart unter allen Umständen vermieden werden.

Bezüglich der Strafvollzugsämter ist bemerkt, daß dieselben bei kleinen Gefängnissen schwer zu organisieren seien, daß vom praktischen Standpunkte aus nicht anzunehmen sei, daß sie die Straffestsetzung richtiger treffen würden, als der Richter, und daß ihre für des Schicksal des Verurteilten wichtigen Entscheidungen der Garantie der richterlichen Unabhängigkeit entbehren würden.

Berlin, im Juni 1890."

Da diese Darstellung wiederholt und zwar auch dort, wo es durch die Sachlage keineswegs geboten ist, an die „Vorschläge des Professor von Liszt" anknüpft, darf ich wohl dem Wiederabdruck einige persönliche und sachliche Bemerkungen anfügen.

I. Zunächst betone ich, daß das Ergebnis der Begutachtung die von mir und wohl auch von den übrigen Freunden der sogenannten „bedingten Verurteilung" gehegten Erwartungen weit übertrifft. Ich hatte unter den gegebenen, sofort näher zu besprechenden Verhältnissen stimmeneinhellige Ablehnung des gemachten Vorschlages für unvermeidlich gehalten. Statt dessen hat einer der erstatteten „13 eingehenden" Berichte sich in allem wesentlichen auf den von uns eingenommenen Standpunkt gestellt. Und von den übrigen 12 Berichten hat eine „Minderheit", deren zahlenmäßige Stärke nicht ganz unbedeutend zu sein scheint, dadies sonst gewiß nicht unerwähnt geblieben wäre, die Einführung der „bedingten Verurteilung" jugendlichen Uebeltätern gegenüber für durchaus zulässig erachtet.

Man vergegenwärtige sich die Sachlage.

Meine im Vorjahre unter der Ueberschrift „Kriminalpolitische Aufgaben" begonnene, noch nicht zum Abschluß gelangte Abhandlung sollte, wie ich es in den ersten Zeilen (oben S. 290) ausdrücklich ausgesprochen hatte, „anregen, nicht belehren". „Abschließende Ergebnisse, ausgearbeitete Vorschläge", so betonte ich, „kann heute wohl niemand bieten; wäre dem anders, so hätte die Internationale kriminalistische Vereinigung keinen Zweck. Ihre Daseinsberechtigung liegt in den Aufgaben, die sie als erst zu lösende sich gestellt hat". Auch den Gesetzentwurf „betreffend die Einführung des bedingten Aufschubs der Strafvollstreckung" (oben S. 423) habe ich mit den Worten eingeleitet: „Getreu meiner grundsätzlichen Anschauung, daß es Ehrenpflicht der Wissenschaft sei, für den Fortschritt der Gesetzgebung die Bahn zu ebnen und zu weisen, daß aber fruchtbringende Erörterung nur auf dem Boden bestimmter, greifbarer Vorschläge möglich ist, übergebe ich ihn (den Entwurf) dem Urteil der Fachgenossen." Daß mit den bisher erschienenen Ausführungen meine Arbeit noch nicht abgeschlossen sei, habe ich mehr als einmal (z. B. oben S. 390) in unzweideutiger Weise gesagt.

Den Fachgenossen also habe ich meine Vorschläge unterbreitet; den Lesern der Zeitschrift, den theoretischen und praktischen Juristen der Vereinigung habe ich sie vorgelegt zur Prüfung. Weder an die verbündeten Regierungen, noch an den preußischen Justizminister, noch an irgend eine Volksvertretung habe ich mich gewendet, um die gesetzliche Durchführung meiner Vorschläge zu bewirken. Dazu war die Zeit noch nicht gekommen. Daß die „Norddeutsche Allgemeine Zeitung" den Gesetzentwurf abdruckte und daß die verbreitetsten Tagesblätter ihrem Beispiel folgten, habe ich weder unmittelbar noch mittelbar veranlaßt.

Der Ministerialerlaß vom Januar 1890 hat also Vorschläge, welche ihr Urheber selbst ausdrücklich nur als Grundlage weiterer Erörterung in Fachkreisen bezeichnete, zum Gegenstande der Begutachtung durch die Spitzen der Justizverwaltung gemacht. Daß das Urteil über solche, der näheren Prüfung noch harrende, mithin nur vorläufige, Vorschläge kein günstiges sein werde, war vorauszusehen.

Ueberdies konnte mein die sogenannte „bedingte Verurteilung" betreffender Gesetzentwurf nur im Zusammenhange mit meinen übrigen Vorschlägen verstanden werden. Ich nehme an, daß den 13 Gutachtern dieser Zusammenhang insoweit vollkommen klar gewesen ist, als es sich um die bisher von mir bereits veröffentlichten Vorschläge handelte. Aber ich weiß — und ich bitte das zu beachten — daß die Oberlandesgerichtspräsidenten und die Oberstaatsanwälte ihrerseits untergebene Beamte mit der Begutachtung binnen kürzester Frist beauftragt haben; und ich weiß, daß diesen Beamten vielfach nur der Wortlaut meines Gesetzentwurfs betreffend die bedingte Verurteilung, nicht aber seine Begründung, nicht sein Zusammenhang mit den übrigen Vorschlägen bekannt war, seine Tragweite daher gänzlich unverständlich bleiben mußte. Ist doch mehr als einmal, mündlich wie schriftlich, in jenen Wochen aus beteiligten Kreisen die Anfrage an mich gerichtet worden, weshalb ich bei Uebertretungen die „bedingte Verurteilung" ausschließen wolle. Daß nach meinen Vorschlägen bei Uebertretungen Freiheitsstrafe überhaupt nicht angedroht werden sollte, war den Fragenden mithin verborgen geblieben. Noch auf der Versammlung des nordwestdeutschen Gefängnisvereins in Hamburg (31. Mai d. J.) konnte Landgerichtsdirektor Föhring unter Zustimmung der Versammlung eine Reihe ähnlicher Bedenken vorbringen, die nur in der gründlichen Nichtkenntnis des Zusammenhanges meiner wohlüberlegten Vorschläge ihre Wurzel hatten. Erst durch Krohne wurde die Versammlung auf diesen Zusammenhang hingewiesen. Es ist klar, daß ein aus dem Zusammenhang herausgerissener, und dadurch unverständlich gemachter Vorschlag keine günstige Beurteilung erwarten darf, und ebenso klar, daß ungünstige Urteile der Landgerichte oder Staatsanwälte auch auf das zusammenfassende Gutachten der Oberlandesgerichtspräsidenten nicht völlig ohne Einfluß bleiben konnten.

Ein Weiteres ist zu beachten. Der Kampf gegen die kurzzeitige Freiheitsstrafe ist zwar ein Kampf gegen die Strafart, nicht gegen ihre Anwendung; aber er erscheint nur zu leicht als ein Vorwurf gegen jene Behörden, welche zur Verhängung und Vollstreckung der kurzzeitigen Freiheitsstrafe kraft Gesetzes berufen, folglich die geborenen Vertreter der angegriffenen herrschenden Ordnung sind. Daß die preußische Justizverwaltung mithin die in Preußen wie anderswo erhobenen Vorwürfe als gegen sich gerichtet erachtet, ist zwar nicht berechtigt, aber erklärlich. Jeder von uns wird die notwendigen, von ihm nicht verschuldeten Mängel seiner Berufstätigkeit nicht gern dem Tadel von Außenstehenden preisgeben. Die Auffassung ist aus der Darstellung im Justizministerialblatt deutlich genug zu erkennen. Es kann sein, daß das nur auf persönlicher Stimmung des ungenannten Verfassers beruht. Es ist aber nicht ausgeschlossen, daß dieselbe Stimmung auch in den Gutachten ohne Wissen und Willen der Berichterstatter zur Geltung gelangt ist.

Unfertige und aus dem Zusammenhange gerissene Vorschläge sind also Männern zur Begutachtung vorgelegt worden, welche nach Lebensalter, Stellung, Berufstätigkeit notwendig allen durchgreifenden und überdies noch nicht genügend geprüften Neuerungen abhold sein müssen. Und dennoch ist das Urteil nicht durchweg verneinend ausgefallen! Ich wüßte in der Tat keinen schlagenderen Beweis für die Lebenskraft der jene Vorschläge bestimmenden Grundgedanken.

II. Ich glaube nicht, daß man im preußischen Justizministerium, auch abgesehen von der Person des Justizministers, das Schicksal der bedingten Verurteilung für entschieden gehalten hat, noch ehe die Fragen an die Gutachter gestellt waren, und daß es sich lediglich darum handelte, für die schroffe Zurückweisung der unbequem gewordenen Bewegung den wünschenswert erscheinenden festen Rückhalt zu gewinnen. Aber mancherlei Anzeichen sprechen dafür, daß man der Frage nicht eben in wohlwollender Neutralität gegenüberstand.

Ich erwähne nur wenige dieser Anzeichen, für welche die Grundlage in der Veröffentlichung des J.M.Bl. selbst gefunden werden kann.

1) Die erste der zur Begutachtung gestellten Fragen lautet: „Liegen über die praktische Bewährung der bedingten Verurteilung in den Ländern, in welchen dieselbe gesetzlich eingeführt ist, genügende Erfahrungen vor?"

Daß solche „genügende", also langjährige und zweifellose Erfahrungen bisher nicht vorliegen, wußte man in Berlin gewiß so gut wie anderswo. Die erste, grundlegende Frage war demnach so gestellt, daß sie verneint werden mußte. Das sieht nicht nach Wohlwollen, kaum nach Unbefangenheit aus.

2) Die Zahlen ferner, welche bereits vorlagen, waren zwar dem preußischen Justizministerium zugänglich, nicht aber den einzelnen Oberlandesgerichtspräsidenten und Oberstaatsanwälten. In der Tat haben, wenigstens nach der Darstellung im J.M.Bl., die Gutachten, wie zu erwarten war, nur solche Ziffern beigebracht, welche bereits in gedruckten und allgemein bekannten Abhandlungen vorlagen. Man hat es nicht für nötig befunden, in London über die Ergebnisse des englischen Gesetzes von 1887 Erkundigungen einzuziehen. Wenigstens ist in der Darstellung davon nicht die Rede. Man hätte sonst erfahren, daß (nach einem Briefe von Colonel Howard Vincent an mich) seit Einführung des Gesetzes die Zahl der Verurteilten von Jahr zu Jahr gesunken und damit die anfängliche Befürchtung einiger „old fashioned magistrates" vor den üblen Wirkungen des Gesetzes gründlich widerlegt worden sei; daß von den ungefähr 500 Personen, welche in London „released" worden seien, 95 von hundert sich gut geführt hätten u. s. w. Auch die aus mehreren Bezirken bereits vorliegenden belgischen Ziffern sind nicht erwähnt. Die Erfahrungen des ersten Jahres seit der Einführung der bedingten Verurteilung in Belgien wären aber darum lehrreich gewesen, weil die oft betonte Befürchtung, daß der durch die Straftat Betroffene sich in seinem „Anspruch auf Genugtuung", daß das ganze Volk sich

in seinem Rechtsgefühle verletzt fühlen werde, gerade einer neu eingeführten Einrichtung gegenüber, wenn überhaupt, besonders begründet sein würde. Aber auch diese Zahlenangeben fehlen. Doch halt: S. 184 lesen wir, daß ein Berichterstatter (also nicht das Justizministerium) in Belgien an zuständiger Stelle Erkundigungen eingezogen habe. Die Darstellung im J.M.Bl. teilt die so erfahrenen Ziffern auch mit, denn sie sollen die Annahme bestätigen, daß gleichmäßige Anwendung der bedingten Verurteilung durch die Gerichte nicht zu erwarten sei. Das ist äußerst bezeichnend. Die in Belgien vorliegenden Zahlen beweisen nicht, soweit sie der „bedingten Verurteilung“ günstig sind und werden daher gar nicht erwähnt; sie beweisen sofort und werden vermerkt, sobald sie ungünstige Schlüsse gestatten. Die sehr interessante Gestaltung des Probationssystems in den englisch-australischen Kolonien Viktoria, Queensland, Süd-Australien und Neuseeland (wohl auch in Südwales) sowie in Canada und die über die hier gemachten Erfahrungen vorliegenden amtlichen Zusammenstellungen sind mit keiner Silbe erwähnt. In Neuseeland wurden (nach den mir vorliegenden Berichten von Kapitän Hume) vom 1. Oktober 1886 bis zum 31. Dezember 1888 im ganzen 203 Personen aller Altersstufen „unter Probation“ gestellt. Von diesen sind 143 endgültig losgesprochen worden; 49 stehen noch unter Aufsicht; 10 mußten wieder eingezogen werden; 1 hat sich der Aufsicht entzogen. Der amtliche Bericht erklärt, daß das Gesetz besser gewirkt habe, als seine eifrigsten Verteidiger für möglich gehalten hätten (that the Act is working more satisfactorily than its most ardent supporters could possibly have anticipated). Bis zum 15. September 1889 war die Zahl auf 256 Entlassene gestiegen, 188 davon sind endgültig losgesprochen, 57 stehen noch unter Aufsicht. In allen Kolonien heben die Berichte besonders auch die bedeutende Ersparnis an Kosten hervor. Wie hoch oder wie gering man australische Erfahrungen auch veranschlagen mag, so ist doch zweifellos damit die von völliger Unkenntnis der Verhältnisse zeugende, auch in den Berichten (oben S. 472) wiederholte Behauptung widerlegt, daß die Erfolge in Boston zum großen Teile der eifrigen

Tätigkeit des Kapitän Savage, also der Eigenart eines einzelnen Mannes zu verdanken seien.

All diese Lücken konnten von den Gutachtern nicht ausgefüllt werden. Mit Sicherheit war zu erwarten, daß die Berichte sich auf das von Aschrott, mir und anderen bereits beigebrachte Material beschränken würden. Man hat mithin an die Gutachter eine Frage gestellt, ohne dafür Sorge zu tragen, daß das zur gründlichen Beantwortung erforderliche, den Gutachtern aber nicht zugängliche Material beschafft werde. Für den Inhalt der Antwort konnte diese Tatsache nicht ohne Bedeutung bleiben.

3) Noch bezeichnender aber ist die Haltung des Verfassers unserer Darstellung. In der Schlußbemerkung (oben S. 489) sagt er: Einige Berichte haben „auch noch eine Erörterung der von Professor von Liszt vorgeschlagenen anderweiten Ersatzmittel für kurzzeitige Freiheitsstrafen" angestellt. „Diese Mittel, nämlich Ausdehnung des Verweises und der Geldstrafen, Einführung von Hausarrest, Strafarbeit ohne Einsperrung und der Friedensbürgschaft sind überwiegend für nicht zweckmäßig, zum Teil sogar für nachteilig erachtet."

Ich habe die Ausdehnung des Verweises *nicht* vorgeschlagen, sondern mit aller Entschiedenheit (im Gegensatze zu Wach und v. Kirchenheim) bekämpft.

Ich habe die Einführung von Hausarrest *nicht* vorgeschlagen, sondern bekämpft.

Ich habe *nicht* die „Ausdehnung der Geldstrafen", sondern die Einführung einer gänzlich umgestalteten, dem Vermögen des Verurteilten angepaßten Geldstrafe vorgeschlagen.

Wie kommt es, daß im preußischen Justizministerialblatt, wenn auch im nichtamtlichen Teile, *Behauptungen aufgestellt werden, von deren Unrichtigkeit ein Blick in meine Schriften überzeugen mußte?* Wie kommt es, daß als mein Vorschlag ausgegeben wird, was ich ausdrücklich und in eingehender

Darstellung verwerfe? Ist es mangelnde Sachkenntnis des Verfassers der Darstellung? Oder hat es sich lediglich darum gehandelt, das „überwiegend" ablehnende Urteil der Berichte an meine Person zu knüpfen? In jedem Falle ist diese eigenartige Verkehrung der Tatsachen in ihr gerades Gegenteil, in dem Munde eines Mannes von amtlicher Stellung, in einer zum mindesten halbamtlichen, an alle Gerichte des Reiches hinausgegebenen Veröffentlichung eine bedenkliche Bestärkung der Vermutung, daß von allem Anfange an bei der Behandlung der Frage die unerläßliche, von der Person absehende und nur die Sache ins Auge fassende Unbefangenheit gemangelt hat. Und diese Vermutung wird nicht vermindert, wenn man sich erinnert, daß in der kurzen, von den verschiedensten Tagesblättern gleichzeitig mit demselben Wortlaute gebrachten Nachricht über das Ergebnis der eingelaufenen Gutachten gerade dieser die Tatsachen in ihr Gegenteil verkehrende Satz sich überall wieder findet.

4) Auch sonst fehlt es in der Darstellung nicht an tatsächlichen Unrichtigkeiten und bezeichnenden Redewendungen.

So ist (oben S. 469) der Beschluß unserer Brüsseler Versammlung ganz ungenau wiedergegeben, obwohl dem Verfasser der sehr sorgfältig und nach allen Richtungen hin erwogene Wortlaut des gefaßten Beschlusses doch wohl ohne unverhältnismäßigen Zeitaufwand zugänglich gewesen wäre. Der Beschluß spricht einerseits nicht von „Strafen von geringer Bedeutung", sondern allgemein, da es sich nur um den Grundgedanken, nicht um seine Anwendung handelte; anderseits „weist er gleichzeitig auf die Notwendigkeit hin, das Anwendungsgebiet der Maßregel nach den örtlichen Verhältnissen zu bestimmen und dabei auf das Gefühl und den Kulturzustand jedes Volkes Rücksicht zu nehmen". Das klingt ganz anders, als der Verf. es darstellt.

Ferner heißt es (oben S. 470), daß der Meinungsstreit „bisher vorzugsweise in wissenschaftlich-akademischen Kreisen" geführt worden sei. Jeder Kenner der heutigen preußischen Verhältnisse weiß, daß durch eine derartige Bemerkung der behandelten Frage nicht eben eine besondere wissenschaftliche Bedeutung zugesprochen, sondern eine wesentliche praktische Bedeutung abgesprochen werden sollte. Zum Ueberfluß wird die Richtigkeit dieser Auffassung durch das gleich nachfolgende „indes“ außer allen Zweifel gesetzt. Der Sinn ist also etwa der folgende: Obwohl deutsche Rechtslehrer die Frage für eine besonders wichtige halten, hat ihr der preußische Justizminister dennoch seine Aufmerksamkeit gewidmet. Es ist demnach gewiß nicht überflüssig, festzustellen, daß jene Bemerkung abermals eine Verkehrung der Tatsachen in ihr gerades Gegenteil enthält.

Auf dem Gefängniskongreß in Rom, dessen Verhandlungen dem Verfasser der Darstellung nicht ganz unbekannt geblieben sein dürften, in der Pariser Gefängnisgesellschaft, in den belgischen Kammern, in dem französischen und in dem österreichischen Strafgesetzausschusse, in den verschiedensten juristischen Vereinen zu München und Berlin, zu Wien und Petersburg, auf den Versammlungen der Vereinigung in Brüssel und in Halle sind die „akademisch-wissenschaftlichen Kreise“ in der Minderheit, teilweise in verschwindender Minderheit gewesen. Der Verfasser der Darstellung wird nicht leugnen können, daß diese Tatsache jedem bekannt sein mußte, der sich, wenn auch noch so oberflächlich, mit der Frage beschäftigt hat. Beschränken wir uns aber auf die deutsche juristische Literatur, so waren bis zum Januar 1890 die Erörterungen von Wirth, v. Jagemann, Aschrott und mir erschienen. Die „wissenschaftlich-akademischen Kreise“ Deutschlands hatten, abgesehen etwa von Aeußerungen in der politischen Presse, überhaupt (außer mir) nicht in den „Meinungsstreit“ eingegriffen. Auch das mußte der Verfasser wissen. Noch mehr: von einem „Meinungsstreite“ war in jenem Augenblicke überhaupt noch kaum die Rede, die Uebereinstimmung der Ansichten schien eine völlig ungestörte zu sein. Der Verfasser erwähnt allerdings die Professoren v. Kirchenheim und Wach, welche er, wieder recht bezeichnend, zu zweien dem Einen Professor v. Liszt gegenüberstellt. Aber — die Schriften der beiden Herren lagen im Januar 1890 noch gar nicht vor, konnten also unmöglich auf die Entschließung des preußischen Justizministers irgend welchen Einfluß ausüben.

Ich betone es nochmals: alle diese jedem Unbefangenen sofort in die Augen springenden Unrichtigkeiten rein tatsächlicher Natur lesen wir im preußischen Justizministerialblatt; freilich, ich gebe es gern zu, „im nichtamtlichen Teil".

Die Sachlage ist also, um nochmals zusammenzufassen, die folgende. Ein Fachmann legt in einem Fachblatte den Fachgenossen einen ausdrücklich als solchen bezeichneten vorläufigen Gesetzentwurf zur sachlichen Prüfung vor. Ehe diese Prüfung erfolgt, aber nachdem bereits die Versammlung von Fachmännern einberufen ist, in welcher die erste Prüfung erfolgen soll, veranlaßt der Justizminister eines deutschen Einzelstaates eine amtliche Aeußerung der Spitzen der Justizverwaltung über den aus dem Zusammenhang herausgerissenen Vorschlag. Die Beschaffung des unerläßlichen, aber dem Einzelnen nicht zugänglichen Materials für die Beantwortung der grundlegenden Frage wird den Gefragten überlassen; die Hauptfrage selbst so gestellt, daß ihre Verneinung unvermeidlich ist. Die Verarbeitung der Ergebnisse wird einem Manne übertragen, der durch seine an schweren tatsächlichen Unrichtigkeiten krankende Darstellung selbst unwiderleglich beweist, daß ihm entweder die nötige Sachkenntnis oder aber die wünschenswerte Unbefangenheit abgeht. Und trotz alledem ist, selbst unter diesen Verhältnissen und in dieser Darstellung, das Ergebnis nicht die völlige Ablehnung, weder des Vorschlages selbst noch seiner Grundlage. Ich wiederhole es: das ist mehr, weit mehr, als was unter diesen Verhältnissen erwartet werden durfte.

III. Ueber den Inhalt der Gutachten selbst werde ich mich im allgemeinen kürzer fassen können, da ich auf die meisten der gegen die „bedingte Verurteilung" geltend gemachten Bedenken in meiner Erwiderung auf Wachs bedeutsame Streitschrift näher eingegangen bin (die in den Preußischen Jahrbüchern erschienene Erwiderung ist unten S. 511 ff. abgedruckt). Was nach der uns allein vorliegenden Darstellung die Gutachten an Einwendungen vorbringen, hat Wach alles schärfer gesagt und tiefer begründet. Auch handelt es sich hier um Erwägungen, von welchen ich, wenigstens teilweise, gern zugebe, daß sie, je nach dem Standpunkte des Betrachters, zu verschiedenen Ergebnissen führen können. Nur die geschichtlichen Tatsachen sind unerbittlich. Einer Verkehrung der Tatsachen in ihr Gegenteil entgegenzutreten, dazu bietet aber im allgemeinen nur Einleitung und Schluß der uns vorliegenden Darstellung die unerwünschte Veranlassung.

Nur zwei Punkte bedürfen der Hervorhebung.

Es handelt sich um die Frage 2a:

„Kann den anzuerkennenden Mängeln der kurzzeitigen Freiheitsstrafen (mangelnde Wirksamkeit, Gefahr der sittlichen Verschlechterung der Verurteilten durch Mitgefangene) nicht in anderer Weise (als durch Einführung der bedingten Verurteilung) abgeholfen werden?"

Die Gutachten antworten (nach der uns vorliegenden Darstellung) auf diese Frage zunächst:

„Die Klagen über die völlige Unwirksamkeit der kurzen Freiheitsstrafen seien in hohem Grade übertrieben und gingen vielfach von Stellen aus, welche mit der praktischen Strafrechtspflege und den wirklichen Zuständen in unseren Gefängnissen nicht hinlänglich vertraut seien...... Wenn vereinzelte Schriftsteller die kleineren Gefängnisse als Brutstätten des Lasters und der sittlichen Verderbnis schilderten, so könne dies, soweit sich der Vorwurf auf Preußen beziehe, hiernach nur auf unzureichende Bekanntschaft mit den wirklichen Zuständen in diesen Anstalten und mit den zur Aufbesserung des Gefängniswesens in den letzten zwanzig Jahren aufgewendeten Anstrengungen zurückgeführt werden."

Ich darf wohl annehmen, daß die Gutachten (bezw. der Verfasser der Darstellung) bei diesen kräftigen Redewendungen den preußischen Justizminister nicht mit gemeint haben, welcher in seiner Frage selbst von den „anzuerkennenden Mängeln" der kurzzeitigen Freiheitsstrafe gesprochen, diese Mängel näher bezeichnet und die Notwendigkeit, ihnen abzuhelfen, bestimmt genug angedeutet hat.

Ich will auch gar nicht besonders darauf hinweisen, daß Wach und v. Kirchenheim, ersterer in den denkbar schärfsten Ausdrücken, die kurzzeitige Freiheitsstrafe, wie wir sie heute überall, in Preußen und anderswo, zur Anwendung bringen, verurteilt haben. Denn Wach und v. Kirchenheim sind Professoren des Strafrechts und Nichtpreußen, besitzen daher in strafrechtlichen Fragen überhaupt und in den Fragen des preußischen Strafvollzugs insbesondere, keinerlei maßgebendes Urteil. Ihre Ansicht fällt nur ins Gewicht, wenn sie sich gegen andere Professoren des Strafrechts, hier ohne Unterschied der Staatsangehörigkeit, wenden.

Auch davon will ich vorläufig ganz absehen, daß die Klagen über die kurzzeitige Freiheitsstrafe aus allen Ländern in derselben Tonart erschallen; daß, wenn irgendwo auf strafrechtlichem Gebiete, so hier, vollste Uebereinstimmung der Ansichten herrscht. Hat doch erst dieser Tage ein holländischer Richter, L. U. de Sitter in Arnheim, in einem Gutachten über die bedingte Verurteilung, welches er (nebenbei bemerkt: zu Gunsten derselben) dem diesjährigen niederländischen Juristentag erstattet, gesagt, er hätte überhaupt noch niemanden gefunden, der die kurzzeitige Freiheitsstrafe verteidige. Ich habe dem Manne schleunigst das preußische Justizministerialblatt geschickt, um ihn über seinen Irrtum zu belehren, lege aber seiner Aeußerung gar keine weitere Bedeutung bei. Denn, soweit es sich um die kurzzeitige Freiheitsstrafe in den preußischen Gerichtsgefängnissen handelt, liegen die Dinge eben anders als allüberall sonst in der Welt.

Wir müssen uns also um andere Gewährsmänner umsehen und erstens alle Professoren, zweitens alle Nichtpreußen ausschließen.

Da läßt sich nun zunächst das 13. Gutachten nicht umgehen. Gegen den Präsidenten eines preußischen Oberlandesgerichtes läßt sich der Vorwurf mangelnder Sachlegitimation nicht im Ernste aufrecht erhalten. Das 13. Gutachten aber sagt mit dürren Worten: *„Die Klagen über Unwirksamkeit und Schädlichkeit der kurzzeitigen*

Freiheitsstrafen seien im wesentlichen als begründet anzuerkennen."

Freilich soll sich diese Bemerkung weniger auf die kleinen Amtsgerichtsgefängnisse beziehen, welche meist nur leichte Delinquenten aus dem Amtsgerichtsbezirk enthielten. Da in ähnlicher Weise auch in den 12 übrigen Gutachten (oben S. 475) betont wird, daß sich in den kleinen Gefängnissen schwere Verbrecher nicht finden, die Gefahr einer sittlichen Schädigung der Mitgefangenen mithin „übertrieben" worden sei, kann ich diese, wie wir nach der Darstellung annehmen müssen, von sämtlichen Gutachtern einstimmig aufgestellte Behauptung nicht ungeprüft lassen.

Nehmen wir an, der Mann, von welchem Amtsgerichtsrat Schmölder in No. 165 der „Kölnischen Zeitung" vom 16. Juni 1890 unter III. spricht, bekäme bei der 30. Verurteilung wegen Beleidigung und Ruhestörung 14 Tage Haft. Wo wird er seine Strafe abbüßen?

Der Fehlschluß, dessen sich die sämtlichen Berichte (nach der uns vorliegenden Darstellung) in merkwürdiger Uebereinstimmung schuldig machen, ist leicht zu durchschauen. Ein „leichter Delinquent" ist ihnen derjenige, der im Augenblick eine kurzzeitige Freiheitsstrafe zu verbüßen hat. Auf die Vorstrafen kommt es gar nicht an. Daß der gefährlichste Verbrecher auch einmal 14 Tage Haft und weniger bekommen kann, wird völlig übersehen. Daran, daß die Gefahr sittlicher Schädigung, die von einem Mitgefangenen droht, ganz unabhängig ist von der Schwere der Strafe, die er eben verbüßt — daran wird gar nicht gedacht. Bezeichnender kann der Grundfehler der heute herrschenden Ansicht gar nicht zum Ausdrucke gebracht werden: unsere Strafrechtspflege (ich spreche nicht nur von Preußen) kennt eben nur die Tat in ihrer juristischen Qualifikation, nicht den Täter in seiner persönlichen Eigenart. Wer wegen Beleidigung vierzehn Tage Haft erhält, ist stets und ohne jede Rücksicht auf sein Vorleben ein „leichter Delinquent".

Diese Abschweifung lehrt uns erstens, daß der oben angeführte Satz des 13. Berichts ohne Einschränkung richtig ist; und zweitens, daß einer der wichtigsten Beweisgründe der 12 übrigen Berichte auf der beliebten Verwechslung von Tat und Täter beruht.

Aber auch von dem Standpunkte aus, welchen die Gutachten einnehmen, ist die behauptete Trennung „leichter“ und „schwerer“ Uebeltäter mit unbestreitbaren Tatsachen schwer vereinbar. Dr. v. Koblinski, Strafanstaltsgeistlicher in Halle a. S. hebt Z. IX 792 hervor: „Nach dem Strafvollstreckungsplan des Oberstaatsanwalts für den Oberlandesgerichtsbezirk Naumburg sind Gefangene ohne Beschränkung der Strafdauer aufzunehmen in Erfurt, Mühlhausen, Halberstadt, Quedlinburg, Delitzsch, Halle, Merseburg, Burg, Neuhaldensleben, Wanzleben, Naumburg, Zeitz, Heiligenstadt, Nordhausen, Seehausen, Liebenwerda, Torgau, Suhl, Gommern. In diesen werden also die zulässig längsten Gefängnisstrafen von jahrelanger Dauer wie die kürzesten zugleich vollstreckt.“

Ob hier wohl auch die behauptete Trennung der „leichten“ und der „schweren“ Uebeltäter durchgeführt ist? Oder ist vielleicht der Oberlandesgerichtsbezirk Naumburg unter den 12 ersten Berichten nicht vertreten?

Wichtig sind mir aber auch die Ausführungen der letzterwähnten 12 Berichte über die jugendlichen Verbrecher. *Mehrheit wie Minderheit geben übereinstimmend zu* (vergl. oben S. 484), *daß hier der Vollzug der kurzzeitigen Freiheitsstrafe zu wünschen übrig lasse.* Die Statistiker des Justizministeriums wissen ohne Zweifel, wie groß die Zahl der jahraus, jahrein verurteilten Jugendlichen ist, wie schwer also diese unscheinbare Bemerkung wiegt — oder doch wiegen sollte.

Aus dem Inhalt der Gutachten selbst ergibt sich demnach:

1) daß nach Ansicht eines Berichterstatters die Klagen über die kurzzeitige Freiheitsstrafe im wesentlichen begründet sind;
2) daß nach Ansicht aller übrigen 12 Berichterstatter diese Klagen wenigstens bezüglich der jugendlichen Verbrecher teilweise Berechtigung haben.

Dieses Ergebnis ist an sich schon äußerst wertvoll. Es ist eine vernichtende Widerlegung der in manchen Kreisen auch heute noch herrschenden rosigen Anschauung; um so vernichtender, als die Widerlegung von den Präsidenten der preußischen Oberlandesgerichte ausgeht.

Ich fahre fort. Wenn wirklich in allen zwölf Gutachten die Klagen über die kurzzeitigen Freiheitsstrafen, soweit Preußen in Frage sei, auf mangelnde Kenntnis der preußischen Einrichtungen zurückgeführt werden, so hat dieser Einwand den schlimmen Fehler, ebenso leicht gemacht als widerlegt werden zu können. Die Ansicht, welche der Wirkliche Geheime Ober-Regierungsrat Illing mehr als einmal über diesen Punkt öffentlich und recht unzweideutig ausgesprochen hat, dürfte dem Verfasser unserer Darstellung kaum unbekannt geblieben sei. Ob Illing recht hat oder nicht, ist völlig gleichgültig; die Berechtigung, in dieser Frage ein Wort mitzusprechen, wird man ihm nicht versagen können. Noch 1885 hat er die kleinen Gefängnisse als Elementarschulen des Lasters, als Vorbereitung auf das Zuchthaus bezeichnet. Ich wage zu bezweifeln, daß die „Aufbesserung“ des Gefängniswesens seither so wesentliche Fortschritte gemacht habe, um diese Bezeichnung als unzutreffend erscheinen zu lassen. Wirth, Krohne, Stroßer und eine ganze Reihe von preußischen Gefängnisdirektoren wissen doch auch nicht bloß vom Hörensagen, wie es um den Vollzug der kurzzeitigen Freiheitsstrafe bestellt ist; sie sind bekanntlich mit dem von den Gutachten auf mangelnde Sachkenntnis zurückgeführten Urteile so sehr einverstanden, daß sie es bei jeder sich bietenden Gelegenheit unumwunden öffentlich aussprechen.

Auf unserer Versammlung zu Halle a. S. wurde am 26. März 1890 die folgende Frage einstimmig bejaht:

Ist eine Aenderung des Strafsystems geboten, namentlich in der Richtung auf Einschränkung der kurzzeitigen Freiheitsstrafe?

Unter den 54 Anwesenden, welche sämtlich für die Bejahung der Frage stimmten, war eine beträchtliche Zahl preußischer (und ehemals preußischer) Richter und Staatsanwälte. Der Behauptung, daß die kurzzeitige Freiheitsstrafe an schweren Mängeln leide und darum ihr Anwendungsgebiet eingeschränkt werden müsse, wurde von keiner Seite widersprochen. Die Namen der Anwesenden möge man in unserem Berichte nachlesen. Manche von ihnen dürften dem preußischen Gefängniswesen kaum ferner stehen als die zwölf Berichterstatter des Justizministeriums.

IV. Die Mängel der kurzzeitigen Freiheitsstrafe sind nach unserer Meinung Mängel der Straf*art*, nicht des Straf*vollzuges*. Daraus folgt, die Richtigkeit dieser Ansicht vorausgesetzt, daß durch Verbesserung des Strafvollzuges die Mängel der Strafart niemals völlig beseitigt werden können. Das ist der Ausgangspunkt aller Umgestaltungsvorschläge.

Die überwältigende Mehrheit der Gutachten ist anderer Ansicht. „Eine Aufbesserung des Strafvollzuges sei nach der allgemeinen Ansicht der Sachverständigen sehr wohl ausführbar, und zwar durch möglichst vollständige Durchführung der Einzelhaft und Festsetzung besonderer Verschärfungen für ganz kurze Freiheitsstrafen, namentlich von Kostschmälerung. An der vollen Durchführung der Einzelhaft hätten bisher wohl überhaupt nur finanzielle Bedenken gehindert."

Hier liegt in der Tat der Kernpunkt der Frage.

Ich verweise zunächst wieder auf den 13. Bericht. Dieser hebt hervor, „daß es überhaupt kaum durchführbar sein werde, das Gefängniswesen durch Annahme der obligatorischen Einzelhaft in der vorgeschlagenen Weise wirklich zu reformieren". Daraus allein folgt, daß entweder der 13. Berichterstatter kein „Sachverständiger", oder aber die Ansicht der „Sachverständigen" keine so allgemeine ist, als man uns glauben machen möchte.

Ferner wird nach Ansicht der Minderheit unter den 12 ersten Berichten wenigstens bezüglich der Jugendlichen der Strafvollzug „schwer so einzurichten sein, daß alle moralische Gefahren für den Gefangenen vermieden würden".

Demnach scheint es doch, als ob die „Aufbesserung" des Strafvollzuges mit gewissen Schwierigkeiten zu kämpfen hätte.

Auffallend ist es weiter, daß über die Frage der Strafschärfungen so leicht hinweggegangen wird. Von der Aufnahme des von Wach und anderen vorgeschlagenen strengen oder mittleren Arrestes nach dem Muster des

Militär-St.G.B.s ist ebensowenig die Rede wie von der Prügelstrafe. An dem bewährten Strafensystem soll eben nichts geändert werden. Auch die „Kostschmälerung" (der Ausdruck Wasser und Brot ist vorsichtig vermieden) soll nur bei „ganz kurzen" Strafen eintreten. Daß damit nicht viel gewonnen wird, weil solche Schärfungen nur bei andauernder Anwendung abschreckend wirken, liegt auf der Hand. Auch vom Arbeitszwang, welcher bei Haft gesetzlich in den meisten Fällen, bei kurzzeitigem Gefängnis tatsächlich in vielen Fällen mangelt, ist nicht die Rede.

Es bleibt also die möglichst vollständige Durchführung der Einzelhaft. Das ist der einzige greifbare Gedanke in den sämtlichen Berichten.

Die „finanziellen Bedenken", welche diesem Vorschlage entgegenstehen, werden gering veranschlagt, obwohl von zuständigster Seite vor kurzem die dazu erforderlichen einmaligen Kosten für Preußen allein auf *115 Millionen* Mark, die jährlichen Mehrkosten auf mehrere Millionen geschätzt worden sind.

Wer die „Sachverständigen" sind, deren „allgemeine Ansicht", ohne Rücksicht auf die Finanzlage des Reichs und auf die unvermeidlichen Aufgaben der nächsten Zukunft die möglichst vollständige Durchführung der Einzelhaft zu empfehlen den Mut hat, wird leider nicht gesagt.

Ich möchte mir nun erlauben, die erste der an die Gutachter gerichteten Fragen ein klein wenig umzugestalten. Ich frage also:

„Liegen über die praktische Bewährung der vollständig durchgeführten Einzelhaft in den Ländern, in welchen dieselbe gesetzlich vollständig durchgeführt ist, genügende Erfahrungen vor?"

Ueber die Antwort auf diese Frage kann kein Zweifel sein. *In dem einzigen Lande, in welchem die Einzelhaft vollständig durchgeführt worden ist, nämlich in Belgien, hat dieses System einen so vollständigen Mißerfolg gehabt, daß man sich zur Einführung der bedingten Verurteilung entschließen mußte, um die noch besserungsfähigen Elemente vor der Zelle zu retten.*

Ich glaube, wir brauchen die 115 Millionen (für Preußen allein) nicht erst auszugeben, um dieselbe Erfahrung wie Belgien zu machen.

Auch der Ruhm, fortan der einzige Staat der Welt zu sein, der den Gedanken der Einzelhaft folgerichtig durchgeführt hat, wäre um diese Summe wohl zu teuer erkauft.

Der Zusammenbruch des belgischen Systems aber kann nicht mehr bestritten werden. Allmählich drängt diese Ueberzeugung auch den „Sachverständigen" sich auf. Auf der Versammlung des nordwestdeutschen Gefängnisvereins zu Hamburg kam das in den Aeußerungen der Gefängnisdirektoren Streng und Krohne deutlich zum Ausdruck. Es ist begreiflich, wie schmerzlich diese Ueberzeugung für alle die Männer sein muß, welche ihr Leben lang in Wort und Schrift für die vollständige Durchführung der Einzelhaft eingetreten sind, welche nicht müde wurden, auf die belgischen Mustereinrichtungen zu verweisen und ihre Nachahmung im Deutschen Reiche zu fordern. Und es ist begreiflich, daß es ihnen schwer wird, den Irrtum einzusehen und zu bekennen, dem sie die beste Kraft ihres Lebens gewidmet haben.

Aber an der Tatsache kann keine Klage etwas ändern. Belgien hat keine „finanziellen Bedenken" gehabt und keine Kosten gescheut; zielbewußt, nach einem auf Jahre hinaus festgestellten, gewissenhaft durchgeführten Plane ist man zu Werke gegangen; die besten Kräfte standen zur Verfügung in den Anstalten wie im Ministerium, Männer, deren Ruf über die ganze gebildete Welt sich erstreckte; in einer einheitlichen Spitze, ganz anders als in Preußen, lag die Leitung des gesamten Gefängniswesens wie des Sicherheitsdienstes; aus allen Ländern kamen die „Sachverständigen", Leiter von Strafanstalten und vortragende Räte, um die Einrichtungen zu besehen, mit den tonangebenden Persönlichkeiten Rücksprache zu nehmen und heimgekehrt den Ruhm des „belgischen Systems" ihrem Vaterlande zu verkünden .... Dennoch ist dieses gepriesene System zusammengebrochen. Und es mußte zusammenbrechen. Denn das Strafensystem, auf dem der Strafvollzug sich aufbaute, war fehlerhaft, war krank in seinem innersten Mark. Es krankte an der maßlosen Ueberschätzung der Freiheitsstrafe; an dem Aberglauben in die uneingeschränkte Heilkraft der nach allen Regeln der „Gefängniswissenschaft" vollstreckten Einsperrung ist es zu Grunde gegangen.

In der Annahme und möglichst vollständigen Durchführung des zusammengebrochenen belgischen Systems erblickt die Mehrheit der Berichte das Heil der Zukunft. Und für diesen Gedanken hofft man die Mehrheit der verbündeten Regierungen zu gewinnen? Für die Durchführung dieses Planes, meint man, werde der deutsche Reichstag Hunderte von Millionen bewilligen?

Der Gedankengang, von dem die Internationale kriminalistische Vereinigung ausgeht, ist von unwiderleglicher Geschlossenheit. Gestützt auf die in allen Ländern, insbesondere aber in Belgien, gemachten Erfahrungen behaupten wir: die Mängel der kurzzeitigen Freiheitstrafe (nur von ihr ist heute die Rede) sind Mängel der Strafart, nicht des Strafvollzuges; daher wird auch die vorzüglichste, die unübertrefflichste Gestaltung des Strafvollzuges diese Mängel niemals beseitigen und auch das preußische Beamtentum muß an der Lösung der unlöslichen Aufgabe scheitern. Von den Gegnern erwarten wir, da die bisher gemachten Erfahrungen ausnahmslos für uns sprechen, die Führung des Gegenbeweises. Wer diesen heute noch durch die Vertröstung auf die Wirkungen der Einzelhaft führen zu dürfen vermeint, der kommt mit dieser Vertröstung um mindestens ein Jahrzehnt zu spät.

Sind aber die Mängel der kurzzeitigen Freiheitsstrafe durch die Gestaltung des Strafvollzuges nicht zu beseitigen, so muß auf eine wenigstens teilweise Ersetzung der kurzzeitigen Freiheitsstrafe gesonnen werden.

Unter den neu einzuführenden Strafmitteln haben wir die bedingte Verurteilung empfohlen. Denn ein Strafmittel ist sie, so gut wie der Verweis, und besser, weil weitaus einschneidender, als dieser. Andere sind uns entgegengetreten. Hinüber und herüber wogt heute der Kampf. Man lasse ihn ruhig gewähren, wenn man der eigenen schöpferischen Kraft nicht zu vertrauen vermag. Die Berichte der preußischen Oberlandesgerichte werden den Ausgang des Kampfes nicht zu Ungunsten der bedingten Verurteilung beeinflussen, geschweige entscheiden. Sie sagen: „Da noch keine genügenden Erfahrungen vorliegen, ist die Frage nicht spruchreif; daher verneinen wir sie." Mit solchen Gründen kann man dem Vorschlage nicht beikommen. Liegen noch keine genügenden Erfahrungen vor, so warte man ab, bis ein paar Jahre mehr ins Land gezogen sind. Dann mag man das Urteil sprechen.

Aber man vergesse nicht, daß nicht die bedingte Verurteilung allein in Frage steht. Das ist eine einzelne, aus dem Zusammenhang herausgerissene Frage, die volkstümlichste vielleicht, sicher nicht die wichtigte. Wir verlangen eine Umgestaltung unseres gesamten Strafensystems. Wir verlangen sie, wohlgemerkt, heute noch nicht von den gesetzgebenden Körperschaften. Die große Frage, nach welchen Grundsätzen die staatliche Rechtsordnung den Kampf gegen das Verbrechertum zu führen hat, diese Frage, welche, wenn die sich mehrenden Zeichen nicht trügen, das Leben unseres Volkes, das Leben der ganzen gebildeten Welt in seinen tiefsten Tiefen, in den sittlichen Grundlagen seines Rechtsbewußtseins erregen wird wie zu den Zeiten Friedrichs des Großen und der Verfasser des Landrechts, ist heute noch für die Gesetzgebung nicht spruchreif. Die Internationale kriminalistische Vereinigung ist gegründet worden, um die allseitige und wiederholte Erörterung der Frage, um den Gedankenaustausch zwischen den Männern der Wissenschaft und der Rechtspflege anzuregen und zu fördern. Sie wird selbst wissen, wann der Augenblick gekommen ist, sich an den Gesetzgeber zu wenden. Sie wird es dann auch voraussichtlich an der nötigen Bestimmtheit des Auftretens nicht fehlen lassen. Einstweilen wird sie dankbar sein, wenn ihren Arbeiten wohlwollende Aufmerksamkeit zu Teil wird. Sie glaubt, daß ihre Untersuchungen, so bescheiden, so unsicher sie zunächst auch sein mögen, für den Gesetzgeber, dem sie die Bahn zu ebnen bestimmt sind, dem sie Fehlgriffe und Irrtümer ersparen sollen, nicht ohne allen Wert sein dürften. Sie wird ihren Weg aber auch dann zu finden wissen, wenn ihr, die aus den Ueberlieferungen alt-preußischer Kriminalpolitik ihre Kraft und ihre Zuversicht schöpft, einstweilen die wohlwollende Förderung gerade dort versagt bleibt, wo sie dieselbe am bestimmtesten gehofft und erwartet hatte.

Unsere Stunde wird kommen, über kurz oder lang. Aber für ein Strafvollzugsgesetz auf Grund unseres heutigen Strafensystems ist die Stunde vorbei: daran wird das Preußische Justizministerialblatt nichts ändern [1]).

---

1) Nachträglich teilt mir Professor Prins in Brüssel die nachstehenden annähernden Ziffern mit. Für die 19 Monate vom 1. Juni 1888 bis 31. Dezember 1889 betrug die Zahl der

Condamnations correctionnelles et de police 284 000,
Condamnations conditionnelles environ 14 000,
Rechutes environ 200.

13. Die Reform der Freiheitsstrafe.

Eine Entgegnung auf Adolf Wachs gleichnamige Schrift.

(1890, Preußische Jahrbücher, Bd. 66.)

Es ist ein erfreulicher Beweis für die wachsende Bedeutung der auf Umgestaltung unserer Strafgesetzgebung gerichteten, insbesondere von der „Internationalen kriminalistischen Vereinigung" vertretenen Bewegung, daß der gefeierte Leipziger Rechtslehrer sich veranlaßt sah, den Kampfplatz der Kriminalisten zu betreten und gegenüber den „radikalen Reformern", wie er sie nennt, die Fahne gemäßigten Fortschrittes aufzupflanzen. In vornehmer Ruhe, in streng sachlicher Ausführung, mit dem ganzen Gewicht einer in sich gefestigten, wissenschaftlich begründeten Ueberzeugung tritt Wach einem Teile der von mir und anderen gemachten Vorschläge entgegen. Seine Schrift, eine Streitschrift im besten Sinne des Wortes, begründet für die Angegriffenen mithin die Pflicht ernster Erwägung und eingehender Erwiderung. Ich erfülle diese Pflicht mit um so größerer und freudigerer Bereitwilligkeit, als die Erfahrungen, die ich auf der letzten Versammlung des Nordwestdeutschen Gefängnisvereins zu Hamburg am 31. Mai d. J. (Berichterstatter Professor v. Kirchenheim, Vorsitzender Landgerichtsdirektor Föhring) gemacht habe, es mir doppelt wertvoll erscheinen lassen, einem Manne als Gegner gegenübertreten zu dürfen, welcher mit scharfer sachlicher Beweisführung jene Achtung fremder Anschauungen verbindet, welche aus dem Bewußtsein eigener wissenschaftlicher Bedeutung entspringt.

I. Unser Freiheitsstrafensystem.

Um die Meinungsverschiedenheit zwischen Wach und mir in das richtige Licht zu setzen, ist es notwendig, festzustellen, wie weit wir gemeinsamer Ansicht sind, und von welchem Punkte ab sich unsere Wege trennen.

Zu diesem Zwecke hebe ich aus Wachs Schrift einige Stellen wörtlich heraus. Ich darf wohl die Aufmerksamkeit der Leser ganz besonders auf sie hinlenken. Wach sagt:

„Das deutsche Freiheitsstrafensystem und der Strafvollzug leiden an schweren Mängeln (S. 6). Das Freiheitsstrafensystem und mit ihm der ganze Aufbau der Delikte nach ihrer Schwere sind eine große offizielle Lüge. Diese Wissenschaft ist längst Gemeingut aller Kenner unserer Strafrechtspflege . . . Als schweren Uebelstand empfinden wir den Zustand der kleinen Gefängnisse, Gerichtsgefängnisse oder wie sie sonst heißen mögen, in welchen es an genügender Aufsicht, Sonderung der Gefangenen, ja vielfach an Arbeit fehlt (S. 9) . . . Das sind die Stätten der kurzzeitigen Freiheitsstrafen. Dort empfangen die Neulinge des Verbrechens in Verderben stiftender Gemeinschaft unter der Leitung ergrauter Sünder die eigentliche Verbrechersignatur. Das vielgehörte Schlagwort von den Elementarschulen des Verbrechens trifft die Wahrheit."

Und weiter:

„Die kurzzeitige Freiheitsstrafe beherrscht unsere Strafrechtspflege. Jeder Praktiker weiß das und die Statistik beweist es. Die kurzzeitige Freiheitsstrafe aber ist in ihrer jetzigen Gestalt, in der Form der „„einfachen Freiheitsentziehung"", vollzogen in Gemeinschaftshaft, ohne genügende Aufsicht und Arbeit, wertlos, ja schädlich; sie schreckt nicht ab, sie bessert nicht, sie verdirbt. Für den Verwahrlosten, vom Verbrechergift bereits Ergriffenen bleibt sie ohne jeden nachhaltigen Eindruck und wird ihm daher leicht zur Versuchung. Den Unbescholtenen dagegen kann sie — zumal bei der gerügten Ausgleichung der verschiedenen Freiheitsstrafarten in der Wirklichkeit und in der Vorstellung des Volkes — übermäßig hart treffen, indem sie ihm das Brandmal des Sträflings aufdrückt, dadurch sein Ehrgefühl untergräbt, ihn den üblen Einflüssen der Verbrechergesellschaft aussetzt, ihn in seiner

Berufsstellung empfindlich schädigt und so auf die Bahn des Verbrechens drängt" (S. 17)... „Wir haben uns zu sehr gewöhnt, die Freiheitsstrafe als die eigentliche, womöglich überall verwendbare Strafe anzusehen, und durch den verschwenderischen Gebrauch der kurzzeitigen Freiheitsstrafe nicht geringeren Schaden gestiftet" (S. 18).

Soweit Wach. Ich unterschreibe jeden dieser Sätze. Wer meine „kriminalpolitischen Aufgaben" kennt, weiß, daß ich, wie so viele vor mir, dasselbe wie Wach und mit ungefähr denselben Worten gesagt habe. Auch so weit es sich um die Beibringung der Beweise für die aufgestellten Behauptungen handelt, bewegt sich Wach durchaus auf demselben Boden wie ich.

Uebereinstimmend also stellen Wach und ich die folgenden Sätze auf:

1) Das Freiheitsstrafensystem unserer Reichsgesetzgebung ist „eine große offizielle Lüge". Der Unterschied zwischen den verschiedenen Arten der Freiheitsstrafen, insbesondere zwischen Zuchthaus und Gefängnis, besteht nur auf dem Papier.

2) Die kurzzeitige Freiheitsstrafe in ihrer jetzigen Gestalt ist wertlos, ja schädlich. Sie schreckt nicht ab, sie bessert nicht, sie verdirbt.

3) Ueberhaupt wird die Wirkung der Freiheitsstrafe von unserer heutigen Gesetzgebung weit überschätzt.

Aber damit ist das Gebiet der übereinstimmenden Anschauung noch nicht umgrenzt. Auch die Vorschläge zur Beseitigung dieser Mißstände sind Wach und mir teilweise noch gemeinsam. Die scharfe Sonderung des Zuchthauses vom Gefängnisse (Wach S. 12) habe ich mehr als einmal gefordert und insbesondere auf der vorjährigen Versammlung des Nordwestdeutschen Gefängnisvereins gemeinsam mit Aschrott gegen die bis dahin im Verein vorherrschende, namentlich von Krohne lebhaft verteidigte Ansicht mit entscheidendem Erfolge vertreten. Die Beseitigung der einfachen Freiheitsentziehung ohne Arbeitszwang, wie sie unsere „Haft" regelmäßig, unser „Gefängnis" meistenteils auch heute noch enthält (Wach S. 14), gehört mit zu meinen dringendsten Forderungen. Wach hat es auch nicht unterlassen, seine Uebereinstimmung mit mir, wenigstens soweit es sich um die Unterscheidung von Zuchthaus und Gefängnis handelt, ausdrücklich zu betonen.

Die Meinungsverschiedenheit beginnt erst in dem Augenblicke, in welchem die Folgerungen aus dem zweiten der oben (S. 513) hervorgehobenen Sätze gezogen werden sollen. Die kurzzeitige Freiheitsstrafe in ihrer jetzigen Gestalt ist nicht nur wertlos, sondern geradezu schädlich: wie kann dieser heillose Zustand beseitigt werden? Um diese Frage dreht sich der Widerstreit der Meinungen. Ihre Lösung ist die dringendste unter den großen Aufgaben, welche auf dem Felde der Kriminalpolitik uns und unseren nächsten Nachkommen gestellt ist. Der Kampf gegen die unsere heutige Strafrechtspflege beherrschende kurzzeitige Freiheitsstrafe wird erfolglos bleiben, so lange wir uns darüber nicht klar geworden sind, was wir an ihre Stelle zu setzen haben. Von jedem Fachmanne, der das Gewicht seiner Meinung in die Wagschale der Erörterung zu werfen sich entschlossen hat, dürfen wir mithin mit Fug und Recht verlangen, daß er uns seine Vorschläge zur Lösung der Aufgabe nicht vorenthalte.

Wach hat auf die Notwendigkeit einer Umgestaltung unserer kurzzeitigen Freiheitsstrafe mit aller nur wünschenswerten Entschiedenheit hingewiesen. Aber auf die daran notwendig sich knüpfende Frage, in welcher Weise die unerläßliche Umgestaltung sich vollziehen soll, gibt er uns keine befriedigende Antwort; statt ausgearbeitete eigene Vorschläge zu bringen, hat er seine ganze Kraft darauf verwendet, die Vorschläge anderer kritisch zu zerpflücken. Darin liegt die Schwäche der Schrift.

II. Die kurzzeitige Freiheitsstrafe.

Die Beseitigung der Uebelstände, welche die kurzzeitige Freiheitsstrafe heute mit sich bringt, kann entweder von einer Umgestaltung des Strafvollzuges oder aber von einer Heraufsetzung des Mindestmaßes der Freiheitsstrafe erhofft werden. Auch ist eine Verbindung beider Gesichtspunkte in verschiedenster Weise sehr gut denkbar. Jede Einschränkung des Anwendungsgebietes der kurzzeitigen Freiheitsstrafe aber wird eine Lücke im Strafensystem erzeugen, für deren Ausfüllung auf andere Weise Sorge getragen werden muß.

Mein Vorschlag ging nun dahin, auf Freiheitsstrafe von unter sechs Wochen überhaupt zu verzichten, insoweit also die kurzzeitige Freiheitsstrafe (d. h. die Freiheitsstrafe bis zu sechs Wochen) ganz zu beseitigen. Andere haben den gleichen Vorschlag gemacht, aber zum Teil andere Grenzwerte (etwa zehn oder vierzehn Tage) vorgeschlagen. Diese Vorschläge gehen sämtlich von der Voraussetzung aus, daß der Mißerfolg der kurzzeitigen Freiheitsstrafe nicht in der heute üblichen, daher zufälligen Art des Strafvollzuges, sondern in der notwendigen und bleibenden Eigenart des Strafmittels seinen letzten Grund hat. Die Richtigkeit dieser Behauptung wird erwiesen durch die unbestreitbare Tatsache, daß trotz der Verschiedenheit des Strafvollzuges die Unzweckmäßigkeit, ja Schädlichkeit der kurzzeitigen Freiheitsstrafe in allen Ländern ausnahmslos in der gleichen Weise zu Tage getreten ist; daß insbesondere auch in Belgien, trotz mustergültiger Gestaltung des Gefängniswesens, trotz folgerichtigster, vor keinen Kosten zurückscheuender Durchführung der Einzelhaft, die kurzzeitige Freiheitsstrafe sich nicht besser bewährt hat als anderswo, daß vielmehr gerade hier der gründliche Bruch mit dem bisherigen System zuerst als unabweisliche Notwendigkeit erkannt worden ist. Der Kampf gegen die kurzzeitige Freiheitsstrafe hat in dem vielgepriesenen Musterlande der Zellengefängnisse seine ersten entscheidenden Siege zu verzeichnen.

Dieser Tatsache gegenüber, welche Wach selbst nicht in Abrede stellt, darf und muß ich an der Forderung festhalten, daß, wer die Möglichkeit behauptet, die Mängel der kurzzeitigen Freiheitsstrafe durch eine Umgestaltung des Strafvollzuges zu beseitigen, den Beweis für diese, den Erfahrungen aller Länder widersprechende Behauptung zu erbringen verpflichtet ist. Hingeworfene Bemerkungen, allgemeine Versicherungen, nicht näher begründete Hinweise genügen nicht; eingehend erläuterte, reiflich geprüfte, nach allen Seiten hin ausgearbeitete Vorschläge dürfen wir billig verlangen. Die Beweislast trifft die Gegner.

Diesen Nachweis aber hat Wach nicht erbracht; er hat ihn auch nicht einmal angetreten.

Wach sagt S. 18:

„In der Tat folgt doch aus den berührten Uebelständen zunächst nur, daß wir uns zu bemühen haben, einerseits der kurzzeitigen Freiheitsstrafe die zweckentsprechende Gestalt zu geben und andererseits sie dort, wo sie nicht am Platze ist, durch andere Strafmittel beziehentlich Veränderung unserer Strafdrohungen zu ersetzen. Man mag der Geldstrafe und dem Verweis ein weiteres Feld anweisen. Es mag sich empfehlen, in vielen Uebertretungsfällen die Haftstrafe ganz zu beseitigen, wenn es gelingt, im Fall der Uneinbringlichkeit der Geldstrafe den Arbeitszwang ohne Einsperrung durchzuführen."

Wie man sieht, steht Wach auf einem vermittelnden Standpunkt. Er will die kurzzeitige Freiheitsstrafe nicht ganz beseitigen; aber er will sie auch nicht im bisherigen Umfange beibehalten, sondern teilweise wenigstens durch andere Strafmittel ersetzen. Auf diesen Teil der Wachschen Vorschläge komme ich demnächst zurück. Hier handelt es sich um die Frage: wie denkt sich Wach die „zweckentsprechende" Gestaltung der kurzzeitigen Freiheitsstrafe auf dem ihr verbleibenden Gebiete?

Ich lasse auch hier wieder Wach selbst sprechen:

„Die Kurzzeitigkeit der Freiheitsstrafe ist an und für sich betrachtet kein Mangel, sondern ein Vorzug. Das sollte man sich klar machen. Allerdings kann die auf Tage oder Wochen bemessene Freiheitsstrafe nicht „erziehen", nicht bessern und nur schwierig mit einem eindrucksvollen Arbeitszwang verbunden werden. Dennoch wird sie genügen, wenn sie ein ausreichendes Strafübel darstellt. Denn das zu sein, ist das Wesen der Strafe ..... Je kurzzeitiger die Freiheitsstrafe ist, desto leichter wird es sein, sie in völliger Isolierung zu vollziehen[1]), zugleich mit der Gefahr der Kontagion die Gefahren für die Berufsstellung des Sträflings und seine Ehre zu vermeiden, eine Form zu finden, die auch ohne nachdrücklichen Arbeitszwang kräftig genug ist ...... Das beweisen die militärischen Arreststrafen ...... Der strenge, auf vierundzwanzig Stunden oder wenige Tage beschränkte Dunkelarrest mit harter Lagerstatt, Wasser und Brot wird ..... den kräftigen Denkzettel applizieren, vor dessen Wiederholung man sich ernstlich scheut. Bei frechen, rohen Burschen, Dieben, Körperverletzern, Hausfriedensbrechern, solchen, welche der Obrigkeit Widerstand leisten, und ähnlichen Verbrechern kann nach Art der Person und Lage der Sache diese Strafe höchst angebracht sein. Die Mannigfaltigkeit der Arreststrafen gestattet ferner die Anpassung dort, wo bereits das Seelenleiden der Verurteilung und Freiheitsentziehung in milderer Form Strafe genug ist. Unser bisheriges Strafensystem krankt am Schematismus, an dem ungenügenden Einfluß des urteilenden Gerichts auf die Intensität der Strafe. Dem kann nur dadurch abgeholfen werden, daß nicht die Wahl nur zwischen ..... verschiedenen Freiheitsstrafen, sondern zwischen verschiedenen Vollzugsarten derselben eröffnet wird."

Es ist kaum möglich, nach diesen kurzen Andeutungen sich eine klare Vorstellung von dem durch Wach empfohlenen Strafensystem zu machen. Verstehe ich recht, so würden die „Arreststrafen" an die Stelle der bisherigen einfachen Haft zu treten haben. Für die Gestaltung der Arreststrafen hätten wir das Vorbild in unserem Militär-Strafgesetz zu suchen. Wir würden damit die Möglichkeit gewinnen, auch der kurzzeitigen Freiheitsstrafe den ihr jetzt fehlenden Nachdruck zu geben.

Ich stehe diesem Gedanken durchaus nicht grundsätzlich ablehnend gegenüber. Ich bin in dem Augenblicke bereit, mich den Freunden des militärischen Arrestes anzuschließen, in welchem mir die Möglichkeit seiner Aufnahme in unser bürgerliches Strafensystem nachgewiesen

1) Die Erfahrung lehrt das Gegenteil. Gerade in den kleinen Amtsgerichtsgefängnissen läßt sich die strenge Einzelhaft kaum durchführen. Darüber herrscht unter den Kennern des Gefängniswesens keine Meinungsverschiedenheit.

wird. Diesen Nachweis habe ich aber bisher nirgends gefunden. Auch Wach geht über die Schwierigkeiten der Frage mit spielender Leichtigkeit hinweg.

Da ich nicht nur, nicht einmal in erster Linie für Juristen schreibe, kann ich nur einzelne dieser zum Teil technischen Schwierigkeiten aufrollen.

Nach dem Militär-St.G.B. beginnt die Gefängnisstrafe, an den Arrest sich anschließend, mit einem Mindestmaße von sechs Wochen und einem Tage. Nach dem bürgerlichen St.G.B. beträgt das Mindestmaß der Gefängnisstrafe ebenso wie das der Haft einen Tag. Will Wach das bisherige Mindestmaß der Gefängnisstrafe beibehalten oder, dem Militär-St.G.B. entsprechend, dasselbe erhöhen? Im ersteren Falle würde durch Anwendung von Dunkelarrest, Wasser und Brot, hartem Lager die Strafe des Arrestes ganz ungleich schwerer werden, als Gefängnisstrafe von gleicher Dauer ohne diese Schärfungen. Das Wertverhältnis der Strafarten zueinander wäre mithin auf den Kopf gestellt. Oder will Wach vielleicht die Schärfungen auch bei Gefängnisstrafe bis zu sechs Wochen eintreten lassen? Dann ist wieder der Unterschied zwischen Haft und Gefängnis zerstört und an seine Stelle der Unterschied zwischen kurzzeitiger Freiheitsstrafe mit Schärfung und kurzzeitiger Freiheitsstrafe ohne Schärfung gesetzt. Im zweiten Falle aber würde entweder bei allen Vergehen neben Gefängnis von sechs Wochen und einem Tage angefangen auch noch Haft bis zu sechs Wochen angedroht oder überhaupt auf Freiheitsstrafe von sechs Wochen und darunter verzichtet werden müssen. In beiden Fällen aber würde eine in ihrer Tragweite gar nicht übersehbare, durchaus „radikale" Umwälzung unseres Strafensystems unvermeidlich sein.

Das Militär-St.G.B. verwendet die verschiedenen Arten des Arrestes nur für bestimmte militärische Rangstufen; der Stubenarrest findet gegen Offiziere statt, der gelinde Arrest gegen Unteroffiziere und Gemeine, der mittlere Arrest gegen Unteroffiziere ohne Portepee und gegen Gemeine, der strenge Arrest nur gegen Gemeine. Diese Unterscheidung entspricht auch durchaus den Anforderungen der militärischen Unterordnung. Sie widerspricht aber, in ihrer Uebertragung auf bürgerliche Verhältnisse, auf das allerentschiedenste unserer heutigen Rechtsanschauung, welche auf dem Gebiete des Strafrechts alle Standes- und Rangvorzüge unbedingt verwirft. Will Wach nicht die Unterscheidung von personae honestiores und humiliores wieder aufleben lassen und den Leutnant in der Reserve anders behandeln als denjenigen, der es über den Obergefreiten aus irgend einem Grunde nicht hinausgebracht hat, den Rat vierter Klasse anders als die Nähmamsell, so bleibt ihm nur Eines übrig: den im Militär-St.G.B. auf bestimmte Personen beschränkten strengen Arrest ohne Ansehen der Person und des Ranges zur Anwendung zu bringen, ihm also eine Ausdehnung zu geben, welche weit über die durch eigenartige Verhältnisse und Bedürfnisse begründete Härte des Militär-St.G.B. hinausgeht. Ob ihm die Mehrheit des Reichstages auf diesem Wege zu folgen bereit wäre, mag bezweifelt werden.

Nach dem Militär-St.G.B. ist der strenge Arrest nur dann zulässig, wenn entweder das Gesetz ihn ausdrücklich androht, was nur bei einer verschwindend kleinen Anzahl von Vergehungen geschehen ist, oder aber, wenn der Verurteilte wegen militärischer Verbrechen oder Vergehen bereits mit einer Freiheitsstrafe bestraft worden ist. Eine sehr wesentliche Einschränkung! Wach dagegen will alles in das Ermessen des Richters stellen, diesem die Wahl der Vollzugsart völlig offen lassen. Ich brauche wohl nicht erst auszuführen, daß damit der Grundgedanke der militär-strafrechtlichen Bestimmungen gänzlich preisgegeben, ja geradezu in sein Gegenteil verkehrt ist.

Liegt all dem gegenüber nicht die Vermutung nahe, daß Wachs Vorschlag mehr den Eingebungen eines augenblicklichen Gefühls als der reiflichen Ueberlegung aller einschlagenden Fragen seine Entstehung verdankt? Ist die Forderung nicht gerechtfertigt, daß, wer den militärischen Arrest uns als Vorbild empfiehlt, uns auch im einzelnen auseinandersetze, wie er sich die Einfügung desselben in unser bürgerliches Strafensystem denkt? So lange das nicht geschieht — und bei Wach ist nicht einmal der Versuch dazu gemacht — ebenso lange fehlt die unerläßliche Grundlage für jede ernste wissenschaftliche Auseinandersetzung.

Ich kann nur wiederholen, was ich oben bereits gesagt: den Nachweis, daß durch Umgestaltung des Strafvollzuges die Mängel der kurzzeitigen Freiheitsstrafe beseitigt werden können, hat auch Wach nicht geführt. Die folgerichtige Anwendung der Einzelhaft würde, wie die belgischen Erfahrungen lehren, diese Mängel niemals völlig beseitigen; und der militärische mittlere und strenge Arrest kann, wenn überhaupt, im besten Falle nur einer ganz beschränkten Anzahl von Verbrechern gegenüber und nur unter besonderen, bisher noch von keiner Seite erörterten Voraussetzungen zur Anwendung kommen. Und daraus ergibt sich mit unerbittlicher Notwendigkeit die unmittelbare Folgerung: die kurzzeitige Freiheitsstrafe ist, wenigstens soweit sie nicht ausnahmsweise als verschärfte Haft im Sinne des militärischen mittleren oder strengen Arrestes aufrecht erhalten werden kann, unbedingt über Bord zu werfen. Wer das Gegenteil behauptet, hat gegenüber den vorliegenden unbestrittenen und unbestreitbaren, auch von Wach selbst ausdrücklich zugegebenen Tatsachen den Nachweis zu erbringen, den Wach nicht erbracht hat: daß die Mängel der kurzzeitigen Freiheitsstrafe nicht notwendige Mängel der Strafart, sondern zufällige Mängel des Strafvollzuges sind.

III. Die sogenannte bedingte Verurteilung.

Gerade die immer weitere Kreise durchdringende Ueberzeugung von den Mängeln der Freiheitsstrafe überhaupt, von den durch keine Aenderung des Strafvollzuges zu beseitigenden Mängeln der kurzzeitigen Freiheitsstrafe insbesondere war es, welche ungefähr gleichzeitig in verschiedenen Ländern zu dem Bestreben führte, das Anwendungsgebiet der kurzzeitigen Freiheitsstrafe einzuschränken. Abgesehen von der Hinaufsetzung des Mindestmaßes der Freiheitsstrafe kann das geschehen durch erweiterte Anwendung bereits vorhandener oder durch Einführung neuer Strafmittel oder endlich durch Aenderung der Strafdrohungen.

Wach geht auf alle hierher gehörigen Vorschläge, welche von Aschrott, von Jagemann, mir und anderen gemacht und eingehend begründet worden sind, nicht näher ein. Er begnügt sich damit, seinerseits ausgedehntere Verwertung der Geldstrafe, des Verweises sowie des Arbeitszwanges ohne Einsperrung zu empfehlen. In welcher Weise die praktische Verwirklichung dieser Vorschläge gedacht ist, erfahren wir nicht. Ich kann mich daher mit der Bemerkung begnügen, daß ich selbst für stärkere Heranziehung der (allerdings gänzlich umzugestaltenden) Geldstrafe sowie der „Forst- und Gemeindearbeit" eingetreten bin, daß sich also in dieser Richtung Wachs Vorschläge von den meinigen nur durch den Mangel näherer Begründung und Ausführung unterscheiden. Auf den Verweis aber komme ich noch zurück.

Das Schwergewicht der Wachschen Schrift liegt auch nicht in der Aufstellung eigener Vorschläge zur Beseitigung der von ihm so scharf wie von anderen erkannten Uebelstände, sondern in der Bekämpfung der von mir und anderen empfohlenen sogenannten bedingten Verurteilung.

Ich kann es daher nicht vermeiden, gerade in dieser Frage den gegnerischen Ausführungen auf Schritt und Tritt zu folgen.

Nun hat sich allerdings in den wenigen Wochen, welche seit dem Erscheinen der Wachschen Schrift verflossen sind, die Sachlage nicht unwesentlich verschoben. Der Bericht über die erste deutsche Landesversammlung der Internationalen kriminalistischen Vereinigung, auf welcher die bedingte Verurteilung einen so glänzenden Sieg erfochten, ist inzwischen ausgegeben worden und hat wohl auch die Gegner von der Gewissenhaftigkeit überzeugt, mit welcher in Halle die Vorteile und Nachteile der vorgeschlagenen neuen Einrichtung gegeneinander abgewogen worden sind. Andererseits hat der nordwestdeutsche Gefängnisverein in einer schwach besuchten Versammlung am 31. Mai auf Antrag v. Kirchenheims gegen die „bedingte Verurteilung" sich ausgesprochen. Appelius in Kassel hat, ungefähr gleichzeitig mit Wach, eine sehr beachtenswerte Schrift über denselben Gegenstand veröffentlicht, de Sitter in Arnheim,

Amtsrichter Simonson und Reichsgerichtsrat Löbell sind für die vorgeschlagene Maßregel eingetreten, und vor mir liegen die Aushängebogen einer inhalts- und umfangreichen Marburger Preisarbeit (von Dr. E. Rosenfeld), welche das ganze reiche Material der Frage in bisher nicht erreichter Vollständigkeit zusammenträgt und kritisch verwertet. Im preußischen Justizministerialblatt hat das Ergebnis der von den höchsten Spitzen der preußischen Rechtspflege eingeforderten und eingereichten Gutachten auszugsweise Darstellung gefunden, deren zahlreiche Mängel zweifellos lebhaftesten Widerspruch erregen wird [1]. Und der Draht wird uns in den allernächsten Tagen Kunde von den Beschlüssen bringen, welche der in Petersburg tagende Internationale Gefängniskongreß über die Aussetzung der Strafvollstreckung zu fassen im Begriffe steht [2].

Dennoch glaube ich mich auf die Erörterung derjenigen Einwendungen beschränken zu können, welche Wach gegen die Aussetzung der Strafvollstreckung erhoben hat. Sie fassen alles zusammen, was von fachkundiger Seite gegen den Vorschlag gesagt werden kann. Gelingt es mir, Wachs Bedenken zu entkräften, so ist die wissenschaftliche Erörterung der Frage so gut wie erledigt.

1) Wach beginnt seine Ausführungen (S. 21) mit dem Satze: „Nicht die Schwäche sondern das Uebermaß der Härte der kurzzeitigen Freiheitsstrafe bildet das Motiv des anderen oben berührten Reformvorschlages, der sogenannten bedingten Verurteilung." Gegen diesen Satz muß ich im Namen der Internationalen kriminalistischen Vereinigung wie in meinem eigenen entschiedenste Verwahrung einlegen. Ein Blick in unsere Satzungen, in unsere Schriften, in unsere Verhandlungen genügt, um zu zeigen, daß wir vom Staate die zielbewußte Bekämpfung des Verbrechertums verlangen, daß wir die kurzzeitige Freiheitsstrafe verwerfen, weil sie, die weder abschreckt noch bessert, wohl aber verdirbt, zur Erreichung dieser wich-

---

1) Meine Erwiderung auf diese Darstellung findet sich oben S. 468.

2) Der Kongreß hat die Entscheidung ausgesetzt und damit die Hoffnungen der Gegner zu Schanden gemacht.

tigen Staatsaufgabe gänzlich ungeeignet ist, und daß wir endlich die Aussetzung der Strafvollstreckung nur darum empfehlen, weil sie (neben anderen) eines der Mittel ist, welche uns in den Stand setzen, das Anwendungsgebiet der kurzzeitigen Freiheitsstrafe einzuschränken. Ich darf wohl aus meiner mehrerwähnten Abhandlung (oben S. 383, 384) folgenden Satz hierhersetzen:

„Aber ein anderes will und muß ich betonen. Es handelt sich nicht um eine Milderung unseres Strafensystems. Der gegenwärtige Augenblick wäre herzlich schlecht gewählt dazu. Die beklagenswerte Milde unserer Strafgesetzgebung wird nur durch die noch beklagenswertere Milde unserer Strafgerichte übertroffen. Wir wollen die kurzzeitige Freiheitsstrafe nicht beseitigen, weil sie zu hart, sondern weil sie nutzlos und schädlich ist." Das scheint mir deutlich genug. Und Wach gibt ja S. 29 selbst zu: „Man weist auf die Schädlichkeit und Härte der kurzzeitigen Freiheitsstrafe hin." Also doch wohl nicht nur auf die Härte! Diese scheinbar unbedeutende Verschiebung des gegnerischen Standpunktes aber ist in ihrer ganzen Gefährlichkeit recht deutlich erkennbar, wenn man an die jeder Milderung des Strafensystems gänzlich (und mit Recht) abgeneigte Stimmung weitester Bevölkerungskreise sich erinnert. Die Internationale kriminalistische Vereinigung und ihre Mitglieder brauchen es sich in der Tat am wenigsten vorwerfen zu lassen, daß sie die Entschiedenheit und Kraft der Staatsgewalt dem Verbrechertum gegenüber zu schmälern bezweckten.

2) Der Grundgedanke der Aussetzung der Strafvollstreckung (der sogenannten bedingten Verurteilung) ist folgender: in berücksichtigungswerten Fällen, erstmals Verurteilten gegenüber, deren künftige gute Haltung mit Grund zu erwarten steht, kann das Gericht die Strafvollstreckung einstweilen aussetzen. Durch gute Führung innerhalb einer bestimmten Bewährungsfrist verdient sich der Verurteilte den völligen Erlaß der Strafe; bei schlechter Führung dagegen wird die erkannte Strafe vollstreckt. Man will damit ein doppeltes erreichen: einerseits will man es vermeiden, daß durch Vollstreckung einer Freiheitsstrafe von wenigen Tagen

oder Wochen der noch nicht völlig verdorbene Verurteilte von Rechtswegen und auf Staatskosten zum berufsmäßigen Verbrecher ausgebildet werde; andererseits will man, indem man dem Verurteilten nochmals sein eigenes Schicksal in die eigene Hand legt, ihm einen kräftigen und anhaltenden Ansporn geben zu rechtlicher Lebensführung.

Das ist der einheitliche Grundgedanke in all den verschiedenartigen Ausgestaltungen dieser von uns empfohlenen Maßregel.

Es ist demnach eine gründliche Verkennung der Sachlage, wenn v. Kirchenheim und andere uns vorwerfen, daß wir aus den Mängeln der kurzzeitigen Freiheitsstrafe ohne weiteres die Notwendigkeit der sogenannten bedingten Verurteilung folgern und uns auf diese Weise eines handgreiflichen logischen Fehlers schuldig machen. Unser Gedankengang (man gestatte mir den vielfachen Entstellungen gegenüber das nochmals zu wiederholen) ist vielmehr ein logisch durchaus geschlossener. Wir sagen: 1) Die Mängel der kurzzeitigen Freiheitsstrafe sind Mängel nicht der Vollzugsart, sondern des Strafmittels selbst. 2) Daher ist die kurzzeitige Freiheitsstrafe tunlichst zu beseitigen. 3) Die so entstehende Lücke ist zunächst durch andere Strafmittel auszufüllen. Als solche empfehlen wir die erweiterte Anwendung der umzugestaltenden Geldstrafe, den Arbeitszwang ohne Einsperrung, die Friedensbürgschaft u. s. w. 4) Daneben empfehlen wir besonders die Aussetzung der Strafvollstreckung wegen der ihr eigentümlichen, von der Begehung neuer Verbrechen abhaltenden Kraft.

Daß Wachs Beweisführung eine andere, schärfere und gründlichere, sein werde als die v. Kirchenheims, war zu erwarten. Er sagt denn auch S. 29: „Wir fragen also billig nach den empfehlenden positiven Vorzügen des vorgeschlagenen Mittels. Diese sollen in seiner gleichmäßig schonenden, bändigenden und erziehenden Kraft liegen." Und nun kommt Wachs Hsupteinwand, den ich ganz besonders zu beachten bitte. Nach Wach besitzt die nordamerikanische Gestaltung des sogenannten Probationssystems allerdings die von uns behaupteten positiven Vorzüge, nicht aber die bedingte Verurteilung des belgischen Rechts in der Gestalt, in welcher wir sie vorschlagen. Nach dem amerikanischen Recht wird in geeigneten Fällen der Angeschuldigte ohne Verurteilung unter die strenge Aufsicht eines besonderen Beamten, des Probation officer, gestellt. Nach dem belgischen System dagegen werde der Verurteilte einfach sich selbst überlassen. Das Probationssystem „ist das von allem Formalismus freie Mittel einer unter polizeilicher Aufsicht sich vollziehenden Zwangserziehung" (S. 25). „In der kontinentalen Schablone der sogenannten bedingten Verurteilung hat man geflissentlich alle disziplinaren Elemente getilgt" (S. 30 f.) und den Prüfling während der Probezeit ganz sich selbst überlassen (S. 28). Ja noch mehr: Wach hätte nichts dagegen (S. 37), wenn man bei jugendlichen Verbrechern den Strafaufschub nach amerikanischem Vorbilde versuchsweise einführen wollte.

3) Dieser Haupteinwand Wachs läßt sich leicht widerlegen.

Zunächst sei bemerkt, daß Wach in der Auffassung des englischen Gesetzes vom 8. August 1887 (nicht 1888, wie Wach S. 21 angibt), dem sogenannten Probation of first offenders Act, denselben Irrtum begeht, dessen ich mich Zeitschrift IX 763 (oben S. 368) schuldig gemacht habe. Wie ich es getan, nimmt Wach an (S. 27), daß auch nach englischem Recht Aussetzung der Aburteilung, nicht bloß der Strafvollstreckung eintrete, daß also hier noch nicht der nach seiner Meinung verhängnisvolle Fehler der belgischen Gesetzgebung begangen worden sei. Nun hat aber schon Aschrott auf meinen Irrtum hingewiesen. In der Tat läßt auch der Wortlaut des Gesetzes darüber keinen Zweifel, daß Verurteilung stattfindet: „In any case, in which a person is convicted of larceny etc." Damit aber ist, während die Berichtigung meine Schlußfolgerungen nicht berührt, in Wachs Beweisführung eine gefährliche Lücke gerissen. In dem stammverwandten England selbst hat man die Notwendigkeit empfunden, das von Wach empfohlene nordamerikanische System aufzugeben, obwohl man das Vorbild genau kannte. Und es ist nicht auffallend, daß überall, wo man die Aussetzung der Strafvollstreckung erörterte, in

Belgien wie in England, in Frankreich wie in Oesterreich, in Ungarn, Schweden, Holland, auf den Versammlungen der Internationalen kriminalistischen Vereinigung in Brüssel und in Halle, in all den Schriften, Gutachten, Zeitungsaufsätzen, daß überall sage ich über die Vorzüge der „kontinentalen Schablone" oder wie wir wohl richtiger sagen müssen: „europäischen Schablone" vor der amerikanischen Einrichtung nur Eine Stimme war, daß niemand auch nur daran dachte, von der Notwendigkeit eines Richterspruches abzusehen?

Aber noch mehr. Das nordamerikanische „Probations-System" hat den Weg nach England über Australien genommen. Es ist in Victoria und Neuseeland, wie in anderen englischen Kolonien länger als in England in Anwendung. Nach den in meinen Händen befindlichen, Wach unbekannt gebliebenen statistischen Ausweisen hat es glänzende Erfolge aufzuweisen. Aber das ist Nebensache. Wichtiger ist es, daß auch das Gesetz von Neuseeland (vom 9. August 1886), obwohl es sich im übrigen strenge an das amerikanische Vorbild anlehnt, die Verurteilung des Angeschuldigten verlangt. Art. 8 sagt: When any person is convicted of an offence . . . ., the court, before which he is so convicted may, instead of sentencing him at once to any punishment, direct that u. s. w. Der Angeschuldigte muß also schuldig gesprochen sein, ehe überhaupt auch nur davon die Rede sein kann, ihn unter Probation zu stellen.

Es ist also wohl klar, daß Wach von der „kontinentalen Schablone" nicht wohl gesprochen haben würde, wenn er die geschichtliche Entwicklung des Probationssystems vollständig gekannt und richtig aufgefaßt hätte. Das Schlagwort verliert seine Kraft, sobald ihm die unbestreitbaren Tatsachen der Gesetzgebung gegenübertreten. In Wachs Beweisführung gegen die „bedingte Verurteilung" ist der Hauptbeweisgrund ein Irrtum auf dem Gebiete der Rechtsvergleichung.

Aber trotz des schweren Irrtums in der Begründung könnte Wach im Ergebnisse Recht haben. Wäre es nicht besser, wenn wie in Massachusetts der Richter, ohne zu verurteilen, den Angeschuldigten unter Polizeiaufsicht stellte, also nicht die Vollstreckung der erkannten Strafe, sondern die Verurteilung selbst aussetzte?

Ich habe dem gegenüber seinerzeit (Zeitschrift IX 763; oben S. 369) gesagt: „Unserer deutschen Rechtsanschauung wenigstens würde es gewiß widersprechen, eine Freiheit und Ehre immerhin tief genug schädigende Maßregel gegen den Angeschuldigten eintreten zu lassen, ohne daß die Begehung einer strafbaren Handlung urteilsmäßig feststeht."

Wach (S. 30) bezeichnet diese Aeußerung als „doktrinär"; „denn einmal ist von Schädigung der Ehre beim Strafaufschub des belgischen Rechts überhaupt nicht, nach amerikanischem System doch nur sehr cum grano salis die Rede, und dann versteht es sich ganz von selbst, daß der leugnende Angeschuldigte die Vergünstigung von sich weisen und die Aburteilung fordern kann".

Ich halte an meiner Ansicht mit aller Bestimmtheit fest. Von dem belgischen Recht spreche ich dabei (wie wohl klar sein dürfte) überhaupt nicht, sondern von dem amerikanischen; daß die nach diesem vorgeschriebene strenge Ueberwachung durch den Probation officer nur „cum grano salis" als Schädigung der Freiheit bezeichnet werden könne wird wohl niemand unterschreiben, der sich alle die Verpflichtungen vor Augen hält, welche dem „Losgelassenen" damit auferlegt werden; und daß der leugnende Angeschuldigte „selbstverständlich" Aburteilung fordern könne, ist eine durchaus willkürliche, völlig in der Luft stehende Behauptung.

Nein: für unsere deutsche Rechtsanschauung wäre es einfach unerträglich, wenn ein Angeschuldigter ohne Urteil unter Polizeiaufsicht gestellt werden sollte.

Und um Polizeiaufsicht, um eingreifende Ueberwachung jeder Bewegung des Losgelassenen handelt es sich in dem von Wach empfohlenen System. Nach all den traurigen Erfahrungen, die wir mit der Polizeiaufsicht gemacht haben, gegenüber dem einstimmigen Urteil aller Fachmänner über die Nutzlosigkeit und Schädlichkeit dieser viel erörterten Einrichtung wird einer Ausdehnung ihrer Anwendung auf bisher unbescholtene Personen das Wort gesprochen. Die Streichung des Probation officer mit all dem quäkerhaften Krimskrams des nordamerikanischen Systems (der Verpflichtung zur völligen Enthaltsamkeit von Alkohol, „teatotal pledges“ u. s. w.) soll nach Wach freilich wieder darauf beruhen, daß „die kontinentale Schablone“ geflissentlich alle disziplinaren Elemente getilgt habe. Aber wieder hätte eine genauere Kenntnis des englischen Rechts den verehrten Verfasser davor bewahrt, diesen den Tatsachen der Gesetzgebung widerstreitenden Vorwurf auszusprechen. Nicht erst in Belgien, sondern schon in England hat man, trotz aller Bemühungen Mr. Howard Vincents von dem Probation officer selbst in abgeschwächtester Gestalt nichts wissen wollen.

Wachs Versuch, unsere Vorschläge durch den Hinweis auf das angeblich weitaus zweckmäßigere nordamerikanische Recht zu widerlegen, ist demnach völlig gescheitert. Bei gründlicherer Prüfung der Entwicklungsgeschichte der fraglichen Einrichtung wäre er wohl gar nicht unternommen worden. Schon bei der Uebertragung nach Australien und England hat man die Fehler des amerikanischen Systems, zum Teil wenigstens, genau erkannt und vermieden. Und an dem belgischen Gesetz wiederum haben alle diejenigen gelernt, welche sich seit 1888 mit der Frage beschäftigen. Man vergleiche einmal ohne Voreingenommenheit die Gesetzvorschläge von Bérenger, Wirth, Bareuther, Aschrott, v. Hippel, Simonson, Wisselgren, Fayer, von mir und anderen untereinander und mit dem belgischen Gesetz: man wird von der „Schablone“ nicht viel und dafür der Abweichungen genug finden. Auf das von Wach empfohlene amerikanische Vorbild aber zurückzugreifen, wird niemandem von uns in den Sinn kommen.

4) Die Bedenken, welche Wach gegen die Aussetzung der Strafvollstreckung an sich, also ohne Rücksicht auf das Wertverhältnis zwischen der „belgischen bedingten Verurteilung“ und dem nordamerikanischen Probationssystem, geltend macht, sind ebenfalls leicht zu beseitigen.

„Der Unklarheit und Unreife des schöpferischen Gedankens“ sagt Wach (S. 32), „entspricht die Verschwommenheit der Anwendungskriterien des Experimentes. Welche sind die rücksichtswürdigen Fälle?“

Wach räumt ein (Note 33), daß Lammasch „in seinem besonnenen Gutachten“ „verdienstvolle Anregungen“ gegeben habe. Andere haben ähnliches versucht. Der Vorwurf der „Verschwommenheit“ trifft also doch nur teilweise zu. Und es wäre zweifellos nicht nur erfreulich sondern auch förderlich gewesen, wenn Wach, statt sich auf die Verneinung zu beschränken, die von Lammasch gegebenen Anregungen weiter verfolgt hätte.

Ich für meine Person habe freilich wenig Zutrauen in alle Versuche, die „rücksichtswürdigen Fälle“ gesetzlich zu umgrenzen. Mir käme gerade das „schablonenhaft“ und „formalistisch“ vor. Und wenn ich mich auch gern eines Besseren belehren lasse, so glaube ich doch vorläufig, daß die Entscheidung am besten in das richterliche Ermessen gestellt und damit am sichersten jeder allzuweiten Anwendung vorgebeugt werde. Wach freilich sagt (S. 35), daß ich damit eines „handgreiflichen Widerspruches“ mich schuldig mache, da ich ja doch dem Richter „jedwede Fähigkeit zu befriedigender Strafzumessung“ abspreche. Wach übersieht dabei, daß es sich um zwei gänzlich verschiedene Dinge handelt. Ob beim einfachen Diebstahl ein Tag oder fünf Jahre Gefängnis oder eine andere der dazwischenliegenden 5mal 365 Strafgrößen der „vergeltenden Gerechtigkeit“ entspricht, das kann nach meiner Ansicht allerdings weder der Richter noch sonst irgend ein Mensch ausrechnen. Ob aber ein Angeschuldigter Schonung verdient, weil die Hoffnung auf sein künftiges gutes Verhalten begründet erscheint, oder nicht, das ist eine einfache Entscheidung mit ja oder nein, kein Rechenexempel mit lauter Unbekannten; diese Entscheidung kann man getrost dem Richter wie jedem Menschen durchschnittlicher Befähigung überlassen. Nicht „der allwissende Richter in seinem allweisen Ermessen“, wie Wach spottend ausruft, sondern der Richter als Mann von gesundem Menschenverstand soll und kann die Entscheidung treffen.

Ungleichheiten in der Anwendung der Maßregel werden anfangs freilich nicht ausbleiben. Aber sie werden mit Leichtigkeit auf ein ungefährliches Mindestmaß herabgedrückt werden können, wenn die Justizverwaltung dafür Sorge trägt, daß regelmäßige statistische Erhebungen gemacht und den Gerichten von Amtswegen mitgeteilt werden.

Und der Rechtssinn der Bevölkerung? Wach fürchtet, daß die Achtung vor der Heiligkeit des Gesetzes erschüttert werde, wenn der Schuldiggesprochene straffrei ausgehe. Der Einwand wäre vernichtend, wenn er begründet wäre.

Die Verurteilung mit Strafaufschub ist Verurteilung zu Strafe, nicht Erlaß der Strafe. Sie ist nach meiner Ansicht so wenig Begnadigung, als es Begnadigung ist, wenn der Richter die erkannte Strafe als durch die Untersuchungshaft verbüßt erachtet, oder wenn er bei sofort erwiderten Beleidigungen oder Körperverletzungen beide Teile oder einen derselben für straffrei erklärt. Und ist das „Seelenleiden der Verurteilung", von welchem Wach selbst spricht, nicht an sich ein Uebel, eine Strafe? „Unendlich viel wichtiger ist es, daß gestraft wird, als in welcher Form gestraft wird" (Wach S. 37). Warum soll gerade durch Einsperren gestraft werden? Fordert die vergeltende Gerechtigkeit, daß wir den erstmals Verurteilten in „den Elementarschulen des Verbrechens", wie Wach unsere kleinen Gerichtsgefängnisse nennt, zum Berufsverbrecher erziehen?

Ich bitte zu beachten, daß Wach selbst, wie wir gesehen haben, die ausgedehntere Anwendung des Verweises empfiehlt. Alle diejenigen Bedenken nun, welche gegen die Verurteilung mit Strafaufschub erhoben werden können, treffen den Verweis mit verstärkter Kraft. Denn der Schuldspruch des Richters ist die kräftigste, feierlichste Mißbilligung der Tat. Er wirkt, in öffentlicher Sitzung ausgesprochen, unendlich viel eindringlicher als der Verweis, der erst nach Rechtskraft des Urteils, also vielleicht erst nach Monaten, hinter verschlossenen Türen erteilt werden kann. Und mit der Erteilung des Verweises ist alles zu Ende, während das Urteil mit Strafaufschub weiter wirkt, als ein Zügel für die Leidenschaften, als ein Ansporn für die sittliche Schwäche, bis zum Ablauf der Bewährungsfrist. Wenn daher, was ich bestreite, das Urteil mit Strafaufschub die Achtung vor dem Gesetze erschüttert, so muß die ausgedehntere Anwendung des Verweises sie vernichten; wenn jenes dem Ermessen des

Richters unlösliche Aufgaben stellt, so ist das hier nicht minder der Fall; wenn dort der durch die Tat Geschädigte bitter die Versagung der Genugtuung vermißt, so wird er sich hier erst recht nicht zufrieden geben. Und somit fallen alle Einwendungen Wachs gegen die „bedingte Verurteilung" mit verdoppelter Wucht auf seine eigenen Vorschläge zurück. Die lediglich verneinende Richtung der Schrift kann deutlicher nicht nachgewiesen werden.

Und noch eine letzte Bemerkung. Wach verwirft den Grundgedanken unseres Vorschlages ja nicht völlig. S. 37 sagt er: „Man mag bei jugendlichen Delinquenten, wie man es in Boston unternommen, den Anfang machen. Aber auch bei ihnen nur, wenn man das amerikanische Vorbild wohlorganisierter Schutzvorkehrungen befolgt: das öffentliche Strafverfahren meidet, vor der Verurteilung die Probe versucht, sie verbindet mit einer Unterwerfung unter eine polizeiliche, durch gute Kräfte der Gesellschaft unterstützte, Zwangserziehung." Ich will auf den Widerspruch nicht hinweisen, der darin liegt, daß Wach den Jugendlichen gegenüber eine Maßregel empfiehlt, die er im allgemeinen für eine Verletzung des Grundgedankens der vergeltenden Gerechtigkeit erklärt; ich will nicht betonen, daß die hochwichtige Frage nach einer zweckentsprechenden Behandlung der Jugendlichen einer viel ausgedehnteren Untersuchung und einer viel einschneidenderen Lösung bedarf, als sie bei Wach gefunden. Aber das muß hervorgehoben werden, daß die Polizeiaufsicht, deren Unzweckmäßigkeit und Schädlichkeit von allen berufenen Stimmen anerkannt ist, den jugendlichen Verbrechern gegenüber das sicherste Mittel wäre, ihnen jeden ehrlichen Erwerb unmöglich zu machen und sie rettungslos dem Verbrechen in die Arme zu treiben. Auch dieser Vorschlag Wachs erweist sich mithin als ein Schlag ins Wasser.

IV. Die unbestimmte Verurteilung.

Ich habe die Langmut meiner Leser schon so sehr für mich in Anspruch genommen, daß ich in der Widerlegung der weiteren Ausführungen Wachs mir die äußerste Beschränkung auferlegen muß. Nur in Kürze sei demnach der Streitpunkt festgestellt, dessen eingehende Erledigung ich anderer Gelegenheit vorbehalten muß.

Ich gehe davon aus, daß die durch unsere heutige Strafgesetzgebung dem Richter gestellte Aufgabe der Strafzumessung eine unlösliche ist. Es ist, um bei dem schon gebrauchten Beispiel stehen zu bleiben, ein Ding der Unmöglichkeit, beim einfachen Diebstahl $5 \times 365 = 1825$ verschiedene Abstufungen in der Schwere der Tat zu unterscheiden. Ich habe daher vorgeschlagen, daß der Richter nur Höchst- und Mindestmaß der Strafe bestimmen, also z. B. auf Gefängnis von 2 bis 5 Jahren, erkennen soll; durch eine besondere Behörde soll dann später auf Grund der während des Strafvollzuges gemachten Erfahrungen der Austritt des Verurteilten aus der Strafanstalt und damit die wirkliche Dauer der Strafe (die also in unserem Falle nicht weniger als zwei und nicht mehr als fünf Jahre betragen könnte) bestimmt werden.

Wach erklärt sich auch gegen diesen Vorschlag.

Zunächst verwahre ich mich dagegen, daß Wach meinen Vorschlag unter der Bezeichnung „unbestimmte Verurteilung" abhandelt und mit den Einrichtungen zu Elmira im Staate New-York in Verbindung bringt. Daß mein Vorschlag mit letzteren nichts gemein hat, hebt Wach S. 51 ja selbst hervor. Und daß er sich anlehnt an altpreußische, nur unter dem Einflusse des französischen Rechts verdrängte Ueberlieferungen, werde ich an anderer Stelle nachweisen. Ich habe auch nicht Verurteilung zu unbestimmter, sondern zu relativ bestimmter, d. h. nach oben und unten begrenzter, Strafe vorgeschlagen. Das ist ein wesentlicher Unterschied. Kein Kriminalist wird sagen, unser Strafgesetzbuch bedrohe z. B. den Diebstahl mit einer „unbestimmten" Strafe. Wachs Bezeichnung verdunkelt also zu meinen Ungunsten den wesentlichen Inhalt meines Vorschlages.

Wach gibt nun auch hier (S. 41) die Richtigkeit meines Ausgangspunktes zu:

„Es ist wahr, die richterliche Strafzumessung ist zum guten Teil Willkür, Laune, Zufall. Das ist öffentliches Geheimnis, jedem schmerzliche Erfahrungstatsache, der in der Strafpraxis tätig geworden ist ..... Ob der Angeklagte zu sechs oder fünf oder vier Wochen oder zwei Monaten Gefängnis verurteilt wird, das hängt mehr von der zufälligen Zusammensetzung des Kollegiums, den subjektiven Anschauungen und Anregungen des Richters, seinem Geblüt und seiner Verdauung als von der Schwere des Verbrechens ab."

Insoweit also wieder vollste Uebereinstimmung der Anschauungen. Aber wieder meint Wach, daß ich in meinem Vorschlage das Kind mit dem Bade verschütte.

Und wieder steht an der Spitze seiner Beweisführung ein rechtsgeschichtlicher Irrtum. „Wir sind bislang", sagt Wach S. 44, „in den paar tausend Jahren, in welchen die Kulturwelt mit einem Strafrecht operiert, welches auf der richterlichen Strafzumessung ruht, so leidlich ausgekommen." Nun ist aber unsere richterliche Strafzumessung auf dem Boden der vergeltenden Gerechtigkeit, dieses eigenartige Rechnen mit Strafgrößen, welche der Verschuldung des Verbrechers angepaßt werden sollen, nicht nur nicht mehrere tausend Jahre, sondern knappe hundert Jahre alt! Dem römischen Recht war sie so fremd wie dem deutschen Mittelalter; die peinliche Gerichtsordnung Karls V. hat sie so wenig gekannt wie die gemein-deutsche Rechtsprechung. Erst dem Wendepunkte des achtzehnten und neunzehnten Jahrhunderts verdankt das System der relativen Strafrahmen seine Entstehung.

Wenn die Anhänger dieses Systems auf die Erfahrungen von mehreren Jahrtausenden sich berufen, so tun sie der Geschichte Gewalt an.

Und ist uns denn wenigstens heute dieses System in Fleisch und Blut übergegangen? steht denn heute wenigstens die Grundlage dieser merkwürdigen Einrichtung fest, welche die Strafzumessung, um mit Wach zu sprechen, von dem Geblüt und der Verdauung des Richters abhängig macht?

Es fällt mir nicht ein, mich hier in theoretische Auseinandersetzungen einzulassen. Auch Wach hat versucht, sie zu vermeiden. Aber ein bezeichnendes Beispiel möchte ich anführen. Ich entnehme es der Schrift von Appelius über die bedingte Verurteilung (S. 13).

Durch Erlaß des preußischen Justizministers vom 17. April 1887 wurde auf die Gefahren einer zu milden Bestrafung hingewiesen und den Staatsanwaltschaften aufgegeben, darauf hinzuwirken, daß gegen Jugendliche höhere Strafen erkannt werden, da diese allein zur Besserung der jugendlichen Verbrecher führen könnten. In dem von dem Verfasser mitgeteilten Falle hat nun das Gericht es abgelehnt, lediglich des Besserungszweckes wegen eine höhere Strafe zu erkennen, als zur Sühne für das Geschehene erforderlich erschienen sei.

Es ist hier ganz gleichgültig, ob der Minister oder ob das erkennende Gericht im Rechte gewesen ist. Aber wichtig ist die Feststellung der tiefgehenden Meinungsverschiedenheit über die Grundlage der Strafzumessung. Nach der Ansicht des Ministers sollen Erwägungen der Kriminalpolitik ausschlaggebende Bedeutung haben; das Gericht hält daran fest, daß die Strafe keine andere Aufgabe habe als die Sühnung der Tat; nach dem Erlaß soll die Persönlichkeit des Täters maßgebend sein, nach dem Urteil lediglich die Schwere der Tat.

Wie sich andere Gerichte jenem Erlasse gegenüber verhalten haben, weiß ich nicht. Sicher aber ist es, daß von dem Standpunkte der Vergeltungstheorie aus, zu welcher auch Wach sich bekennt, der preußische Justizminister die Staatsanwaltschaften aufgefordert hat, den Gerichten eine Verletzung der Gerechtigkeit zuzumuten und daß ein preußisches Gericht in seinem Urteil diese Zumutung als solche, wenn auch in schonendster Form, gekennzeichnet hat.

Das ist die Grundlage unserer richterlichen Strafzumessung! „Willkür, Laune, Zufall" ist diese selbst; ein Problem, eine Frage, ein Rätsel ist die Grundlage, auf der sie ruht.

Und dennoch meint Wach, mit halben Maßregeln hier Wandel schaffen zu können. „Es sind Normalstrafrahmen zu suchen, welche nach oben und nach unten sich erweitern unter gleichzeitiger exemplifizierender, dem Richter die nötigen Fingerzeige bietender Angabe von mildernden und schärfenden Gründen" (S. 43).

Das ist alles. Nicht einmal an einem Beispiele wird uns gezeigt, wie das zu machen sei. Wie soll der Normalstrafrahmen beim Diebstahl bestimmt werden? Welche Erschwerungs- und Milderungsumstände sollen exemplifizierend dem Richter angeführt werden? Das geltende österreichische Recht hat Wachs Gedanken vorweggenommen; mit welchem Erfolg, das weiß Jeder, der die österreichische Rechtsprechung kennt. Wer da Wandel schaffen will, muß fester zugreifen. Wachs Vorschlag wird das Uebel nicht beseitigen, sondern gerade durch die formalistische Beschränkung des Richters verschärfen.

Und nun das Ergebnis dieser Auseinandersetzung.

Wach verlangt wie ich, Umgestaltung unseres Strafensystems, in Beziehung auf Strafarten und Strafdrohungen. Er verwirft die von mir und anderen zur Durchführung des Gedankens gemachten Vorschläge. Was er selbst vorbringt, sind zweifellos geistvolle Gedanken, aber nichts weniger als ausgearbeitete, einwandfreie, gesetzgeberisch verwertbare Gegenvorschläge. Was wird die Wirkung seiner Schrift sein?

Die Antwort auf diese Frage hat am 31. Mai d. J. (1890) der nordwestdeutsche Gefängnisverein, am 13. Juni d. J. das preußische Justizministerialblatt gegeben. In auffallender Uebereinstimmung erklären Gefängnisdirektoren, Richter und Staatsanwälte, unter Berufung auf Wach und v. Kirchenheim: unser Strafensystem sei vorzüglich, die kleinen Gerichtsgefängnisse ließen nichts zu wünschen übrig, die kurzzeitige Freiheitsstrafe brauchte gar nicht umgestaltet zu werden; nichts wäre nötig als Geld, recht viel Geld, zum Bau neuer Zellengefängnisse aller Größen.

Ob in den maßgebenden Kreisen zu Berlin eine ähnliche Stimmung herrscht, weiß ich nicht. Mancherlei Anzeichen lassen darauf schließen, daß man heute mehr als je allen Neuerungen abhold ist. Ein Strafvollzugsgesetz auf Grund des geltenden Strafensystems mit Durchführung der Zellenhaft scheint das einzige zu sein, was in Aussicht genommen wird. Das heißt: wir werden, wie Belgien es getan hat, Millionen hinauswerfen, um, wie Belgien, zu spät zu erfahren, daß ohne gründliche Umgestaltung des Strafensystems der vortrefflichste Strafvollzug nichts helfen kann.

Für die Anhänger des herrschenden Strafensystems aber gibt es keinen gewichtigeren Beweisgrund für die Ablehnung aller Umgestaltungsvorschläge als den Hinweis auf die Uneinigkeit der Gegner. Mehr als sie den „radikalen Reformern" geschadet, hat Wachs Schrift den Freunden des Stillstandes genützt. Ein Flankenangriff auf die, gleichen Zielen, wenn auch auf anderen Wegen zustrebenden Genossen, hat sie diese im Vormarsch gegen den gemeinsamen Gegner empfindlich aufgehalten. Der ungelegene Kampf mußte aufgenommen und durchgeführt werden. Aber er darf uns nicht mehr als ein Zwischenfall sein. Ich möchte die Hoffnung nicht aufgeben, daß trotz aller Meinungsverschiedenheit über die Mittel zum Zwecke die gemeinsame Grundanschauung Wach und die Internationale kriminalistische Vereinigung zu gemeinsamem Vorgehen verbinden möge. Dem gemeinsam unternommenen Angriff werden die Gegner nicht lange zu widerstehen vermögen.

14. Lässt das Zwangserziehungs-Gesetz Verbesserungen wünschenswert erscheinen?

Vortrag, gehalten auf der Jahresversammlung der Gefängnisgesellschaft für die Provinz Sachsen und das Herzogtum Anhalt am 29. Mai 1891.

(Jahrbuch der Gesellschaft, Bd. VII.)

Meine Herren!

Ohne Zögern und ohne falsche Scham habe ich mich, der freundlichen Aufforderung unseres allverehrten Vorstandes Folge leistend, dazu bereit erklärt, in Ihrer Mitte als Berichterstatter meine Ansicht zu äußern über die Frage:

„Läßt das Zwangserziehungs-Gesetz Verbesserungen wünschenswert erscheinen?"

Ich weiß freilich nur zu gut, daß in dieser Versammlung nicht nur dieser oder jener, sondern daß die große Mehrzahl der Anwesenden über die praktische Handhabung und über die tatsächlichen Ergebnisse des preußischen Gesetzes vom 13. März 1878 betreffend die Unterbringung verwahrloster Kinder besser unterrichtet ist, als ich es sein kann. Ich gebe mich auch darüber keiner Täuschung hin, daß das, was ich Ihnen zu sagen habe, meine Herren, Ihnen allen längst bekannt ist; daß über die Lücken, welche das preußische Gesetz aufweist, über die Mängel, die ihm anhaften, unter denjenigen, die nicht nur das Gesetz, sondern auch das Leben kennen, in allem wesentlichen völlige Uebereinstimmung der Ansichten herrscht.

Dennoch habe ich mit Freude und mit Beruhigung die Berichterstattung übernommen. Meiner Auffassung nach ist es nicht die Aufgabe des Berichterstatters in einer Versammlung, welche wie die unserige aus Männern des praktischen Lebens in allen seinen Verzweigungen zusammengesetzt ist, durch die Aufstellung bisher unausgesprochener

Behauptungen, durch die Vorführung unerprobter Hypothesen zu überraschen, zu blenden, hinzureißen. Die Aufgabe des Berichterstatters ist gelöst, wenn er ausspricht, was alle denken, wenn er in kurze, klare und bestimmte Sätze faßt, was von der großen Mehrzahl der Anwesenden von vornherein als feststehend angesehen wird.

Ich habe auch geglaubt, daß gerade im Hinblick auf die später zu besprechenden, tief einschneidenden Bestimmungen des Entwurfs eines bürgerlichen Gesetzbuchs für das deutsche Reich die Ansicht eines theoretischen Juristen für Sie nicht ohne alle Bedeutung sein werde.

Und so erbitte ich mir denn Ihre freundliche Aufmerkmerksamkeit und hoffe auf ihre Nachsicht.

I.

Es wird niemand in Abrede stellen, daß daß preußische Gesetz vom 13. März 1878 — denn von ihm haben wir in erster Linie zu sprechen — nicht nur an sich einen hochwichtigen Fortschritt bedeutete, sondern daß es auch die festen Grundlagen schuf, auf welchen nach allen Richtungen hin, soweit das Bedürfnis sich äußern sollte, weiter gebaut werden konnte.

Das Gesetz ist hervorgewachsen aus der klaren, von allen beteiligten Kreisen mit völliger Bestimmtheit ausgesprochenen Erkenntnis, daß die gesetzliche Regelung der Zwangserziehung von der größten Bedeutung für das gesamte Volksleben ist, daß sie, wie bei Beratung des Entwurfs vom Regierungstische aus betont wurde, den ersten Schritt auf der Bahn der sozialpolitischen Gesetzgebung bildet. Und der Gesetzgeber hat es verstanden, dieser theoretischen Erkenntnis die praktische Durchführung zu sichern. Er hat die unentbehrliche Organisation geschaffen, das Verfahren geregelt, die wichtige Kostenfrage gelöst. Er hat die Handhabung des Gesetzes den provinzialen und kommunalständischen Verbänden, bezw. den selbständigen Stadtkreisen, also Körperschaften übertragen, welche stark genug sind zur Erfüllung der ihnen gestellten Aufgabe durch das Ansehen, das sie genießen, durch ihre Erfahrung in allen Fragen der Verwaltung, durch ihre finanzielle

Leistungsfähigkeit. Er hat den dennoch unentbehrlichen Zuschuß aus Staatsmitteln nicht versagt (bis zur Hälfte der Auslagen); dafür aber jenen Verbänden die Pflicht auferlegt, soweit nötig neue Erziehungs- und Besserungsanstalten zu errichten und nicht nur während der Zwangserziehung, sondern auch nach der Entlassung aus dieser Fürsorge für die Zöglinge zu tragen.

Ob nicht neben diesen von allen Seiten anerkannten Vorzügen des preußischen Gesetzes einzelne Mängel und Fehler zu rügen waren, bleibe im allgemeinen an dieser Stelle unerörtert. Ich widerstehe insbesondere der Versuchung, die Betonung der Familienerziehung gegenüber der Anstaltserziehung, wie sie in dem Gesetz zweifellos hervortritt, kritisch zu prüfen. Auf eine andere, unendlich viel wichtigere Frage, eine Frage von grundsätzlicher, tiefeinschneidender und weittragender Bedeutung möchte ich vielmehr Ihre Aufmerksamkeit lenken, auf die Frage nämlich, ob und nach welchen Richtungen hin sich eine Ausdehnung des Gesetzes auf andere als die in demselben bezeichneten Personen als wünschenswert herausgestellt hat.

Ich kann aber diese Frage nicht erörtern, ohne Ihnen die Bestimmungen des Reichsstrafgesetzbuches ins Gedächtnis zurückzurufen. Ich muß es tun, selbst auf die Gefahr hin, durch die Wiederholung allbekannter Tatsachen Sie zu ermüden.

Das Reichsstrafgesetzbuch unterscheidet drei Altersstufen: 1) das kindliche Alter bis zum vollendeten 12. Lebensjahre; 2) das jugendliche Alter vom vollendeten 12. bis zum vollendeten 18. Lebensjahre; 3) das reife Alter, vom vollendeten 18. Lebensjahre ab.

1) Bezüglich der Kinder unter 12 Jahren sagt St.G.B. § 55 in seinem 1. und bis 1876 einzigen Absatze:

> „Wer bei Begehung der Handlung das zwölfte Lebensjahr nicht vollendet hat, kann wegen derselben nicht strafrechtlich verfolgt werden."

Um die durch diese Fassung veranlaßten Zweifel und Bedenken zu zerstreuen, wurde durch die Strafgesetznovelle vom 26. Februar 1876 dem § 55 ein zweiter Absatz angefügt. Dieser lautet:

„Gegen denselben können jedoch nach Maßgabe der landesgesetzlichen Vorschriften die zur Besserung und Beaufsichtigung geeigneten Maßregeln getroffen werden. Insbesondere kann die Unterbringung in eine Erziehungs- oder Besserungsanstalt erfolgen, nachdem durch Beschluß der Vormundschaftsbehörde die Begehung der Handlung festgestellt und die Unterbringung für zulässig erklärt ist."

2) Bei Jugendlichen (12 bis 18 Jahre) ist in jedem einzelnen Falle zu untersuchen, ob sie „die zur Erkenntnis der Strafbarkeit ihrer Handlung erforderliche Einsicht" besessen haben oder nicht. Im ersteren Falle tritt nach dem uns hier nicht interessierenden § 57 des R.St.G.B. eine der Art und dem Maße nach mildere Strafe ein, als sie unter gleichen Umständen den Erwachsenen treffen würde. Für den zweiten Fall bestimmt § 56 St.G.B. dagegen folgendes:

„Ein Angeschuldigter, welcher zu einer Zeit, als er das 12., aber nicht das 18. Lebensjahr vollendet hatte, eine strafbare Handlung begangen hat, ist freizusprechen, wenn er bei Begehung derselben die zu Erkenntnis ihrer Strafbarkeit erforderliche Einsicht nicht besaß. In dem Urteile ist zu bestimmen, ob der Angeschuldigte seiner Familie überwiesen oder in eine Erziehungs- oder Besserungsanstalt gebracht werden soll. In der Anstalt ist er so lange zu behalten, als die der Anstalt vorgesetzte Verwaltungsbehörde solches für erforderlich erachtet, jedoch nicht über das vollendete 20. Lebensjahr."

3) Mit dem vollendeten 18. Lebensjahr (maßgebend der Zeitpunkt, in welchem die Handlung begangen wird), tritt die Strafmündigkeit ein; den Erwachsenen trifft die volle Strafe des Gesetzes.

Ich habe hier nicht zu untersuchen, ob diese Bestimmungen unserer Reichsgesetzgebung im allgemeinen zweckmäßig sind oder nicht. Ich muß insbesondere auf die kritische Prüfung verzichten, ob die Altersgrenze richtig gezogen, ob die Entlehnung des discernement (der „zur Erkenntnis der Strafbarkeit erforderlichen Einsicht") aus dem französischen Recht sowie die auf dieses Merkmal gestützte scharfe Scheidung der Strafe und der Zwangserziehung innerlich gerechtfertigt und den Anforderungen des Lebens entsprechend ist. Dazu wird sich anderswo Gelegenheit finden. Ich habe hier lediglich die Zwangserziehung ins Auge zu fassen.

Unser Reichsstrafgesetzbuch kennt nach dem Gesagten die Zwangserziehung in zwei wesentlich verschiedenen Fällen.

1) Die Zwangserziehung beruht auf reichsrechtlicher Anordnung, wenn der Strafrichter nach § 56 St.G.B. den freigesprochenen Jugendlichen ihr überweist.

2) Sie beruht auf reichsrechtlicher Zulassung und landesrechtlicher Anordnung, wenn die Ueberweisung des unbedingt strafunmündigen Kindes durch die Vormundschaftsbehörde erfolgt (St.G.B. § 55).

Voraussetzung ist in beiden Fällen, daß der Jugendliche, bezw. daß das Kind eine Handlung begangen habe, welche, wenn von einem Strafmündigen begangen, als eine strafbare Handlung erscheinen würde, die aber dem Täter eben wegen seiner Strafunmündigkeit nicht als strafbar angerechnet werden kann.

Dagegen kennt das Reichsstrafgesetzbuch die Zwangserziehung nicht:

1) gegenüber dem nach § 57 St.G.B. als strafmündig erkannten und daher verurteilten Jugendlichen;

2) gegenüber denjenigen Kindern und Jugendlichen, welche eine an sich strafbare Handlung nicht begangen haben, mögen sie auch in dem Zustande tiefster sittlicher Verwahrlosung sich befinden.

Nach beiden Richtungen hin ist Raum für die Landesgesetzgebung. Sehen wir zu, welche Stellung die deutschen Einzelstaaten, Preußen an der Spitze, unserer Frage gegenüber eingenommen haben.

II.

Das preußische Gesetz vom 13. März 1878 bestimmt in § 1:

„Wer nach Vollendung des sechsten und vor Vollendung des zwölften Lebensjahres eines strafbare Handlung begeht, kann von Obrigkeits wegen in eine geeignete Familie oder in eine Erziehungs- oder

Besserungsanstalt untergebracht werden, wenn die Unterbringung mit Rücksicht auf die Beschaffenheit der strafbaren Handlung, auf die Persönlichkeit der Eltern oder sonstigen Erzieher des Kindes und auf dessen übrige Lebensverhältnisse zur Verhütung weiterer sittlicher Verwahrlosung erforderlich ist."

Und nach § 16 des Gesetzes, auf den ich schon hier aufmerksam mache, werden andere gesetzliche Bestimmungen, wonach die zwangsweise Unterbringung von Kindern in eine geeignete Familie oder in eine Erziehungs- oder Besserungsanstalt auch ohne die Voraussetzung einer verübten strafbaren Handlung zugelassen ist, durch dieses Gesetz nicht berührt.

Das preußische Gesetz stellt sich demnach lediglich dar als die Ausführung des § 55, Abs. 2 R.St.G.B. Es spricht lediglich von den verbrecherischen Kindern; es spricht nicht:

(1) von den freigesprochenen Jugendlichen;

(2) von den verurteilten Jugendlichen;

(3) von den bloß verwahrlosten, aber noch nicht verbrecherisch gewordenen Kindern und Jugendlichen.

Der erste dieser drei Fälle ist reichsrechtlich durch § 56 St.G.B. geregelt; bezüglich des zweiten und dritten wird lediglich auf etwa bestehende andere landesrechtliche Bestimmungen verwiesen.

In dieser Selbstbeschränkung liegt der Hauptmangel des preußischen Gesetzes von 1878; über diese Beschränkung wollen und müssen wir hinauskommen und zwar gerade auf der von der preußischen Gesetzgebung so vorzüglich gelegten Grundlage.

Diese Forderung ist nicht neu. Schon während der Beratung des Entwurfs in den beiden Häusern war die Ausdehnung der Zwangserziehung, insbesondere auf bloß verwahrloste Kinder und Jugendliche, vielfach begehrt worden. Die Regierung verhielt sich diesen Anregungen gegenüber durchaus nicht grundsätzlich ablehnend; aber sie betonte die Neuheit der Sache, die Schwierigkeiten der Ausführung, die Unvermeidlichkeit großer finanzieller Opfer; sie verlangte, daß man sich Selbstbeschränkung auferlege, bis das Gesetz sich eingelebt und bewährt habe. Der allgemeinen Stimmung gab am treffendsten der im Abgeordnetenhause gestellte, aber nach den Erklärungen der Regierung nicht zur Annahme gelangte Antrag Ausdruck: „Die Staatsregierung aufzufordern, dem Landtage einen Gesetzentwurf über die Unterbringung solcher verwahrloster Kinder vorzulegen, welche weder durch das vorliegende Gesetz noch durch andere gesetzliche Bestimmungen getroffen werden!"

III.

Die Forderung, daß die Zwangserziehung (richtiger wäre es, von „staatlich überwachter Erziehung" zu sprechen) ausgedehnt werde auf bloß verwahrloste, aber noch nicht verbrecherisch gewordene Kinder und Jugendliche, bedarf in dieser Versammlung keiner eingehenden Begründung.

Zweifellos kann die Besserungsbedürftigkeit auch dort gegeben sein, wo die Begehung einer an sich strafbaren Handlung nicht festgestellt ist. Die Uebertretung des Strafgesetzes ist gewiß nicht das einzige, gewiß nicht einmal das wichtigste Merkmal sichtlicher Verderbtheit. Man denke an das dreizehnjährige Mädchen, welches, faul und verlogen, eitel und leichtfertig, auf der Straße sich umhertreibt, aller menschlichen Voraussicht nach rettungslos der Prostitution verfallen; oder man erinnere sich des Knaben, der in der eingestandenen Absicht, seine Mutter zu töten, alle Vorbereitungen zur Ausführung seines Planes getroffen, aber, an dem Anfang der Ausführung verhindert, nach Lage unserer Gesetzgebung damit eine „strafbare Handlung" überhaupt nicht begangen hat. Und wie überaus zahlreich sind die Fälle, in welchen gerade Kinder und Jugendliche, deren sittliche Verwahrlosung zweifellos, deren verbrecherische Gesinnung höchst wahrscheinlich ist, Jahre hindurch es verstehen, sich der Entdeckung zu entziehen. Auf alle diese Fälle bezieht sich das preußische Gesetz von 1878 nicht.

Und will man bezweifeln, daß die Besserungswürdigkeit unabhängig ist von der Begehung einer strafbaren Handlung? Ist es nicht mehr als verkehrt, die staatliche Fürsorge nur demjenigen zu Teil werden zu lassen, dem ein Verbrechen zur Last fällt? Das Kind, das „bloß“ sittlich verwahrlost ist, ohne bisher das Strafgesetz übertreten zu haben, mag ganz zu Grunde gehen; der Staat kümmert sich nicht darum. Hat aber ein günstiges Geschick es so gefügt, daß das Kind im zarten Alter einen Diebstahl oder eine andere strafbare Handlung begeht, dann tritt der Staat ein; er nimmt sich des Kindes an, er trägt die Kosten der Erziehung, er macht aus dem Kinde einen tüchtigen, brauchbaren Menschen. Liegt es nicht nahe, die Vorsehung anzuflehen, sie möge das sittlich verwahrloste Kind recht früh aus der Bahn des Lasters hinüberführen auf die Bahn des Verbrechens und ihm so den einzigen Weg eröffnen, auf dem es gerettet werden kann?

Man wende nicht ein, daß die Ausdehnung der Zwangserziehung auf die Verwahrlosten dem Staate wie den Provinzialverbänden schwere, vielleicht unerschwingliche Kosten aufbürde. Die Rechnung stimmt nicht. Denn die verwahrloste Jugend ist die Vorfrucht des gewerbsmäßigen Verbrechertums. Was wir dort einfach ausgeben, werden wir hier zehnfach sparen: Wer dafür noch einen Beweis verlangt, der betrachte die Zahlen der englischen Kriminalstatistik. Wenn in England die Zahl der jährlich begangenen Verbrechen in raschem und stetigem Sinken begriffen ist, so liegt die Ursache für diese, dem europäischen Festlande so auffallende Erscheinung nicht zum kleinsten Teil in der Fürsorge, welche in England Staat und Gesellschaft der verwahrlosten Jugend widmen.

Aber ein anderer Einwand drängt sich auf. Reichen die — neben dem preußischen Zwangserziehungsgesetze — betreffenden gesetzlichen Vorschriften, auf welche, wie wir gesehen haben, jenes Gesetz ausdrücklich verweist, nicht aus, um sittlich verwahrloste Kinder und Jugendliche zu retten, indem die staatlich überwachte Erziehung an die Stelle der unzureichenden häuslichen Erziehung gesetzt wird?

Dieser Einwand verdient genauere Prüfung.

In Betracht kommen die folgenden Bestimmungen aus Teil II Titel 2 des Allgemeinen Preußischen Landrechts:

§ 90. „Sollten Eltern ihre Kinder grausam mißhandeln

oder zum Bösen verleiten oder ihnen den notdürftigen Unterhalt versagen, so ist das vormundschaftliche Gericht schuldig, sich der Kinder von Amts wegen anzunehmen."

§ 91. „Nach Befund der Umstände kann den Eltern in einem solchen Falle die Erziehung genommen und auf ihre Kosten anderen zuverlässigen Personen anvertraut werden."

§ 266. „Eingeschränkt wird die väterliche Gewalt in Ansehung der Erziehung, wenn der Vater dieselbe vernachlässigt, die Kinder grausam mißhandelt, sie zum Bösen verleitet oder ihnen den nötigen Unterhalt versagt."

Diese Vorschriften entsprechen im wesentlichen dem Standpunkte, welchen das heute geltende bürgerliche Recht auch außerhalb Preußens, so in Oesterreich, Bayern, Sachsen, Württemberg u. s. w. einnimmt. Darnach kann also staatlich überwachte Erziehung an Stelle der häuslichen treten bei Mißbrauch der elterlichen Gewalt sowie bei grober Vernachlässigung des Kindes. Hat also die sittliche Verwahrlosung des Kindes in Vorsatz oder schwerer Fahrlässigkeit der Eltern ihren Grund, so ist die Möglichkeit eines staatlichen Einschreitens gegeben. Zu diesem Falle tritt dann noch die weitere, für uns hier nicht in Betracht kommende, Möglichkeit hinzu, daß der Inhaber der elterlichen Gewalt selbst, der mit dem mißratenen Kinde nicht fertig werden kann, den Antrag auf Uebernahme desselben in staatlich überwachte Erziehung stellt.

Daß jene Bestimmungen des preußischen Landrechtes und der ihm entsprechenden außerpreußischen Rechte in keiner Weise ausreichen, läßt sich leicht zeigen.

1) Zunächst fehlt es an jeder Sicherheit für die tatsächliche Durchführung der gut gemeinten gesetzlichen Vorschriften.

Selbst die Motive zu dem Entwurf eines bürgerlichen Gesetzbuches für das Deutsche Reich (IV 804) heben ausdrücklich hervor, daß „der Inhaber der elterlichen Gewalt nicht unter der ständigen Aufsicht des Vormundschaftsgerichtes steht." Fehlt es aber an einer solchen Aufsicht, so wird auch dort, wo die sittliche Verwahrlosung feststeht, diese nur in den seltensten Fällen auf ein nachweisbares Verschulden der Eltern zurückzuführen sein.

Noch schwerer fällt die Kostenfrage ins Gewicht. Die Eltern werden zumeist nicht in der Lage sein, die nicht unbedeutenden Kosten der Zwangserziehung zu tragen. Die Ortsarmenverbände werden sich weigern, für die Kosten aufzukommen; sie werden, um Unannehmlichkeiten und Weiterungen zu entgehen, die Sachlage zu vertuschen trachten und die ohnehin so schwere Feststellung des elterlichen Verschuldens noch schwieriger machen. Diese Befürchtung ist nicht unbegründet. Obwohl das preußische Gesetz von 1878 den Ortsarmenverbänden nur einen verschwindend kleinen Bruchteil der Zwangserziehungskosten (Einlieferung in die Familie oder Anstalt, vorschriftsmäßige erste Ausstattung des Zöglings, Rückreise der Entlassenen) auferlegte, stieß doch, wie eine Denkschrift des preußischen Ministeriums des Innern vom Jahre 1882 hervorhebt, die Durchführung des Gesetzes während der ersten Jahre gerade bei den Ortsarmenverbänden auf unvorhergesehene Schwierigkeiten, welche ihren Grund in der (allerdings ungerechtfertigten) Besorgnis vor finanzieller Belastung hatten. Nur die Ueberweisung der Zwangserziehungskosten an den Staat und an die geldkräftigen Provinzial- und Kommunalständischen Verbände hat die Durchführung des preußischen Gesetzes von 1878 überhaupt ermöglicht. Ohne eine entsprechende Regelung der Kostenfrage *mußten* die Vorschriften des preußischen Landrechts toter Buchstabe bleiben. Und jeder Kundige weiß, *daß* sie tatsächlich nur auf dem Papiere stehen.

2) Aber nehmen wir einmal an, alle diese Schwierigkeiten wären beseitigt; die Zwangserziehung werde in allen berücksichtigungswerten Fällen wirklich eingeleitet; die Frage der Kosten sei gelöst; die zur Unterbringung geeigneten Familien und Anstalten seien vorhanden. Nehmen wir an, daß alle die Voraussetzungen gegeben seien, die gegenwärtig fehlen: jene Bestimmungen des preußischen Landrechts würden dennoch als unzureichend erscheinen. *Denn die sittliche Verwahrlosung eines Kindes kann eintreten ohne jedes Verschulden der Eltern*

oder Vormünder. Wenn der Vater als Geselle außer Haus arbeitet, und die Mutter krank oder schwach ist; wenn der Vater den ganzen Tag in der Fabrik oder auf dem Felde beschäftigt ist, und die Mutter durch Aufwarten, Waschen, Nähen in fremden Familien den unentbehrlichen Zuschuß zu den Wocheneinnahmen verdienen muß; wenn in diesen und hundert von ähnlichen Fällen die zahlreichen rasch aufeinander gefolgten Kinder ohne genügende Aufsicht zurückgelassen werden und nun allmählich körperlich und sittlich verkommen: kann man von einem „Verschulden" der Eltern sprechen? Liegt hier nicht die Schuld an der Gesellschaft, in welcher solche Zustände möglich, ja notwendig sind? Ist es nicht abermals mehr als verkehrt, wenn der Staat dem vielleicht bereits rettungslos verdorbenen Kinde schlechter Eltern zu Hülfe kommen will, das sittlich gut veranlagte, aber schuldlos verwahrloste Kind armer Eltern zu Grunde gehen läßt?

Man hat die ganze Sachlage verdreht, indem man von einem Eingriff der Staatsgewalt in das Erziehungsrecht der Eltern sprach und diesen Eingriff nur bei einem Verschulden der Gewalthaber für gerechtfertigt erklärte. Das ist der Nachklang der heidnisch-römischen Auffassung von der patria potestas, jener Auffassung, die freilich auch heute noch, wie wir gleich sehen werden, unsere romanistisch denkenden Juristen und daher auch den Entwurf eines bürgerlichen Gesetzbuchs für das Deutsche Reich beherrscht. Das christlich-deutsche Rechtsbewußtsein unseres Volkes denkt und empfindet anders. Uns ist die geistige, leibliche und sittliche Erziehung des Kindes kein subjektives Privatrecht der Eltern, sondern eine rechtlich begrenzte und bestimmte ethische Pflicht der Eltern; die erste, natürlichste, heiligste Pflicht der Eltern; eine Pflicht der Eltern dem Kinde gegenüber, aber auch gegenüber der Gesellschaft, die auf dem Familienverbande sich aufbaut. Die richtige Fragestellung kann nur lauten: hat der Staat das Recht, die Eltern in der Erfüllung der ihnen zunächst obliegenden Erziehungspflicht zu unterstützen oder zu vertreten, wenn die Eltern teilweise oder völlig unvermögend sind, dieser Pflicht zu genügen? Wird die Frage so gestellt

— und sie muß so gestellt werden —, so kann die bejahende Antwort nicht zweifelhaft sein.

Man besorge auch nicht, daß man durch eine solche Ausdehnung der staatlichen Erziehung die Verantwortlichkeit der Familien schwächen, daß man die Eltern veranlassen werde, die Lasten und Kosten der Erziehung von sich ab und auf den Staat zu überwälzen. Den Eltern gegenüber, welche schuldhaft ihre Pflicht nicht erfüllen, hat der Staat Mittel genug in der Hand. Heranziehung zu einem wenigstens teilweisen Ersatze der Kosten, Untersagung der Ausübung des Wahl- und Stimmrechts, Wirtshausverbot, Freiheitsstrafe u. s. w. Der Wahrspruch muß sein: Besser die Rettung des verwahrlosten Kindes, als die Bestrafung des verwahrlosten Verbrechers. Privatrechtliche Bedenken dürfen den sozialpolitischen Fortschritt nicht aufhalten.

Meine erste These lautet demnach:

„Es ist dringend wünschenswert, daß das preußische Zwangserziehungsgesetz vom 13. März 1878 ausgedehnt werde auf verwahrloste Kinder und jugendliche Personen, auch wenn sie eine strafbare Handlung nicht begangen haben und ein Verschulden der Gewalthaber nicht vorliegt."

Eine solche Ausdehnung würde für Preußen neues Recht schaffen, sie würde einen wesentlichen Fortschritt über den heute herrschenden Stand der Dinge hinaus bedeuten. Aber, und das möchte ich betonen, in einer ganzen Reihe von Einzelstaaten ist die Ausdehnung, die ich für Preußen verlange, schon heute geltendes Recht. Ohne auf Vollständigkeit irgend welchen Anspruch zu machen, will ich Ihnen, meine Herren, einige Belege vorführen. Sie mögen zugleich als Beispiele für die verschiedenen Fassungen dienen, in welchen meine Forderung gesetzlichen Ausdruck finden könnte. Man beachte, daß die von mir anzuführenden Gesetze teils älter, teils jünger sind, als das preußische Zwangserziehungsgesetz.

Braunschweig. Gesetz über polizeiliche Maßregeln gegen Kinder. 22. Dezember 1870.

§ 1. Kinder, welche das schulpflichtige Alter noch nicht überschritten haben, können, sobald die Besorgnis ihrer ungenügenden sittlichen Erziehung begründet ist, auch ohne und selbst gegen den Willen ihrer gesetzlichen Vertreter entweder bei fremden zuverlässigen Erziehern, oder, falls dies untunlich ist, in der Erziehungsanstalt zu Bevern untergebracht werden.

§ 2. Gegen Kinder unter 12 Jahren, welche an sich strafbare und unsittliche Handlungen verüben, sind, falls die zu Gebote stehenden Mittel der häuslichen Zucht nicht ausreichend erscheinen, folgende außerordentliche Maßregeln zulässig:

1) körperliche Züchtigung,
2) Unterbringung bei fremden und zuverlässigen Erziehern,
3) Aufnahme in die Erziehungsanstalt zu Bevern.

Herzogtum Anhalt. Gesetz, die Einstellung verwahrloster Kinder in eine Erziehungs- und Besserungsanstalt betreffend. Vom 29. Dezember 1873.

Art. 1. Kinder in dem Alter von 7 bis zu 12 Jahren, welche durch ihr an die Oeffentlichkeit tretendes Verhalten eine solche sittliche Verwahrlosung zu erkennen geben, daß bei einem Belassen derselben in den bisherigen Erziehungsverhältnissen zu befürchten steht, daß sie der Verbrecherlaufbahn verfallen, können auf Antrag des Vorstandes einer Gemeinde, resp. des Inhabers eines selbständigen Gutsbezirks, in welchen sie ihren Aufenthalt haben, oder zuständigen Schulbehörde in eine Erziehungs- und Besserungsanstalt[1]) für verwahrloste Kinder eingestellt werden.

Oldenburg. Gesetz, betreffend die Zwangserziehung verwahrloster Kinder und jugendlicher Uebeltäter. Vom 12. Februar 1880.

Art. q § 1. Die Zwangserziehung kann vom Staatsministerium, Departement der Justiz, auch angeordnet werden:

2) gegen Kinder unter 16 Jahren, welche so widerspenstig oder ungehorsam gegen ihre Eltern oder Vorgesetzten sich betragen, daß die Fürsorge der Familie oder der Armenbehörde als unzureichend zu ihrer Besserung sich zeigt, sofern nicht deren Verweisung in die Zwangsarbeits-

---

1) Von Uebergabe an eine Familie ist keine Rede.

anstalt nach Art. 4 Ziff. 8 des Gesetzes vom 14. März 1870, für erforderlich oder für angemessener erachtet wird.

Sachsen-Weimar-Eisenach. Gesetz, die Unterbringung verwahrloster Kinder betreffend. Vom 9. Februar 1881.

§ 17. Die Vorschriften dieses Gesetzes finden, soweit nicht durch das besondere Verhältnis Abweichungen bedingt sind, auch dann entsprechende Anwendung, wenn das Vormundschaftsgericht in Ausübung der ihm obliegenden vormundschaftlichen Fürsorge für verwahrloste Kinder — (vergl. § 16 des Gesetzes vom 27. März 1872 über die elterliche Gewalt und das Vormundschaftwesen, § 11 des Gesetzes vom 24. Juni 1874 über das Volksschulwesen) — für erforderlich erachtet, daß solche Kinder zur Zwangserziehung in einer geeigneten Familie oder in einer Erziehungs- oder Besserungsanstalt untergebracht werden.

Lübeck. Gesetz, betreffend die Zwangserziehung verwahrloster Kinder und jugendlicher Uebeltäter. Vom 17. März 1884.

§ 1. Durch obrigkeitliche Anordnung kann zur Zwangserziehung in einer geeigneten Familie oder in einer Erziehungs- oder Besserungsanstalt untergebracht werden:

2) wer vor Vollendung des 15. Lebensjahres so verwahrlost sich erweist oder gegen Eltern und sonstige Vorgesetzte so widerspenstig oder ungehorsam sich beträgt, daß die Fürsorge der Familie oder deren Vertreter als unzureichend zu deren Besserung sich zeigt.

Baden. Gesetz, die staatliche Fürsorge für die Erziehung verwahrloster jugendlicher Personen betreffend. Vom 4. Mai 1886.

§ 1. Jugendliche Personen, welche das 16. Lebensjahr noch nicht vollendet haben, können wegen sittlicher Verwahrlosung auf Grund einer gerichtlichen Entscheidung in einer geeigneten Familie oder in einer staatlichen oder in einer geeigneten Privaterziehungs-(anstalt) oder Besserungsanstalt untergebracht werden:

wenn ihr sittliches Wohl durch Mißbrauch des Erziehungsrechtes oder durch grobe Vernachlässigung seitens der Eltern oder sonstigen Fürsorger gefährdet ist, oder

wenn nach ihrem Verhalten die Erziehungsgewalt ihrer Eltern oder sonstigen Fürsorger und die Zuchtmittel der Schule sich zur Verhütung ihres völligen sittlichen Verderbens unzulänglich erweisen.

Hamburg. Gesetz, betreffend die Zwangserziehung verwahrloster jugendlicher Personen. Vom 6. April 1887.

Nach § 1 ist Zwangserziehung zulässig „gegen Kinder unter 16 Jahren, bei welchen die gewöhnlichen Erziehungsmittel des Hauses und der Schule sich als unzureichend erwiesen haben, um sie vor sittlichen Verfall zu bewahren".

Hessen-Darmstadt. Gesetz, die Unterbringung jugendlicher Uebeltäter und verwahrloster Kinder betreffend. Vom 11. Juni 1887.

Zwangserziehung ist nach Art. 1 Abs. 2 auch zulässig bei Kindern und jugendlichen Personen unter 16 Jahren:

3) wenn Kinder über 6 Jahre zwar noch keine strafbare Handlung begangen haben, aber doch bereits eine Verwahrlosung an den Tag legen, welche die erziehliche Einwirkung der Eltern oder anderer Erzieher und der Schule als unzureichend erscheinen läßt.

In diesem Falle „wird jedoch vorausgesetzt, daß mit Rücksicht auf die Persönlichkeit der Eltern und deren Kinder, sowie nach Lage der sonstigen Verhältnisse der Familie die Fortdauer der elterlichen Pflege und Erziehung zum sittlichen Verderben der Kinder führen würde".

IV.

Wesentlich geringere Bedeutung lege ich meiner zweiten These bei. Sie fordert Ausdehnung der Zwangserziehung

„auf jugendliche Verbrecher, sei es, daß als Ergänzung, sei es, daß als Ersatz der an sich verwirkten Strafe Zwangserziehung als geeignet erscheint".

Die These bezieht sich also auf solche jugendliche Personen (vom vollendeten zwölften bis zum vollendeten achtzehnten Lebensjahr), welche wegen des Besitzes derjenigen Einsicht, welche zur Erkenntnis der Strafbarkeit der von ihnen begangenen Handlung erforderlich ist, vom Strafrichter für strafmündig erklärt worden sind (St.G.B. § 57). Sie bezieht sich nicht auf die wegen Mangels der erforderlichen Einsicht vom Strafrichter freigesprochenen Jugendlichen (St.G.B. § 56). Nur bei diesen, nicht aber bei jenen ist die Zwangserziehung durch das Strafgesetzbuch vorgesehen.

Den strafmündigen Jugendlichen trifft nach der deutschen Reichsgesetzgebung lediglich Strafe. Die Landesgesetzgebung kann nach verbüßter Strafe Zwangserziehung eintreten lassen; sie darf nicht die reichsrechtlich verordnete Strafe durch die Zwangserziehung ersetzen.

Meine These richtet also, soweit die Ergänzung der Strafe durch Zwangserziehung verlangt, ihre Forderung an die Reichsgesetzgebung. Wir werden gut tun, die beiden Punkte getrennt ins Auge zu fassen.

I. Daß durch Verbüßung der zuerkannten Strafe, in den allermeisten Fällen einer kurzdauernden Freiheitsstrafe, die mehrere Jahre umfassende Zwangserziehung nicht überflüssig gemacht wird, bedarf abermals keines eingehenden Nachweises. Gewiß kann der strafmündige Jugendliche ebenso, vielleicht noch viel mehr, einer langdauernden erziehlichen Einwirkung, also der Besserung durch Zwangserziehung, bedürftig sein, wie der strafmündige. Und gewiß ist, daß die wünschenswerte Besserung durch eine Strafhaft von wenigen Tagen, Wochen oder auch Monaten lange nicht in allen Fällen erreicht werden kann. Es ist völlig verkehrt, den gewitzten jugendlichen Verbrecher nach 14 Tagen laufen zu lassen, den weniger entwickelten aber auf Jahre hinaus in eine Erziehungsanstalt zu stecken. Aber auch die Besserungsfähigkeit kann nicht ohne weiteres dem Jugendlichen abgesprochen werden, den der Richter wegen der Reife seiner geistigen Entwicklung für strafmündig erklären müßte. Es wird vielmehr gerade bei geistig besser veranlagten Jugendlichen die Hoffnung auch auf sittliche Besserung in vielen Fällen besser begründet sein, als bei solchen, die auch in ihrer geistigen Entwicklung zurückgeblieben sind.

Damit rechtfertigt sich meine erste Forderung. Sie ist nicht nur in der Literatur vielfach empfohlen worden (von v. Jagemann, Altsmann, von der Goltz, Krauss, Stursberg, Simonson u. a.), sondern hat auch in einzelnen deutschen Landesgesetzgebungen bereits Verwirklichung gefunden. Auch hier einige Beispiele.

Oldenburg, 12. Februar 1880:

Art. 9 § 1. Die Zwangserziehung kann vom Staatsministerium, Departement der Justiz, auch angeordnet werden

1) gegen jugendliche Personen, gegen welche gemäß § 57 St.G.B. eine Freiheitsstrafe von weniger als sechs Monaten erkannt ist, wenn in Berücksichtigung ihres Alters und bisherigen Betragens die Zwangserziehung zum Zweck ihrer sittlichen Besserung erforderlich erscheint.

Lübeck. Vom 20. März 1884:

§ 1 ... zur Zwangserziehung .... kann untergebracht werden:

1) wer[1] .... vor Vollendung des 15. Lebensjahres zu einer Freiheitsstrafe verurteilt worden ist, sofern die Beschaffenheit der strafbaren Handlung, die Persönlichkeit der Eltern oder sonstigen Erzieher des Kindes oder dessen übrige Lebensverhältnisse die Annahme einer weiteren sittlichen Verwahrlosung rechtfertigen.

Hamburg, 6. April 1887:

§ 1 Ziff. 2. Zwangserziehung ist zulässig

„gegen Jugendliche, welche wegen einer strafbaren Handlung verurteilt worden sind (§ 57 St.G.B.) und entweder die gegen sie erkannte Strafe verbüßt oder Strafaufschub erhalten haben oder begnadigt sind, wenn ... mit Rücksicht auf die Beschaffenheit der strafbaren Handlung, auf die Persönlichkeit der Eltern, auf das bisherige Betragen, die übrigen Lebensverhältnisse und das Alter der Kinder die Zwangserziehung zur Verhütung weiterer sittlicher Verwahrlosung und zum Zwecke der Besserung erforderlich erscheint".

---

1) nach Vollendung des 8. und vor Vollendung des 12. Lebensjahres eine strafbare Handlung begeht oder ....

II. Meine Forderung an die Reichsgesetzgebung geht dahin, die starre, auf das französische discernement gebaute Scheidung von Strafe und Zwangserziehung aufzugeben, dem Richter die Freiheit der Wahl zwischen der einen und der anderen zu übertragen, ihm zu gestatten, auch dem Strafmündigen gegenüber an Stelle der an sich verwirkten Strafe Zwangserziehung treten zu lassen. Auch mit dieser Forderung befinde ich mich im Einklange mit einer weit verbreiteten und stets weiter sich ausbreitenden Ansicht. Aber die Begründung dieses Teiles meiner These ist nicht möglich ohne Eingehen auf alle die Nachteile, welche auch hier die blinde Nachahmung des französischen Rechts für uns, erst in Preußen, dann im Reich im Gefolge gehabt hat, ohne eine kritische Prüfung des Begriffes der „zur Erkenntnis der Strafbarkeit erforderlichen Einsicht", ohne den Nachweis, daß dieses Merkmal fallen muß, ehe an eine befriedigende Regelung der ganzen Frage gedacht werden kann. Damit aber würde ich über die mir gestellte Aufgabe weit hinausgeführt. Denn nicht die Umgestaltung der Reichsgesetzgebung, die nach meiner festen Ueberzeugung allerdings unvermeidlich ist, sondern die Ausdehnung des preußischen Zwangserziehungsgesetzes auf dem Boden des geltenden Reichsrechtes habe ich zu besprechen. Meine zweite These soll mithin in ihrem ersten Teil (Ergänzung der Strafe) lediglich dem heute geltenden, meiner Meinung nach verwerflichen Rechtszustande Rechnung tragen, während ihr zweiter Teil (Ersatz der Strafe) bestimmt ist, einen Ausblick in die Zukunft zu eröffnen.

V.

Wir verlangen eine Ausdehnung der Zwangserziehung über das Anwendungsgebiet des preußischen Gesetzes vom 13. März 1878 hinaus; wir stützen diese Forderung auf die traurige, von allen Seiten anerkannte Tatsache, daß gerade aus den Erscheinungen des deutschen Volkslebens die dringende Notwendigkeit eines umfassenderen und kräftigeren Jugendschutzes sich ergibt; wir weisen darauf hin, daß Preußen in dieser Beziehung hinter einer ganzen Reihe von anderen deutschen Ländern zurückgeblieben ist.

Wollen wir aber diese unsere Forderung durchsetzen, so müssen wir vor allem Stellung nehmen gegenüber dem Entwurf eines bürgerlichen Gesetzbuches für das deutsche Reich. Mit einem Federstrich beseitigt dieser alle Fortschritte, die in anderen Ländern gemacht worden sind; von rein romanistisch-privatrechtlichen Gesichtspunkten ausgehend, will er für alle Zukunft die von uns als unentbehrlich betrachtete Ausdehnung der Zwangserziehung unmöglich machen. Durch reichsrechtliche Vorschrift soll die Landesgesetzgebung gebunden werden an die heidnisch-römische Auffassung der väterlichen Gewalt.

Ich erlaube mir, meine Herren, Ihre Aufmerksamkeit auf diesen Punkt ganz besonders hinzulenken. Noch ist der Entwurf nicht Gesetz; noch kann die Stimme der Kritik gehört werden. Zu dem Manne, unter dessen Oberleitung die zweite Beratung stattfindet, können wir das Zutrauen hegen, daß er, sozialpolitischen Erwägungen zugänglich, der von uns vertretenen Ansicht sein Ohr nicht verschließt.

Meine dritte These lautet:

„Es ist tief zu beklagen, daß der Entwurf des Einführungsgesetzes zum bürgerlichen Gesetzbuch für das deutsche Reich die Zwangserziehung nur in demselben beschränkten Umfange wie das geltende preußische Recht zulassen und die in der Mehrzahl der übrigen deutschen Staaten gemachten Fortschritte mit einem Federstriche vernichten will."

Um diese These zu rechtfertigen, muß ich zunächst die Bestimmungen des Entwurfes über die Voraussetzungen eines staatlichen Eingriffes in das Erziehungsrecht Ihnen vorführen.

§ 1546 des Entwurfes bestimmt:

„Wenn der Inhaber der väterlichen Gewalt durch Mißbrauch des Rechtes, für die Person des Kindes zu sorgen, insbesondere durch Mißbrauch des Erziehungsrechtes, oder durch Vernachlässigung des Kindes dessen geistiges oder leibliches Wohl gefährdet, oder wenn eine solche Gefährdung infolge ehrlosen oder unsittlichen Verhaltens des Inhabers der elterlichen Gewalt für die Zukunft zu besorgen ist, so hat das Vormundschaftsgericht die zur Abwendung der Gefahr erforderlichen Maßregeln zu treffen. Das Vormundschaftsgericht kann insbesondere anordnen, daß das Kind zum Zweck der Erziehung in einer geeigneten Familie oder in einer Erziehungsanstalt oder Besserungsanstalt unterzubringen sei. Sofern das Interesse des Kindes es erfordert, kann das Vormundschaftsgericht auch die elterliche Gewalt mit Ausnahme der elterlichen Nutznießung ganz oder teilweise entziehen."

Im Zusammenhange damit steht § 1685:

„Das Vormundschaftsgericht kann, auch gegen den Willen des Vormundes, anordnen, daß der Mündel zum Zwecke der Erziehung in einer geeigneten Familie oder in einer Erziehungsanstalt oder Besserungsanstalt unterzubringen sei. Soweit jedoch ein Elternteil die Pflicht und das Recht hat, für die Person des Kindes zu sorgen, finden in Ansehung der Zulässigkeit einer solchen Anordnung die Vorschriften des § 1546 entsprechende Anwendung."

Dazu sagen die Motive IV 805:

„Liegen die Voraussetzungen des § 1546 vor, so hat das Vormundschaftsgericht die zur Abwendung der Gefahr erforderlichen Maßregeln zu treffen. Die Art dieser Maßregeln muß bei der Vielgestaltung des Lebens dem verständigen Ermessen des Vormundschaftsgerichts überlassen werden. Als eine besonders wichtige Maßregel, welche in vielen Fällen sich als das einzige wirksame Mittel erweisen wird, um das Kind vor dem schlechten Einflusse der Eltern und vor weiterer sittlicher Verwahrlosung infolge Vernachlässigung der Erziehung zu bewahren, hebt der § 1546 die Unterbringung des Kindes zum Zwecke der Erziehung in einer geeigneten Familie oder in einer Erziehungs- oder Besserungsanstalt hervor."

Nach diesen Bestimmungen kann den Eltern gegenüber die Zwangserziehung nur dann verfügt werden, wenn ein Verschulden derselben vorliegt. Das ist genau der Standpunkt des heute in Preußen wie in den meisten anderen deutschen Ländern geltenden Privatrechts. Für die tatsächliche Durchführung dieser Bestimmungen ist keinerlei Sorge getragen; die Regelung der Kostenfrage ist übergangen.

Hatten wir gehofft, daß der Entwurf zum Reichsgesetz erheben werde, was heute bereits zahlreiche deutsche Einzelstaaten, über das Privatrecht hinausgehend, in besonderen Gesetzen über die Ausdehnung der Zwangserziehung unter allgemeinem Beifall und mit unbestrittenem Erfolge verfügt haben — so sind wir in dieser Hoffnung getäuscht. Freilich: Wer den den Entwurf beherrschenden, engherzigen romanistischen Geist kennt, hat solche Hoffnungen wohl niemals gehegt.

Aber ein anderes durften wir mit Fug und Recht erwarten: daß der Entwurf der Landesgesetzgebung die Bahn frei lassen, ihr es nicht verwehren werde, über die engen Grenzen des römischen Privatrechtes hinauszugehen. Aber auch um diese bescheidene Hoffnung sind wir betrogen. Nicht durch den Entwurf selbst; wohl aber durch das Einführungsgesetz.

Nach Artikel 16 des Entwurfs eines Einführungsgesetzes zum Bürgerlichen Gesetzbuch für das Deutsche Reich soll § 55 St.G.B. künftig lauten:

> „Wer bei Begehung der Handlung das zwölfte Lebensjahr nicht vollendet hat, kann wegen derselben nicht strafrechtlich verfolgt werden. Gegen denselben können jedoch nach Maßgabe der landesgesetzlichen Vorschriften die zur Besserung und Beaufsichtigung geeigneten Maßregeln getroffen werden. Die Unterbringung in eine Familie, Erziehungsanstalt oder Besserungsanstalt *kann nur erfolgen*, nachdem durch Beschluß des Vormundschaftsgerichts die Begehung der Handlung festgestellt und die Unterbringung für zulässig erklärt ist."

Man beachte die Worte: „kann nur erfolgen, wenn u. s. w." Sie schließen, im Gegensatze zu dem heute geltenden Rechte, die Zwangserziehung aus, wenn es sich „nur" um verwahrloste, aber noch nicht verbrecherisch gewordene Kinder und Jugendliche handelt. Sie schließen sie aus von Reichs wegen. Alle heute geltenden, weiter gehenden landesrechtlichen Bestimmungen sollen beseitigt, neue Bestimmungen von vornherein unmöglich gemacht werden. Mit dürren Worten ist das in den Motiven gesagt. Gestatten Sie mir, Ihnen diese im Wortlaute vorzuführen. Schroffer, unverhüllter tritt nirgends der Geist des römischen Privatrechts uns entgegen als hier. Für die kommenden Geschlechter seien diese Worte festgenagelt: als das Verdammungsurteil, daß die Verfasser des Entwurfs sich selbst gesprochen.

Die Motive zu Art. 16 (S. 123) sagen:

„Ein Bedürfnis, neben den §§ 1546, 1685 des B.G.B. solche landesgesetzliche Vorschriften aufrecht zu erhalten, welche aus dem Gesichtspunkte der sittlichen Verwahrlosung des Kindes oder der Besorgnis einer solchen Verwahrlosung die Unterbringung des Kindes in eine Familie ..... gegen den Willen des gesetzlichen Vertreters ohne Rücksicht darauf gestatten, ob das Kind eine strafbare Handlung begangen hat oder wegen einer von demselben begangenen strafbaren Handlung strafrechtlich nicht verfolgt werden kann, *liegt nicht vor*[1]). Ein so allgemeiner Vorhalt würde auch bedenklich sein. Auf Grund desselben wäre die Landesgesetzgebung in der Lage, in weitem Umfange in die elterliche Gewalt einzugreifen und die zum Schutze der letzteren im B.G.B. gezogenen Schranken zu durchbrechen." Aber auch für die Fälle des § 55 Abs. 1 St.G.B. kann es in Frage kommen, ob nicht das Bedürfnis besonderer landesgesetzlicher Vorschriften zu verneinen sei. Auch hier reichen die angeführten Bestimmungen des B.G.B. im allgemeinen aus. „Nur für den Fall versagen die Vorschriften des B.G.B., wenn den Inhaber der elterlichen Gewalt ein Verschulden nicht trifft, derselbe mit der Unterbringung des Kindes nicht einverstanden ist und in der Weigerung, diese Maßregel zu

1) Daß von berufenster Seite das Gegenteil behauptet wird, scheint den Verfassern des Entwurfs entgangen zu sein. Man hätte sich doch sonst die Mühe geben müssen, die von den Gegnern vorgebrachten Gründe zu widerlegen, das Gewicht der von ihnen angeführten Tatsachen abzuschwächen.

ergreifen, nach den Umständen des Falles eine Vernachlässigung der Erziehung des Kindes nicht gefunden werden kann. In Ansehung dieses Falles gehen die im Anschlusse an § 55 St.G.B. erlassenen Landesgesetze insofern weiter, als sie die Zulässigkeit der Unterbringung des Kindes von dem besonderen Nachweise eines den Eltern zur Last fallenden Verschuldens nicht abhängig machen und dadurch das Eingreifen in die Elternrechte erleichtern. Da die in Rede stehenden Landesgesetze zugleich eine Reihe anderer die Durchführung der Zwangserziehung betreffende Bestimmungen enthalten, welche mit dem Verwaltungsrechte im engsten Zusammenhange stehen und deshalb[1] jedenfalls unberührt bleiben müssen, so empfiehlt es sich dieselben im Anschlusse an den bisherigen § 55 Abs. 2 St.G.B. im vollen Umfange aufrecht zu erhalten, und zwar um so mehr, als sie das St.G.B. gewissermaßen zu ergänzen bestimmt sind und auf besonderen straf- und sozialpolitischen Gründen beruhen[2]). Soweit dagegen die Landesgesetze, über den § 55 St.G.B. hinausgreifend, die Zulassung der Zwangserziehung auf Kinder erstrecken, welche das zwölfte Lebensjahr zurückgelegt oder zwar das zwölfte Lebensjahr noch nicht zurückgelegt, aber eine strafbare Handlung nicht begangen haben, *treten dieselben außer Kraft.* Insoweit sind künftig allein die Vorschriften des B.G.B. (§§ 1546, 1688) maßgebend."

Ich habe nichts hinzuzufügen. Wenn unsere Gesetzgebung nur da ist, die elterliche Gewalt zu schützen gegen störende Eingriffe; wenn das Kind nichts ist als der Gegenstand, auf den die Rechte der Eltern sich beziehen; wenn uns wirklich der Begriff der elterlichen Pflicht genommen werden soll; wenn „sozialpolitische Gründe" in dem künftigen deutschen Rechte unberücksichtigt bleiben müssen

1) Man beachte diese Begründung!

2) Als ob das bei den übrigen, die Zwangserziehung regelnden Vorschriften nicht der Fall wäre!

— dann bin ich mit meiner Kritik zu Ende. Ich hege die feste Zuversicht, daß es anders kommen wird. In dieser Zuversicht weiß ich mich Eins mit Ihnen, meine Herren. Aber lassen Sie uns die Ansicht, die uns Alle erfüllt, auch nach außen hin zum Ausdruck bringen. Unsere Stimme wird nicht ungehört verhallen. Andere werden sich uns anschließen. Immer lebhafter, immer mächtiger wird die Gegenströmung des christlich-deutschen Rechtsbewußtseins werden. Ihr wird die papierne Juristen-Weisheit nicht stand halten. Wir werden aber seinerzeit stolz darauf sein, als die Ersten in diesem Streite Stellung genommen zu haben. Ich empfehle Ihnen meine Thesen zur Annahme.

Frommannsche Buchdruckerei (Hermann Pohle) in Jena. — 2751

FSC
www.fsc.org
MIX
Papier | Fördert gute Waldnutzung
FSC® C083411

Kolibri 360 GmbH
Ferdinand-Jühlke-Straße 7
99095 Erfurt, Deutschland
produktsicherheit@kolibri360.de